『高麗史』選擧志 譯註

朴龍雲

景仁文化社

이 책은 2009년 정부(교육과학기술부)의 재원으로 한국연구재단의 지원을
받아 수행한 연구임(KRF-2009-322-A00009)

머 리 말

『高麗史』 選擧志는 이 史書의 여러 志 가운데에서 인재를 선발하는 시험제도인 科目(科擧)과 그들을 양육하는 學校, 그리고 당사자들의 됨됨이와 재능 등을 전형하여 적재적소에 배정하는 銓注에 대해 다루고 있는 편목이다. 말하자면 고려사회를 이끌어 나갈 요원들이라고할 관리들의 육성으로부터 선발과 入仕·승진 등에 이르는 각종 제도와 규정, 그의 운영과 변천 사항들을 두루 전하는 부분으로써, 국가 경영과 관련된 하나의 핵심적인 내용을 싣고 있는 것이라 하겠다.

이같은 중요성 때문인 듯 선거지의 각 기사들은 상당수가 여러 논자들의 개별 연구에서 해석되고 설명이 이루어진 바 있다. 뿐 아니라 전체의 절반을 상회하는 정도의 분량은 지금 여기에서 다루고자 하는 것과 동일한 譯註 작업이 이미 수행되기도 하였다. 선거지의 해명에 연구자들의 노력이 그만큼 많이 기우려져 왔음을 알 수 있다.

그럼에도 이번에 새삼스레 선거지의 譯註本을 내고자한 연유는 비교적 단순하다. 우선 그 하나는 아직까지 이루어지지 못하고 있는 부분을 마무리지어 완료시켜 보자는 의도가 크게 작용했던 것 같다. 그리고 기존의 역주에 수정·보완이 필요한 부분도 꽤 여러 곳 눈에 띤다는 점 역시 다른 한 작은 요인이 되지 않았나 싶다. 그리하여 그 결과물을 한 자리에 모음으로써 이 방면에 관심을 가진 사람들이나 전문 연구자 모두에게 기본적인 자료가 되는 선거지의 내용에 쉽사리 접근할 수 있도록 하는 것도 유용한 일 가운데 하나라는 판단을 하게된 듯하다.

이미 좀 오래전의 일이긴 하지만『고려사』志들에 대한 해명에 겸하여 역주를 진행시켰던 先學 가운데 한 분이 머리말에서 다음과 같이 토로하고 있는 것이 떠오른다. 즉, "『高麗史』志類는 아직 未開拓의 原始林

狀態에 놓여 있었기 때문에 註解 하나를 다는데 몇시간을 소비하는 일이 많았고, 또 하나의 註解를 놓고 온종일 토론을 하고도 結論을 얻지 못하는 일이 한두번이 아니었다"고 술회하고 있는 것이다. 역주 작업이 얼마나 어려운 일인가를 잘 일깨워주고 있는 이야기이다. 부분적이기는 하나 그 고된 노력의 결과물을 대할 수 있고, 또 많은 수의 관련된 개별 논고들을 찾을 수 있는 지금은 상황이 훨씬 나은 편이긴 하지만 작업의 어려움은 여전하다고 해도 아직까지 지나친 말은 아니라는 생각이 많이 든다.

　이 책자의 내용 중에는 잘못 파악했거나 오류를 일으킨 부분도 다소간에 있으리라고 본다. 그같은 점들은 작업의 난해함과 더불어 필자의 생각도 짧았던데 기인하는 소치로 돌리고 寬恕하여 주기 바란다.

　시장성이 별로 없어 보이는 이 책자를 기꺼이 맡아 출판해준 경인문화사의 담당자들에게 이 자리를 빌어 감사의 뜻을 표하여 둔다.

2012년　3월

저 자

차 례

『고려사』 선거지의 구성과 내용 및 성격

Ⅰ. 서 언

『高麗史』는 「前代의 역사를 修撰하는」 規例에 따라 조선조가 개창된 직후부터 작업에 착수하여 많은 우여곡절을 겪은 끝에 文宗 원년(1451)에 이르러 완성을 본 고려시대에 대한 역사서이다. 이 일을 책임지고 추진 시킨 사람은 다 아는 대로 金宗瑞·鄭麟趾 등이었거니와, 논란을 거듭한 결과 紀傳體로 편찬하기로 결정이 되어 世家(本紀) 46권, 志 39권, 列傳 50권, 年表 2권, 目錄 2권 등 전체 139권에 달하는 史書를 세상에 내놓게 된 것이다.

그리하여 이 『고려사』는 編年體 사서인 『고려사절요』와 함께 고려시기 역사를 이해하는 데 기본적인 자료가 된다. 이러한 중요성 때문에 『고려사』는 그의 편찬 始末이나 구성과 내용·성격, 거기에 내포되어 있는 史觀 등 다양한 문제들이 이미 심도있게 다루어진 바 있다.[1]

『고려사』의 한 축을 이루는 志는 天文·曆·五行·地理·禮·樂·輿服·選擧·百官·食貨·兵·刑法 등 모두 12編目으로 구성되어 있다. 이들은 그 명칭으로도 짐작되듯이 각 방면의 제도와 문물·현상 등을 서술한 부분으로서, 지금으로 말하면 분류사에 해당하는 것들이다. 그러므로 각각의

---

[1] 李基白, 「高麗史 解題」, 景仁文化社 『高麗史』, 1972 ; 『韓國의 歷史認識』(上), 創作과批評社, 1976.
　　邊太燮, 『高麗史의 硏究』, 三英社, 1982.

편목에는 그와 관련된 자료들이 망라되어 있게 마련이며, 따라서 어느 분야를 고찰하려고 하던간에 먼저 해당 각 志를 살펴보지 않을 수 없게 된다. 한데 이 방면을 공부해본 사람이면 누구나 느끼듯이 그 내용들이 대체적으로 축약되어 간략하게 언급된 데다가 난해한 용어들이 많은 까닭에 이해에 큰 어려움이 따른다. 이런 점을 다소나마 완화시키기 위해 연구자들이 譯註를 곁들인 志 자체의 해명에 노력을 거듭하여 왔거니와, 그 결과 얼마의 성과를 올리기도 하였다. 그 대표적인 성과물의 하나가 李基白의 『고려사』 兵志에 대한 연구라 할 수 있을 듯싶지마는,[2] 이후에 도 눈여겨볼만한 연구물들이 근래까지도 계속 이어지고 있다.[3]

이같은 상황은 選擧志의 경우도 유사하였다. 그 선구는 金成俊으로,「高麗史 選擧(三) 譯註」라는 제목으로 『고려사』 권75, 選擧志 3 銓注條의 여러 항목들에 대한 번역과 註釋을 다섯 차례에 걸쳐 학술지에 발표하고 있는 것이다.[4] 이어서 邊太燮은 앞서 소개한 저서 가운데 「高麗史의 內容分析」에서 選擧志를 함께 다루고 있으며,[5] 또 許興植도 「選擧志 選場

---

2) 李基白, 「高麗史 兵志의 檢討」, 『震檀學報』 31, 1967 ; 『高麗兵制史研究』, 一潮閣, 1968.
李基白, 『高麗史 兵志 譯註一』, 高麗史研究會 , 1969.
3) 李熙德, 「高麗史 五行志 譯註」, 『東方學志』 85·87~89, 1994~96 ; 『高麗時代 天文思想과 五行說 研究』, 一潮閣, 2000.
朴宗基 등, 『譯註 高麗史 食貨志』, 정신문화연구원, 1996.
崔貞煥, 『譯註 高麗史 百官志』, 景仁文化社, 2006.
朴龍雲, 「高麗史 百官志의 特性과 譯註」, 『고려시대연구』 3, 2001 ; 『高麗史 百官志 譯註』, 신서원, 2009.
朴龍雲, 『高麗史 百官志 譯註』, 신서원, 2009.
蔡雄錫, 「高麗史 刑法志의 성격과 史料的 가치」, 『고려시대연구』 12, 2007 ; 『高麗史 刑法志 譯註』, 신서원, 2009.
蔡雄錫, 『高麗史 刑法志 譯註』, 신서원, 2009.
4) 金成俊, 「高麗史 選擧(三) 譯註(一)~(五)」 『湖西史學』 5·6, 1977·1978 및 『大丘史學』 19·22·23, 1981·1983.
5) 邊太燮, 「高麗史의 內容分析」 『高麗史의 研究』, 三英社, 1982, 84·85쪽.

의 分析」과6) 「高麗史 選擧志의 譯註 現況과 方向」을7) 통해 선거지 자체
를 검토한 위에 『고려사』 권73, 선거지 1의 첫머리에 실린 序文과 科目
1의 앞 부분 및 選場條를 譯註하여 역시 학술지에 발표하고 있다.8)

선거지에 대한 대략적인 해명과 함께 譯註 작업도 전체의 절반 가량
은 이미 이루어졌음을 알 수가 있는데, 그럼에도 이번에 새삼스레 붓을
든 것은 아직까지 역주가 미치지 못한 나머지 부분도 이미 이루어진 것
못지 않게 중요한 내용이라고 생각되는 데다가 앞서의 연구에 수정·보
완이 필요한 부분 또한 꽤 여러 곳이라 판단한 때문이다. 이같은 이야기
를 감히 할 수 있는 것은 전적으로 그 동안 이 방면에 관심을 가진 논자
들이 개별 논문을 통해 많은 내용을 밝혀준데 따른 것으로서, 필자 자신
그것들에 유의하면서 얼마 동안 보충 작업을 진행시켜 왔다. 이제 그 결
과를 내놓기에 앞서 역시 대부분 알려진 내용이긴 하지만 선거지의 구성
과 내용 및 성격 등에 대해 한번 더 살펴보는 기회를 갖고자 한다.

II. 선거지의 구성

『고려사』 선거지는 卷73(志27)으로부터 卷75(志29)까지 3권으로 구성되
어 있다. 그중 첫째 卷인 選擧志 1은 序文과 科目 1로 편성되었고, 과목
1은 다시 과거제 일반과 選場으로 짜여져 있다. 이들 가운데에서 첫머리
의 '序文'은 그같은 主題語가 붙어 있는 것은 아니지만 누구나 그점을
쉽게 알아볼 수 있는데, 學校와 科擧 및 銓注에 대해 간략하게 소개한데
이어서 그들 제도가 고려전기에는 잘 유지되었으나 무신집권기 이후 점

---

6) 許興植, 「選擧志 選場의 分析 −高麗禮部試登科錄의 作成과 관련하여−」 『高
麗科擧制度史研究』, 一潮閣, 1981 ; 『고려의 과거제도』, 일조각, 2005.
7) 許興植, 「高麗史 選擧志의 譯註 現況과 方向」 『고려시대연구』 4, 2002.
8) 許興植, 「高麗史 選擧志 譯註(1)∼(4)」 『고려시대연구』 6·9·11·13, 2004∼
2007.

차 문란해져 갔다고 지적하고, 끝으로 그 제도와 節目의 상세한 내용은 거의 유실되었으나 잠깐 史册에 나타난 것까지 채집하여 그 詳略에 따라 條目으로 나누고 종류끼리 모아서 선거지를 만든다고 기술하고 있다.

다음 科目 1의 처음 부분은 광종 9년에 과거를 최초로 실시한 것부터 시작하여 공양왕에 이르는 동안의 과거제 일반에 대한 기술로 되어 있다. 한데 그것은 이처럼 순서에 따라 王代別로 기술되어 있기는 하나 여기에는 과거의 課目과 시험의 실시 시기, 시험 방식, 응시 자격, 親試·覆試, 제도의 운영 등등 다방면에 걸친 내용들이 포함되어 있다. 그러므로 혹자는 이 부분에 대해 '沿革'이라는 주제어를 붙이고 있지마는,[9] 그보다는 '科擧制 一般'이라고 하는게 좀 나을 듯싶어 여기서는 그와 같이 쓰도록 하겠다. 이어지는 選場은 250여회에 걸쳐 실시된 과거의 시행을 왕대별로 정리해 놓은 항목이다.

다음 두 번째 卷인 選擧志 2는 科目 2와 學校로 짜여져 있다. 그중 科目 2는 1. 試官, 2. 崇獎의 典例, 3. 恩例, 4. 制科, 5. 武科, 6. 國子監試, 7. 國子試 試員, 8. 國子試之額, 9. 升補試로 구성되었는데 주제어의 명칭만으로 미루어서도 그 내용을 대략 짐작할 수 있으리라고 본다. 다만 제술과 등에 10회 - 대략 20년간 - 응시하고도 급제하지 못한 사람에게 은혜를 베풀어 합격시켜준 사례 등을 다룬 恩例나 고려인으로 宋나라와 元·明의 과거에 급제했거나 그와 관련된 사항을 다룬 제과, 入齋考試로 알려진 升補試 정도가 좀 낯설은 항목일 것 같다.

이어지는 學校條는 전반부의 경우 주제어가 없는 상태로 國子監과 東西學堂 등 官立의 교육기관에 대한 설명으로 되어 있다. 그에 비해 후반부는 私學이라는 주제어를 붙여 12徒와 관련된 내용을 싣고 있는데, 전반부는 이와 상대되는 교육기관에 대한 것이므로 '官學'이라는 주제어를 붙이는게 합당할 것 같다. 학교조의 구성은 관학과 사학의 두 항목으로

---

9) 許興植, 주 7) 논문 17쪽.

되어 있다고 보아도 좋다는 생각이다.

다음 세 번째 卷인 選擧志 3은 모두가 銓注에 관한 기사이다. 그리하여 그 세부 항목을 18개로 구성하였는데, 순서대로 나열하면 1. 選法, 2. 薦擧制, 3 考課法, 4. 守令의 選用, 5. 監司의 選用, 6. 宦寺職, 7. 限職, 8. 蔭敍, 9. 祖宗苗裔 蔭敍, 10. 功臣子孫 蔭敍, 11. 封贈制, 12. 添設職, 13, 役官制, 14, 鬻爵制, 15. 成衆官 選補法, 16. 事審官, 17. 其人, 18. 鄕職과 같다. 이들 가운데에서 환시직은 宦官들의 관직 참여와 관련된 내용을 다룬 항목이고, 限職은 신분상에 하자가 있는 경우 등에 入仕나 직위를 받을 때 여러 모로 제한하던 것을 말하는 것이다. 그리고 역관제는 私財를 써서 官費를 대던 門下錄事 등 특별한 직위에 있는 관원들에 대한 내용이고, 성중관 선보법은 內侍·茶房 등 국왕의 近侍職에 재임하는 인원들을 선발·보임하는 제도를 다룬 항목이며, 향직은 戶長·副戶長 등의 향리직과 함께 大匡·正匡 등 향리와 탐라의 왕족·여진의 추장 들에게 수여되던 향직을 다룬 부분이다. 그 나머지 항목들은 역시 명칭만 보아도 내용을 대략 짐작할 수 있는 것들이다.

이상『고려사』선거지의 체제와 그에 따른 구성을 간략하게 소개하였는데, 그같은 모습을 갖추는데 참고로 한 것은 무엇이었을까. 이점에 대해서는『고려사』첫 머리에 실려있는「纂修高麗史凡例」의 志 부분에서 다음과 같이 명확하게 밝히고 있다.

> 歷代 史의 志를 상고하면 각 時代마다 같지가 않다. 唐의 志에 이르러서는 事實로써 組織하여 篇을 만들었으므로 考覈하기가 어렵다. 지금 高麗史를 纂修함에 있어서는 元史에 準하여 條로 나누고 類를 모아서〔條分類聚〕보는 사람들로 하여금 쉽게 考覈할 수 있게 하였다.

「事實로써 組織하여 篇을 만든」唐의 志보다는 사람들이 考覈하기 쉽도록 條目으로 나누고 類型別로 모아놓는 형식을 취한『元史』에 준하여 纂修한다는 것이다. 志의 일부인 選擧志도 이 원칙에 의했겠는데 앞서 언급했듯 그의 序文에서 「잠간 史册에 나타난 것까지 채집하여 그 詳略에 따라 條目으로 나누고 같은 종류끼리 모아서〔條分類聚〕選擧志를 만든다」고 기술하고 있다 하였거니와, 이하 科目의 1·2, 學校·銓注와 그의 각 항목들에서 그점을 거듭 확인할 수 있다.

『元史』는 卷81(志31)로부터 卷84(志34)까지의 4권이 選擧志로 되어 있다. 그 가운데 선거지 1은 서문에 이어서 科目과 學校로 구성되었는데 科目에는 선거법의 제정에 이어서 「中書省 所定條目」과 「鄕試」·「會試」·「選考試官」 등등이 간략하게 기술되어 있고, 學校에도 「京師蒙古國子學」 이하 「擧遺逸」·「童子擧」 등이 소략하게 언급되고 있다.

選擧志 2는 銓法 上으로서 「凡怯薛出身」·「凡臺憲選用」·「凡選擧守令」· 「凡進用武官」·「凡入粟補官」·「凡蠻夷官」 등등이 하나하나 기술되고 있다. 이어지는 選擧志 3도 銓法 中과 下로 구성하여 전자에는 「凡遷調閩廣」·「凡遷調循行」·「凡文武散官」·「凡保擧職官」·「凡遷官之法」·「凡官員給暇」 등등이, 그리고 후자에는 「凡省部令史」 등등이 역시 하나하나 언급되고 있다. 選擧志 4는 考課條로서 「凡吏屬年勞差等」·「凡吏員考滿授從六品」·「凡官員致仕」·「凡封贈之制」 등등으로 구성되었다.

『元史』 선거지는 우선 이처럼 科目과 學校·銓法·考課의 네 항목으로 나뉘어져 있는데, 고과가 독립 항목이 되고는 있으나 그것은 넓은 의미에서 銓法條에 편입시킬 수도 있으므로 그렇게 본다면 선거지의 편제는 고려와 동일했다는 이야기가 된다. 그리고 그들의 소항목들도 대체적으로 조목별·유형별로 짜여져 있다. 결국 이같은 체제·구성이 『고려사』 선거지에도 그대로 반영된 것이겠다.

그렇지만 한편으로 그 내막을 들여다보면 『고려사』 선거지에서는 가장 큰 비중을 차지하고 있는 科目 부분이 여기서는 매우 간략한 정도로 그치고 있으며 學校條 역시 소략하기는 마찬가지이다. 아울러 소항목들의 경우 내용상으로 미루어 보더라도 鄕試·會試·考試官의 선택·遺逸의 천거·守令의 選擧·武官의 進用·入粟補官·職官의 保擧·官員 給暇·官員

致仕·封贈制 등등이 고려의 그것들과 합치되기는 하지만 그렇지 못한 항목이 몇배 더 많이 찾아진다. 역시 元나라와 고려는 정치체제·조직 면에서 차이가 현격했으므로 그로 말미암은 요인으로 짐작된다.『고려사』 선거지는 그체제나 형식에서는『원사』 선거지를 따랐다고 할 수 있으나 내용에서는 그렇지 않은 측면이 많았다고 이해되는 것이다.

『고려사』 선거지의 체제·형식과 내용을 함께 고려할 때 크게 도움을 받을 수 있는 것은『원사』 志를 찬수함에 즈음하여,「條로 나누고 件별로 배열하여〔條分件列〕열람자들이 쉽게 볼 수 있도록 한」「宋史의 志에 준하였다」는[10]『송사』 志(선거지)와, 또「宋初에는 唐制를 承襲하였다」고[11] 한 만큼『唐書』 선거지도 반드시 살펴야할 필요가 있다.『고려사』 선거지를 찬수할 때『원사』 志에 준했다고만 하였지만 실은 거기에『당서』 志(선거지)와『송사』 志(선거지)가 큰 영향을 미쳤음이 이처럼 확인되기 때문이다.

『宋史』 選擧志는 卷155(志108)로부터 卷160(志113)까지 6권으로 편성되어 있다. 그중 選擧志 1은 序文과 科目 上, 選擧志 2는 科目 下에다가 遺逸의 천거가 附載되었다고 밝혀놓고 있다. 결국 처음의 두 권이 科目으로 되어있는 셈인데, 序文에서는 貢擧와 學校·銓選에 대해 간략하게 언급하고 科目·學校試·銓法·補蔭·保任·考課의 6항목으로 選擧志를 만든다고 설명하고 있으며, 이어지는 科目 上에서 고려의 科目 1 科擧制 一般에서 다룬 것과 유사한 내용을 광범하게 기술하고, 科目 下에서 제도의 변천과 制擧·童子擧 등에 대해 차례로 언급하고 있다.

선거지 3은 學校試를 다룬 항목으로서 律學試 등도 附載하였다고 밝히고, 실제로 國子監과 그에 속한 國子學·四門學 등과 함께 律學·武學·算學·畵學之業·醫學들에 대해 하나하나 설명하고 있다.

선거지 4와 5는 銓法 上과 下를 다룬 항목이다. 그리하여 전자에서는

---

10)『元史』末尾「纂修元史凡例」.
11)『宋史』卷155, 志 108 選擧 1 序文.

무릇 入仕에 貢擧·奏蔭·攝署·流外·從軍 등이 있다는 설명에 이어서 「凡選人階官爲七等」·「凡改官留守」·「凡非登科及特旨者」·「其銓選之制」·「有議減任子者」 등등에 대하여 언급하고 있다. 그리고 下에서는 「遠州銓」·「補蔭」·「流外補」에 대해 다루었다. 이어지는 선거지 6은 保任과 考課 관계를 다룬 항목으로 되어 있다.

이같은 『宋史』 選擧志의 체제는 얼핏 보더라도 科目과 學校·銓法을 중심으로 하고 있음을 알 수 있다. 『원사』에도 드러났던 考課와 더불어 여기서는 保任 항목까지 따로이 편성되었으나 이들은 고려에서처럼 銓注(銓法)條에 편입시킬 수 있는 만큼 큰 줄기는 그러했다고 간주하여 무리가 없을 듯싶은 것이다. 그리고 소항목들 역시 대체적으로 「條分件列」의 취지에 맞게 짜여져 있음도 확인된다. 체제와 형식면에서는 『송사』 선거지 역시 『고려사』 선거지와 유사했다는 결론을 얻을 수 있는 것이다.

이와 함께 내용면에서도 두 선거지 사이에서는 『원사』 志에 비하여 훨씬 많은 합치점을 보이고 있어서 주목된다. 科目에서 분량뿐 아니라 내용면이 합치되는 바가 많고 學校 항목에서는 그러한 면이 더욱 두드러지고 있다.

물론 『송사』 선거지에서는 『고려사』 선거지에서 많은 紙面을 할애하고 있는 選場과 國子試之額 및 恩例 등의 소항목이 보이지 않고 私學 관련 역시 결여되고 있다. 그리고 銓法에서도 합치되는 부분이 상당수 눈에 띄기는 하나 그렇지 않은 곳이 적지 않고 또 宦寺職·役官制·成衆官選補法·事審官·其人·鄕職 항목 등등은 찾아지지 않는다. 이러한 차이는 여전히 두 나라가 역사적 배경을 달리하고 있었고 정치체제에서도 차이가 나게 마련인 만큼 그에 따른 결과로 생각된다.

다음 唐나라는 문물 제도 등에서 극성기를 이룩했던 왕조로서 주변과 그 이후의 여러 나라들에 커다란 영향을 미쳤음은 다들 알고 있는 바이거니와, 고려 역시 예외가 아니었다. 그리하여 『고려사』 선거지 序文에서조차 科擧와 學校 등에 있어 「대체적으로 그 法은 唐制를 채용하였다」

고 언급하고 있는 정도인 것이다.[12]

그렇지만『舊唐書』를 편찬할 때까지만 하여도 아직 志에 選擧條를 별도로 두지 않고 職官志에서 科業의 종류와 秀才科의 시험 과목 및 급제자에 대한 대우, 門資出身 등에 관하여 소략하게 언급하는 정도에 그치고 있다. 다만 그런 가운데에서 卷44, 職官志 3에서 國子監 등 학교제도를 비교적 자세하게 기록하고 있는 것은 주목할 필요가 있다.

그러다가『新唐書』의 편찬에 이르러 비로소 志에 選擧條를 설치하여 上(卷44)과 下(卷45) 두 권으로 편성하였다. 選擧의 '選'은 '가려 뽑는다'는 뜻이고, '擧'는 '들어 일으킨다'는 뜻이므로 결국 '選擧'는 '가려 뽑아서 일으켜 쓴다'는 의미가 되겠다. 역사적으로는 漢의「鄕擧里選」과 隋의 科目으로 選拔한다는「科選」에서 選擧와 科擧의 명칭이 유래한다는 설명이 있거니와,[13] 하여튼 전자의 경우 일정한 과제를 부과하여 시험을 치러서 가려 뽑고, 그리하여 선발된 인원을 들어서 쓰는데, 거기에는 먼저 교육이 뒤따라야 하게 마련이며, 그런 점에서 選擧志에는 科目(科擧)과 學校·銓法이 중요 내용이 되었고, 그런 취지를 담은 '選擧志'의 명칭을 정식으로 처음 채택한 史書가『신당서』인 것이다.

이렇게『신당서』에서는 選擧志 上과 選擧志 下를 두면서도 그 내용을 나타내는 科目이니 學校 또는 銓法 등의 호칭은 아직 붙이지 않았다. 하지만 그러면서도 선거지 上의 서문 부분에서「其科之目(科目)으로 秀才·明經·俊士·進士·明法·明字·明算·一史·三史·開元禮·道學·童子가 있었고, 明經의 구별로는 5經 … 三禮·三傳·史科가 있었는데 이것들은 歲擧하는 常選이다」라고 하여 사실상 科目이 科擧의 의미로 쓰이고 있음을 알 수 있다.

이어서 무릇 學科는 여섯으로〔凡學六〕모두 國子監에 예속하였다고 하면서 國子學·太學·四門學·律學·算學 등을 들고 있으며,「무릇 禮記·春

---

12)『고려사』권73, 志 27, 選擧 1 序文.
13) 許興植, 주 7) 논문 15·16쪽.

秋左氏傳을 大經으로 삼고」라 한데 연이어서 中經과 小經을 소개하고, 「凡秀才」에서 그의 시험 과목, 「凡明經」에서 시험 방식과 과목 등을 기술하고 있다. 그리고 「凡貢擧非其人者」에서 그들에 대한 처벌을 규정하고, 뒤이어 考課와 制擧 및 武擧 등에 대해 설명하였다.

다음 선거지 下에서 「凡選有文武」를 비롯하여 「凡官員有數」·「凡擇人之法有四」·「凡試判登科 謂之入等」·「凡出身」·「凡用蔭」·「凡秀才·明經」 등 급제자의 入仕·「凡弘文·崇文生」·「凡勳官選者」·「凡醫術·陰陽·卜筮·圖畵·工巧·造食·音聲·天文」·「武選」 등등에 대해 하나하나 차례로 기술하고 있다.

이로써 보건대 항목의 명칭을 붙이고 있지는 않지만 실제로는 科目과 學校·銓法에 대해 기술하고 있음을 어렵지 않게 알 수 있다. 그리고 앞서 소개한바 唐의 志는 「事實로써 組織하여 篇을 만들었으므로 考覈하기가 어렵다」고한 「纂修高麗史凡例」나 「纂修元史凡例」의 설명은 『舊唐書』의 경우 그런대로 납득이 가지만 『新唐書』의 경우는 그렇지 않아 『고려사』와 『원사』의 선거지나 『송사』의 선거지와 마찬가지로 「條分類聚」·「條分件列」의 원칙에 대체적으로 맞게 기술되고 있음도 확인된다. 하지만 『당서』에서 무엇보다 주목되는 것은 구성상의 내용에 있어서 『고려사』 선거지와 합치되는 부분이 가장 많다는 점이다. 이는 『고려사』 선거지 序文에서도 지적하고 있다고 위에서 언급하였거니와, 사실로써 거듭 확인이 되는 셈이다. 물론 당나라와 고려도 역사적 배경과 정치체제상에 차이가 있게 마련이었고 그에 따라 상호간에 빠진 항목이나 더 들어간 항목이 꽤 여럿 눈에 띄지마는 대체적으로 합치되고 있다는 것은 쉽사리 이해가 된다.

이상에서 『고려사』 선거지의 체제와 구성에 대하여 살피면서 그것에 영향을 미친 『당서』와 『송사』·『원사』의 선거지와도 간략하게 비교하여 보았다. 그 결과 체제의 큰 줄거리는 네 史書가 공통적으로 科目(科擧)과 學校·銓法(銓注)으로 되어 있었는데, 이점에서 『고려사』 선거지에 직접적인 영향을 준 것은 『원사』선거지였으나 그 연원을 거슬러 올라가면 『송사』와 그리고 다시 『신당서』까지 미쳐서 이들의 영향 역시 소홀히 할 수 없는 것이었다. 그리고 구성요소면에서는 『고려사』선거지에서도 언급하고 있듯이 가장 큰 영향을 준 것은 당나라의 제도였으며, 그를 이은 송나라와 다시 그 뒤를 이은 원나라의 그것에서도 찾아볼 수 있었다. 그렇지만 한편으로 당·송·원 사이가 그렇듯이 각 나라와 고려 사이에도 각각 역사적 배경과 정치체제·조직에 차이가 나게 마련이었고, 그에 따른 각 나라의 독자적인 요소도 적지 않게 눈에 띄었다. 이제부터는 그런 점에 유의하면서 『고려사』선거지의 구체적인 내용에 대해 알아보기로 하자.

Ⅲ. 선거지의 내용

『고려사』卷73인 선거지 1은 序文과 科目 1로 편성되었고, 다시 科目 1은 科舉制 一般과 選場으로 구성하였는데, 우선 序文은 그 취지에 맞게 學校와 科舉 및 銓注에 대해 간략하게 소개한데 이어서 入仕路로써 科目(科舉) 이외에 遺逸의 천거와 門蔭에 의한 敍用 등등이 있었다고 말하고 있다. 그리하여 이들 제도가 처음에는 잘 정비·운영되어 갔으나 武臣들이 집권한 이후 점차 문란해졌음을 기술하면서, 일시적으로 史冊에 나타나는 것들까지 採錄하여 자세하거나 간략하거나간에 그것들대로 條目으로 나누고 類型別로 모아서 選擧志를 만든다고 언급하고 있다.

다음은 과목 1로 이어졌는데, 형식은 광종 9년의 최초 科試 設行으로부터 공양왕에 이르기까지의 사안을 王代別로 정리하였으나 그 내용은 매우 다양하다. 즉, 구체적인 사항들을 보면 과거에서의 시험 課目과 그의 변천을 비롯하여 시험의 시행 날짜, 시험의 방식, 科試 설행의 간격, 科場別 시험 과목과 그의 변천, 親試·覆試의 시행, 科業別 응시 자격과 신분상의 제한, 응시생의 연령, 州縣別 응시자 數, 응시자에 대한 給暇, 국학생의 考藝試 성적과 응시절차, 응시 때의 行卷·家狀 제출, 糊名法·

封彌法의 시행 등등 과거제 운영과 관련된 전반적인 사항을 싣고 있는 것이다. 그러므로 소항목이 제시되어 있지 않지만 앞서 '科擧制 一般'으로 붙여 두는게 좋겠다는 의견을 피력한바 있다.

다음 科目 1의 두 번째 항목은 選場으로서 과거의 본고사인 禮部試(東堂試)의 선발에 관한 年代記이다. 그리하여 여기서도 광종으로부터 공양왕에 이르기까지 科試가 設行되는 年月과 고시관인 知貢擧·同知貢擧의 직위와 성명, 壯元及第者의 이름, 進士(製述科)와 明經科·雜科 등 각 科業別의 급제 인원수 등을 종합적으로 정리해놓고 있는 것이다. 이 選場條의 기록은 비교적 정확한 것으로 알려져 있다.[14] 그렇지만 몇몇 다른 자료들과 비교 검토한 결과 250회가 좀 넘는 설행 회수만 하더라도 그 자체에 누락의 여지가 보이기도 하고 恩賜 급제자를 뽑고 말았거나 국왕이 직접 九齋에 행차하여 親試를 시행한 경우 등을 어떻게 계산하느냐 등에 따라 숫자가 얼마간 달라질 수 있다. 뿐 아니라 지공거의 직위가 기재되지 않은 사례 역시 여럿 눈에 띄는가 하면 급제자 수를 과업별로 기록하면서도 한꺼번에 모아서 표시하거나 누락된 예도 있어서 전체 숫자를 파악하는데 애로가 없지 않다.[15] 이 부분은 명경과와 잡과의 경우 한층 심한데, 그럼에도『고려사』선거지의 소항목들 가운데 가장 많은 분량을 차지하고 있는 이 선장조의 기록은 고려시기 과거제의 실제와 그 운영 및 사회의 실상 등을 이해하는데 매우 귀중한 자료가 된다.

한데 이같이 중요성을 지니는 선장조가 중국측 史書의 선거지에서는 보이지 않는다. 이런 점에서『고려사』선거지의 한 특성을 찾을 수 있는 것은 아닐까 한다.

다음은 科目 2와 學校條로 편성된 選擧志 2의 내용인데, 그중 科目 2는 소항목이 모두 9개로서 그 첫 번째는 試官에 관한 것이다. 이 시관은

---

14) 許興植, 주 6) 논문.
15) 朴龍雲,「科試 設行과 製述科 及第者」『高麗時代 蔭敍制와 科擧制 研究』, 一志社, 1990, 325·326쪽.

본고사인 禮部試의 담당관을 말하는 것으로, 그들을 知貢擧·同知貢擧라 했는데 뒤에 考試官·同考試官 등으로 바뀌기도 했다는 사실과 함께 이들 주관하의 試題 출제와 채점까지의 과정 및 시험을 주관한 座主·恩門과 그 예하에서 급제한 門生과의 관계 등이 서술되어 있다. 그러나 지공거는 二府의 관원이, 그리고 동지공거는 卿·監이 맡았다는 설명은 사실과 어긋나는 점이 많아[16] 주의할 필요가 있는 대목도 눈에 띈다.

두 번째의 崇獎之典은 급제자들에게 글자 그대로 崇獎하는 뜻에서 釋褐케 하거나 衣酒를 내리고, 登科田의 지급과 3子 등과자의 母에 대한 賜米 규정 등의 제정, 영광스런 成行(綴行)의 행사 등에 대한 소개이다. 이에 비해 세 번째의 恩例는 進士·明經에 10번 응시하는 – 대략 20년 – 꾸준한 노력에도 불구하고 급제하지 못한 응시자에게 은혜를 베풀어 급제를 賜與한 恩賜 등에 관한 기록으로, 이 역시 중국측 史書에서는 찾아볼 수 없는 항목이어서 주목된다.

네 번째 항목 制科는 고려인으로 宋과 元, 그리고 명나라의 과거에 응시하거나 그 결과 급제한 인원들에 대한 기록이다. 저들 나라에서는 制擧(制科)라 하여 특출한 인물을 얻기 위해 천자가 직접 시험하여 뽑는 제도가 있었거니와,[17] 고려의 제과 출신은 바로 그같은 시험에 합격한 사람인 셈으로서, 저들의 制擧와 고려의 制科는 의미가 조금 달랐다. 이어지는 다섯번째의 武科는 여말에 이르러 시행하자는 논의가 이루어지고 있으나 곧 나라가 終焉을 고하므로 별다른 의미를 부여하기는 어렵다.

다음의 國子監試와 國子試 試員·國子試之額 등 세 항목은 모두가 國子監試(國子試)와 관련된 것들이다. 종래 국자감시는 국자감에 들어가기 위한 입학시험으로 이해하는 견해와 과거의 예비시험이라는 의견으로

16) 崔惠淑, 「高麗時代 知貢擧에 대한 硏究」, 『崔永禧華甲紀念 韓國史學論叢』, 탐구당, 1987.
17) 『新唐書』 권44, 志 34 選擧 上 序文·『송사』 卷156, 志 109 選擧 2 科目 下.

엇갈려 오다가 지금은 후자 쪽으로 대략 결론이 나 있지마는,[18] 이곳의 국자감시 항목은 그것이 成均試 또는 南省試 등으로도 불리었다는 사실과 그 시험과목에 대한 내용으로 채워져 있다. 그리고 國子試 試員은 거기에 3품 이하관이 임명되었다는 것과 그 책임을 맡았던 관원이 試題를 잘못 내거나 부당하게 운영한 사례를 거론하고 있으며, 國子試之額條는 국자감시의 選場에 해당하는 항목이다. 그리하여 이들 중 특히 후자에는 당해 시험이 시행된 王代別 年月과 시험관의 직위와 성명, 수석 합격자의 이름, 합격한 인원수 등이 科目 2의 어느 항목보다 많은 쪽수에 걸쳐 실려 있으며, 따라서 그 역시 국자감시를 이해하는데 귀중한 사료가 된다. 하지만 이 항목 또한 중국측의 선거지에서는 찾아볼 수가 없다는 점에서 유념해둘만한 사안 가운데 하나이다.

마지막 아홉 번째의 升補試는 睿宗이 관학 진흥책의 일환으로 국학내에 설치한 7齋의 齋生을 뽑는 入齋考試라 함은 앞서 언급한 바와 같다.

다음 學校條는 官學과 私學의 두 항목으로 구성하였는데, 전자에서는 중앙의 國子監(뒤의 成均館) 편제인 國子學·太學·四門學과 律學·書學·算學 등 京師6學이 중심으로서, 이곳에의 입학자격과 교수직·수학과목 등을 규정한 學式도 비교적 자세하게 기술되어 있다. 이 이외에 예종조에 이르러 국학 내에다가 儒學齋와 함께 武學齋까지 설치하여 주목을 끌고있는 7齋와 元宗 때에 둔 東·西學堂도 중앙의 중요한 교육기관으로서 아울러 다루어졌다. 그리고 이들과 상대되는 지방의 경우 이미 태조 때에 西京에다 설치하는 學院을 비롯하여 각 州·郡·縣에 둔 학교들, 즉 鄕校들에 대해서도 주로 장학과 관련한 기사들이 상당수 실려 있다.

私學은 文宗朝에 수상까지 역임하고 물러난 뒤에는 九齋學堂을 설립하여 유학의 발전에도 커다란 공로를 세우는 崔冲의 侍中崔公徒, 곧 文憲公徒와, 그를 본받아 鄭倍傑이 세운 弘文公徒 등 전체 12徒를 다룬 항

---

18) 許興植, 「1377년 國子監試 同年錄의 分析」 『書誌學報』 17, 1996 ; 『고려의 과거제도』, 일조각, 2005.

목이다. 이 부분은 역시 중국측의 선거지에서는 볼 수 없을 뿐더러 우리
나라 사립대학의 시원이 되기도 하는 내용이라는 점에서 여러 모로 눈길
을 끄는 항목이 되고 있다.

다음 선거지 3은 사람의 됨됨이와 재능 등을 銓衡(銓選)하여 適材適所
에 배정(注擬)한다는 의미를 지닌 銓注 항목으로서[19] 18개의 소항목으로
구성되었다. 그 첫 번째인 選法은 都目政과 點奏·職牒의 賜給 등 각 관
원의 任免이나 승진 및 兩府·禁上職의 정원, 그리고 吏部·兵部 및 政房
등의 인사기구와, 이에 관련된 법제를 다룬 항목이다. 다음 두 번째의 薦
擧制는 「賢良」·「茂才」·「碩德」·「孝廉」 등으로 표현되었듯이 학식과 德
行·재능 등이 뛰어난 인사를 宰樞·臺諫·按廉使 등에게 천거토록 하여
특별히 등용하던 제도에 대한 기술이고, 세번째의 考課制는 관원들의 勤
慢과 勞逸·功過 등을 考査하여 黜陟시키는 제도와 관련
한 내용들이다. 이같은 제도·法制들에 이어서 守令과 그리고 監司의 選
用이 다루어지고 있지마는, 전자는 지방 하층 조직의 책임자였던 知郡
事·縣令 등을 총칭하는 말로 그들의 선발·등용에 관한 것이고, 후자는
南方 道의 장관인 按察使(按廉使·都觀察黜陟使)의 등용과 업무의 하나인 수
령에 대한 감찰과 함께 道의 장관으로서의 직무 및 그와 유사한 위치에
있던 察訪使·存撫使 등의 활동도 아울러 싣고 있다. 監司는 일반적으로
조선시대에 사용되던 명칭이고 고려 때는 거의 쓰여지지 않은 명칭인데
이처럼 붙인 것은 『고려사』 志의 주제어들이 사용된 기간에 관계없이 맨
마지막에 쓰인 호칭으로 붙이도록 했던 원칙과 관련이 있는 듯하다.

여섯 번째와 일곱 번째 항목인 宦寺職과 限職은 위에서 다룬 것과는
약간 성격이 다른 내용들이다. 즉, 전자의 환시는 宦官·宦者·閹人 등으
로도 불린 去勢된 남자들로 大殿이나 내전 등에서 傳命이나 잡역을 맡았
던 사람들인데, 이들이 자기네의 한정된 직위를 넘어 朝官으로 진출하는
문제 등을 주로 취급하고 있다. 그리고 후자는 신분에 하자가 있거나 사

---

19) 이정란, 「高麗史 選擧志 銓注條의 體制와 특징」 『韓國史學報』 44, 2011.

회적으로 천시되는 職役에 종사하는 樂工·雜路人·工人의 자·손과 상인의 子 및 大功親 등 근친을 犯嫁하여 출생한 者와 恣女의 子 등 예법에 어긋나는 행위와 관련된 부류들에게 入仕 그 자체나 하급의 직위를 받을 때에도 여러 모로 제한하던 내용에 대한 것이다.

다음 여덟 번째의 蔭敍와 이어지는 祖宗苗裔와 功臣子孫에 대한 음서 및 11번째의 封贈制도 유사한 부류의 항목들이다. 그중에서도 前3者는 대상만을 달리하고 있을뿐 동일한 제도로서, 일반 음서는 문·무 5품 이상을 지낸 고위관료의 자·손에게 벼슬을 주던 것을 말하며, 조종묘예 음서는 왕실의 후손들에게, 그리고 공신자손 음서는 공신의 반열에 오른 사람들의 자손에게 관작을 베풀던 제도를 말하는 것이다. 이 가운데에서 특히 일반 음서는 고려가 귀족사회임을 보여주는 한 논거로서 주목을 받고 있기도 하다.[20] 이에 비해 封贈制는 父·祖의 음덕에 의해 자·손이 벼슬을 받던 음서와는 좀 달리 관료 본인이나 그들 부·모·처에게 관직 또는 爵位와 外命婦 등을 封贈하는 제도였다. 이들 네 제도는 형식상으로는 항목을 달리하여 따로 정리되어 있지만 국가의 경사 등을 맞아 공신·관료 등에게 은택을 베푼다는 동일한 취지에서 마련된 것이었고, 그리하여 사실 이들은 대부분이 같은 날, 같은 敎書에서 공표된 사안들로 채워져 있다.

다음 12번째의 添設職은 공민왕 3년(1354)에 이르러 軍功者들에게 관직으로 상을 주기 위해 散職의 일종으로 추가하여 설치한 직위들에 관한 것이다. 이어지는 役官制는 시원은 분명치 않지만 아마 무신집권기 이후 官費에 해당하는 비용을 私財를 들여 충당하는 직위에 있거나, 많은 금품을 바치고 祭職에 오르는 사람들을 일컬어 역관이라 한 데서 생겨난 듯싶은 이 제도에 대한 간단한 내용이며, 鬻爵制는 國用의 부족을 보충

---

20) 朴龍雲, 「高麗 家産官僚制說과 貴族制說에 대한 檢討」 『史叢』 21·22 합집, 1977 ; 『高麗時代 臺諫制度 硏究』, 一志社, 1981.
　　金龍善, 「高麗 貴族社會 成立論」 『韓國社會發展史論』, 一潮閣, 1992.

하기 위해 글자 그대로 충렬왕 원년(1275)부터 몇 차례에 걸쳐 官爵을 판 것을 말하는데 다른 자료에서는 納粟補官이라 적고도 있다. 다음의 成衆官 選補法은 고려전기부터 국왕의 近侍職인 內侍·茶房 등을 成衆官이라 고 불러 왔었는데, 충렬왕 이후 몽고와의 관계가 긴밀해지면서 저들의 황제에 대한 宿衛와 近侍를 맡고 있던 愛馬와 결합되어 成衆愛馬가 생겨 나게 된다.[21] 이곳의 成衆官 選補法은 실은 이들 成衆愛馬의 選補와 관 련된 내용을 기술하고 있는 부분이다. 요컨대 이곳의 네 항목은 대체적 으로 고려 후·말기에 銓注가 문란해진 사실을 전하는 기사들이라는 공 통점이 있지만, 그러면서도 첨설직과 역관제처럼 중국의 제도와는 무관 하게 당시 고려의 상황을 반영하여 생겨난 것들도 별도의 항목으로 설정 하여 소개하고 있다는 점은 눈여겨볼만한 대목이다.

　다음의 事審官과 其人, 그리고 마지막 18번째인 鄕職도 유사한 경우 로서 주목된다. 즉, 사심관은 지방의 호족세력이 매우 큰 반면에 국왕과 중앙의 권력은 그만큼 한계가 있던 태조 18년 당시에 신라의 마지막 왕 인 敬順王 金傅가 降附해 오자 그를 慶州의 事審으로 삼고 副戶長 이하 의 관직 등에 관한 일을 맡게 한 데서 비롯하는 것으로, 이후 여러 공신 들도 그것을 본받아 각각 자기의 출신지역인 本州의 사심이 되어 그곳의 호족들-뒤의 향리-에 대한 통제·관리를 담당토록 함으로써 간접적으 로나마 지배력을 강화한 제도이며, 其人은 향리의 자제를 뽑아 京城에 머물도록 하여 인질로 삼는 한편으로 자기의 출신지역 일에 대하여 고문 에 대비케한 것을 말한다. 그리고 鄕職條에서 다루고 있는 大匡·正匡 등 의 향직은 실은 고려초기에 관인들의 공적 질서체계인 官階로 기능하다 가 成宗 14년에 이르러 鄕職化함으로써 비로소 성립된다. 그리하여 그것 은 長吏(鄕吏)와 함께 無官의 노인·武散階를 가진 자·軍人·胥吏·女眞의

---

21) 金昌洙,「成衆愛馬考-麗末鮮初 身分階層의 一斷面-」『東國史學』 9·10 합 집, 1966.
　　韓永愚,「朝鮮初期의 上級胥吏 '成衆官'-成衆官의 錄事로의 一元化 過程-」 『東亞文化』 10, 1971.

추장 등에게 수여하는 爵과 같은 의미를 지닌 조직으로 파악되고 있다.[22] 따라서 이것은 戶長·副戶長 등의 鄕吏職制와는 체계를 달리하는 것인데, 어떤 연유에서 그러했는지는 잘 알 수 없지만 이곳에 두 체계를 같이 싣고 있는 것이다. 사실 내용으로 본다면 향직조임에도 그에 관한 기사는 하나 뿐이고 대부분은 향리직의 성립과 정비, 그의 역할 등으로 구성되어 있다.

이상에서 科目(科擧)과 學校·銓注의 각 소항목들에 대한 내용을 극히 간략하게 살폈는데, 대체적으로는 특히 唐나라와 그리고 宋의 제도·법제를 모범으로 한 부분이 많았으나 매우 중요한 내용으로 생각되는 禮部試의 選場條와 國子監試의 선장조에 해당하는 國子試之額 항목 및 私學 항목이 『고려사』 선거지에만 실려 있어 주목되었다. 뿐 아니라 恩例와 宦寺職·添設職·役官制·事審官·其人·鄕職 항목의 내용 또한 고려 특유의 실정을 반영한 사안들로 되어 있다는 점도 눈여겨볼 대목이었다.

IV. 선거지의 성격

『고려사』는 조선초기의 편찬자들이 새로 쓴게 아니라 기존의 사료들을 정리하여 재구성한 자료집과 같은 것으로서, 여기에는 그들의 주관이 개입될 여지가 적었다고 할 수 있다. 물론 그런 가운데서도 자료의 取捨選擇과 기준의 문제가 없을 수 없는 만큼 거기에 어느 정도의 한계가 있게 마련이었겠지만 본질적으로 편찬에 있어 객관성을 담보할 수 있는 요건은 높은 편이었던 것이다. 『고려사』의 일부를 이루고 있는 선거지는 다시 말할 필요도 없이 이와 그 軌를 같이하는 것이며, 따라서 여기에서도 이점이 한 성격으로 지적되어 좋다는 생각이다.

다음 또하나 『고려사』 선거지의 성격으로 지적하지 않을 수 없는 것은 興亡史觀에 입각하여 편찬되고 있다는 점이다. 이 부분에 관한 단적

---

22) 武田幸男, 「高麗時代の鄕職」 『東洋學報』 47-2, 1964.

인 설명이 벌써 선거지 序文에서 찾아지거니와, 원래 法을 세우고 제도
를 정한 초기에는 양육하는 방책과 選取의 제도 및 銓注의 법이 정연한
게 조리가 있어서 여러 世代에 걸쳐 자손들이 그것에 의지하여 잘 유지
하였으므로 동방 문물의 번성함이 중국에 견줄만한 것이었다 한다. 그러
던 것이 무신집권기에 접어들어 權臣이 사사롭게 政房을 설치하여 인사
가 뇌물에 의해 이루어짐에 따라 銓法이 크게 무너지고 科目(科擧)에 의해
선비를 뽑는 제도 역시 문란해지게 되었으며, 이후 黑冊政事니 粉紅榜이
니 하는 비방들이 널리 퍼짐과 더불어 혼란이 확산되면서 고려의 王業도
마침내 쇠하여지게 되었다는 것이다. 그리고 이같은 설명의 실례는 選擧
志 3 銓注의 選法 항목 등 여러 곳에 그대로 드러나 있기도 하다. 이러
한 興亡史觀의 입장은 百官志를 비롯해 兵志·食貨志 등 어디에도 드러나
있는 공통점으로서 이미 여러 논자들에 의해 논급된 바 있거니와,[23] 선
거지의 경우도 예외가 아니었음이 확인된다고 하겠다.

　이어서 눈길을 끄는 또하나의 성격은 선거지의 독자성에 관한 것이
다. 이점에 대해서는 앞 대목을 설명하는 자리에서 이미 여러 차례 언급
한바 있거니와,『고려사』선거지는『원사』와 함께『당서』·『송사』선거
지에서 모범을 구한 만큼 그 체제나 구성·내용 등에서 많은 영향을 받고
있지만 구체적인 부분으로 들어가면 고려 나름의 실정에 따라 取捨 選擇
하거나 새로이 설정한 항목들도 상당수가 찾아지는 것이다. 저들에게서
는 보이지 않는 禮部試의 選場이나 國子監試의 國子試之額 및 官學에 상
대되는 私學 항목의 설치가 그 대표적인 예 들이다. 이외에도 恩例와 宦

---

23) 李基白,「高麗史 兵志의 檢討」『震檀學報』31, 1967 ;『高麗兵制史研究』, 一
　　潮閣, 1968.
　　邊太燮,「高麗史의 內容分析」『高麗史의 研究』, 三英社, 1982.
　　朴宗基,「高麗史 食貨志의 史料 性格」『譯註 高麗史 食貨志』, 한국정신문화
　　연구원, 1996.
　　朴龍雲,「高麗史 百官志의 特性과 譯註」『고려시대연구』Ⅲ, 2001 ;『高麗史
　　百官志 譯註』, 신서원, 2009.

寺職, 그리고 添設職·役官制·事審官·其人·鄕職 등등은 역시 저들의 구성·내용과는 거리가 있는 항목들이다. 뿐 아니라 항목이 같거나 유사하다 하더라도 내용에서 많은 차이가 나타나고 있거니와, 이것은 고려와 저들 나라 사이에 역사적 배경이 다르고 또 현실적인 정치체제 등에서도 많은 차이가 났던 만큼 그것은 어떻게 보면 당연한 결과라고 할 수 있다. 그렇지만 어떻든 우리들은『고려사』선거지를 이해함에 있어 이런 점 또한 염두에 둘 필요가 있는 것이다.

다음으로『고려사』선거지는 전반적인 면에서 볼 때에 비교적 성실하면서도 정확하게 편찬하려 했다고 평가하여도 좋지 않을까 싶다. 해당 자료들을 몇몇 다른 史書의 기록들과 비교하였을 때 그같은 면모가 드러나기 때문이다. 選場條의 경우 몇 번의 누락이 있었으리라는 지적에도 불구하고 250여 회에 걸치는 科試 상황이 차례대로 하나하나 정리되어 있는 것은 그러한 모습을 보여주는 대표적인 예가 아닐까 한다.

그렇지만 물론 그런 가운데서도 몇몇 하자는 찾아진다. 그 하나로 우선 宣宗 원년 11월의 判文에서 三禮業과 三傳業을 설명하면서는 專門(編業 또는 肄業)으로 하는 경전을 大經, 그 상대되는 것을 小經이라고 한데(선거지 1, 과목 1) 비해, 仁宗 14년 11월의 判文중 明經業試選式을 설명하는 자리에서는「小經은 業經을 말한다」고 하여(위와 같음) 대경과 소경을 이해하는데 얼마간의 혼란을 야기시킬 우려가 있다는 점이 지적될 수 있겠다. 그리고 禮部試 試官에 대한 元宗 14년 10월의 기사 가운데에「二府에서 知貢擧, 卿·監이 同知貢擧를 맡았다」(선거지 2, 凡試官)는 설명도 좀 문제가 있다. 二府, 즉 宰府와 樞府의 2품 이상관인 宰臣·樞密이 주로 고시관인 知貢擧를 맡은 것은 상당한 시일이 경과한 이후의 일이고 그 전에는 3품관인 尙書와 4품관인 翰林學士 등이 담당하는 예가 많았으며, 특히 부고시관인 同知貢擧는 諸寺·監의 卿·監이 아니라 中書門下省과 樞密院·尙書6部·翰林院·國子監 등의 3품 이하 관원들이 주로 맡은 사실이 확인되기 때문이다. 아울러 이들이 내용의 설명상 문제라면, 동일한

선거지 1, 과목 1 選場에서는 知貢擧와 同知貢擧의 성명과 함께 그들의
관직도 기록하는게 원칙이었던 것 같은데 그 후자가 표기되지 않은 경우
가 상당수 눈에 띄고, 급제자 수가 누락된 예도 보이며, 또 선거지 3 蔭
敍條의 경우에 特賜蔭敍에 관한 기록만을 싣고 어떻게 보면 이보다 훨씬
중요하다고 생각되는 일상적 내지는 정기적으로 시행되던 음서에 관한
기사가 전혀 실리지 않은 것 등은 편찬에 따른 한 문제점일 것 같다. 물
론 그렇게 된 까닭은 당시에 남아 있던 자료의 한계에 연유하는 바가 많
겠지마는, 어떻든 모두가 『고려사』 선거지의 성가를 더는 요인이 될 듯
싶다.

문제가 제기된 차제에 작은 것들이긴 하지만 한 두 가지 더 지적해
두도록 하겠다. 그 하나는 편찬 과정에서 부주의로 인해 누락시킨 내용
도 보인다는 것이다. 즉, 선거지 3 鄕職條 가운데, 顯宗 9년에 향리직의
정원을 제정하는 기사가 실려 있는데 그곳의 전체 문장 구성으로 보아
州府郡縣의 100정 이하 경우 司獄史가 누락된 것으로 판단되며, 東西諸
防禦使・鎭將・縣令官에서도 1,000정 이상의 경우 食祿史가, 100정 이하의
경우 역시 食祿史가 누락된게 거의 확실한 것이다. 그리고 文宗 23년 3
월에 향리들로 하여금 지방 州縣軍의 노동부대인 一品軍 장교들을 맡도
록 규정한 判文에서도 校尉의 경우 이곳 선거지에서는 兵正・倉正・戶正・
食祿正만을 들고 있으나 같은 내용을 전하는 『고려사』 권81, 兵志 1 兵
制 五軍에는 이들 이외에 公須正이 추가되어 있다. 선거지에서는 이 직
위를 누락시키고 있는 것이겠다.

문장 중에 誤字가 몇몇 눈에 띄는 것 역시 문제라면 문제라고 할 수
있겠다. 선거지 1의 첫 부분, 宣宗 원년 11월 判文에서 三傳業에 관해 설
명하는 가운데 「貼經十處」의 '貼'는 '貼'字의 잘못임이 그 하나이다. 그
이외에 선거지 3 가운데, 蔭敍 항목 仁宗 13년 윤2월의 판문에서는 「令
'史'同正」이 「令'中'同正」으로, 功臣子孫 蔭敍의 忠宣王 復位敎書에서는
「功勞旣'著'」가 「功勞旣'着'」으로, 役官制에서는 「權務'入'祿以上」이 「權

務'八'祿以上」으로, 동일한 역관제 공양왕 2년 6월 기사에는 「內'園'令·丞」이 「內'院'令·丞」으로, 鄕職의 현종 9년 기사에서는 「客'舍'史」가 「客'倉'史」로 잘못 표기되어 있기도 하다. 작은 과오들이지만 경우에 따라서는 내용 자체에 영향을 미칠 우려가 있는 부분도 없지 않아 함께 지적하여 둔다.

요컨대 『고려사』 선거지는 비교적 객관성이 높고, 興亡史觀에 입각하고 있다는 특징을 보이며, 또 중국측 史書에 영향을 받았으면서도 상당한 수준의 독자성도 지니고 있음을 확인 하였다. 아울러 전반적으로는 성실함과 정확성을 기하려는 면모가 드러나 있으나, 일면 사실과 어긋나는 설명이 눈에 띄는가 하면 좀더 보완이 가능할 듯싶은데도 그대로인채 남겨져 있는 부분이 찾아지며, 편찬 과정상의 잘못으로 인해 누락되거나 글자가 틀린 경우도 꽤 여럿인 허점도 있었다.

V. 결 어

이상에서 『고려사』 선거지의 체제와 구성 및 내용·성격 등에 대해 간략하게 살폈는데, 그 내용을 정리하면 다음과 같이 될 것 같다.

첫째로, 『고려사』 선거지는 科目(科擧)과 學校·銓注의 체제하에 科目은 科擧制 一般에 이어서 選場과 試官 등 모두 10항목으로 구성하고, 學校는 官學과 私學의 두 항목, 그리고 銓注는 選法·薦擧制 등 모두 18항목으로 편성하고 있었다. 이같은 체제와 구성은 『元史』와 함께 『唐書』·『宋史』에서 모범을 구한 것이지만, 구체적인 항목들의 경우 특히 『당서』의 영향이 컸음에도 불구하고 고려의 역사적 배경과 정치체제·조직 등이 저들과 차이가 나게 마련이었던 만큼 그것을 반영한 나름의 독자적인 항목들도 상당수 설정되고 있었다.

둘째로, 구성상의 차이는 곧 내용의 차이와 직결되게 마련이었다. 그리하여 특히 『고려사』 선거지에만 실려있는바 科擧의 禮部試에 관한 年

代記인 選場과 國子監試의 선장조에 해당하는 國子試之額의 내용은 당해 제도 자체의 이해에 매우 중요한 사항들이고, 學校 항목의 私學도 마찬가지로서 주목되는 부분들이었다. 아울러 銓注 부분의 宦寺職과 添設職, 그리고 役官制·事審官·其人·鄕職 등의 내용 역시 고려 특유의 실정을 반영한 것일뿐 아니라 비록 唐·宋의 항목과 같거나 유사하더라도 구체적인 내용에서는 여러 차이점을 찾아볼 수 있거니와, 이들은 모두가 고려시기 역사의 위치를 가늠해볼 수 있게 하는 사안이라는 점에서 염두에 둘 필요가 있었다.

셋째로, 『고려사』 선거지는 史料들을 정리하여 재구성한 자료집과 같은 것으로서, 取捨選擇 등의 문제에도 불구하고 비교적 잘 정비·운영되던 제도·법제가 문란해져 나중에는 결국 王業도 쇠하여지게 되었다는 興亡史觀에 입각하고 있으며, 唐·宋·元의 史書에 영향을 받은 점은 많으나 고려 나름의 실정을 반영한 부분도 적지 않아 독자성도 인정할만 하다는 점이 그 성격으로 지적될 수 있었다. 그리고 전반적으로 성실하면서도 정확하게 편찬하려한 측면은 엿보이지만, 한편으로 자료들 사이에 서로 어긋나거나 사실과 좀 다른 설명 등이 눈에 띄며, 내용의 누락이나 誤字 등도 얼마간 찾아지는 헛점도 확인되었다.

거듭 말하거니와 『고려사』 선거지는, 담고있는 科擧와 學校·銓注는 이를나위 없고 그와 관련된 여러 주제들을 이해하는데 매우 귀중한 자료가 된다. 그리하여 지금까지 그처럼 중요성을 지닌 이들의 구성은 어떠하였고, 내용은 무엇이었으며, 또 성격은 어떠 했는가 등에 대하여 알아본 것이 본고이지마는, 이 작은 글이 『고려사』 선거지의 개략을 이해하는데 조그마한 보탬이라도 되었으면 한다.

『高麗史』卷七十三 志 卷第二十七 選擧一

『고려사』 권73 지 권 제27 선거 1

正憲大夫·工曹判書·集賢殿大提學·知經筵

春秋館事 兼成均大司成 臣 鄭麟趾 奉敎修

1. 서문序文

原文 1-1. 三國以前 未有科擧之法 高麗太祖 首建學校 而科擧取士未遑焉 光宗 用雙冀言 以科擧選士 自此文風始興 大抵其法 頗用唐制

1-1. 3국 이전에는 아직 과거의 법이 없었고,[1] 고려 태조도 먼저 학교를 세웠으나[2] 과거로 선비를 취할 겨를이 없었다. 광종이 쌍기의 말을 채용하여 과거로써 선비를 뽑으니[3] 이로부터 문풍文風이 일어나기 시작하였는데, 대체로 보아 그 법은 거의 당나라 제도를 원용한 것이었다.[4]

註解 1-1-

-1) 三國以前 未有科擧之法: 우리나라에서 유학 등에 대한 실력을 시험하여 등급을 매겨서 관직에 나가게한 처음의 제도는 통일신라기인 元聖王 4년(788)에 國學 내에 둔 讀書三品科였다. 하지만 이것은 국학의 졸업시험과도 같은 것이어서 후대의 科擧와는 성격이 많이 달랐고, 또 당시는 骨品制社會였으므로 그 기능에 일정한 한계가 있었다.

-2) 高麗太祖 首建學校: 이 사실은 태조가 즉위 13년(930) 12월에 西京으로 행차하여 그곳에 「學校를 創置하였다」는 기사를 통해 확인할 수 있다[『고려사』 권1, 世家·同 권74, 선거지 2 學校·『고려사절요』 권1]. 그 학교의 명칭은 學院이었지마는, 그러나 당시 수도인 開京의 상황은 자료의 결핍으로 잘 알 수가 없는데 그런 가운데서도 논자들은 신라의 國學을 이은 국립대학 또는 元鳳省 등이 있어 교육을 담당했으리라고 보고 있다.

  ① 閔丙河, 「高麗時代의 敎育制度－特히 國子監을 中心으로－」 『역사교육』 2, 1957.
  ② 朴晴湖, 「高麗時代의 儒學發達과 私學十二徒의 功績」 『사총』 2, 1957.
  ③ 申千湜, 「高麗前期 學制 成立과 敎育理念」 『고려교육제도사연구』, 형설출판사, 1983.
  ④ 宋春永, 「高麗時代의 西京學校」 『대구사학』 28, 1985.
  ⑤ 朴贊洙, 「高麗前期 國子監의 成立과 興替」 『민족문화』 14, 1991 ; 『고려시대 교육제도사 연구』, 경인문화사, 2001.

-3) 光宗用雙冀言 以科擧選士 : 광종 때는 중국 5대의 마지막 왕조인 後周와 외교관계를 가지고 있었는데, 쌍기는 왕 7년에 온 저들 사절 중의 한 사람으로서 본국으로 돌아가지 않고 고려에 그대로 머물며 벼슬을 하였다. 이즈음

광종은 왕권의 강화를 위해 호족세력을 억누르는데 진력하고 있었거니와, 쌍기는 그에 적극 협조하여 그 일환으로 왕 9년(958) 5월 科擧制를 건의해 실시를 보게된 것이다. 우리나라에 과거제가 도입된 것은 이때부터인데, 처음에는 이처럼 문예나 유교 경전의 능력을 시험하여 그 성적에 따라 관인을 등용함으로써 정치적으로 큰 비중을 차지하고 있던 무훈공신들을 약화시키는 대신 군주에 대한 충성을 본분으로 하는 신진인사를 기용하여 왕권을 안정시키려는 목적에서였다. 과거제 도입의 전말에 대해서는 『고려사』권2, 世家 光宗 9년 夏5月條와 同 권73, 選擧志 1, 科目 1 光宗 9년 5월조·同 권93, 列傳 雙冀傳 및 『고려사절요』권1, 光宗 9년 夏5月條 등에 비교적 자세한 내용이 전한다.

① 金龍德,「高麗 光宗朝의 科擧制度 問題」『中央大論文集』 4, 1959.

② 姜喜雄,「高麗初 科擧制度의 導入에 관한 小考」『韓國의 傳統과 變遷』, 고려대 아세아문제연구소, 1973.

③ 朴菖熙,「高麗時代「官僚制」에 대한 고찰」『역사학보』 58, 1973.

-4) 頗用唐制: 고려에서 채택한 官制와 刑法을 비롯한 여러 제도는 唐나라에서 모범을 구하여 가져온 경우가 많았다. 과거제 역시 그 하나였다는 설명인데 실제로 그러하였다. 하지만 거기에는 唐制만이 아니라 宋나라나 심지어는 元나라와 관련된 제도가 없지 않았는가 하면 고려의 실정에 맞게 운영된 측면 또한 많았으므로 이같은 여러 요소를 감안한 이해가 필요하다.

原文 1-2. 其學校 有國子大學四門 又有九齋學堂 而律書筭學皆肄國子

1-2. 그 학교에는 국자(학)·태학大學·4문(학)이 있고[1] 또 9재학당이 있었다.[2] 율(학)·서(학)·산학도 모두 국자(감)에서 학습하였다.[3]

註解 1-2-

-1) 其學校 有國子·大學·四門: 고려 때의 국립대학을 國子監이라 하였는데 여기에는 국자학·태학·4문학 등으로 구분되는 3학이 있었다. 이들 구분은 그뒤 仁宗朝에 詳定된 學式에[『고려사』권74, 선거지 2 學校] 의하면 입학자격에 따른 것으로, 국자학은 문·무관 3품 이상의 자·손, 태학은 문·무관 5품 이상의 자·손, 4문학은 문·무관 7품 이상의 子 등으로 규정되어 있다. 하지만 논자들은, 이는 당시의 문신귀족들이 자신들의 특권을 보장하는 방향에서 국자감을 운영하고자 한 데서 마련된 것으로 실제에 있어서 그같은 규정이 이전부터 그대로 시행되어 왔을까에 대해서는 의문을 표하고 있다.

① 辛虎雄,「高麗中期 國學에 관한 小考-그 構成과 敎育課程을 中心으로-」『한국학논집』 2, 1982, 16쪽.
② 申千湜,「高麗中期 敎育理念과 國子監運營-仁宗代의 學式을 中心으로-」『明知史論』 창간호, 1983 ;『고려교육제도사연구』, 형설출판사, 1983, 105~107쪽.

-2) 又有九齋學堂: 文宗朝(1047~1082)에 이르러 國學의 부진과 더불어 12徒라 불리는 私學이 차례로 생겨나게 된다. 그중 가장 먼저 세워지고 또 활발한 활동을 벌인 것은 崔冲이 창립한 侍中崔公徒(文憲公徒)였는데, 여기서는 樂聖·大中·誠明·敬業·造道·率性·進德·大和·待聘 등의 9齋로 나누고 각각 전문강좌를 개설토록 하였으므로 그것을 가리켜 九齋學堂이라 하였다.
① 朴晴湖,「高麗時代의 儒學發達과 私學十二徒의 功績」『사총』 2, 1957.
② 朴贊洙,「私學十二徒의 變遷」『허선도정년기념 한국사학논총』, 일조각, 1992 ;『고려시대교육제도연구』, 경인문화사, 2001.

-3) 律·書·筭學皆肄國子: 고려 때는 조선에서와 달리 국자학·태학·4문학 등 儒學部와 律學·書學·筭學 등 기술학부가 京師6學으로서 모두 國子監(成均館)에 소속하였다. 그러다가 이들 양자가 분리되는 것은 麗末에 이르러서였다.
① 신천식,「高麗後期 學堂敎育과 十學」『고려교육사연구』, 경인문화사, 1995.
② 朴贊洙,「고려후기 國學의 변천」『고려시대 교육제도사 연구』, 경인문화사, 2001.

【原文】 1-3. 其科擧 有製述明經二業 而醫卜地理律書筭三禮三傳何論等雜業 各以其業試之 而賜出身 其國子升補試 亦所以勉進後學也

1-3. 그 과거에는 제술·명경의 두 업業과 의醫·복卜·지리·율·서·산·3례·3전·하론 등 잡업이 있었는데[1] 각각 그 업業으로 시험하여[2] 출신出身을 주었다.[3] 그 국자(시)·승보시도 역시 후학들을 면진勉進토록 하기 위한 것이었다.[4]

註解 1-3-

-1) 其科擧 有製述·明經二業 而醫·卜·地理·律·書·筭·三禮·三傳·何論等雜業: 고려 때의 과거에는 제술업·명경업과 잡업의 세 분야로 나뉘어져 있었다. 그중 잡업은 다시 의업·복업·지리업·율업·서업·산업·3례업·3전업·하론업 등으로 세분되어 있었는데, 제술업과 명경업이 兩大業이라 하여 잡업보다 훨씬 중시되었다. 여기서의 '業'은 '科'와 동일한 의미로서 당시에는 제술과·

명경과·잡과 등으로도 흔히 표기되었다.

-2) 各以其業試之: 제술업 또는 의업이면 각기 그 해당 업에 부과하기로 되어
있는 과목을 가지고 시험을 치른다는 뜻으로 해석된다. 각 科業에 부과된 과
목에 대해서는 뒤이어 기술이 나오므로[2-1 이하, 350쪽 이하] 그 자리에서 설
명토록 하겠다.

-3) 賜出身: 국가나 시기에 따라 얼마씩의 차이가 있었으나 통상적으로는 제술
과 같은 상급의 과업에 합격하면 及第, 잡과 같은 하급의 과업에 합격하면
出身 등으로 썼던 것 같다. 하지만 고려의 選場條[『고려사』 권73, 선거지 1]를
보면 그같은 구분을 두지 않고 모두 「賜及第」하였다고 기술하고 있다. 아마
고려에서는 出身과 及第를 동일한 의미로 쓰지 않았나 짐작된다. 여기서의
「賜及第」는 급제증서를 주었다는 뜻으로 생각된다.

① 許興植, 「高麗 科擧制度의 成立과 發展」, 『한국사연구』 10, 1974 ; 『고려의 과
거제도』, 일조각, 2005, 41·42쪽.

-4) 其國子·升補試 亦所以勉進後學也: 이곳의 國子試는 『고려사』 권74, 선거지
2, 科目 2 「國子監試」·「國子試試員」·「國子試之額」條에서 드러나듯이 국자감
시를 말하는 것으로, 이 시험의 성격에 대해 국자감에 들어가기 위한 입학
시험으로 이해한 논자도 있었으나,[①] 지금은 그렇게 아니라 앞서 여러 연구
자들이 주장해 온 것처럼 과거의 예비고사였다는 쪽으로[②] 대략 결론이 나
있는 상태이다. 이에 비해 升補試는 睿宗이 관학진흥책의 일환으로 국학 내
에 새로 설치한 7齋의 齋生을 뽑는 시험으로 알려져 있지마는,[③] 어떻든 이
들이 모두 後學들을 勉進시키는 기능을 하였으리라는 점은 충분히 짐작할
수 있는 일이다.

① 申千湜, 「高麗中期 敎育理念과 國子監運營 - 仁宗代의 學式을 中心으로 - 」, 『明
知史論』 창간호, 1983 ; 『고려교육제도사연구』, 형설출판사, 1983.
柳浩錫, 「高麗時代의 國子監試에 대한 再檢討」, 『역사학보』 103, 1984.

② 許興植, 「高麗 科擧制度의 成立과 發展」, 『한국사연구』 10, 1974 ; 『고려의 과
거제도』, 일조각, 2005.
朴龍雲, 「高麗時代 科擧의 考試와 體系에 대한 檢討」, 『한국사연구』 61·62,
1988 ; 高麗時代 蔭叙制와 科擧制 研究』, 일지사, 1990.
許興植, 「1377년 國子監試 同年錄의 分析」, 『書誌學報』 17, 1996 ; 위의 저서.

③ 許興植, 위의 1974 논문 ; 저서.

原文 1-4. 雖名卿大夫 未必不由科目進 而科目之外 又有遺逸之薦 門蔭之敍 成
衆愛馬之選補 南班雜路之陞轉 所進之途非一矣

1-4. 비록 명경名卿·대부라 하더라도 반드시 과목(과거)을 거쳐 진출하는
것만은 아니었으니[1] 과목 이외에 또 유일遺逸의 천거와[2] 문음門蔭에 의한
서용敍用,[3] 성중애마의 선보選補,[4] 남반·잡로雜路를 통한 승전陞轉[5] 등이
있어 (관리로) 진출하는 길이 하나만은 아니었다.

註解 1-4-

-1) 雖名卿·大夫 未必不由科目進: 여기서의 科目은 단순히 科擧를 말하거나 또
  는 科擧와 관련된 여러 항목이라는 의미로 쓴 것이다[①]. 그리하여 결국 이름
  을 드러낸 卿·大夫, 즉 고위 관원들도 반드시 科擧를 거쳐야만 했던 것은 아
  니라고 기술하고 있으나 이는 곧 科目(科擧)이 官途로의 진출에 있어 가장 중
  요한 방식이었다는 의미를 뜻하기도 하는 것이어서 주목된다.
    ① 許興植,「高麗 科擧制度의 成立과 發展」『한국사연구』10, 1974 ;『고려의 과
      거제도』, 일조각, 2005, 39·40쪽.
-2) 遺逸之薦: 학식과 덕행 등이 뛰어났으면서도 家勢가 미약하여 仕官치 못하
  고 있는 인물을 천거에 의하여 특별히 등용하는 제도를 말한다. 고려에서도
  일찍부터 이 제도를 시행하여 왔는데, 그러나 문벌적 기반 위에 서 있던 당
  시의 사회에서 그것이 본래의 취지대로 운용되기는 어려웠다. 천거제는 한
  미한 집안의 출신자도 없지 않았지만 대체적으로 貴族圈의 참여자를 대상으
  로 시행되었던 것 같다.
    ① 金翰奎,「高麗時代의 薦擧制에 대하여」『역사학보』73, 1977.
    ② 柳浩錫,「武人執權期 科擧制의 運營과 薦擧制」『전북사학』14, 1991.
    ③ 鄭求先,「高麗時代의 薦擧制-運用實態의 검토를 중심으로-」『국사관논총』
      98, 2002.
-3) 門蔭之敍: 고려 때 科擧와 相等할 정도의 관원들 入仕路로 커다란 기능을
  한 것은 가문의 蔭德에 따라 자손을 敍用하는 蔭敍制였다. 거기에는 5품 이
  상 고급관료의 자손을 서용하는 一般蔭敍와 공신 자손 및 왕실의 후손을 서
  용하는 음서 등 세 종류가 있었는데, 그 구체적인 내용은 뒤에 항목이 따로
  설정되어 있으므로[5-8, 466쪽] 거기에서 상론토록 하겠다.
    ① 金毅圭,「高麗朝蔭職小考」『柳洪烈華甲紀念論叢』, 서울대 출판부, 1971.
    ② 許興植,「高麗의 科擧와 門蔭과의 比較」『한국사연구』27, 1979 ;『고려의 과
      거제도』, 일조각, 2005.
    ③ 朴龍雲,「高麗時代 蔭叙制의 實際와 그 機能(上)(下)」『한국사연구』36, 37,
      1982 ;『고려시대 음서제와 과거제 연구』, 일지사, 1990.
    ④ 金龍善,「高麗時代의 蔭叙制度에 대한 再檢討」『진단학보』53·54 합집, 1982 ;
      『高麗蔭叙制度研究』, 일조각, 1991.

⑤ 盧明鎬, 「高麗時의 承蔭血族과 貴族層의 蔭叙機會」 『金哲埈華甲紀念 史學論叢』, 지식산업사, 1983.

-4) 成衆愛馬之選補: 고려전기에는 成衆官이라 일컬어지는 內侍·茶房 등의 近侍職이 설정되어 있었다. 이중 특히 내시에는 귀족의 자제들이 소속하여 국왕과의 잦은 접촉을 통해 고위직으로 올라간 사실이 알려져 있다.[1] 그뒤 몽고와의 관계가 긴밀하여지면서 저들의 숙위 임무를 맡은 愛馬와 고려의 성중관이 합하여져 成衆愛馬라는 칭호가 생겨나게 된 것 같다.[2] 그리하여 이 역시 관인 등용의 한 중요 통로로 구실하였다는 것인데, 따라서 이는 시기가 훨씬 뒤지는 몽고간섭기 이후의 사실을 중심으로한 설명으로 생각된다. 이 부분에 관한 구체적인 내용은 따로이 설정된 選擧志 3, 銓注 「成衆官選補之法」[5-15, 531쪽] 항목에서 찾아볼 수 있다.

① 金昌洙, 「麗代 內侍의 身分」 『동국사학』 11, 1969.
　　周藤吉之, 「高麗初期의 內侍·茶房と明宗朝以後의 武臣政權との關係－宋の內侍·茶房との關連において－」 『東方學』 55, 1977 ; 『高麗朝官僚制の研究』, 법정대학출판국, 1980.
　　金載名, 「高麗時代의 內侍－그 別稱과 構成을 중심으로－」 『역사교육』 81, 2002.
　　김보광, 「高麗前期 內侍의 構成과 役割」 『한국사학보』 13, 2002.
　　矢木毅, 「高麗時代の內侍と內僚」 『조선학보』 184, 2002.

② 金昌洙, 「成衆愛馬考－麗末鮮初 身分階層의 一斷面－」 『동국사학』 9·10 합집, 1966.
　　韓永愚, 「朝鮮初期의 上級胥吏 「成衆官」－成衆官의 錄事로의 一元化過程－」 『東亞文化』 10, 1971.

-5) 南班·雜路之陞轉: 남반은 王命의 전달과 殿中의 당직 및 조회에서의 儀衛 등을 맡은 內僚職으로 限品制의 제한을 받는 계층이었다.[1] 그리고 雜路 또한 말단 이속인 雜類의 仕路로서 이들도 品官線을 상한으로 하여 서리신분에 묶여있는 吏族層이었다.[2] 이들이 자기네의 신분적 제약을 벗어나 名卿·大夫와 같은 고위관료로 진출하는 것은 본래 불가능한 일이었는데, 이곳의 설명은 역시 관제와 더불어 신분제가 크게 문란해지는 고려후기의 사실을 두고 기술한 것인 듯하다.

① 曹佐鎬, 「麗代南班考」 『東國史學』 5, 1957.
　　李丙燾, 「高麗南班考」 『서울大論文集 人文·社會科學』 12, 1966.

② 洪承基, 「高麗時代의 雜類」 『역사학보』 57, 1973 ; 『高麗社會史研究』, 일조각, 2001.
　　오일순, 「雜類層의 성격과 雜類職의 雜色役化」 『高麗時代 役制와 身分制 變動』, 혜안, 2000.

原文 1-5. 原其立法定制之初 養育之方 選取之制 銓注之法 井然有條 累世子孫
憑藉而維持之 東方文物之盛 擬諸中華 自權臣私置政房 政以賄成 銓法大壞 而
科目取士 亦從而汎濫 於是 黑冊之謗 粉紅之誚 傳播一時 而高麗之業遂衰矣

1-5. 원래 그 법을 세우고 제도를 정한 초기에는 양육하는 방책과 선취
의 제도, 전주의 법이 정연한게 조리가 있어서[1] 여러 세대 동안의 자손
들이 그것에 의지하며 유지하였으므로 동방 문물의 번성함이 중국에 견
줄만한 것이었다. 권신이 사사롭게 정방을 설치한 때로부터 인사가 뇌물
로써 이루어져 전법이 크게 무너지고[2] 과목(과거)으로 선비를 뽑는 것도
따라서 문란하여졌다. 이에 흑책黑冊의 비방과[3] 분홍粉紅의 비난이[4] 일시
에 널리 퍼지면서 고려의 왕업王業도 드디어 쇠하여지게 되었다.[5]

註解 1-5-

-1) 原其立法定制之初 養育之方 選取之制 銓注之法 井然有條: 선거지는 크게 과
거제도와 교육제도 및 인사제도의 세 부분으로 구성되었는데, 그 각각에 科
目·學校·銓注라는 제목을 붙여놓고 있다. 여기서는 이들을 다시 選取·養育·
銓法으로 표현하고 있거니와, 고려전기에는 이들 제도가 整然하게 잘 정비
되어 있었다는 설명을 하고 있다.

-2) 自權臣私置政房 政以賄成 銓法大壞: 정방은 무신정권이 확립되는 崔氏執權
期에 들어와 그의 제2대 執政인 崔瑀(崔怡)가 私的인 인사담당 기구로 고종
12년(1225)에 자신의 집에다 설치한 것이다. 국가의 공적인 인사기구를 제쳐
놓고 자의적으로 인사를 처리한 것은 이미 崔忠獻 때부터 였지만, 최우는 그
조직을 정비하여 공식기구화하고 거기에 政房이라는 칭호를 붙이고는 政色
承宣 등의 요원도 두었던 것이다. 이에 따라 인사행정이 비정상적으로 이루
어질 수밖에 없었는데, 그점에 대해서는 뒤에 전주조(5-1-5, 371쪽)에서 좀더
자세하게 설명토록 하겠다.

① 金庠基, 「高麗 武人政治 機構考」『동방문화교류사논고』, 을유문화사, 1948.
② 金成俊, 「高麗政房考」『사학연구』13, 1962 ;『한국중세정치법제사연구』, 일
조각, 1985.
③ 金潤坤, 「麗末鮮初의 尙瑞司-政房에서 尙瑞司로의 變遷過程을 中心으로-」
『역사학보』25, 1964 ;『한국 중세의 역사상』, 영남대출판부, 2001.
④ 金昌賢, 「고려후기 政房의 구성과 성격」『한국사연구』87, 1994 ;『高麗後期
政房 硏究』, 고려대 민족문화연구원, 1998.

-3) 黑册之謗: 고려후기 인사행정의 문란상을 가리키던 말이다. 원래 黑册이란 어린 아이들이 두꺼운 종이에다 검은 칠을 하고 기름을 먹여 글씨 쓰는 연습을 하던 것이었다[『고려사』권75, 선거지 3, 전주 선법 충숙왕 16년 9월]. 한데 고려후기에 들어와 인사행정이 문란해지면서 국왕이 落點을 한 批目이 내려오면 권세를 가진 자들이 다투어 지우고 고쳐서 알아볼 수 없을 정도였으므로 당시 사람들이 그것을 黑册政事라 비방한 데서 유래하는 깃이다. 이 상황은 『고려사절요』권24, 충숙왕 16년 9월조에도 비교적 자세한 내용이 전하는데, 이어지는 銓注條[5-1-8, 379쪽]에서 다시 다루도록 하겠다.

-4) 粉紅之誚: 고려말기에 과거제의 운영이 문란하여졌음을 표현한 말이다. 구체적으로는 禑王 11년(1385) 3월에 尹就가 國子監試를 주관하면서 합격시킨 사람들이 모두 勢家의 젖냄새 나는 아동들이었으므로 그것을 가리켜 粉紅榜이라 기롱한 데서[『고려사』권74, 선거지 2, 科目 國子試試員;『고려사절요』권32] 유래하는 것으로, 이는 아동들이 분홍색 옷 입기를 좋아했기 때문에 그처럼 불렀다는 것이다.

  ① 許興植,「高麗 科擧의 應試資格」『고려과거제도사연구』, 일조각, 1981 ;『고려의 과거제도』, 일조각, 2005, 103쪽.

  ② 朴龍雲,「高麗時代 科擧의 考試와 體系에 대한 檢討」『한국사연구』61·62, 1988 ;『高麗時代 蔭叙制와 科擧制 硏究』, 일지사, 1990, 158쪽.

-5) 原其立法定制之初 … 高麗之業遂衰矣:『고려사』의 선거지 뿐 아니라 兵志·食貨志·百官志 등 諸志가 興亡史觀에 입각하여 편찬되었다는 점이 지적되고 있다. 선거지의 경우 그점을 잘 보여주는 것이 이 부분으로, 처음에는 科擧와 學校·銓注 등 여러 제도가 정연하게 갖추어 졌으나, 무신정권 때부터 문란하여지고, 이후 그같은 상황이 더욱 심화되어 마침내 나라가 쇠망하기에 이르렀다고 서술하고 있는 것이다.

  ① 李基白,「高麗史 兵志의 檢討」『震檀學報』31, 1967 ;『高麗兵制史硏究』, 一潮閣, 1968.

  ② 邊太燮,「高麗史의 內容分析」『高麗史의 硏究』, 三英社, 1982.

  ③朴龍雲,「高麗史 百官志의 特性과 譯註」『고려시대연구』Ⅳ, 2001.

原文 1-6. 其制度節目之詳 遺失殆盡 姑採見於史册者 隨其詳略 條分類聚 作選擧志

1-6. 그 제도와 절목의 상세한 것은 거의 모두 유실되었으나 잠깐 사책에 나타난 것까지 채집하여 그 자세함과 소략함에 따라서 조목으로 나누고 같은 종류끼리 모아서 선거지를 만든다.[1]

註解 1-6-

-1) 其制度·節目之詳 … 條分類聚 作選擧志: 『고려사』를 편찬한 조선초기에는
이미 선거지 관련의 자료가 대부분 유실되어 어려움이 많았음을 알 수 있다.
하지만 史書와 冊簿 등에 간간이 나타나는 자료들까지 두루 採集하여 條目
別로 나누고 같은 종류끼리는 한데 모아서 선거지를 만들었다고 설명하고
있다.

2. 과목科目 1 (과목科目은 과거科擧와 같은 의미임)

2-1. 과거제 일반科擧制 一般(광종光宗~공양왕恭讓王)

原文 2-1-1. 光宗九年五月 雙冀獻議 始設科擧 試以詩賦頌及時務策 取進士 兼
取明經醫卜等業 十一年只試詩賦頌 十五年復試以詩賦頌及時務策

2-1-1. 광종 9년 5월에 쌍기의 건의로 비로소 과거를 설치하고,[1] 시·부·
송 및 시무책으로 시험하여[2] 진사를 뽑았으며, 겸하여 명경업과 의업·복
업 등도[3] 뽑았다.[4]

11년에는 다만 시·부·송으로 시험하였다. 15년에 다시 시·부·송 및
시무책으로 시험하였다.[5]

註解 2-1-1-

-1) 光宗九年五月 雙冀獻議 始設科擧: 1-1-3), 27쪽 참조.
-2) 試以詩·賦·頌 及時務策: 이곳의 詩·賦와 頌 및 時務策은 과거를 실시한 초
기에 製述科의 本考試에서 부과하던 課目들이다. 이들 중 시·부는 오늘날의
문학에 가까운 과목이고, 頌은 창업주의 영웅적인 경륜이나 祥瑞로운 사실
을 찬미하는 글이며, 시무책은 時政의 得失을 논하면서 정책 방향을 제시하
는 형식의 글을 말한다. 이들 과목을 초기에도 얼마 뒤부터 시행하는 것과
마찬가지로 初場·中場·終場의 3장으로 나누어 부과했는지의 여부는 분명치
가 않다.

① 許興植, 「高麗 科擧制度의 成立과 發展」『한국사연구』10, 1974 ; 『고려의 과
거제도』, 일조각, 2005, 131~134쪽.

-3) 取進士 兼取明經·醫·卜等業: 고려 때는 進士라는 용어가 과거의 예비고시인 國子監試 합격자와 본고시인 禮部試 급제자에게 주는 칭호로서뿐 아니라 상당히 넓은 범위에 걸쳐 다양하게 쓰였다. 國子進士·太學進士·四門進士니 鄕貢進士·西京進士 또는 進士科 등에서 그점을 살필 수 있다. 아마 이들에게서 공통점을 찾는다면 進士는 製述科 과정에서 일정한 자격을 얻은 士에게 붙여진 칭호라는 부분일 것 같다. 그러므로 명경과나 의업·복업 등 잡과 출신자들은 進士가 될 수 없었을 것이다. 기록 가운데는 '明經進士'도 한 곳에서 찾아져 혼란이 없지 않으나 이는 옳지 못한 표기로 생각된다.

① 許興植,「高麗의 國子監試와 이를 통한 鄕史의 身分上昇」『한국사연구』12, 1976 ;『고려의 과거제도』, 일조각, 2005, 186~190쪽.

② 朴龍雲,「高麗時代 科擧의 考試와 體系에 대한 檢討」『한국사연구』61·62, 1988 ;『高麗時代 蔭叙制와 科擧制 研究』, 일지사, 1990, 140~142쪽.

③ 柳浩錫,「高麗時代 進士의 槪念에 대한 檢討」『역사학보』121, 1989.

④ 朴龍雲,「高麗時代의 科擧－製述科의 運營」, 위의 책, 209~212쪽.

-4) 光宗九年五月 雙冀獻議 … 兼取明經·醫·卜等業: 이 기사는 科擧가 처음으로 설치되어 시행하는 뜻깊은 내용이므로『고려사』世家와 列傳,『고려사절요』등에도 전해지고 있다. 다음의 기사가 그것들이다.

ㅇ(光宗)九年夏五月 始置科擧 命翰林學士雙冀 取進士 丙申 御威鳳樓 放榜 賜崔暹等及第(『高麗史』卷2, 世家)

ㅇ(光宗)九年夏五月 命翰林學士雙冀知貢擧 試以詩賦頌及時務策 取進士 御威鳳樓放榜 賜甲科崔暹等二人·明經三人·卜業二人及第 用冀議 初置科擧 自此 文風始興(『高麗史節要』卷2)

ㅇ九年始建議設科 遂知貢擧 以詩賦頌策取進士 甲科崔暹等二人·明經三人·卜業二人 自後屢典貢擧 獎勸後學 文風始興(『高麗史』卷93, 列傳 雙冀)

-5) (光宗)十一年 只試詩·賦·頌 十五年 復試以詩·賦·頌·及時務策: 과거 실시 2년 뒤에 과목중 시무책을 제외시켰다가 4년 뒤인 15년부터 다시 포함시키는 변천 과정을 보여주고 있다.

[原文] 2-1-2. 景宗二年 親試進士

2-1-2. 경종 2년에 진사를 친시하였다.[1]

註解 2-1-2-

-1) 景宗二年 親試進士: 親試는 글자 그대로 국왕이 친히 주재하는 科試라는 뜻

에서 붙인 명칭으로, 본래는 及第者들을 국왕이 재심하는 형식으로 시행되었다. 그리하여 이같은 형식을 취한 科試로 親試라고 칭한 것 이외에 이어서 설명하는 覆試와 殿試 등도 있었는데 실시하는 방식에 약간씩의 차이가 있었다.

친시로 표기된 것은 이곳 경종 2년의 시험이 처음이지마는, 뒤이은 選場條에 보면 「景宗二年三月 親試進士 賜甲科高凝等三人·乙科三人及第」라 표기하고 있어서[2-2-3-1), 88쪽] 이번의 시험은 及第者의 재심이 아니라 국왕이 終場을 주재한 科試였기 때문에 그처럼 쓴 듯싶기도 하나, 다시 試官條에는 이때 실제로 과거를 주관한 讀卷官을 따로 임명한 사실이 밝혀져 있어[3-1-2), 216쪽] 좀더 검토해볼 필요가 있을 것 같다. 이후 친시를 칭한 사례는 毅宗 6년과 忠烈王 6년·28년, 恭愍王 17년에도 보이는데, 전자는 常例의 과거 이외에 추가로 실시된 것이었고,[2-2-15-4, 140쪽] 충렬왕조의 두 차례는 문신을 대상으로 하는 시험이었으며,[2-2-22-4)·14), 181·186쪽] 공민왕 때의 것은 藝文館·春秋館·典校寺의 부족한 인원을 보충하려는 과거였다.[2-2-29-7, 201쪽]

① 柳浩錫, 「高麗時代의 覆試」, 『全北史學』 8, 1984.
② 許興植, 「高麗의 科擧와 門蔭과의 比較」, 『한국사연구』 27, 1979 ; 『고려의 과거제도』, 일조각, 2005, 292쪽.
③ 朴龍雲, 「高麗時代 科擧의 考試와 體系에 대한 檢討」, 『한국사연구』 61·62, 1988 ; 『高麗時代 蔭叙制와 科擧制 硏究』, 일지사, 1990, 199쪽.

原文 2-1-3. 成宗二年 始臨軒覆試 然不爲常例 親試覆試例用詩賦 六年除頌 試以詩賦及時務策

2-1-3. 성종 2년에 처음으로 대청마루에 임석하여 복시하였으나, 그러나 상례로 삼지는 않았다. 친시·복시는 관례상 시·부로써 하였다.[1)]

6년에 송을 제외시키고 시·부 및 시무책으로 시험토록 하였다.[2)]

註解　2-1-3-

-1) 成宗二年 始臨軒覆試 然不爲常例 親試·覆試例用詩·賦: 국왕이 친히 임석하여 시험을 하되, 이미 본고사인 禮部試에 及第한 進士를 대상으로 재심하는 형식을 취한 覆試는 이번 성종 2년(983)의 시행이 처음이었다. 그리하여 이후 예종 15년의 시험을 마지막으로 하여 폐지되기까지 35회가 시행되었다. 이같은 복시는 어진 사람을 공정한 방법으로 선발한다는 의미와 함께 국왕이 과거에 개입하여 고시관을 견제함과 동시에 왕권을 강화한다는 뜻도 지닌

것이어서 정치적 사회적 의의도 적은게 아니었다.

그러나 이 복시는 통상적으로 進士及第者만을 대상으로 하였고, 그리하여 이들의 급제 순위를 결정하는 수준의 것이었다. 이때 그 과목은 詩·賦였으며, 또 언제나 시행하는 常例的인게 아니었다. 참고로 광종 때부터 예종 15년까지 89회의 과거가 있었으므로 복시의 실시율은 약 25%가 된다.

이런 점에서 복시의 제도가 지니는 일정한 제약 같은 것도 염두에 두어야 할 듯 싶지만, 한편으로 문종 19년에 시행한 科試가 복시 과정에서 취소된 사례가 보인다[『고려사』권74, 선거지 2, 科目 2 恩例][3-3-3-1), 240쪽]. 그런가 하면 예종 10년의 과거에서는 성적의 사정이 잘못되었다는 낙방자들의 호소를 받아 들여 복시를 실시, 정규 숫자보다 많은 급제자를 내고 있고[『고려사』권73, 선거지 1, 科目 1 選場][2-2-13-7), 126쪽], 이듬해에 시행한 과거의 복시에서는 進士 24인 이외에 전 해에 낙방한 사람과 8번 응시하고도 급제하지 못한 사람 등등을 포함시켜(위와 같음)[2-2-13-8), 126쪽] 복시의 응시자에 예외를 두기도 했음을 살필 수 있다. 복시제도의 평가에는 이런 여러 측면을 아울러 감안해야 할 것으로 생각된다.

① 柳浩錫, 「高麗時代의 覆試」『全北史學』8, 1984.

② 許興植, 「高麗 科擧制度의 成立과 發展」『한국사연구』10, 1974 ; 『고려의 과거제도』, 일조각, 2005.

③ 趙東元, 「麗代 科擧의 豫備考試와 本考試에 對한 考察」『圓光大 論文集』8, 1974.

-2) (成宗)六年除頌 試以詩·賦·及時務策: 성종 6년(987)은 후삼국을 통일한 때로부터도 반세기여가 지난 시기이므로 창업주의 영웅적인 경륜 등을 찬미하는 글인 頌을 계속하여 科試 課目으로 두어야할 필요성이 적어졌던 것 같다. 그러므로 이때부터 그 과목을 제외시키고 있다.

① 許興植, 위의 논문 ; 저서 131쪽.

原文 2-1-4. 穆宗七年三月 改定科擧法 先時 每春月試取 秋冬放榜 至是定 以三月開場鎖闈 貼禮經十條 明日試詩賦 越一日試時務策 至十日 定奏科第 乃開鎖 其明經以下諸業 上年十一月畢選 與進士同日放榜

2-1-4. 목종 7년 3월에 과거법을 개정改定하였다. 이에 앞서서는 늘 춘월(1·2·3월)에 시험하여 뽑고 가을·겨울(7~12월)에 방방(발표)하였었는데, 이때에 이르러 정하기를 3월에 과장科場을 개설하여 문을 폐쇄하고는, (1일에) 예경禮經 10조를 첩경貼經으로 (시험하고), 다음 날에는 시·부를 시험하

며, 하루를 지나 시무책을 시험하고, 10일이 되어서 과등科等을 정하여 아뢰고 문을 열도록 하였다. 그 명경 이하 여러 업(잡업)은 전년 11월에 선발을 마치고 진사와 같은 날에 방방(발표)토록 하였다.[1]

註解 2-1-4-

-1) 穆宗七年三月 改定科擧法 …上年十一月畢選 與進士同日放榜: 거의 동일한 기사가 『고려사절요』 권2에도 전하는데, 목종 7년(1004)에 이르러 과거의 시기와 과목·절차 등이 크게 고쳐진 사실을 알 수 있다. 즉, 시기에 있어서는 시험 날짜와 발표일이 재조정됨과 동시에 제술과와 명경과·잡과의 시험 날짜도 분리된 사실이 주목되며, 과목에서는 제술과의 경우 禮經 10조가 추가된 사실 역시 확인된다. 이 예경 10조는 經書의 본문 또는 註疏를 한 행만 남겨놓고 앞뒤를 덮은 위에 또 그 한 행 중의 몇 글자를 덮고 알아맞추게 하는 貼經(帖經)의 형식으로 시험하고 있지마는, 나머지 시·부와 시무책은 필기시험이었다. 그리하여 이들 과목을 날짜를 달리하여 세 차례, 즉 초장·중장·종장으로 구분하여 실시하고 있어서 이때부터는 3場連卷法이 적용된 사실 또한 분명하게 알 수가 있다.

  ① 趙東元, 「麗代 科擧의 豫備考試와 本考試에 對한 考察」 『圓光大 論文集』 8, 1974.

  ② 許興植, 「高麗 禮部試의 諸業別 出題와 及第者의 進出」 『백산학보』 20, 1976 ; 『고려의 과거제도』, 일조각, 2005, 126·127쪽.

  ③ 朴龍雲, 「高麗時代의 科擧–製述科의 運營」 『高麗時代 蔭叙制와 科擧制 研究』, 일지사, 1990, 251·257·258쪽.

原文 2-1-5. 顯宗元年四月 國子司業孫夢周奏 只試詩賦 不試時務策 二年禮部侍郎周起奏 定糊名試式 八年十月判 東堂監試給暇 兩大業試前三朔 醫卜律書業二朔 筭業一朔 十年六月翰林學士郭元奏 除對策 試以論 必用禮記中義爲題 十五年十二月判 諸州縣 千丁以上歲貢三人 五百丁以上二人 以下一人 令界首官試選 製述業則試以五言六韻詩一首 明經則試五經各一机 依例送京 國子監試 入格者許赴擧 餘並任還本處學習 如界首官貢非其人 國子監考覈科罪

2-1-5. 현종 원년 4월에 국자사업인 손몽주가 아뢰어 다만 시·부로서 시험하고 시무책은 시험하지 않도록 하였다.[1]

  2년에 예부시랑인 주기가 아뢰어 호명糊名 시식試式을 정하였다.[2]

8년 10월에 판判하여, 동당東堂 감시監試 때 휴가를 주는데, 양대업兩大業
은 시험 전 3개월, 의업·복업·율업은 2개월, 산업算業은 1개월로 하였다.[3]

10년 6월에 한림학사인 곽원이 아뢰어 대책을 제외시키고 논論으로 시
험하되 반드시 예기 가운데에서 경의經義로 주제를 삼게 하였다.[4]

15년 12월에 판判하여, 여러 주·현중 1,000정 이상은 그 해에 3인을
공거貢擧하고, 500정 이상은 2인, 그 이하는 1인으로 하였다. 계수관으로
하여금 뽑게 했는데, 제술업은 5언6운시 1수로 시험하고, 명경업은 5경
을 각각 1궤씩 시험하여 예에 의거해 수도로 보내도록 하였다. (그러면)
국자감에서 다시 시험하여 합격에 든 자는 공거에 나가는 것을 허락하
고, 나머지는 모두 뜻에 따라 본처本處로 돌아가 학습하게 하였으나, 만
약 계수관이 합당치 못한 사람을 공거했을 때는 국자감에서 고핵하여 죄
를 주도록 하였다.[5]

註解 2-1-5-

-1) 顯宗元年四月 國子司業孫夢周奏 只試詩·賦 不試時務策: 손몽주는 바로 이
  해의 과거에서 책임자인 知貢擧를 맡았던 사람으로[『고려사』 권73, 선거지 1, 科
  目 1 選場], 이때 시험 과목중 시무책을 제외시키고 詩·賦만을 보도록 바꾸고
  있다. 하지만 당시가 3장연권법을 시행하고 있던 시기임을 감안할 때 종래
  의 과목중 시무책만을 제외시키고 禮經 10條는 그대로 부과했다고 이해하는
  게 옳을 것 같다. 아마 이때부터 예경 10조와 시·부를 3장으로 나누어 실시
  했던 듯하다. 당시 손몽주의 직위인 국자사업은 국자감의 종4품 벼슬이다.
    ① 許興植,「高麗 禮部試의 諸業別 出題와 及第者의 進出」『백산학보』 20, 1976 ;
      『고려의 과거제도』, 일조각, 2005, 126~129쪽.
    ② 朴龍雲,「高麗時代의 科擧 – 製述科의 運營」『高麗時代 蔭叙制와 科擧制 研究』,
      일지사, 1990, 251~253쪽.
-2) (顯宗)二年 禮部侍郎周起奏 定糊名試式: 糊名法은 채점시에 공정을 기하기
  위해 당해자의 이름과 4祖 등의 부분에 풀로 종이를 붙여 가리는 제도를 말
  한다. 해당 부분을 접어서 가리는 封彌法도 유사한 제도였거니와, 그 '試式'
  의 '式'은 律令格式의 式으로 法이라는 뜻이다. 糊名하고 시험하는 법이란
  의미이겠다. 이 제도를 건의한 周起의 직위인 예부시랑은 정4품 벼슬이다.
    ① 朴龍雲, 위의 논문 259~261쪽.
    ② 許興植,「『高麗史』 選擧志 譯註(1)」『고려시대연구』 Ⅵ, 2004, 40 ~41쪽.

-3) (顯宗)八年十月判 東堂·監試給暇 兩大業試前三朔 醫·卜·律·書業二朔 筭業一朔: 判은 절차를 거쳐 최종적으로 결정하여 王命으로 判示한다는 의미를 지닌 것으로 생각된다. 이번의 내용은 과거 응시자들에게 휴가를 얼마 동안 줄 것인가에 관한 判示인데, 실은 그 과거의 명칭이 「東堂監試」로 표기되어 있어 종래 얼마간의 문제가 되어 왔다. 혹자는 東堂監試 자체를 과거의 本考試로 이해한데[1] 비해, 그렇게 아니라 東堂과 監試로 분리시켜 파악해야 하며, 그러할 때 전자가 본고시이고 후자는 예비고시를 뜻했다는 異見이 제기된[2] 것이다. 이에 비해 한편으로 그냥 監試라고만 표기한 경우는 과거의 예비고시로 볼 수 있지만 國子監試의 사례는 국자감에의 입학자격시험을 뜻했다고 하여[3] 의견이 다양한데, 그러나 지금은 東堂監試의 監試나 國子監試의 監試 및 그냥 監試라고 나오는 어느 경우이든 그것은 예비고사였다는 쪽으로 견해가 접근되어 있는 듯하다.[4] 그렇다면 예비고시만을 위한 給暇란 상정하기 어려우므로 이곳의 동당감시는 역시 후자의 이해처럼 분리시켜 보는 게 옳지 않을까 싶다. 따라서 이번의 규정은 하급관리나 서리·국자감생 등이 과거에 응시할 때 예비고시와 본고시를 합쳐 그 기간에 주는 휴가의 일수를 정한 것이며, 그 내용인즉 가장 중시하는 양대업(제술업·명경업)의 경우 3개월, 잡업 가운데 의업·복업·율업은 2개월, 산업은 1개월을 주도록 하고 있는 것이라 하겠다. 단, 명칭 가운데 지금 주제가 되고 있는 東堂監試는 東堂과 監試로 분리시켜 파악하는게 옳은 방향이기는 하나, 혹 '東堂의 監試' 즉 '科擧의 監試'와 같이 써서 단순히 監試를 뜻하는 경우도 없지 않은 듯싶어 이 자리를 빌어 전체 사례를 무작정 「東堂·監試」로만 해석했던 나의 견해만은 수정하여 둔다.

① 曹佐鎬, 「麗代의 科擧制度」『歷史學報』10, 1958.

② 朴龍雲, 「高麗時代 科擧의 考試와 體系에 대한 檢討」『한국사연구』61·62, 1988 ;『高麗時代 蔭叙制와 科擧制 研究』, 일지사, 1990, 125~132쪽.

③ 柳浩錫, 「高麗時代의 國子監試에 대한 再檢討」『歷史學報』103, 1984.
申千湜, 「高麗中期 敎育理念과 國子監運營 - 睿宗의 敎育改革을 中心으로 - 」『高麗敎育制度史研究』, 형설출판사, 1983, 57쪽.

④ 朴龍雲, 위의 논문 ; 저서.
許興植, 「1377년 國子監試 同年錄의 分析」『서지학보』17, 1996 ;『고려의 과거제도』, 일조각, 2005.

-4) (顯宗)十年六月 翰林學士郭元奏 除對策 試以論 必用禮記中義爲題: 현종 10년(1019)에 이르러 곽원의 건의로 시험과목이 다시 변경되어 對策을 제외시키는 대신에 論으로 정하고 있다. 현종 원년에 時務策을 제외시킨바 있는데 [위의 1), 40쪽] 그후 언제인지는 잘 알 수 없으나 시무책과 유사하면서도 그보다 제한된 문제에 대해 개선안 등을 제시하는 對策이 추가되었던 모양이다.

그것을 이제 다시 폐지하고 중요한 의미를 지니는 사실에 관해 주관식 견해
에 따라 논리를 전개하는 論으로 대체시킨 것이다. 그 論은 반드시 『禮記』
가운데에서 義理를 택하도록 하고 있지마는, 아마 그와 함께 이번에도 그 이
외의 종래 과목, 즉 禮經 10조와 詩·賦는 그대로 두었다고 생각된다.[①]

이같은 조처를 취하도록 한 郭元은 성종 15년 12월의 과거에서 壯元及第
한『고려사』 권 73, 선거지 1, 科目 1 選場] 사람으로 그 2년전인 왕 8년 3월에 예
부시랑(정4품)으로 지공거를 맡기도(위와 같음) 했었는데 그런 경험이 바탕이
되어 이번의 시험과목 변경을 건의한 것 같다. 이때의 그의 직위는 한림원
의 정4품인 翰林學士였지마는, 이후 그는 中樞使(종2품) 등을 거쳐 현종 20년
11월에 刑部尙書(정3품)·叅知政事(종2품)로 卒去한다『고려사』 권 5, 世家].

① 이 부분에 대해 趙東元은 「麗代 科擧의 豫備考試와 本考試에 對한 考察」『圓
　光大 論文集』 8, 1974, 234쪽에서 詩·賦를 함께 들고 있는데 비해 許興植은
　2-1-5-1) 논문 94쪽에서 詩만을 거론하고 있다.

-5) (顯宗)十五年十二月判 諸州縣 千丁以上歲貢三人 … 如界首官貢非其人 國子
監考覈科罪: 여기서의 判도 위에서 설명한 것[위의 3), 41쪽]과 동일한 용법이
다. 이것은 지방 州縣의 鄕貢들이 제1단계로 치르는 鄕貢試(界首官試)에 관한
규정으로, 그 크기에 따라 貢士의 숫자를 3~1인으로 제한하고 있다[仁宗 14
년(1136)에는 완화됨(2-1-12-18), 68쪽]. 고려 때의 丁은 人丁을 뜻하기도 하고 토지
의 넓이를 말하는 田丁을 뜻하기도 했지마는[①] 어느 쪽으로 보더라도 그것이
많으면 주현도 컸을 것이므로 그 비례에 따라 향공의 숫자도 정하고 있는
것이다.

향공들은 京·都護府·牧 등의 守令인 界首官[②]이 있는 主牧에 모여 시험을
치렀으므로 界首官試라고도 부른 것인데, 시험과목은 제술업의 경우 5言6韻
詩 1首였고, 명경업은 5經(周易·尙書·毛詩·禮記·春秋) 각 1机씩이었다. 이곳의 机
란 오늘날의 問項과 비슷한 의미를 지닌 글자로[2-1-8-5), 50쪽] 생각된다.[③]

여기에서 통과한 향공들은 수도로 보내져 「國子監更試」를 치렀는데, 앞서
도 설명하듯이 이 부분의 해석을 둘러싸고 논자간에 이견이 많지마는[1-3-4),
30쪽] 일단은 수도에서 치르는 예비고시인 國子監試로 설명해 둔다. 이처럼
향공들은 2단계의 예비고시를 치러야 본고시에 나갈 수 있었는데, 계수관이
부당하게 貢士를 선발했다고 판단되는 경우 국자감에서 다시 검사하여 계수
관을 科罪하도록 했다는 점도 눈길을 끈다.[④]

① 旗田巍, 「高麗時代における土地の嫡長子相續と奴婢の子女均分相續」『東洋文化』
　22, 1957 ；『朝鮮中世社會史の硏究』, 법정대학출판국, 1972.
　金容燮, 「高麗時期의 量田制」『東方學志』 16, 1975 ；『한국중세농업사연구』,
　지식산업사, 2000.

② 尹武炳, 「高麗時代 州府郡縣의 領屬關係와 界首官」 『역사학보』 17·18 합집, 1962.

邊太燮, 「高麗前期의 外官制-地方機構의 行政體系-」 『韓國史研究』 2, 1968 ; 『高麗政治制度史研究』, 일조각, 1971.

尹京鎭, 「고려전기 界首官의 설정원리와 구성 변화-『고려사』 지리지 계수관 연혁의 補正을 겸하여-」 『진단학보』 96, 2003.

③ 朴龍雲, 「高麗時代의 科擧-明經科에 대한 檢討」 『國史館論叢』 20, 1990 ; 『高麗時代 蔭叙制와 科擧制 研究』, 일지사, 1990.

④ 趙東元, 위의 4) 논문.

許興植, 「高麗 科擧制度의 成立과 發展」 『한국사연구』 10, 1974 ; 『고려의 과거제도』, 일조각, 2005.

朴龍雲, 위의 3) 논문 ; 저서.

原文 2-1-6. 靖宗二年七月判 生徒入學滿三年 方許赴監試 十一年四月判 五逆 五賤不忠不孝鄕部曲樂工雜類子孫 勿許赴擧

2-1-6. 정종 2년 7월에 판하여, 생도들은 입학하여 3년이 차야 바야흐로 감시에 응시함을 허락토록 하였다.[1]

11년 4월에 판하여, 5역·5천·불충·불효·향·부곡·악공·잡류 자손은 과거에 응시함을 허락치 않도록 하였다.[2]

註解 2-1-6-

-1) 靖宗二年七月判 生徒入學滿三年 方許赴監試: 정종 2년(1036)의 判인데, 이곳의 生徒는 국자감생들이고 감시는 물론 예비고시인 국자감시를 뜻한다 [2-1-5-3), 41쪽]. 이는 科試가 임박하면 입학했다가 시험이 끝나면 그만두는 등의 폐단이 있었으므로 그것을 방지하기 위한 조처였던 듯 짐작된다.

① 趙東元, 「麗代 科擧의 豫備考試와 本考試에 對한 考察」 『圓光大 論文集』 8, 1974, 224쪽.

② 朴龍雲, 「高麗時代 科擧의 考試와 體系에 대한 檢討」 『한국사연구』 61·62, 1988 ; 『高麗時代 蔭叙制와 科擧制 研究』, 일지사, 1990, 192쪽.

-2) (靖宗)十一年四月判 五逆·五賤·不忠·不孝·鄕·部曲·樂工·雜類子孫 勿許赴擧: 5逆·不忠·不孝 같은 죄인과 5賤·鄕·部曲·樂工·雜類 같이 신분적으로 하자가 있는 사람들을 과거에 응시하지 못하게 하는 判文이다. 이중 5逆은 佛家에서 아버지나 어머니를 살해하는 등의 다섯 가지 큰 죄악을 일컫고 있으나

일반 사회에서의 5逆이 구체적으로 어떤 것들인지는 분명치 않다. 5賤 역시 다섯 종류의 천인을 말하는 것 같은데 그 구체적 내용은 잘 알려져 있지 않다. 그러나 鄕·部曲은 상당한 연구가 이루어져 처음에는 전쟁포로의 집단적 수용지나 국가에 중대한 범죄를 저지른 사람들이 거주하는 지역으로, 그들은 집단천민이었다고 파악하여 왔으나 지금은 저들 역시 신분적으로는 양민이었지만 일반 군현민보다 낮은 사회적 대우를 받는 계층으로 정리가 된 상태로서, 이곳 출신들의 과거 응시 不許를 그 한 증거로 보고 있다.[1] 樂工은 당시에는 사회적으로 賤視되던 음악과 수공업 등에 종사하던 신분계층이고,[2] 雜類는 잡역에 종사하는 말단 吏屬인 門僕·注膳·電吏 등으로 역시 賤事者로 간주되던 사람들인데[3] 이들 자손은 모두 과거에 응시할 수 없도록 규정하고 있는 것이다. 하지만 뒤에 설명하듯이[5-7-2-3), 452쪽] 이들과 서로 맞지 않는 자료도 찾아져 주의가 요망된다.

① 旗田巍, 「高麗時代の賤民制度「部曲」について」, 『和田還曆記念 東洋史論叢』, 1951 ; 『朝鮮中世社會史の硏究』, 법정대학출판국, 1972.
　　金龍德, 「部曲의 規模 및 部曲人의 身分에 對하여(上)」, 『역사학보』 88, 1980.
　　朴宗基, 「高麗 部曲人의 身分과 身分制 運營原理」, 『한국학논총』 13, 1991.
② 洪承基, 「高麗時代의 工匠」, 『진단학보』 40, 1975 ; 『고려사회사연구』, 일조각, 2001.
　　徐聖鎬, 「高麗前期 지배체제와 工匠」, 『한국사론』 27, 1992.
　　金蘭玉, 「高麗前期 工匠의 身分」, 『사학연구』 58·59 합집, 1999 ; 『고려시대 천사·천역 양인 연구』, 신서원, 2000.
③ 洪承基, 「高麗時代의 雜類」, 『역사학보』 57, 1973 ; 『高麗社會史硏究』, 일조각, 2001.
　　許興植, 「高麗 科擧의 應試資格」, 『고려과거제도사연구』, 일조각, 1981 ; 『고려의 과거제도』, 일조각, 2005.

原文 2-1-7. 文宗二年十月判 各州縣副戶長以上孫副戶正以上子 欲赴製述明經業者 所在官試貢京師 尙書省國子監審考 所製詩賦違格者 及明經不讀一二机者 其試貢員科罪 若醫業須要廣習 勿限戶正以上之子 雖庶人非係樂工雜類 並令試解 九年十月內史門下奏 氏族不付者 勿令赴擧 十六年三月國子司業黃抗之考試國學諸生 署科甚濫 命中書舍人鄭惟産改試 惟産請行封彌之法 貢闈封彌始此 三十三年六月判 三禮何論政要業監試 於諸業畢試後 國子監與本業員試取

2-1-7. 문종 2년 10월에 판하여, 각 주·현의 부호장 이상의 손자와 부호정 이상의 아들로 제술업·명경업에 응시하고자 하는 자는 소재관所在官이

시험하여 경사(수도)에 공거貢擧하면 상서성의 국자감에서 시험하여 지은
바의 시·부가 격식을 어겼거나 명경업의 경우 1·2궤를 읽지 못하는 자
는 그 시험하여 공거한 관원을 죄주도록 하였다.[1] (그러나) 의업 같은 것
은 반드시 널리 학습하는게 필요하므로 호정 이상의 아들에 한정시키지
말고 비록 서인이라도 악공·잡류에 관계되지 않았다면 모두 시험을 볼
수 있도록 하였다.[2]

9년 10월에 내사문하에서 아뢰어, 씨족을 부재付載하지 않은 사람은
과거에 나오지 못하게 하였다.[3]

16년 3월에 국자사업 황항지가 국학생들을 고시하고 과등을 매김에
있어 심히 문란하므로 중서사인 정유산에게 명하여 다시 시험을 치르게
하였는데, 유산이 청하여 봉미법을 행하게 되니 공위貢闈(과거)에서의 봉
미가 여기에서 비롯되었다.[4]

33년 6월에 판하여, 3례·하론·정요업의 감시는 제업諸業의 시험이 끝
난 뒤에 국자감과 본업원本業員이 시취試取토록 하였다.[5]

註解 2-1-7-

-1) 文宗二年十月判 各州縣副戶長以上孫·副戶正以上子 … 其試貢員科罪: 앞서
   2-1-5-5), 42쪽에서 살핀 것과 거의 동일한 내용이다. 그러므로 여기서는 鄕
   貢들의 응시절차나 시험과목보다 거기에 응시할 수 있는 신분층이 부호장과
   부호정 같은 향리의 자손에 관한 규정이라는데 초점이 있는 대목이다. 문종
   5년 10월에 제정되는 史職의 9단계 승진규정[『고려사』권75, 선거지 3, 銓注 鄕職]
   에 의하면 부호장은 위로부터 제2위, 부호정은 제5위로서 제술업과 명경업
   에는 이처럼 향리층 가운데서도 일정한 선 이상의 자손만이 응시할 수 있었
   다는 사실을 주목할 필요가 있다.
   ① 許興植,「高麗 科擧의 應試資格」『고려과거제도사연구』, 일조각, 1981 ;『고
     려의 과거제도』, 일조각, 2005.
   ② 朴龍雲,「高麗時代의 科擧 - 製述科의 應試資格」『高麗時代 蔭叙制와 科擧制
     研究』, 일지사, 1990.
-2) 若醫業 須要廣習 勿限戶正以上之子 雖庶人 非係樂工·雜類 並令試解: 위의
   1)항이 제술업과 명경업에 응시할 수 있는 신분층에 대한 규정인데 비해 이
   것은 잡과의 하나인 의업의 그것에 관한 규정으로, 향리층(戶正은 제4위)에 제

한을 두지 않았음은 말할 것 없고 庶人에게도 문호가 개방되고 있음을 알수 있다. 이로써 미루어 보면 일반 양민들의 경우 잡과에는 자유로이 응시할 수 있었던게 아닐까 짐작된다. 단, 그러면서도 이들이 악공·잡류와 관련이 없어야 한다는 조건이 붙었다. 이점은 앞서 든 2-1-6-2)항(43쪽)과 상통하는 내용인데, 그러나 이보다 몇 달 앞선 자료에는[5-7-2-3), 452쪽] 이 내용과서로 충돌되는 기사도 보이므로 좀더 숙고할 필요가 있다.

① 許興植, 위의 논문 ; 위의 2005 저서 111~114쪽.

② 朴龍雲, 위의 논문 234~237쪽.

③ 朴龍雲, 「高麗時代의 科擧－雜科에 대한 檢討」『高麗時代 蔭叙制와 科擧制 研究』, 일지사, 1990, 602~604쪽.

-3) (文宗)九年十月 內史門下奏 氏族不付者 勿令赴擧:「氏族을 不付(不錄)하고」과거에 응시, 급제한 사람의 登朝를 둘러싸고 이미 문종 5년(1051)에 신료들간 논쟁이 있었지마는[『고려사』 권95, 열전 崔冲], 이때에 이르러 內史門下省에서 그 문제를 다시 검토해 그런 사람은 아예 응시를 하지 못하도록 하는 조처가 있게 된 것 같다. 그런데 정작 문제의 핵심인 그 「氏族 不付(不錄)」가 무엇을 뜻했느냐에 대해서는 논자들 간에 의견이 엇갈려, 혹자는 氏族志와 같은 것을 상정하거나 양반의 戶籍을 염두에 두고 거기에 기록되어 있지 않는사람을 의미하는 것이라 보기도 하고,① 또 그와 달리 「應試者가 일정한 기한 안에 貢院에 姓名을 錄하는 것을」 이행치 않은 것으로 이해된다는 견해를 밝히기도 하였다.②

양자 가운데에서 필자의 생각은 후자의 의견이 합리적인 방향일 듯싶거니와, 다만 그것이 단순하게 응시자의 성명을 기록하지 않은 것을 뜻했다고본 부분만은 수정하는게 옳을 것 같다. 뒤의 기록에 의하면 응시자는 시험전에 성명과 本貫 및 4祖(父·祖·曾祖·外祖)와 이들의 관직 등을 밝힌 試卷을 試院에 제출하게 되어 있었음을[『고려사』 권74, 선거지 2, 科目 2 元宗 14년 10월] 알수 있는데, 「氏族 不付(不錄)」가 이 4祖 관계의 기록을 누락한 것으로 이해하는 게 타당하리라 짐작은 되지만,③ 그에 앞서 응시자들이 貢院에 제출하게되어 있는 家狀 [『고려사』 권73, 選擧志 1, 科目 1 宣宗 8년 2월判 및 睿宗 11년 11월判]을 뜻했는지④ 그점은 분명치가 않다.

① 曺佐鎬, 「麗代의 科擧制度」『歷史學報』 10, 1958, 151쪽.

　李成茂, 「韓國의 科擧制와 그 特性－高麗 朝鮮初期를 中心으로－」『科擧』, 일조각, 1981, 92~96쪽.

　李基白, 「高麗 軍人考」『震檀學報』 21, 1960 ;『고려병제사연구』, 일조각, 1968, 108쪽.

② 李基白, 「科擧制와 支配勢力」『한국사』 4, 국사편찬위원회, 1974, 181쪽.

③ 朴龍雲, 「高麗時代의 科擧－製述科의 應試資格」『高麗時代 蔭叙制와 科擧制

研究』, 일지사, 1990, 230~232쪽.

④ 朴龍雲,「고려시기 科擧에서의 行卷과 家狀」『한국사연구』148, 2010 ;『고려시기 역사의 몇가지 문제』, 일지사, 2010.

-4) (文宗)十六年三月 國子司業黃抗之考試國學諸生 … 惟產請行封彌之法 貢闈封彌始此: 앞서 현종 2년(1011)부터 糊名法이 시행되었다고 하였거니와[2-1-5-2), 40쪽], 그럼에도 科試에서 부정이 근절되지 않았던 것 같다. 그 대표적 예의 하나가 이곳 문종 16년(1062) 3월에 국자사업(국자감의 종4품) 황항지가 국학생들을 상대로 考試하고 과등을 매기면서 공정하게 처리하지 못한 일이었던 듯하다. 이를 계기로 중서사인(중서문하성 郞舍의 종4품) 鄭惟產이 명을 받아 다시 시험을 치르면서 封彌法을 적용하여 과거에 이 제도도 도입되기 시작했다는 설명이다. 封彌法은 역시 응시자의 성명과 4祖 등 당해자의 인적 사항을 알 수 있는 부분을 접거나 구멍을 뚫어 봉함으로써 보이지 않게 하는 방식을 말한다. 여기에 등장하는 黃抗之는 靖宗 5년 2월에 장원급제한 인물이며[『고려사』권6, 세가·같은 책 권73, 선거지 1, 科目 1 選場], 정유산은 그후 문종 27년 10월에 翰林學士(정4품)로서 知貢擧를 맡는[『고려사』권73, 선거지 1, 科目 1 選場] 등 여러 요직을 거쳐 宣宗 8년 하4월에 門下侍郞平章事致仕(정2품)로 卒去하는[『고려사절요』권6] 사람이다.

① 朴龍雲,「高麗時代의 科擧 – 製述科의 運營」『高麗時代 蔭叙制와 科擧制 研究』, 일지사, 1990, 259·260쪽.

② 許興植,「『高麗史』選擧志 譯註(1)」『고려시대연구』Ⅵ, 2004, 44쪽.

-5) (文宗)三十三年六月判 三禮·何論·政要業監試 於諸業畢試後 國子監與本業員試取: 이곳의 3례업·하론업·정요업은 잡업에 속하는 일부 科業들인데, 그 예비고시인 감시는 특별히 諸業(제술업·명경업·이들 이외의 잡업)의 시험이 끝난 뒤에 국자감과 本業員, 즉 3례·하론·정요업 관계자가 함께 試取토록 한 것으로 미루어 잡업 가운데서도 다시 구별되는 좀 특수한 위치에 있었던 것 같다. 이들 중 정요업은 전하는 기록이 거의 찾아지지 않아 그 실체조차 잘 알 수 없으나, 3례업은 이어지는 宣宗 원년 判文[2-1-8-4)·5), 49·50쪽]에, 그리고 하론업은 仁宗 14년 11월 판문[2-1-12-12), 65쪽]에 그에 관한 내용이 실려 있으므로 그 자리에서 살펴보도록 하겠다.

① 曺佐鎬,「麗代의 科擧制度」『歷史學報』10, 1958, 136쪽.

② 許興植,「高麗 禮部試의 諸業別 出題와 及第者의 進出」『백산학보』20, 1976 ;『고려의 과거제도』, 일조각, 2005, 158~160쪽.

③ 朴龍雲,「高麗時代의 科擧 – 雜科에 대한 檢討」『高麗時代 蔭叙制와 科擧制 研究』, 일지사, 1990, 598쪽 및 619~622쪽.

原文 2-1-8. 宣宗卽位詔 進士以下諸業 自今許三年一試 元年十一月判 三禮三

傳業亦前代取人之典 不可停廢 三禮業以禮記二十卷爲偏業大經 貼經十處通六
以上 插籌十處破文通 口問口對義理通六以上 以周禮儀禮爲小經 一經插籌十處
破文通 義理通六以上 一經破文讀二机 三傳業以左傳爲肄業大經 貼(貼?)經十處
通六以上 插籌十處破文通 義理通六以上 以公羊穀梁傳爲小經 一傳插籌十處破
文通 義理通六以上 一傳只讀二机 八年十二月判 內侍人吏行卷 依披籃赴擧例
試前爲限納之 又進士遭父母喪者 其業未選前服闋 則行卷家狀修送貢院 雖限內
姓名未錄 許令赴試 諸業擧人亦依此例

2-1-8. 선종이 즉위해 조詔하여[1] 진사 이하의 제업諸業은[2] 지금부터 3년
에 한번씩 시험을 보도록 하였다.[3]

원년 11월에 판하여, 3례업과 3전업은 역시 전대前代부터 인재를 취하
는 법이었으므로 폐지할 수 없다 하고,[4] 3례업은 『예기』20권을 전문으
로 하는 중요 경서(편업대경偏業大經)로 삼아 10곳을 첩경(덮어서 가리우고 알
아맞히게)하여 6곳 이상 통하고, (또) 10곳에 숫대를 넣어 (그) 문장의 해독
(파문破文)에 통하고 구문口問 구대口對로 의리義理에 6곳 이상 통해야 하며,
『주례』와 『의례』를 소경小經으로 삼아, 한 경서는 10곳에 숫대를 넣어 문
장의 해독에 통하고 의리에 6곳 이상 통하며, (다른) 한 경서도 문장을 해
독하고 2궤를 읽도록 하였다.[5] 3전업은 『좌전』을 전문으로 익히는 중요
경서(이업대경 肄業大經)로 삼아, 10곳을 첩경(이경貼經은 오류)하여 6곳 이상
통하고, (또) 10곳에 숫대를 넣어 (그) 문장의 해독에 통하고 의리도 6곳
이상 통하며, 『공양전』과 『곡량전』을 소경小經으로 삼아 한 경전은 10곳
에 숫대를 넣어 문장의 해독에 통하고 의리에 6곳 이상 통하며, (다른) 한
경전은 단지 2궤를 읽도록 하였다.[6]

8년 12월에 판하여, 내시內侍와 인리人吏의 행권行卷은 남삼藍衫을 입는
사람이 부거赴擧하는 예에 의거하여 시험 전까지를 기한으로 해 납입토
록 하고,[7] 또 진사가 부모의 상을 만난 경우 그 과업을 선거하기 전에
복상服喪을 마치면 행권과 가장家狀을 공원貢院에 만들어 보내도록 하고,
비록 기한 내에 성명을 올리지 못했더라도 과시에 나가는 것을 허락토록
하였으며, 제업諸業의 거인擧人들 역시 이 예에 따르도록 하였다.[8]

註解 2-1-8-

-1) 宣宗卽位詔: 중국에서 시기에 따라 약간씩의 차이는 있었지만 황제의 명령
을 詔·敎·制·勅·册 등의 글자로 나타내었다. 詔書나 敎書·制書·勅書·册文
등은 그들 문서를 말하는 것이었겠다. 이중 제서는 문하성의 심의를 거치는
문서에 사용하였고, 또 詔 등이 황제의 명령이었던데 비해 敎는 제후의 경우
에 써서 시기에 따라 구분이 되기도 했지만 그렇지 않고 함께 사용되기도
하였던 것이다.

　　고려에서도 국왕의 명령이 처음에는 詔·制 등으로 나타나고 있다. 그러다
가 성종 5년에 敎만을 사용하게 하는 조처가 있기도 했지만 얼마 뒤에는 여
러 글자가 다시 쓰이는 등 일정치 않았다. 이곳 선종 즉위년(1083)의 詔도 물
론 그같은 국왕의 명령이라는 뜻으로 쓰인 것이다.

　① 朴宰佑, 「高麗前期의 國政運營體系와 宰樞」『역사학보』 154, 1997.
　② 최연식, 「고려전기 국왕문서의 종류와 기능」『國史館論叢』 87, 1999 ;『한국
　　고대중세 古文書 연구(하)』, 서울대출판부, 2000.
　③ 朴宰佑, 「고려전기 王命의 종류와 반포」『진단학보』 95, 2003.

-2) 進士以下諸業: 진사는 제술업 과정을 밟는 인원들에게 주어지던 칭호이므로
[2-1-1-3), 36쪽] 여기서의 진사도 제술업 대신에 쓴 경우라 할 수 있다.

-3) 自今 許三年一試: 선종이 즉위하여(1083년) 각 科業의 시험을 3년에 한번씩
시행하도록 했다는 것인데, 그러나 이대로 실시되지는 아니하였다. 선종 자
신 때만 하여도 이어지는 選場條에 의하면 왕 원년 5월과 2년 4월·3년 5월
등에 과시가 있었던 것이다. 고려 때 과거를 시행한 간격은 일정치가 않아 1
년에 두 번 실시하기도 하고 또 3년에 한번 시행하기도 하여 평균은 논자에
따라 약간 차이가 있기는 하지만 1.74년[1] 또는 1.73년 내지 1.95년[2]으로 계
산하고 있어서 대략 2년 조금 못미치는 기간마다 실시되었음을 알 수 있다.

　① 朴龍雲, 「高麗時代의 科擧－製述科의 運營」『高麗時代 蔭叙制와 科擧制 硏究』,
　　일지사, 1990, 271～275쪽.
　② 許興植, 「選擧志 選場의 分析」『高麗科擧制度史硏究』, 일조각, 1981 ;『고려
　　의 과거제도』, 일조각, 2005, 315～317쪽.

-4) (宣宗)元年十一月判 三禮·三傳業亦前代取人之典 不可停廢: 윗 대목[2-1-7-5),
47쪽]에서 3禮業監試를 실시한 시각에 대해 설명한 바 있거니와, 이 科業과
흔히 연결되어 나오는게 3傳業이다. 아마 위상이 유사하여 그러한 듯싶은데,
여기서도 두 과업은 이전부터 인재를 뽑는 법으로 기능하여 왔다는 것과,
그럼에도 부진을 면치 못하고 있으나 폐지해서는 안된다고 判示하고 있다.
두 과업의 이같은 상황에 대해서는 이어지는 숙종 7년 윤6월의 式目都監 上
奏[2-1-10-1), 53쪽]에서도 언급되고 있다.

① 許興植,「高麗 禮部試의 諸業別 出題와 及第者의 進出」『백산학보』20, 1976 ;
  『고려의 과거제도』, 일조각, 2005, 119·120쪽.
② 朴龍雲,「高麗時代의 科擧 - 雜科에 대한 檢討」『高麗時代 蔭叙制와 科擧制 硏
  究』, 일지사, 1990, 620~622쪽.

-5) 三禮業 以禮記二十卷爲徧業大經 貼經十處通六以上 揷籌十處破文通 口問口
  對義理通六以上 以周禮·儀禮爲小經 一經 揷籌十處破文通 義理通六以上 一經
  破文 讀二机: 3례업의 시험 과목과 그 방식에 관한 규정이다. 3례는 명칭 그
  대로 『예기』와 『周禮』·『儀禮』로서, 이들을 시험하여 인재를 뽑는 科業인데,
  그중 전자가 전공으로 하는 大經이었고 후2자가 그에 상대되는 小經이었다.
  唐나라에서 경전의 大·中·小는 卷帙의 양에 따른 구분이었다 한다. 그리하
  여 大經은 『禮記』·『左氏傳』이 되고, 『周易』·『毛詩』·『周禮』·『儀禮』는 中經,
  『尙書』·『公羊傳』·『穀梁傳』은 小經이었던 것이다.① 여기서 3禮業의 경우 『禮
  記』가 전문으로 하는 대경이 되고, 『周禮』·『儀禮』가 소경이었다고 말하고
  있다. 이어지는 3傳業에서는 『左傳』이 대경이 되고 『公羊傳』·『穀梁傳』이 소
  경이었다고 설명하고 있거니와[2-1-8-6), 51쪽], 唐의 大·中·小를 大·小로만 분
  류한다면 위와 아래의 두 설명이 합치되는 셈이 된다.
    한데 明經業試選式에서는 業(전문)으로 하는 경전이 小經이고 『禮記』가 大
  經이었다고 설명하면서 業經으로 『尙書』와 『周易』을 들고 있다[2-1-12-5), 63쪽].
  전문으로 하는 경전을 대경이라고 했느냐 또는 소경이라고 했느냐에는 차이
  가 나타나고 있지만 들고 있는 경전만은 역시 唐에서의 분류와 합치된다.
    다음 시험 방식은 徧業大經인 『예기』의 경우 貼經과 숫대를 꽂아 넣은 곳
  의 破文 즉 문장 해독 및 口問·口對로 義理에 통하는가를 시험한데 비해 小
  經인 『주례』와 『의례』는 첩경은 부과하지 않고 두 경전 가운데 한 경전의
  경우 숫대를 꽂아 넣은 곳의 破文과 義理에 통하는가의 여부, 그리고 다른
  한 경전은 破文과 2机를 읽도록 하였다. 여기서의 貼經(帖經)이란 이미 소개
  한바 있듯이[2-1-4-1), 39쪽] 경서의 본문 또는 註疏를 한 行만 남겨놓고 앞뒤를
  덮은 위에 또 그 한 행 중의 몇 글자를 덮고 알아맞추게 하는 구술고시의 한
  방식이며, 口問·口對(口義) 역시 구두로 묻고 답하는 방식이다. 그리고 机는 『增
  補文獻備考』 권 184, 選擧考 1, 科制 1에 '機'로 대체되어 있고, 『慵齋叢話』
  권 2에서는 '栍'字를 쓰고 있는 점을 아울러 생각할 때 그것은 오늘날의 問
  項과 비슷한 의미를 지닌 글자로 해석된다. 즉, 試官의 공정한 문제 출제를
  위해 擧子가 답해야할 각 經의 여러 문항 내용을 机나무에 기록하여 筒속에
  넣어 두었다가 당일에 試官이 그중 하나를 뽑아 제시하면 수험생은 해당 부
  분을 읽고 해석하며 義理를 설명하는 방식이었던 듯 짐작되는 것이다.②
    명경업 과목의 일부를 시험하는 이 과업이 왜 따로 설치되었는지 그 목적

은 아직 분명치가 않다. 3례업의 그같은 위상 때문인 듯 이 과업에 합격이
되어도 제대로 敍用이 되지 않아 문제가 되었던 사실은 이어지는 숙종 7년
윤6월條에 잘 나타나 있다.

① 朴性鳳, 「國子監과 私學」 『한국사』 6, 국사편찬위원회, 1975, 209쪽.

　　朴贊洙, 「高麗學式에 대한 再檢討 – 儒學部를 中心으로 – 」 『국사관논총』 21,
　　　1979 ; 『高麗時代 教育制度史 研究』, 경인문화사, 2001, 123·124쪽.

② 曺佐鎬, 「麗代의 科擧制度」 『歷史學報』 10, 1958, 135쪽.

　　趙東元, 「麗代 科擧의 豫備考試와 本考試에 對한 考察」 『圓光大 論文集』 8,
　　　1974, 233쪽.

　　許興植, 「高麗 禮部試의 諸業別 出題와 及第者의 進出」 『백산학보』 20, 1976 ;
　　　『고려의 과거제도』, 일조각, 2005, 158~160쪽.

　　朴龍雲, 「高麗時代의 科擧 – 製述科의 運營」 『高麗時代 蔭叙制와 科擧制 研究』,
　　　일지사, 1990, 257·258쪽.

　　朴龍雲, 「高麗時代의 科擧 – 雜科에 대한 檢討」 『高麗時代 蔭叙制와 科擧制
　　　研究』, 일지사, 1990, 620~622쪽.

-6) 三傳業 以左傳爲肄業大經 貼(貼?)經十處通六以上 揷籌十處破文通 義理通六
以上 以公羊·穀梁傳爲小經 一傳 揷籌十處破文通 義理通六以上 一傳 只讀二
机: 3전업의 시험 과목과 그 방식에 관한 규정이다. 3전 역시 명칭 그대로
『좌전』과 『공양전』·『곡량전』으로써, 이들을 시험하여 인재를 뽑는 科業인
데, 그중 전자가 전공으로 하는 肄業大經이었고, 후2자가 그에 상대되는 小
經이었다. 이들 대경과 소경의 구분에 대해서는 바로 윗 대목에서 설명한
바와 같거니와, 시험방식은 대·소경에 따라 3례업과 꼭 같은 방식으로 치러
졌으며, 그의 위상 변화 또한 3례업과 같은 길을 걸었다. 기술 중에 '貼'經은
貼經의 오류이다.

① 참고 논문, 위의 다섯과 같음.

-7) (宣宗)八年十二月判 內侍·人吏行卷 依披籃赴擧例 試前爲限納之: 고려 때의
內侍는 귀족의 자제들이 다수 소속하여 있는, 명칭 그대로 국왕의 近侍職 가
운데 하나였고①[1-4-4), 32쪽], 人吏는 胥吏職을 말하는데,② 이들이 과거에 응
시할 때 제출하는 行卷의 납입 기간에 관한 규정이다. 행권이란 응시자가 평
소에 닦은 詩·賦 등에 대한 실력을 나타낼 수 있는 두루마리로된 저작물로
科試 자체에 영향을 미친 것으로 알려져 있거니와③ 그것의 제출 기한을 藍
衫을 입는 하급관료, 즉 대략 7품 이하 權務官에 이르는 사람들이④ 응시하
는 경우의 사례에 준하도록 규정하여 시험이 있기 이전까지만 납입하면 되
도록 정하고 있다.

① 金昌洙, 「麗代 內侍의 身分」 『동국사학』 11, 1969.

　　周藤吉之, 「高麗初期の內侍·茶房と明宗朝以後の武臣政權との關係 – 宋の內侍·茶

房との關連において-」『東方學』 55, 1977 ;『高麗朝官僚制の研究』, 법정대
학출판국, 1980.

金載名, 「高麗時代의 內侍-그 別稱과 構成을 중심으로」 『역사교육』 81,
2002.

김보광, 「高麗前期 內侍의 構成과 役割」 『한국사학보』 13, 2002.

矢木毅, 「高麗時代の內侍と內僚」 『조선학보』 184, 2002.

② 李佑成, 「高麗朝의 「史」에 對하여」 『진단학보』 23, 1964, 3쪽 ;『韓國中世社
會研究』, 일조각, 1991.

金光洙, 「高麗時代의 胥吏職」 『한국사연구』 4, 1969.

③ 河元洙, 「唐後半期 進士科와 士人들간의 私的 紐帶」 『東洋史學研究』 56,
1996, 19쪽.

朴龍雲, 「고려시기 科擧에서의 行卷과 家狀」 『한국사연구』 148, 2010 ;『고
려시기 역사의 몇 가지 문제』, 일지사, 2010.

④ 許興植, 「高麗科擧의 應試資格」 『고려과거제도사연구』, 일조각, 1981 ;『고려
의 과거제도』, 일조각, 2005, 109·110쪽.

朴龍雲, 「高麗時代 科擧의 考試와 體系에 대한 檢討」 『한국사연구』 61·62,
1988 ;『高麗時代 蔭叙制와 科擧制 研究』, 일지사, 1990, 195·196쪽.

-8) 進士遭父母喪者 其業未選前服闋 則行卷·家狀修送貢院 雖限內姓名未錄 許令
赴試 諸業擧人亦依此例: 진사의 과정을 밟는 사람이 부모의 喪을 만난 경우
行卷과 家狀을 제출하는 기한에 관한 규정인데, 選擧가 있기 이전에 服喪을
마칠 수만 있다면 과거를 직접 담당한 기구인 貢院에 만들어 보내도록 정하
고 있다. 이때의 제출 문서 가운데 하나인 행권은 바로 윗 대목에서 설명한
바와 같고, 家狀 역시 2-1-7-3), 46쪽에서 언급했듯이 응시자의 성명과 본관
및 4祖(父·祖·曾祖·外祖)와 이들의 관직 등을 밝힌 서류를 말한다. 여기서 비록
기한 내에 성명을 올리지 못했더라도 응시를 허락하도록 융통성을 두고도
있지마는, 이 규정은 제술과(진사 과정) 이외의 명경과와 잡과 경우에 역시 적
용하도록 조처하고 있다.

【原文】 2-1-9. 獻宗 定製述明經諸業監試 隔一年試選

2-1-9. 헌종이 정하기를, 제술업·명경업·제업(잡업)의 감시는 1년의 간격
을 두고 시선試選토록 하였다.[1]

註解 2-1-9-

-1) 獻宗 定製述·明經·諸業監試 隔一年試選: 헌종이 각종 과거의 감시[1-3-4), 30

쪽]를 1년의 간격을 두고, 즉 2년에 한번씩 시행토록 정했다는 것인데, 이점
에 대해서는 2-1-8-3), 49쪽 참조.

原文 2-1-10. 肅宗七年閏六月 式目都監奏 三禮三傳業出身者不別錄用 漸致衰
微 今後爲先量敍 後生業此者 國子監勸勵

2-1-10. 숙종 7년 윤6월에 식목도감에서 아뢰어, 3례업과 3전업 출신자는
별로 녹용錄用되지 않아 점차 쇠미해지게 되었으므로, 금후로는 먼저 헤
아려 서용敍用하고 후생으로 이 과업科業을 하는 자는 국자감에서 권장·
격려토록 하였다.[1]

註解 2-1-10-

-1) 肅宗七年閏六月 式目都監奏 三禮·三傳業出身者 不別錄用 漸致衰微 今後爲
  先量敍 後生業此者 國子監勸勵: 문종 33년조에 3례업감시의 시험 시기와 試
  官에 관한 判文이 보이고[2-1-7-5], 47쪽] 선종 원년조에는 3례업·3전업의 시험
  과목 및 그 방식과 함께 이들은 前代의 인재를 뽑는 법이었으므로 停廢해서
  는 안된다는 이야기가 벌써 나오고 있다[2-1-8-4)·5)·6), 49~51쪽]. 하지만 이후
  에도 그같은 상황이 별로 개선되지 않았던 것 같다. 그러므로 이번에는 法制·
  格式을 다루는 宰樞 등의 회의기관인 식목도감이 나서 그 시정책을 건의하고
  있는 것이다. 여기에 언급되어 있는 '出身'에 대해서는 1-3-3), 30쪽 참조.

原文 2-1-11. 睿宗五年二月 除論 試以詩賦策 九月判 製述明經諸業新擧者屬國
子監三年 仕滿三百日者 各業試選許赴 西京則留守官選上 鄕貢則東南京八牧三
都護等界首官 依前式 試選申省 十一年十一月判 諸業擧人 十一月始明經爲先
選取 進士則明年二月晝夜平均時選取 諸生行卷家狀及試官差定諸事 都省及樞
密院國子監敬禀施行 諸業初擧及一度停擧者 依式問薦 連次赴擧者只考家狀痕
瑕赴試 遭父母喪者屬部坊里典及本鄕其人事審官處問薦 二十七朔已滿則考其
家狀痕瑕赴擧 凡姓名記錄 進士則限十二月二十日 家狀行卷終 明經以下則限十
一月終 限外雜暇已滿者及因公出使限內不及上京者 試日爲限 修送貢院 十四年
東堂始用經義 十六年五月判 明經業以下諸業監試 司業以上官同各業員試選

2-1-11. 예종 5년 2월에 논을 제외시키고 시·부·책으로써 시험토록 하였

다.[1]

9월에 판하여, 제술·명경·제업諸業에 새로 응시하려는 사람은 국자감에 3년간 소속하면서 300일 동안의 배우는 기간을 채워야 각 과업의 감시에 응시하는 것을 허락하고,[2] 서경인즉은 유수관이 선상하며,[3] 향공은 동경·남경·8목·3도호 등의 계수관이 이전의 법에 의거하여 시험, 선발하여 도성都省으로 상신케 하였다.[4]

11년 11월에 판하여, 여러 과업의 거인擧人은 11월 초에 명경을 먼저 선발하고, 진사인즉은 다음 해 2월의 낮과 밤이 평균일 때 선발토록 하였다.[5] 제생諸生의 행권과 가장 및 시관을 정하는 등의 여러 일은 도성과 추밀원·국자감이 신중히 아뢰고 시행하는데, 과업에 처음 응시하는 자 및 한번 응시를 정지 당한 사람은 법에 따라 검사하고, 연이어서 응시하는 사람은 다만 가장의 허물만을 살피고 부시赴試토록 하며, 부모의 상을 만난 사람은 부·방에 속한 리里의 이전里典 및 본향本鄕의 기인·사심관 처處에서 검사하여 27개월이 이미 찼으면 그 가장의 허물을 살피고 부거赴擧토록 하였다. 무릇 성명의 기록은, 진사인즉은 12월 20일까지를 기한으로 하여 가장과 행권을 마치게 하고, 명경 이하는 11월까지를 기한으로 해 마치도록 하였으며, 기한 이외의 잡가雜暇가 이미 찬 자와 공무로 출사出使하였다가 기한 내에 상경할 수 없는 자는 시험 당일을 한도로 하여 공원貢院에 만들어 보내도록 하였다.[6]

14년에 동당에서 처음으로 경의經義를 채택하였다.[7]

16년 5월에 판하여, 명경업 이하의 제업감시는 사업司業 이상관이 각 (해당) 업의 관원과 함께 시험, 선발토록 하였다.[8]

註解 2-1-11-

-1) 睿宗五年二月 除論 試以詩·賦·策: 제술과의 고시과목은 이에 앞서 현종 10년(1019)에 對策을 제외시키는 대신 論으로 하도록 바꾸었었다[2-1-5-4), 41쪽]. 그것을 예종 5년(1110)에 이르러 되돌리는게 이번의 조처로서, 그에 따라 고시과목은 禮經 10조와 詩·賦 및 策이 되었다고 할 수 있겠다.

① 趙東元, 「麗代 科擧의 豫備考試와 本考試에 對한 考察」 『圓光大 論文集』 8,

1974, 234쪽.

② 許興植, 「高麗 禮部試의 諸業別 出題와 及第者의 進出」 『백산학보』 20, 1976 ; 『고려의 과거제도』, 일조각, 2005, 126~129쪽.

③ 朴龍雲, 「高麗時代의 科擧 – 製述科의 運營」 『高麗時代 蔭叙制와 科擧制 硏究』, 일지사, 1990, 252·253쪽.

-2) (睿宗五年)九月判 製述·明經·諸業新擧者 屬國子監三年 仕滿三百日者 各業監試許赴: 이 부분에 대한 이해는 크게 두 갈래로 나뉘어져 있다. 즉 「屬國子監三年」까지의 기사와 「仕滿三百日者」를 분리하여 서로 다른 내용을 말한 것이라 해석하는 갈래와, 이와 달리 두 기사는 한가지 내용을 말한 것이라 해석하는 갈래가 그것이다. 그리하여 전자는 앞 부분의 경우 靖宗 2년 7月判[2-1-6-1), 43쪽]과 연계시켜서 국자감에 입학하여 3년간을 수학한 뒤 국자감시에 합격한 진사라 할지라도 다시 더 3년 동안 국자감에 소속케 한 다음에 禮部試에 응시케 하였다는 내용이고, 뒷 부분은 入仕者가 국자감시에 응시할 수 있는 자격 요건을 말한 것이라고 본 데[1] 비해, 후자는 그렇게 아니라 두 기사는 3년을 재학하는 사이에 300일을 출석하여 수학하면 감시에 응시할 수 있게한 규정이라고 보았는데,[2] 필자 역시 이 후자에 동감하는 견해를[3] 가지고 있다.

① 許興植, 「高麗 科擧制度의 成立과 發展」 『한국사연구』 10, 1974 ; 『고려의 과거제도』, 일조각, 2005, 48쪽.

② 曺佐鎬, 「麗代의 科擧制度」 『歷史學報』 10, 1958, 138쪽.

李成茂, 「韓國의 科擧制와 그 特性 – 高麗 朝鮮初期를 中心으로 –」 『科擧』, 일조각, 1981, 98쪽.

柳浩錫, 「高麗時代의 國子監試에 대한 再檢討」 『역사학보』 103, 1984, 14·15쪽.

③ 朴龍雲, 「高麗時代 科擧의 考試와 體系에 대한 檢討」 『한국사연구』 61·62, 1988 ; 『高麗時代 蔭叙制와 科擧制 硏究』, 일지사, 1990, 192·193쪽.

-3) 西京則留守官選上: 서경(평양)의 擧子들은 그곳의 장관인 留守官이 주관하는 예비고시를 치렀다. 그리하여 논자들은 그 시험을 留守官試 또는 西京試 등으로 부르고 있는데, 그의 위상은 여타의 지방 응시자들이 치르는 界首官試(鄕貢試)와 같았을 것으로 짐작된다. 하지만 서경은 예종 11년(1116)부터 分司制度가 시행되면서 學士院도 分司國子監으로 승격되거니와, 이때부터 서경시는 수도에서 치르는 국지감시와 유사한 대우를 받는 시험이 되지 않았을까 싶다. 그러나 서경의 분사제도는 20년후 일어난 묘청의 난을 계기로 폐지되고 말므로 이때 서경시 역시 이전의 위상으로 격하되었으리라 짐작된다.

① 허흥식, 위의 논문 ; 저서 48~50쪽.

② 유호석, 위의 논문 15쪽.

③ 박용운, 위의 논문 ; 저서 184~189쪽.

-4) 鄕貢則東·南京·八牧·三都護等界首官 依前式 試選申省: 현종 15년의 규정에 보이는 界首官試(鄕貢試)[2-1-5-5], 42쪽]를 요약한 내용이다. 여기에서 선발된 인원은 다시 개경으로 보내져 국자감시를 치르게 되어 있었는데, 지방의 업무를 접수하는 중앙의 기구는 尙書都省이었으므로 계수관시의 결과도 일단은 이곳으로 보고되었던 것 같다. 그러므로 이곳 기사의 '省'을 상서도성으로 번역하는게 옳을 것 같다.

-5) (睿宗)十一年十一月判 諸業擧人 十一月始明經爲先選取 進士則明年二月晝夜 平均時選取: 목종 7년(1004)에 제정된 시험 날짜[2-1-4, 38쪽]를 이때(1116)에 이르러 재정비한 규정이다. 그 내용인즉 명경업은 두 시기 모두 11월에 치르도록 정하고 있으나, 진사를 뽑는 시험, 즉 제술업은 목종 때의 경우 다음해 春月(1·2·3월)로 되었던 것을 이번에는 좀더 구체화하여 2월의 낮과 밤이 평균인 때-춘분을 뜻하는 듯-로 정하고 있는 것이다.

-6) 諸生行卷·家狀及試官差定諸事 都省及樞密院·國子監敬稟施行 … 限外雜暇已滿者 及因公出使限內不及上京者 試日爲限 修送貢院: 행권과 家狀의 제출 기한과 그 안에 姓名을 올리지 못한 응시자들에 대한 대략적인 규정은 宣宗 8년(1091)에 제정된바 있다[2-1-8-7)·8), 51·52쪽]. 그것이 이번 예종 11년(1116)에 역시 구체적으로 정리되고 있는데, 그 업무를 尙書都省과 추밀원·국자감에서 관장한다는 사실과 함께, 처음 응시자와 한번 응시를 정지 당한 일이 있는 사람은 법에 따라 모두를 검사하고, 연이어 응시하는 사람은 家狀의 허물 여부만을 검사토록 하며, 부모의 喪을 당한 사람은 수도인 개경 출신의 경우 자기가 소속한 部·坊 해당의 里典에게, 지방 출신은 本鄕-본관지-의 其人·事審官에게서 검사를 받아 27개월, 즉 3년상이 이미 찼으면 가장의 허물 여부만을 검토한후 赴擧토록 하고 있다. 아울러 성명의 기록은, 진사인즉 12월 20일, 명경 이하는 11월까지를 한정으로 가장과 행권을 마치게 하고, 정해진 한도 이외의 雜暇를 받은 사람이 이미 기한이 찼거나 공무로 지방에 出使했다가 기한 내에 上京하지 못한 사람들도 시험 당일을 한도로 하여 貢院에 만들어 보내도록 하고 있다.

① 朴龍雲,「고려시기 科擧에서의 行卷과 家狀」『한국사연구』148, 2010 ;『고려 시기 역사의 몇 가지 문제』, 일지사, 2010.

-7) (睿宗)十四年 東堂始用經義: 東堂 즉 과거에서 처음으로 필기시험의 하나인 經義의 방식을 채택했다는 것인데, 그것은 經書의 본문을 내어 놓고 그에 대한 해석을 가하면서 논지를 세우게 한 논문식 시험을 말한다. 그런데 그 과목이 종래 貼經[2-1-8-5], 50쪽]으로 시행하던 禮經 10조였는지, 아니면 6經이었는지 그점은 분명치가 않다.

① 許興植,「高麗 禮部試의 諸業別 出題와 及第者의 進出」『백산학보』 20, 1976 ;
『고려의 과거제도』, 일조각, 2005, 129쪽.
② 朴龍雲,「高麗時代의 科擧－製述科의 運營」『高麗時代 蔭叙制와 科擧制 硏究』,
일지사, 1990, 252쪽 및 257·258쪽.
-8) (睿宗)十六年五月判 明經業以下諸業監試 司業以上官同各業員試選: 명경업과
잡업의 여러 監試 試官에 관한 判文인데, 각각의 전문성을 살려 국자감의 종
4품인 國子司業과 해당 과업의 전문가들이 함께 시험하여 선발토록 정하고
있다.

原文 2-1-12. 仁宗五年三月詔 復用詩賦論 九年三月判 防丁監試 雖入仕 必以
詩賦選取 十四年八月中書門下奏 國學諸生行藝分數 十四分以上直赴第三場 十
三分以下四分以上赴詩賦場 十一月判 凡製述業 經義詩賦連卷試取 凡明經業試
選式 貼經二日內 初日尙書徧業貼周易 周易徧業貼尙書各十條 翌日毛詩貼十條
各通六條以上 第三日以後讀大小經各十机破文兼義理通六机 每義六問破文通
四机 又周易徧業讀尙書毛詩春秋各秩一机 例隨秩插籌 小經謂業經 大經禮記
凡明法業式 貼經二日內 初日貼律十條 翌日貼令十條 兩日並全通 第三日以後
讀律破文兼義理通六机 每義六問破文通四机 讀令破文兼義理通六机 每義六問
破文通四机 凡明筭業式 貼經二日內 初日貼九章十條 翌日貼綴術四條三開三條
謝家三條 兩日並全通 讀九章十條破文兼義理通六机 每義六問破文通四机 讀綴
術四机內兼問義二机 三開三卷兼問義二机 謝家三机內兼問義二机 凡明書業式
貼經二日內 初日貼說文六條五經字樣四條 並全通 翌日書品長句詩一首眞書行
書篆書印文一窠 讀說文十机內破文兼義理通六机 每義六問破文通四机 凡醫業
式 貼經二日內 初日貼素問經八條甲乙經二條 翌日貼本草經七條明堂經三條 兩
日各通六條以上 讀脉經十卷破文兼義理通六机破文通四机 針經九卷難經一卷
幷十卷破文兼義理通六机破文通四机 又讀灸經破文通二机 凡呪噤業式 貼經二
日內 初日貼脉經十條 翌日貼劉涓子方十條 並通六條以上 讀小經瘡疽論七卷明
堂經三卷內義理通六机 讀大經針經十机內兼義理通六机 又讀七卷本草經二
机 凡地理業式 貼經二日內 初日貼新集地理經十條 翌日劉氏書十條 兩日並通
六條以上 讀地理決經八卷經緯令二卷幷十卷破文兼義理通六机破文通四机 讀
地鏡經四卷口示決四卷胎藏經一卷謌決一卷幷十卷破文兼義理通六机破文通四
机 又讀蕭氏書十卷內破文一机 凡何論業式 眞書奏狀小貼喫筭 讀何論十机 孝
經曲禮各二机 律前後帙各一机 凡明經業監試格 莊(庄)丁十二机 以周易尙書毛
詩各二机 禮記春秋各三机 白丁九机 以周易尙書各一机 毛詩禮記各二机 春秋

三机 凡書業監試 字說文三十卷內 白丁三册 庄丁五册 各破文試讀 又令眞書
凡筭業監試 白丁業經三机 筭二机 庄丁業經五机 筭二机 凡律業監試 白丁律二
机 令三机 庄丁律三机令三机 凡醫卜地理業各其本司試選 凡諸州貢士 依前定
額數 若有才堪貢選 不限其數 所貢之人將申送日 行鄕飮酒禮 牲用小牢 以官物
充 十七年十月禮部貢院奏 范仲淹云 先策論以觀其大要 次詩賦以觀其全才 以
大要定其去留 以全才升其等級 斯擇才之本 致理之基也 我朝製述業 於第三決
場迭試策論之 無着韻偶對者 因此詩賦學漸爲衰廢 今後初場試經義 二場論策相
遞 三場詩賦 永爲格式 且國學未立前 初場試以貼經 立學以後 兼試大小經義
學子難之 今後除兼經義 只試本經義 十八年閏六月中書門下奏 明法業但讀律令
其登科甚易 且於外敍必六經 州牧實爲出身捷徑 緣此兩班子弟及貢士求屬者漸
多 製述明經兩大業及醫卜地理業 國家所不可廢 而今赴擧者少 今後明法業出身
者 淸白爲公 政譽著聞 方許擢用 仍禁貢士求屬是業 二十年二月判 東堂監試赴
擧諸生 須赴冬夏天都會 許錄姓名 在外生徒 各於界首官鄕校都會 給狀赴試

2-1-12. 인종 5년 3월에 조詔하여, 다시 시·부·논을 채택토록 하였다.[1]

9년 3월에 판하여, 방정防丁의 감시에서는 비록 입사했더라도 반드시
시·부로써 선발토록 하였다.[2]

14년 8월에 중서문하에서 아뢰어, 국학생들의 품행과 실력(행예行藝)을
푼수(분수分數)해 14푼 이상이면 제3장으로 곧장 나가도록 하고, 13푼 이
하 4푼 이상이면 시부장詩賦場으로 나가도록 하였다.[3] 11월에 판하여, 무
릇 제술업은 경의와 시·부를 연권連卷해 시취試取토록 하였다.[4]

무릇 명경업의 시험해 선발하는 법(시선식試選式)은, 첩경을 2일간 하는
데 첫째 날에는『상서』를 전공하면『주역』을,『주역』을 전공하면『상서』
를 각각 10조씩 접어 가리고(첩貼), 다음 날에는『모시』10조를 접어 가리
고 각각 6조 이상 통해야 한다. 제3일 이후에는 대·소경을 각각 10궤씩
읽어 문장을 독파하고 겸하여 의리에 6궤를 통해야 하되, 매 의리마다 6
문問하여 문장을 독파하고 4궤에 통해야 하고, 또『주역』을 전공하면『상
서』·『모시』·『춘추』각 질秩을 1궤씩 읽고, 상례常例에 따라 질秩에 숫대
를 꽂아 넣어 (시험하였다). 소경은 업(전공)으로 하는 경전을 말하며, 대경
은『예기』이다.[5]

　무릇 명법업식은, 첩경을 2일간 하는데 첫째 날에는 율 10조를 접어 가리고(첩貼), 다음 날에는 영 10조를 접어 가리고 (시험하여) 이틀간 모두 전체에 통해야 한다. 제3일 이후에는 율을 읽어 문장을 독파하고 겸하여 의리 6궤에 통해야 하되 매 의리마다 6문問하여 문장을 독파하고 4궤에 통해야 하며, 영을 읽어 문장을 독파하고 겸하여 의리에 6궤를 통해야 하되 매 의리마다 6문問하여 문장을 독파하고 4궤에 통해야 한다.[6]

　무릇 명산업식은, 첩경을 2일간 하는데 첫째 날에는『9장』10조를 접어 가리고, 다음 날에는『철술』4조·『3개』3조·『사가』3조를 접어 가리고 (시험하여) 이틀간 모두 전체에 통해야 한다. (제3일 이후에는)『9장』10권을 읽어 문장을 독파하고 겸하여 의리 6궤에 통해야 하되 매 의리마다 6문問하여 문장을 독파하고 4궤에 통해야 하며, (또)『철술』을 읽어 4궤에 (통하고) 겸하여 의리를 질문해 2궤에 (통해야 하고),『3개』3권도 (읽고) 겸하여 의리를 질문해 2궤에 (통해야 하며),『사가』(역시) 3궤를 (읽고) 겸하여 의리를 질문해 2궤에 (통해야 한다).[7]

　무릇 명서업식은, 첩경을 2일간 하는데 첫째 날에는『설문』6조와『5경자양』4조를 접어 가리고 모두에 전부 통해야 하며, 다음 날에는 서품 장구시 1수와 진서·행서·전서·인문을 1과씩 (쓰도록 한다). (제3일 이후에는)『설문』10궤를 읽어 문장을 독파하고 겸하여 의리 6궤에 통하되, 매 의리마다 6문問하여 문장을 독파하고 4궤에 통해야 한다.[8]

　무릇 의업식은, 첩경을 2일간 하는데 첫째 날에는『소문경』8조와『갑을경』2조를 접어 가리고, 다음 날에는『본초경』7조와『명당경』3조를 접어 가리고 (시험하여) 이틀간 각각 6조 이상씩 통해야 한다. (제3일 이후에는)『맥경』10권을 읽어 문장을 독파하고 겸하여 의리 6궤에 통하고, 문장 독파도 4궤에 통해야 하며,『침경』9권과『난경』1권, 합하여 10권의 문장을 독파하고 겸하여 의리 6궤에 통하고, 문장 독파도 4궤에 통해야 하며, 또『구경』을 읽어 문장을 독파한게 2궤에 통해야 한다.[9]

　무릇 주금업식은, 첩경을 2일간 하는데 첫째 날에는『맥경』10조를,

다음 날에는『유연자방』10조를 접어 가리고 (시험하여) 모두 6조 이상씩 통해야 한다. (제3일 이후에는) 소경으로『창저론』7권과『명당경』3권을 읽고 겸하여 의리 6궤에 통해야 하고, 대경으로『침경』10궤를 읽고 겸하여 의리 6궤에 통해야 하며, 또『7권본초경』을 읽고 2궤에 (통해야 한다).[10]

무릇 지리업식은, 첩경을 2일간 하는데 첫째 날에는『신집지리경』10조를, 다음 날에는『유씨서』10조를 접어 가리고 (시험하여) 이틀간 모두 6조 이상씩 통해야 한다. (제3일 이후에는)『지리결경』8권과『경위령』2권, 합하여 10권을 읽어 문장을 독파하고, 겸하여 의리 6궤에 통하고 문장 독파도 4궤에 통해야 하며,『지경경』4권과『구시결』4권·『태장경』1권·『가결』1권, 합하여 10권을 읽어 문장을 독파하고, 겸하여 의리 6궤에 통하고 문장 독파도 4궤에 통하며, 또『소씨서』10권을 읽어 문장 독파 (역시) 1궤에 (통해야 한다).[11]

무릇 하론업식은, 진서주장眞書奏狀(주장을 진서로 쓰게 하는 것?)과 소첩끽산小貼喫筭(끽산을 소첩)으로 (시험하고),『하론』10궤,『효경』과『곡례』각각 2궤, 율 전후질 각각 1궤를 읽게 한다.[12]

무릇 명경업감시의 법(격格)은, 장정이 12궤로써『주역』·『상서』·『모시』가 각각 2궤씩이고『예기』·『춘추』가 각각 3궤씩이며, 백정은 9궤로써『주역』·『상서』가 각각 1궤씩이고『모시』·『예기』가 각각 2궤,『춘추』가 3궤였다.[13]

무릇 서업감시는, 자설문(『설문해자』?) 30권 내에서 백정은 3책, 장정은 5책을 각각 파문破文, 시독試讀토록 하고, 또 진서(해서)를 쓰게 하였다.[14]

무릇 산업감시는, 백정은 업(전공)으로 하는 경전 3궤와 산 2궤를, 장정은 업(전공)으로 하는 경전 5궤와 산 2궤를 (시험토록 하였다).[15]

무릇 율업감시는, 백정은 율 2궤와 영 3궤를, 장정은 율 3궤와 영 3궤를 (시험토록 하였다).[16]

무릇 의·복·지리업은, 각각 그 본사本司에서 시험, 선발토록 하였다.[17]

무릇 여러 주의 공사貢士는 전에 정한 액수에 의하되 만약 재능이 공사로 선발할만한 사람이 (더) 있으면 그 수에 국한하지 않도록 하였다.[18] 공사로 뽑힌 사람을 장차 보내려는 날에는 향음주례를 행하는데, 희생은 소뢰를 쓰되 관물로 충당토록 하였다.[19]

17년 10월에 예부의 공원貢院에서 아뢰었다. "범중엄이 이르기를, 먼저 책·논으로 그 대요大要를 살피고, 다음에 시·부로 그 전재全才를 살피는 것이니, 대요로써 합격 여부를 정하고 전재로써 그 등급을 매기는 것이 인재를 선택하는 근본이요 다스림을 이루는 기반이라고 하였습니다. (그런데) 우리나라의 제술업은 제3결장에서 책·논을 번갈아 시험하여 착운着韻·우대偶對(대구對句)를 하는게 없으므로 이로 인해 시부학詩賦學이 점차 쇠폐衰廢하게 되니 이후로는 초장에서 경의를 시험하고, 2장에서 논·책을 번갈아 하고, 3장에서 시·부로 하는 것을 영구히 법으로 삼으소서.[20] 또한 국학이 서기 이전에는 초장에서 첩경으로만 시험하였으나 학교를 세운 이후에는 겸하여 대·소경의 의리義理를 시험하여 거자(응시자)들이 어렵게 여깁니다. 이후로 겸하여 부과하는 경의는 제외시키고 다만 본경本經의 의리만을 시험토록 하소서" 하였다.[21]

18년 윤6월에 중서문하에서 아뢰기를, "명법업은 단지 율과 영만을 읽히므로 등과登科하기가 매우 쉽고, 또 외방의 서임敍任에는 반드시 6경으로 하므로 주·목은 실로 출신하는 첩경이 됩니다. 이런 연유로 양반 자제 및 공사貢士로 속하기를 구하는 자가 점차 많아지는데 비해 제술·명경의 양대업 및 의·복·지리업은 국가에서 폐할 수 없는 것인데도 지금 부거자赴擧者가 적습니다. 이후로 명법업 출신자는 청렴 결백하여 공공公共을 위하여 정사를 잘보아 칭송이 자자한 자를 발탁해 등용하되 이를 기점으로 공사貢士로써 이 업에 속하기를 구하는 것을 금하소서" 하였다.[22]

20년 2월에 판하여, 동당·감시에 부거赴擧하는 제생諸生은 반드시 겨울과 여름철의 도회에 참여해야 성명을 기록하는 것을 허락토록 하고, 지방에 있는 생도는 각각 계수관이 있는 향교의 도회에서 문서를 발급받아

시험에 나가도록 하였다.[23)

註解 2-1-12-

-1) 仁宗五年三月詔 復用詩·賦·論: 왕명(詔)으로[2-1-8-1) 49쪽] 禮部試製述業의 과
  목을 다시 詩·賦·論으로 바꾸는 조처를 취하고 있다. 종래 현종 10년(1019)에
  시·부·논으로 정했던 것을[2-1-5 4), 41쪽] 예종 5년(1110)에 이르러 시·부와 더
  불어 論만은 策으로 바꾼바 있는데[2-1-11-1), 54쪽] 그것을 이번에(1127년) 다시
  고쳐 책 대신 논을 채택하고 있는 것이다.

-2) (仁宗)九年三月判 防丁監試 雖入仕 必以詩·賦選取: 防丁의 존재가 분명치는
  않으나 『고려사』 권81, 兵志 1 兵制 毅宗 3년 8월조에 의하면 烽卒을 지칭
  하고 있다.[①] 하지만 이곳 선거지의 규정을 보면 防丁이라고 해서 봉졸만을
  뜻했던 것은 아닌 듯 싶고, 아마 軍丁·軍人 정도의 의미가 아니었을까 짐작
  된다. 그리하여 이들 중 비록 入仕職에 오른 사람일지라도 감시에 응시하여
  선발되려면 詩·賦에 대한 일정한 소양이 필요하다는 판단에서 반드시 이들
  과목을 부과토록 했던 것 같다.

  ① 李基白, 『高麗史 兵志 譯註 一』, 고려사연구회, 1969, 77·78쪽.

-3) (仁宗)十四年八月中書門下奏 國學諸生行藝分數 十四分以上 直赴第三場 十三
  分以下四分以上赴詩賦場: 국학생들이 학교에서 생활하는 동안의 行藝, 즉 행
  실(品행)과 성적 -考藝試의 성적 등- 을 점수화하여 科場에 특혜를 주는 규
  정으로,[①] 14푼(分分) 이상을 얻으면 초장·중장을 거치지 않고 終場인 제3장
  으로 곧장 나가고, 13푼 이하 4푼 이상이면 中場인 詩賦場으로 나가도록 규
  정하고 있다. 여기에서 말하는 14푼 등이 어느 정도의 점수인지는 전모를
  알 수 없어 가늠하기 어려우나, 조선시대의 경우 『經國大典』에 실린 내용을
  보면 구술시험의 경우 通·略·粗·不의 4등급으로 나누어 通은 2푼(분), 略은
  1푼, 粗는 0.5푼으로 계산하는 방식으로 되어 있다. 따라서 예컨대 응시자가
  4서 3경에서 모두 통을 받으면 14푼을 얻게 되는 것과 같은 형식이었다. 그
  리고 필기시험의 경우 매 場마다 上上부터 下下까지의 9등급으로 구분하고
  上上은 9푼(분), 上中은 8푼, 上下는 7푼, 이하 차례로 내려가 下下는 1푼으
  로 계산하는 제도였다.[②]

  ① 許興植, 「高麗 科擧制度의 成立과 發展」 『한국사연구』 10, 1974 ; 『고려의 과
    거제도』, 일조각, 2005, 55쪽.
    朴龍雲, 「高麗時代 科擧의 考試와 體系에 대한 檢討」 『한국사연구』 61·62,
    1988 ; 『高麗時代 蔭敍制와 科擧制 研究』, 일지사, 1990, 167·168쪽.
  ② 朴龍雲, 「高麗時代의 科擧-製述科의 運營」 『高麗時代 蔭敍制와 科擧制 研究』,
    일지사, 1990, 258·259쪽.

-4) (仁宗十四年) 十一月判 凡製述業 經義·詩·賦連卷試取: 예부시제술업(동당시제
술업)의 고시과목을 經典의 義理(2-1-11-7), 56쪽 참조)와 詩·賦로 한다고 判示하
고 있다. 그러나 이것은 각기 초장과 중장의 과목이고 終場의 과목은 이보다
몇년 앞선 인종 5년에 제정된바 論이[2-1-12-1), 62쪽] 더 부과되도록 되어 있
었을 것이다. 이곳의 連卷이란 이들 셋을 3장연권법에 따라 시행했다는 의
미로 해석된다. 이하 예부시(동당시)의 각 科業에 해당하는 과목들이 12)항까
지 연이어서 소개되고 있다.
> ① 許興植,「高麗 禮部試의 諸業別 出題와 及第者의 進出」『백산학보』20, 1976 ;
> 『고려의 과거제도』, 일조각, 2005, 129쪽.
> ② 朴龍雲,「高麗時代의 科擧 - 製述科의 運營」『高麗時代 蔭叙制와 科擧制 研究』,
> 일지사, 1990, 252·254쪽.

-5) 凡明經業試選式 貼經二日內 初日尙書徧業貼周易 周易徧業貼尙書各十條 翌
日毛詩貼十條 各通六條以上 第三日以後 讀大·小經各十机 破文兼義理通六机
每義六問破文通四机 又周易徧業 讀尙書·毛詩·春秋各秩一机 例隨秩揷籌 小
經謂業經 大經禮記: 예부시명경업의 고시과목을 『상서』전공과 『주역』전공
으로 구분하고, 다시 3장연권법에 맞추어 첫째 날과 그 다음 날, 제3일 이후
로 나누어 과목과 시험 방식을 판시하고 있다. 특히 제3일 이후에 치르는 과
목의 大·小經 구분은 3례업 때와는[2-1-8-5), 50쪽] 약간 달리 『예기』를 여전히
대경이라 하면서도 업(전공)으로 하는 경전을 소경이라 기술하고 있거니와,
이들을 치르는 시험 방식인 貼經이나 揷籌·机 등에 대해서는 역시 3례업을
소개하는 자리에서 설명한바 있으므로 여기서는 생략한다.
> ① 許興植,「高麗 禮部試의 諸業別 出題와 及第者의 進出」『백산학보』20, 1976 ;
> 『고려의 과거제도』, 일조각, 2005, 143·144쪽.
> ② 朴龍雲,「高麗時代의 科擧 - 明經科에 대한 檢討」『國史館論叢』20, 1990 ;『高
> 麗時代 蔭叙制와 科擧制 研究』, 일지사, 1990.

-6) 凡明法業式 貼經二日內 初日貼律十條 翌日貼令十條 兩日並全通 第三日以後
讀律破文兼義理通六机 每義六問破文通四机 讀令破文兼義理通六机 每義六問
破文通四机: 律과 令을 3場으로 구분하여 고시토록 하고 있다. 명법업은 이
처럼 과목이 단출하여 登科가 비교적 용이하였으므로 응시자들이 몰려드는
현상이 나타나 벌써 왕 18년에는 그 폐단이 논의되고 있다(아래의 22)항).
> ① 許興植, 위의 논문 ; 저서 146쪽.
> ② 朴龍雲,「高麗時代의 科擧 - 雜科에 대한 檢討」『高麗時代 蔭叙制와 科擧制 研
> 究』, 일지사, 1990, 609·610쪽.

-7) 凡明筭業式 貼經二日內 初日貼九章十條 翌日貼綴術四條·三開三條·謝家三條
兩日並全通 讀九章十卷 破文兼義理通六机 每義六問破文通四机 讀綴術四机
內兼問義二机 三開三卷兼問義二机 謝家三机內兼問義二机:『九章』과 『綴術』·

『三開』·『謝家』 등을 3장으로 구분하여 고시토록 하고 있다. 이곳에는 '제3일 이후'가 표기되어 있지 않으나 내용으로 보아 편의상 생략한 것 같은데, 이하 여러 곳도 마찬가지 형식으로 되어 있다. 과목이 된 각 서적에 대해서는 許興植이 간략하게 소개한게 있다.

① 許興植, 위의 논문 ; 저서 148쪽.

② 朴龍雲, 위의 논문 611쪽.

-8) 凡明書業式 貼經二日內 初日貼說文六條·五經字樣四條 並全通 翌日書品長句詩一首 眞書·行書·篆書·印文一窠 讀說文十机內破文兼義理通六机 每義六問破文通四机:『說文』(『說文解字』)과 『五經字樣』 등의 과목과 書品長口詩 1수 및 眞書·行書·篆書·印文을 직접 쓰게 하는 실기고사를 3단계로 나누어 시행토록 정하고 있다. 단, 이때 위의 네가지 서체 중 하나를 선택하여 1窠만을 쓰게 했는지, 아니면 모두를 각각 1과씩 쓰게 했는지의 여부는 불분명한데 여기서는 후자로 해석하였다. 『설문해자』와 『5경자양』에 대해서는 許興植의 간략한 소개가 있다.

① 許興植, 위의 논문 ; 저서 149·150쪽.

② 朴龍雲, 위의 논문 612쪽.

-9) 凡醫業式 貼經二日內 初日貼素問經八條·甲乙經二條 翌日貼本草經七條·明堂經三條 兩日各通六條以上 讀脉經十卷破文兼義理通六机破文通四机 針經九卷·難經一卷幷十卷破文兼義理通六机破文通四机 又讀灸經破文通二机:『소문경』과 『갑을경』·『본초경』·『명당경』·『맥경』·『침경』·『난경』·『구경』 등을 3場으로 나누어 시험토록 하고 있다. 이들 의서에 대해서는 許興植의 간략한 소개가 있다.

① 許興植, 위의 논문 ; 저서 150~153쪽.

② 朴龍雲, 위의 논문 615쪽.

-10) 凡呪噤業式 貼經二日內 初日貼脉經十條 翌日貼劉涓子方十條 並通六條以上 讀小經瘡疽論七卷·明堂經三卷內兼義理通六机 讀大經針經十机內兼義理通六机 又讀七卷本草經二机:『맥경』과 『유연자방』·『창저론』·『명당경』·『침경』·『7권본초경』 등을 3場으로 나누어 시험토록 하고 있다. 보다시피 이들 과목중 넷은 의업과 동일하고 『유연자방』과 『창저론』만이 다른데, 그러나 이 두 과목도 醫書임에는 틀림이 없는 것 같다. 그런데다가 주금업에서는 전문으로 하는 小經이 『瘡疽論』과 『明堂灸經』이었던 점으로 미루어 종기·등창 등의 치료나 뜸 같은 것을 주로 했을 듯 싶으므로 이 과업은 아마 의업의 보조적인 기능을 하는 분야가 아니었을까 짐작되고 있다. 주금업의 출신이었을 呪噤博士나 呪噤師 등이 典醫寺(太醫監) 소속의 관원이었다는 사실도[『고려사 권76, 백관지 1 전의시] 이 점을 이해하는데 도움을 준다.

　① 許興植, 위의 논문 ; 저서 154·155쪽.

　② 朴龍雲, 위의 논문 617·618쪽.

-11) 凡地理業式 貼經二日內 初日貼新集地理經十條 翌日劉氏書十條 兩日並通六條以上 讀地理決經八卷·經緯令二卷幷十卷破文兼義理通六机破文通四机 讀地鏡經四卷·口示決四卷·胎藏經一卷·謌決一卷幷十卷破文兼義理通六机破文通四机 又讀蕭氏書十卷內破文一机:『신집지리경』과『유씨서』·『지리결경』·『경위령』·『지경경』·『구시결』·『태장경』·『가결』·『소씨서』 등을 3場으로 나누어 시험토록 하고 있다. 이들 서적에 대해서는 許興植이 간략하게 소개하고 있거니와, 이 과업 출신자들은 궁궐터나 절터를 잡고 胎의 매장 장소를 선정하는 등 풍수지리와 관련된 업무를 관장하였다. 그리하여 이들에게는 地理生·地理正·地理博士·地理師·副通·大通 등의 지위가 주어지고 別賜田을 지급하였다〔『고려사 권78, 식화지 1 田制 田柴科 별사〕.

　① 許興植, 위의 논문 ; 저서 155~157쪽.

　② 朴龍雲, 위의 논문 618·619쪽.

-12) 凡何論業式 眞書奏狀·小貼喫筭 讀何論十机 孝經·曲禮各二机 律前後帙各一机: 하론업의 감시에 대해서는 일찍이 文宗 33년에 정해진바 시험 시기와 試官에 관한 판문〔2-1-7-5〕, 47쪽〕을 통해 확인할 수 있다. 이곳 기사는 그 예부시에 대한 규정인데, 그러나 그 과목인 眞書奏狀을 그대로 보아야 할지, 또는 奏狀을 眞書로 쓰게 한 것이라 해석해야할 지 분명치 않고, 小貼喫筭 역시 그대로 볼 것인지, 아니면 喫筭을 小貼으로 시험했다고 이해해야할 지의 여부를 잘 알 수가 없으며,『하론』에 대해서도『何晏注論語』라는 견해가 없지 않으나[①] 확실치 않기는 마찬가지이다. 한편 혹자는 시험 과목인『효경』과『곡례』가 일상생활의 규범을 밝힌 초보적인 교양서이므로 하론업은 기초교양으로 吏屬을 선발한 고시라고 말하고 있으나[②] 과연 吏屬을 선발하는 고시가 따로 설치되어 있었을까에 생각이 미쳐 선뜻 납득하기에는 주저되는 바가 없지 않다. 이처럼 하론업은 아직까지 불분명한 점이 많은 상태이다.[③]

　① 曺佐鎬,「麗代의 科擧制度」『歷史學報』10, 1958, 136쪽.

　② 許興植, 위의 논문 ; 저서 158쪽.

　③ 朴龍雲, 위의 논문 619·620쪽.

-13) 凡明經業監試格 莊(庄)丁十二机 以周易·尙書·毛詩各二机 禮記·春秋各三机 白丁九机 以周易·尙書各一机 毛詩·禮記各二机 春秋三机: 예비시험인 감시인만큼 위의 5)항에서 소개한바 예부시명경업에서 시험했던 다섯 경전, 즉『상서』·『주역』·『모시』·『예기』·『춘추』를 간략하게 치르는 것으로 되어 있다. 한데 이 명경업감시격은 그러한 시험과목의 제시라는 측면과 더불어 한층 더 주목을 끄는 사항은 여기에 응시하는 사람들을 신분과 관련이 깊은 莊丁(庄

丁과 白丁으로 나누어 규정하고 있다는 점이다. 이들 중 후자인 백정은 대략 알려져 있듯이 일반 주·군·현에 거주하면서 주로 농업생산에 종사하는 농민층으로, 국가에 대해 직역을 지지 않았고, 그러므로 국가로부터 토지를 지급받지 못해 자기들 소유의 소규모 땅인 民田을 경작하여 생계를 꾸려가는 양민들이었다.[①] 이에 비해 庄丁은 왕실을 비롯하여 궁원과 사원 등이 지배한 일종의 莊園인 莊 - 處도 그러하지만 - 의 주민들로 짐작된다. 이들 장·처는 단순한 토지의 집적이 아니라 당시의 행정조직인 군현제도의 일환을 이루고 있었다는 특성을 지니고 있었거니와, 그러면서도 장·처민은 향·부곡·소민과 마찬가지로 일반 군현민보다 사회적으로 낮은 대우를 받았다.[②] 그같은 때문이었던 듯 科試에서도 장정은 일반 군현민인 백정보다 좀 불리한 대우를 받은 것으로 나타나 있는 것이다.

그러나 어떻든 백정을 비롯하여, 비록 좀 낮은 사회적 대우를 받았다 하더라도 장정들 역시, 신분적으로 다같은 양민층으로서 명경업에 응시할 수 있었다는 점만은 명확히 드러나 있는 셈이다. 그러므로 몇몇 논자들은 이 이외의 몇가지 사실까지를 감안하여 고려에서는 科擧에 양인층 이상이면 누구나 응시할 수 있었다고 파악해 왔다.[③] 그러나 문제는 제술업이다. 보다시피 이곳 인종 14년의 규정에는 여러 내용을 포괄하고 있음에도 불구하고 제술업감시에 관한 규정은 보이지 않는다. 그러므로 역시 몇몇 논자들은 이 이외의 몇가지 사실을 함께 감안하여, 그것은 제술업의 경우 백정과 장정, 즉 양민들에게는 이 科業에 응시할 자격을 부여하지 않았기 때문에 말미암은 것으로 해석하고 있다.[④] 필자 역시 후자의 견해에 찬동하는 입장을 밝힌 일이 있지만, 이는 고려 때의 과거제도가 지니는 사회적 기능과 관련하여 매우 중요한 과제가 되고 있다.

① 白南雲, 「白丁」, 『朝鮮封建社會經濟史』 上, 개조사, 1937, 304쪽.
    旗田巍, 「高麗時代の白丁 - 身分·職役·土地 -」, 『朝鮮學報』 14, 1959 ; 『朝鮮中世社會史の研究』, 법정대학출판국, 1972, 370~375쪽.
    李佑成, 「閑人·白丁의 新解釋」, 『역사학보』 19, 1962, 80쪽 ; 『한국중세사회연구』, 일조각, 1991.
    姜晋哲, 「高麗 田柴科體制下의 農民의 性格」, 『韓國史時代區分論』, 을유문화사, 1970 ; 『고려토지제도사연구』, 고려대출판부, 1980, 435~437쪽.
    蔡雄錫, 「高麗前期 社會構造와 本貫制」, 『高麗史의 諸問題』, 삼영사, 1986 ; 『고려시대의 국가와 지방사회』, 서울대출판부, 2000.
② 旗田巍, 「高麗時代の王室의 莊園 - 莊·處 -」, 『歷史學研究』 246, 1960 ; 『朝鮮中世社會史の研究』, 법정대학출판국, 1972.
    李相瑄, 「高麗時代의 莊·處에 대한 再考 - 王室의 莊·處를 中心으로 -」, 『震檀學報』 64, 1987.

서성호, 「高麗 수공업所의 몇가지 문제에 대한 검토」『韓國史論』 41·42, 1999.

③ 曺佐鎬, 「麗代의 科擧制度」『歷史學報』 10, 1958, 149~151쪽.

李成茂, 「韓國의 科擧制와 그 特性 – 高麗 朝鮮初期를 中心으로 – 」『科擧』, 일조각, 1981, 74쪽 및 96쪽.

文炯萬, 「高麗科擧制度에 있어 赴擧資格의 再檢討」『釜山史學』 4, 1980, 4~6쪽.

④ 許興植, 『高麗科擧制度史硏究』, 일조각, 1981, 84·85쪽.

李基白, 「科擧制와 支配勢力」『한국사』 4, 국사편찬위원회, 1974, 179~181쪽.

朴龍雲, 「高麗時代의 科擧 – 明經科에 대한 檢討」『國史館論叢』 20, 1990 ;『高麗時代 蔭叙制와 科擧制 硏究』, 일지사, 1990, 571쪽.

朴龍雲, 「高麗時代의 科擧 – 製述科의 應試資格」『高麗時代 蔭叙制와 科擧制 硏究』, 일지사, 1990, 239~243쪽.

-14) 凡書業監試 字說文三十卷內 白丁三册 庄丁五册 各破文試讀 又令眞書: 이곳의 '字說文'은 『說文解字』로 짐작된다. 따라서 서업감시에서는 역시 예부시 명서업[위의 8)항] 과목의 일부인 『설문해자』에 대한 시험과 眞書(楷書)를 쓰게 하는 것으로 고시했음을 알 수 있다. 여기서도 명경업감시에서와 마찬가지로 장정이 백정보다 좀 불리하게 정해져 있다.

① 許興植, 「高麗 禮部試의 諸業別 出題와 及第者의 進出」『백산학보』 20, 1976 ; 『고려의 과거제도』, 일조각, 2005, 150쪽.

② 朴龍雲, 「高麗時代의 科擧 – 雜科에 대한 檢討」『高麗時代 蔭叙制와 科擧制 硏究』, 일지사, 1990, 612쪽.

-15) 凡筭業監試 白丁業經三机 筭二机 庄丁業經五机 筭二机: 業(전공)으로 하는 과목과 역시 예부시명산업[위의 7)항]의 일부 과목으로 짐작되는 '筭'을 시험토록 하고 있다. 장정이 백정보다 불리하기는 이곳의 규정도 마찬가지이다.

① 許興植, 위의 논문 ; 저서 149쪽.

② 朴龍雲, 위의 논문 611쪽.

-16) 凡律業監試 白丁律二机 令三机 庄丁律三机 令三机: 예부시명법업[위의 6)항]에서와 같이 律과 令으로 시험하되, 간략한 고시였다. 이곳 또한 장정이 백정보다 좀 불리하게 규정되어 있다.

① 許興植, 위의 논문 ; 저서 147쪽.

② 朴龍雲, 위의 논문 609쪽.

-17) 凡醫·卜·地理業 各其本司試選: 이곳 규정은 물론 감시에 관한 것이다. 이는 의업과 지리업의 예부시 규정이 이미 살폈듯 따로 제정되어 있었던 점으로 미루어 알 수 있다. 그런데 이와 함께 卜業의 감시는 저들의 특수성을 감

안했음인지 여타 科業들과는 달리 本司, 즉 해당 관청에서 시험해 선발한다고 규정하고 있는데, 그 本司란 의업의 경우 太醫監(典醫寺)이 틀림 없고, 복업은 卜正·卜博士 등의 관원이 설치된 太卜監(司天臺)으로 짐작되며, 지리업은 업무상으로 관련이 깊은 太史局으로 짐작된다.

이곳의 규정에는 시험과목도 보이지 않는다. 하지만 의업과 지리업의 경우는 다른 과업의 예에 비추어 그들의 예부시 과목[위의 9)항과 11)항] 가운데에서 일부가 부과되었을 것이다. 단, 복업은 예부시 규정에도 빠져 있어 짐작조차 어려운 실정인데, 이런 사정 때문에 논자 중에는 아마 명칭 등을 감안했음인지 주금업[위의 10)항]을 이 과업으로 이해하려는 경향도 없지 않았으나 업무상으로 볼 때 그렇지는 않았던 것 같다. 복업은 풍수지리·도참과 관련되어 있는 과업으로 나타나 있는 것이다.

① 許興植, 위의 논문 ; 저서 153·155·157쪽.

② 朴龍雲, 위의 논문 617~619쪽.

-18) 凡諸州貢士 依前定額數 若有才堪貢選 不限其數: 界首官이 주관하는 鄕貢試에서 주·현의 크기에 따라 선발하는 貢士의 숫자가 정해지는 것은 일찍이 현종 15년(1024)이었다. 즉, 그것은 1,000丁 이상의 경우 3인, 500정 이상 주현은 2인, 그 이하는 1인이었는데[2-1-5-5), 42쪽] 이제 인종 14년(1136)에 이르러 그 규정을 완화해 才藝가 뛰어난 사람이 더 있으면 그 숫자에 한정하지 않도록 바꾸고 있는 것이다.

-19) 所貢之人將申送日 行鄕飮酒禮 牲用小牢 以官物充: 향공시에 합격한 貢士들을 수도에서 치르는 국자감시에 응시하기 위해 보내는 날에는 향촌의 유생들이 모여 鄕風의 진작을 위해 행하던 鄕飮酒禮를 餞別宴으로서 시행토록 하였는데, 이때에 올리는 희생은 小牢를 쓰고 그 비용을 국가에서 담당하도록 하고 있다.

-20) (仁宗)十七年十月禮部貢院奏 范仲淹云 先策·論以觀其大要 次詩·賦以觀其全才 以大要定其去留 以全才升其等級 斯擇才之本 致理之基也 我朝製述業 於第三決場迭試策·論之 無着韻偶對者 因此詩賦學漸爲衰廢 今後初場試經義 二場論·策相遞 三場詩·賦 永爲格式: 3場連卷法이 철저히 시행되는 한 응시자들에게는 초장·중장·종장 중 어느 것 하나 중요하지 않은 과정이 있을 수 없겠으나, 그러나 급제 여부가 결정되고 또 등급이 매겨지는 제3장이 그중에서도 한층 중시되게 마련이었다. 그러므로 이 제3장에서 어느 과목을 부과하느냐가 논난의 대상이 되었는데, 인종 17년(1139)에 이르러 禮部의 貢院은 송나라 范仲淹의 이야기, 즉 策·論은 인품의 대강을 볼 수 있는 과목이고, 詩·賦는 全人的인 면모를 알 수 있는 과목이라는 견해를 인용하면서 그 동안 우리나라의 제술업이 제3장에서 책·논을 고시함에 따라 비롯된 不適性을

지적, 이를 제2장으로 돌리고 제3장에서 시·부를 부과하는게 좋겠다는 건의를 하고 있다. 유사한 논의는 이후에도 계속되지마는, 인종조에 이르러 이처럼 科擧에서 시·부를 더욱 중시해야 한다는 주장이 나온 것은 당시가 문벌귀족이 크게 득세하고 있던 시기라는 측면과 관련이 많다고 짐작된다. 과거의 고시과목은 學風과는 말할 것 없고 당시의 정치적·사회적 분위기와도 밀접한 관련이 있는 중요한 문제의 하나였다.

① 許興植, 앞의 논문 ; 저서 133~135쪽.

② 朴龍雲, 「高麗時代의 科擧－製述科의 運營」『高麗時代 蔭叙制와 科擧制 硏究』, 일지사, 1990, 255~ 257쪽.

-21) 國學未立前 初場試以貼經 立學以後 兼試大小經義 擧子難之 今後除兼經義 只試本經義: 위의 20)항이 각 과목을 3場중의 어디에서 시험할 것인가에 대한 논의였다면, 이것은 그 과목 자체의 증감에 관한 논의이다. 즉, 처음에는 禮經을 貼經으로만 시험하던 것을 뒤에 大經과 小經(業經·本經)[위의 5)항]의 義理를 아울러 고시함으로써 응시자들이 어렵게 여기니 이후로는 本經의 義理만을 시험하고 겸하여 부과하는 경전－大經－의 義理는 제외시켜 주는게 좋겠다는 건의인 것이다.

-22) (仁宗)十八年閏六月中書門下奏 明法業但讀律·令 其登科甚易 且於外敍 必六經 州牧實爲出身捷俓 緣此兩班子弟及貢士求屬者漸多 製述·明經兩大業及醫·卜·地理業 國家所不可廢 而今赴擧者少 今後明法業出身者 淸白爲公 政譽著聞 方許擢用 仍禁貢士求屬是業: 명법업은 律과 令만을 시험함으로써[위의 6)항과 16)항] 다른 科業에 비해 과목이 단촐하여 비교적 합격이 수월한 편이었으므로 덜 중시되는 잡과임에도 불구하고 양반 자제와 지방의 貢士들까지 많이 몰렸던 모양이다. 그로 인해 국가에서 필요로 하는 인원을 뽑는 의업·복업·지리업뿐 아니라 심지어는 제술업·명경업까지도 영향을 받아 응시자가 적어지므로, 명법업 출신자에게는 제약을 가해 청렴 결백하고 업적이 뛰어난 사람만을 발탁하고, 貢士는 아예 여기에 속할 수 없게 금할 것을 건의하고 있다.

-23) (仁宗)二十年二月判 東堂監試赴擧諸生 須赴冬夏天都會 許錄姓名 在外生徒 各於界首官鄕校都會 給狀赴試: 冬夏天都會는 몹시 춥거나 더운 동절기나 여름철에 유생들이 한 곳에 모여 학업을 닦으면서 시 짓기 등의 대회를 연 것을 일컫는데, 사례상으로는 주로 夏天都會가 찾아지고 있다. 이것은 뒤에 명칭이 夏課로 바뀌거니와, 그것이 처음에 지니는 위상은 매우 높았던 듯, 東堂監試에 응시하려는 생도들은 수도의 경우 그곳에서 열리는 都會에 반드시 이름을 올려야 허락토록 하고, 지방의 생도들도 京·都護府·牧 등 界首官이 설치된 큰 행정단위의 鄕校都會에서 발급하는 증명서가 있어야 응시할 수

있도록 判示하고 있다. 이와 유사한 判文은 이미 왕 17년에 내려지고 있어서[4-2-2-2), 356쪽] 좀더 자세한 실상의 파악이 가능하다.

① 朴贊洙, 「高麗時代의 鄕校」 『한국사연구』 42, 1983 ; 『고려시대 교육제도사
　　연구』, 경인문화사, 2001, 194·195쪽.
　　朴贊洙, 「私學十二徒의 變遷」 『許善道停年紀念 韓國史學論叢』, 일조각, 1992 ;
　　『고려시대 교육제도사 연구』, 경인문화사, 2001, 243쪽 및 264·265쪽.

原文 2-1-13. 毅宗八年五月更定 初場迭試論策 中場試經義 終場試詩賦 又國學
生考以六行 積十四分以上者 許直赴終場 不拘其額 仍除三場連卷法 國制 以藍
衫就試者例不過三赴 時文克謙以刪定都監判官 屢擧不中 乃曰 白衣且十赴 藍
衫何止三赴 請以五赴爲限 朝議從之 遂爲恒規

2-1-13. 의종 8년 5월에 다시 고쳐 정하기를, 초장에서 논·책을 번갈아 시험하고, 중장에서 경의 - 경전의 의리 - 를 시험하며, 종장에서 시·부를 시험토록 하였다.[1] 또 국학생들은 6행을 고사하여 14푼(分) 이상을 쌓은 사람들에게 곧장 종장으로 나아가는 것을 허락하였는데, 그 액수에 구애됨이 없었으므로 이에 따라 3장연권법은 배제되었다.[2] 나라의 제도에 남삼으로 시험에 나아가는 것은 관례상 세 번을 넘지 않도록 되어 있었는데, 당시 문극겸이 산정도감판관으로서 여러 차례 응거하여 합격하지 못하자 이에 이르기를, "백의도 또한 10번 나아가는데 남삼은 어찌 3번 나아가는 것으로 그쳐야 합니까. 청컨대 5번 나아가는 것을 한정으로 하여 주소서" 하니, 조정 의론이 받아들여 마침내 일상의 규정이 되었다.[3]

註解 2-1-13-

-1) 毅宗八年五月更定 初場迭試論·策 中場試經義 終場試詩·賦: 仁宗 17년(1139)에 禮部 貢院에서, 그때까지 초장에서 經義, 중장에서 시·부, 종장에서 論·策을 시험해 온 것은 부적절하므로 이를 고쳐 중장에서 논·책 중 하나를 시험하고, 종장에서 시·부를 시험하도록 건의했다 함은 2-1-12-20), 68쪽에서 소개한 바와 같다. 그런데 이번(1154년)에는 다시 논·책 가운데 하나를 보는 시험을 중장에서 초장으로 돌리고, 중장에서 經義 - 經典의 義理 - 를 보고, 시·부는 여전히 종장에서 치르도록 바꾸고 있다.

-2) 國學生 考以六行 積十四分以上者 許直赴終場 不拘其額 仍除三場連卷法: 인

종 14년(1136)에도 국학생들의 行藝를 점수화하여 14푼 이상을 얻으면 제3장으로 直赴토록 하는 건의가 있었었다[2-1-12-3), 62쪽]. 이번(1154년)의 조처 역시 그와 비슷한 것인데, 다만 여기서는 그 기준이 종래의 行藝에서 6行으로 바뀌었다. 그리하여 논자 가운데는 이 6行을 동양의 전통적인 학습 덕목인 6藝, 즉 禮·樂·射·御·書·數라 보기도 했으나 6藝가 아니라 6行이라 한 것으로 미루어 생각하면 차라리 仁·義·禮·智·信·樂이 좀더 타당할 듯 싶은데, 물론 분명하게 잘라 말하기는 어렵다. 14푼을 얻으면 종장으로 곧장 나아가도록 했다는 점은 종래와 동일한데, 그러나 이번에는 그렇게 좋은 성적을 얻은 사람이 많을 경우 그 숫자에 제한을 두지 않도록 하였고, 따라서 초장·중장·종장을 연이어 합격해야 하는 3장연권법이 여기서는 별다른 의미를 지니지 못하게 되었다는 대목은 눈여겨 볼만하다.

-3) 國制 以藍衫就試者 例不過三赴 時文克謙 以删定都監判官屢擧不中 乃曰 白衣且十赴 藍衫何止三赴 請以五赴爲限 朝議從之 遂爲恒規: 고려에서 이미 관직에 오른 사람이 과거에 응시하려는 경우 예비시험은 면제시켜 주되, 원칙적으로 7품 이하의 叅外官과 品外로는 權務官에 한정하고, 그러면서 응시 횟수도 3회까지로 제한하고 있다. 藍衫은 이들 하급관료가 입는 옷 색깔로 생각되거니와, 그러므로 당시 甲科權務인 删定都監判官에 재임 중이던 文克謙이 세 번째에도 급제하지 못하자 白衣, 즉 벼슬이 없는 사람은 10번 응시할 수 있는데 藍衫을 입는 재직자를 3번으로 제한하는 것은 부당하니 5번까지로 늘려줄 것을 호소하여 응락을 받고있는 것이다. 그리하여 결국 이로부터 그것이 恒規가 되었다는 기사이거니와, 이처럼 고려 때의 과거는 지배적 위치에 있는 사람들에게 유리하도록 융통성있게 운영되는 측면이 많았다. 이 기사는 『고려사』 권99, 열전 문극겸전에도 실려 전해지고 있다.

① 許興植, 「高麗 科擧의 應試資格」 『고려과거제도사연구』, 일조각, 1981 ; 『고려의 과거제도』, 일조각, 2005, 109·110쪽.
② 朴龍雲, 「高麗時代 科擧의 考試와 體系에 대한 檢討」 『한국사연구』 61·62, 1988 ; 『高麗時代 蔭叙制와 科擧制 研究』, 일지사, 1990, 195·196쪽.

原文 2-1-14. 忠烈王六年五月 王親試文臣 賜黃牌 籍內侍 王留意詩文 或諸生之登第者 親試之中者謂之殿試門生 待遇異常 殿試之制 唯試當年登第者 僧祖英得幸於王 其姪子及所親舊 不限登第久近 競依勢赴之 十四年九月 宰相蔡仁規子禑中第 居同進士頭 國制 科擧之目 乙科三人 丙科七人 同進士二十三人 世以同進士頭宦不達 人皆惡之 指爲同頭 王爲禑嫌之 問於承旨李混 混云 可加丙科八人 置禑其末 從之

2-1-14. 충렬왕 6년 5월에 왕이 문신을 친시親試하여 황패黃牌를 주고 내시에 적籍을 두도록 하였다. 왕이 시문詩文에 유념하여 혹 제생諸生으로 등제한 사람을 친시해 합격자를 전시문생殿試門生이라 일컬으며 대우를 특별히 하였다. 전시의 제도는 오직 당해년에 등제한 사람만을 시험하는 것이었는데, 승 조영은 왕에게 사랑을 받고 있었으므로 그의 조카 및 친구들을 등제한 때의 멀고 가까움에 한정됨이 없이 경생적으로 세력에 의지해 부거赴擧토록 하였다.[1]

14년 9월에 재상 채인규의 아들 우가 급제하였는데 (서열이) 동진사의 머리(첫째)에 있었다. 나라의 제도에 과거의 (성적별) 종목은 을과가 3인, 병과가 7인, 동진사가 23인이었는데, 세상에서는 동진사의 머리(첫째)를 하면 벼슬해도 현달하지 못한다고 해서 사람들마다 모두 싫어하며 지목해 '동두同頭'라 하였다. 왕이 우를 위해 이를 꺼려서 승지 이혼에게 물으니, 혼이 이르기를, "병과를 8인으로 늘려서 우를 그 끝에 두는게 좋겠습니다" 하니 그에 따랐다.[2]

註解 2-1-14-

-1) 忠烈王六年五月 王親試文臣 賜黃牌 籍內侍 … 其姪子及所親舊 不限登第久近 競依勢赴之: 親試·覆試는 일반적으로 당해년의 예부시에 급제한 진사를 대상으로 재심하는 형식을 취한 시험으로서, 과거에 국왕이 개입하여 고시관을 견제함과 동시에 왕권을 강화한다는 의미를 지닌 것이라 함은 앞서 설명한 바와 같다[2-1-2-1), 36쪽 및 2-1-3-1), 37쪽]. 이에 비추어 이번의 親試·殿試는 원칙에서 좀 벗어난 것으로써 대상이 문신이었고, 그 때문인지 통상적으로는 급제자에게 紅牌가 주어졌는데 여기서는 黃牌가 수여되고 있다. 그리고 권세에 의지하여 이전에 급제한 사람들까지 응시하고도 있다. 이같은 현상은 충렬왕 때가 몽고의 정치적 개입으로 국왕의 지위조차 안정을 얻지 못하고 있는 시기여서 왕 스스로 측근세력의 형성에 많은 노력을 기울이고 있었던 사실과 관련이 있는 듯 싶거니와, 그렇기 때문에 친시에서 급제한 사람들을 殿試門生이라 일컬으며 대우도 특별했던 것 같다.

① 柳浩錫, 「高麗時代의 覆試」『全北史學』8, 1984.

② 許興植, 「高麗 科擧制度의 成立과 發展」『한국사연구』10, 1974 ;『고려의 과거제도』, 일조각, 2005.

③ 朴龍雲, 「高麗時代의 紅牌에 관한 一考察」 『民族史의 展開와 그 文化(上)』,
1990 ; 『高麗時代 蔭叙制와 科擧制 研究』, 일지사, 1990.

-2) (忠烈王)十四年九月 宰相蔡仁規子禑中第 居首進士頭 … 可加丙科八人 置禑
其末 從之: 과거 제술업에서의 甲科·乙科 등은 시험 성적에 따른 구분으로,
처음에는 갑과도 주어졌으나 오래지 않아 그것은 소멸되고 제도가 정비된
이후에는 보통 을과·丙科·同進士로 구분하고 을과는 3인, 병과는 7인, 동진
사는 23인으로 배정하여 합계 33인을 급제시켰다. 그런데 세상에서 동진사
의 첫머리 급제자, 즉 서열 11위로 급제한 사람은 현달하지 못한다는 속설
이 있었던 것 같다. 그런데 마침 재상의 직위에 있는 蔡仁規(揆)의 아들 禑가
급제했는데 11등이었다. 이에 속설을 꺼린 국왕이 해결 방안을 비서격인 承
旨(전기의 承宣, 정3품) 李混에게 묻자 그가 병과 합격자수를 한 사람 늘려 거기
에 편입시키는게 어떻겠느냐고 하자 거기에 따랐다는 과거 시행상의 한 에
피소드를 소개하고 있는 기사이다. 蔡禑는 그뒤 충선왕 3년 하4월에 밀직사
(종2품)를 거쳐 충숙왕 3년 7월에 이르러 3司使로 세상을 떠난다[『고려사』 권
34, 세가].

① 曺佐鎬, 「麗代의 科擧制度」 『歷史學報』 10, 1958, 134·135쪽.
② 許興植, 「高麗 科擧制度의 成立과 發展」 『한국사연구』 10, 1974 ; 『고려의 과
거제도』, 일조각, 2005, 34쪽.
③ 朴龍雲, 「高麗時代의 科擧 – 製述科의 運營」 『高麗時代 蔭叙制와 科擧制 研究』,
일지사, 1990, 261~ 270쪽.

原文 2-1-15. 忠肅王二年正月 瀋王改東堂爲應擧試 七年六月李齊賢朴孝修典學
革詩賦 用策問 七月敎曰 近以選上國應擧秀才 而廢考藝試 成均七館諸生皆赴
初場 未合古制 其令依舊皆赴考藝試 定其分數 直赴中場 十七年十二月始令擧
子誦律詩四韻一百首 通小學五聲字韻 乃許赴試

2-1-15. 충숙왕 2년 정월에 심왕이 동당을 고쳐서 응거시라 하였다.[1]

7년 6월에 이제현과 박효수가 공거貢擧를 맡고서는 시·부를 혁파하고
책문을 채택하였다.[2] 7월에 교敎하여 이르기를, "근래 상국(원)에 응거할
수재를 선발하면서 고예시를 폐지함으로써 성균7관의 제생諸生들이 모두
초장에 나아가니 고제古制에 부합되지 않는다. 옛 제도대로 모두 고예시
를 치르도록 하고 그 푼수(분수分數)를 정하여 곧장 중장에 응시하게 하
라" 하였다.[3]

17년 12월에 처음으로 거자擧子들로 하여금 율시4운律詩四韻 100수를
암송하고 소학(문자학)의 5성자운五聲字韻에 통해야만 과장에 나아가는 것
을 허락토록 하였다.[4]

註解 2-1-15-

-1) 忠肅王二年正月 瀋王改東堂 爲應擧試: 이곳의 東堂, 곧 東堂試는 본시험인
禮部試를 뜻한다. 그것을 충숙왕 2년(1315)에 이르러 應擧試로 고친 것은 아
마 元나라 과거에의 응시와 관련되어 있는 것 같다. 高麗王位와 瀋王位를 함
께 지니고 주로 元都에 머물던 충선왕은 전자는 아들인 충숙왕에게 물려주
고, 그 3년 뒤인 충숙왕 3년 3월에 조카인 暠에게 후자를 넘겨 주거니와, 그
러므로 이곳 기사의 심왕은 충선왕을 말한다. 그는 고려왕위를 아들에게 넘
긴 이후에도 上王으로서 고려의 정사에 깊이 관여하였지마는, 과거의 명칭
도 그가 원과의 관계를 고려해 그처럼 바꾸지 않았나 짐작된다.
  ① 朴龍雲, 「高麗時代 科擧의 考試와 體系에 대한 檢討」, 『한국사연구』 61·62,
    1988 ; 『高麗時代 蔭叙制와 科擧制 研究』, 일지사, 1990, 127~129쪽.
  ② 高柄翊, 「麗代 征東行省의 研究(上)(下)」 『역사학보』 14·19, 1961·1962 ; 『東
    亞交涉史의 研究』, 서울대출판부, 1970.
    李昇漢, 「高麗 忠宣王의 瀋陽王 被封과 在元 政治活動」 『전남사학』 2, 1988.
    金惠苑, 「高麗後期 瀋(陽)王의 政治·經濟的 基盤」 『국사관논총』 49, 1993.

2) (忠肅王)七年六月 李齊賢·朴孝修典擧 革詩·賦 用策問: 이제현과 박효수는 이
해(1320년)의 科試를 총괄하는 정·부책임자인 考試官과 同考試官을 맡았던
사람들로, 고시 과목에서 시·부를 혁거하고 策問을 채택하는 과감한 조처를
취하고 있다. 시·부는 그간에도 중요한 과목이었고, 그리하여 가장 중시하는
제3장에서 論·策을 부과할 것인가, 아니면 시·부를 부과할 것인가에 대한
논의가 있을 정도였는데 인종 17년(1139)부터 마침내 시·부를 보기로 결론을
냈다고 소개한바 있거니와[2-1-12-20), 68쪽], 그것이 충숙왕 7년에 이르러 상황
이 역전돼 시·부를 과목에서 아예 제외시키고 그 자리에 책문을 넣은 것이
다. 이는 충렬왕 때 朱子性理學이 도입된 이후로 경학이 크게 강조되고, 이
제현은 그 중심에 서 있던 사람의 하나라는 사실과도 관계가 있지 않나 생
각된다.
  ① 許興植, 「高麗 禮部試의 諸業別 出題와 及第者의 進出」 『백산학보』 20, 1976 ;
    『고려의 과거제도』, 일조각, 2005, 129쪽 및 133~135쪽.
  ② 朴龍雲, 「高麗時代의 科擧-製述科의 運營」 『高麗時代 蔭叙制와 科擧制 研究』,
    일지사, 1990, 253~ 257쪽.

3) (忠肅王七年)七月敎曰 近以選上國應擧秀才 而廢考藝試 成均七館諸生皆赴初場

未合古制 其令依舊 皆赴考藝試 定其分數 直赴中場: 국학에 재학중인 諸生들에게 성적 고시인 考藝試 등을 실시하여 좋은 성과를 얻은 사람들에게 과거의 초장 또는 중장을 면제시켜 주는 규정은 인종 14년조[2-1-12-3), 62쪽]와 의종 8년조[2-1-13-2), 70쪽] 등에서 찾아 볼 수 있다. 이러한 제도가 언제부터인가는 분명치 않지만 원나라와의 관계가 밀접해지면서 저들 과거에 응시할 秀才를 선발하여 보내게 되고, 그러면서 고예시제도를 폐지했던 것 같다. 이렇게 됨에 따라 성균관의 생도들은 성적의 우열에 관계없이 모두가 초장부터 응시하지 않으면 안되게 되었던 것인데, 이는 생도들을 勸勵하기 위해 마련한 옛 제도의 취지에 어긋나니 고예시제를 다시 실시하고 그 푼수를 적절히 정하여 곧장 중장으로 나아갈 수 있도록 教를 내리고 있다.

4) (忠肅王)十七年十二月 始令舉子誦律詩四韻一百首 通小學五聲字韻 乃許赴試: 과거의 시험과목에서 詩·賦를 제외시킨데[위의 2)항] 따른 보완책으로 舉子들이 응시할 수 있는 조건으로 律詩4韻 100수를 외우게 하고 또 文字學의 5聲字韻에 통달할 것을 요구했던 것 같다.

原文 2-1-16. 忠穆王卽位之年八月改定 初場試六經義四書疑 中場古賦 終場策問 九月令將軍郭允正領忽只 呵禁試闈

2-1-16. 충목왕 즉위년 8월에 개정하여, 초장에서는 6경의 의리와 4서의 의문을 시험하고, 중장에서는 고부, 종장에서는 책문을 시험토록 하였다.[1] 9월에 장군 곽윤정으로 하여금 홀지를 거느리고 시험장을 경비토록 하였다.[2]

註解 2-1-16-

-1) 忠穆王卽位之年八月改定 初場試六經義·四書疑 中場古賦 終場策問: 이번의 科試 과목 개정은 종래 좀 모호했던 經義가 6經義로 분명하게 확인되고 있다는 사실과 함께 4書疑가 추가되고 있다는 점이 눈여겨 볼 대목이다. 이는 충숙왕 7년의 책문 채택과[2-1-15-2), 74쪽] 더불어 이후 점차 강화되어 가고 있는 經學 중심·時務 존중의 학풍에 따른 영향으로 생각된다. 하지만 이어서 설명하듯이 다시 종장에서 詩·賦가 채택되는 등 시험과목 문제는 여러 차례의 우여곡절을 겪는다.

① 許興植,「高麗 禮部試의 諸業別 出題와 及第者의 進出」『백산학보』20, 1976 ; 『고려의 과거제도』, 일조각, 2005, 134·135쪽.

② 朴龍雲,「高麗時代의 科擧 − 製述科의 運營」『高麗時代 蔭叙制와 科擧制 研究』,

일지사, 1990, 256·257쪽.

2) (忠穆王卽位年)九月 令將軍郭允正 領忽只 呵禁試闈: 忽只는 忽赤(홀적·홀치)이
라고도 한다. 원간섭기에 저들의 제도를 원용해 왕실의 숙위를 담당토록 할
목적에서 衣冠子弟 출신의 禿魯花(도루가)들로 구성한 조직인데, 때로는 과거
시험장의 경비도 맡게 한 것 같다.

① 許興植,「『高麗史』 選擧志 譯註(1)」『고려시대연구』 Ⅵ, 2004, 69쪽.

原文 2-1-17. 恭愍王十一年洪彦博柳淑掌試 復用詩賦 十四年十月李仁復李穡建
議 禁擧子挾册 易書試卷 以防假濫 十六年林樸上書 請科擧一依中朝搜撿通考
之法 十七年親試用經義 十八年始用元朝鄕試會試殿試之制 定爲常式 二十年三
月敎 自今年未滿二十五歲者 毋得赴擧 二十三年三月敎 各道鄕試諸生 各於本
貫赴擧 已有成規 今諸生或有赴他道試者 毋赴會試 四月擧子於試卷 或有不錄
年甲者 王怒其違制 停放牓

2-1-17. 공민왕 11년에 홍언박과 유숙이 과시科試를 관장하면서 다시 시·
부를 채택하였다.[1]

14년 10월에 이인복과 이색이 건의하여 거자擧子가 책을 끼고 들어가는
것을 금하고, 시권試卷을 베껴 써서(복사시켜) 문란해짐을 막도록 하였다.[2]

16년에 임박이 상서하여 과거는 일체를 중조中朝의 수검통고법에 의거
할 것을 청하였다.[3]

17년에 친시에서 경의經義-경전의 의리義理-를 채택하였다.[4]

18년에 비로소 원나라의 향시·회시·전시 제도를 채용하고, 상식-일
상의 법-으로 삼도록 정하였다.[5]

20년 3월에 교敎하여, 지금부터 나이 25세가 차지 않은 사람은 과거에
나아갈 수 없도록 하였다.[6]

23년 3월에 교하여, 각각의 도에서 향시를 (보는) 제생諸生은 각기 본관
(지)의 시험에 응시하도록 이미 성규成規가 되어 있으므로, 지금 제생 중
혹 다른 도에서 시험을 본 사람이 있으면 회시에 나아가지 못하게 하라
고 하였다.[7] 4월에 거자擧子중 시권試券에 혹 나이를 기록하지 않은 사람
이 있으므로 왕이 그 제도를 어김에 노하여 방방을 정지시켰다.[8]

註解 2-1-17-

-1) 恭愍王十一年 洪彦博·柳淑掌試 復用詩·賦: 충숙왕 7년(1320)의 시·부 혁파와
策問 채택[2-1-15-2), 74쪽], 충목왕 즉위년(1344)의 經學 강조 풍조에 대한 반작
용이 공민왕 11년(1362)의 시·부 채택으로 나타나고 있다. 이에 따라 책문은
과거의 시험과목에서 제외되었을 것이라 짐작된다. 이같은 조처는 이 해의
과거에서 右侍中(종1품)으로 知貢擧를 맡은 洪彦博과 知都僉議(종2품)로 同知
貢擧를 맡은 柳淑[『고려사』 권73, 선거지 1 科目 選場]에 의해 이루어졌다. 하지만
그 기간은 그렇게 오래 가지 못하였다.
　　① 許興植, 「高麗 禮部試의 諸業別 出題와 及第者의 進出」 『백산학보』 20, 1976 ;
　　　『고려의 과거제도』, 일조각, 2005, 129쪽 및 134·135쪽.
　　② 朴龍雲, 「高麗時代의 科擧 - 製述科의 運營」 『高麗時代 蔭叙制와 科擧制 硏究』,
　　　일지사, 1990, 253쪽 및 256·257쪽.

2) (恭愍王)十四年十月 李仁復·李穡建議 禁擧子挾册 易書試卷 以防假濫: 科試에
서의 부정을 방지하기 위하여 糊名法[2-1-5-2), 40쪽]과 封彌法[2-1-7-4), 47쪽]에
이어서 공민왕 14년(1365)에는 挾册 금지와 易書法까지 나오고 있다. 후자 중
挾册 금지는 글자 그대로 응시자가 책을 끼고 시험장에 들어가지 못하게 함
으로써 미연에 부정을 방지하고자 함이며, 易書法은 試卷, 즉 답안지의 필적
등으로 인해 試官에게 수험생이 알려지는 것을 방지하기 위해 시권을 복사
시켜 그 사본을 가지고 채점하게 한 제도를 말한다. 이 두 가지는 興安府院
君·判三司事(종1품)로 당해년의 知貢擧를 맡은 李仁復과 簽書密直司事(종2품)
로 同知貢擧를 맡은 李穡[『고려사』 권73, 선거지 1 科目 선장]의 건의에 따른 것이
었다.
　　① 曹佐鎬, 「封彌·易書攷(상)」 『대동문화연구』 12, 1978.
　　② 朴龍雲, 위의 논문 259·260쪽.

3) (恭愍王)十六年林樸上書 請科擧一依中朝搜撿通考之法: 搜撿通考法은 과거 응
시자들이 소지품을 비롯하여 몸 전체를 수검, 즉 수색·검사를 받고 科場에
들어가도록 한 것으로, 中朝(중국)에서는 일찍부터 시행해 왔던 것 같다. 고려
에서도 이 제도를 채택할 것을 林樸이 상서하고 있는데, 그는 공민왕 9년의
乙科及第者로 당시에 종3품의 직위(成均祭酒와 典校令 역임)에 있었다[『고려사』 권
111, 열전 林樸傳].

4) (恭愍王)十七年 親試用經義: 친시의 과목은 통상 詩·賦였는데[2-1-2-2), 36쪽 및
2-1-3-1), 37쪽] 이때에 이르러 그 대신 經義를 채택한 것은 역시 經學을 중시
하는 당시의 學風과 관련이 있지 않나 생각된다.

5) (恭愍王)十八年 始用元朝鄕試·會試·殿試之制 定爲常式: 공민왕 18년(1369년,
己酉年)에 이르러 고려는 원나라의 과거제인 鄕試·會試·殿試를 받아들여 정

식으로 채택하게 된다. 이를 科擧三層制라 하는데 그로써 고려의 과거제도
는 커다란 전환을 이루게 되는 것이다.

종래 고려 과거의 고시체계는 初試로서 지역에 따라 鄕貢試(界首官試)·西京
試·開京試를 치르고, 그 합격자들은 수도의 국자감에서 주관하는 예비고시
로 국자감시를 치렀으며, 그리고 본고시요 최종고시라고도 할 수 있는 禮部
試(東堂試)를 통과함으로써 급제하는 과정을 거치도록 되어 있었다. 물론 그
위에 親試·覆試가 더 있었지만 일상적인 것이 아니었고 또 통상적으로는 급
제자들의 등급순위를 정하는 수준의 고시였으므로 그것은 일정한 한계가 있
었다[2-1-5-5), 42쪽 및 2-1-11-2)·3), 55쪽]. 그런가 하면 초시의 경우 응시자의 큰
줄기를 이룬 국학생과 12徒生 및 在官者들이 거치지 않아도 되었으므로 이
역시 어느 정도의 한계가 있었던 셈인데, 그러므로 중심이 된 고시는 국자
감시와 예부시(동당시)였다고 할수 있었다. 이제 그같은 체계가 공민왕 18년
에 과거3층제로 전환을 하게 된 것이다.

과거3층제에서의 향시는 논자간에 약간의 차이가 없진 않지만 대략 종래
의 향공시 등의 초시와 국자감시의 기능을 포괄한 시험이었다고 보고 있다.
그리고 회시는 종래의 예부시(동당시)에, 전시는 종래의 친시·복시에 비견할
수 있다. 그런데 과거3층제에서의 향시는 모든 응시자들이 반드시 거쳐야만
했다. 이로써 과거의 체계가 일원화되어 더욱 整齊되게 되었다. 그리고 시험
과목도 이어지는 우왕 5년 기사[2-1-19-1), 81쪽] 등을 통해 확인되듯이 시·부
대신에 對策이 채택된다. 이 체제에서는 경학이 한층 중시되었던 것이다. 아
울러 전시도 정규화되어 누구나 거쳐야 급제가 되는 최종고시였으므로 그
주관자인 왕권의 영향이 한층 커지는 특징을 지닌 체제이기도 하였다. 이러
한 성격 때문에 반대세력들의 반발도 적지 않아서 이 제도는 그후 몇 차례
의 우여곡절을 겪는다.

① 許興植,「高麗 科擧制度의 成立과 發展」『한국사연구』10, 1974 ;『고려의 과
　거제도』, 일조각, 2005, 72~79쪽.

② 許興植,「高麗 科擧의 應試資格」『고려과거제도사연구』, 일조각, 1981 ;『고
　려의 과거제도』, 일조각, 2005.

③ 柳浩錫,「高麗時代의 覆試」『全北史學』8, 1984.

④ 朴龍雲,「高麗時代 科擧의 考試와 體系에 대한 檢討」『한국사연구』61·62,
　1988 ;『高麗時代 蔭叙制와 科擧制 硏究』, 일지사, 1990, 189~201쪽.

⑤ 朴龍雲,「高麗時代의 科擧-製述科의 運營」『高麗時代 蔭叙制와 科擧制 硏究』,
　일지사, 1990, 253~ 257쪽.

6) (恭愍王)二十年三月敎 自今年未滿二十五歲者 毋得赴擧: 고려 때 제술업 급제
　자의 평균 연령은 시기에 따라 조금씩 다르긴 하지만 대략 24세 안팎으로
　나타나고 있다. 그리하여 15~19세도 적지 않은 숫자가 급제하고 있으며,

24세 이하를 따지면 그 숫자는 대폭 늘어나게 된다. 그런데 공민왕 20년 (1371)에 한 사건이 발생하였다. 이 해의 科試에서 회시에 합격한 王康이 국왕을 뵐 때 그의 나이가 너무 어린데 의심을 품은 왕이 그에게 회시의 策題를 쓰게 했으나 능히 해내지 못한 것이다. 이에 노한 왕이 전시를 정지시키지마는(『고려사』 권116, 열전 王康傳), 이곳의 25세가 차지 않은 사람은 과거에 응시하지 못하도록 하는 敎는 그로 인해 나온 것이다. 얼마 뒤 禑王 12년 (1386)에는 20세로 제한하는 완화 조처가 나오기도 하거니와[2-1-18-3), 80쪽] 실제로는 이 두 시기를 전후하여 계속해 20대 전반은 말할 것 없고 10대에서도 급제자가 나오고 있다.

① 許興植,「高麗 科擧의 應試資格」『고려과거제도사연구』, 일조각, 1981 ;『고려의 과거제도』, 일조각, 2005, 102쪽.

② 朴龍雲,「高麗時代의 科擧 — 製述科의 運營」『高麗時代 蔭叙制와 科擧制 硏究』, 일지사, 1990, 302~ 308쪽.

7) (恭愍王)二十三年三月教 各道鄕試諸生 各於本貫赴擧 已有成規 今諸生或有赴他道試者 毋赴會試: 공민왕 18년에 채택한 과거3층제[위의 5)항]의 시행 세칙에 향시 응시자는 반드시 本貫地의 해당 道에서 치러야 한다는 규정이 있던 것 같다. 그런데 그후 이 규정을 어기고 본관 지역 이외의 道에서 향시를 치른 諸生도 있었던 듯, 그런 사람은 회시에 응시할 수 없도록 敎를 내리고 있다.

8) (恭愍王二十三年)四月 擧子於試卷 或有不錄年甲者 王怒其違制 停放牓: 위의 6)항, 즉 25세가 되지 않은 사람은 과거에 응시할 수 없도록 한 敎와 관련이 있는듯, 擧子중 답안지인 試卷에 나이를 기록하지 않은 사람이 있자 왕이 노하여 그 해의 放牓, 즉 及第 발표를 정지시키고 있다.

原文 2-1-18. 辛禑二年五月 政堂文學洪仲宣革林樸所建對策取士之法 復以詩賦取士 罷鄕試會試殿試 議者非之 五年正月諫官上言 玄陵崇信經學 養士取人 近年以來 詩賦取士 專尙詞章 經學漸廢 今後一遵玄陵己酉年科擧之法 十二年五月李穡知貢擧 復用策問 嚴立禁防 擧子年未滿二十 不許赴擧

2-1-18. 신우(우왕) 2년 5월에 정당문학 홍중선이, 임박이 세운바 대책으로 선비를 뽑는 법을 혁파하고 다시 시·부로써 선비를 뽑도록 하였으며, 향시·회시·전시도 혁파하니 논의하는 사람들이 비난하였다.[1]

5년 정월에 간관이 상언上言하기를, "현릉(공민왕)이 경학을 숭신崇信하여 선비를 기르고 인재를 뽑았는데, 근년 이래로 시·부로 선비를 뽑으므로 오로지 사장詞章을 숭상하고 경학은 점차 쇠폐해지고 있습니다. 이후로는 일체를 현릉 기유년(공민왕 18년)의 과거법을 준행하소서" 하였다.[2]

　12년 5월에 이색이 공거貢擧를 맡고는(知) 다시 책문을 채택하였으며, 금방禁防을 엄히 세워 거자擧子로 나이 20세가 차지 않은 사람은 과거에 나아가는 것을 허락지 않았다.[3]

　　　註解　2-1-18-

-1) 辛禑二年五月 政堂文學洪仲宣革林樸所建對策取士之法 復以詩·賦取士 罷鄕試·會試·殿試 議者非之: 공민왕 18년(1369)의 과거제 개혁, 즉 과거 과목에서 시·부를 혁파하는 대신 對策을 채택하고, 향시·회시·전시의 科擧三層制 실시를[2-1-17-5], 77쪽], 우왕 2년(1376)에 政堂文學(종2품)으로 知貢擧를 맡은 洪仲宣이 전면적으로 부정하고 다시 이전의 제도로 되돌리고 있다. 당시에는 大家世族과 新進士類가 정치적으로 날카롭게 대립하고 있던 때인데, 과거제 문제에서도 마찬가지였던 데 따른 것으로 생각된다. 즉, 공민왕 18년의 과거제 개혁은 그 2년전에 搜檢通考法을 건의했던[2-1-17-3), 77쪽] 林樸이 중심 인물의 한 사람이었음을 전하고 있거니와, 그는 新進士類에 속하는 사람으로 그 개혁에 앞장섰던 데 비해 洪仲宣과 그와 함께 知密直(종2품)으로 同知貢擧를 맡았던 韓脩[『고려사』 권73, 선거지 1 科目 선장]는 大家世族에 속하는 인물로서 그에 반대했던 것이라 하겠다. 홍중선의 이전 개혁을 되돌리는 조처를 비난했다는 '議者'는 물론 신진사류들이었음도 충분히 짐작할 수 있다.

2) (禑王)五年正月諫官上言 玄陵崇信經學 養士取人 近年以來 詩·賦取士 專尙詞章 經學漸廢 今後 一遵玄陵己酉年科擧之法: 위의 1)상황에 대하여 諫官들이 나서 공민왕 18년(己酉年)의 과거제로 고쳐서 바로잡을 것을 건의하고 있다.

3) (禑王)十二年五月 李穡知貢擧 復用策問 嚴立禁防 擧子年未滿二十 不許赴擧: 신진사류의 중심 인물이었던 李穡이 우왕 12년(1386)에 지공거를 맡으면서 과거의 시험과목을 策問으로 바꿈으로써 자신들의 뜻을 관철하고 있다. 아울러 그는 과거에 응시할 수 있는 나이를 25세로 정했던 공민왕 20년의 조처를[2-1-17-6), 78쪽] 현실에 맞게 20세로 고치고도 있다.

原文 2-1-19. 辛昌敎 科擧之法 一依己酉年之規 以時擧行 州縣之學 貢士不充額數者 罪及守令

2-1-19. 신창(창왕)이 교敎하여 과거법은 일체를 기유년(공민왕 18년)의 법규

에 의거하여 때맞춰 거행하고, 주현의 학교에서 공사貢士를 액수대로 채
우지 못하면 죄가 수령에게 미치게 하였다.

註解 2-1-19-

-1) 辛昌敎 科擧之法 一依己酉年之規 以時擧行 州縣之學 貢士不充額數者 罪及
守令: 위화도회군 후에 우왕이 축출되고 창왕이 즉위하면서 실권을 장악한
李成桂와 신진사류세력은 과거도 고쳐 일체의 제도를 공민왕 18년 때로 되
돌리도록 하고 있다. 일체의 제도를 그때의 법규에 의거하도록 했으므로 거
기에는 더 말할 필요도 없이 시험과목과 과거3층제가 포함되었을 것이다.
이와 함께 지방에서의 경학 교육을 독려하는 뜻에서 각 주현의 학교는 그곳
에 배정된 과거 응시자수를 채우도록 하고, 그것이 제대로 이행되지 않으면
수령까지 죄주도록 하고 있다.

原文 2-1-20. 恭讓王元年十二月 大司憲趙浚等上書曰 今之學者 以彫篆之學 幸
中科第 取榮一身 自以爲足 從仕之後 盡棄所業 昧於施措 以負國家崇儒重道之
意 願自今 聚各年及第四品以下 對策殿庭 中者使掌製敎 不中者左遷 以振儒風

2-1-20. 공양왕 원년 12월에 대사헌 조준 등이 상서하여 이르기를, "지금
의 학업을 닦는 사람들은 글씨 쓰기 같은 기술학으로서 다행히 과거에
합격하면 일신의 영화를 취하고 스스로 만족하여 벼슬길에 나간 뒤에는
업業으로 했던바(전문으로 했던 것: 유학의 길)를 모두 버려 시행하고 조처함
에 어두워서 국가가 유학을 숭상하고 도를 중히 여기는 뜻을 저버리고
있습니다. 원컨대 지금부터 각 해에 급제한 4품 이하를 모아 전정殿庭에
서 대책을 시험하여 합격한 사람은 제교製敎를 관장케 하고 합격하지 못
한 사람은 좌천시킴으로써 유풍儒風을 진작토록 하소서" 하였다.[1]

註解 2-1-20-

-1) 恭讓王元年十二月 大司憲趙浚等上書曰 今之學者 以彫篆之學 … 中者使掌製敎
不中者左遷 以振儒風: 고려 후·말기에 들어와 과거 응시자들이 급제하기가
비교적 쉬운 기술학을 선호하고, 급제한 뒤에도 정작 국가에서 중히 여기는
儒道에 관심을 기울이지 않는 경향이 만연되어 갔다. 이에 신진사류의 중심
인물중 한 사람으로 官紀를 숙정하는 司憲府의 수장인 大司憲(정3품)을 맡고

있던 趙浚이 상서하여 그에 대한 대책으로 각각의 해에 급제한 4품 이하의
관원들을 殿庭에 모아놓고 국가의 시책, 개혁안 등을 논하게 하는 對策을 시
험하여 합격한 사람들은 왕명의 制撰과 외교문서의 작성 등을 맡는 淸要職
인 知製敎로 발탁하고, 불합격자들은 좌천시킬 것을 건의하고 있다.

2-2. 선장選場(광종光宗~공양왕恭讓王)

原文 2-2-1. 凡選場 或比年 或間歲 未有定期 其取士 亦無定額

2-2-1. 무릇 선장은,[1] 혹은 매년, 혹은 격년으로 - 한 해를 건너서 - (시행
하여) 정해진 기간이 없었으며,[2] 그 선비를 뽑는 것도 역시 정해진 액수
가 없었다.[3]

註解 2-2-1-
-1) 凡選場: 선장은 예부시(동당시)의 선발에 관한 연대기로서, 科試가 設行되는
    왕대의 연월과 知貢擧·同知貢擧 등의 試官 및 壯元及第者 성명, 각 科業別
    급제 인원수 등을 종합적으로 정리하여 놓은 것을 말한다.
-2) 或比年 或間(間과 같은 글자)歲 未有定期: 宣宗 때는 과거를 3년에 한 번씩 시
    행하도록 정하기도 하고[2-1-8-3), 39쪽], 또 獻宗은 2년에 한 번씩 보도록 정하
    고도 있지만[2-1-9-1), 52쪽], 실제의 내용에 비추어 볼 때 이곳의 기술이 좀더
    정확하다고 할 수 있다. 고려 때는 1년에 두 번 실시하기도 하고 또 3년을
    더 넘어서 한 번 시행하는 등 그 기간이 일정치 않았기 때문이다. 그리하여
    평균의 시행 간격을 검토해 보면 논자에 따라 1.74년 또는 1.73년, 내지
    1.95년 등으로 계산하고 있어서 대략 2년이 조금 못미치는 기간에 1회씩 실
    시되었다고 이해하면 좋지 않을까 싶다.
    　고려가 과거를 처음 시행하는 광종 9년(958)부터 국운이 다하는 공양왕 4
    년(1392)까지는 435년간이 된다. 이 기간을 위의 첫째 평균으로 계산하면
    250회가 된다. 이는 실제 사례와도 대략 부합하는데, 그러나『고려사』선거
    지 선장조에는 정규적인 設行 사실 이외에 친시에 관한 기록이 더 나오는가
    하면「高麗列朝榜」등의 다른 기록에는 선거지 선장조에서 확인되는 것 이
    외에 추가적으로 설행된 듯한 기사가 나오고 있다. 이들을 어떻게 처리하느
    냐에 따라 전체의 설행 횟수에는 약간의 유동성이 있게 마련인데, 이 역시
    250회를 조금 상회하는 횟수가 시행되었다고 보아 두기로 한다.

① 許興植, 「選擧志 選場의 分析」 『高麗科擧制度史硏究』, 일조각, 1981 ; 『고려
의 과거제도』, 일조각, 2005, 300~317쪽.
② 朴龍雲, 「高麗時代의 科擧 - 製述科의 運營」 『高麗時代 蔭叙制와 科擧制 硏究』,
일지사, 1990, 271~277쪽.
③ 朴龍雲, 「科試 設行과 製述科 及第者」 『高麗時代 蔭叙制와 科擧制 硏究』, 일
지사, 1990, 325~327쪽.

-3) 其取士 亦無定額: 이 역시 비교적 정확한 기술이라고 할 수 있다. 물론 숙종
대(1096~1105)부터는 대체적으로 매회 30명을 넘는 인원을 급제시키고, 특히
충렬왕 14년(1288)부터는 급제자수의 定型이 되는 乙科 3인, 丙科 7인, 同進
士 23인, 합계 33인 급제의 제도가 거의 그대로 시행된다. 그러나 과거제 실
시의 초기에는 穆宗 원년에 50명을 급제시킨 예외가 있긴 하지만 상당한 기
간에 걸쳐 10명 미만의 인원만이 급제하고 있으며, 靖宗代(1035~1046)에 이
르러서야 그것을 넘어서고, 선종대(1084~1094)에 접어들어 20여 명으로 늘어
나고 있는 것이다.
　　그 결과에 따른 제술업 급제자의 전체 숫자를 합해보면 6,330명 정도로
집계되며, 그것을 가지고 다시 1회 평균 급제자를 따지면 25명 조금 넘는
수치를 나타낸다. 하지만 이들 수치는 위의 1)항에서 지적했듯이 설행 횟수
자체가 불명확하고 또 한 회의 급제자수를 알 수 없는 사례도 있어 어림짐
작에 의한 것이므로 그점을 감안하고 보아야 한다.
① 許興植, 위의 논문 ; 저서 314~320쪽.
② 朴龍雲, 위의 ②논문 271~277쪽.

原文 2-2-2. 光宗九年五月 翰林學士雙冀知貢擧 取進士 賜甲科崔暹等二人 明
經三人 卜業二人及第 十一年三月雙冀知貢擧 取進士 賜甲科崔光範等七人 明
經一人 醫業三人及第 十二年四月雙冀知貢擧 取進士 賜王擧等七人 明經一人
及第 十五年三月翰林學士趙翌知貢擧 取進士 賜金策及明經卜業各一人及第 十
七年翰林學士王融知貢擧 取進士 賜甲科崔居業等二人及第 二十三年王融知貢
擧 金栐同知貢擧 取進士 賜楊演等四人及第 二十四年二月王融知貢擧 取進士
賜白思柔等二人及第 二十五年三月王融知貢擧 取進士 賜韓蘭卿等二人及第

2-2-2. 광종 9년 5월에 한림학사인 쌍기가[1] 지공거가 되어 - 공거貢擧를
맡아(知)-[2] 진사를 뽑았는데,[3] 갑과에 든 최섬 등 2인과,[4] 명경 3인,[5]
복업 2인에게[6] 급제를 사賜하였다-주었다-.[7]
　11년 3월에 쌍기가 지공거가 되어 진사를 뽑았는데, 갑과에 든 최광범

등 7인과, 명경 1인, 의업 3인에게[8] 급제를 사하였다.[9]

12년 4월에 쌍기가 지공거가 되어 진사를 뽑았는데, 왕거 등 7인과, 명경 1인에게 급제를 사하였다.[10]

15년 3월에 한림학사인 조익이 지공거가 되어 진사를 뽑았는데, 김책 및 명경·복업 각 1인에게 급제를 사하였다.[11]

17년에 한림학사인 왕융이 지공거가 되어 진사를 뽑았는데, 갑과에 든 최거업 등 2인에게 급제를 사하였다.[12]

23년에 왕융이 지공거, 김니가 동지공거가 되어 진사를 뽑자, 양연 등 4인에게 급제를 사하였다.[13]

24년 2월에 왕융이 지공거가 되어 진사를 뽑자, 백사유 등 2인에게 급제를 사하였다.[14]

25년 3월에 왕융이 지공거가 되어 진사를 뽑자, 한인경 등 2인에게 급제를 사하였다.[15]

註解 2-2-2-

-1) 光宗九年五月 翰林學士雙冀: 광종 9년(958)의 과거제 실시는 우리나라에서 처음으로 시험에 의해 관원을 등용하는 제도의 출발이라는 점에서 중요한 의미를 지닌다. 이 제도를 실시하게 된 배경과 그것을 건의한 雙冀에 대해서는 1-1-3), 27쪽 참조. 쌍기가 그때 지녔던 翰林學士는 王命의 制撰과 외교문서의 작성 등을 맡은 翰林院의 정4품 관직인데, 이 직위는 얼마 뒤부터 정3품직이 된다[『고려사』 권76, 百官志 1 藝文館]. 참고로 이번의 과거 실시에 대한『고려사』世家와『고려사절요』의 기사는 다음과 같다.

o (光宗)九年五月 始置科擧 命翰林學士雙冀 取進士 丙申御威鳳樓 放榜 賜崔暹等及第(『고려사』 권2)

o (光宗)九年五月 命翰林學士雙冀知貢擧 試以詩賦頌及時務策 取進士 御威鳳樓 放榜 賜甲科崔暹等二人 明經三人 卜業二人 及第 用冀議 初置科擧 自此 文風始興(『고려사절요』 권2)

『고려사』 세가는 방방, 즉 급제 발표의 내용이 간략한 대신에 그 일자와 장소가 명시되어 있고,『고려사절요』는 장소와 함께 시험과목 등『고려사』志의 과거제 일반에서 설명한 부분[2-1-1-4), 36쪽]이 아울러 기술되어 있다.

① 金龍德, 「高麗 光宗朝의 科擧制度 問題」 『中央大論文集 』 4, 1959.

② 姜喜雄, 「高麗初 科擧制度의 導入에 관한 小考」 『韓國의 傳統과 變遷』, 고려
    대 아세아문제연구소, 1973.

③ 朴菖熙, 「高麗時代 「官僚制」에 대한 고찰」 『역사학보』 58, 1973.

-2) 知貢擧: 科試를 총괄하는 정고시관을 知貢擧, 부고시관을 同知貢擧라 하는
    데, 이에 대해서는 뒤에 다시 설명하는 기회를[3-1-1·2·3·4, 215~218쪽] 갖기로
    하겠다.

-3) 取進士: 진사는 제술과 과정에서 일정한 자격을 얻은 士에게 붙여진 칭호이
    다. 이에 대해서는 2-1-1-3), 36쪽 참조.

-4) 甲科崔暹等二人: 제술과 급제자는 甲科·乙科·丙科·同進士의 네 부류로 구
    분 되었는데, 이는 성적에 따른 것이었다.① 그러니까 갑과가 매우 우수한 성
    적을 받은 사람들이고, 다음이 을과, 다시 다음이 병과·동진사의 순서였던
    것이다. 한데 급제자들을 이처럼 넷으로 구분하는 제도가 일시에 마련되어
    과거 때마다 모두가 적용된게 아니라 보다시피 처음에는 갑과급제자만을 내
    다가 경종 2년에 이르러 을과가 추가되고, 성종조에 병과·동진사가 추가되
    는 등 점차 확대, 정비되거니와, 그리하여 갑과와 을과로 2분되어 발표되기
    도 하고, 또는 갑과 을과·동진사 및 을과 병과로의 분류 등 여러 형태로 운
    용되었다. 그러다가 현종 17년(1026) 이후에는 갑과의 사례가 보이지 않고 나
    머지 세 등급만이 쓰이거니와, 그들이 定型化된 뒤에는 을과 3인, 병과 7인,
    동진사 23인을 급제시키는게 통상적이었다 함은 위에서[2-2-1-3), 83쪽] 언급한
    바와 같다.

    갑과가 있을 때에는 '甲科第一人'이 壯元及第者(魁科)였겠으나 이 등급이
    소멸된 뒤에는 '乙科第一人'이 장원급제자였다.② 이곳 광종 9년의 사례는
    제술업의 경우 갑과급제자 2인만을 배출하고, 그중 崔暹이 장원급제자가 된
    예가 되겠다. 그는 뒤에 翰林學士(정4품)로서 지공거를 담당하고 또 常侍(정3
    품)로도 활동하거니와, 이번 科試의 다른 한명 갑과급제자는 晉兢이었음이
    墓誌 등에 의해 확인되고 있다.③

    최초의 과거에서 제술업급제자를 2인만 내고 있다는 점은 유의할 대목이
    다. 이후에 숫자를 좀 늘릴 때도 있긴 하지만 초기에는 인원이 매우 제한되
    고 있는데, 이는 당시의 과거가 지니는 기능이 그렇게 크지 않았다는 점과
    연결을 지어볼 수 있다는 데서 눈여겨볼 필요가 있는 것이다.④

    ① 曺佐鎬, 「麗代의 科擧制度」 『歷史學報』 10, 1958, 134·135쪽.

    ② 許興植, 「選擧志 選場의 分析」 『高麗科擧制度史研究』, 일조각, 1981 ; 『고려
        의 과거제도』, 일조각, 2005, 312·313쪽.

      朴龍雲, 「高麗時代의 科擧−製述科의 運營」 『高麗時代 蔭叙制와 科擧制 研究』,

　　　　일지사, 1990, 262~271쪽.
　　③ 許興植,「고려 예부시 동년록」『高麗科擧制度史研究』, 일조각, 1981 ;『고려
　　　　의 과거제도』, 일조각, 2005, 480쪽.
　　　朴龍雲,「科試 設行과 製述科 及第者」『高麗時代 蔭叙制와 科擧制 研究』, 일
　　　　지사, 1990, 328쪽.
　　④ 姜喜雄,「高麗初 科擧制度의 導入에 관한 小考」『韓國의 傳統과 變遷』, 고려
　　　　대 아세아문제연구소, 1973.
　　　李基白,「科擧制와 支配勢力」『한국사』 4, 국사편찬위원회, 1974.

-5) 明經三人: 2-1-12-5)·13), 63·65쪽 참조.

-6) 卜業二人: 2-1-12-17), 67쪽 참조.

-7) 賜 … 及第: 급제를 주었다는 것은 급제증서인 紅牌를 주었다는 의미이다.
　　홍패에는 급제자의 성명과 당시의 지위, 급제 등급, 賜給 연월, 知貢擧와 同
　　知貢擧의 성명과 직위 등이 기록되어 있었다.
　　① 朴龍雲,「高麗時代의 紅牌에 관한 一考察」『民族史의 展開와 그 文化(上)』,
　　　　1990 ;『高麗時代 蔭叙制와 科擧制 研究』, 일지사, 1990.

-8) 醫業三人: 2-1-12-9)·17), 64·67쪽 참조.

-9) (光宗)十一年三月 雙冀知貢擧 取進士 賜甲科崔光範等七人 明經一人 醫業三
　　人 及第: 이 해의 과거를 총괄한 지공거인 쌍기에 대해서는 1-1-3), 27쪽 참
　　조. 이번의 科試에서 장원으로 급제한 최광범에 대해서는 이 사실 이외에 달
　　리 알려진 내용이 찾아지지 않는다. 그러나 18세의 나이에 역시 甲科로 급
　　제하여 거란의 침입을 물리치는 등 국가의 동량으로 크게 활약하는 徐熙는
　　바로 이 해의 급제자 7인중 한 사람이었다. 이들에 관해서는 다음의 글들
　　참조.
　　① 許興植,「고려 예부시 동년록」『高麗科擧制度史研究』, 일조각, 1981 ;『고려
　　　　의 과거제도』, 일조각, 2005, 480쪽.
　　② 朴龍雲,「科試 設行과 製述科 及第者」『高麗時代 蔭叙制와 科擧制 研究』, 일
　　　　지사, 1990, 328쪽.

-10) (光宗)十二年四月 雙冀知貢擧 取進士 賜王擧等七人 明經一人 及第: 이처럼
　　첫번부터 세번째까지의 과거는 모두 쌍기가 지공거를 맡았다. 이번의 장원
　　급제자인 왕거에 대해서도 이 사실 이외에는 달리 알려진 내용이 찾아지지
　　않는다.
　　① 허홍식, 위의 글 481쪽.
　　② 박용운, 위의 글 328쪽.

-11) (光宗)十五年三月 翰林學士趙翌知貢擧 取進士 賜金策及明經·卜業各一人 及
　　第: 이번에 지공거를 맡은 趙翌은 한림학사(정4품)로서 과거를 총괄한 것을
　　보면 확인이 되지는 않지만 초기의 급제자일 가능성이 크다고 짐작된다. 그

는 『補閑集』(序 및 上 光宗崇儒雅)에도 이름(趙翼)이 보이고 있으나 더 이상의 기
록은 찾아지지 않지마는, 그 밑에서 장원급제한 김책은 명문인 光陽金氏 후
손으로 나중에 僕射(정2품)의 지위에까지 오른다.

　① 허흥식, 위의 글 480·481쪽.
　② 박용운, 위의 글 328쪽.

-12) (光宗)十七年 翰林學士王融知貢擧 取進士 賜甲科崔居業等二人 及第: 역시
한림학사(정4품)인 왕융이 지공거를 맡고 있다. 한데 그는 이번을 포함하여
광종·경종·성종조에 걸쳐 무려 12차례나 지공거를 담당한 것을 보면 당대의
대학자였음에 틀림이 없을 듯싶고, 직위도 平章事(정2품)까지 역임하였으나[『고
려사』 권3, 세가 성종 16년 동10월] 그의 정치적 입장은 격동기에 활동하였음에도
잘 알려져 있지 않다. 그리고 이번 과거에서 장원급제한 최거업에 대해서도
이 사실 이외에 달리 전하는 기사가 찾아지지 않는다.

　① 朴菖熙,「高麗時代 ‘官僚制’에 대한 考察」『歷史學報』 58, 1973, 41쪽.
　② 李基白,「成宗代의 政治的 支配勢力」『한국사』 4, 국사편찬위원회, 1977, 166·
　　167쪽 ;『高麗貴族社會의 形成』, 일조각, 1990, 46·47쪽.
　③ 허흥식, 위의 글 481쪽.
　④ 박용운, 위의 글 329쪽.

-13) (光宗)二十三年 王融知貢擧 金柅同知貢擧 取進士 賜楊演等四人 及第: 이번의
과거에서는 知貢擧와 함께 副考試官인 同知貢擧가 처음으로 임명되고 있다는
사실이 주목되는 점이다. 이때의 지공거인 왕융에 대해서는 바로 윗 대목에서
소개한 바와 같은데, 그러나 동지공거를 맡은 金柅에 대해서는 이 사실 이외
에 달리 찾아지는 내용이 없다. 아울러 장원급제자인 양연도 달리 전하는 기
사가 없기는 마찬가지인데, 단 그와 함께 급제한 同年인 柳邦憲은 백제지역
출신으로서 門下侍郞平章事(정2품)의 고위직까지 지낸 사실이 알려져 있다.

　① 허흥식, 위의 글 481쪽.
　② 박용운, 위의 글 329쪽.

-14) (光宗)二十四年二月 王融知貢擧 取進士 賜白思柔等二人 及第: 지공거인 왕
융에 대해서는 윗 대목 참조. 장원급제한 백사유는 한림학사를 지내면서 성종
10년과 14년 두 차례에 걸쳐 그 자신 지공거로서 과거를 주관하기도 한다.

　① 허흥식, 위의 글 481쪽.
　② 박용운, 위의 글 329쪽.

-15) (光宗)二十五年三月 王融知貢擧 取進士 賜韓蘭卿等二人 及第: 지공거인 왕
융에 대해서는 윗 대목 참조. 장원급제한 한인경은 딸이 顯宗妃 가운데 한
사람인 宮人韓氏이거니와, 그도 平章事(정2품)까지 지낸다.

　① 허흥식, 위의 글 481쪽.
　② 박용운, 위의 글 329쪽.

原文 2-2-3. 景宗二年三月親試進士 賜甲科高凝等三人乙科三人及第 四年三月
王融知貢擧 取進士 賜甲科元徵衍等及第

2-2-3. 경종 2년 3월에 진사를 친히 시험하여(친시親試), 갑과에 든 고응 등
3인과 을과 3인에게 급제를 사하였다.[1]

　4년 3월에 왕융이 지공거가 되어 진사를 뽑았는데, 갑과에 든 원징연
등에게 급제를 사하였다.[2]

註解 2-2-3-
　-1) 景宗二年三月 親試進士 賜甲科高凝等三人·乙科三人 及第: 이번의 과거는 처
　　　음으로 국왕이 직접 시험에 관여하는 親試로 치러졌다는데[2-1-2-1], 36쪽] 커
　　　다란 의미가 있다. 그럴 때의 고시관을 讀卷官이라 하였는데 그것을 담당한
　　　사람은 이미 여러 차례 지공거를 맡은바 있는 왕융이었다[3-1-2-1), 216쪽]. 이
　　　시험에서 장원급제한 고응은 목종 10년에 그 자신 禮部侍郎(정4품)으로서 과
　　　거를 주관한 사실 등이 확인된다.
　　　① 柳浩錫, 「高麗時代의 覆試」『全北史學』 8, 1984.
　　　② 許興植, 「고려 예부시 동년록」『高麗科擧制度史硏究』, 일조각, 1981 ; 『고려
　　　　의 과거제도』, 일조각, 2005, 481쪽.
　　　③ 朴龍雲, 「科試 設行과 製述科 及第者」『高麗時代 蔭叙制와 科擧制 硏究』, 일
　　　　지사, 1990, 330쪽.
　2) (景宗)四年三月 王融知貢擧 取進士 賜甲科元徵衍等 及第: 지공거인 왕융에
　　　대해서는 윗 대목 참조. 장원급제한 원징연은 原州元氏 후손으로 벼슬은 복
　　　야(정2품)까지 지낸 사실이 확인된다.
　　　① 허흥식, 위의 글 481쪽.
　　　② 박용운, 위의 글 330쪽.

原文 2-2-4. 成宗二年五月王融知貢擧 取進士 賜崔行言等五人及第 十二月正匡
崔承老左執政李夢游兵官御事劉彥儒左丞盧奕取進士 王覆試 賜甲科姜殷川乙
科二人明經一人及第 三年三月王融知貢擧 取進士 賜乙科李琮丙科二人及第 四
年五月王融知貢擧 取進士 賜乙科秦亮丙科二人及第 五年三月李夢游知貢擧 取
進士 賜崔英蘭等及第 六年三月李夢游知貢擧 取進士 八月下敎 賜夢游所擧甲
科鄭又玄明經一人卜業一人醫業二人明法業二人及第 七年三月王融知貢擧 取
進士 九月下敎賜乙科李緯等二人丙科二人醫業二人及第 八年三月王融知貢擧

取進士 十二月下敎賜乙科崔得中等十人丙科八人明經一人卜業二人及第 十年閏
二月翰林學士白思柔知貢擧 取進士 賜甲科崔沆乙科六人明經三人及第 十二年
三月翰林學士崔暹取進士 八月下敎賜甲科李維賢等二人乙科三人同進士五人明
經三人明法三人及第 十三年三月王融知貢擧 取進士 八月覆試 賜甲科崔元信等
四人乙科四人明經九人及第 十四年三月白思柔知貢擧 取進士 九月覆試 下敎賜
甲科李子琳乙科四人明經三人及第 十五年三月崔暹爲都考試官 取進士 十二月
下敎 賜甲科郭元等四人乙科三人明經六人及第 十六年八月禮部侍郎柳邦憲知
貢擧 取進士 穆宗元年正月 賜邦憲所擧甲科周仁傑等二人乙科三人明經七人明
法五人明書三人明筭四人三禮十人三傳二人及第

2-2-4. 성종 2년 5월에 왕융이 지공거가 되어 진사를 뽑자, 최행언 등 5
인에게 급제를 사하였다.[1] 12월에 정광인 최승로와 좌집정인 이몽유, 병
관어사인 유언유, 좌승인 노혁이 진사를 뽑았는데, 왕이 복시하여 갑과
에 든 강은천과 을과 2인, 명경 1인에게 급제를 사하였다.[2]

　3년 3월에 왕융이 지공거가 되어 진사를 뽑았는데, 을과에 든 이종과
병과 2인에게 급제를 사하였다.[3]

　4년 5월에 왕융이 지공거가 되어 진사를 뽑았는데, 을과에 든 진량과
병과 2인에게 급제를 사하였다.[4]

　5년 3월에 이몽유가 지공거가 되어 진사를 뽑자, 최영인 등에게 급제
를 사하였다.[5]

　6년 3월에 이몽유가 지공거가 되어 진사를 뽑았는데, 8월에 교敎를 내
려 몽유가 공거貢擧한바 갑과에 든 정우현과 명경 1인, 복업 1인, 의업 2
인, 명법업 2인에게 급제를 사하였다.[6]

　7년 3월에 왕융이 지공거가 되어 진사를 뽑았는데, 9월에 교를 내려
을과에 든 이위 등 2인과 병과 2인, 의업 2인에게 급제를 사하였다.[7]

　8년 3월에 왕융이 지공거가 되어 진사를 뽑았는데, 12월에 교를 내려
을과에 든 최득중 등 10인과 병과 8인, 명경 1인, 복업 2인에게 급제를
사하였다.[8]

　10년 윤2월에 한림학사 백사유가 지공거가 되어 진사를 뽑았는데, 갑

과에 든 최항과 을과 6인, 명경 3인에게 급제를 사하였다.[9]

12년 3월에 한림학사 최섬이 진사를 뽑았는데, 8월에 교를 내려 갑과에 든 이유헌 등 2인과 을과 3인, 동진사 5인, 명경 3인, 명법 3인에게 급제를 사하였다.[10]

13년 3월에 왕융이 지공거가 되어 진사를 뽑았는데, 8월에 복시하여 갑과에 든 최원신 등 4인과 을과 4인, 명경 9인에게 급제를 사하였다.[11]

14년 3월에 백사유가 지공거가 되어 진사를 뽑았는데, 9월에 복시하고 교를 내려 갑과에 든 이자림과 을과 4인, 명경 3인에게 급제를 사하였다.[12]

15년 3월에 최섬이 도고시관이 되어 진사를 뽑았는데, 12월에 교를 내려 갑과에 든 곽원 등 4인과 을과 3인, 명경 6인에게 급제를 사하였다.[13]

16년 8월에 예부시랑 유방헌이 지공거가 되어 진사를 뽑았다. 목종 원년 춘정월에 방헌이 공거貢擧한바 갑과에 든 주인걸 등 2인과 을과 3인, 명경 7인, 명법 5인, 명서 3인, 명산 4인, 3례 10인, 3전 2인에게 급제를 사하였다.[14]

註解 2-2-4-

-1) 成宗二年五月 王融知貢擧 取進士 賜崔行言等五人 及第: 지공거인 왕융에 대해서는 2-2-2-12), 87쪽 참조. 장원급제인 최행언은 成宗妃 가운데 한 사람인 延昌宮夫人崔氏의 아버지로서 뒤에 복야(정2품)를 贈職으로 제수받았다.
  ① 許興植, 「고려 예부시 동년록」『高麗科擧制度史硏究』, 일조각, 1981 ; 『고려의 과거제도』, 일조각, 2005, 481쪽.
  ② 朴龍雲, 「科試 設行과 製述科 及第者」『高麗時代 蔭叙制와 科擧制 硏究』, 일지사, 1990, 330·331쪽.

-2) (成宗二年)十二月 正匡崔承老·左執政李夢游·兵官御事劉彥儒·左丞盧奕取進士 王覆試 賜甲科姜殷川·乙科二人·明經一人 及第: 예부시에 급제한 진사를 국왕이 재심하는 형식을 취한 覆試가 처음으로 시행된 사례로서, 앞서 과거제 일반을 기술한 자리에는 「成宗二年 始臨軒覆試」라고 설명되어 있다[2-1-3-1), 37쪽]. 그러므로 시험관도 知貢擧 등의 용어가 사용되지 않고 있는데, 親試·覆試 때의 시험관은 讀卷官이라고 불렀으므로[2-2-3-1), 88쪽] 이번에도 그처럼 칭했을 듯싶기도 하나 실제로 그와 같이 표기되어 있지는 않다. 대신에 당

시의 정계를 대표하는 최승로·이몽유와 함께 유언유·노혁 등의 고위 관원이 주관하고 있다는 점이 주목되거니와, 이들이 지니고 있던 正匡은 초기 官階의 2품직이고 左執政은 景宗代의 정세를 감안하여 특별히 설치한 최고위직의 하나였으며, 병관어사(뒤의 병부상서)는 정3품, 좌승은 종3품직이었다.

이번의 科試에서 장원급제한 姜殷川은 거란의 침입을 귀주대첩으로 물리쳤고, 또 수상인 門下侍中으로서 국가 경영에도 커다란 공헌을 남긴 사람, 바로 姜邯贊의 처음 이름이다.

① 허흥식, 위의 글 481쪽.

② 박용운, 위의 글 331쪽.

-3) (成宗)三年三月 王融知貢擧 取進士 賜乙科李琮·丙科二人 及第: 지공거인 왕융에 대해서는 위의 1)항목 참조. 이번의 경우 乙科第一人인 이종이 장원급제자겠는데, 그에 대해서는 이 사실 이외에 달리 전하는 내용이 찾아지지 않는다.

① 허흥식, 위의 글 481쪽.

② 박용운, 위의 글 331쪽.

-4) (成宗)四年五月 王融知貢擧 取進士 賜乙科秦亮·丙科二人 及第: 지공거인 왕융에 대해서는 윗 대목 참조. 장원급제자 진량에 대해서도 이 사실 이외에 달리 전하는 내용이 찾아지지 않는다 .

① 허흥식, 위의 글 481쪽.

② 박용운, 위의 글 331쪽.

-5) (成宗)五年三月 李夢游知貢擧 取進士 賜崔英藺等及第: 이몽유는 앞서 성종 2년 12월의 복시 때에 과거를 주관한 한 사람이거니와[위의 2)항], 이번에는 지공거로서 활동하고 있다. 그는 이듬해의 과거에서도 역시 지공거를 맡고 있지마는, 그의 위상은 뒤에 成宗廟庭에 配享되고 있는 데서[『고려사』 권5, 세가 현종 18년 하5월] 잘 드러나고 있다. 하지만 이번 과거에서 장원급제한 최영인에 대해서는 이 사실 이외에 달리 전하는 내용이 찾아지지 않는다.

① 허흥식, 위의 글 481쪽.

② 박용운, 위의 글 331쪽.

-6) (成宗)六年三月 李夢游知貢擧 取進士 八月下敎 賜夢游所擧甲科鄭又玄·明經一人·卜業一人·醫業二人·明法業二人 及第: 지공거인 이몽유에 대해서는 바로 윗 대목에서 소개한 바와 같은데, 이번의 과거는 5개월 뒤에 王命인 敎의 형식으로 급제자를 발표하고 있다는 사실에 주목할 필요가 있다. 과거가 그만큼 중시되고 있다는 것을 뜻하기 때문이다. 장원급제자인 정우현은 그후 성종에게 直言한 것이 계기가 되어 監察御史(종6품)로 발탁된 사실이 알려져 있거니와, 이번 과거에서는 제술업 갑과와 명경업·복업·의업과 함께 명법업

[2-1-12-6)·16), 63·67쪽] 급제자를 내고도 있다.

① 허흥식, 위의 글 481쪽.

② 박용운, 위의 글 331쪽.

-7) (成宗)七年三月 王融知貢擧 取進士 九月下敎 賜乙科李緯等二人·丙科二人·醫業二人及第: 지공거인 왕융에 대해서는 앞의 1)항목 참조. 이번의 과거도 下敎의 형식으로 급제자를 발표하고 있지마는, 그러나 장원급제한 이위에 대해서는 이 사실 이외에 달리 전하는 내용이 찾아지지 않는다.

① 허흥식, 위의 글 482쪽.

② 박용운, 위의 글 331쪽.

-8) (成宗)八年三月 王融知貢擧 取進士 十二月下敎 賜乙科崔得中等十人·丙科八人·明經一人·卜業二人 及第: 지공거인 왕융에 대해서는 윗 대목 참조. 이번의 과거도 下敎의 형식을 빌어 放榜하고 있지마는, 그와 함께 특히 급제자수가 을과 10명, 병과 8명으로 제술업만 해도 18명이나 되어 이전과는 비교가 되지 않을 정도로 많은 인원을 내고 있다는 사실이 주목된다. 이는 필시 과거제 운영의 커다란 변화를 엿볼 수 있게 한다는 점에서이다. 그런데 한편 이때의 장원급제자인 최득중에 대해서는 이 사실 이외에 달리 전하는 내용이 없고, 다른 급제자들도 전혀 알 수가 없어 아쉬움을 남게 한다.

① 李基白,「成宗代의 政治的 支配勢力」『한국사』4, 국사편찬위원회, 1977, 171·177쪽 ;『高麗貴族社會의 形成』, 일조각, 1990, 50·55쪽.

② 허흥식, 위의 글 482쪽.

③ 박용운, 위의 글 331쪽.

-9) (成宗)十年閏二月 翰林學士白思柔知貢擧 取進士 賜甲科崔沆·乙科六人·明經三人 及第: 지공거인 백사유는 광종 24년의 장원급제자이다[2-2-2-14), 87쪽]. 그 자신이 한림학사(정4품)의 직위에 있으면서 이번의 과거를 주관하는 책임을 맡고 있거니와, 그러니까 명문으로 확인되는 바로서는 백사유가 급제자로서 지공거가 된 처음의 사례라는 점에서 의미를 찾을 수 있다. 그는 뒤에 보이듯이 성종 14년에도 한번 더 지공거를 역임한다.

이번의 과거에서 장원급제한 최항은 나말여초의 3崔 중 한 사람인 崔彦撝의 손자로서, 그도 또한 목종 7년과 8년 두 차례에 걸쳐 과거를 총괄하는 책임을 맡으며 직위는 평장사(정2품)에 이른다.

① 허흥식, 위의 글 482쪽.

② 박용운, 위의 글 331·332쪽.

-10) (成宗)十二年三月 翰林學士崔暹取進士 八月下敎 賜甲科李維賢等二人·乙科三人·同進士五人·明經三人·明法三人 及第: 이번의 과거를 총괄한 최섬 역시 최초로 시행된 광종 9년의 시험에서 장원급제한 사람인데[2-2-2-4), 85쪽], 이 때에 이르러 한림학사(정4품)로서 그같은 책임을 맡고 있다. 이번 科試에서

좀 색다른 것은 갑과·을과와 더불어 처음으로 同進士를 뽑고도 있다는 점이
지마는, 한편으로 장원급제한 이유현에 대해서는 이 사실 이외에 달리 전하
는 내용이 찾아지지 않는다.

　① 허흥식, 위의 글 482쪽.

　② 박용운, 위의 글 332쪽.

-11) (成宗)十三年三月 王融知貢擧 取進士 八月覆試 賜甲科崔元信等四人·乙科四
人·明經九人 及第: 이번도 앞의 1)항목에서 소개한 왕융이 지공거가 되어 시
험한 科試인데, 그 5개월 뒤에 국왕이 복시를 시행하고 있다. 여기에서 장원
급제한 최원신은 평장사(정2품)까지 역임하는 崔亮의 아들로, 그도 禮賓卿(종3
품)을 지낸 사실 등이 알려져 있다.

　① 허흥식, 위의 글 482쪽.

　② 박용운, 위의 글 332쪽.

-12) (成宗)十四年三月 白思柔知貢擧 取進士 九月覆試 下敎賜甲科李子琳·乙科四
人·明經三人 及第: 앞서 성종 10년의 과거를 주관했던 백사유[위의 9)항]가 재
차 지공거를 맡은 시험으로, 이번에도 복시가 시행되고 下敎의 형식을 빌어
放榜하고 있다. 여기에서 장원급제한 사람은 李子琳인데, 뒤에 李可道로, 그
리고 다시 賜姓을 받아 王可道로 이름을 바꾸었다. 그의 두 딸은 각각 현종
비와 덕종비가 되었으며, 그 자신도 평장사(정2품)의 직위에까지 올랐다.

　① 허흥식, 위의 글 482쪽.

　② 박용운, 위의 글 332쪽.

-13) (成宗)十五年三月 崔暹爲都考試官 取進士 十二月下敎 賜甲科郭元等四人·乙
科三人·明經六人 及第: 이번 역시 광종 9년의 최초 科試에서 장원급제를 하
고, 성종 12년의 과거를 주관하기도 했던[위의 10)항목] 최섬이 책임을 맡은 시
험인데. 이때는 마침 知貢擧의 명칭이 都考試官으로 바뀐 시기여서[3-1-3-1],
217쪽] 그처럼 표기되어 있다. 3월에 시험을 치르고 12월에 下敎로 放榜한
이번 과거에서 장원급제한 곽원은 뒤에 參知政事(종2품)의 직위에까지 오르
면서 활동이 많았다. 그의 同年으로서는 뒤에 中樞使(종2품)까지 지내는 尹徵
古와, 徐熙의 아들로 수상을 역임하는 徐訥 등이 알려져 있다.

　① 허흥식, 위의 글 482쪽.

　② 박용운, 위의 글 332·333쪽.

-14) (成宗)十六年八月 禮部侍郎柳邦憲知貢擧 取進士 穆宗元年正月 賜邦憲所擧
甲科周仁傑等二人·乙科三人·明經七人·明法五人·明書三人·明筭四人·三禮十
人·三傳二人 及第: 이번의 과거는 왕 16년 8월에, 광종 23년의 급제자인 柳
邦憲[2-2-2-13), 87쪽]이 당시 禮部侍郎(정4품)의 직위에 있으면서 주관하여 시행
한 고시였다. 그리하여 급제자까지 선발하였으나 放榜하기 이전인 10월에

성종이 세상을 떠났으므로 다음 왕인 목종이 즉위한 다음인 이듬해 정월에
야 발표하고 있다. 여기에서 장원급제한 주인걸은 이 사실 이외에 달리 찾
아지는 내용이 없으나 同年인 許元이 內史舍人(종4품)을 지낸 사실은 알려져
있거니와, 급제자가 제술업 갑과와 을과, 명경업, 그리고 잡업도 명법업과
함께 명서업[2-1-12-8)·14), 64·67쪽]·명산업[2-1-12-7)·15), 63·67쪽]·三禮業[2-1-8-4)·
5), 49·50쪽 및 2-1-10-1), 53쪽]·三傳業[2-1-8-4)·6), 49·51쪽 및 2-1-10-1), 53쪽] 등 다
양한 분야에 걸치고 있다는 점이 주목을 끄는 사항의 하나이다. 이 과거에
대해 『고려사절요』(권2)에는 「(穆宗)元年春正月 賜周仁傑等五人·明經七人及
第 成宗甞命 取進士 適不豫 至是賜第」라 기술되어 있다.

① 허흥식, 위의 글 482쪽.
② 박용운, 위의 글 333쪽.

原文 2-2-5. (穆宗元年)三月左司郎中崔成務知貢擧 取進士 賜甲科姜周載等七人
乙科二十五人同進士十八人恩賜一人明經二十人明法二十三人明書五人明筭十
一人及第 三年柳邦憲取進士 賜甲科宋翃等八人乙科七人明經八人及第 五年三
月崔成務知貢擧 取進士 八月下敎 賜乙科朴元徽等三人丙科六人明經十九人及
第 七年四月內史舍人崔沆知貢擧 取進士 下敎 賜甲科黃周亮等五人乙科十人明
經四人及第 八年三月崔沆知貢擧 取進士 四月下敎 賜甲科崔冲等七人乙科十人
明經三人及第 十年六月禮部侍郎高凝 取進士 賜乙科趙元等二人丙科四人明經
三人及第 十一年三月中樞院直學士蔡忠順 取進士 賜甲科孫元仙等四人乙科五
人明經二人及第

2-2-5. (목종 원년) 3월에 좌사낭중인 최성무가 지공거로서 진사를 뽑았
는데, 갑과에 든 강주재 등 7인과 을과 25인, 동진사 18인, 은사 1인, 명
경 20인, 명법 23인, 명서 5인, 명산 11인에게 급제를 사하였다.[1]

3년에 유방헌이 진사를 뽑았는데, 갑과에 든 송굉 등 8인과 을과 7인,
명경 8인에게 급제를 사하였다.[2]

5년 3월에 최성무가 지공거가 되어 진사를 뽑았는데, 8월에 교를 내려
을과에 든 박원휘 등 3인과 병과 6인, 명경 19인에게 급제를 사하였다.[3]

7년 4월에 내사사인 최항이 지공거가 되어 진사를 뽑았는데, 하교下敎로
서 갑과에 든 황주량 등 5인과 을과 10인, 명경 4인에게 급제를 사하였다.[4]

8년 3월에 최항이 지공거가 되어 진사를 뽑았는데, 4월에 하교로서 갑

과에 든 최충 등 7인과 을과 10인, 명경 3인에게 급제를 사하였다.[5]

　10년 6월에 예부시랑 고응이 진사를 뽑았는데, 을과에 든 조원 등 2인
과 병과 4인, 명경 3인에게 급제를 사하였다.[6]

　11년 3월에 중추원직학사 채충순이 진사를 뽑았는데, 갑과에 든 손원
선 등 4인과 을과 5인, 명경 2인에게 급제를 사하였다.[7]

註解 2-2-5-

-1) (穆宗元年)三月 左司郎中崔成務知貢擧 取進士 賜甲科姜周載等七人·乙科二十
　五人·同進士十八人·恩賜一人·明經二十人·明法二十三人·明書五人·明筭十一
　人 及第: 지공거를 맡은 좌사낭중(정5품) 최성무에 대해서는 이 사실 이외에
　달리 전해지는 내용이 찾아지지 않으며, 장원급제자인 강주재 역시 그후 起
　居郞(종5품)을 역임했다는 간략한 기사만이 보인다. 이번의 과거에서 특징적
　인 점은 진사(제술업)만도 50명을 비롯하여 명경업·명법업·명서업·명산업에
　걸쳐 매우 많은 수의 급제자를 내고 있다는 것이다. 이는 아마 새로 즉위한
　몇 달 후의 처음 과거이므로 施惠의 차원에서 비롯하는 것 같다. 恩賜及第
　1인을 내고 있는 것도 마찬가지이다.『고려사』권74, 선거지 2 科目 恩例條
　에 보면 그것은 10번 응시했으나 급제하지 못한 사람을 특별히 登科시킨 조
　처로서, 글자 그대로 恩例로 賜與하는 급제를 말하는데, 이때 처음으로 시작
　되었으며, 그러나 늘상 주어지던 것은 아니었다는 설명이 실려 있다.
　　① 許興植,「고려 예부시 동년록」『高麗科擧制度史硏究』, 일조각, 1981 ;『고려
　　　의 과거제도』, 일조각, 2005, 482쪽.
　　② 朴龍雲,「科試 設行과 製述科 及第者」『高麗時代 蔭叙制와 科擧制 硏究』, 일
　　　지사, 1990, 334쪽.
　　③ 朴龍雲,「高麗時代의 科擧－製述科의 運營」『高麗時代 蔭叙制와 科擧制 硏究』,
　　　일지사, 1990, 270·271쪽.

-2) (穆宗)三年 柳邦憲取進士 賜甲科宋翃等八人·乙科七人·明經八人 及第: 과거
　를 주관한 유방헌에 대해서는 앞의 2-2-4-14), 93쪽 참조. 장원급제자인 송
　굉에 대해서도 이 사실 이외에 달리 전하는 내용이 찾아지지 않는다.
　　① 허흥식, 위의 글 482·483쪽.
　　② 박용운, 위의 ②번 글 334쪽.

-3) (穆宗)五年三月 崔成務知貢擧 取進士 八月下敎 賜乙科朴元徽等三人·丙科六
　人·明經十九人 及第: 이번의 과거도 목종 원년에 지공거를 맡았던[위의 1)항]
　최성무가 주관하여 진사 등을 선발하고, 8월에 下敎로 발표하고 있지마는,
　그러나 장원급제자인 박원휘조차 이 사실 이외에 달리 전하는 내용이 찾아

지지 않는다.

① 허홍식, 위의 글 483쪽.

② 박용운, 위의 글 334쪽.

-4) (穆宗)七年四月 內史舍人崔沆知貢擧 取進士 下敎 賜甲科黃周亮等五人·乙科十人·明經四人 及第: 최항은 성종 10년의 과거에서 장원급제한 사람으로 [2-2-4-9), 92쪽] 이번에는 內史舍人(종4품)으로서 지공거를 맡고 있다. 여기에서 장원급제한 황주량은 뒤에 『七代實錄』을 撰集한 그 사람으로, 역시 현종 14년과 靖宗 3년 및 7년 모두 세 차례 지공거를 맡으며, 직위도 여러 요직을 거쳐 최고직인 門下侍中(종1품)에까지 오른다.

① 허홍식, 위의 글 483쪽.

② 박용운, 위의 글 334·335쪽.

-5) (穆宗)八年三月 崔沆知貢擧 取進士 四月下敎 賜甲科崔冲等七人·乙科十人·明經三人 及第: 이번의 지공거도 바로 전년의 과거를 주관한 최항이었다. 이 해의 과거에서 장원급제한 최충은 뒤에 '儒宗'·'海東孔子' 등으로 칭송받는 사람으로, 그 자신 여러 차례 지공거를 맡아 科試를 주관하며, 벼슬도 요직을 두루 역임하면서 門下侍中(종1품)·中書令(종1품)에까지 올랐고, 특히 致仕한 이후에 文憲公徒로 불리게 되는 私學을 처음 연 것으로도 널리 알려져 있다.

① 허홍식, 위의 글 483쪽.

② 박용운, 위의 글 335쪽.

-6) (穆宗)十年六月 禮部侍郎高凝取進士 賜乙科趙元等二人·丙科四人·明經三人 及第: 지공거인 고응은 경종 2년의 과거에서 장원급제한 사람으로[2-2-3-1), 88쪽], 이때에 이르러 禮部侍郎(정4품)으로서 그 자신 科試를 주관하고 있다. 여기에서 장원급제한 조원도 侍郎(정4품)을 역임한 사실이 알려져 있으나 그 이상의 자세한 사항은 잘 알 수가 없다.

① 허홍식, 위의 글 483쪽.

② 박용운, 위의 글 335쪽.

-7) (穆宗)十一年三月 中樞院直學士蔡忠順取進士 賜甲科孫元仙等四人·乙科五人·明經二人 及第: 이번에 중추원직학사(정3품)로서 과거를 주관한 채충순은 현종의 즉위에 공로를 세우고 門下侍郎(정2품)까지 지내지마는, 여기에서 장원급제한 손원선에 대해서는 이 사실 이외에 달리 전하는 내용이 찾아지지 않는다.

① 허홍식, 위의 글 483쪽.

② 박용운, 위의 글 335쪽.

原文 2-2-6. 顯宗初卽位 禮部侍郎姜邯贊知貢擧 取進士 賜甲科安昌齡乙科四人

同進士三人明經二人及第　元年四月國子司業孫夢周知貢擧　取進士　賜甲科徐崧
丙科六人同進士一人明經三人及第　四年八月左僕射金審言知貢擧　取進士　覆試
賜乙科林維幹等三人丙科三人同進士二人明經一人及第　五年四月秘書監周佇知
貢擧　取進士　賜禹賢符等十一人及第　七年七月禮賓卿李龔知貢擧　取進士　覆試
賜金顯等九人明經五人及第　八年三月禮部侍郎郭元知貢擧　取進士　賜乙科鄭倍
傑丙科五人同進士五人及第　九年五月給事中金猛知貢擧　取進士　賜乙科黃靖丙
科四人同進士四人明經十人及第　十一年五月國子祭酒劉徵弼知貢擧　取進士　覆
試　賜乙科李元顯丙科三人同進士六人明經三人及第　十二年八月散騎常侍李龔
知貢擧　取進士　覆試　賜甲科趙覇丙科一人同進士五人明經四人及第　十四年六月
黃周亮知貢擧　取進士　覆試　賜丙科張喬等二人同進士二人明經二人及第　十五年
三月禮部尙書劉徵弼知貢擧　取進士賜丙科李子淵等二人同進士七人明經十人及
第　十七年三月內史舍人崔冲知貢擧　取進士　賜甲科崔晛等二人丙科二人同進士
七人明經一人及第　十九年三月郎中李作仁知貢擧　取進士　覆試　賜乙科鄭在元丙
科二人同進士七人明經一人及第　二十一年四月禮部郎中朴有仁知貢擧　取進士
覆試　賜乙科崔惟善等十八人及第

2-2-6. 현종 즉위 초에 예부시랑 강감찬이 지공거가 되어 진사를 뽑았는
데, 갑과에 든 안창령과 을과 4인, 동진사 3인, 명경 2인에게 급제를 사
하였다.[1]

　원년 4월에 국자사업 손몽주가 지공거가 되어 진사를 뽑았는데, 갑과
에 든 서숭과 병과 6인, 동진사 1인, 명경 3인에게 급제를 사하였다.[2]

　4년 8월에 좌복야 김심언이 지공거가 되어 진사를 뽑았는데, 복시하여
을과에 든 임유간 등 3인과 병과 3인, 동진사 2인, 명경 1인에게 급제를
사하였다.[3]

　5년 4월에 비서감 주저가 지공거가 되어 진사를 뽑았는데, 우현부 등
11인에게 급제를 사하였다.[4]

　7년 7월에 예빈경 이공이 지공거가 되어 진사를 뽑았는데, 복시하여
김현 등 9인과 명경 5인에게 급제를 사하였다.[5]

　8년 3월에 예부시랑 곽원이 지공거가 되어 진사를 뽑았는데, 을과에
든 정배걸과 병과 5인, 동진사 5인에게 급제를 사하였다.[6]

9년 5월에 급사중 김맹이 지공거가 되어 진사를 뽑았는데, 을과에 든 황정과 병과 4인, 동진사 4인, 명경 10인에게 급제를 사하였다.[7]

11년 5월에 국자제주 유징필이 지공거가 되어 진사를 뽑았는데, 복시하여 을과에 든 이원현과 병과 3인, 동진사 6인, 명경 3인에게 급제를 사하였다.[8]

12년 8월에 산기상시 이공이 지공거가 되어 진사를 뽑았는데, 복시하여 갑과에 든 조패와 병과 1인, 동진사 5인, 명경 4인에게 급제를 사하였다.[9]

14년 6월에 황주량이 지공거가 되어 진사를 뽑았는데, 복시하여 병과에 든 장교 등 2인과 동진사 2인, 명경 2인에게 급제를 사하였다.[10]

15년 3월에 예부상서 유징필이 지공거가 되어 진사를 뽑았는데, 병과에 든 이자연 등 2인과 동진사 7인, 명경 10인에게 급제를 사하였다.[11]

17년 3월에 내사사인 최충이 지공거가 되어 진사를 뽑았는데, 갑과에 든 최황 등 2인과 병과 2인, 동진사 7인, 명경 1인에게 급제를 사하였다.[12]

19년 3월에 낭중 이작인이 지공거가 되어 진사를 뽑았는데, 복시하여 을과에 든 정재원과 병과 2인, 동진사 7인, 명경 1인에게 급제를 사하였다.[13]

21년 4월에 예부낭중 박유인이 지공거가 되어 진사를 뽑았는데, 복시하여 을과에 든 최유선 등 18인에게 급제를 사하였다.[14]

註解 2-2-6-

-1) 顯宗初卽位(五月) 禮部侍郎姜邯贊知貢擧 取進士 賜甲科安昌齡·乙科四人·同進士三人·明經二人 及第:「顯宗初卽位」는 왕 즉위년 5月[『고려사』 권4, 세가]을 말한다. 현종이 즉위한게 2월이므로 3개월만에 과거를 시행한 것인데, 이번의 지공거는 성종 2년에 장원급제한 강감찬으로서[2-2-4-2), 90쪽] 당시 그의 직위는 예부시랑(정4품)이었다. 이 시험에서 장원급제한 안창령에 대해서는 이 사실 이외에 달리 전하는 내용이 찾아지지 않는다.

① 許興植,「고려 예부시 동년록」『高麗科擧制度史研究』, 일조각, 1981 ;『고려의 과거제도』, 일조각, 2005, 483쪽.

② 朴龍雲,「科試 設行과 製述科 及第者」『高麗時代 蔭敍制와 科擧制 研究』, 일지사, 1990, 336쪽.

-2) (顯宗)元年四月 國子司業孫夢周知貢擧 取進士 賜甲科徐崧·丙科六人·同進士

一人·明經三人 及第: 국자사업(종4품)인 손몽주가 지공거를 맡고 있다. 그는
뒤에 예부상서(정3품)까지 역임하거니와, 이 시험의 장원급제자인 서숭 역시
그뒤 司宰丞(종6품)을 지낸 사실 등이 확인된다.
   ① 허홍식, 위의 글 483쪽.
   ② 박용운, 위의 글 336·337쪽.
-3) (顯宗)四年八月 左僕射金審言知貢舉 取進士 覆試 賜乙科林維幹等三人·丙科
三人·同進士二人·明經一人 及第: 좌복야(정2품)라는 재상급 관원이 지공거를
맡고 있어서 우선 주목을 끈다. 그 장본인인 김심언은 뒤에 內史侍郎平章事
(정2품)까지 지내거니와[『고려사』권93, 열전 김심언전], 이 시험에서 장원급제한
임유간 역시 靖宗 5년 左諫議大夫(정4품)에 재임하면서 지공거를 맡는가 하면
곧이어 散騎常侍(정3품)에 오른 사실 등이 확인된다. 이 자리에는 나타나 있
지 않지만 『고려사』권74, 선거지 2 科目 恩例條에 보면 崔弘正이 이번 과
거에서 恩賜及第[2-2-5-1), 95쪽]의 혜택을 받은 사실이 실려 있다.
   ① 허홍식, 위의 글 483쪽.
   ② 박용운, 위의 글 337쪽.
-4) (顯宗)五年四月 秘書監周佇知貢舉 取進士 賜禹賢符等十一人及第: 주저는 송
나라 출신 귀화인으로서 여러 요직을 거치는 가운데 이때에 이르러 秘書監
(종3품)의 직위에 있으면서 지공거를 담당하고 있다. 그는 뒤에 예부상서(정3
품)에까지 오르거니와[『고려사』권94, 열전 주저전], 그러나 장원급제자인 우현부
는 이 사실 이외에 달리 전하는 내용이 찾아지지 않는다. 여기에는 나타나
있지 않지만 『고려사』권74, 선거지 2 과목 은례조에 보면 이번의 과거에서
도 石邦寶 등이 恩賜及第[2-2-5-1), 95쪽]를 받은 사실이 실려 있다.
   ① 허홍식, 위의 글 483쪽.
   ② 박용운, 위의 글 337쪽.
-5) (顯宗)七年七月 禮賓卿李龔知貢舉 取進士 覆試 賜金顯等九人·明經五人 及第:
예빈경(종3품)으로 지공거를 맡은 이공은 5년 뒤인 왕 12년에도 다시 그같은
책임을 맡는 등 이 방면에 활동이 컸다. 벼슬은 中樞使(종2품) 등을 거쳐 벌
써 현종 14년 12월에는 平章事(정2품)의 직위에까지 오르거니와[『고려사』권5,
세가], 이 해의 장원급제자인 김현 역시 그후 문종 8년에 知中樞院事(종2품)로서
지공거를 맡는가 하면 직위도 左僕射(정2품)·叅知政事(종2품) 등을 역임한다.
   ① 허홍식, 위의 글 483쪽.
   ② 박용운, 위의 글 337쪽.
-6) (顯宗)八年三月 禮部侍郎郭元知貢舉 取進士 賜乙科鄭倍傑·丙科五人·同進士
五人 及第: 이번의 지공거인 곽원은 성종 15년에 장원급제한 사람으로
[2-2-4-13), 93쪽] 예부시랑(정4품)의 직위에 있으면서 과거를 주관하고 있다. 여

기에서 장원급제한 정배걸 또한 뛰어난 인재로써 그 자신 문종 원년에 지공
거를 맡고 中樞使(종2품)를 역임하기도 하였으며, 특히 私學 12徒의 하나인
弘文公徒를 설립한 사실 등이 널리 알려져 있다.

① 허흥식, 위의 글 483쪽.

② 박용운, 위의 글 337쪽.

-7) (顯宗)九年五月 給事中金猛知貢擧 取進士 賜乙科黃靖·丙科四人·同進士四人·
明經十人 及第: 김맹은 시기가 분명치 않지만 그 자신 급제자로서 이때에
이르러 급사중(종4품)의 직위에 있으면서 지공거를 맡고 있다. 그는 뒤에 中
樞使(종2품)까지 역임하지마는[『고려사』 권94, 열전 김맹전], 그러나 이번 과거에
서 장원급제한 황정에 대해서는 이 사실 이외에 달리 전하는 내용이 찾아지
지 않는다.

① 허흥식, 위의 글 483쪽.

② 박용운, 위의 글 336~338쪽.

-8) (顯宗)十一年五月 國子祭酒劉徵弼知貢擧 取進士 覆試 賜乙科李元顯·丙科三
人·同進士六人·明經三人 及第: 이번에 국자제주(종3품)로서 과거를 주관한 유
징필은 4년 뒤인 왕 15년에도 지공거를 맡는다. 직위는 內史侍郎平章事(정2
품)까지 오르는데[『고려사』 권6, 세가 靖宗 8년 6월], 그러나 이때 장원급제한 이원
현에 대해서는 이 사실 이외에 달리 전하는 내용이 찾아지지 않는다.

① 허흥식, 위의 글 483쪽.

② 박용운, 위의 글 338쪽.

-9) (顯宗)十二年八月 散騎常侍李龔知貢擧 取進士 覆試 賜甲科趙覇·丙科一人·同
進士五人·明經四人 及第: 현종 7년의 과거를 주관한바 있는 이공이[위의 5)항]
이번에는 산기상시(정3품)로서 다시 지공거를 맡고 있다. 여기에서 장원급제
한 조패도 문종 11년의 과거에서 산기상시로써 지공거를 담당하고 있는 사
실이 확인된다.

① 허흥식, 위의 글 484쪽.

② 박용운, 위의 글 338쪽.

-10) (顯宗)十四年六月 黃周亮知貢擧 取進士 覆試 賜丙科張喬等二人·同進士二
人·明經二人 及第: 지공거인 황주량은 목종 7년의 장원급제자[2-2-5-4), 96쪽]
로서, 이때에 이르러 그 자신이 시험을 주관하는 책임을 맡고 있는데, 당시
그의 직위는 분명치가 않다. 아울러 이번 과거의 장원급제자인 장교에 대해
서도 이 사실 이외에 달리 전하는 내용이 찾아지지 않는다.

① 허흥식, 위의 글 484쪽.

② 박용운, 위의 글 338쪽.

-11) (顯宗)十五年三月 禮部尙書劉徵弼知貢擧 取進士 賜丙科李子淵等二人·同進
士七人·明經十人 及第: 4년전에 지공거였던 유징필[위의 8)항]이 이번에는 예

부상서(정3품)로서 다시 과거를 주관하고 있다. 여기에서 장원급제한 이자연은 고려의 최대 門閥인 慶源李氏家의 기반을 다진 사람으로, 그의 세 딸이 모두 文宗妃가 되었거니와, 벼슬도 문종 5년에 지공거를 맡는가 하면 여러 요직을 거쳐 수상인 門下侍中(종1품)·判吏部事를 역임한다.

　① 허홍식, 위의 글 484쪽.
　② 박용운, 위의 글 338쪽.

-12) (顯宗)十七年三月 內史舍人崔冲知貢擧 取進士 賜甲科崔睍等二人·丙科二人·同進士七人·明經一人 及第: 지공거인 최충은 목종 8년의 장원급제자인데〔2-2-5-5), 96쪽], 이때에 이르러 내사사인(종4품)의 직위에 있으면서 그 자신 과거를 주관하고 있다. 그러나 이번에 장원급제한 최황에 대해서는 이 사실 이외에 달리 전하는 내용이 찾아지지 않는다.

　① 허홍식, 위의 글 484쪽.
　② 박용운, 위의 글 338쪽.

-13) (顯宗)十九年三月 郎中李作仁知貢擧 取進士 覆試 賜乙科鄭在元·丙科二人·同進士七人·明經一人 及第: 이작인이 왕 19년의 과거를 낭중(정5품)에 재직하면서 지공거를 맡았다는 것인데, 그는 벌써 현종 13년 정월에 同知中樞事(종2품), 같은 해 10월에 司憲大夫(정3품)를 역임하고 있어서〔『고려사』 권4, 세가] 당시에 낭중이었다는 기술은 잘 납득이 가지 않는다. 더구나 그는 지공거를 맡은 2년 뒤인 왕 21년 2월에 宰臣인 叅知政事(종2품)를 제수받고 있는 것이다〔『고려사』 권5, 세가]. 지공거를 맡을 당시의 직위에 대한 기술은 어떤 착오에서 비롯하지 않았나 싶다. 그가 주관한 과거의 장원급제자인 정재원에 대해서는 이 사실 이외에 달리 전하는 내용이 찾아지지 않는다.

　① 허홍식, 위의 글 484쪽.
　② 박용운, 위의 글 338쪽.

-14) (顯宗)二十一年四月 禮部郎中朴有仁知貢擧 取進士 覆試 賜乙科崔惟善等十八人 及第: 예부낭중(정5품)인 박유인이 지공거를 맡고 있다. 그는 德宗 2년에도 禮部侍郎(정4품)으로서 시험을 주관하고 있거니와, 직위는 뒤에 좌복야(정2품)·참지정사(종2품)에까지 오르고 있다〔『고려사』 권7, 세가 문종 원년 하4월]. 이번 과거에서 장원급제한 최유선은 역시 목종 8년에 장원급제한 崔冲의 아들로, 그 또한 문종 7년과 15년에 지공거를 역임하며, 직위도 門下侍中(종1품)·判吏部事로 수상을 지낸다. 父子가 모두 장원으로 급제를 했고, 여러 차례 지공거를 맡으며, 또 수상에 오르는 사례를 남기고 있는 것이다.

　① 허홍식, 위의 글 484쪽.
　② 박용운, 위의 글 338·339쪽.

原文 2-2-7. 德宗元年二月 尙書左丞李作忠知貢擧 取進士 賜乙科白可易等三人
丙科六人恩賜四人及第 二年三月禮部侍郞朴有仁知貢擧 取進士 賜丙科崔希穆
等五人同進士三人明經二人恩賜二人及第

2-2-7. 덕종 원년 2월에 상서좌승 이작충이 지공거가 되어 진사를 뽑았는
데, 을과에 든 백가이 등 3인과 병과 6인, 은사 4인에게 급제를 사하였다.[1]

2년 3월에 예부시랑 박유인이 지공거가 되어 진사를 뽑았는데, 병과에 든
최희목 등 5인과 동진사 3인, 명경 2인, 은사 2인에게 급제를 사하였다.[2]

註解 2-2-7-

-1) 德宗元年二月 尙書左丞李作忠知貢擧 取進士 賜乙科白可易等三人·丙科六人·
恩賜四人 及第: 상서좌승(종3품)인 이작충이 지공거를 맡고 있는데, 그는 靖
宗 9년 2월에 內史侍郞同內史門下平章事(정2품)·判尙書禮部事에 오르며[『고려
사』 권6, 세가], 그리고 나서 이듬해에 또 한번 과거를 주관한다. 그러나 이 덕
종 원년의 장원급제자인 백가이에 대해서는 이 사실 이외에 달리 전하는 내
용이 찾아지지 않는다. 恩謝及第에 대해서는 2-2-5-1), 95쪽 참조.
  ① 許興植, 「고려 예부시 동년록」『高麗科學制度史硏究』, 일조각, 1981 ;『고려
    의 과거제도』, 일조각, 2005, 484쪽.
  ② 朴龍雲, 「科試 設行과 製述科 及第者」『高麗時代 蔭叙制와 科擧制 硏究』, 일
    지사, 1990, 340쪽.
-2) (德宗)二年三月 禮部侍郞朴有仁知貢擧 取進士 賜丙科崔希穆等五人·同進士三
人·明經二人·恩賜二人 及第: 이번에 예부시랑(정4품)으로서 지공거를 맡은 박
유인은 현종 21년의 과거를 주관한 바로 그 사람이었다[2-2-6-14), 101쪽]. 이
시험의 장원급제자인 최희목에 대해서도 이 사실 이외에 달리 전하는 내용
이 없거니와, 恩賜及第에 대해서는 2-2-5-1), 95쪽 참조.
  ① 허흥식, 위의 글 484쪽.
  ② 박용운, 위의 글 340쪽.

原文 2-2-8. 靖宗元年三月刑部尙書崔冲知貢擧 取進士 賜乙科金無滯等四人丙
科四人同進士六人明經一人及第 三年三月禮部尙書黃周亮知貢擧 取進士 下詔
賜乙科盧延覇等四人丙科四人同進士三人明經二人及第 五年二月左諫議大夫林
惟幹知貢擧 取進士 賜乙科黃杭之等五人丙科八人同進士五人明經二人恩賜一
人及第 七年二月門下侍郞黃周亮知貢擧 取進士 賜乙科兪暢丙科四人明經五人

及第 十年四月內史侍郎李作忠知貢舉 取進士 賜乙科金元鉉等四人丙科五人同
進士七人明經二人恩賜二人及第 十二年三月門下侍郎崔融知貢舉 取進士 賜乙
科李仁挺等四人丙科六人同進士七人明經一人及第

2-2-8. 정종 원년 3월에 형부상서 최충이 지공거가 되어 진사를 뽑았는
데, 을과에 든 김무체 등 4인과 병과 4인, 동진사 6인, 명경 1인에게 급
제를 사하였다.[1]

　3년 3월에 예부상서 황주량이 지공거가 되어 진사를 뽑았는데, 조詔를
내려 을과에 든 노연패 등 4인과 병과 4인, 동진사 3인, 명경 2인에게 급
제를 사하였다.[2]

　5년 2월에 좌간의대부 임유간이 지공거가 되어 진사를 뽑았는데, 을과
에 든 황항지 등 5인과 병과 8인, 동진사 5인, 명경 2인, 은사 1인에게
급제를 사하였다.[3]

　7년 2월에 문하시랑 황주량이 지공거가 되어 진사를 뽑았는데, 을과에
든 유창과 병과 4인, 명경 5인에게 급제를 사하였다.[4]

　10년 4월에 내사시랑 이작충이 지공거가 되어 진사를 뽑았는데, 을과
에 든 김원현 등 4인과 병과 5인, 동진사 7인, 명경 2인, 은사 2인에게
급제를 사하였다.[5]

　12년 3월에 문하시랑 최융이 지공거가 되어 진사를 뽑았는데, 을과에 든
이인정 등 4인과 병과 6인, 동진사 7인, 명경 1인에게 급제를 사하였다.[6]

註解　2-2-8-

-1) 靖宗元年三月 刑部尙書崔冲知貢舉 取進士 賜乙科金無滯等四人·丙科四人·同
進士六人·明經一人 及第: 지공거인 최충은 목종 8년의 장원급제자[2-2-5-5), 96
쪽]로서 현종 17년에 시행된 과거를 주관하기도 했는데[2-2-6-12), 101쪽], 이번
에는 형부상서(정3품)의 직위에 있으면서 재차 지공거를 맡고 있다. 이 시험
의 장원급제자인 김무체는 뒷날 僕射(정2품)까지 지내고 私學 12徒의 하나인
西園徒를 설립한 것으로도 널리 알려져 있다. 그와 함께 급제한 同年으로 상
서(정3품)에 오른 李從現·洪德成과 叅政(종2품)에 오른 李象廷·崔尙·崔有孚 및
學士(정4품)로 알려진 金淑昌·金正·吳學麟, 그리고 복야(정2품)를 지냈음이 확

인되는 金良贄 등의 이름이 전해지고 있다.

　① 許興植, 「고려 예부시 동년록」『高麗科擧制度史硏究』, 일조각, 1981 ; 『고려
　　의 과거제도』, 일조각, 2005, 484·485쪽.

　② 朴龍雲, 「科試 設行과 製述科 及第者」『高麗時代 蔭叙制와 科擧制 硏究』, 일
　　지사, 1990, 340~342쪽.

-2) (靖宗)三年三月 禮部尙書黃周亮知貢擧 取進士 下詔 賜乙科盧延覇等四人·丙
科四人·同進士三人·明經二人 及第: 지공거인 황주량은 목종 7년의 장원급제
자[2-2-5-4), 96쪽]로서 현종 14년에 시행된 과거를 주관하기도 했는데[2-2-6-10),
100쪽], 이번에는 예부상서(정3품)의 직위에 있으면서 재차 지공거를 맡고 있
다. 그는 이어서 왕 7년에 한번 더 그같은 책임을 맡지만, 한편으로 이번 시
험에서 장원급제한 노연패의 경우 이 사실 이외에 달리 전하는 내용이 찾아
지지 않는다.

　① 허흥식, 위의 글 485쪽.

　② 박용운, 위의 글 342쪽.

-3) (靖宗)五年二月 左諫議大夫林惟幹知貢擧 取進士 賜乙科黃杭(抗)之等五人·丙
科八人·同進士五人·明經二人·恩賜一人 及第: 이번에 지공거를 맡은 林惟幹
(林維幹)은 현종 4년에 장원급제한 사람[2-2-6-3), 99쪽]으로, 지금은 좌간의대부
(정4품)로서 그 자신이 과거를 주관하고 있다. 그리고 여기에서 장원급제한
黃抗之 역시 뒤에 國子司業(종4품) 등을 역임한 사실 등이 전해지거니와, 恩
賜及第者에 대해서는 2-2-5-1), 95쪽 참조.

　① 허흥식, 위의 글 485쪽.

　② 박용운, 위의 글 342쪽.

-4) (靖宗)七年二月 門下侍郎黃周亮知貢擧 取進士 賜乙科兪暢·丙科四人·明經五
人 及第: 문하시랑(정2품)으로서 지공거를 맡은 황주량에 대해서는 위의 2)항
에서 설명한 바와 같다. 단, 그가 당시에 상급의 재상직에 있으면서 그같은
책임을 맡은 사실이 주목되는데, 이후부터 지공거를 담당하는 사람들의 직
위가 이전에 비해 대체적으로 크게 높아지고 있다는 점은 유의할만한 사항
의 하나이다.

　　장원급제자인 유창에 대해서는 이 사실 이외에 달리 전해지는 내용이 찾
아지지 않는다.

　① 허흥식, 위의 글 485쪽.

　② 박용운, 위의 글 342쪽.

-5) (靖宗)十年四月 內史侍郎李作忠知貢擧 取進士 賜乙科金元鉉等四人·丙科五
人·同進士七人·明經二人·恩賜二人 及第: 이작충은 덕종 원년의 과거를 주관
한바 있었는데[2-2-7-1), 102쪽], 이번에는 역시 내사시랑(정2품)의 고위직에 있
으면서 재차 지공거를 맡고 있다. 그러나 이 시험의 장원급제자인 김원현에

대해서는 이 사실 이외에 달리 전해지는 내용이 찾아지지 않는다. 은사급제
자에 대해서는 2-2-5-1), 95쪽 참조.

① 허홍식, 위의 글 485쪽.

② 박용운, 위의 글 342쪽.

-6) (靖宗)十二年三月 門下侍郎崔融知貢擧 取進士 賜乙科李仁挺等四人·丙科六
人·同進士七人·明經一人 及第: 최융도 문하시랑(정2품)의 고위직에 재임하면
서 지공거를 맡고 있는데, 그럼에도 이 이외에 달리 전하는 기사가 눈에 띠
지 않는다. 장원급제자인 이인정의 경우 역시 같은 상황인데, 다만 그의 同
年인 高維는 제주 출신으로서 복야(정2품)에 오르고 있음이 확인된다.

① 허홍식, 위의 글 485쪽.

② 박용운, 위의 글 342·343쪽.

原文 2-2-9. 文宗元年四月中樞院副使鄭倍傑知貢擧 取進士 賜乙科金鼎新等二
人丙科九人同進士六人明經三人及第 三年五月中樞院使金廷俊知貢擧 取進士
覆試 賜乙科朴仁壽等二人丙科七人同進士六人恩賜一人明經四人及第 五年四
月內史侍郎李子淵知貢擧 取進士 下詔 賜乙科崔錫等七人丙科六人同進士六人
明經三人及第 七年三月刑部尙書崔惟善知貢擧 取進士 下詔 賜乙科禹相等六人
丙科九人同進士六人明經二人及第 八年四月知中樞院事金顯知貢擧 取進士 賜
乙科柳善餘等六人丙科八人同進士十一人明經二人及第 十年四月尙書右僕射李
令幹知貢擧 取進士 覆試 賜乙科李幹方等二人丙科四人同進士七人恩賜二人明
經四人及第 十一年四月左散騎常侍趙覇知貢擧 取進士 賜乙科李俊等三人丙科
九人同進士二人明經四人及第 十三年二月翰林學士金化崇知貢擧 取進士 覆試
賜丙科楊信麟等八人同進士九人明經四人恩賜四人及第 十五年三月翰林學士崔
惟善知貢擧 取進士 賜乙科羅繼含等六人丙科八人同進士六人明經二人及第 十
七年五月翰林學士金行瓊知貢擧 取進士 覆試 下詔 賜乙科洪器等四人丙科十四
人同進士十二人明經一人恩賜五人及第 二十年四月起居舍人盧寅知貢擧 取進
士 下詔 賜乙科高仲臣等三人丙科七人同進士四人明經二人及第 二十二年四月
崔尙知貢擧 取進士 覆試 下詔 賜乙科崔駟等二人丙科五人同進士十人明經二人
恩賜一人及第 二十四年四月尙書左僕射金行瓊知貢擧 取進士 覆試 下詔 賜乙
科崔翼臣等三人丙科七人同進士十一人恩賜二人明經一人及第 二十六年三月秘
書監李成美知貢擧 取進士 覆試 下詔 賜乙科朴維恪等二人丙科十一人同進士九
人明經二人及第 二十七年十月以翰林學士鄭惟產爲明年知貢擧 二十八年四月
命太子覆試惟產所取進士 下詔 賜乙科李嘏等二人丙科十人同進士十四人明經
二人及第 三十年三月禮部尙書李靖恭知貢擧 取進士 覆試 賜乙科李昱等二人丙

科七人同進士二十一人明經二人及第　三十二年三月祭知政事文正知貢擧　取進
士　命太子覆試　下詔　賜乙科禹元齡丙科七人同進士十二人明經三人及第　三十四
年五月禮部尙書盧旦知貢擧　取進士　賜乙科金尙磾等二人丙科九人同進士七人
明經三人及第　三十六年三月吏部尙書崔奭知貢擧　取進士崔淵等十九人　放榜時
有大學生田德祖等於論場　私坼官封詩賦名紙　事覺　命來春改試　三十七年三月中
書侍郎崔奭知貢擧　侍講學士朴寅亮同知貢擧　取進士　賜乙科陰鼎等二人丙科六
人同進士六人明經三人恩賜一人及第

2-2-9. 문종 원년 4월에 중추원부사 정배걸이 지공거가 되어 진사를 뽑
았는데, 을과에 든 김정신 등 2인과 병과 9인, 동진사 6인, 명경 3인에게
급제를 사하였다.[1]

　3년 5월에 중추원사 김정준이 지공거가 되어 진사를 뽑았는데, 복시하
여 을과에 든 박인수 등 2인과 병과 7인, 동진사 6인, 은사 1인, 명경 4
인에게 급제를 사하였다.[2]

　5년 4월에 내사시랑 이자연이 지공거가 되어 진사를 뽑았는데, 조詔를
내려 을과에 든 최석 등 7인과 병과 6인, 동진사 6인, 명경 3인에게 급제
를 사하였다.[3]

　7년 3월에 형부상서 최유선이 지공거가 되어 진사를 뽑았는데, 조를
내려 을과에 든 우상 등 6인과 병과 9인, 동진사 6인, 명경 2인에게 급제
를 사하였다.[4]

　8년 4월에 지중추원사 김현이 지공거가 되어 진사를 뽑았는데, 을과에
든 유선여 등 6인과 병과 8인, 동진사 11인, 명경 2인에게 급제를 사하
였다.[5]

　10년 4월에 상서우복야 이영간이 지공거가 되어 진사를 뽑았는데, 복
시하여 을과에 든 이간방 등 2인과 병과 4인, 동진사 7인, 은사 2인, 명
경 4인에게 급제를 사하였다.[6]

　11년 4월에 좌산기상시 조패가 지공거가 되어 진사를 뽑았는데, 을과
에 든 이준 등 3인과 병과 9인, 동진사 2인, 명경 4인에게 급제를 사하였
다.[7]

13년 2월에 한림학사 김화숭이 지공거가 되어 진사를 뽑았는데, 복시하여 병과에 든 양신린 등 8인과 동진사 9인, 명경 4인, 은사 4인에게 급제를 사하였다.[8]

15년 3월에 한림학사 최유선이 지공거가 되어 진사를 뽑았는데, 을과에 든 나계함 등 6인과 병과 8인, 동진사 6인, 명경 2인에게 급제를 사하였다.[9]

17년 5월에 한림학사 김행경이 지공거가 되어 진사를 뽑았는데, 복시하고 조를 내려 을과에 든 홍기 등 4인과 병과 14인, 동진사 12인, 명경 1인, 은사 5인에게 급제를 사하였다.[10]

20년 4월에 기거사인 노인이 지공거가 되어 진사를 뽑았는데, 조를 내려 을과에 든 고중신 등 3인과 병과 7인, 동진사 4인, 명경 2인에게 급제를 사하였다.[11]

22년 4월에 최상이 지공거가 되어 진사를 뽑았는데, 복시하고 조를 내려 을과에 든 최인 등 2인과 병과 5인, 동진사 10인, 명경 2인, 은사 1인에게 급제를 사하였다.[12]

24년 4월에 상서좌복야 김행경이 지공거가 되어 진사를 뽑았는데, 복시하고 조를 내려 을과에 든 최익신 등 3인과 병과 7인, 동진사 11인, 은사 2인, 명경 1인에게 급제를 사하였다.[13]

26년 3월에 비서감 이성미가 지공거가 되어 진사를 뽑았는데, 복시하고 조를 내려 을과에 든 박유각 등 2인과 병과 11인, 동진사 9인, 명경 2인에게 급제를 사하였다.[14]

27년 10월에 한림학사 정유산을 이듬해의 지공거로 삼았다. 28년 4월에 태자에게 명하여 유산이 뽑은바 진사를 복시하고 조를 내려 을과에 든 이하 등 2인과 병과 10인, 동진사 14인, 명경 2인에게 급제를 사하였다.[15]

30년 3월에 예부상서 이정공이 지공거가 되어 진사를 뽑았는데, 복시하여 을과에 든 이욱 등 2인과 병과 7인, 동진사 21인, 명경 2인에게 급

제를 사하였다.[16]

32년 3월에 참지정사 문정이 지공거가 되어 진사를 뽑았는데, 태자에게 명하여 복시하고 조를 내려 을과에 든 우원령과 병과 7인, 동진사 12인, 명경 3인에게 급제를 사하였다.[17]

34년 5월에 예부상서 노단이 지공거가 되어 진사를 뽑았는데, 을과에 든 김상제 등 2인과 병과 9인, 동진사 7인, 명경 3인에게 급제를 사하였다.[18]

36년 3월에 이부상서 최석이 지공거가 되어 진사 최연 등 19인을 뽑고 방방放榜하려함에 즈음하여, 태학생大學生 전덕조 등이 논장論場에서 사사로이 관봉官封한 시부명지詩賦名紙를 열어본 일이 발각되었으므로 명하여 돌아오는 봄에 다시 시험토록 하였다. 37년 3월에 중서시랑 최석이 지공거, 시강학사 박인량이 동지공거가 되어 진사를 뽑았는데, 을과에 든 음정 등 2인과 병과 6인, 동진사 6인, 명경 3인, 은사 1인에게 급제를 사하였다.[19]

註解 2-2-9-

-1) 文宗元年四月 中樞院副使鄭倍傑知貢擧 取進士 賜乙科金鼎新等二人·丙科九人·同進士六人·明經三人 及第: 지공거인 정배걸은 현종 8년의 과거에서 장원급제한 사람[2-2-6-6), 99쪽]으로 이때에 이르러 중추원부사(정3품)로써 시험을 주관하고 있다. 여기에서 장원급제한 김정신에 대해서는 이 사실 이외에 달리 전하는 내용이 찾아지지 않는다.

　　① 許興植, 「고려 예부시 동년록」 『高麗科擧制度史硏究』, 일조각, 1981 ; 『고려의 과거제도』, 일조각, 2005, 485쪽.

　　② 朴龍雲, 「科試 設行과 製述科 及第者」 『高麗時代 蔭叙制와 科擧制 硏究』, 일지사, 1990, 343·344쪽.

-2) (文宗)三年五月 中樞院使金廷俊知貢擧 取進士 覆試 賜乙科朴仁壽等二人·丙科七人·同進士六人·恩賜一人·明經四人 及第: 지공거인 김정준은 명문인 光陽金氏 출신으로 중추원사(종2품)에 재직하면서 시험을 주관하고 있거니와, 그는 뒤에 門下侍郎同內史門下平章事(정2품)에까지 오른다[『고려사』 권8, 세가 문종 11년 11월]. 이번의 장원급제자인 박인수에 대해서는 이 사실 이외에 달리 전하는 내용이 찾아지지 않지마는, 同年으로 李申錫이 알려져 있다. 恩賜

及第에 대해서는 2-2-5-1), 95쪽 참조.

① 허홍식, 위의 글 485쪽.

② 박용운, 위의 글 344쪽.

-3) (文宗)五年四月 內史侍郞李子淵知貢擧 取進士 下詔 賜乙科崔錫等七人·丙科六人·同進士六人·明經三人 及第: 이번에 지공거를 맡은 이자연은 문벌가인 慶源李氏 출신으로 현종 15년에 장원으로 급제하기도한 인물인데[2-2-6-11], 100쪽], 지금은 내사시랑(정2품)으로서 과거를 주관하고 있다. 여기에서 장원급제한 崔錫(崔奭) 역시 鐵原崔氏를 명문으로 키우는 사람으로 여러 요직을 거치는 동안 문종 36년과 37년, 그리고 宣宗 5년의 과거를 주관하며 수상인 평장사(정2품)·判吏部事를 역임하는 등 활동이 많았다. 바로 앞인 왕 3년에 시행된 과거에서 지공거를 맡았던 金廷俊의 아들로 평장사를 지내는 金良鑑과 참지정사(종2품)를 역임하는 崔思訓·朴寅亮, 學士(정4품)로 알려진 崔澤·魏齊萬 등은 모두 그의 同年이다.

① 허홍식, 위의 글 485쪽.

② 박용운, 위의 글 344·345쪽.

-4) (文宗)七年三月 刑部尙書崔惟善知貢擧 取進士 下詔 賜乙科禹相等六人·丙科九人·同進士六人·明經二人 及第: 지공거를 맡은 최유선은 현종 21년에 장원급제한 사람[2-2-6-14], 101쪽]으로, 이때에 이르러 형부상서(정3품)에 재직하면서 그 자신 과거를 주관하고 있다. 이 시험에서 장원급제한 우상에 대해서는 이 사실 이외에 달리 전하는 내용이 찾아지지 않는다.

① 허홍식, 위의 글 486쪽.

② 박용운, 위의 글 345쪽.

-5) (文宗)八年四月 知中樞院事金顯知貢擧 取進士 賜乙科柳善餘等六人·丙科八人·同進士十一人·明經二人 及第: 지공거인 김현은 현종 7년의 장원급제자인데[2-2-6-5], 99쪽], 이때에 이르러 지중추원사(종2품)로서 과거를 주관하고 있다. 이번의 장원급제자인 유선여에 대해서는 이 사실 이외에 달리 전하는 내용이 찾아지지 않으나, 同年인 崔思齊는 바로 전년의 지공거였던 최유선의 아들로서 직위도 평장사(정2품)까지 역임하였다.

① 허홍식, 위의 글 486쪽.

② 박용운, 위의 글 345쪽.

-6) (文宗)十年四月 尙書右僕射李令幹知貢擧 取進士 覆試 賜乙科李幹方等二人·丙科四人·同進士七人·恩賜二人·明經四人 及第: 이영간은 예부상서 등을 거쳐 우복야(정2품)에 재직하면서 지공거를 맡고 있거니와, 이번에 장원급제한 이간방에 대해서도 얼마의 기록이 더 찾아지나 단편적인 것들이다. 은사급제에 대해서는 2-2-5-1), 95쪽에서 이미 설명한 바와 같다.

① 허흥식, 위의 글 486쪽.

② 박용운, 위의 글 339·345쪽.

-7) (文宗)十一年四月 左散騎常侍趙覇知貢擧 取進士 賜乙科李俊等三人·丙科九
人·同進士二人·明經四人 及第: 지공거인 조패는 현종 12년에 장원급제한 사
람으로[2-2-6-9), 100쪽], 이때에 이르러 좌산기상시(정3품)에 재직하면서 그 자
신 과거를 주관하고 있다. 이번 시험에서 장원급제한 李俊(이준)도 左拾遺(종6
품)를 역임한 사실 등이 전해진다.

① 허흥식, 위의 글 486쪽.

② 박용운, 위의 글 345·346쪽.

-8) (文宗)十三年二月 翰林學士金化崇知貢擧 取進士 覆試 賜丙科楊信麟等八人·
同進士九人·明經四人·恩賜四人 及第: 김화숭은 御史中丞 등을 거쳐 한림학
사(정4품)에 재임하면서 지공거를 맡고 있다. 이번에 장원급제한 양신린에 대
해서도 이 사실 이외에 殿中侍御史(정6품)를 역임한 사실 등이 확인된다. 恩
賜及第에 대해서는 2-2-5-1), 95쪽 참조.

① 허흥식, 위의 글 486쪽.

② 박용운, 위의 글 339·346쪽.

-9) (文宗)十五年三月 翰林學士崔惟善知貢擧 取進士 賜乙科羅繼含等六人·丙科八
人·同進士六人·明經二人 及第: 왕 7년에 지공거를 맡았던 최유선[위의 4)항]이
이번에는 한림학사(정4품)로서 다시 과거를 주관하고 있다. 이 시험에서 장원
급제한 나계함에 대해서는 이 사실 이외에 달리 전하는 내용이 찾아지지 않
는다.

① 허흥식, 위의 글 486쪽.

② 박용운, 위의 글 346쪽.

-10) (文宗)十七年五月 翰林學士金行瓊知貢擧 取進士 覆試 下詔 賜乙科洪器等四
人·丙科十四人·同進士十二人·明經一人·恩賜五人 及第: 한림학사(정4품)로서
지공거를 맡은 김행경은 왕 24년에도 한번 더 과거를 주관하며, 벼슬도 亞
相인 평장사(정2품)·判兵部事[『고려사』 권9, 세가 문종 31년 11월·같은 책 권10, 세가
선종 4년 5월]를 지내는 사람이다. 이번 시험은 복시도 치르고[2-1-3-1), 37쪽 및
2-2-4-2), 90쪽] 詔書를 내리며 발표하는 형식을 취하고 있어 주목되거니와
[2-1-8-1), 49쪽], 장원급제자인 홍기 역시 여러 직위를 거치는 가운데 숙종 3년
에는 同知貢擧를 맡고 몇년 뒤에 공부상서(정3품)를 역임하며, 崔冲의 손자로
그와 同年이었던 崔思諏는 선종 5년에 동지공거, 다시 숙종 원년에 지공거를
맡고, 벼슬은 문하시중(종1품)에까지 올랐다. 恩賜及第에 대해서는 2-2-5-1),
95쪽 참조.

① 허흥식, 위의 글 486쪽.

② 박용운, 위의 글 339·340·346쪽.

-11) (文宗)二十年四月 起居舍人盧寅知貢擧 取進士 下詔 賜乙科高仲臣等三人·丙科七人·同進士四人·明經二人 及第: 이번에 기거사인(종5품)으로 지공거를 맡은 노인은 송나라 사람으로 고려에 귀화해 벼슬을 하던 중[『고려사』 권8, 세가 문종 14년 9월] 과거까지 주관하게된 것인데, 그는 뒤에 예부상서(정3품)까지 역임한다[『고려사』 권9, 문종 31년 11월]. 그 밑에서 장원급제한 고중신에 대해서는 이 사실 이외에 달리 전하는 내용이 찾아지지 않는다.

　① 허흥식, 위의 글 486쪽.

　② 박용운, 위의 글 346·347쪽.

-12) (文宗)二十二年四月 崔尙知貢擧 取進士 覆試 下詔 賜乙科崔駉等二人·丙科五人·同進士十人·明經二人·恩賜一人 及第: 지공거를 맡은 최상은 崔冲이 주관한 靖宗 원년의 과거에서 급제한 사람으로 이곳 선거지에는 그의 직위에 대한 언급이 없지만 뒤에 叅政(종2품)까지 지낸 것으로 알려졌다[2-2-8-1), 103쪽]. 한편 이번 시험에서 장원급제한 최인에 대해서는 이 사실 이외에 달리 전하는 내용이 찾아지지 않는다.

　① 허흥식, 위의 글 486쪽.

　② 박용운, 위의 글 347쪽.

-13) (文宗)二十四年四月 尙書左僕射金行瓊知貢擧 取進士 覆試 下詔 賜乙科崔翼臣等三人·丙科七人·同進士十一人·恩賜二人·明經一人 及第: 앞서 왕 17년에 시행한 과거의 지공거였던 김행경[위의 10)항]이 재차 시험을 주관하고 있다. 여기에서 장원급제한 최익신에 대해서는 이 사실 이외에 달리 전하는 내용이 찾아지지 않는다. 그러나 함께 급제한 同年인 任懿는 定安任氏를 명문으로 일으키는 사람으로 예종 2년에는 지공거를 맡으며 직위는 수상인 평장사(정2품)·權判吏部事까지 역임한다.

　① 허흥식, 위의 글 487쪽.

　② 박용운, 위의 글 347쪽.

-14) (文宗)二十六年三月 秘書監李成美知貢擧 取進士 覆試 下詔 賜乙科朴維恪等二人·丙科十一人·同進士九人·明經二人 及第: 비서감(종3품)으로 지공거를 맡은 이성미에 대해서는 몇몇 기사가 더 찾아지나 특기할만한 사항들은 아닌 듯 하다. 장원급제자인 박유각 역시 이 사실 이외에 달리 전하는 내용이 보이지 않지마는, 同年중의 한 사람인 鄭穆은 墓誌가 남아 있어 攝大府卿(정3품)을 지낸 사실 등 여러 측면을 살필 수 있다.

　① 허흥식, 위의 글 487쪽.

　② 박용운, 위의 글 347쪽.

　③ 朴龍雲, 「고려시대 東萊鄭氏家門 분석」『泰東古典硏究』 10, 1993 ;『高麗社會와 門閥貴族家門』, 경인문화사, 2003.

-15) (文宗)二十七年十月 以翰林學士鄭惟産爲明年知貢擧 二十八年四月 命太子覆

試惟產所取進士 下詔 賜乙科李皸等二人·丙科十人·同進士十四人·明經二人 及第: 이번의 과거는 이유를 잘 알 수 없지만 다른 때와 좀 다른 형식으로 시행되고 있다. 다음해에 치를 과거의 고시관을 금년 10월에 앞당겨 임명하고, 또 태자로 하여금 복시를 맡도록 조처하고도 있는 것이다. 이번 고시관은 그 자신 급제자로서 이때에 이르러 한림학사(정4품)에 재직중인 정유산이었는데, 그해 2월에 그는 攝刑部尙書(정3품)이었던 점으로 미루어 한림학사는 겸직으로 지녔던 것 같다.

이 시험에서 장원급제한 이하에 대해서는 이 이외에 달리 전하는 내용이 찾아지지 않는다. 반면에 同年인 尹瓘은 여진을 정벌하고 9城을 쌓았는가 하면 수상인 문하시중(종1품)을 역임하는 등 활약이 많았던 사람으로 널리 알려져 있다.

① 허흥식, 위의 글 487쪽.

② 박용운, 위의 글 343·347·348쪽.

-16) (文宗)三十年三月 禮部尙書李靖恭知貢擧 取進士 覆試 賜乙科李昱等二人·丙科七人·同進士二十一人·明經二人 及第: 예부상서(정3품)로 지공거를 맡은 이정공은 그 자신 급제자로서 뒤에 여러 요직을 거쳐 門下侍中(종1품)·判吏部事로 수상까지 역임하는[『고려사』 권10, 선종 3년 하4월] 사람이다. 장원급제자인 이욱에 대해서는 이 사실 이외에 달리 전하는 내용이 찾아지지 않는다.

① 허흥식, 위의 글 487쪽.

② 박용운, 위의 글 343·348쪽.

-17) (文宗)三十二年三月 叅知政事文正知貢擧 取進士 命太子覆試 下詔 賜乙科禹元齡·丙科七人·同進士十二人·明經三人 及第: 문정은 연월이 분명치는 않지만 문종 初年에 급제하였다. 그가 왕 32년에 이르러 참지정사(종2품)로서 지공거를 맡고 있거니와, 그 뒤에도 여러 요직을 거쳐 최고직인 문하시중(종1품)을 역임하며, 또 私學 12徒의 하나인 貞憲公徒를 설립한 것으로도 널리 알려져 있다[『고려사』 권95, 열전 문정전]

이번 시험 역시 태자가 복시를 시행하고 詔書와 함께 放榜하고 있는데, 장원급제자인 우원령에 대해서도 太子中舍人(정5품)을 역임한 사실 등 활동상에 대한 몇몇 기사가 더 전한다. 同年으로서는 趙仲璋이 뛰어나서 예종 10년에 평장사(정2품)로 재직중 지공거를 맡기도 하는 등 나라에 공헌이 컸다[『고려사』 권14, 예종 14년 8월 등].

① 허흥식, 위의 글 487쪽.

② 박용운, 위의 글 348·350쪽.

-18) (文宗)三十四年五月 禮部尙書盧旦知貢擧 取進士 賜乙科金尙磾等二人·丙科九人·同進士七人·明經三人 及第: 노단은 왕 19년의 복시 때에 臺官인 侍御

史로서 上奏하였다가 국왕의 뜻을 거슬러 貶斥당한 사실로 유명하다. 그러
나 그후에 오히려 중용되어 지금은 예부상서(정3품)로서 지공거를 맡고 있거
니와, 선종 2년에도 한번 더 그같은 임무를 수행한다. 직위는 요직을 두루
거치는 가운데 좌복야(정2품)·참지정사(종2품)를 역임하며, 또 私學 12徒의 하
나인 匡憲公徒를 설립하기도 하였다.

이번 시험에서 장원급제한 김상제 역시 判閣門事(정3품)로 활동한 사실 등
이 확인되며, 同年으로는 魯隼이 있다.

① 허흥식, 위의 글 487쪽.
② 박용운, 위의 글 348·352쪽.

-19) (文宗)三十六年三月 吏部尙書崔奭知貢擧 取進士崔淵等十九人 放榜時 有大
學生田德祖等於論場 私坼官封詩賦名紙 事覺 命來春改試 三十七年三月 中書
侍郎崔奭知貢擧 侍講學士朴寅亮同知貢擧 取進士 賜乙科陰鼎等二人·丙科六
人·同進士六人·明經三人·恩賜一人 及第: 崔奭(崔錫)은 문종 5년에 장원급제한
사람인데[위의 3)항] 30여 년이 지난 지금에는 이부상서(정3품)로서 그 자신이
과거를 주관하고 있다. 그리하여 최연 등 19명의 급제자를 선발하는 작업도
마쳐 발표만을 남기고 있는 상황에서 문제가 발생하였다. 고시 과정에서 태
학생인 전덕조 등이 불법을 저질렀음이 밝혀지게 된 것이다. 그 내용인즉,
論場에서 官封한 詩賦名紙를 사사로이 뜯어 보았다는 것인데, 당시 論場은
終場이고 詩賦場은 中場이었으므로[2-1-5-4), 41쪽] 아마 시험이 끝나갈 무렵에
중장의 결과 등이 적힌 문서를 몰래 뜯어본 모양 같다. 이로 인해 이번 시험
은 무효 처리되고 이듬해에 다시 치르도록 조처가 취해졌다.

37년 3월의 과거는 그에 따른 고시로 생각되거니와, 이 역시 지공거는 중
서시랑(정2품)으로 승진한 최석이 맡았고, 대신에 시험 관리에 보다 철저를
기하기 위함인 듯 부고시관인 同知貢擧를 임명하고 있는데 거기에는 최석이
장원급제한 문종 5년의 과거에서 함께 급제하고[위의 3)항] 당시에는 侍講學
士(정4품)로 재임 중이던 朴寅亮이 발탁되었다.

이번 고시에서는 음정이 장원으로 급제하였으나 그에 대해서는 이 사실
이외에 달리 전하는 내용이 찾아지지 않는다. 아울러 同年인 李資玄은 居士,
郭輿는 處士生活을 하여 이 과거는 남들의 입에 오르내리기도 하였다.

① 허흥식, 위의 글 487쪽.
② 박용운, 위의 글 348·349쪽.

原文 2-2-10. 宣宗元年五月同知中樞院事崔思諒知貢擧 吏部侍郎金上琦同知貢
擧 取進士 下詔 賜乙科高旻翼等三人丙科七人同進士六人明經四人及第 二年四
月中樞院使盧旦知貢擧 尙書禮部侍郎李預同知貢擧 取進士 下詔 賜乙科金晙等

三人丙科七人同進士十二人明經三人恩賜二人及第 三年五月中樞院副使李子威
知貢擧 禮部侍郎金覾同知貢擧 取進士 覆試 下詔 賜乙科朴景伯等四人丙科八
人同進士十八人明經三人及第 五年三月判尙書吏部事崔奭知貢擧 禮賓少卿崔
思諏同知貢擧 取進士 賜乙科金富弼等五人丙科七人同進士十一人明經三人恩
賜一人及第 七年四月門下侍郎金良鑑知貢擧 諫議大夫孫冠同知貢擧取進士 覆
試 下詔 賜乙科李景泌等三人丙科九人同進士十四人明經二人恩賜三人及第 九
年四月吏部尙書金上琦知貢擧 禮部侍郎伍咸庶同知貢擧 取進士 覆試 下詔 賜
乙科金成等五人丙科十人同進士十八人明經三人恩賜二人及第 十一年三月知中
樞院事李預知貢擧 禮部侍郎魏繼廷同知貢擧 取進士 下詔 賜乙科鄭克恭等二人
丙科九人同進士十七人明經四人恩賜四人及第

2-2-10. 선종 원년 5월에 동지중추원사 최사량이 지공거, 이부시랑 김상
기가 동지공거가 되어 진사를 뽑았는데, 조詔를 내려 을과에 든 고민익
등 3인과 병과 7인, 동진사 6인, 명경 4인에게 급제를 사하였다.[1]

2년 4월에 중추원사 노단이 지공거, 상서예부시랑 이예가 동지공거가
되어 진사를 뽑았는데, 조를 내려 을과에 든 김준 등 3인과 병과 7인, 동
진사 12인, 명경 3인, 은사 2인에게 급제를 사하였다.[2]

3년 5월에 중추원부사 이자위가 지공거, 예부시랑 김근이 동지공거가
되어 진사를 뽑았는데, 복시하고 조를 내려 을과에 든 박경백 등 4인과
병과 8인, 동진사 18인, 명경 3인에게 급제를 사하였다.[3]

5년 3월에 판상서이부사 최석이 지공거, 예빈소경 최사추가 동지공거
가 되어 진사를 뽑았는데, 을과에 든 김부필 등 5인과 병과 7인, 동진사
11인, 명경 3인, 은사 1인에게 급제를 사하였다.[4]

7년 4월에 문하시랑 김양감이 지공거, 간의대부 손관이 동지공거가 되
어 진사를 뽑았는데, 복시하고 조를 내려 을과에 든 이경필 등 3인과 병
과 9인, 동진사 14인, 명경 2인, 은사 3인에게 급제를 사하였다.[5]

9년 4월에 이부상서 김상기가 지공거, 예부시랑 오함서가 동지공거가
되어 진사를 뽑았는데, 복시하고 조를 내려 을과에 든 김성 등 5인과 병
과 10인, 동진사 18인, 명경 3인, 은사 2인에게 급제를 사하였다.[6]

11년 3월에 지중추원사 이예가 지공거, 예부시랑 위계정이 동지공거가 되어 진사를 뽑았는데, 조를 내려 을과에 든 정극공 등 2인과 병과 9인, 동진사 17인, 명경 4인, 은사 4인에게 급제를 사하였다.[7]

註解 2-2-10-

-1) 宣宗元年五月 同知中樞院事崔思諒知貢擧 吏部侍郎金上琦同知貢擧 取進士 下詔 賜乙科高旲翼等三人·丙科七人·同進士六人·明經四人 及第: 문종 36년의 부정 사건을 계기로 종래 지공거 한 사람이던 것이 다음해에는 同知貢擧를 추가하여 正· 副 두 명의 책임자가 과거를 주관하였거니와[2-2-9-19), 113쪽], 선종조 이후에도 그대로 시행되었음을 볼 수 있다. 그리하여 이번에도 각각 동지중추사(종2품)와 이부시랑(정4품)인 최사량과 김상기가 지공거와 동지공거를 담당하고 있는 것이다. 두 사람은 모두 명문인 海州崔氏와 江陵金氏 출신으로 일찍이 급제한바 있는데, 이때에 이르러 과거를 주관하고, 또 뒤에 전자는 복야(정2품)·참지정사(종2품)까지, 그리고 후자는 평장사(정2품)를 역임한다.

　　이번 시험의 장원급제자인 고민익에 대해서는 뒤에 수령을 지낸 사실이 확인되나 더 이상의 기사가 찾아지지 않는다. 同年으로서는 李公著와 崔瀹이 알려졌는데, 전자는 太子少保(종2품), 후자는 예부상서(정3품)를 역임한 사실 역시 확인된다.

　　① 許興植, 「고려 예부시 동년록」 『高麗科擧制度史研究』, 일조각, 1981 ; 『고려의 과거제도』, 일조각, 2005, 487·488쪽.

　　② 朴龍雲, 「科試 設行과 製述科 及第者」 『高麗時代 蔭叙制와 科擧制 研究』, 일지사, 1990, 343·351·353·354쪽.

-2) (宣宗)二年四月 中樞院使盧旦知貢擧 尙書禮部侍郎李預同知貢擧 取進士 下詔 賜乙科金晙等三人·丙科七人·同進士十二人·明經三人·恩賜二人 及第: 문종 34년에 지공거를 맡은바 있는 노단[2-2-9-18), 112쪽]이 이번에는 중추원사(종2품)로서 다시 그같은 업무를 담당하고 있으며, 그 밑의 동지공거는 상서예부시랑(정4품)인 이예였다. 이예는 慶源李氏家 출신으로 일찍이 급제한바 있거니와, 동지공거에 이어서 왕 11년에는 지공거를 역임하며 직위도 평장사(정2품)에까지 오른 인물이다.

　　장원급제자인 김준은 여러 요직을 거치는 가운데 예종 11년에는 그 자신이 지공거를 맡으며 벼슬은 역시 평장사까지 지낸다. 아울러 同年인 金仁存(金緣) 역시 큰 인물로 성장하여 예종 원년과 9년에 각각 동지공거와 지공거를 맡고 나중에는 수상의 직위에까지 올랐다. 은사급제자에 대해서는

2-2-5-1), 95쪽 참조.

　① 허흥식, 위의 글 488쪽.

　② 박용운, 위의 글 349·354쪽.

-3) (宣宗)三年五月 中樞院副使李子威知貢擧 禮部侍郎金覲同知貢擧 取進士 覆試 下詔 賜乙科朴景伯等四人·丙科八人·同進士十八人·明經三人 及第: 이번에 각 각 중추원부사(정3품)와 예부시랑(정4품)으로 지공거와 동지공거를 맡은 이자 위와 김근은 모두 급세자일듯 짐작은 가나 기록상으로 확인이 되지는 않는 다. 자료가 넉넉지 못한 때문인데, 그럼에도 전자가 평장사(정2품)까지 역임 한 사실과, 후자는 바로 金富軾의 아버지로서 좀더 잘 알려져 있다.

　장원급제자인 박경백은 문종 37년의 동지공거였던 朴寅亮[2-2-9-19), 113쪽] 의 아들로 상서(정3품)를 지냈다. 그리고 同年인 李公壽(李壽) 역시 바로 전해에 시행된 과거의 동지공거인 李預[위의 2)항]의 아들로서 그도 또한 예종 11년에 동지공거, 인종 5년에는 지공거를 맡으며 여러 해에 걸쳐 수상직에 있었다.

　① 허흥식, 위의 글 488쪽.

　② 박용운, 위의 글 352·354·355쪽.

-4) (宣宗)五年三月 判尙書吏部事崔奭知貢擧 禮賓少卿崔思諏同知貢擧 取進士 賜 乙科金富弼等五人·丙科七人·同進士十一人·明經三人·恩賜一人 及第: 문종 5 년의 장원급제자[2-2-9-3), 109쪽]로서 왕 36·37년의 지공거이기도 했던 최석 [2-2-9-19), 113쪽]이 다시 과거를 주관하는 총책임자가 되고 있다. 이때 그의 직위인 판상서이부사는 이전부터의 평장사직(정2품)에 이 직책을 겸임했다는 의미인데, 그처럼 수상직에 있으면서 과거를 주관하고 있어서 눈길을 끈다. 그를 보좌하는 동지공거로는 예빈소경(종4품)인 최사추가 맡았거니와, 그 역 시 문종 17년의 급제자로서[2-2-9-10), 110쪽] 이때에 이르러 동지공거, 다시 숙 종 원년에 지공거를 담당하기도 한다.

　장원급제자인 김부필은 바로 전전년의 동지공거인 金覲[위의 3)항]의 아들 로 金富軾 등 형제들에 비해 직위는 그리 높지 않았다. 그러나 한편 그의 同 年인 尹譜(尹譜)는 참지정사(종2품)까지 지낸 사실이 확인된다. 은사급제자에 대해서는 2-2-5-1), 95쪽 참조.

　① 허흥식, 위의 글 488쪽.

　② 박용운, 위의 글 355쪽.

-5) (宣宗)七年四月 門下侍郎金良鑑知貢擧 諫議大夫孫冠同知貢擧 取進士 覆試 下詔 賜乙科李景泌等三人·丙科九人·同進士十四人·明經二人·恩賜三人 及第: 이번에 문하시랑(정2품)으로 지공거를 맡은 김양감은 문종 5년의 급제자로서 평장사(정2품)까지 지내는 인물이며[2-2-9-3), 109쪽], 간의대부(정4품)로 동지공거 를 맡은 손관 역시 시기는 분명치 않지만 급제자로서 뒤에 참지정사(종2품)까

지 지내는 사람이다. 이 시험에서 장원급제한 이경필에 대해서는 얼마의 기록이 더 보이나 그렇게 큰 역할은 하지 못한 것 같은데, 반면에 同年인 崔濡는 인종 6년에 동지공거, 다시 왕 16년에 평장사(정2품)로서 지공거를 맡는 등 활동이 많았다.

　① 허홍식, 위의 글 488쪽.

　② 박용운, 위의 글 349·355·356쪽.

-6) (宣宗)九年四月 吏部尙書金上琦知貢擧 禮部侍郞伍咸庶同知貢擧 取進士 覆試 下詔 賜乙科金成等五人·丙科十人·同進士十八人·明經三人·恩賜二人 及第: 그 자신 급제자로서 왕 원년에 동지공거를 담당하였던 김상기[위의 1)항]가 이번 에는 이부상서(정3품)로서 지공거를 맡고, 예부시랑(정4품)인 오함서가 동지공 거를 맡아 과거를 주관하고 있다. 이번 시험의 장원급제자인 김성에 대해서 는 이 사실 이외에 달리 전하는 내용이 찾아지지 않는다.

　① 허홍식, 위의 글 488쪽.

　② 박용운, 위의 글 351·352·356쪽.

-7) (宣宗)十一年三月 知中樞院事李預知貢擧 禮部侍郞魏繼廷同知貢擧 取進士 下 詔 賜乙科鄭克恭等二人·丙科九人·同進士十七人·明經四人·恩賜四人 及第: 그 자신 급제자로서 왕 2년에 동지공거를 담당하였던 이예[위의 2)항]가 이번에 는 지중추원사(종2품)로서 지공거를 맡고, 역시 시기는 분명치 않지만 급제자 인 위계정이 이때에 이르러 예부시랑(정4품)으로서 동지공거를 맡고 있다. 이 들 가운데 후자는 다시 숙종 3년에 지공거가 되며, 벼슬도 수상인 문하시중 (종1품)에까지 오른다. 이 시험의 장원급제자인 정극공도 한림학사(정4품) 등을 역임한 사실이 확인된다.

　① 허홍식, 위의 글 488쪽.

　② 박용운, 위의 글 350·356쪽.

原文 2-2-11. 獻宗元年四月叅知政事柳奭知貢擧 左承宣崔弘嗣同知貢擧 取進士 下詔 賜乙科兪進等三人丙科九人同進士十四人明經三人恩賜三人及第

2-2-11. 헌종 원년 4월에 참지정사인 유석이 지공거, 좌승선인 최홍사가 동지공거가 되어 진사를 뽑았는데, 조詔를 내려 을과에 든 유진 등 3인과 병과 9인, 동진사 14인, 명경 3인, 은사 3인에게 급제를 사하였다.[1]

註解 2-2-11-

-1) 獻宗元年四月 叅知政事柳奭知貢擧 左承宣崔弘嗣同知貢擧 取進士 下詔 賜乙

科兪進等三人·丙科九人·同進士十四人·明經三人·恩賜三人 及第: 선종조에 여러 요직을 거쳐 이번에 참지정사(종2품)로서 지공거를 맡은 유석은 뒤에 中書侍郎同中書門下平章事(정2품)를 역임한다. 그리고 좌승선(정3품)에 재임하면서 동지공거를 맡은 최홍사는 그 자신 급제자로서 이때의 동지공거에 이어서 예종 원년에는 지공거를 지내며, 또 뒤에 평장사(정2품)·판이부사로 수상에 오르기도 한다『고려사』 권97, 열전 최홍사전]. 한편 이 시험의 장원급제자인 유진에 대해서는 이 사실 이외에 달리 전하는 내용이 찾아지지 않는다.

① 許興植,「고려 예부시 동년록」『高麗科擧制度史硏究』, 일조각, 1981 ;『고려의 과거제도』, 일조각, 2005, 488쪽.

② 朴龍雲,「科試 設行과 製述科 及第者」『高麗時代 蔭叙制와 科擧制 硏究』, 일지사, 1990, 351·353·359쪽.

原文 2-2-12. 肅宗元年三月叅知政事崔思諏知貢擧 禮部侍郎林成槩同知貢擧 取進士 覆試 下詔 賜乙科金輔臣等五人丙科十人同進士十五人明經四人恩賜四人及第 二年四月叅知政事黃瑩知貢擧 吏部尙書庾晳同知貢擧 取進士 覆試 下詔 賜乙科林元通等五人丙科十人同進士十八人明經四人恩賜四人及第 三年四月禮部尙書魏繼廷知貢擧 國子祭酒洪器同知貢擧 取進士 下詔 賜乙科李德允等三人丙科八人同進士十六人明經三人恩賜五人及第 五年四月同知樞密院事李頵知貢擧 知奏事柳伸同知貢擧 取進士 覆試 下詔 賜乙科韓淑旦等三人丙科十一人同進士二十二人明經三人恩賜六人及第 七年三月知奏事尹瓘知貢擧 司宰卿李宏同知貢擧 取進士 覆試 下詔 賜乙科康滌等五人丙科十一人同進士十七人明經三人恩賜五人及第 幷召試投化宋進士章忱 賜別頭乙科及第 仍賜紅牌鞍馬 九年二月翰林學士鄭文知貢擧 禮部侍郎劉載同知貢擧 試進士 命太子覆試 下詔 賜宋璋等三人丙科八人同進士十六人明經二人恩賜五人及第

2-2-12. 숙종 원년 3월에 참지정사 최사추가 지공거, 예부시랑 임성개가 동지공거가 되어 진사를 뽑았는데, 복시하고 조를 내려 을과에 든 김보신 등 5인과 병과 10인, 동진사 15인, 명경 4인, 은사 4인에게 급제를 사하였다.[1]

2년 4월에 참지정사 황영이 지공거, 이부상서 유석이 동지공거가 되어 진사를 뽑았는데, 복시하고 조를 내려 을과에 든 임원통 등 5인과 병과 10인, 동진사 18인, 명경 4인, 은사 4인에게 급제를 사하였다.[2]

3년 4월에 예부상서 위계정이 지공거, 국자제주 홍기가 동지공거가 되어 진사를 뽑았는데, 조를 내려 을과에 든 이덕윤 등 3인과 병과 8인, 동진사 16인, 명경 3인 은사 5인에게 급제를 사하였다.[3]

5년 4월에 동지추밀원사 이오가 지공거, 지주사 유신이 동지공거가 되어 진사를 뽑았는데, 복시하고 조를 내려 을과에 든 한숙단 등 3인과 병과 11인, 동진사 22인, 명경 3인, 은사 6인에게 급제를 사하였다.[4]

7년 3월에 지주사 윤관이 지공거, 사재경 이굉이 동지공거가 되어 진사를 뽑았는데, 복시하고 조를 내려 을과에 든 강척 등 5인과 병과 11인, 동진사 17인, 명경 3인, 은사 5인에게 급제를 사하고, 아울러 투화投化한 송나라 진사 장침을 불러 시험하여 별두을과의 급제를 주고는 인하여 홍패와 안마(안장달린 말)를 사하였다.[5]

9년 2월에 한림학사 정문이 지공거, 예부시랑 유재가 동지공거가 되어 진사를 시험하였는데, 태자에게 명하여 복시하고 조를 내려 송위 등 3인과 병과 8인, 동진사 16인, 명경 2인, 은사 5인에게 급제를 사하였다.[6]

註解 2-2-12-

-1) 肅宗元年三月 叅知政事崔思諏知貢擧 禮部侍郎林成槩同知貢擧 取進士 覆試 下詔 賜乙科金輔臣等五人·丙科十人·同進士十五人·明經四人·恩賜四人·及第: 문종 17년의 급제자[2-2-9-10), 110쪽]로서 선종 5년에 동지공거를 맡기도 했던 최사추[2-2-10-4), 116쪽]가 이번에는 참지정사(종2품)에 재임하면서 지공거를 담당하고, 뒤에 상서(정3품)까지 역임하는 임성개[『고려사』 권13, 세가 예종 8년 하4월]가 지금은 예부시랑(정4품)으로서 동지공거를 맡고 있다. 이 시험은 복시를 시행하고 下詔의 형식을 빌어 放榜하고 있기도 한데, 장원급제자인 김보신에 대해서도 閤門使(정5품)를 역임한 사실 등이 확인된다. 그러나 그보다 좀 더 널리 알려진 사람은 同年인 金富軾이다. 그는 우선 『삼국사기』의 저자로 우리들 귀에 익숙해져 있거니와, 인종 2년에 동지공거, 같은 왕 8년과 17년에 지공거를 맡으며, 여러 요직을 거쳐 수상까지 역임하면서 인종조 정계의 중심 인물 중 한 사람이었던 것이다. 그는 또 선종 5년에 장원급제한 金富弼[2-2-10-4), 116쪽]과 함께 역시 급제하는 金富佾·金富儀와 형제여서, 4형제를 급제시킨 집안의 일원으로도 알려졌다. 은사급제자에 대해서는 2-2-5-1), 95쪽 참조.

① 許興植, 「고려 예부시 동년록」『高麗科擧制度史研究』, 일조각, 1981 ; 『고려의 과거제도』, 일조각, 2005, 489쪽.

② 朴龍雲, 「科試 設行과 製述科 及第者」『高麗時代 蔭叙制와 科擧制 研究』, 일지사, 1990, 353·359쪽.

-2) (肅宗)二年四月 叅知政事黃瑩知貢擧 吏部尙書庾晳同知貢擧 取進士 覆試 下詔 賜乙科林元通等五人·丙科十人·同進士十八人·明經四人·恩賜四人 及第: 황영은 숙종의 즉위 이후 크게 활약하는 인물로, 왕 2년 당시에는 참지정사(종2품)에 재임하면서 지공거를 맡고 있다. 그는 뒤에 평장사(정2품)까지 지내거니와[『고려사』권11, 세가 숙종 4년 2월], 私學 12徒의 하나인 貞敬公徒를 설립한 것으로도 알려졌다. 이부상서(정3품)로서 동지공거를 맡은 유석 역시 활동이 많았는데 직위는 복야(정2품)까지 역임하였다[위의 책, 숙종 4년 12월].

이번 시험의 장원급제자인 임원통에 대해서는 이 이외에 얼마의 기록이 더 보임에도 특기할만한 내용들은 아닌 듯하다. 그의 同年으로는 金富儀(金富轍)가 알려졌는데, 그는 바로 위에서 소개한 김부식의 형제 가운데 한 사람으로, 知樞密院事(종2품)까지 지내며, 인종 5년에 동지공거, 11년에는 지공거를 역임하기도 한다.

① 허홍식, 위의 글 489쪽.

② 박용운, 위의 글 353·359·360쪽.

-3) (肅宗)三年四月 禮部尙書魏繼廷知貢擧 國子祭酒洪器同知貢擧 取進士 下詔 賜乙科李德允等三人·丙科八人·同進士十六人·明經三人·恩賜五人 及第: 선종 11년에 동지공거를 맡았던 위계정[2-2-10-7], 117쪽]이 이번에는 예부상서(정3품)로서 지공거가 되고 있으며, 문종 17년의 장원급제인인 홍기[2-2-9-10), 110쪽]가 지금은 국자제주(종3품)에 재임 중 동지공거를 담당하고 있다. 이 시험의 장원급제자인 이덕윤에 대해서는 이 이외의 기록이 없는 것은 아니나 새삼 소개할만한 내용은 아닌 듯하다.

① 허홍식, 위의 글 489쪽.

② 박용운, 위의 글 360쪽.

-4) (肅宗)五年四月 同知樞密院事李頠知貢擧 知奏事柳伸同知貢擧 取進士 覆試 下詔 賜乙科韓淑旦等三人·丙科十一人·同進士二十二人·明經三人·恩賜六人 及第: 이오와 유신은 시기가 분명치는 않지만 모두 급제자로서 지금은 각각 동지추밀원사(종2품)와 지주사(정3품)로 재임 중 지공거와 동지공거를 맡고 있다. 이들 가운데 전자는 예종 4년에 한번 더 지공거를 담당하고 직위는 평장사(정2품)까지 오르며, 후자도 좌복야(정2품)·政堂文學(종2품)까지 역임하면서 활동이 많았다. 이 시험의 장원급제자인 한숙단에 대해서는 이 사실 이외에 달리 전하는 내용이 찾아지지 않으나, 同年인 張鴻羽(張公脩)는 秘書監(종3품)

을 지낸 사실이 확인된다.

① 허홍식, 위의 글 489쪽.

② 박용운, 위의 글 350·351·360쪽.

-5) (肅宗)七年三月 知奏事尹瓘知貢擧 司宰卿李宏同知貢擧 取進士 覆試 下詔 賜
乙科康滌等五人·丙科十一人·同進士十七人·明經三人·恩賜五人 及第 幷召試
投化宋進士章忱 賜別頭乙科及第 仍賜紅牌鞍馬: 윤관은 문종 27년의 급제자
[2-2-9-15), 111쪽]로 이때에는 지주사(정3품)에 재임하면서 지공거를 맡고 있다.
이후 9성의 축조를 비롯한 그의 여러 활동은 이미 소개한 바와 같은데, 그러
나 사재경(종3품)으로 동지공거를 맡았던 이굉에 대해서는 달리 전하는 내용
이 눈에 띄지 않는다.

이 시험의 장원급제자인 강척은 그후 인종 15년에 동지공거를 맡는가 하
면 예부상서(정3품)·籤書樞密院事(정3품)를 제수받기도 한다. 同年인 鄭沆과 崔
梓 역시 활발한 활동을 벌여 여러 요직을 거치는 가운데 전자는 인종 12년
에 동지공거를 맡고 이어서 知樞密院事(종2품)에까지 오르며, 후자도 참지정
사(종2품)·判禮部事 등을 역임한다.

이번 과거에서는 특별한 행사를 하나 더 마련하였는데, 고려가 事大의 儀
禮를 취했던 송나라의 진사로서 投化해 온 장침을 따로이 불러 시험하고는
'別頭乙科及第'를 준 것이었다. 그에 따라 급제증서인 紅牌[2-1-14-1), 72쪽]와
함께 안장이 달린 말을 상품으로 하사하고도 있다.

① 허홍식, 위의 글 489쪽.

② 박용운, 위의 글 353·360·361쪽.

-6) (肅宗)九年二月 翰林學士鄭文知貢擧 禮部侍郎劉載同知貢擧 試進士 命太子覆
試 下詔 賜宋瑋等三人·丙科八人·同進士十六人·明經二人·恩賜五人 及第: 정
문은 시기가 분명치는 않지만 그 자신 급제자로서 지금은 한림학사(정4품)에
재직중 지공거를 맡고 있거니와, 뒤에는 政堂文學(종2품)까지 지내며, 예부시
랑(정4품)으로 동지공거를 맡은 유재는 송나라 출신으로 그 역시 우복야(정2
품)에까지 오르는[『고려사』권14, 세가 예종 13년 3월] 인물이다. 이번 시험은 태자
가 복시를 주관하고 下詔의 형식으로 放榜하고 있어 눈길을 끄는데, 장원급
제자인 송위에 대해서는 특기할만한 내용이 찾아지지 않는다. 그러나 同年
인 韓惟忠은 次席으로 급제한 후 여러 요직을 거치는 가운데 그 자신 인종
22년의 지공거를 역임하고 뒤에 평장사(정2품)까지 지내며, 다른 또 한명의
동년인 安稷崇도 공부상서(정3품)를 역임한 사실 등이 확인된다.

① 허홍식, 위의 글 489·490쪽.

② 박용운, 위의 글 350·361쪽.

原文 2-2-13. 睿宗元年四月門下侍郎崔弘嗣知貢擧 禮部侍郎金緣同知貢擧 取進
士 賜皇甫許等三十四人及第 二年任懿(懿)知貢擧 朴景綽同知貢擧 取韓卽由等
三年五月禮部尙書李瑋知貢擧 國子祭酒李載同知貢擧 取進士 覆試 賜盧顯庸等
三十四人明經三人恩賜三人及第 四年三月門下侍郎李頦知貢擧 禮部尙書金商
祐同知貢擧 取進士 覆試 下詔 賜乙科李正升等四人丙科九人同進士十六人恩賜
六人明經三人及第 七年三月平章事吳延寵知貢擧 侍郎林彥同知貢擧 取進士 賜
乙科鄭之元等三人丙科六人同進士十六人明經三人及第 九年三月平章事金緣知
貢擧 左承宣韓皦如同知貢擧 取進士 四月覆試 賜乙科白曜等五人丙科十一人同
進士二十二人明經三人及第 宋進士林完別賜乙科 十年五月平章事趙仲璋知貢
擧 翰林學士朴昇中同知貢擧 取進士 其合格人對策頗踏襲古作 落第者訴之 王
覆試 賜金精等三十九人及第 十一年四月知樞密院事金晙知貢擧 直門下省李壽
同知貢擧 取進士合格者二十四人 王覆試進士二十四人及前赴御試十人鎖廳四
人進士八擧不中二十人別喚四人幷六十二人 賜裴祐等三十八人及第 十三年五
月政堂文學李軌知貢擧 禮賓卿金沽同知貢擧 取進士 賜金福允等二十三人及
第 十五年五月韓安仁知貢擧 金富佾同知貢擧 取進士 覆試 賜李之氐等三十八人及
第 是擧幷試策武學生 十七年八月左散騎常侍朴昇中知貢擧 知奏事金仁揆同知
貢擧 取進士 賜羅景純等三十一人及第

2-2-13. 예종 원년 4월에 문하시랑 최홍사가 지공거, 예부시랑 김연이 동
지공거가 되어 진사를 뽑았는데, 황보허 등 34인에게 급제를 사하였다.[1]

2년에 임의(각은 오자)가 지공거, 박경작이 동지공거가 되어 한즉유 등
을 뽑았다.[2]

3년 5월에 예부상서 이위가 지공거, 국자제주 이재가 동지공거가 되어
진사를 뽑았는데, 복시하여 노현용 등 34인과 명경 3인, 은사 3인에게
급제를 사하였다.[3]

4년 3월에 문하시랑 이오가 지공거, 예부상서 김상우가 동지공거가 되
어 진사를 뽑았는데, 복시하고 조詔를 내려 을과에 든 이정승 등 4인과
병과 9인, 동진사 16인, 은사 6인, 명경 3인에게 급제를 사하였다.[4]

7년 3월에 평장사 오연총이 지공거, 시랑 임언이 동지공거가 되어 진
사를 뽑았는데, 을과에 든 정지원 등 3인과 병과 6인, 동진사 16인, 명경

3인에게 급제를 사하였다.[5]

9년 3월에 평장사 김연이 지공거, 좌승선 한교여가 동지공거가 되어 진사를 뽑았는데, 4월에 복시하여 을과에 든 백유 등 5인과 병과 11인, 동진사 22인, 명경 3인에게 급제를 사하고, 송 (출신) 진사인 임완에게는 '별사을과'를 주었다.[6]

10년 5월에 평장사 조중장이 지공거, 한림학사 박승중이 동지공거가 되어 진사를 뽑았는데 그 합격한 사람의 대책對策이 자못 선인先人들이 지은 것(고작古作)을 그대로 답습한 것이었으므로 낙제자들이 호소하자 왕이 복시하고 김정 등 39인에게 급제를 사하였다.[7]

11년 4월에 지추밀원사 김준이 지공거, 직문하성 이수가 동지공거가 되어 진사를 뽑아 합격자가 24인이었는데, 왕이 진사 24인 및 전에 어시御試에 부거했던 10인과 쇄청 4인, 진사에 8번 응시했다가 급제하지 못한 20인, 별환別喚 4인 등 모두 62인을 복시하고 배우 등 38인에게 급제를 사하였다.[8]

13년 5월에 정당문학 이궤가 지공거, 예빈경 김고가 동지공거가 되어 진사를 뽑았는데, 김복윤 등 23인에게 급제를 사하였다.[9]

15년 5월에 한안인이 지공거, 김부일이 동지공거가 되어 진사를 뽑았는데, 복시하여 이지저 등 38인에게 급제를 사하였다. 이 과거에서 아울러 책策을 무학생에게도 시험하였다.[10]

17년 8월에 좌산기상시 박승중이 지공거, 지주사 김인규가 동지공거가 되어 진사를 뽑았는데, 나경순 등 31인에게 급제를 사하였다.[11]

註解 2-2-13-

-1) 睿宗元年四月 門下侍郎崔弘嗣知貢擧 禮部侍郎金緣同知貢擧 取進士 賜皇甫許等三十四人 及第: 최흥사는 그 자신 급제자로서 헌종 원년에 동지공거를 맡은데[2-2-11-1), 117쪽] 이어서 지금은 문하시랑(정2품)에 재임 중 지공거를 담당하고 있다. 그는 그후 수상직에까지 오르거니와, 예부시랑(정4품)으로 동지공거를 맡은 김연(金緣)도 선종 2년의 급제자[2-2-10-2), 115쪽]로 이번의 동지공거에 이어 왕 9년에는 지공거를 담당하며, 직위는 역시 수상까지 역임한다.

이 시험의 장원급제자인 황보허에 대해서는 이 사실 이외에 특기할만한 내용이 찾아지지 않는다. 그의 同年으로는 朴景山·李仁實·元沆 등이 알려져 있는데, 그중 이인실의 활동이 가장 활발하여 여러 요직을 거치는 가운데 인종 24년에 지공거를 맡고, 직위는 평장사(정2품)·權判吏部事로 수상에까지 올랐다. 아울러 박경산 역시 判衛尉事(정3품)를 지내며, 원항도 國子祭酒(종3품) 등을 역임하였다.

① 許興植,「고려 예부시 동년록」『高麗科擧制度史硏究』, 일조각, 1981 ;『고려의 과거제도』, 일조각, 2005, 490쪽.
② 朴龍雲,「科試 設行과 製述科 及第者」『高麗時代 蔭叙制와 科擧制 硏究』, 일지사, 1990, 363·364쪽.

-2) (睿宗)二年任懿(懿은 誤字)知貢擧 朴景綽同知貢擧 取韓卽由等: 지공거를 맡은 任懿은 任懿를 잘못 쓴 것이다. 임의는 문종 24년의 급제자로 뒤에 수상직까지 역임하는 사람인데[2-2-9-13), 111쪽] 이때에 이르러 과거를 주관하고 있거니와, 여기에는 직위가 빠져 있으나 예종 2년 당시에 그는 참지정사(종2품)에 재직중이었으므로 그 자격으로 지공거에 임했을 것이다. 아울러 시기는 분명치 않으나 역시 급제자로서 동지공거를 맡았던 朴景綽(朴景仁)의 직위도 빠져 있는데, 뒤에 좌복야(정2품)·참지정사(종2품)를 역임한 사실이 전해지지만 그러나 동지공거를 맡을 당시의 그것은 확인이 되지 않는다.

이번의 과거에 대한 기술은 고시관에 관한게 그렇듯 매우 소략하여 급제자도 장원을 한 한즉유 등을 뽑았다는 언급으로 그치고 있다. 하지만 다행스럽게 金富弼이 지은 이 해의「及第放牓敎書」가『東文選』권23에 실려 있어 그 내용을 대략 알 수가 있는데, 그에 의하면 乙科에 한즉유 등 4명, 丙科에 李湜 등 8명, 同進士에 甄惟綽 등 15명, 明經에 李揚發·崔慶雲 등 2명, 恩賜에 安永祚·任郊一·宋開 등 3명이 급제하였다고 밝혀져 있는 것이다. 그리고 이 자리에 밝혀져 있지 않지만 다른 기록이 의해 高兆基(高唐愈)와 王冲도 이번의 진사급제자임이 알려졌다. 이중 전자는 여러 요직을 거치는 가운데 인종 2년에 지공거를 지내고, 뒤에 평장사(정2품)·판이부사로 수상까지 역임하며, 후자 역시 인종 20년에 지공거를 맡는 등 활동을 하다가 뒤에 평장사직에까지 올랐다.

① 허흥식, 위의 글 490쪽.
② 박용운, 위의 글 356·363~365쪽.

-3) (睿宗)三年五月 禮部尙書李瑋知貢擧 國子祭酒李載同知貢擧 取進士 覆試 賜盧顯庸等三十四人·明經三人·恩賜三人 及第: 예부상서(정3품)로 지공거를 맡은 이위와 국자제주(종3품)로 동지공거를 맡은 李載(李朹)는 시기가 분명치 않지만 모두 급제자로서 함께 과거를 주관하고 있다. 이중 전자는 여러 요직

을 거쳐 문하시중(종1품)·판상서이부사로 수상까지 역임하며, 후자 역시 예종 13년에 지공거를 담당하는 등의 활동을 거쳐 참지정사(종2품)를 지낸다.

　이 시험의 장원급제자인 노현용에 대해서는 얼마의 기록이 더 찾아지나 특기할만한 내용은 아닌 듯하다. 同年으로는 柳仁蓍가 알려졌는데 그도 뒤에 참지정사까지 역임한다.

　① 허흥식, 위의 글 490쪽.
　② 박용운, 위의 글 352·358·365쪽.

-4) (睿宗)四年三月 門下侍郎李頲知貢擧 禮部尙書金商祐同知貢擧 取進士 覆試 下詔 賜乙科李正升等四人·丙科九人·同進士十六人·恩賜六人·明經三人 及第: 그 자신 급제자로서 숙종 5년에 지공거를 맡았던 이오[2-2-12-4], 120쪽]가 이번에는 문하시랑(정2품)에 재임하면서 한번 더 지공거를 담당하고 있으며, 예부상서(정3품)인 김상우가 동지공거를 맡아 과거를 주관하고 있다. 이 시험에서 장원급제한 이정승에 대해서는 이 사실 이외에 달리 전하는 내용이 찾아지지 않는다.

　① 허흥식, 위의 글 491쪽.
　② 박용운, 위의 글 358·365쪽.

-5) (睿宗)七年三月 平章事吳延寵知貢擧 侍郎林彦略同知貢擧 取進士 賜乙科鄭之元 等三人·丙科六人·同進士十六人·明經三人 及第: 그 자신 급제자인 오연총이 지금은 평장사(정2품)로서 지공거를 맡고 있으며, 시랑(정4품)으로 동지공거를 맡고 있는 임언 역시 급제자일 듯 짐작은 되나 기록상으로 확인이 되지는 않는다. 이들 중 특히 오연총은 尹瓘과 함께 여진족을 정벌한 것으로 널리 알려져 있고, 직위도 뒤에 수상인 평장사·판이부사까지 오른 중요 인물의 한 사람이었다.

　이 시험에서 급제한 정지원은 西京進士로 장원을 한, 바로 鄭知常 그 사람인데 뒤에 이른바 妙淸의 난과 관련해 金富軾에게 죽임을 당하여 직위는 起居郎(종5품)에 그쳤다. 하지만 그의 同年 가운데 한 사람인 崔惟淸은 인종 22년에 동지공거를 맡는 등 여러 요직을 거쳐 평장사까지 올랐으며, 다른 한 사람인 文公裕는 知門下省事(종2품), 그리고 또 한 사람 權適은 인종 20년에 시행된 과거의 동지공거를 역임한데 이어서 뒤에 國子祭酒(종3품)를 지냈다.

　① 허흥식, 위의 글 491쪽.
　② 박용운, 위의 글 356~358·365·366쪽.

-6) (睿宗)九年三月平章事金緣知貢擧 左承宣韓皦如同知貢擧 取進士 四月覆試 賜 乙科白曒等五人·丙科十一人·同進士二十二人·明經三人 及第 宋進士林完別賜 乙科: 그 자신 선종 2년의 급제자[2-2-10-2], 115쪽]로서 예종 원년에 동지공거였던 김연(金仁存)[위의 1)항]이 이번에는 평장사(정2품)에 재임 중 지공거를 맡

고 있다. 그는 뒤에 수상까지 역임하지마는, 동지공거를 맡은 한교여(韓安仁) 역시 급제자로서 이때에 이르러 좌승선(정3품)에 재임하면서 과거를 주관하고 있다. 이 한교여는 왕 15년에 지공거를 맡아 다시 과거를 주관하며 직위는 평장사(정2품)에까지 이른다.

이 시험에서 장원급제한 백유에 대해서는 이 사실 이외에 달리 전하는 내용이 찾아지지 않는다. 하지만 崔誠·文公元·尹彦頤·許純 등 뛰어난 인물들이 그의 同年으로 알려졌다. 이중 최함은 명문인 水州崔氏家 후손으로 여러 요직을 거치는 가운데 인종 24년(의종 즉위년)에는 동지공거를 맡고, 직위는 평장사까지 지내며, 문공원은 역시 명문인 南平文氏家 출신으로 바로 이전인 왕 7년의 급제자 文公裕 및 또 다른 급제자인 文公仁과 형제로서 역시 인종 4년에 지공거를 맡고 직위도 수상인 평장사·판이부사까지 오른다. 아울러 윤언이는 수상을 역임한 尹瓘[2-2-9-15], 115쪽]의 아들로서 그는 인종 23년에 동지공거, 뒤에는 또 정당문학(종2품)까지 지내고, 허순은 試刑部侍郎(정4품)에 오르는 것이다.

이번 과거에서는 한 가지 행사를 더 마련하여 송나라 진사 출신인 임완에게 '別賜乙科'를 주기도 하였다. 숙종이 동일한 상황에 있는 韋忱에게 '別頭乙科及第'를 준 것[2-2-12-5], 121쪽]과 유사한 사례라 하겠다.

① 허흥식, 위의 글 491쪽.

② 박용운, 위의 글 361·366·367쪽.

-7) (睿宗)十年五月 平章事趙仲璋知貢擧 翰林學士朴昇中同知貢擧 取進士 其合格人對策 頗蹈襲古作 落第者訴之 王覆試 賜金精等三十九人及第: 문종 32년에 급제한 조중장[2-2-9-17], 112쪽]이 지금은 평장사(정2품)로서 지공거를 맡고, 언제인지는 분명치 않지만 역시 급제자인 박승중이 한림학사(정4품)로서 동지공거를 담당하고 있거니와, 이중 후자는 인종 17년에 이르러 지공거를 맡기도 하며 직위 또한 평장사에까지 이른다.

한데 이번 과거에서 문제가 발생하였다. 합격자들이 제출한 試卷의 對策이 자못 先人들의 작품을 답습한 것이었기 때문이다. 이에 낙방자들이 호소하였고 그에 따라 왕이 주관하는 복시가 실시되었다. 그리하여 결국 김정 등 39명이 급제하였거니와, 그는 뒤에 秘書少監(종4품)을 역임한 사실이 확인된다.

① 허흥식, 위의 글 491쪽.

② 박용운, 위의 글 362·367쪽.

-8) (睿宗)十一年四月 知樞密院事金晙知貢擧 直門下省李壽同知貢擧 取進士 合格者二十四人 王覆試進士二十四人及前赴御試十人·鎖廳四人·進士八擧不中二十人·別喚四人 幷六十二人 賜裴祐等三十八人及第: 선종 2년의 장원급제인인 김준[2-2-10-2], 115쪽]과 그 다음해의 급제자인 이수(李公壽)[2-2-10-3], 116쪽]가 각

각 지추밀원사(종2품)와 직문하성(종3품)으로 지공거와 동지공거를 맡고 있다. 그리하여 진사 합격자 24명을 뽑았는데, 아마 바로 윗 대목에서 소개한 문제 등도 염려에 둔 듯 이번에도 복시를 실시하였다. 한데 통상적인 복시는 진사합격자만을 대상으로 하여 그들의 급제 순위를 결정하는 수준이었으나 [2-1-2-1), 36쪽] 이번 시험은 그같은 상례를 벗어난 것이었다[2-1-3-1), 37쪽]. 보다시피 이 복시는 당해년의 진사합격자 24인과 함께 이전의 御試에 赴擧했던 10인 및 아마 과거 시험장의 봉쇄 등 이곳의 여러 일을 맡아 관장하던 기구로 생각되는 鎖廳 관계자 4인, 진사에 8번 응시했으나 급제하지 못한 20인, 국왕과의 관계 등을 고려하여 별도로 불렀다고 짐작되는 別喚 4인 등 모두 62인을 대상으로 실시하고 있는 것이다. 그리하여 급제자도 통상시보다 좀 많은 숫자인 38인을 뽑고 있다. 그들 급제자 가운데는 장원을 한 배우 이외에 林許允이 더 알려져 있다.

　① 허흥식, 위의 글 491·492쪽.

　② 박용운, 위의 글 367쪽.

-9) (睿宗)十三年五月 政堂文學李軌知貢擧 禮賓卿金沽同知貢擧 取進士 賜金福允等二十三人及第: 급제자로서 예종 3년에는 동지공거를 맡기도 했던 이궤(李軌)[위의 3)항]가 지금은 정당문학(종2품)에 재임하면서 지공거를 맡고, 선종 원년과 9년의 과거를 주관했던 金上琦[2-2-10-1)·6), 115·117쪽]의 아들인 김고가 예빈경(종3품)으로서 동지공거를 맡고 있다. 이중 후자는 뒤에 평장사(정2품)까지 지내거니와, 장원급제자인 김복윤 역시 大盈令(종7품)을 역임한 사실이 확인되고 있다.

　① 허흥식, 위의 글 492쪽.

　② 박용운, 위의 글 358·359·367·368쪽.

-10) (睿宗)十五年五月 韓安仁知貢擧 金富佾同知貢擧 取進士 覆試 賜李之氐等三十八人及第 是擧幷試策武學生: 그 자신 급제자로서 왕 9년에 동지공거를 맡았던 한안인(韓皦如)[위의 6)항]이 이때에 이르러 지공거를 담당하고 있는데, 여기에는 그의 직위가 기술되어 있지 않으나 왕 14년 6월에 형부상서(정3품)·지추밀원사(종2품)를 제수받으므로[『고려사』권14, 세가] 당시 그는 이 직위에 재임했을 것이다. 그와 함께 역시 급제자로서 동지공거를 맡은 김부일은 金富軾과 형제간이기도 한데[2-2-12-1), 119쪽] 그 또한 이곳에는 직위가 밝혀져 있지 않지만 예종 12년 6월에 中書舍人(종4품)을 제수받은바 있으므로 이와 유사한 위치에 머물렀을 것으로 짐작된다. 김부일은 그뒤 인종 3년에도 한번 더 동지공거를 역임하며, 직위는 평장사(정2품)에까지 오른다.

　이 시험에서 장원급제한 이지저는 선종 3년의 급제자요[2-2-10-3), 116쪽] 예종 11년의 동지공거인 李壽[위의 8)항]의 아들로, 인종 16년과 18년에 각각 동지공거와 지공거를 맡고, 뒤에 참지정사(종2품)를 역임하는 등 활동이 많았다. 아울러 同年인 金永錫 역시 선종 2년의 급제자요[2-2-10-2), 115쪽] 예종 원년과 9년의 동지공거·지공거인 金仁存(金緣)의 아들로, 그 자신 의종 7년에 지공거를 담당하는 등 평장사(정2품)에 오르기까지 여러 모로 중요한 일을 맡았다는 것은 재미있는 비교가 된다. 이에 비해 다른 동년인 李坦之는 직위가 檢校太醫少監(종5품)에 그쳤다.

이번 예종 15년의 과거에서 특기할만한 사항의 하나는 武學生들에게도 시험과목으로 對策을 부과하고 있다는 것이다. 고려에서 武學이 정식으로 설치되는 것은 예종 4년에 국학의 진흥책을 전개하면서 7齋 가운데 하나로 講藝齋를 두면서부터이며, 그리하여 여기에 8명의 武學生을 선발, 교육하였다. 이 학생수는 예종 14년에 17명으로 늘어나지마는[『고려사』권74, 선거지 2 학교], 이들 역시 儒學生과 마찬가지로 일정한 시험을 거쳐 등용의 길을 열어주었을 것인데, 그때에는 아마 武術과 관계되는 시험만을 부과하여 왔던 것 같다. 그러다가 예종 15년부터 이들도 유학생들에게 부과하는 과목인 대책을 치르도록 한 것이다. 그러나 인종 11년에 이르러 강예재를 폐지시킬 때 判文에 보면 그 동안 武學齋生으로 赴擧하는 사람이 적어서 비록 策論에 합격하지 못하더라도 비율에 따라 얼마씩 급제시켰다고 한 것으로 미루어 이 조처가 그렇게 철저히 지켜지지는 못했던 듯하다.

① 허흥식, 위의 글 492쪽.

② 박용운, 위의 글 357·361·368쪽.

③ 申千湜, 「高麗時代 武科와 武學」『軍史』7, 1983 ; 『고려교육사연구』, 경인문화사, 1995.

-11) (睿宗)十七年八月 左散騎常侍朴昇中知貢擧 知奏事金仁揆同知貢擧 取進士賜羅景純等三十一人及第: 그 자신 급제자로서 왕 10년에 동지공거를 맡기도 했던 박승중[위의 7)항]이 지금은 좌산기상시(정3품)에 재임 중 지공거를 맡고, 역시 급제자인 김인규가 지주사(정3품)로서 동지공거를 맡고 있는데 이 후자는 뒤에 참지정사(종2품)까지 지낸다. 이 시험의 장원급제자인 나경순에 대해서는 이 사실 이외에 달리 전하는 내용이 찾아지지 않는다. 그러나 同年인 朴翛의 경우 國子祭酒(종3품) 등을 역임한 사실이 확인된다.

① 허흥식, 위의 글 492쪽.

② 박용운, 위의 글 368·369쪽.

原文 2-2-14. 仁宗元年四月中書侍郎林有文知貢擧 禮部尙書洪灌同知貢擧 取進士 賜卞純夫等三十人及第 二年四月中書侍郎金若溫知貢擧 兵部侍郎金富軾同知貢擧 取進士 賜高孝冲等三十七人及第 三年五月同知樞密院事李之美知貢擧

知奏事金富佾同知貢擧　取進士賜李陽伸等三十七人及第　五年六月李公壽知貢
擧　金富轍同知貢擧　取進士　賜王佐材等三十三人及第　六年四月文公仁知貢擧
崔濡同知貢擧　取進士　賜李元哲等二十九人及第　八年四月金富軾知貢擧　康候顯
同知貢擧　取進士　賜朴東柱等三十二人及第　十年閏四月平章事崔滋盛知貢擧　吏
部侍郎林存同知貢擧　取進士　賜崔光遠等二十五人及第　十一年八月禮部尙書金
富儀知貢擧　知奏事洪彝敍同知貢擧　取進士　賜金于蕃等二十五人及第　十二年五
月叅知政事任元敳知貢擧　右承宣鄭沆同知貢擧　取進士　賜許洪材等二十九人及
第　十五年三月同知樞密院事李仲知貢擧　尙書左丞康滌同知貢擧　取進士　賜李信
等二十八人及第　十六年三月平章事崔濡知貢擧　尙書右丞李之氐同知貢擧　取進
士　賜李大有等二十九人及第　十七年六月平章事金富軾知貢擧　禮部侍郎金端同
知貢擧　取進士　賜崔伋等二十人及第　十八年五月知樞密院事李之氐知貢擧　國子
祭酒林光同知貢擧　取進士　賜彭希密等二十六人及第　二十年三月樞密院使王冲
知貢擧　刑部侍郎權迪同知貢擧　取進士　賜高儔等三十人明經二人恩賜五人及第
二十二年五月韓惟忠知貢擧　崔惟淸同知貢擧　取進士　賜金敦中等二十六人及第
二十三年五月任元敳知貢擧　尹彦頤同知貢擧　取進士　賜趙文振等三十二人及第
二十四年李仁實知貢擧　崔誠同知貢擧　取黃文富等

2-2-14. 인종 원년 4월에 중서시랑 임유문이 지공거, 예부상서 홍관이 동
지공거가 되어 진사를 뽑았는데, 변순부 등 30인에게 급제를 사하였다.[1]

2년 4월에 중서시랑 김약온이 지공거, 병부시랑 김부식이 동지공거가
되어 진사를 뽑았는데, 고효충 등 37인에게 급제를 사하였다.[2]

3년 5월에 동지추밀원사 이지미가 지공거, 지주사 김부일이 동지공거
가 되어 진사를 뽑았는데, 이양신 등 37인에게 급제를 사하였다.[3]

5년 6월에 이공수가 지공거, 김부철이 동지공거가 되어 진사를 뽑았는
데, 왕좌재 등 33인에게 급제를 사하였다.[4]

6년 4월에 문공인이 지공거, 최유가 동지공거가 되어 진사를 뽑았는
데, 이원철 등 29인에게 급제를 사하였다.[5]

8년 4월에 김부식이 지공거, 강후현이 동지공거가 되어 진사를 뽑았는
데, 박동주 등 32인에게 급제를 사하였다.[6]

10년 윤4월에 평장사 최자성이 지공거, 이부시랑 임존이 동지공거가

되어 진사를 뽑았는데, 최광원 등 25인에게 급제를 사하였다.[7]

11년 8월에 예부상서 김부의가 지공거, 지주사 홍이서가 동지공거가 되어 진사를 뽑았는데, 김우번 등 25인에게 급제를 사하였다.[8]

12년 5월에 참지정사 임원애가 지공거, 우승선 정항이 동지공거가 되어 진사를 뽑았는데, 허홍재 등 29인에게 급제를 사하였다.[9]

15년 3월에 동지추밀원사 이중이 지공거, 상서좌승 강척이 동지공거가 되어 진사를 뽑았는데, 이신 등 28인에게 급제를 사하였다.[10]

16년 3월에 평장사 최유가 지공거, 상서우승 이지저가 동지공거가 되어 진사를 뽑았는데, 이대유 등 29인에게 급제를 사하였다.[11]

17년 6월에 평장사 김부식이 지공거, 예부시랑 김단이 동지공거가 되어 진사를 뽑았는데, 최급 등 20인에게 급제를 사하였다.[12]

18년 5월에 지추밀원사 이지저가 지공거, 국자제주 임광이 동지공거가 되어 진사를 뽑았는데, 팽희밀 등 26인에게 급제를 사하였다.[13]

20년 3월에 추밀원사 왕충이 지공거, 형부시랑 권적이 동지공거가 되어 진사를 뽑았는데, 고주 등 30인과 명경 2인, 은사 5인에게 급제를 사하였다.[14]

22년 5월에 한유충이 지공거, 최유청이 동지공거가 되어 진사를 뽑았는데, 김돈중 등 26인에게 급제를 사하였다.[15]

23년 5월에 임원애가 지공거, 윤언이가 동지공거가 되어 진사를 뽑았는데, 조문진 등 32인에게 급제를 사하였다.[16]

24년에 이인실이 지공거, 최함이 동지공거가 되어 황문부 등을 뽑았다.[17]

註解 2-2-14-

-1) 仁宗元年四月 中書侍郞林有文知貢擧 禮部尙書洪灌同知貢擧 取進士 賜卞純夫等三十人及第: 시기가 분명치 않지만 두 사람 모두가 급제자인 임유문과 홍관이 지금은 각각 중서시랑(정2품)과 예부상서(정3품)에 재임하면서 지공거와 동지공거를 맡고 있다. 이들은 뒤에 제각각 정2품인 문하시랑평장사와 좌복야를 역임하지마는, 그러나 이 시험의 장원급제자인 변순부에 대해서는

이 사실 이외에 달리 전하는 내용이 찾아지지 않는다. 그리고 同年인 田起역시 試閤門祗候(정7품)를 지낸 사실이 확인되는데 그치고 있다.

① 許興植,「고려 예부시 동년록」『高麗科擧制度史硏究』, 일조각, 1981 ;『고려의 과거제도』, 일조각, 2005, 492쪽.

② 朴龍雲,「科試 設行과 製述科 及第者」『高麗時代 蔭叙制와 科擧制 硏究』, 일지사, 1990, 357·362·371쪽.

-2) (仁宗)二年四月 中書侍郎金若溫知貢擧 兵部侍郎金富軾同知貢擧 取進士 賜高孝沖等三十七人及第: 김약온(金義文)은 문종 5년의 급제자요[2-2-9-3), 109쪽] 선종 7년의 지공거인 金良鑑[2-2-10-5), 116쪽]의 아들로, 그 역시 급제한후 이때에는 중서시랑(정2품)으로서 지공거를 맡고 있다. 김약온은 이어서 문하시랑을 역임하고 致仕職으로 문하시중(종1품)을 제수받거니와, 병부시랑(정4품)으로 동지공거를 맡은 김부식도 숙종 원년의 급제자[2-2-12-1), 119쪽]로 이후 여러 방면에서 큰 역할을 담당했다 함은 앞서 설명한 바와 같다.

이 시험의 장원급제자인 고효충에 대해서는 이 사실 이외에 달리 전하는 내용이 찾아지지 않는다. 그러나 한편으로 同年인 崔裒抗은 秘書少監(종4품)을 역임하고, 다른 한 사람인 吳仁正이 元興鎭判官(7품)으로 벼슬을 시작한 사실 등은 확인된다.

① 허흥식, 위의 글 492쪽.

② 박용운, 위의 글 357·371쪽.

-3) (仁宗)三年五月 同知樞密院事李之美知貢擧 知奏事金富佾同知貢擧 取進士 賜李陽伸等三十七人及第: 이지미는 인종조의 權臣인 李資謙의 아들인데 당시동지추밀원사(종2품)로서 지공거를 맡고 있거니와, 그는 그뒤 판추밀원사(종2품)까지 역임한다. 그리고 방금 위에서 소개한 김부식과 형제간으로[2-2-12-1), 119쪽] 급제한 후 나중에는 평장사(정2품)까지 오르는 김부일이 지금은 지주사(정3품)에 재임 중 그와 함께 동지공거를 담당하고 있다.

이 시험에서 장원급제한 이양신은 그후 御史雜端(종5품)을 역임한 사실이확인된다. 아울러 同年인 鄭知源도 員外郎(정6품)에 오르고 있으며, 특히 金永夫(金東夫)는 의종 14년에 지공거를 맡는 등 여러 요직을 거쳐 평장사·判尙書兵部事로 亞相까지 지냈다.

① 허흥식, 위의 글 492·493쪽.

② 박용운, 위의 글 357·363·371·372쪽.

-4) (仁宗)五年六月 李公壽知貢擧 金富轍同知貢擧 取進士 賜王佐材等三十三人及第: 이공수(李壽)는 선종 3년의 급제자[2-2-10-3), 116쪽]로 예종 11년에는 동지공거를 맡기도 했는데[2-2-13-8), 126쪽], 지금은 지공거를 담당하고 있으며, 김부철(金富儀) 역시 숙종 2년의 급제자[2-2-12-2), 120쪽]로 이때에 이르러 동지공

거를 맡고 있다. 한데 이 두 사람의 직위가 이곳에는 명시되어 있지 않은데, 그러나 이공수의 경우 당시 평장사(정2품)·判兵部事였고[『고려사』 권15, 세가 인종 4년 4월·같은 5년 6월], 김부철은 인종 7년 3월 당시 大司成(종3품)에 재임 중이었으므로[『고려사』 권16, 세가] 아마 이들 위치에서 과거를 주관했을 것이라 짐작된다. 이 시험에서 장원급제한 왕좌재에 대해서는 이 사실 이외에 달리 전하는 내용이 찾아지지 않는다.

① 허흥식, 위의 글 493쪽.

② 바용운, 위의 글 372쪽.

-5) (仁宗)六年四月 文公仁知貢擧 崔濡同知貢擧 取進士 賜李元哲等二十九人及第: 그 자신 급제자로서 지공거를 맡은 문공인(文公美)은 왕 5년 12월에 동지추밀원사(종2품)를 제수받고 있으므로[『고려사』 권15, 세가] 과거가 시행되는 이듬해 4월에도 그 직위에 머물렀을 것이라 생각된다. 그리고 동지공거를 맡은 최유 역시 선종 7년의 급제자[2-2-10-5], 116쪽]로 왕 6년 10월에 이부상서(정3품)로 재임 중이었던 만큼[『고려사』 권15, 세가] 그 또한 이 직위에서 과거를 주관했다고 짐작된다. 이들 가운데 문공인은 뒤에 평장사(정2품)·판이부사로 수상을 지내며, 최유는 16년에 지공거로써 다시 한번 과거를 총괄하고, 직위는 평장사까지 역임한다.

이 시험에서 장원급제한 이원철에 대해서는 이 사실 이외에 달리 전하는 내용이 찾아지지 않는다. 同年으로는 胡晉卿과 崔允儀가 알려졌는데, 그중 후자는 『詳定古今禮文』의 편찬자로써 우리들에게 친숙해져 있는 인물로, 의종 8년과 16년에 지공거를 맡으며, 벼슬도 역시 수상인 평장사·판이부사까지 역임하는 등 여러 방면으로 활동이 많았다.

① 허흥식, 위의 글 493쪽.

② 박용운, 위의 글 362·372쪽.

-6) (仁宗)八年四月 金富軾知貢擧 康候顯同知貢擧 取進士 賜朴東柱等三十二人及第: 김부식은 숙종 원년의 급제자[2-2-12-1], 119쪽]로 인종 2년에 동지공거를 맡기도 했는데[위의 2)항] 이때에 이르러 지공거를 맡고, 강후현은 동지공거를 담당하고 있다. 한데 선거지에는 이 두 사람의 직위가 모두 기술되어 있지 않지마는, 그러나 전자의 경우 과거가 있기 두 달 전인 그해 4월에 정당문학(종2품)을 제수받고 있어서[『고려사』 권16, 세가] 확인이 가능하며, 후자 역시 왕 6년 12월에 右散騎常侍(정3품), 11년 12월에 御史大夫(정3품)를 임명받고 있어서[『고려사』 권16, 세가] 먼저의 직위에서 과거를 주관했음이 분명한 것 같다. 그뒤 김부식이 수상직까지 역임했다 함은 앞서 설명한 바와 같고, 후자도 이부상서(정3품)·知門下省事(종2품)에 오른다[위와 같은 책, 인종 15년 3월].

이 시험의 장원급제자인 박동주에 대해서는 이 사실 이외에 달리 전하는 내용이 찾아지지 않는다. 同年으로는 李仁榮이 확인되는데, 그도 직위가 貝外郞(정6품)에서 그치고 있다.

　① 허흥식, 위의 글 493쪽.

　② 박용운, 위의 글 372·373쪽.

-7) (仁宗)十年閏四月 平章事崔滋盛知貢擧 吏部侍郞林存同知貢擧 取進士 賜崔光遠等二十五人及第: 최자성은 급제자로서 여러 요직을 거치는 가운데 이때에 이르러 평장사(정2품)에 재직중 지공거를 맡고 이부시랑(정4품)인 임존이 동지공거를 담당하여 함께 과거를 주관하였는데, 그러나 이들은 試題를 잘못 내어 곤욕을 치르기도 한다[3-1-5-1), 219쪽]. 이 시험에서 장원급제한 최광원은 별다른 활동이 보이지 않지마는, 그에 비해 同年인 尹鱗瞻은 명문인 파평윤씨 출신이면서도 무신정권 초기에 문신의 한 사람으로서 명종 3년의 과거를 주관하고, 또 평장사 등을 역임하면서 여러 모로 활동이 많아 주목을 받는 사람이다.

　① 허흥식, 위의 글 493쪽.

　② 박용운, 위의 글 357·363·373쪽.

-8) (仁宗)十一年八月 禮部尙書金富儀知貢擧 知奏事洪彝敍同知貢擧 取進士 賜金于蕃等二十五人及第: 그 자신 숙종 2년의 급제자[2-2-12-2), 120쪽]로 인종 5년에 동지공거를 맡기도 했던[위의 4)항] 김부의(金富轍)가 이때에는 예부상서(정3품)로서 지공거를 담당하고, 지주사(정3품)에 재임 중인 홍이서가 동지공거를 맡아 과거를 주관하고 있다. 이번 시험의 장원급제자인 김우번도 그후 의종 23년에 시행된 과거에서 동지공거를 맡는가 하면 判禮賓省事(정3품)를 역임하는 등 여러 방면에서 활동하였다.

　① 허흥식, 위의 글 493쪽.

　② 박용운, 위의 글 373쪽.

-9) (仁宗)十二年五月 叅知政事任元敳知貢擧 右承宣鄭沆同知貢擧 取進士 賜許洪材等二十九人及第: 이번에 지공거를 맡은 임원애(任元厚)는 그 자신 급제자로서, 그의 딸이 廢妃되는 李資謙의 딸에 대신하여 仁宗妃가 됨에 따라 외척으로써 큰 세력을 잡았던 인물이다. 그리하여 관직도 여러 요직을 거치는 가운데 평장사(정2품)에 재임 중 지공거를 담당하게 된 것이다. 이곳 선거지에는 그가 당시에 참지정사(종2품)였다고 보이지만 실은 그 한 달 전인 왕 12년 4월에 중서시랑평장사(정2품)를 제수받고 있으므로[『고려사』권16, 세가] 참지정사였다는 기술은 잘못인 듯하다. 그는 이어서 왕 23년에도 한번 더 지공거를 맡고 있거니와, 뒤에는 문하시중직(종1품)에까지 오른다.

　동지공거를 맡은 정항 역시 숙종 7년의 급제자[2-2-12-5), 121쪽]로, 이때에 이르러 지주사(정3품)에 재임하면서 과거를 주관하고 있다. 이 사람도 뒤에

지추밀원사(종2품)까지 지낸다. 한데 인척관계를 보면 임원애의 딸이 정항의
아들인 鄭敍에게 출가하여, 임원애와 정항은 말하자면 사돈간인데, 함께 지
공거와 동지공거를 맡고 있어 흥미를 끈다.

이 시험의 장원급제자인 허홍재는 그후 의종 18년과 23년에 각각 동지공
거·지공거를 담당하고, 벼슬도 왕 23년 12월에 중서시랑평장사(정2품)·판상
서이부사를 제수받아『고려사』 권19, 세가] 수상에까지 올랐다가 이듬해에 발생
한 무신란의 와중에서 살해당하였다. 그의 同年으로는 崔祐甫가 알려졌는데,
그도 判小府監事(종3품)의 지위에까지 올랐다.

① 허흥식, 위의 글 493쪽.

② 박용운, 위의 글 369·373·374쪽.

③ 朴龍雲, 「고려시대 定安任氏·鐵原崔氏·孔巖許氏 家門 분석」,『韓國史論叢』 3,
1978 ;『高麗社會와 門閥貴族家門』, 경인문화사, 2003.

④ 朴龍雲, 「고려시대 東萊鄭氏家門 분석」『泰東古典研究』 10, 1993 ; 위의 책.

-10) (仁宗)十五年三月 同知樞密院事李仲和貢舉 尙書左丞康滌同知貢舉 取進士
賜李信等二十八人及第: 이번에 동지추밀원사(종2품)로 지공거를 맡은 이중은
급제자일 듯 짐작이 되나 기록상으로 확인은 되지 않는데, 그는 이후에도
여러 요직을 거쳐 평장사(정2품)에까지 오른다『고려사』 권17, 세가 인종 19년 12
월]. 그리고 상서좌승(종3품)에 재임 중 동지공거를 담당하는 강척은 숙종 7년
의 장원급제자[2-2-12-5), 121쪽]로서 그 역시 예부상서(정3품)·簽書樞密院事(정3
품)까지 역임하였다『고려사』 권17, 세가 인종 19년 3월]. 한편 이 시험에서 장원급
제한 이신에 대해서는 이 사실 이외에 달리 전하는 내용이 찾아지지 않는다.

① 허흥식, 위의 글 493쪽.

② 박용운, 위의 글 371·374쪽.

-11) (仁宗)十六年三月 平章事崔濡知貢舉 尙書右丞李之氐同知貢舉 取進士 賜李
大有等二十九人及第: 최유는 선종 7년의 급제자[2-2-10-5), 116쪽]로 인종 6년
에 동지공거를 맡기도 했는데[위의 5)항] 지금은 평장사(정2품)에 재임 중 지공
거를 담당하고 있다. 그리고 이때 그와 함께 동지공거를 맡은 이지저도 예
종 15년의 장원급제자인데[2-2-13-10), 127쪽], 이번에 이어서 왕 18년에는 지
공거를 맡으며, 뒤에 참지정사(종2품)까지 역임하는 인물이다.

한데 이 시험의 장원급제자인 이대유에 대해서는 이 사실 이외에 달리 전
하는 내용이 찾아지지 않는다. 반면에 同年인 閔令謨는 무신들이 집권하고
있던 명종 5년과 10년에 지공거를 맡는가 하면 뒤에 수상인 문하시랑(정2
품)·판이부사를 역임하는 등 활약이 컸다.

① 허흥식, 위의 글 493쪽.

② 박용운, 위의 글 374쪽.

-12) (仁宗)十七年六月 平章事金富軾知貢舉 禮部侍郎金端同知貢舉 取進士 賜崔

伋等二十人及第: 김부식은 숙종 원년의 급제자[2-2-12-1], 119쪽]로, 인종 2년에 동지공거[위의 2)항], 8년에 지공거[위의 6)항]를 맡은데 이어서 지금은 평장사(정2품)에 재임 중 다시 과거를 주관하고 있다. 그 밑에서 예부시랑(정4품)으로 동지공거를 맡은 사람은 송나라에 유학하여 그곳에서 급제하고[『고려사』 권14, 세가 예종 12년 5월] 귀국 후 활동이 많던[『고려사』 권17, 세가 의종 3년 12월·5년 4월] 김단이었다. 그러나 이 시험에서 장원급제한 최급에 대해서는 이 사실 이외에 달리 전하는 내용이 찾아지지 않는다.

　① 허홍식, 위의 글 494쪽.
　② 박용운, 위의 글 374쪽.

-13) (仁宗)十八年五月　知樞密院事李之氐知貢擧　國子祭酒林光同知貢擧　取進士 賜彭希密等二十六人及第: 예종 15년의 장원급제자로서[2-2-13-10], 127쪽] 인종 16년에 동지공거를 맡기도 했던 이지저[위의 11)항]가 이번에는 지추밀원사(종2품)에 재임 중 지공거를 담당하고 있다. 그리고 동지공거는 송나라 진사 출신으로 예종 9년에 別賜乙科로 급제한 후[2-2-13-6], 125쪽] 뒤에 추밀원사(종2품) 등을 역임하는[『고려사』 권17, 세가 의종 2년 3월] 임광(林完)이 지금은 국자제주(정4품)로서 함께 과거를 주관하고 있거니와, 이 시험에서 장원급제한 팽희밀에 대해서는 이 사실 이외에 달리 전하는 내용이 찾아지지 않는다. 하지만 同年인 崔允仁은 본인의 墓誌를 통해 試殿中內給事(종6품) 등을 역임한 것이 확인된다.

　① 허홍식, 위의 글 494쪽.
　② 박용운, 위의 글 374쪽.

-14) (仁宗)二十年三月　樞密院使王冲知貢擧　刑部侍郎權迪同知貢擧　取進士　賜高偁等三十人·明經二人·恩賜五人 及第: 왕충은 예종 2년의 급제자[2-2-13-2], 124쪽]로서, 이때에 이르러 추밀원사(종2품)에 재임 중 지공거를 맡고, 權迪(權適)은 예종 7년이 되던 해에 송나라에서 급제한[2-2-13-5], 125쪽] 후 귀국, 지금은 형부시랑(정4품)으로 동지공거를 담당하고 있다. 뒤에 이들 중 전자는 직위가 평장사(정2품), 후자는 국자제주(종3품)까지 이른다.

　이 시험의 장원급제자인 고주에 대해서는 이 사실 이외에 달리 전하는 내용이 찾아지지 않는다. 同年으로는 皇甫倚와 張忠義(張忠正)가 알려졌는데, 전자는 禮賓注簿同正(종7품)을, 후자는 判禮賓省事(정3품)를 역임한 사실이 확인된다.

　① 허홍식, 위의 글 494쪽.
　② 박용운, 위의 글 374·375쪽.

-15) (仁宗)二十二年五月　韓惟忠知貢擧　崔惟淸同知貢擧　取進士　賜金敦中等二十六人及第: 이번에 각각 지공거를 맡은 한유충은 숙종 9년에[2-2-12-6], 121쪽], 동지공거를 맡은 최유청은 예종 7년에[2-2-13-5], 125쪽] 급제한 사람들로 함께

과거를 주관하고 있다. 한데 이곳 선거지에는 이들의 직위가 기술되어 있지 않은데, 그러나 한유충은 인종 20년 12월에 좌복야(정2품)·추밀원사(종2품)를 제수받고[『고려사』권17, 세가] 이어서 맡은 것인만큼 당시 그의 직위는 그런대로 확인이 가능하지마는, 최유청의 경우는 자료가 충분치 않아 현재로서는 잘 알 수가 없다.

　이 시험에서 장원급제한 김돈중은 바로 김부식[2-2-12-1), 119쪽]의 아들로, 원래는 次席이었으나 아버지 덕분에 장원이 된 사람이다. 벼슬길도 순탄하여 승선직(정3품)까지 올랐으나 무신들의 원망을 샀던 그는 무인란 중에 죽음을 당하고 말았다. 同年으로는 韓楹·閔光文·崔孝溫·尹子固·朴孝晉·李知命 등의 이름이 전하고 있다. 이들 가운데에서 활동이 많았던 인물은 이지명으로, 명종 12년에 동지공거, 20년에는 정당문학(종2품)에 재임하면서 지공거를 맡기도 하였다.

　① 허홍식, 위의 글 494쪽.

　② 박용운, 위의 글 375·376쪽.

-16) (仁宗)二十三年五月 任元敱知貢擧 尹彦頤同知貢擧 取進士 賜趙文振等三十二人及第: 임원애(任元厚)는 그 자신 급제자로서 왕 12년에도 평장사에 재임중 지공거를 맡은바 있는데[위의 9)항], 이번에 다시 한번 같은 직무를 담당하고 있으며, 윤언이 역시 예종 9년의 급제자[2-2-13-6), 125쪽]로 함께 과거를 주관하고 있다. 한데 이곳 선거지에는 역시 두 사람의 직위가 모두 기술되어 있지 않다. 그러나 임원애의 경우는 평장사(정2품)에 재직중인 왕 20년 4월에 판상서이부사를 겸하여[『고려사』권17, 세가] 수상에 오른 상태에서 맡은 것이므로 그대로 이해하면 될 듯 싶은데, 그러나 윤언이는 마침 그때가 일시 貶斥되었다가 복귀하는 시기에 해당하여 명확하게 나타나 있지가 않다. 이 시험에서 장원급제한 조문진은 그후 侍郞(정4품)까지 승진했으나 의종 24년에 발생한 무신란중에 희생되고 말았다.

　① 허홍식, 위의 글 494·495쪽.

　② 박용운, 위의 글 376쪽.

-17) (仁宗)二十四年 李仁實知貢擧 崔誠同知貢擧 取黃文富等: 이번의 과거는 인종 24年條로 정리되었으나 실은 그가 2월에 세상을 떠나고 말아 시행된 것은 의종 즉위년이었다. 그래서 그런지 시험을 본 달도 누락되어 있다.

　이 시험은 예종 원년에 급제한 이인실[2-2-13-1), 123쪽]과, 같은 왕 9년에 급제한 최함[2-2-13-6), 125쪽]이 주관하였는데, 역시 두 사람 모두 직위가 빠져 있으나 전자의 경우 인종 23년 8월에 동지추밀원사(종2품)를 제수받으므로[『고려사』권17, 세가] 과거를 볼 당시에도 이 직위에 머물렀던 것 같고, 후자는 의종 즉위년에 右散騎常侍(정3품)로서 동지공거를 맡았다고 보이므로[『高麗墓誌銘

集成』184쪽, 崔誠墓誌銘) 한층 명확하게 파악할 수가 있다.

　이 시험의 장원급제자인 황문부에 대해서는 禮賓主夫(종7품)를 지낸 사실이 전하는 정도이다. 그러나 同年인 李文鐸은 그후 명종 6년 8월에 예부상서(정3품)로서 지공거를 역임한 사실 등이 확인된다.

　① 허흥식, 위의 글 495쪽.
　② 박용운, 위의 글 376쪽.

原文 2-2-15. 毅宗元年五月金永寬知貢擧 金子儀同知貢擧 取進士 賜李愈昌等三十二人及第 二年閏八月高兆基知貢擧 庾弼同知貢擧 取進士 賜柳廷堅等二十五人及第 四年文公元知貢擧 李之茂同知貢擧 取安永有等 六年四月庾弼知貢擧 任克忠同知貢擧 取進士 賜金儀等二十七人及第 五月親試 取劉義等三十五人及第 七年八月金永錫知貢擧 劉錫同知貢擧 取進士 賜郭元等三十八人明經三人及第 八年四月門下省事崔允儀知貢擧 左承宣金存中同知貢擧 取進士 賜皇甫倬等及第 十年六月李之茂知貢擧 李元膺同知貢擧 取進士 賜黃文莊(莊)等二十七人及第 十二年五月樞密院使李陽升知貢擧 右承宣李公升同知貢擧 取進士 賜金正明等二十七人及第 十四年五月金永夫知貢擧 李文深同知貢擧 取進士 賜崔孝著等三十三人明經三人及第 十六年四月中書侍郎崔允儀知貢擧 秘書監李德壽同知貢擧 取進士 賜李繼元等二十九人明經三人及第 十七年九月同知樞密院事金永胤知貢擧 左承宣金諿同知貢擧 取進士 賜李純祐等二十八人明經三人及第 十八年九月中書侍郎李之茂知貢擧 左承宣許洪材同知貢擧 取進士 賜金元禮等二十八人明經三人及第 二十年五月知門下省事金永胤知貢擧 禮部尙書徐淳同知貢擧 取進士 賜朴紹等三十人及第 二十二年三月金永胤知貢擧 金光中同知貢擧 取張令才等二十七人明經四人 二十三年四月許洪材知貢擧 金于藩同知貢擧 取李翼忠等二十九人

2-2-15. 의종 원년 5월에 김영관이 지공거, 김자의가 동지공거가 되어 진사를 뽑았는데, 이유창 등 32인에게 급제를 사하였다.[1]

　2년 윤8월에 고조기가 지공거, 유필이 동지공거가 되어 진사를 뽑았는데, 유정견 등 25인에게 급제를 사하였다.[2]

　4년에 문공원이 지공거, 이지무가 동지공거가 되어 안영유 등을 뽑았다.[3]

　6년 4월에 유필이 지공거, 임극충이 동지공거가 되어 진사를 뽑음에,

김의 등 27인에게 급제를 사하였는데, 5월에 친시하고 유희 등 35인을 급제시켰다.[4]

7년 8월에 김영석이 지공거, 유석이 동지공거가 되어 진사를 뽑았는데, 곽원 등 30인과 명경 3인에게 급제를 사하다.[5]

8년 4월에 문하성사 최윤의가 지공거, 좌승선 김존중이 동지공거가 되어 진사를 뽑았는데, 황보탁 등에게 급제를 사하였다.[6]

10년 6월에 이지무가 지공거, 이원응이 동지공거가 되어 진사를 뽑았는데, 황문장 등 27인에게 급제를 사하였다.[7]

12년 5월에 추밀원사 이양승이 지공거, 우승선 이공승이 동지공거가 되어 진사를 뽑았는데, 김정명 등 27인에게 급제를 사하였다.[8]

14년 5월에 김영부가 지공거, 이지심이 동지공거가 되어 진사를 뽑았는데, 최효저 등 33인과 명경 3인에게 급제를 사하였다.[9]

16년 4월에 중서시랑 최윤의가 지공거, 비서감 이덕수가 동지공거가 되어 진사를 뽑았는데, 이계원 등 29인과 명경 3인에게 급제를 사하였다.[10]

17년 9월에 동지추밀원사 김영윤이 지공거, 좌승선 김양이 동지공거가 되어 진사를 뽑았는데, 이순우 등 28인과 명경 3인에게 급제를 사하였다.[11]

18년 9월에 중서시랑 이지무가 지공거, 좌승선 허홍재가 동지공거가 되어 진사를 뽑았는데, 김원례 등 28인과 명경 3인에게 급제를 사하였다.[12]

20년 5월에 지문하성사 김영윤이 지공거, 예부상서 서순이 동지공거가 되어 진사를 뽑았는데, 박소 등 30인에게 급제를 사하였다.[13]

22년 3월에 김영윤이 지공거, 김광중이 동지공거가 되어 장영재 등 27인과 명경 4인을 뽑았다.[14]

23년 4월에 허홍재가 지공거, 김우번이 동지공거가 되어 이익충 등 29인을 뽑았다.[15]

註解 2-2-15-

-1) 毅宗元年五月 金永寬知貢擧 金子儀同知貢擧 取進士 賜李愈昌等三十二人及

第: 김영관과 金子儀(金晶)는 시기가 분명치 않지만 모두 급제자로서 이때에 이르러 각각 지공거와 동지공거를 맡고 있다. 한데 이곳 선거지에는 이들의 직위가 빠져 있는데, 전자는 그해 12월에 이부상서(정3품)·추밀원사(종2품)를 제수받고[『고려사』 권17, 세가], 후자도 왕 4년 12월에야 右散騎常侍(정3품)에 임명되고 있는만큼(위와 같음) 당시에는 이와 같거나 조금 하위였을 것이다. 김영관은 뒤에 평장사(정2품)·판이부사로 수상에까지 오르며, 김자의는 예부상서(정3품)를 역임한다.

  이 시험의 장원급제자인 이유창에 대해서는 이 사실 이외에 달리 전하는 내용이 찾아지지 않는다. 同年으로는 尹淳信(尹敦信)이 확인되는데, 그는 인종 23년의 동지공거였던 윤언이의 아들[2-2-14-16), 136쪽]로, 이부시랑(정4품)에 재직 중 무신란을 만나 살해당하였다.

  ① 許興植, 「고려 예부시 동년록」 『高麗科擧制度史硏究』, 일조각, 1981 ; 『고려의 과거제도』, 일조각, 2005, 495쪽.

  ② 朴龍雲, 「科試 設行과 製述科 及第者」 『高麗時代 蔭叙制와 科擧制 硏究』, 일지사, 1990, 378·380·382·383쪽.

-2) (毅宗)二年閏八月 高兆基知貢擧 庾弼同知貢擧 取進士 賜柳廷堅等二十五人及第: 고조기는 예종 2년의 급제자[2-2-13-2), 124쪽]로서 이때에 이르러 지공거를 맡고, 동지공거를 담당한 유필 역시 기록상 확인은 되지 않지만 급제자일 듯 짐작이 되는 사람이다. 이 두 사람의 당시 직위가 이곳 선거지에는 역시 기술되어 있지 않은데, 그러나 전자는 왕 2년 3월에 정당문학(종2품)·판호부사를 제수받았고[『고려사』 권17, 세가], 후자도 왕 원년 12월에 知奏事(정3품)·이부시랑(정4품)에 임명된만큼(위와 같음) 이들 직위에 재임 중 과거를 주관했을 것으로 생각된다. 두 사람 가운데 전자는 앞서 수상직까지 올랐다고 설명한 바 있거니와, 후자 또한 왕 6년에 지공거를 맡는가 하면 직위도 평장사(정2품)까지 지낸다. 그러나 이번 시험의 장원급제자인 유정견은 그렇게 큰 활동을 하지 못했던 듯, 이 사실 이외에 달리 전하는 내용이 찾아지지 않는다.

  ① 허흥식, 위의 글 495쪽.

  ② 박용운, 위의 글 380·381·383쪽.

-3) (毅宗)四年 文公元知貢擧 李之茂同知貢擧 取安永有等: 이번에 지공거를 맡은 문공원은 예종 9년의 급제자[2-2-13-6), 125쪽]로, 왕 2년 12월에 어사대부(정3품)·지추밀원사(종2품)를 제수받은바 있으므로[『고려사』 권17, 세가] 이 직위에서 그같은 업무를 맡은 것으로 짐작된다. 그리고 동지공거를 담당한 이지무 역시 같은 때에 左諫議大夫(정4품)를 제수받은 만큼 동일한 입장이었다고 생각된다. 뒤에 문공원의 경우 수상직까지 오른다 함은 앞서의 기회에 설명한 바와 같고, 이지무 역시 평장사(정2품)·판이부사로 수상이 된다. 그런 한편 이

시험에서 장원급제한 안영유에 대해서는 이 사실 이외에 달리 전하는 내용
이 찾아지지 않는다.

① 허흥식, 위의 글 495쪽.

② 박용운, 위의 글 381·383쪽.

-4) (毅宗)六年四月 庾弼知貢擧 任克忠同知貢擧 取進士 賜金儀等二十七人及第
五月親試 取劉義等三十五人及第: 왕 2년에 동지공거를 맡았던 유필[위의 2)항]
이 다시 왕 5년 12월에 중서시랑평장사(정2품)에 오른 후[『고려사』 권17, 세가]
이번에는 지공거를 맡고 있다. 그리고 임극충도 급제자로서 같은 시각에 동
지추밀원사(종2품)에 오른 사람인데, 동지공거로써 함께 과거를 주관하고 있
는 것이다. 그에 따라 김의를 장원급제자로 하여 吳△實까지 모두 27인에게
급제를 賜與하기까지 하였다. 한데 이번에는 형식만 보면 급제자를 발표해
놓고 다음 달인 5월에 親試를 실시, 또 유회 등 35인을 급제시키고 있다. 급
제자 숫자로 미루어 볼 때 친시 급제자 중에는 그에 앞서 급제시킨 인원들
도 포함시킨 듯 싶은데, 원래 친시라면 처음의 합격자를 발표하지 않고 그
들을 상대로 다시 국왕이 시험하여 급제등급을 조정하는 등의 조처를 하고
정식으로 급제자를 발표하는 것이었다[2-1-2-1), 36쪽 및 2-1-3-1), 37쪽]. 그럼에
도 이번에는 처음의 합격자들에게 급제를 주고, 다시 시험을 실시하면서 급
제자 숫자도 대폭 늘이고 있어서 통상적인 절차에서 많이 벗어나는 과거였
다고 할 수 있을 듯하다. 이 친시에서 장원을 한 유회는 뒤에 學士(정3품)를
지낸 사실이 확인된다.

① 허흥식, 위의 글 495쪽.

② 박용운, 위의 글 377·378·380·383쪽.

-5) (毅宗)七年八月 金永錫知貢擧 劉錫同知貢擧 取進士 賜郭元等三十人·明經三
人 及第: 지공거를 맡은 김영석은 예종 15년의 급제자[2-2-13-10), 127쪽]로, 왕
6년 12월에 중서시랑평장사(정2품)를 제수받고 있어서[『고려사』 권17, 세가] 7년
당시에도 이 직위에 머물렀을 것으로 짐작된다. 다음 동지공거를 담당한 劉
錫은 더 이상의 기록이 눈에 띠지 않는데, 아마 동일한 시기에 활동하는 劉
碩이 바로 그 사람이 아닐까 하는 생각은 많이 든다. 그렇다고 한다면 그는
왕 7년 3월에 國子試 試官을 맡은데 이어서 이 해 8월에 大司成(종3품)으로서
동지공거를 담당한게 된다[『高麗墓誌銘集成』 146쪽, 劉碩墓誌銘].

이 시험에서 장원급제한 곽원에 대해서는 이 사실 이외에 달리 전하는 내
용이 찾아지지 않는다. 그의 同年으로는 朴逢均이 알려져 있다.

① 허흥식, 위의 글 495쪽.

② 박용운, 위의 글 383쪽.

-6) (毅宗)八年四月 門下省事崔允儀知貢擧 左承宣金存中同知貢擧 取進士 賜皇甫

倬等及第: 최윤의는 인종 6년의 급제자[2-2-14-5], 132쪽]로, 이때에 이르러 知門下省事 - 선거지에는 '知'字가 누락됨 - 에 재임 중 지공거를 맡고 있다. 그는 왕 16년에도 한번 더 지공거를 담당하거니와, 직위는 수상에까지 오른다. 함께 동지공거를 맡은 김존중 역시 급제자인데, 지금은 좌승선(정3품)으로 있으면서 그같은 임무를 담당하고 있거니와, 그는 뒤에 태자소보(종2품)를 겸하기도 한다.

이 시험에서는 황보탁이 장원으로 급제하였다. 그는 그후 명종 16년 4월에 동지공거를 맡으며, 이어서 윤7월에는 대사성(종3품)으로서 國子試 試官을 역임한다.

① 허흥식, 위의 글 495쪽.

② 박용운, 위의 글 377·383·384쪽.

-7) (毅宗)十年六月 李之茂知貢擧 李元膺同知貢擧 取進士 賜黃文莊(莊)等二十七人及第: 이지무는 여러 해 뒤인 왕 18년에도 수상인 평장사(정2품)·판이부사로 지공거를 맡는 사람인데 이번의 경우는 직임이 분명치 않다. 그러나 동지공거를 맡은 이원응은 왕 8년 이래로 계속하여 우승선(정3품)에 재임했으므로 그의 직위는 확인이 되는 셈이다. 이번 시험의 장원급제자인 黃文莊(莊)에 대해서도 뒤에 국자박사(정7품)를 역임한 사실이 드러나 있다.

① 허흥식, 위의 글 495쪽.

② 박용운, 위의 글 381·384쪽.

-8) (毅宗)十二年五月 樞密院使李陽升知貢擧 右承宣李公升同知貢擧 取進士 賜金正明等二十七人及第: 추밀원사(종2품)로 지공거를 맡은 이양승에 대해서는 더이상 특기할만한 내용이 찾아지지 않으나, 우승선(정3품)에 재임 중 동지공거를 담당한 이공승은 급제자로서 뒤에 평장사(정2품)까지 역임한 사실 등이 확인된다. 한편 이 시험에서 장원으로 급제한 김정명 역시 별다른 기록을 남기지 못하고 있는데, 그러나 同年인 許利涉은 典廐署丞(종8품)을 지냈고, 특히 文克謙은 급제 후 문신의 한 사람이면서도 무신정권하에서 두루 요직을 거치면서 명종 3년에 동지공거, 다시 왕 7년과 14년에 지공거를 맡는가 하면 평장사(정2품)·판이부사로 수상의 직위에까지 올랐다.

① 허흥식, 위의 글 495쪽.

② 박용운, 위의 글 377·381·384쪽.

-9) (毅宗)十四年五月 金永夫知貢擧 李知深同知貢擧 取進士 賜崔孝著等三十三人·明經三人 及第: 이번에 지공거를 맡은 金永夫(金東夫)는 인종 3년의 급제자[2-2-14-3], 131쪽]로, 이곳 선거지에는 직위가 빠졌으나 왕 14년 당시 그는 추밀원사(종2품)에 재임하고 있었으므로『고려묘지명집성』218쪽, 金永夫墓誌銘] 그것의 확인이 가능하다. 동지공거를 맡은 이지심의 경우도 비슷한데, 그는 의

종 11년 11월에 給事中(종4품)에서 국자사업(종4품)으로 좌천되었다가 16년 6
월에는 다시 諫議(정4품)로 복구된 상태였으므로[『고려사절요』 권11] 왕 14년에
는 후자의 직위에 머물고 있었을 가능성이 크다고 짐작된다. 이지심은 그뒤
大司成(종3품)에 재임 중 무신란을 만나 살해당하였다.

이 시험에서 장원급제한 최효저는 그후 신종 원년에 이르러 국자제주(정4
품)에 재임하면서 동지공거로 활동한 사실 등이 확인된다. 同年으로는 趙永
仁(橫川趙氏)·崔詵(鐵原崔氏)·柳公權(儒州·文化柳氏)·尹宗諹(坡平尹氏) 등의 이름이 전
하는데, 한결같이 명문가의 자제들이라는 사실이 주목된다. 더구나 이들은
무신정권기에 큰 활약들을 하고 있어서 더욱 그러한데, 조영인은 명종 22년
에 지공거를, 최선은 명종 24년 동지공거, 왕 26년과 신종 2년에 지공거를
맡으며, 두 사람 모두 뒤에 평장사(정2품)·판이부사로 수상을 역임한다. 그리
고 유공권의 경우도 명종 22년에 동지공거를 맡는 등 요직을 거쳐 정당문학
(종2품)·참지정사(종2품)까지 지내고, 윤종양은 형부시랑(정4품)에 오른 사실 등
이 확인되는 것이다.

① 허홍식, 위의 글 496쪽.

② 박용운, 위의 글 381·384·385쪽.

-10) (毅宗)十六年四月 中書侍郎崔允儀知貢擧 秘書監李德壽同知貢擧 取進士 賜
李繼元等二十九人·明經三人 及第: 최윤의는 인종 6년의 급제자[2-2-14-5), 132
쪽]로, 의종 8년에 지공거를 맡은바 있는데[위의 6)항] 이번에는 중서시랑평장
사(정2품)·판이부사, 즉 수상으로서 다시 한번 과거를 총괄하는 책임을 담당
하고 있다. 그리고 이덕수는 文翰·學官職을 거쳐 秘書監(종3품)에 재임 중 동
지공거를 맡아 함께 시험을 주관하고 있지마는, 그러나 이때의 장원급제자
인 이계원에 대해서는 이 이외에 달리 전하는 내용이 찾아지지 않는다.

① 허홍식, 위의 글 496쪽.

② 박용운, 위의 글 381·385쪽.

-11) (毅宗)十七年九月 同知樞密院事金永胤知貢擧 左承宣金諹同知貢擧 取進士
賜李純祐等二十八人·明經三人 及第: 언제인지는 분명치 않지만 그 자신 급
제자인 김영윤이 이때에 이르러 동지추밀원사(종2품)로서 지공거를 맡고, 역
시 급제자로 추측되는 김양이 좌승선(정3품)으로서 동지공거를 담당하고 있
다. 이들 중 김영윤은 왕 20년과 22년에도 지공거를 맡고 직위도 평장사(정2
품)까지 오르며[『고려사』 권19, 세가 의종 23년 12월], 김양 또한 뒤에 추밀부사(정3
품) 등을 역임한다[『고려사』 권18, 세가 의종 19년 5월].

이 시험의 장원급제자인 이순우는 그후 國子試 試官 등을 역임하고 大司成
(종3품)에 올랐으나 명종 26년 4월에 무인집정에 의해 죽음을 당하였다[『고려사
절요』 권13]. 그리고 同年인 蔡寶文은 병부시랑(정4품)을 지냈음이 알려져 있다.

① 허홍식, 위의 글 496쪽.

② 박용운, 위의 글 378·382·385·386쪽.

-12) (毅宗)十八年九月 中書侍郞李之茂知貢擧 左承宣許洪材同知貢擧 取進士 賜金元禮等二十八人·明經三人 及第: 왕 4년에 동지공거를 맡은바 있는 이지무[위의 3)항]가 이때에 이르러 중서시랑(정2품)으로 지공거를 맡고, 인종 12년의 장원급제자인 허홍재[2-2-14-9), 133쪽]가 지금은 좌승선(정3품)에 재임 중 동지공거를 담당하고 있다. 이들 두 사람이 뒤에 모두 수상직까지 오른다 함은 앞서 설명한 바와 같다.

이번 시험에서 장원급제한 김원례에 대해서는 이 사실 이외에 달리 전하는 내용이 찾아지지 않는다. 반면에 同年인 高瑩中은 禮賓卿(종3품)까지 지낸 사실 등이 확인된다.

① 허홍식, 위의 글 496쪽.

② 박용운, 위의 글 386쪽.

-13) (毅宗)二十年五月 知門下省事金永胤知貢擧 禮部尙書徐淳同知貢擧 取進士 賜朴紹等三十人及第: 그 자신 급제자로서 왕 17년에 이미 지공거를 맡은바 있는 김영윤[위의 11)항]이 지금은 지문하성사(종2품)에 재임 중 다시 과거를 총괄하는 일을 담당하고 있으며, 서순은 예부상서(정3품)로서 동지공거를 맡고 있다. 이들 중 전자는 왕 22년에 또 한번 지공거를 맡고 직위도 평장사(정2품)까지 오르며, 후자는 지추밀원사(종2품) 등을 역임한다[『고려사』 권19, 세가 의종 24년 추7월]. 이번 시험에서 장원급제한 박소는 뒤에 戶部郞中(정5품) 등을 지내며, 同年인 金瑞廷은 侍御史(종5품) 등을 역임한 사실이 알려져 있다.

① 허홍식, 위의 글 496쪽.

② 박용운, 위의 글 382·386쪽.

-14) (毅宗)二十二年三月 金永胤知貢擧 金光中同知貢擧 取張令才等二十七人·明經四人: 바로 직전인 왕 20년에 지공거를 맡았던 김영윤[위의 13)항]이 다시 같은 책임을 맡고, 역시 급제자인 김광중이 동지공거를 담당하고 있다. 선거지에는 이 두 사람의 당시 직위가 모두 누락되었는데, 김영윤의 경우 왕 20년에 지문하성사(종2품)였다가 23년 12월에는 평장사(정2품)에 재임 중이었으므로[『고려사』 권19, 세가] 그 둘 가운데 어느 하나였겠고, 김광중 역시 왕 19년 3월에 給事中(종4품)이었다가[『고려사절요』 권11] 23년 7월에는 尙書右丞(종3품)에 재임했으므로[『고려사』 권19, 세가] 그 또한 이 둘 가운데 어느 한 직위에 있었을 것이다.

이 시험에서 장원급제한 장영재에 대해서는 이 사실 이외에 달리 전하는 내용이 찾아지지 않는다. 반면에 同年으로 알려진 李勝章은 監察御史(종6품)를 지낸 사실이 확인되며, 崔孝思도 추밀원사(종2품)까지 오른 사실 등이 전해지고 있다.

　① 허흥식, 위의 글 496쪽.

　② 박용운, 위의 글 378·386쪽.

-15) (毅宗)二十三年四月 許洪材知貢擧 金于藩同知貢擧 取李翼忠等二十九人: 이
번에 지공거와 동지공거를 맡은 허홍재와 金于藩(金于蕃)은 모두 장원급제자
라는 공통점을 지니고 있어서 흥미롭다. 그런데 직무에 비해 급제순서는 반
대여서 전자가 인종 12년[2-2-14-9), 133쪽], 후자가 인종 11년[2-2-14-8), 133쪽]의
시험에서였는데, 아마 전자의 승급이 빨라서 그처럼 된 것 같다. 그리하여
전자는 이미 의종 18년에 좌승선(정3품)으로서 동지공거를 맡고[위의 12)항], 이
때에 이르러 지공거를 담당하고 있지마는, 그의 직위는 국왕의 寵臣답게 좌
승선으로 동지공거를 맡은 이후 급작스레 왕 23년 12월에 수상직인 中書侍
郎平章事(정2품)·判尙書吏部事를 제수받는 것으로 나온다[『고려사』 권19, 세가].
따라서 지공거를 맡을 23년 4월 당시는 어떤 직위에 있었는지 가늠하기가
좀 어렵다. 그리고 김우번의 경우도 상황은 비슷하나 그는 왕 24년 하4월
당시 判禮賓省事(정3품)에 재임하고 있었던[『고려사』 권19, 세가] 점으로 미루어
위상의 추정은 어느 정도 가능할 듯하다. 하지만 이 시험에서 장원급제한
이익충에 대해서는 이 사실 이외에 달리 전하는 내용이 찾아지지 않아 파악
이 어렵다.

　① 허흥식, 위의 글 496쪽.

　② 박용운, 위의 글 387쪽.

原文 2-2-16. 明宗元年五月政堂文學韓就知貢擧 右諫議金莘尹同知貢擧 取進士
賜林㴑等二十八人明經四人及第　二年七月同知樞密院事金闡知貢擧　右諫議韓
彦國同知貢擧 取進士 賜張闡慶等二十九人及第　三年六月平章事尹鱗瞻知貢擧
禮部侍郎文克謙同知貢擧 取進士 賜崔時幸等三十二人及第　五年十月樞密副使
閔令謨知貢擧　諫議大夫郭陽宣同知貢擧取進士　賜白龍變等二十八人明經三人
及第　六年八月禮部尙書李文鐸知貢擧　大府卿韓文俊同知貢擧 取進士 賜秦幹公
等三十人明經四人及第　七年四月樞密院副使文克謙知貢擧　判大府事廉信若同
知貢擧 取進士 賜崔基靜等三十五人明經四人及第　八年六月樞密院副使韓文俊
知貢擧　右諫議大夫李應招同知貢擧 取進士 賜陳光恂等三十人明經三人恩賜四
人及第　十年六月門下平章事閔令謨知貢擧　國子祭酒尹宗諴同知貢擧 取進士 賜
李得玉等二十九人明經三人及第　十二年六月政堂文學韓文俊知貢擧　右散騎常
侍李知命同知貢擧 取進士 賜許徵等三十人明經四人及第　十四年九月叅知政事
文克謙知貢擧　知奏事林民庇同知貢擧 取進士 賜琴克儀等三十一人明經五人及

第 宋進士王逢辰別賜乙科 十六年四月林民庇知貢擧 皇甫倬同知貢擧 取進士
賜宋悼光等三十三人明經五人及第 十八年六月叅知政事林民庇知貢擧 崔証同
知貢擧 取進士 賜李唐髦等二十九人及第 二十年五月政堂文學李知命知貢擧 左
承宣任濡同知貢擧 取進士 賜皇甫緯等三十人明經五人恩賜七人及第 二十二年
四月叅知政事趙永仁知貢擧 翰林學士柳公權同知貢擧 取進士 賜孫希緽等二十
九人及第 二十四年四月樞密院使崔瑜賈知貢擧 判秘書事崔詵同知貢擧 取進士
賜金君綏等三十一人及第 二十六年七月樞密院使崔詵知貢擧 國子祭酒李資文
同知貢擧 取進士 賜趙挺觀等三十七人及第 二十七年五月叅知政事崔讜知貢擧
左諫議大夫閔公珪同知貢擧 取進士 賜房衍寶等三十人及第

2-2-16. 명종 원년 5월에 정당문학 한취가 지공거, 우간의 김신윤이 동지
공거가 되어 진사를 뽑았는데, 임수 등 28인과 명경 4인에게 급제를 사
하였다.[1]

2년 7월에 동지추밀원사 김천이 지공거, 우간의 한언국이 동지공거가
되어 진사를 뽑았는데, 장문경 등 29인에게 급제를 사하였다.[2]

3년 6월에 평장사 윤인첨이 지공거, 예부시랑 문극겸이 동지공거가 되
어 진사를 뽑았는데, 최시행 등 32인에게 급제를 사하였다.[3]

5년 10월에 추밀부사 민영모가 지공거, 간의대부 곽양선이 동지공거
가 되어 진사를 뽑았는데, 백용변 등 28인과 명경 3인에게 급제를 사하
였다.[4]

6년 8월에 예부상서 이문탁이 지공거, 대부경 한문준이 동지공거가 되
어 진사를 뽑았는데, 진간공 등 30인과 명경 4인에게 급제를 사하였다.[5]

7년 4월에 추밀원부사 문극겸이 지공거, 판대부사 염신약이 동지공거
가 되어 진사를 뽑았는데, 최기정 등 35인과 명경 4인에게 급제를 사하
였다.[6]

8년 6월에 추밀원부사 한문준이 지공거, 우간의대부 이응초가 동지공
거가 되어 진사를 뽑았는데, 진광순 등 30인과 명경 3인, 은사 4인에게
급제를 사하였다.[7]

10년 6월에 문하평장사 민영모가 지공거, 국자제주 윤종함이 동지공

거가 되어 진사를 뽑았는데, 이득옥 등 29인과 명경 3인에게 급제를 사하였다.[8]

12년 6월에 정당문학 한문준이 지공거, 우산기상시 이지명이 동지공거가 되어 진사를 뽑았는데, 허징 등 30인과 명경 4인에게 급제를 사하였다.[9]

14년 9월에 참지정사 문극겸이 지공거, 지주사 임민비가 동지공거가 되어 진사를 뽑았는데, 금극의 등 31인과 명경 5인에게 급제를 사하고, 송 진사인 왕봉진에게도 별사을과를 주었다.[10]

16년 4월에 임민비가 지공거, 황보탁이 동지공거가 되어 진사를 뽑았는데, 송순광 등 33인과 명경 5인에게 급제를 사하였다.[11]

18년 6월에 참지정사 임민비가 지공거, 최정이 동지공거가 되어 진사를 뽑았는데, 이당모 등 29인에게 급제를 사하였다.[12]

20년 5월에 정당문학 이지명이 지공거, 좌승선 임유가 동지공거가 되어 진사를 뽑았는데, 황보위 등 30인과 명경 5인, 은사 7인에게 급제를 사하였다.[13]

22년 4월에 참지정사 조영인이 지공거, 한림학사 유공권이 동지공거가 되어 진사를 뽑았는데, 손희작 등 29인에게 급제를 사하였다.[14]

24년 4월에 추밀원사 최유가가 지공거, 판비서사 최선이 동지공거가 되어 진사를 뽑았는데, 김군수 등 31인에게 급제를 사하였다.[15]

26년 7월에 추밀원사 최선이 지공거, 국자제주 이자문이 동지공거가 되어 진사를 뽑았는데, 조정관 등 37인에게 급제를 사하였다.[16]

27년 5월에 참지정사 최당이 지공거, 좌간의대부 민공규가 동지공거가 되어 진사를 뽑았는데, 방연보 등 30인에게 급제를 사하였다.[17]

註解 2-2-16-

-1) 明宗元年五月 政堂文學韓就知貢擧 右諫議金莘尹同知貢擧 取進士 賜林逾等 二十八人·明經四人 及第: 한취는 기록상 확인이 되지 않으나 급제자일 듯 짐작되는데, 이번에 정당문학(종2품)으로서 지공거를 맡고 있으며, 동지공거를 담당한 김신윤은 『破閑集』을 통해 급제자임을 확인할 수 있는 사람으로 (中, 江夏黃彬然) 이때에 이르러 右諫議(정4품)에 재임 중 함께 과거를 주관하고

있다. 이중 전자는 뒤에 직위가 참지정사(종2품)에 이르며[『고려사』 권19, 세가 명종 2년 6월], 후자는 尙書(정3품)를 지낸다. 그러나 이 시험에서 장원급제한 임수에 대해서는 이 사실 이외에 달리 전하는 내용이 찾아지지 않는다.

① 許興植, 「고려 예부시 동년록」『高麗科擧制度史硏究』, 일조각, 1981 ; 『고려의 과거제도』, 일조각, 2005, 496·497쪽.

② 朴龍雲, 「科試 設行과 製述科 及第者」『高麗時代 蔭叙制와 科擧制 硏究』, 일지사, 1990, 382·389·390쪽.

-2) (明宗)二年七月 同知樞密院事金闡知貢擧 右諫議韓彥國同知貢擧 取進士 賜張聞慶等二十九人及第: 동지추밀원사(종2품)인 김천이 지공거를 맡고, 우간의(정4품)인 한언국이 동지공거가 되어 장문경 등을 선발한 과거이다. 그런데 여기에서 韓彥國이 한 작은 문제가 된다. 명종 3년에 金甫當과 함께 擧兵했다가 죽음을 당한 사람과 이름이 꼭같기 때문이다. 그러나 잠시 살펴 보면 擧兵했다가 살해된 사람과 이번에 동지공거를 맡은 韓彥國은 同名異人인 것이 확실할 것 같다. 이곳의 한언국은 『破閑集』 上의 「門生之於宗伯」에 學士로 나오고, 또 명종 10년에야 급제한 李仁老가 묵었다는 上國 韓彥國이(같은 책, 昔僕出條) 바로 그 장본인으로 이해되기 때문이다. 이 시험에서 장원급제한 장문경에 대해서는 이 사실 이외에 달리 전하는 내용이 찾아지지 않는다.

① 허흥식, 위의 글 497쪽.

② 박용운, 위의 글 382·390·391쪽.

-3) (明宗)三年六月 平章事尹鱗瞻知貢擧 禮部侍郎文克謙同知貢擧 取進士 賜崔時幸等三十二人及第: 윤인첨은 인종 10년의 급제자[2-2-14-7), 133쪽]로서 이때에 이르러 평장사(정2품)에 재임 중 지공거를 맡고, 문극겸도 역시 의종 12년의 급제자[2-2-15-8), 141쪽]로 지금은 예부시랑(정4품)에 있으면서 동지공거를 담당하고 있다. 이들 중 전자는 뒤에 평장사 등을 역임하며, 후자는 왕 7년과 14년에 거듭 지공거를 맡는가 하면 평장사·판이부사로 수상의 직위에까지 올랐다 함은 앞서 설명한 바와 같다. 반면 이 시험에서 장원급제한 최시행에 대해서는 달리 특기할만한 내용이 전해오지 않는다.

① 허흥식, 위의 글 497쪽.

② 박용운, 위의 글 391쪽.

-4) (明宗)五年十月 樞密副使閔令謨知貢擧 諫議大夫郭陽宣同知貢擧 取進士 賜白龍變等二十八人·明經三人及第: 민영모는 인종 16년의 급제자[2-2-14-11), 134쪽]로 이때에 이르러 추밀부사(정3품)에 재임 중 지공거를 맡고, 곽양선은 간의대부(정4품)로 동지공거를 담당하고 있다. 이들 중 전자는 왕 10년에 한번 더 지공거를 맡고 직위도 수상에까지 오르며, 후자 역시 지추밀원사(종2품) 등을 역임하였다. 그러나 이 시험에서 장원급제한 백용변에 대해서는 이 사

실 이외에 달리 전하는 내용이 찾아지지 않는다.
　① 허홍식, 위의 글 497쪽.
　② 박용운, 위의 글 390·391쪽.

-5) (明宗)六年八月 禮部尙書李文鐸知貢擧 大府卿韓文俊同知貢擧 取進士 賜秦幹
公等三十人·明經四人 及第: 이문탁은 인종 24년의 급제자[2-2-14-17), 136쪽]로,
이때에 이르러 예부상서(정3품)에 재임 중 지공거를 맡고(『高麗墓誌銘集成』238쪽,
李文鐸墓誌銘), 시기는 분명치 않지만 역시 급제자로서 당시 大府卿(종3품)이던
한문준이 동지공거를 담당하고 있다. 이중 특히 후자는 이번의 동지공거에
이어서 왕 8년과 12년에 지공거를 맡고, 직위도 평장사(정2품)·판이부사로 수
상까지 역임하는 사람이다.
　이 시험에서 장원급제한 진간공에 대해서는 이 사실 이외에 달리 전하는
내용이 찾아지지 않는다. 그의 同年으로는 禮部員外郞(정6품)에 오른 李瑞林과
禮賓少卿(종4품)을 지낸 許京, 國子司業(종4품)을 역임한 尹威 등이 알려져 있다.
　① 허홍식, 위의 글 497쪽.
　② 박용운, 위의 글 377·391쪽.

-6) (明宗)七年四月 樞密院副使文克謙知貢擧 判大府事廉信若同知貢擧 取進士 賜
崔基靜等三十五人·明經四人 及第: 의종 12년의 급제자로[2-2-15-8), 141쪽] 지
금은 추밀원부사(정3품)인 문극겸이 지공거를 맡고, 역시 급제자인 염신약이
판대부사(정3품)에 재임하면서 동지공거를 담당하고 있다. 이들 가운데 문극
겸은 왕 14년에 다시 지공거를 맡는가 하면 수상으로서의 직무를 수행하기
도 하며, 염신약은 정당문학(종2품)의 직위에까지 오른다.
　이 시험에서 장원급제한 최기정은 아마 뒤에 崔洪胤으로 이름을 바꾼 것
으로 짐작되는데, 그는 熙宗 원년에 동지공거를 맡은 이후 같은 희종 6년과
康宗 원년, 고종 2년 등 세 차례나 지공거를 담당하고, 직위도 평장사(정2품)·
판병부사로 亞相에까지 올랐다. 그리고 同年인 閔公珪 역시 명종 27년의 동
지공거에 이어서 神宗 4년과 7년에 지공거를 맡았으며 직위 또한 최홍윤과
동일하게 아상을 지낸다.
　① 허홍식, 위의 글 497쪽.
　② 박용운, 위의 글 376·391·392쪽.

-7) (明宗)八年六月 樞密院副使韓文俊知貢擧 右諫議大夫李應招同知貢擧 取進士
賜陳光恂等三十人·明經三人·恩賜四人 及第: 그 자신 급제자로서 왕 6년에
동지공거를 맡았던 한문준[위의 5)항]이 지금은 추밀원부사(정3품)로서 지공거
를 담당하고, 우간의대부(정4품)에 재임 중인 이응초가 함께 동지공거를 맡아
과거를 주관하고 있다. 이들 중 한문준은 왕 12년에도 다시 지공거가 되고
또 수상직에까지 올랐다 함은 앞서의 기회에 언급했거니와, 이응초 역시 지

추밀원사(종2품) 등을 역임하였다[『고려사』 권20, 세가 명종 10년 12월].

　　이 시험의 장원급제자인 진광순에 대해서는 이 사실 이외에 달리 전하는 내용이 찾아지지 않는다. 반면에 同年인 金冲은 예부시랑(정4품) 등을 지낸 사실이 확인된다.

　　① 허흥식, 위의 글 497쪽.
　　② 박용운, 위의 글 390·392쪽.

-8) (明宗)十年六月 門下平章事閔令謨知貢擧 國子祭酒尹宗諴同知貢擧 取進士 賜李得玉等二十九人·明經三人 及第: 민영모는 인종 16년의 급제자[2-2-14-11), 134쪽]로, 왕 5년에 지공거를 맡은바 있는데[위의 4)항] 이번에 門下平章事(정2품)로 있으면서 다시 같은 임무를 수행하고 있다. 그와 함께 국자제주(정4품)에 재임 중 동지공거를 맡은 윤종함도 역시 급제자인데, 바로 왕 3년에 시행된 과거의 지공거였던 尹鱗瞻[위의 3)항]의 아들이다.

　　이 시험에서 장원급제한 이득옥은 『破閑集』의 저자로 널리 알려진 李仁老의 처음 이름이다. 그는 고려전기 최대 문벌가인 慶源李氏 출신으로, 무신란이 상대적으로 진정되어 가면서 과거에 응시하고 있다는 점이 주목된다. 하지만 그의 직위는 정4품인 간의대부에서 그치고 있다. 그의 同年으로는 崔祗禮·崔祗元 형제의 이름이 전한다.

　　① 허흥식, 위의 글 497쪽.
　　② 박용운, 위의 글 388·392·393쪽.

-9) (明宗)十二年六月 政堂文學韓文俊知貢擧 右散騎常侍李知命同知貢擧 取進士 賜許徵等三十人·明經四人 及第: 그 자신 급제자로서 왕 6년에 동지공거[위의 5)항], 8년에는 지공거를 맡았던[위의 7)항] 한문준이 지금은 또 정당문학(종2품)으로 있으면서 과거를 총괄하고 있다. 그와 함께 동지공거를 맡은 이지명 역시 인종 22년의 급제자인데[2-2-14-15), 135쪽], 이번에 이어서 명종 20년에 정당문학으로 지공거를 담당하기도 한다.

　　이 시험에서 장원급제한 허징에 대해서는 이 사실 이외에 달리 전하는 내용이 찾아지지 않는다. 하지만 同年의 한 사람인 崔甫淳은 두루 요직을 거치는 가운데 康宗 2년에 동지공거, 그리고 고종 9년과 12년 및 15년 등 세 차례나 지공거를 맡으며, 직위도 평장사(정2품)·판이부사로 수상직에까지 오르고 있다. 아울러 다른 한 동년인 任永齡 역시 고종 2년에 大司成으로서 國子試 試官, 3년에는 殿中監(종3품)에 재임 중 동지공거를 담당하는 등 활동이 많았다.

　　① 허흥식, 위의 글 497·498쪽.
　　② 박용운, 위의 글 393쪽.

-10) (明宗)十四年九月 叅知政事文克謙知貢擧 知奏事林民庇同知貢擧 取進士 賜琴克儀等三十一人·明經五人 及第 宋進士王逢辰別賜乙科: 의종 12년의 급제

자로[2-2-15-8), 141쪽], 왕 3년에 동지공거[위의 3)항], 7년에 지공거를 맡았던[위의 6)항] 문극겸이 이번에는 참지정사(종2품)로서 또 한번 과거를 총괄하는 책임을 맡고 있다. 그리고 그와 함께 지주사(정3품)에 재임 중 동지공거를 담당하고 있는 임민비 역시 급제자로서 그 또한 이어서 왕 16년과 18년에 지공거를 맡고, 직위도 평장사(정2품)까지 지낸다.

이번 시험에서 장원으로 급제한 사람은 금극의―뒤에 琴儀로 고침―인데, 그도 못지 않는 화려한 경력을 남기고 있다. 그러한 가운데 희종 4년과 강종 원년에 동지공거, 고종 원년에 지공거를 맡으며, 직위도 평장사까지 역임하는 것이다. 同年으로는 趙準이 알려져 있거니와, 그도 神宗 5년에 우승선(정3품)으로서 동지공거를 역임한 사실 등이 확인된다.

그리고 이번에도 예종 9년에 송나라 진사 출신의 林完에게 하였듯이 [2-2-13-6), 125쪽] 동일한 입장에 있는 王逢辰에게 別賜乙科를 주는 행사를 아울러 마련하고 있다.

① 허홍식, 위의 글 498쪽.

② 박용운, 위의 글 387·393·394쪽.

-11) (明宗)十六年四月 林民庇知貢擧 皇甫倬同知貢擧 取進士 賜宋惇光等三十三人·明經五人 及第: 그 자신 급제자로서 바로 이 이전의 과거에서 동지공거를 맡았던 임민비[위의 10)항]가 지금은 지공거를 맡고 있는데, 그는 왕 14년 12월에 추밀원부사(정3품)를 제수받은[『고려사』 권20, 세가] 이후 그 자리에 계속 머물면서 그같은 임무를 수행했던 것 같다. 동지공거는 의종 8년의 장원 급제자인 황보탁[2-2-15-6), 140쪽]이 맡았지마는, 그 역시 왕 16년 윤7월 당시 대사성(종3품)에 재임했던 사실로 미루어 당시의 직위를 가늠해 볼 수 있을 듯하다. 이 시험에서 장원급제한 송순광에 대해서는 이 사실 이외에 달리 전하는 내용이 찾아지지 않는다.

① 허홍식, 위의 글 498쪽.

② 박용운, 위의 글 394쪽.

-12) (明宗)十八年六月 叅知政事林民庇知貢擧 崔証同知貢擧 取進士 賜李唐髦等二十九人及第: 그 자신 급제자로서 왕 14년과 16년에 연달아 동지공거[위의 10)항]와 지공거[위의 11)항]를 맡았던 임민비가 이번에도 참지정사(종2품)에 재임하면서 또다시 그 일을 담당하고 있으며, 동지공거는 의종 초년에 역시 급제한 崔証(崔諫)이 맡고 있다. 한데 이곳 선거지에는 후자의 직위가 기술되어 있지 않은데 자료의 미비로 여전히 잘 확인되지 않는다. 이 시험에서 장원급제한 이당모는 왕 12년의 동지공거[위의 9)항]였던 李知命의 아들로서 뒤에 국자사업(종4품)을 지내거니와, 그 외에 李化龍도 같은 해의 급제자로 알려져 있다.

① 허홍식, 위의 글 498쪽.

② 박용운, 위의 글 387·394쪽.

-13) (明宗)二十年五月 政堂文學李知命知貢擧 左承宣任濡同知貢擧 取進士 賜皇甫緯等三十人·明經五人·恩賜七人 及第: 이지명은 인종 22년의 급제자[2-2-14-15), 135쪽]로서 왕 12년에 동지공거를 맡기도 했던[위의 9)항] 그가 이번에는 정당문학(종2품)에 재임 중 지공거를 담당하고 있다. 그리고 동지공거는 역시 급제자인 임유가 지금은 좌승선(정3품)으로서 함께 맡아 과거를 주관하고 있거니와, 그는 신종 원년과 3년, 그리고 희종 2년 등 세 차례 더 지공거를 담당하며, 직위도 평장사(정2품)까지 지낸다.

이번 시험에서 장원급제한 황보위에 대해서는 이 사실 이외에 달리 전하는 내용이 찾아지지 않는다. 그러나 함께 급제한 同年 가운데는 요직에 올라 크게 활약한 사람이 다수였는데다가, 그 한 사람인 李奎報의 문집『東國李相國集』이 전해지는 등 비교적 많은 자료가 남아 있어 그들에 대해 꽤 많은 내용을 알 수 있게 되었다. 이규보와 더불어 趙冲·韓光衍·陳湜·兪升旦·劉冲基·尹于一·申禮·崔克文·尹儀·金延脩 등이 장본인들인데, 그중 위에서 잠시 소개한 이규보는 무신정권기의 대표적인 文人으로 급제후 여러 요직을 거치는 가운데 고종 15년에 동지공거를 맡은데 이어 왕 21년과 23년에는 지공거를 담당하며, 직위도 평장사(정2품)에까지 이르렀다. 그리고 조충 역시 희종 7년에 동지공거, 고종 6년에 지공거를 맡는 등의 활동을 거쳐 뒤에 평장사까지 역임하고, 한광연은 고종 7년의 지공거에 이어서 11년에도 추밀원사(종2품)로서 또 한번 지공거를 담당하며, 진식은 직위가 추밀원부사(정3품)에 올랐다. 그런가 하면 유승단도 고종 13년에 동지공거를 맡은데 이어 17년에는 정당문학(종2품)으로서 다시 지공거의 역할을 수행하며, 유충기 역시 고종 17년에 국자제주(정4품)에 재임 중 동지공거를 맡는 등 활동이 많았던 것이다. 이들 이외의 인원들도 윤우일은 直講(종6품), 신례는 감찰어사(종6품), 최극문은 奉御同正(정6품) 등을 지냈음이 확인되는데, 그러나 윤의·김연수의 경우는 직위 등이 좀 불분명하다.

① 허홍식, 위의 글 498·499쪽.

② 박용운, 위의 글 394~397쪽.

-14) (明宗)二十二年四月 叅知政事趙永仁知貢擧 翰林學士柳公權同知貢擧 取進士 賜孫希緽等二十九人及第: 이번에 지공거와 동지공거를 맡은 조영인과 유공권은 의종 14년의 과거에서 함께 급제한 同年들인데[2-2-15-9) 141쪽], 지금은 전자가 참지정사(종2품)로서 책임자, 후자는 한림학사(정3품)로서 부책임자를 담당하고 있다. 그 뒤에도 전자가 평장사(정2품)·판이부사로 수상까지, 후자가 정당문학(종2품)·참지정사까지 오른다 함은 앞서의 기회에 소개한 바와 같

지마는, 한편 이 시험에서 장원급제한 손희작과 동년인 崔祗義는 활동이 많지 않았던 듯, 달리 특기할만한 내용은 찾아지지 않는다.

① 허홍식, 위의 글 499쪽.
② 박용운, 위의 글 396쪽.

-15) (明宗)二十四年四月 樞密院使崔瑜賈知貢擧 判秘書事崔詵同知貢擧 取進士賜金君綏等三十一人及第: 최유가의 급제 여부는 분명치 않으나 이때에 이르러 추밀원사(종2품)로서 지공거를 맡고, 의종 14년의 급제자인 최선[2-2-15-9], 141쪽]이 지금은 판비서성사(정3품)에 재임 중 동지공거를 담당하고 있다. 이들 중 전자는 뒤에 참지정사(종2품)까지 지내거니와[『고려사』권20, 세가 명종 24년 9월], 특히 후자는 그후 왕 26년과 신종 2년에 계속하여 지공거를 담당하고, 직위도 평장사(정2품)·판이부사로 수상을 역임한다 함은 앞서 소개한 바와 같다.

이 시험에서 장원급제한 김군수는 역시 인종 22년에 장원급제하였으나 의종 24년에 발생한 무신란의 소용돌이에서 희생된 金敦中[2-2-14-13), 135쪽]의 아들로, 그의 직위도 간의대부(정4품)에 그쳤다. 同年으로는 吳闡猷와 金仁鏡(金良鏡)이 알려졌는데, 전자는 역시 工部郞中(정5품) 등을 역임하는데 머물렀으나, 김인경은 여러 요직을 거치는 가운데 고종 9년에 동지공거, 19년에는 지공거를 맡으며, 직위도 평장사(정2품)를 지내는 등 활동이 많았다.

① 허홍식, 위의 글 499쪽.
② 박용운, 위의 글 390·396·397쪽.

-16) (明宗)二十六年七月 樞密院使崔詵知貢擧 國子祭酒李資文同知貢擧 取進士賜趙挺觀等三十七人及第: 바로 직전인 왕 24년의 과거에서 동지공거였던 최선[위의 15)항]이 이번에는 추밀원사(종2품)로서 지공거를 맡고, 국자제주(정4품)에 재임 중인 이자문이 동지공거를 담당하고 있다. 이들 중 전자가 화려한 경력을 남기고 있다 함은 역시 앞 대목에서 소개한 바와 같은데, 그러나 후자는 이 사실 이외에 달리 전하는 내용이 찾아지지 않는다. 이 시험에서 장원급제한 조정관에 대해서도 사정은 비슷하여 별다른 기록이 보이지 않고 있다.

① 허홍식, 위의 글 499쪽.
② 박용운, 위의 글 390·397쪽.

-17) (明宗)二十七年五月 叅知政事崔讜知貢擧 左諫議大夫閔公珪同知貢擧 取進士賜房衍寶等三十人及第: 최당은 방금 위에서 소개한 (15)·16)항) 최선과 형제로서, 그도 시기는 분명치 않지만 급제한바 있는데 지금은 참지정사(종2품)로서 지공거를 맡고, 역시 명종 7년의 급제자인 민공규[위의 6)항]가 이때에 이르러 좌간의대부(정4품)에 재임 중 동지공거를 담당하고 있다. 최당은 그후 평장사(정2품)까지 지냈으나 더 이상 과거를 주관하는 책임을 맡지는 않은 듯싶은데, 그러나 민공규는 역시 평장사에 오르는 동안 신종 4년과 7년에 지공거

를 담당하는 등 이 방면에서 여전히 많은 활동을 하고 있다. 그런 한편으로
이 시험에서 장원급제한 방연보에 대해서는 이 사실 이외에 달리 전하는 내
용이 찾아지지 않는다.

① 허흥식, 위의 글 499쪽.
② 박용운, 위의 글 389·397쪽.

原文 2-2-17. 神宗元年六月中書侍郎任濡知貢擧 國子祭酒崔孝著同知貢擧 取進
士 賜田敏儒等三十三人及第 二年九月叅知政事崔詵知貢擧 秘書監金平同知貢
擧 取進士 賜崔得儉等三十三人及第 三年任濡知貢擧 白光臣同知貢擧 取趙文
拔等 四年五月簽書樞密院事閔公珪知貢擧 國子大司成金平同知貢擧 取進士 賜
崔宗俊等三十三人及第 五年五月樞密院使金平知貢擧 右承宣趙準同知貢擧 取
進士 賜黃克中等三十三人明經四人及第 七年十月樞密院使閔公珪知貢擧 右承
宣安有孚同知貢擧 取進士 賜印得侯等三十人及第

2-2-17. 신종 원년 6월에 중서시랑 임유가 지공거, 국자제주 최효저가 동
지공거가 되어 진사를 뽑았는데, 전민유 등 33인에게 급제를 사하였다.[1]

2년 9월에 참지정사 최선이 지공거, 비서감 김평이 동지공거가 되어
진사를 뽑았는데, 최득검 등 33인에게 급제를 사하였다.[2]

3년에 임유가 지공거, 백광신이 동지공거가 되어 조문발 등을 뽑았다.[3]

4년 5월에 첨서추밀원사 민공규가 지공거, 국자대사성 김평이 동지공
거가 되어 진사를 뽑았는데, 최종준 등 33인에게 급제를 사하였다.[4]

5년 5월에 추밀원사 김평이 지공거, 우승선 조준이 동지공거가 되어
진사를 뽑았는데, 황극중 등 33인과 명경 4인에게 급제를 사하였다.[5]

7년 10월에 추밀원사 민공규가 지공거, 우승선 안유부가 동지공거가
되어 진사를 뽑았는데, 인득후 등 30인에게 급제를 사하였다.[6]

註解 2-2-17-

-1) 神宗元年六月 中書侍郎任濡知貢擧 國子祭酒崔孝著同知貢擧 取進士 賜田敏
儒等三十三人及第: 그 자신 급제자로서 명종 20년에 동지공거를 담당하기도
했던 임유[2-2-16-13), 151쪽]가 지금은 중서시랑(정2품)에 재임 중 지공거를 맡
고 있으며, 의종 14년의 장원급제자인 최효저[2-2-15-9), 141쪽]가 이때에 이르

러 국자제주(정4품)에 머물면서 동지공거를 담당하고 있다. 이들 중 임유는 신종 3년과 희종 2년 등 두 번 더 지공거를 맡고 직위도 평장사(정2품)에 이르며, 최효저도 學士로서 이름이 높았다『補閑集』中, 李學士眉叟).

이 시험에서 장원급제한 전민유에 대해서는 이 사실 이외에 달리 전하는 내용이 찾아지지 않는다. 그러나 同年인 崔宗梓는 고종 12년에 동지공거를 맡고 직위도 복야(정2품)까지 지내며, 白賁華 역시 禮部員外郞(정6품)을 역임한 사실 등이 확인된다.

① 許興植, 「고려 예부시 동년록」『高麗科擧制度史硏究』, 일조각, 1981 ; 『고려의 과거제도』, 일조각, 2005, 499쪽.

② 朴龍雲, 「科試 設行과 製述科 及第者」『高麗時代 蔭叙制와 科擧制 硏究』, 일지사, 1990, 397·401·402쪽.

-2) (神宗)二年九月 叅知政事崔詵知貢擧 秘書監金平同知貢擧 取進士 賜崔得儉等三十三人及第: 의종 14년에 급제한[2-2-15-9), 141쪽] 이후 명종 24년에 동지공거[2-2-16-15), 152쪽], 26년에는 이미 지공거를 맡은바 있는 최선[2-2-16-16), 152쪽]이 이때에 이르러 참지정사(종2품)로서 다시 한번 같은 일을 담당하고 있다. 그리고 비서감(종3품)에 재임 중 동지공거를 맡은 김평 역시 이번에 이어서 왕 4년에 동지공거, 5년에는 추밀원사(종2품)로서 지공거를 담당하는 등 이 방면에서의 역할이 컸다. 그런 한편 이 시험에서 장원급제한 최득검에 대해서는 이 사실 이외에 달리 전하는 내용이 찾아지지 않는다.

① 허흥식, 위의 글 500쪽.

② 박용운, 위의 글 400~402쪽.

-3) (神宗)三年任濡知貢擧 白光臣同知貢擧 取趙文拔等: 급제 후 명종 20년에 동지공거, 신종 원년에 지공거를 맡은바 있는 임유[위의 1)항]가 다시 그 일을 맡고 있는데, 그는 신종 즉위 이후 줄곧 평장사(정2품)에 재임했으므로 이때도 물론 당해 직위에 머물렀을 것이다. 그와 함께 동지공거를 담당한 백광신은 왕 원년에 급제한 白賁華[위의 1)항]의 아버지로, 그 역시 급제자일 듯싶으나 기록상 확인은 되지 않고, 과거를 주관할 당시의 직위 역시 잘 알 수가 없다. 하지만 그가 뒤에 判秘書省事(정3품)·한림학사(정3품)를 지낸 사실만은 전하여 온다. 그리고 이 시험에서 장원급제한 조문발이 예부낭중(정5품)에 오르고, 同年인 陳灌가 司諫(정6품)을 역임한 사실 등도 알려져 있다.

① 허흥식, 위의 글 500쪽.

② 박용운, 위의 글 401·402쪽.

-4) (神宗)四年五月 簽書樞密院事閔公珪知貢擧 國子大司成金平同知貢擧 取進士 賜崔宗俊等三十三人及第: 명종 7년의 급제자로[2-2-16-6), 148쪽] 같은 왕 27년에 동지공거를 맡은바 있는 민공규[2-2-16-17), 152쪽]가 이번에는 첨서추밀원

사(정3품)로서 지공거를 담당하고 있으며, 역시 왕 2년에 동지공거를 맡았던 김평[위의 2)항]이 지금은 국자대사성(종3품)에 재임 중 계속하여 동지공거를 담당하고 있다. 이들 중 전자가 왕 7년에, 그리고 후자가 왕 5년에 각각 한 번씩 지공거를 더 맡는다 함은 앞서의 기회에 설명한 바와 같다.

이 시험에서 장원으로 급제한 崔宗俊(崔宗峻)은 위에서 여러 차례 소개한 崔詵[위의 2)항]의 아들로, 武人執政인 崔瑀와 인척관계에 있어서 권세를 부리기도 했던 인물이다. 직위는 수상인 門下侍中(종1품)까지 지냈다.

① 허홍식, 위의 글 500쪽.
② 박용운, 위의 글 400·402·403쪽.

-5) (神宗)五年五月 樞密院使金平知貢擧 右承宣趙準同知貢擧 取進士 賜黃克中等 三十三人·明經四人 及第: 왕 2년과 4년에 동지공거를 맡았던 김평[위의 2)항과 4)항]이 이번에는 추밀원사(종2품)로서 지공거를 담당하고 있다. 한데 『고려사』 권21, 세가 신종 5년 윤12월조에 그가 추밀원부사(정3품)로 임명되고 있어 좀 혼란스러운데, 혹 과거를 주관할 때 일시 직위를 올려주었던 것인지, 아니면 기록상의 착오인지 그점은 잘 알 수가 없다. 동지공거를 맡은 조준은 명종 14년의 급제자[2-2-16-10), 149쪽]로, 같은 왕 22년의 지공거인 趙永仁[2-2-16-14), 151쪽]의 아들이기도 한데 지금은 우승선(정3품)에 재임 중 김평과 함께 과거를 주관하고 있다.

이 시험에서 장원급제한 황극중에 대해서는 이 이외에 달리 전하는 내용이 찾아지지 않는다. 그러나 同年인 任孝明은 무신정권의 담당자였던 崔忠獻의 사위로서 추밀부사(정3품)까지 지내며, 李世華도 司宰卿(종3품)을 역임한 사실 등이 확인된다.

① 허홍식, 위의 글 500쪽.
② 박용운, 위의 글 403쪽.

-6) (神宗)七年十月 樞密院使閔公珪知貢擧 右承宣安有孚同知貢擧 取進士 賜印得 侯等三十人及第: 명종 7년의 급제자로[2-2-16-6), 148쪽], 같은 왕 27년에 동지공거[2-2-16-17), 152쪽], 신종 4년에 지공거를 맡은바 있는 민공규[위의 4)항]가 이번에는 추밀원사(종2품)로서 또 한번 그 일을 담당하고 있으며, 우승선(정3품)에 재임 중인 안유부가 동지공거로서 함께 과거를 주관하고 있다. 한데 이 시험에서 장원급제한 인득후에 대해서는 이 사실 이외에 달리 전하는 내용이 찾아지지 않으며, 同年인 金宜에 대해서도 특별히 소개할만한 사실은 보이지 않고 있다.

① 허홍식, 위의 글 500쪽.
② 박용운, 위의 글 401·403쪽.

原文 2-2-18. 熙宗元年七月簽書樞密院事李桂長知貢擧 判禮賓省事崔洪胤同知貢擧 取進士 賜馬仲奇等三十八及第 二年六月門下侍郎任濡知貢擧 右承宣崔坦同知貢擧 取進士 賜庾亮才等三十三人及第 四年閏四月叅知政事李桂長知貢擧 右副承宣琴儀同知貢擧 取進士 賜皇甫瓘等三十三人明經六人恩賜二人及第 六年六月樞密院副使崔洪胤知貢擧 秘書監柳澤同知貢擧 取進士 賜金泓等三十三人明經七人恩賜七人及第 七年十月門下侍郎李桂長知貢擧 大司成趙冲同知貢擧 取進士 賜姜昌瑞等三十八人明經五人及第

2-2-18. 희종 원년 7월에 첨서추밀원사 이계장이 지공거, 판예빈성사 최홍윤이 동지공거가 되어 진사를 뽑았는데, 마중기 등 30인에게 급제를 사하였다.[1]

2년 6월에 문하시랑 임유가 지공거, 우승선 최탄이 동지공거가 되어 진사를 뽑았는데, 유양재 등 33인에게 급제를 사하였다.[2]

4년 윤4월에 참지정사 이계장이 지공거, 우부승선 금의가 동지공거가 되어 진사를 뽑았는데, 황보관 등 33인과 명경 6인, 은사 2인에게 급제를 사하였다.[3]

6년 6월에 추밀원부사 최홍윤이 지공거, 비서감 유택이 동지공거가 되어 진사를 뽑았는데, 김홍 등 33인과 명경 7인, 은사 7인에게 급제를 사하였다.[4]

7년 10월에 문하시랑 이계장이 지공거, 대사성 조충이 동지공거가 되어 진사를 뽑았는데, 강창서 등 38인과 명경 5인에게 급제를 사하였다.[5]

註解 2-2-18-

-1) 熙宗元年七月 簽書樞密院事李桂長知貢擧 判禮賓省事崔洪胤同知貢擧 取進士 賜馬仲奇等三十人及第: 그 자신 급제자인 이계장이 이때는 첨서추밀원사(정3품)로서 지공거를 맡고, 역시 명종 7년에 급제한 崔洪胤(崔基靜)[2-2-16-6), 148쪽] 이 지금은 判禮賓省事(정3품)에 재임 중 동지공거를 담당하고 있다. 이들 중 전자는 왕 4년과 7년, 그리고 강종 2년에도 같은 일을 수행하는 가운데 직위 또한 평장사(정2품)까지 지내며, 후자 역시 왕 6년과 강종 원년 및 고종 2년에 연달아 지공거를 맡는 등 두 사람 모두 이 방면에서 중요한 역할을 담당하고 있어서 주목된다.

　　그러나 이 시험에서 장원급제한 마중기에 대해서는 이 사실 이외에 달리
전하는 내용이 찾아지지 않는다. 그의 同年으로는 張良守와 閔仁鈞이 알려
져 있는데, 그중 후자는 신종 7년 등 여러 차례에 걸쳐 과거를 주관했던 閔
公珪[2-2-17-6), 155쪽]의 아들로서 그도 또한 고종 35년에 太僕卿(종3품)에 재임
하면서 동지공거를 맡은 사실 등이 확인된다.

　　① 許興植, 「고려 예부시 동년록」『高麗科擧制度史硏究』, 일조각, 1981 ; 『고려
　　　의 과거제도』, 일조각, 2005, 500쪽.

　　② 朴龍雲, 「科試 設行과 製述科 及第者」『高麗時代 蔭叙制와 科擧制 硏究』, 일
　　　지사, 1990, 388·405·406쪽.

-2) (熙宗)二年六月 門下侍郎任濡知貢擧 右承宣崔坦同知貢擧 取進士 賜庚亮才等
三十三人及第: 그 자신 급제자로서 명종 20년에 동지공거[2-2-16-13), 151쪽],
신종 원년과 3년에는 지공거를 맡은바 있는 임유[2-2-17-1)·3), 153·154쪽]가 이
번에는 문하시랑(종2품)으로서 또다시 그 일을 담당하고 있다. 그와 함께 동
지공거를 맡은 최탄에 대해서는 당시 우승선(정3품)의 요직에 있었음에도 더
이상의 기록이 찾아지지 않아 대조가 된다.

　　이 시험에서 장원급제한 유양재에 대해서도 이 사실 이외에 달리 전하는
내용이 찾아지지 않는다. 하지만 그의 同年은 『補閑集』을 통해 여러 사람이
파악되고 있다. 그중 특히 金敞(金孝恭)은 여러 요직을 거치는 가운데 고종 29
년에는 지공거를 맡고 직위도 평장사(정2품)·판이부사로 수상까지 지내며, 李
中敏은 樞密(종2품), 그리고 王儞·金珪·葛南成 등도 종3품직을 역임했음이 확
인된다.

　　① 허흥식, 위의 글 500쪽.

　　② 박용운, 위의 글 401·406·407쪽.

-3) (熙宗)四年閏四月 叅知政事李桂長知貢擧 右副承宣琴儀同知貢擧 取進士 賜皇
甫瓘等三十三人·明經六人·恩賜二人 及第: 급제자로서 왕 원년에 지공거를
맡았던 이계장[위의 1)항]이 지금은 참지정사(종2품)로서 다시 이 일을 담당하
고 있으며, 명종 14년의 장원급제자인 금의(금극의)[2-2-16-10), 149쪽]가 이때에
이르러 우부승선(정3품)에 재임 중 동지공거를 맡고 있거니와, 양자 모두 그
후에도 몇 차례 더 과거를 주관한다 함은 앞서 설명한 바와 같다.

　　이 시험에서 장원급제한 황보관은 그후 學諭(종9품)를 지낸 사실이 확인
된다. 同年으로는 金孝仁이 알려졌는데, 그는 바로 전에 시행된 왕 2년의 과
거에서 급제한 金敞(金孝恭)과 형제로서 고종 37년에 동지공거를 맡고 또 병
부상서(정3품)를 역임하기도 한다.

　　① 허흥식, 위의 글 500·501쪽.

　　② 박용운, 위의 글 407쪽.

-4) (熙宗)六年六月 樞密院副使崔洪胤知貢擧 秘書監柳澤同知貢擧 取進士 賜金泓
等三十三人·明經七人·恩賜七人 及第: 명종 7년에 장원급제하고[2-2-16-6), 148
쪽], 왕 원년에 동지공거를 맡기도 했던 최홍윤(최기정)[위의 1)항]이 지금은 추
밀원부사(정3품)로서 지공거를 맡고 있으며, 비서감(종3품)에 재임 중인 유택이
동지공거를 담당하여 함께 과거를 주관하고 있다. 이들 중 최홍윤은 강종
원년과 고종 2년에도 지공거의 일을 보았다 함은 앞서의 기회에 언급한바
있거니와, 유택 역시 고종 10년에 우복야(정2품)에 재임하면서 지공거를 담당
하기도 한다. 그러나 이번 시험에서 장원급제한 김홍은 역할이 크지 못했던
듯, 이 사실 이외에 달리 전하는 내용이 찾아지지 않는다.

　① 허홍식, 위의 글 501쪽.
　② 박용운, 위의 글 407쪽.

-5) (熙宗)七年十月 門下侍郎李桂長知貢擧 大司成趙冲同知貢擧 取進士 賜姜昌瑞
等三十八人·明經五人 及第: 그 자신 급제자로서 왕 원년과 4년에 지공거를
담당하였던 이계장[위의 1)항 및 3)항]이 지금은 문하시랑(정2품)으로서 다시 과
거를 총괄하고, 명종 20년의 급제자인 조충[2-2-16-13), 151쪽]이 이때에 이르러
대사성(종3품)에 재임 중 동지공거를 담당하고 있다. 이 시험에서 장원급제한
강창서에 대해서는 學士(정3품)로서의 활동이 전해지고 있다.

　① 허홍식, 위의 글 501쪽.
　② 박용운, 위의 글 407쪽.

[原文] 2-2-19. 康宗元年六月政堂文學崔洪胤知貢擧 知奏事琴儀同知貢擧 取進士
賜田慶成等二十九人明經六人及第　二年七月同平章事李桂長知貢擧　左諫議大
夫崔甫淳同知貢擧 取進士 賜許受等三十一人明經五人及第

2-2-19. 강종 원년 6월에 정당문학 최홍윤이 지공거, 지주사 금의가 동지
공거가 되어 진사를 뽑았는데, 전경성 등 29인과 명경 6인에게 급제를
사하였다.[1]

　2년 7월에 동평장사 이계장이 지공거, 좌간의대부 최보순이 동지공거가
되어 진사를 뽑았는데, 허수 등 31인과 명경 5인에게 급제를 사하였다.[2]

註解 2-2-19-
-1) 康宗元年六月 政堂文學崔洪胤知貢擧 知奏事琴儀同知貢擧 取進士 賜田慶成
等二十九人·明經六人 及第: 명종 7년의 장원급제자로서[2-2-16-6), 148쪽], 희종

원년과 6년에 각각 동지공거와 지공거를 맡은바 있는 최홍윤(최기정)[2-2-18-1)·4], 156·158쪽]이 지금은 정당문학(종2품)에 재임 중 다시 지공거를 담당하고, 역시 명종 14년의 장원급제자로[2-2-16-10), 149쪽], 희종 4년에 동지공거를 맡았던 금의(금극의)[2-2-18-3), 157쪽]가 이때에 이르러 지주사(정3품)에 재임 중 다시 한번 동지공거를 맡아 함께 과거를 주관하고 있다. 그후 두 사람 모두 한 차례씩 더 지공거를 맡으며, 직위도 평장사까지 역임했다 함은 앞서의 기회에 언급한 바와 같다.

이 시험에서 장원급제한 전경성에 대해서는 이 사실 이외에 달리 전하는 내용이 찾아지지 않는다. 그러나 同年 가운데 康疏屬은 그렇지 못했으나 崔滋와 崔璘은 고위직에 오르면서 많은 활동을 하였다. 즉 최자는 『補閑集』의 저자로서도 널리 알려져 있거니와, 고종 39년과 45년 두 차례에 걸쳐 지공거를 맡고, 직위는 평장사(정2품)·판이부사로 수상의 자리에까지 오르며, 최인 역시 고종 27년에 동지공거, 33년에는 지공거를 맡고, 직위 또한 평장사까지 지내는 것이다.

한편 『보한집』上, 「任良淑公濡」條에는 琴儀가 과거를 주관했을 때(희종 4년·강종 원년·고종 원년)의 급제자들이 여럿 보이고 있다. 그중 한 사람 趙脩는 고종 41년에 지공거를 담당하고 직위도 정당문학(종2품)까지 역임하며, 洪鈞(洪均) 역시 고종 31년과 35년에 각각 동지공거와 지공거를 맡고 직위 또한 지문하성사(종2품)까지 지냈다. 아울러 孫扐과 李淳牧은 복야(정2품), 尹有功은 우승선(정3품), 宋國瞻은 형부상서(정3품), 河千旦은 判衛尉事(정3품) 등에 오르고들 있다. 단, 趙貫만은 직위가 확인되지 않거니와, 이들은 위에 제시한 세 시기중 어느 한 해에 급제를 했을 것인데, 이 자리에 일괄 소개하여 둔다.

① 許興植, 「고려 예부시 동년록」『高麗科擧制度史硏究』, 일조각, 1981 ; 『고려의 과거제도』, 일조각, 2005, 501쪽.

② 朴龍雲, 「科試 設行과 製述科 及第者」『高麗時代 蔭叙制와 科擧制 硏究』, 일지사, 1990, 409·410쪽.

-2) (康宗)二年七月 同平章事李桂長知貢擧 左諫議大夫崔甫淳同知貢擧 取進士 賜許受等三十一人·明經五人 及第: 그 자신 급제자로서 희종 원년과 4년·7년 등 세 차례나 지공거를 맡은바 있는 이계장[2-2-18-1)·3)·5), 156~158쪽]이 이번에는 同平章事(정2품)로서 다시 한 차례 더 같은 일을 담당하고, 역시 명종 12년의 급제자인 최보순[2-2-16-9), 149쪽]이 지금은 좌간의대부(정4품)에 재임 중 동지공거를 맡아 함께 과거를 주관하고 있는데, 이 후자도 고종 9년과 12년 및 15년에 지공거를 더 담당한 것으로 널리 알려져 있다. 그런 반면에 당해 시험에서 장원급제한 허수에 대해서는 이 사실 이외에 달리 전하는 내용이 찾아지지 않는다. 그의 同年으로는 陳湜과 金闐이 있다.

① 허흥식, 위의 글 501쪽.
② 박용운, 위의 글 410·411쪽.

原文 2-2-20. 高宗元年五月簽書樞密院事琴儀知貢擧　右散騎常侍蔡靖同知貢擧
取進士　賜金莘鼎等二十二人明經五人恩賜三人及第　二年五月平章事崔洪胤知
貢擧　左諫議大夫朴玄圭同知貢擧　取進士　賜廉珝等三十一人明經七人恩賜五人
及第　三年五月樞密院副使蔡靖知貢擧　殿中監任永齡同知貢擧　取進士　賜庾碩等
三十人及第　六年五月政堂文學趙冲知貢擧　國子祭酒李得紹同知貢擧　取進士　賜
金仲龍等二十八人明經一人恩賜七人及第　七年六月樞密院副使韓光衍知貢擧　大
司成李宗規同知貢擧　取進士　賜朴承儒等二十九人明經二人及第　九年四月叅知
政事崔甫淳知貢擧　右承宣金良鏡同知貢擧　取進士　賜梁檝等三十一人及第　十年
六月右僕射柳澤知貢擧　殿中監崔溥同知貢擧　取進士　賜曹均正等二十九人明經
三人恩賜九人及第　十一年三月樞密院副使韓光衍知貢擧　判秘書省事崔正份同
知貢擧　取進士　賜孫琬等三十三人明經四人恩賜六人及第　十二年三月門下平章
事崔甫淳知貢擧　衛尉卿崔宗梓同知貢擧　取進士　賜林長卿等三十人明經三人恩
賜七人及第　十三年四月簽書樞密院事崔正份知貢擧　秘書監兪升旦同知貢擧　取
進士　賜吳乂等三十二人明經一人恩賜九人及第　十五年三月平章事崔甫淳知貢
擧　判衛尉事李奎報同知貢擧　取進士　賜李敦等三十一人及第　十七年三月政堂文
學兪升旦知貢擧　國子祭酒劉冲奇同知貢擧　取進士　賜田慶等三十三人明經恩賜
各三人及第　十九年五月翰林學士承旨金仁鏡知貢擧　翰林學士金台瑞同知貢擧
取進士　賜文振等二十九人明經二人及第　二十一年五月知門下省事李奎報知貢
擧　大司成李百順同知貢擧　取進士　賜金鍊成等三十一人明經二人恩賜八人及第
二十三年五月叅知政事李奎報知貢擧　判禮部事朴廷揆同知貢擧　取進士　賜乙科
朴曦等三人丙科八人同進士十八人明經三人及第　二十五年四月簽書樞密院事李
方茂知貢擧　刑部尙書任景肅同知貢擧　取進士　賜乙科池玽等三人丙科七人同進
士二十八人明經三人及第　二十七年五月樞密院副使任景肅知貢擧　右承宣崔璘同
知貢擧　取進士　賜乙科張天驥等三人丙科七人同進士四人明經四人及第　二十八
年四月叅知政事宋恂知貢擧　國子祭酒鄭晏同知貢擧　取進士　賜乙科崔宗均等三
人丙科七人同進士二十三人明經二人及第　二十九年四月樞密院副使金敞知貢擧
判禮賓省事薛愼同知貢擧　取進士　賜乙科洪之慶等三人丙科七人同進士十七人
明經二人恩賜八人及第　三十一年四月左僕射任景肅知貢擧　秘書監洪均同知貢
擧　取進士　賜魏玽等三十二人明經二人恩賜九人及第　三十三年四月樞密院副使
崔璘知貢擧　國子祭酒朴暄同知貢擧　取進士　賜梁貯等三十一人及第　三十五年三

月樞密院使洪均知貢擧　大僕卿閔仁鈞同知貢擧　取進士　賜金鈞等三十三人明經
三人恩賜二人及第　三十七年五月平章事任景肅知貢擧　尙書左丞金孝印同知貢
擧　取進士　賜金應文等二十九人明經三人恩賜八人及第　三十九年四月樞密院副
使崔滋知貢擧　判大府事皇甫琦同知貢擧　取進士　賜乙科柳成梓等三人丙科七人
同進士二十三人明經五人恩賜六人及第　四十一年六月知樞密院事趙脩知貢擧　左
副承宣尹克敏同知貢擧　取進士　賜尹正衡等三十三人明經二人恩賜五人及第　四
十二年六月樞密院副使崔溫知貢擧　判司宰監事金之岱同知貢擧　取進士　賜乙科
郭王府等三人丙科七人同進士二十三人明經二人恩賜二人及第　四十五年六月平
章事崔滋知貢擧　諫議大夫洪縉同知貢擧　取進士　賜張漢文等三十三人及第

2-2-20. 고종 원년 5월에 첨서추밀원사 금의가 지공거, 우산기상시 채정
이 동지공거가 되어 진사를 뽑았는데, 김신정 등 22인과 명경 5인, 은사
3인에게 급제를 사하였다.[1]

2년 5월에 평장사 최홍윤이 지공거, 좌간의대부 박현규가 동지공거가
되어 진사를 뽑았는데, 염후 등 31인과 명경 7인, 은사 5인에게 급제를
사하였다.[2]

3년 5월에 추밀원부사 채정이 지공거, 전중감 임영령이 동지공거가 되
어 진사를 뽑았는데, 유석 등 30인에게 급제를 사하였다.[3]

6년 5월에 정당문학 조충이 지공거, 국자제주 이득소가 동지공거가 되
어 진사를 뽑았는데, 김중룡 등 28인과 명경 1인, 은사 7인에게 급제를
사하였다.[4]

7년 6월에 추밀원부사 한광연이 지공거, 대사성 이종규가 동지공거가
되어 진사를 뽑았는데, 박승유 등 29인과 명경 2인에게 급제를 사하였다.[5]

9년 4월에 참지정사 최보순이 지공거, 우승선 김양경이 동지공거가 되
어 진사를 뽑았는데, 양부 등 31인에게 급제를 사하였다.[6]

10년 6월에 우복야 유택이 지공거, 전중감 최부가 동지공거가 되어 진
사를 뽑았는데, 조균정 등 29인과 명경 3인, 은사 9인에게 급제를 사하
였다.[7]

11년 3월에 추밀원부사 한광연이 지공거, 판비서성사 최정빈이 동지

공거가 되어 진사를 뽑았는데, 손완 등 33인과 명경 4인, 은사 6인에게 급제를 사하였다.[8]

12년 3월에 문하평장사 최보순이 지공거, 위위경 최종재가 동지공거가 되어 진사를 뽑았는데, 임장경 등 30인과 명경 3인, 은사 7인에게 급제를 사하였다.[9]

13년 4월에 첨서추밀원사 최정빈이 지공거, 비서감 유승단이 동지공거가 되어 진사를 뽑았는데, 오예 등 32인과 명경 1인, 은사 9인에게 급제를 사하였다.[10]

15년 3월에 평장사 최보순이 지공거, 판위위사 이규보가 동지공거가 되어 진사를 뽑았는데, 이돈 등 31인에게 급제를 사하였다.[11]

17년 3월에 정당문학 유승단이 지공거, 국자제주 유충기가 동지공거가 되어 진사를 뽑았는데, 전경 등 33인과 명경·은사 각 3인에게 급제를 사하였다.[12]

19년 5월에 한림학사승지 김인경이 지공거, 한림학사 김태서가 동지공거가 되어 진사를 뽑았는데, 문진 등 29인과 명경 2인에게 급제를 사하였다.[13]

21년 5월에 지문하성사 이규보가 지공거, 대사성 이백순이 동지공거가 되어 진사를 뽑았는데, 김연성 등 31인과 명경 2인, 은사 8인에게 급제를 사하였다.[14]

23년 5월에 참지정사 이규보가 지공거, 판예부사 박정규가 동지공거가 되어 진사를 뽑았는데, 을과에 든 박희 등 3인과 병과 8인, 동진사 18인, 명경 3인에게 급제를 사하였다.[15]

25년 4월에 첨서추밀원사 이방무가 지공거, 형부상서 임경숙이 동지공거가 되어 진사를 뽑았는데, 을과에 든 지순 등 3인과 병과 7인, 동진사 20인, 명경 3인에게 급제를 사하였다.[16]

27년 5월에 추밀원부사 임경숙이 지공거, 우승선 최인이 동지공거가 되어 진사를 뽑았는데, 을과에 든 장천기 등 3인과 병과 7인, 동진사 4

인, 명경 4인에게 급제를 사하였다.[17]

28년 4월에 참지정사 송순이 지공거, 국자제주 정안이 동지공거가 되어 진사를 뽑았는데, 을과에 든 최종균 등 3인과 병과 7인, 동진사 23인, 명경 2인에게 급제를 사하였다.[18]

29년 4월에 추밀원부사 김창이 지공거, 판예빈성사 설신이 동지공거가 되어 진사를 뽑았는데, 을과에 든 홍지경 등 3인과 병과 7인, 동진사 17인, 명경 2인, 은사 8인에게 급제를 사하였다.[19]

31년 4월에 좌복야 임경숙이 지공거, 비서감 홍균이 동지공거가 되어 진사를 뽑았는데, 위순 등 32인과 명경 2인, 은사 9인에게 급제를 사하였다.[20]

33년 4월에 추밀원부사 최인이 지공거, 국자제주 박훤이 동지공거가 되어 진사를 뽑았는데, 양저 등 31인에게 급제를 사하였다.[21]

35년 3월에 추밀원사 홍균이 지공거, 태복경 민인균이 동지공거가 되어 진사를 뽑았는데, 김균 등 33인과 명경 3인, 은사 2인에게 급제를 사하였다.[22]

37년 5월에 평장사 임경숙이 지공거, 상서좌승 김효인이 동지공거가 되어 진사를 뽑았는데, 김응문 등 29인과 명경 3인, 은사 8인에게 급제를 사하였다.[23]

39년 4월에 추밀원부사 최자가 지공거, 판대부사 황보기가 동지공거가 되어 진사를 뽑았는데, 을과에 든 유성재 등 3인과 병과 7인, 동진사 23인, 명경 5인, 은사 6인에게 급제를 사하였다.[24]

41년 6월에 지추밀원사 조수가 지공거, 좌부승선 윤극민이 동지공거가 되어 진사를 뽑았는데, 윤정형 등 33인과 명경 2인, 은사 5인에게 급제를 사하였다.[25]

42년 6월에 추밀원부사 최온이 지공거, 판사재감사 김지대가 동지공거가 되어 진사를 뽑았는데, 을과에 든 곽왕부 등 3인과 병과 7인, 동진사 23인, 명경 2인, 은사 2인에게 급제를 사하였다.[26]

45년 6월에 평장사 최자가 지공거, 간의대부 홍진이 동지공거가 되어 진사를 뽑았는데, 장한문 등 33인에게 급제를 사하였다.[27]

註解 2-2-20-

-1) 高宗元年五月 簽書樞密院事琴儀知貢擧 右散騎常侍蔡靖同知貢擧 取進士 賜 金莘鼎等二十二人·明經五人·恩賜三人 及第: 명종 14년의 장원급제자로서 [2-2-16-10], 149쪽]에, 희종 4년[2-2-18-3), 157쪽]과 강종 원년[2-2-19-1), 158쪽]에 동지 공거를 맡은바 있는 금의(금극의)가 지금은 첨서추밀원사(정3품)에 재임 중 지 공거를 담당하고, 역시 급제자인 채정이 이때에 이르러 우산기상시(정3품)로 서 동지공거를 맡고 있다. 이들 중 후자는 왕 3년 당시 추밀원부사(정3품)에 재임하면서 다시 지공거를 맡기도 하거니와, 이 시험에서 장원급제한 김신 정 또한 뒤에 翰林으로 활동하고 있는 사실 등이 확인된다.

　① 許興植,「고려 예부시 동년록」『高麗科擧制度史硏究』, 일조각, 1981 ;『고려 의 과거제도』, 일조각, 2005, 501쪽.

　② 朴龍雲,「科試 設行과 製述科 及第者」『高麗時代 蔭叙制와 科擧制 硏究』, 일 지사, 1990, 399·411쪽.

-2) (高宗)二年五月 平章事崔洪胤知貢擧 左諫議大夫朴玄圭同知貢擧 取進士 賜廉 珝等三十一人·明經七人·恩賜五人 及第: 명종 7년의 장원급제자로서[2-2-16-6), 148쪽], 희종 원년에 동지공거[2-2-18-1), 156쪽], 같은 왕 6년[2-2-18-4), 158쪽]과 강종 원년[2-2-19-1), 158쪽]에는 지공거를 맡았던 최홍윤(최기정)이 이번에는 평 장사(정2품)에 재임 중 또 한번 그같은 업무를 담당하고 있다. 그리고 역시 급제자로서 뒤에 추밀부사(정3품)를 역임하는 朴玄圭(朴玄珪)가 지금은 좌간의 대부(정4품)에 머물면서 동지공거를 맡고 있지만, 한편 이 시험에서 장원급제 한 염후에 대해서는 이 사실 이외에 달리 전하는 내용이 찾아지지 않는다.

　① 허홍식, 위의 글 501쪽.

　② 박용운, 위의 글 404·411·412쪽.

-3) (高宗)三年五月 樞密院副使蔡靖知貢擧 殿中監任永齡同知貢擧 取進士 賜庚碩 等三十人及第: 바로 왕 원년에 동지공거였던 채정[위의 1)항]이 지금은 추밀원 부사(정3품)로서 지공거를 맡고, 명종 12년의 급제자인 임영령[2-2-16-9), 149쪽] 이 전중감(종3품)에 재임 중 동지공거를 담당하고 있다. 이 시험에서 장원급 제한 庚碩도 뒤에 知刑部事 등을 역임했음이 확인된다.

　① 허홍식, 위의 글 501쪽.

　② 박용운, 위의 글 393·412쪽.

-4) (高宗)六年五月 政堂文學趙冲知貢擧 國子祭酒李得紹同知貢擧 取進士 賜金仲 龍等二十八人·明經一人·恩賜七人 及第: 조충은 명종 20년의 급제자로[2-2-16-13),

151쪽] 희종 7년에는 동지공거를 맡은바도 있는데[2-2-18-5], 158쪽], 지금은 정당문학(종2품)에 재임 중 지공거를 담당하고, 이득소는 국자제주(정4품)로 있으면서 동지공거를 맡아 함께 과거를 주관하고 있다. 이 시험에서는 金仲龍(金之偅)이 장원으로 급제하였는데, 그 역시 고종 42년에 동지공거, 원종 2년에는 지공거를 맡고 직위도 평장사(정2품)까지 오르며, 同年인 許遂는 추밀부사(정3품)를 지낸 사실 등이 확인된다.

  ① 허홍식, 위의 글 501·502쪽.
  ② 박용운, 위의 글 401·412쪽.

-5) (高宗)七年六月 樞密院副使韓光衍知貢擧 大司成李宗規同知貢擧 取進士 賜朴承儒等二十九人·明經二人 及第: 명종 20년의 급제자인 한광연[2-2-16-13], 151쪽]이 이때에 이르러 추밀원부사(정3품)로 있으면서 지공거를 담당하고, 이종규는 대사성(종3품)에 재임 중 동지공거를 맡고 있다.

  이 시험에서 장원급제한 박승유에 대해서는 이 사실 이외에 달리 전하는 내용이 찾아지지 않는다. 그러나 同年인 李藏用은 무신정권 말기의 대표적인 문신의 한 사람으로써 원종 원년에 지공거를 맡는가 하면 그뒤 수상인 문하시중(종1품)까지 역임하면서 많은 활동을 하였다.

  ① 허홍식, 위의 글 502쪽.
  ② 박용운, 위의 글 401·412·421쪽.
  ③ 閔賢九,「李藏用 小考」『한국학논총』3, 1980.

-6) (高宗)九年四月 叅知政事崔甫淳知貢擧 右承宣金良鏡同知貢擧 取進士 賜梁檄等三十一人及第: 명종 12년의 급제자로[2-2-16-9], 149쪽], 강종 2년에 동지공거를 맡은바 있는 최보순[2-2-19-2], 159쪽]이 지금은 참지정사(종2품)에 재임 중 지공거를 담당하고, 역시 명종 24년의 급제자인 金良鏡(金仁鏡)[2-2-16-15], 152쪽]이 이때에 이르러 우승선(정3품)에 있으면서 동지공거를 맡아 함께 과거를 주관하고 있다. 이들 두 사람은 그후에 몇 차례 더 지공거를 맡는다 함은 앞서 설명한 바와 같다.

  이 시험에서 장원급제한 양부에 대해서는 이 사실 이외에 달리 전하는 내용이 찾아지지 않는다. 반면에 李奎報[2-2-16-13], 151쪽]의 아들로, 그와 함께 급제한 李涵은 司宰監(종4품)을 지낸 사실이 확인된다.

  ① 허홍식, 위의 글 502쪽.
  ② 박용운, 위의 글 412·421쪽.

-7) (高宗)十年六月 右僕射柳澤知貢擧 殿中監崔溥同知貢擧 取進士 賜曺均正等二十九人·明經三人·恩賜九人 及第: 그 자신 급제자로서 희종 6년에 동지공거를 맡기도 했던 유택[2-2-18-4], 158쪽]이 이때에 이르러 우복야(정2품)에 재임 중 지공거를 담당하고, 전중감(종3품)인 최부가 동지공거를 맡아 과거를 주관

하고 있다. 이 시험에서 장원급제한 조균정에 대해서는 달리 전하는 내용이
찾아지지 않고, 同年 가운데 한 사람인 金允升도 별다른 활동을 보이지 않고
있으나, 다른 한 사람인 張鎰은 원종 15년에 동지공거를 맡고 직위도 知僉
議府事(종2품)에까지 이른다.

① 허홍식, 위의 글 502쪽.
② 박용운, 위의 글 397·398·405·412·413쪽.

-8) (高宗)十一年三月 樞密院副使韓光衍知貢擧 判秘書省事崔正份同知貢擧 取進
士 賜孫琓等三十三人·明經四人·恩賜六人 及第: 명종 20년에 급제하고[2-2-16-13],
151쪽] 고종 7년에 지공거를 맡았던 한광연[위의 5)항]이 이번에도 추밀원부사
(정3품)에 재임하면서 다시 과거를 총괄했다고 전하고 있다. 한데 그는 이미
왕 9년 12월에 추밀원사(종2품)를 제수받고 있어서[『고려사』권22, 세가] 이곳의
副使는 使의 잘못이 아닐까 짐작되거니와, 그와 함께 동지공거를 맡은 사람
은 판비서성사(정3품)인 최정빈이었다. 이 후자도 왕 13년에는 지공거를 담당
하고 뒤에 참지정사(종2품)까지 승진하고 있지마는[『고려사』권22, 세가 고종 15년
12월], 그러나 이번 시험에서 장원급제한 손완에 대해서는 이 사실 이외에
달리 전하는 내용이 찾아지지 않는다.

① 허홍식, 위의 글 502쪽.
② 박용운, 위의 글 405·413쪽.

-9) (高宗)十二年三月 門下平章事崔甫淳知貢擧 衛尉卿崔宗梓同知貢擧 取進士 賜
林長卿等三十人·明經三人·恩賜七人 及第: 명종 12년의 급제자로[2-2-16-9],
149쪽], 강종 2년에 동지공거[2-2-19-2], 159쪽], 고종 9년에는 지공거를 맡았던
최보순[위의 6)항]이 이번에는 문하평장사(정2품)에 재임 중 다시 같은 일을 담
당하고, 역시 신종 원년의 급제자인 최종재[2-2-17-1), 153쪽]가 지금은 위위경
(종3품)으로서 동지공거를 맡아 과거를 주관하고 있다. 이들 중 전자는 고종
15년에 한번 더 지공거를 담당하며, 후자는 복야(정2품)로서의 직무를 수행하
였다 함은 앞서의 기회에 설명한 바와 같다.

이 시험에서 장원급제한 임장경에 대해서는 이 사실 이외에 달리 전하는
내용이 찾아지지 않는다. 同年으로는 韋元이 알려져 있는데, 그에 대해서도
특기할만한 사항은 전해지지 않고 있다.

① 허홍식, 위의 글 502쪽.
② 박용운, 위의 글 413쪽.

-10) (高宗)十三年四月 簽書樞密院事崔正份知貢擧 秘書監兪升旦同知貢擧 取進士
賜吳乂等三十二人·明經一人·恩賜九人 及第: 앞서 왕 11년에 동지공거를 맡
았던 최정빈[위의 8)항]이 이때에 이르러서는 첨서추밀원사(정3품)로서 지공거
를 담당하고, 명종 20년의 급제자인 유승단[2-2-16-13), 151쪽]이 지금은 비서감

(종3품)에 재임 중 동지공거로서의 임무를 수행하고 있다. 이들 가운데 후자는
왕 17년에 다시 지공거를 맡기도 하지마는, 그러나 이번 시험에서 장원급제
한 오예에 대해서는 이 사실 이외에 달리 전하는 내용이 찾아지지 않는다.
  ① 허흥식, 위의 글 502쪽.
  ② 박용운, 위의 글 413쪽.

-11) (高宗)十五年三月 平章事崔甫淳知貢擧 判衛尉事李奎報同知貢擧 取進士 賜
李敦等三十一人及第: 명종 12년의 급제자로, 여러 차례에 걸쳐 과거를 주관
한바 있는 최보순[위의 6)항 및 9)항]이 평장사(정2품)로서 한번 더 지공거를 맡
고, 역시 명종 20년의 급제자인 이규보[2-2-16-13), 151쪽]가 이때에 이르러 판
위위사(종3품)에 재임 중 동지공거를 담당하고 있다. 이 후자는 그뒤 왕 21년
과 23년에도 지공거를 담당하지마는, 한데 이번 시험에서 장원급제한 이돈
에 대해서는 이 사실 이외에 달리 전하는 내용이 찾아지지 않는다.
  ① 허흥식, 위의 글 502쪽.
  ② 박용운, 위의 글 413쪽.

-12) (高宗)十七年三月 政堂文學兪升旦知貢擧 國子祭酒劉冲奇同知貢擧 取進士
賜田慶等三十三人·明經·恩賜各三人及第: 유승단과 劉冲奇(劉冲基)는 명종 20
년에 함께 급제한 同年인데[2-2-16-13), 151쪽], 이들 중 전자는 고종 13년에 동
지공거를 맡은데[위의 10)항] 이어서 지금은 정당문학(종2품)에 재임 중 지공거
를 담당하고, 후자는 이때에 이르러 국자제주(정4품)로서 동지공거를 맡아 같
이 과거를 주관하고 있다. 그리하여 직위도 전자가 참지정사(종2품)까지 이른
데 비해 후자는 대사성(종3품)에 머물고 있다. 한편 이번 시험의 장원급제자
인 전경에 대해서는 이 사실 이외에 달리 전하는 내용이 찾아지지 않는다.
  ① 허흥식, 위의 글 503쪽.
  ② 박용운, 위의 글 413·414쪽.

-13) (高宗)十九年五月 翰林學士承旨金仁鏡知貢擧 翰林學士金台瑞同知貢擧 取進
士 賜文振等二十九人·明經二人及第: 명종 24년의 급제자로서[2-2-16-15), 152
쪽], 고종 9년에 동지공거를 맡은바 있는 金仁鏡(金良鏡)이 지금은 한림학사승
지(정3품)에 재임 중 지공거를 담당하고, 역시 급제자로서 당시 한림학사(정3
품)에 올라 있던 김태서가 동지공거를 맡아 과거를 주관하고 있다. 이들은
그뒤 모두 평장사(정2품)까지 지내지마는, 그들에 비해 이번 시험에서 장원으
로 급제한 문진에 대해서는 이 사실 이외에 달리 전하는 내용이 찾아지지
않는다. 반면 同年인 金坵는 원종 14년에 참지정사(종2품)로서 지공거를 역임
하는 등 활동이 많았으며, 兪千遇 역시 원종 3년과 15년에 각각 동지공거와
지공거를 맡고 직위도 贊成事(정2품)에까지 올랐다.
  ① 허흥식, 위의 글 503쪽.

② 박용운, 위의 글 398·414·420쪽.

-14) (高宗)二十一年五月 知門下省事李奎報知貢擧 大司成李百順同知貢擧 取進士
賜金鍊成等三十一人·明經二人·恩賜八人 及第: 명종 20년의 급제자로[2-2-16-13),
151쪽], 고종 15년에 동지공거를 맡은바 있는 이규보[위의 11)항]가 이때에 이
르러 지문하성사(종2품)에 재임하면서 지공거를 담당하고, 역시 급제자로 짐
작되는 이백순이 대사성(종3품)으로 있으면서 동지공거를 맡아 함께 과거를
주관하고 있다. 이 시험에서 장원급제한 김연성은 바로 전에 시행된 왕 19
년의 과거에서 지공거로써 일을 보았던 김인경[위의 13)항]의 아들로, 그 역시
좌복야(정2품)직에까지 올랐다.

　① 허흥식, 위의 글 503쪽.

　② 박용운, 위의 글 408·414쪽.

-15) (高宗)二十三年五月 叅知政事李奎報知貢擧 判禮部事朴廷揆同知貢擧 取進士
賜乙科朴曦等三人·丙科八人·同進士十八人·明經三人 及第: 바로 직전인 왕
21년의 과거에서 지공거를 맡았던 이규보[위의 14)항]가 이번에는 참지정사(종
2품)로서 연이어 그 일을 담당하고 있다. 한데 이 시험에서 동지공거를 맡은
사람이 判禮部事인 박정규로 기술되어 있는데, 판예부사는 宰臣이 겸임하는
직위이므로 후자의 實職이 어떤 것이었는지는 알 수 없으나, 그렇다면 결국
은 지공거와 동지공거가 모두 재신이었다는 이야기가 된다. 이런 현상이 있
을 수 없다고 단정하여 말하기는 어렵다 하더라도 불합리한 면이 없지 않은
만큼 일단 판예부사직에 대해서는 의문을 제기하여 둔다. 이번의 과거에서
장원급제한 박희에 대해서는 이 사실 이외에 달리 전하는 내용이 찾아지지
않는다.

　① 허흥식, 위의 글 503쪽.

　② 박용운, 위의 글 408·409·414쪽.

-16) (高宗)二十五年四月 簽書樞密院事李方茂知貢擧 刑部尙書任景肅同知貢擧 取
進士 賜乙科池珣等三人·丙科七人·同進士二十人·明經三人 及第: 첨서추밀원
사(정3품)인 이방무가 지공거, 형부상서(정3품)인 임경숙이 동지공거를 맡아 과
거를 주관하고 있다. 이들 중 이방무는 추밀원부사(정3품)를 역임한 사실도
확인되지마는(『東文選』 권26, 李方茂爲 … 官誥), 그보다 더욱 활발한 활동을 한
사람은 후자인 임경숙이었다. 즉, 그는 급제자로서 명종 20년에 동지공거를
맡은 것을[2-2-16-13], 151쪽] 비롯하여 모두 네 차례 과거를 주관하는 任濡의
아들로, 본인도 급제 후 이번에 동지공거를 담당한 이후 왕 27년과 31년, 그
리고 37년에 평장사(정2품)에 재임 중 다시 지공거를 맡아 역시 모두 네 차례
과거를 관장하며, 뒤에 판이부사를 겸하여 수상으로서의 직무를 보기도 하
는 것이다.

이번 시험에서 장원으로 급제한 지순에 대해서는 이 사실 이외에 달리 전하는 내용이 찾아지지 않는다. 그러나 同年인 白文節은 충렬왕 6년에 대사성(종3품)으로서 동지공거를 담당하는 등 활동이 많았다.

① 허홍식, 위의 글 503쪽.

② 박용운, 위의 글 414·419·425쪽.

-17) (高宗)二十七年五月 樞密院副使任景肅知貢擧 右承宣崔璘同知貢擧 取進士 賜乙科張天驥等三人·丙科七人·同進士四人·明經四人 及第: 바로 직전인 왕 25년에 시행된 과거에서 동지공거였던 임경숙[위의 16항]이 이번에는 추밀원부사(정3품)로서 지공거를 맡고, 강종 원년의 급제자인 최인[2-2-19-1), 158쪽]이 지금은 우승선(정3품)에 재임 중 동지공거를 담당하고 있거니와, 이 후자는 왕 33년에 지공거를 맡기도 한다. 반면 이 시험에서 장원급제한 장천기에 대해서는 이 사실 이외에 달리 전하는 내용이 찾아지지 않는다.

① 허홍식, 위의 글 503쪽.

② 박용운, 위의 글 414·415쪽.

-18) (高宗)二十八年四月 叅知政事宋恂知貢擧 國子祭酒鄭晏同知貢擧 取進士 賜乙科崔宗均等三人·丙科七人·同進士二十三人·明經二人 及第: 참지정사(종2품)인 송순이 지공거를 맡고, 급제자로서 지금은 국자제주(정4품)로 있는 정안이 동지공거를 담당하여 과거를 주관하고 있다. 이들 중 송순은 뒤에 평장사(정2품)까지 지내지마는, 정안은 武人執政 崔怡의 처남으로서 참지정사에 재임 중 살해되는 비운을 맞았다.

이 시험에서 장원급제한 최종균에 대해서는 이 사실 이외에 달리 전하는 내용이 찾아지지 않는다. 그러나 同年의 한 사람인 元傅는 여러 요직을 거치는 가운데 원종 13년과 충렬왕 6년에 지공거를 담당하며 직위는 수상인 僉議中贊(종1품)에까지 이른다. 그리고 다른 동년인 朱悅도 知僉議府事(종2품)를 역임하고, 李邵는 典法判書(정3품) 등을 지냈음이 확인되고 있다.

① 허홍식, 위의 글 503·504쪽.

② 박용운, 위의 글 408·415·426쪽.

-19) (高宗)二十九年四月 樞密院副使金敞知貢擧 判禮賓省事薛愼同知貢擧 取進士 賜乙科洪之慶等三人·丙科七人·同進士十七人·明經二人·恩賜八人 及第: 희종 2년의 급제자인 김창(김효공)[2-2-18-2), 157쪽]이 이때에 이르러 추밀원부사(정3품)로서 지공거를 맡고, 역시 급제자인 설신이 지금은 판예빈성사(정3품)에 재임 중 동지공거를 담당하여 함께 과거를 주관하고 있다. 이들 중 김창은 뒤에 평장사(정2품)·판이부사로 수상에까지 오르며, 설신은 추밀원부사를 역임하거니와, 이 시험에서 장원급제한 홍지경도 國學直學(종9품)을 지냈음이 확인되고, 同年으로 韓惟善의 이름도 찾아진다.

① 허홍식, 위의 글 504쪽.

② 박용운, 위의 글 411·415쪽.

-20) (高宗)三十一年四月 左僕射任景肅知貢擧 秘書監洪均同知貢擧 取進士 賜魏
珦等三十二人·明經二人·恩賜九人 及第: 급제 후 이미 동지공거와 지공거를
맡은바 있는 임경숙[위의 16)항 및 17)항]이 이번에는 좌복야(정2품)에 재임 중
다시 지공거를 담당하고, 강종 원년의 급제자로 짐작되는 洪均(洪鈞)[2-2-19-1),
158쪽]이 지금은 비서감(종3품)으로 있으면서 동지공거를 담당하고 있다. 이들
중 전자는 그후에도 왕 37년에, 후사는 왕 35년에 한 차례씩 더 지공거의
임무를 수행한다 함은 앞서의 기회에 설명해 두었다.

　이번 시험에서 장원급제한 위순에 대해서는 이 사실 이외에 달리 전하는
내용이 찾아지지 않는다. 하지만 同年인 李益培는 충렬왕 12년에 동지공거
를 맡는가 하면 직위도 副知密直司事(정3품)까지 지내며, 閔滉도 戶部侍郎(정4
품)을 역임하였음이 확인된다.

① 허홍식, 위의 글 504쪽.

② 박용운, 위의 글 415·416·423쪽.

-21) (高宗)三十三年四月 樞密院副使崔璘知貢擧 國子祭酒朴暄同知貢擧 取進士
賜梁貯等三十一人及第: 강종 원년의 급제자로[2-2-19-1), 158쪽], 왕 27년에 동
지공거를 맡은바 있는 최인[위의 17)항]이 지금은 추밀원부사(정3품)에 재임 중
지공거를 담당하고, 역시 급제자인 박훤이 이때에 이르러 국자제주(정4품)로
있으면서 동지공거를 맡아 과거를 주관하고 있다. 이들 중 최인은 뒤에 평
장사(정2품)의 직위에까지 오르며, 박훤은 형부상서(정3품)를 지내지마는, 한편
이번 시험에서 장원으로 급제한 양저에 대해서는 이 사실 이외에 달리 전하
는 내용이 찾아지지 않는다.

① 허홍식, 위의 글 504쪽.

② 박용운, 위의 글 416·424쪽.

-22) (高宗)三十五年三月 樞密院使洪均知貢擧 大僕卿閔仁鈞同知貢擧 取進士 賜
金鈞等三十三人·明經三人·恩賜二人 及第: 왕 31년에 동지공거를 맡은바 있
는 洪均(洪鈞)[위의 20)항]이 지금은 추밀원사(종2품)로서 지공거를 담당하고, 희
종 원년의 급제자인 민인균[2-2-18-1), 156쪽]이 이때에는 태복경(종3품)에 재임
하면서 동지공거를 맡고 있다.

　이 시험에서는 김균이 장원으로 급제하였으나 그에 대해서는 이 사실 이
외에 달리 전하여오는 내용이 찾아지지 않는다. 하지만 同年의 한 사람인
朴恒은 여러 요직을 거치는 가운데 충렬왕 원년에 동지공거, 5년에는 贊成
事(정2품)에 재임 중 지공거를 맡으며, 다른 한 사람인 尹克敏 역시 고종 41년
에 동지공거를 담당하고 직위도 정당문학(종2품)까지 지냈음이 전해지고 있다.

① 허흥식, 위의 글 504쪽.

② 박용운, 위의 글 416·419쪽.

-23) (高宗)三十七年五月 平章事任景肅知貢擧 尙書左丞金孝印同知貢擧 取進士
賜金應文等二十九人·明經三人·恩賜八人 及第: 급제 후 이미 여러 차례에 걸
쳐 동지공거와 지공거를 맡은바 있는 임경숙[위의 16)항·17)항·20)항]이 이번에
는 평장사(정2품)로서 또 한번 같은 일을 담당하고, 역시 희종 4년의 급제자
인 김효인[2-2-18-3), 157쪽]이 상서좌승(종3품)에 재임 중 동지공거를 맡아 과거
를 주관하고 있다. 이들 중 임경숙은 뒤에 수상직까지 수행한다 함은 앞서
언급한 바와 같거니와, 김효인도 병부상서(정3품)를 역임한다.

이 시험에서 장원급제한 김응문도 宰臣의 班列인 判三司事까지 지낸다.
그리고 同年인 李行儉 역시 議部典書(정3품)를 지냈음이 확인되고 있다.

① 허흥식, 위의 글 504쪽.

② 박용운, 위의 글 416쪽.

-24) (高宗)三十九年四月 樞密院副使崔滋知貢擧 判大府事皇甫琦同知貢擧 取進士
賜乙科柳成梓等三人·丙科七人·同進士二十三人·明經五人·恩賜六人 及第: 강
종 원년에 급제한 최자[2-2-19-1), 158쪽]가 이때에 이르러 추밀원부사(정3품)에
재임 중 지공거를 맡고, 판대부사(정3품)인 황보기가 동지공거를 담당하여 함
께 과거를 주관하고 있다. 이들 중 전자는 왕 45년에 한번 더 같은 일을 맡
고 수상직을 수행하기도 했다 함은 앞서 설명하였거니와, 후자 역시 평장사
(정2품)까지 역임한다.

이 시험에서는 유성재가 장원으로 급제하였으나 그에 대해서는 이 사실 이
외에 달리 전하는 내용이 찾아지지 않는다. 그러나 同年의 한 사람으로『帝王
韻紀』의 저자이기도 한 李承休는 여러 요직을 거쳐 密直副使(정3품)까지 지내
며, 다른 한 사람인 金承茂도 侍御史(종5품) 등을 역임하였음이 확인된다. 이
들을 포함해 이번의 진사 급제자들은 을과가 3인, 병과 7인, 동진사가 23인
인데, 과거제가 정비된 이후 진사(제술업) 급제자들을 성적에 따라 이처럼 분
류·배분하는게 통상적이었다고 언급한 일이 있거니와[2-1-14-2), 73쪽], 이번
과거는 그 정형을 보여주는 한 예이기도 하다.

① 허흥식, 위의 글 504쪽.

② 박용운, 위의 글 416·417·426쪽.

-25) (高宗)四十一年六月 知樞密院事趙脩知貢擧 左副承宣尹克敏同知貢擧 取進士
賜尹正衡等三十三人·明經二人·恩賜五人 及第: 조수는 강종 원년의 급제자로
[2-2-19-1), 158쪽], 이때에 이르러 지추밀원사(종2품)로서 지공거를 맡고, 역시
고종 35년의 급제자인 윤극민[위의 22)항]이 지금은 좌부승선(정3품)에 재임 중
동지공거를 담당하여 과거를 주관하고 있다. 이들 두 사람은 뒤에 모두 정

당문학(종2품)을 역임한다 함은 앞서의 기회에 언급해 두었다.

이 시험에서 장원급제한 윤정형에 대해서는 이 사실 이외에 달리 전하는 내용이 찾아지지 않는다. 그러나 同年으로 확인된 權旦·崔瑞·崔有侯는 한결같이 활동들이 많았다. 즉, 권단은 여러 요직을 거치는 가운데 충렬왕 10년에 동지공거를 맡고 직위도 密直學士(정3품)를 지내며, 최서와 최유후[『고려사』권102, 열전 崔滋傳] 역시 각각 副知密直司事(정3품)와 密直副使(정3품)를 역임하는 것이다.

① 허홍식, 위의 글 504·505쪽.

② 박용운, 위의 글 417쪽.

-26) (高宗)四十二年六月 樞密院副使崔溫知貢擧 判司宰監事金之岱同知貢擧 取進士 賜乙科郭王府等三人·丙科七人·同進士二十三人·明經二人·恩賜二人 及第: 그 자신 급제자인 崔溫(崔昷)이 이때에 이르러 추밀원부사(정3품)에 재임 중 지공거를 맡고, 고종 6년의 장원급제인 金之岱(金仲龍)[위의 4)항]가 지금은 판사재감사(정3품)로 있으면서 동지공거를 담당하여 함께 과거를 주관하고 있다. 이들 중 후자는 원종 2년에 다시 지공거를 맡기도 하거니와, 직위는 두 사람 모두 평장사(정2품)에까지 이른다.

이번 시험에서는 郭王府(郭預)가 장원으로 급제하였다. 그는 이후 여러 요직을 거치면서 충렬왕 8년에는 동지공거를 맡으며, 직위도 知密直司事(종2품)까지 지냈다. 同年으로는 鄭可臣(鄭興)이 가장 활발하여 역시 중요한 직위들을 두루 거치는데, 그런 가운데 충렬왕 16년과 21년에 지공거를 담당하고, 직위는 수상인 僉議中贊(종1품)·判典理司事에 이르며, 다른 동년인 金須도 장래가 기대되었으나 靈光副使(6품 이상)로 재임 중 三別抄 정벌전에 참여했다가 전사하였다.

① 허홍식, 위의 글 505쪽.

② 박용운, 위의 글 417~419쪽.

-27) (高宗)四十五年六月 平章事崔滋知貢擧 諫議大夫洪縉同知貢擧 取進士 賜張漢文等三十三人及第: 최자는 강종 원년의 급제자로[2-2-19-1), 158쪽], 고종 39년에 이미 지공거를 맡은바 있는데[위의 24)항] 이때에 이르러 평장사(정2품)에 재임 중 한번 더 그 일을 담당하고 있다. 동지공거는 간의대부(정4품)인 홍진이 맡고 있지마는 그의 급제 여부는 기록상 확인이 되지 않는다. 그럼에도 이번에 이어서 원종 7년에는 지공거를 담당하며, 직위는 同知樞密院事(종2품)까지 지냈다.

이 시험에서 장원급제한 장한문에 대해서는 이 사실 이외에 달리 전하는 내용이 찾아지지 않는다. 하지만 同年인 許珙과 薛公儉은 모두 요직에 올라 많은 기록을 남기고 있다. 즉, 허공은 원종 13년에 동지공거, 충렬왕 2년과

14년 두 차례 지공거를 맡고, 그 사이에 수상인 僉議中贊(종1품)에 오르며, 설
공검 역시 충렬왕 2년에 동지공거, 같은 왕 11년에는 지공거를 맡고, 직위도
贊成事(정2품)까지 역임하는 것이다.

① 허흥식, 위의 글 505쪽.
② 박용운, 위의 글 418·419·426쪽.

原文 2-2-21. 元宗元年九月叅知政事李藏用知貢舉 同知樞密院事柳璥同知貢舉
取進士 賜乙科魏文卿等三人丙科七人同進士二十一人明經二人及第 二年五月
知樞密院事金之岱知貢舉 禮部尙書鄭芝同知舉貢{擧} 取進士 賜乙科鄭謙等
四人丙科七人同進士十九人明經一人及第 三年柳璥知貢舉 兪千遇同知貢舉 取
趙得珠等 五年四月知中樞院事崔允愷知貢舉 右承宣朴倫同知貢舉 取進士 賜金
周鼎等二十五人及第 七年五月洪縉知貢舉 郭汝益同知貢舉 取進士 賜閔漬等二
十七人明經一人恩賜二人及第 九年四月門下侍郎柳璥知貢舉 國子祭酒金皚同
知貢舉 取進士 賜尹承琯等三十三人明經二人恩賜八人及第 十三年九月元傅知
貢舉 許珙同知貢舉 賜金滉等三十三人恩賜七人明經一人及第 十四年十月叅知
政事金坵知貢舉 右承宣李顗同知貢舉 取進士 賜鄭賢佐等二十九人明經一人及
第 十五年五月中書侍郎兪千遇知貢舉 同知樞密院事張鎰同知貢舉 取進士 賜朱
錠等二十五人明經一人恩賜三人及第

2-2-21. 원종 원년 9월에 참지정사 이장용이 지공거, 동지추밀원사 유경
이 동지공거가 되어 진사를 뽑았는데, 을과에 든 위문경 등 3인과 병과
7인, 동진사 21인, 명경 2인에게 급제를 사하였다.[1]

2년 5월에 지추밀원사 김지대가 지공거, 예부상서 정지가 동지공거가
되어 진사를 뽑았는데, 을과에 든 정겸 등 4인과 병과 7인, 동진사 19인,
명경 1인에게 급제를 사하였다.[2]

3년에 유경이 지공거, 유천우가 동지공거가 되어 조득주 등을 뽑았다.[3]

5년 4월에 지중추원사 최윤개가 지공거, 우승선 박윤이 동지공거가 되
어 진사를 뽑았는데, 김주정 등 25인에게 급제를 사하였다.[4]

7년 5월에 홍진이 지공거, 곽여익이 동지공거가 되어 진사를 뽑았는
데, 민지 등 27인과 명경 1인, 은사 2인에게 급제를 사하였다.[5]

9년 4월에 문하시랑 유경이 지공거, 국자제주 김애가 동지공거가 되어

진사를 뽑았는데, 윤승관 등 33인과 명경 2인, 은사 8인에게 급제를 사하였다.[6]

13년 9월에 원부가 지공거, 허공이 동지공거가 되어 (진사를 뽑았는데) 김황 등 33인과 은사 7인, 명경 1인에게 급제를 사하였다.[7]

14년 10월에 참지정사 김구가 지공거, 우승선 이의가 동지공거가 되어 진사를 뽑았는데, 정현좌 등 29인과 명경 1인에게 급제를 사하였다.[8]

15년 5월에 중서시랑 유천우가 지공거, 동지추밀원사 장일이 동지공거가 되어 진사를 뽑았는데, 주정 등 25인과 명경 1인, 은사 3인에게 급제를 사하였다.[9]

註解 2-2-21-

-1) 元宗元年九月 叅知政事李藏用知貢擧 同知樞密院事柳璥同知貢擧 取進士 賜乙科魏文卿等三人·丙科七人·同進士二十一人·明經二人 及第: 이장용은 고종 7년의 급제자로서[2-2-20-5), 165쪽] 이때에 이르러 참지정사(종2품)에 재임 중 지공거를 맡고, 역시 급제자인 유경이 지금은 동지추밀원사(종2품)로 있으면서 동지공거를 담당하여 함께 과거를 주관하고 있다. 이들 중 후자는 왕 3년과 9년에도 지공거의 일을 보거니와, 직위는 두 사람 모두 수상에까지 올랐다.

　　이번 시험에서 장원급제한 위문경도 御史(종6품)를 지낸 사실이 확인된다. 그러나 보다 많은 활동을 한 사람은 그의 同年들로서, 金晅은 정당문학(종2품)까지 올랐고, 安珦(安裕)은 朱子性理學을 전래한 장본인으로 충렬왕 14년에 동지공거, 같은 왕 20년에 지공거를 맡고 직위도 贊成事(정2품)를 역임하였다. 그리고 李尊庇(李仁成) 또한 충렬왕 8년에 지공거를 담당하고 그뒤 判密直司事(종2품)까지 지내며, 吳良遇도 評理까지 역임하는[『고려사』 권34, 세가 충숙왕 6년 윤8월] 것이다. 그밖에 朴祿之 역시 그의 동년이었던 것으로 알려져 있다.

　　① 許興植,「고려 예부시 동년록」,『高麗科擧制度史硏究』, 일조각, 1981 ;『고려의 과거제도』, 일조각, 2005, 505·506쪽.
　　② 朴龍雲,「科試 設行과 製述科 及第者」,『高麗時代 蔭叙制와 科擧制 硏究』, 일지사, 1990, 421·427·428쪽.

-2) (元宗)二年五月 知樞密院事金之岱知貢擧 禮部尙書鄭芝同知擧貢{貢擧} 取進士 賜乙科鄭謙等四人·丙科七人·同進士十九人·明經一人 及第: 고종 6년에 장원으로 급제하고[2-2-20-4), 164쪽], 왕 42년에 동지공거를 맡은바 있는 金之岱(金仲龍)가 지금은 지추밀원사(종2품)에 재임 중 지공거를 맡고, 예부상서(정3품)

인 정지가 同知貢擧 - 원문에는 '貢擧'가 '擧貢'으로 순서가 뒤바뀌어 있다 -
를 담당하여 함께 과거를 주관하고 있다. 이들 중 전자는 뒤에 평장사(정2품)
에 오르며, 후자는 정당문학(종2품)까지 지내는[『고려사』 권26, 세가 원종 5년 8월]
인물이다.

　　이번 시험에서 장원급제한 정겸에 대해서는 이 사실 이외에 달리 전하는
내용이 찾아지지 않는다. 그러나 同年의 한 사람인 金暟는 바로 武人執政인
金俊의 아들로서, 왕 9년에 동지공거를 맡고 승선(정3품)의 직위에까지 올랐
다. 그리고 다른 동년인 吳漢卿(吳訶)과 高適도 각각 僉議贊成事(정2품)와 監察
御史(종6품)를 역임하는 등 활동들이 많았다.

　　① 허흥식, 위의 글 506쪽.
　　② 박용운, 위의 글 428·432쪽.

-3) (元宗)三年 柳璥知貢擧 兪千遇同知貢擧 取趙得珠等: 그 자신 급제자로서 원
　　종 원년에 同知樞密院事(종2품)로 재임 중 동지공거를 맡았던 유경[위의 1)항]
　　이 이때에 이르러 지공거를 담당하고 있는데, 이 자리에는 직위가 명시되어
　　있지 않으나 그는 여전히 그 자리에 머물거나 아니면 知樞密院事(종2품) 또는
　　樞密院使(종2품)였으리라 짐작된다. 왕 3년 10월에 추밀원사로 재임하고 있는
　　사실이 확인되기 때문이다[『고려사』 권25, 세가]. 역시 고종 19년의 급제자로
　　[2-2-20-13), 167쪽] 이번에 동지공거를 맡은 유천우도 이 자리에는 직위가 명
　　시되어 있지 않으나 그는 왕 2년 5월에 尙書右丞(종3품)으로 있으면서 國子試
　　試官을 담당하고 있는만큼[『고려사』 권74, 선거지 2, 과목 2 凡國子試之額] 지금도
　　그 위치에서 과거를 주관한 것 같다.

　　이번 시험에서는 조득주가 장원으로 급제하였으나 그에 대해서는 이 사실
이외에 달리 전하는 내용이 찾아지지 않는다. 그의 同年으로는 白就文이 알
려져 있다.

　　① 허흥식, 위의 글 506쪽.
　　② 박용운, 위의 글 428쪽.

-4) (元宗)五年四月 知中樞院事崔允愷知貢擧 右承宣朴倫同知貢擧 取進士 賜金周
　　鼎等二十五人及第: 그 자신 급제자인 최윤개[『고려사』 권99, 열전 崔均 附傳]가
　　지금은 知中樞院事(종2품) - 知樞密院事의 잘못일 듯함 - 로서 지공거를 맡고,
　　우승선(정3품)인 박윤이 동지공거를 담당하여 과거를 주관하고 있다. 이들 중
　　전자는 뒤에 判樞密院事(종2품)[『고려사』 권26, 세가 원종 7년 11월], 후자는 守司
　　空(정1품)·左僕射(정2품)[위의 책, 원종 9년 3월]까지 역임하거니와, 이번 시험에서
　　장원급제한 김주정 역시 여러 요직을 거치는 가운데 충렬왕 10년에 지공거
　　를 맡고, 직위도 知都僉議事(종2품)에 이른다.

　　① 허흥식, 위의 글 506쪽.

② 박용운, 위의 글 423·428·429쪽.

-5) (元宗)七年五月 洪縉知貢擧 郭汝益同知貢擧 取進士 賜閔漬等二十七人·明經
一人·恩賜二人 及第: 고종 45년에 동지공거를 맡은바 있는 홍진[2-2-20-27], 172
쪽]이 이번에는 지공거를 담당하고 있는데, 이 자리에는 직위가 기술되어 있
지 않으나 그는 왕 4년 12월에 右僕射(정2품)를 제수받았으므로『고려사』 권25,
세가] 이로써 유추해볼 수 있을 것 같다. 하지만 동지공거를 담당한 곽여익에
대해서는 자료가 미비되어 있어 여전히 직위를 파악하기가 어렵다.

이번 시험에서는 민지가 장원으로 급제하였는데, 그는 이후 여러 요직을
거치는 가운데 충렬왕 20년에는 동지공거를 맡으며, 직위도 政丞(종1품)의 자
리에까지 올랐다. 同年으로는 元瓘·禹天錫·洪侃 등이 알려졌는데, 그중 원관
은 찬성사(정2품)까지 지냈으며, 우천석은 雜端(종5품), 홍간은 都僉議舍人(종4
품) 등을 역임하였다.

① 허흥식, 위의 글 506쪽.

② 박용운, 위의 글 429쪽.

-6) (元宗)九年四月 門下侍郎柳璥知貢擧 國子祭酒金皚同知貢擧 取進士 賜尹承琯
等三十三人·明經二人·恩賜八人 及第: 그 자신 급제자로서 왕 원년과 3년에
각각 동지공거와 지공거를 맡은바 있는 유경[위의 1)항 및 3)항]이 이번에는 문
하시랑(정2품)에 재임 중 다시 지공거를 담당하고, 역시 왕 2년의 급제자인
김애[위의 2)항]가 지금은 국자제주(정4품)로 있으면서 동지공거를 맡아 함께
과거를 주관하고 있다. 이들 중 전자는 뒤에 수상직까지 오르며, 후자가 승
선(정3품) 등을 역임했다 함은 앞서 설명해 두었다.

이 시험에서 장원급제한 윤승관에 대해서는 이 사실 이외에 달리 전하는
내용이 찾아지지 않는다. 하지만 同年 가운데는 크게 활약한 인물들 여럿이
알려져 있다. 즉, 그 한 사람인 金胼은 충렬왕 16년에 동지공거를 맡고 직위
도 僉議叅理(종2품)까지 역임하며, 朴全之는 충숙왕 4년에 考試官－知貢擧의
고쳐진 명칭－을 맡고 또 그것을 전후하여 찬성사(정2품)에 오른다. 그리고
鄭允宜는 역시 충렬왕 26년에 동지공거를 담당하고 密直提學(정3품)으로 활
동하며, 李混은 여러 요직을 거쳐 僉議政丞(종1품)까지 지내는 것이다.

① 허흥식, 위의 글 506·507쪽.

② 박용운, 위의 글 429~431쪽.

-7) (元宗)十三年九月 元傅知貢擧 許珙同知貢擧 賜金滉等三十三人·恩賜七人·明
經一人 及第: 고종 28년의 급제자인 원부[2-2-20-18], 169쪽]가 지공거를 맡고,
역시 고종 45년의 급제자인 허공[2-2-20-27), 172쪽]이 동지공거를 담당하여 함
께 과거를 주관하고 있다. 한데 이곳 선거지에는 이들의 당시 직위가 기술
되어 있지 않은데, 두 사람이 당해 일을 맡기 전에 전자는 참지정사(종2품)였

고(『高麗墓誌銘集成』399쪽, 元傅墓誌銘), 후자는 대사성(종3품)이었으므로[『고려사』권
105, 열전 許珙傳] 그 직위 그대로의 위치에서 과거를 주관했다고 보아도 무방
하지 않을까 싶다. 그후 원부는 충렬왕 6년에 한번 더 지공거를 맡고, 허공
도 같은 왕 2년과 14년 두 차례 더 지공거를 담당하며, 직위는 모두가 수상
인 僉議中贊(종1품)에 이른다.

이 시험에서 장원급제한 김황에 대해서는 이 사실 이외에 달리 전하는 내
용이 찾아지지 않는다. 하지만 同年인 鄭瑎(鄭女繼)는 충렬왕 31년에 찬성사
(정2품)로 재임하면서 지공거를 맡는 등 활동이 많았다.

① 허흥식, 위의 글 507쪽.
② 박용운, 위의 글 430쪽.

-8) (元宗)十四年十月 叅知政事金坵知貢擧 右承宣李顗同知貢擧 取進士 賜鄭賢佐
等二十九人·明經一人 及第: 고종 19년의 급제자인 김구[2-2-20-13), 167쪽]가
지금은 참지정사(종2품)로 있으면서 지공거를 맡고, 우승선(정3품)에 재임 중인
李顗가 동지공거를 담당하여 과거를 주관하고 있다. 이 시험에서 장원으로
급제한 정현좌(鄭儁) 역시 충렬왕 27년에 國子試 試官을 맡고, 뒤에 첨의평리
(종2품)로 致仕하였다. 참고로, 충렬왕 33년에도 이번에 동지공거를 담당한
사람과 꼭같이 李顗라는 이름을 지닌 인물이 版圖摠郞(정4품)으로서 동지공
거를 맡고 있는데, 이들은 서로 다른 사람이라 생각된다.

① 허흥식, 위의 글 507쪽.
② 박용운, 위의 글 430·431쪽.

-9) (元宗)十五年五月 中書侍郞兪千遇知貢擧 同知樞密院事張鎰同知貢擧 取進士
賜朱鋌等二十五人·明經一人·恩賜三人 及第: 고종 19년의 급제자로[2-2-20-13),
167쪽], 원종 3년에 동지공거를 맡은바 있는 유천우[위의 3)항]가 이번에는 중
서시랑(정2품)에 재임 중 지공거를 담당하고, 역시 고종 10년의 급제자인 장
일[2-2-20-7), 165쪽]이 지금은 동지추밀원사(종2품)로서 동지공거를 맡아 함께
과거를 주관하고 있다.

이 시험에서 장원급제한 주정에 대해서는 이 사실 이외에 달리 전하는 내
용이 찾아지지 않는다. 그러나 同年인 許有全은 여러 요직을 거치는 가운데
충렬왕 33년에 지공거를 맡고, 뒤에 守僉議贊成事(정2품)로 致仕하였다.

① 허흥식, 위의 글 507쪽.
② 박용운, 위의 글 431쪽.

原文 2-2-22. 忠烈王元年十月左僕射韓康知貢擧 承宣朴恒同知貢擧 取進士 賜
崔之甫等二十五人明經一人及第 二年十月密直司使許珙知貢擧 右副承宣薛恭
儉同知貢擧 取進士 賜李益邦等三十三人明經一人恩賜三人及第 五年六月贊成

事朴恒知貢擧 典法判書郭汝弼同知貢擧 取進士 賜趙簡等三十三人明經二人恩賜八人及第 六年四月贊成事元傅知貢擧 大司成白文節同知貢擧 取進士 賜李伯琪等三十三人明經一人恩賜一人及第 五月親試文臣 取書籍店錄事趙簡等九人 八年十一月知密直司事李尊庇知貢擧 承旨郭預同知貢擧 取進士 賜崔伯倫等三十二人及第 十年十月判密直司事金周鼎知貢擧 判衛尉寺事權呾(昄?)同知貢擧 取進士 賜趙宣烈等三十三人明經二人恩賜一人及第 十一年十月知僉議府事薛公儉知貢擧 左承旨崔守璜同知貢擧 取進士 賜郭麟等三十一人及第 十二年十月贊成事韓康知貢擧 國子祭酒李益培同知貢擧 取進士 賜李榑等三十一人及第 十四年九月中贊許珙知貢擧 左承旨安珦同知貢擧 取進士 賜尹宣佐等三十三人及第 十六年五月政堂文學鄭可臣知貢擧 判秘書事金賆同知貢擧 取進士 賜崔咸一等三十一人及第 二十年十月安珦知貢擧 閔漬同知貢擧 取進士 賜尹安庇等三十三人及第 二十一年十月鄭可臣知貢擧 金恂同知貢擧 取進士 賜姜暄等二十七人及第 二十六年九月全昇知貢擧 鄭允宜同知貢擧 取進士 賜李資歲等三十三人及第 二十七年五月密直司事權永知貢擧 左副承旨趙簡同知貢擧 取進士 賜盧承綰等三十三人及第 二十八年四月密直司事吳祈知貢擧 三司左使池禹功同知貢擧 取進士 賜崔凝等三十三人及第 五月親試 取乙科曹匡漢等二人丙科五人 二十九年六月密直司事金台鉉知貢擧 秘書尹金祐同知貢擧 取進士 賜朴理等三十三人及第 三十一年五月贊成事鄭瑎知貢擧 知申事宋璘同知貢擧 取進士 賜張子贇等三十三人及第 三十三年十一月密直司事許有全知貢擧 版圖惣郎李顗同知貢擧 取進士 賜安奮等三十三人及第

2-2-22. 충렬왕 원년 10월에 좌복야 한강이 지공거, 승선 박항이 동지공거가 되어 진사를 뽑았는데, 최지보 등 25인과 명경 1인에게 급제를 사하였다.[1]

2년 10월에 밀직사사 허공이 지공거, 우부승선 설공검이 동지공거가 되어 진사를 뽑았는데, 이익방 등 33인과 명경 1인, 은사 3인에게 급제를 사하였다.[2]

5년 6월에 찬성사 박항이 지공거, 전법판서 곽여필이 동지공거가 되어 진사를 뽑았는데, 조간 등 33인과 명경 2인, 은사 8인에게 급제를 사하였다.[3]

6년 4월에 찬성사 원부가 지공거, 대사성 백문절이 동지공거가 되어 진사를 뽑았는데, 이백기 등 33인과 명경 1인, 은사 1인에게 급제를 사하였다. 5월에는 문신을 친시하여 서적점녹사인 조간 등 9인을 뽑았다.[4]

8년 11월에 지밀직사사 이존비가 지공거, 승지 곽예가 동지공거가 되어 진사를 뽑았는데, 최백륜 등 32인에게 급제를 사하였다.[5]

10년 10월에 판밀직사사 김주정이 지공거, 판위위시사 권단(旦 ; 휜(睻)은 잘못임)이 동지공거가 되어 진사를 뽑았는데, 조선렬 등 33인과 명경 2인, 은사 1인에게 급제를 사하였다.[6]

11년 10월에 지첨의부사 설공검이 지공거, 좌승지 최수황이 동지공거가 되어 진사를 뽑았는데, 곽인 등 31인에게 급제를 사하였다.[7]

12년 10월에 찬성사 한강이 지공거, 국자제주 이익배가 동지공거가 되어 진사를 뽑았는데, 이부 등 31인에게 급제를 사하였다.[8]

14년 9월에 중찬 허공이 지공거, 좌승지 안향이 동지공거가 되어 진사를 뽑았는데, 윤선좌 등 33인에게 급제를 사하였다.[9]

16년 5월에 정당문학 정가신이 지공거, 판비서사 김변이 동지공거가 되어 진사를 뽑았는데, 최함일 등 31인에게 급제를 사하였다.[10]

20년 10월에 안향이 지공거, 민지가 동지공거가 되어 진사를 뽑았는데, 윤안비 등 33인에게 급제를 사하였다.[11]

21년 10월에 정가신이 지공거, 김순이 동지공거가 되어 진사를 뽑았는데, 강훤 등 27인에게 급제를 사하였다.[12]

26년 9월에 전승이 지공거, 정윤의가 동지공거가 되어 진사를 뽑았는데, 이자세 등 33인에게 급제를 사하였다.[13]

27년 5월에 밀직사사 권영이 지공거, 좌부승지 조간이 동지공거가 되어 진사를 뽑았는데, 노승관 등 33인에게 급제를 사하였다.[14]

28년 4월에 밀직사사 오기가 지공거, 삼사좌사 지우공이 동지공거가 되어 진사를 뽑았는데, 최응 등 33인에게 급제를 사하였다. 5월에 친시하여 을과에 든 조광한 등 2인과 병과 5인에게 급제를 사하였다.[15]

29년 6월에 밀직사사 김태현이 지공거, 비서윤 김우가 동지공거가 되

어 진사를 뽑았는데, 박이 등 33인에게 급제를 사하였다.[16]

31년 5월에 찬성사 정해가 지공거, 지신사 송인이 동지공거가 되어 진사를 뽑았는데, 장자빈 등 33인에게 급제를 사하였다.[17]

33년 11월에 밀직사사 허유전이 지공거, 판도총랑 이의가 동지공거가 되어 진사를 뽑았는데, 안분 등 33인에게 급제를 사하였다.[18]

註解 2-2-22-

-1) 忠烈王元年十月 左僕射韓康知貢擧 承宣朴恒同知貢擧 取進士 賜崔之甫等二十五人·明經一人 及第: 그 자신 급제자인 한강이 이때에 이르러 좌복야[정2품]로 있으면서 지공거를 맡고, 역시 고종 35년의 급제자인 박항[2-2-20-22), 170쪽]이 지금은 승선(정3품)에 재임 중 동지공거를 담당하여 함께 과거를 주관하고 있다. 그후 이들은 전자가 충렬왕 12년에, 후자는 같은 왕 5년에 각기 지공거의 임무를 다시 수행하거니와, 그때의 직위는 두 사람 모두 찬성사(정2품)였다.

이 시험에서는 최지보가 장원으로 급제하였는데, 그는 뒤에 副代言(정3품) 등을 역임했음이 확인된다. 그리고 同年인 朴顗 역시 여러 요직을 거쳐 知密直司事(종2품)까지 지냈다.

① 許興植,「고려 예부시 동년록」,『高麗科擧制度史硏究』, 일조각, 1981 ;『고려의 과거제도』, 일조각, 2005, 507쪽.

② 朴龍雲,「科試 設行과 製述科 及第者」,『高麗時代 蔭叙制와 科擧制 硏究』, 일지사, 1990, 422·432·434쪽.

-2) (忠烈王)二年十月 密直司使許珙知貢擧 右副承宣薛恭儉同知貢擧 取進士 賜李益邦等三十三人·明經一人·恩賜三人 及第: 허공과 설공검은 고종 35년에 함께 급제한 同年들인데[2-2-20-27), 172쪽], 전자는 벌써 원종 13년에 동지공거를 맡고[2-2-21-7), 176쪽] 이번에는 密直司使(종2품)로서 지공거를 담당하고 있는데 비해 후자는 우부승선(정3품)에 재임 중 처음으로 동지공거를 맡아 함께 과거를 주관하고 있어 흥미롭다. 그후 전자는 다시 충렬왕 14년에, 후자는 왕 11년에 각각 지공거를 한번씩 더 맡는다.

이번 시험에서는 이익방이 장원으로 급제하였는데, 그러나 그는 중요한 위치에 오르지 못했던 것 같다. 반면에 동년인 金台鉉은 여러 요직을 두루 거치는 가운데 왕 29년에 지공거를 맡고 직위도 僉議政丞(종1품)까지 오르면서 光山金氏家의 기반을 다지는 인물이었다. 아울러 다른 동년인 禹天佑와 吳光札도 모두 종3품까지 지낸 것으로 알려져 있다.

① 허흥식, 위의 글 507·508쪽.

② 박용운, 위의 글 434·435쪽.

-3) (忠烈王)五年六月 贊成事朴恒知貢擧 典法判書郭汝弼同知貢擧 取進士 賜趙簡
等三十三人·明經二人·恩賜八人 及第: 고종 35년의 급제자로[2-2-20-22), 170쪽]
충렬왕 원년에 동지공거를 맡은바 있는 박항[위의 1)항]이 이때에 이르러 찬
성사(정2품)로 재임 중 지공거를 맡고, 전법판서(정3품)인 곽여필이 동지공거를
담당하여 함께 과거를 주관하고 있다.

이 시험에서는 조간이 장원으로 급제하였는데, 그는 이듬해 書籍店錄事(丙
科權務)로 있으면서 親試에도 응시하여 합격하였다. 이후 조간은 여러 요직을
맡거니와, 그런 가운데 충렬왕 27년에 동지공거를 담당하며, 직위도 뒤에 찬
성사(정2품)까지 지냈다. 아울러 그의 同年들도 큰 일을 맡은 사람이 여럿이
었다. 그 한 사람인 權溥(權永)는 수상을 비롯하여 재상의 자리를 20여년 간
지키면서 안동권씨를 문벌가로 성장시킨 중심 인물로, 성리학의 발전에도
일조하는 가운데 왕 27년에 지공거를 맡기도 하며, 金恂은 역시 문벌가인
安東金氏家의 일원으로 왕 21년에 동지공거를 담당하고 뒤에 宰臣인 判三司
事 등을 역임하였다. 한편 李世基와 李瑱은 형제간으로 慶州李氏家의 자손
들인데, 전자는 밀직부사(정3품)를 지냈다. 그리고 후자는 정당문학(종2품)에
오르고 충숙왕 2년에는 考試官－지공거의 고쳐진 명칭－을 담당하거니와,
이 사람은 고려 후·말기의 대표적 학자요 정치가의 한 분인 李齊賢의 아버
지이기도 하다. 다음 吳祁(吳潛)는 여러 요직을 거치면서 충렬왕 28년에 지공
거를 맡고 직위 역시 뒤에 찬성사에 오르며, 韓謝奇는 司議大夫(종4품) 등을
역임하였던 것이다.

① 허홍식, 위의 글 508쪽.

② 박용운, 위의 글 435·436쪽.

-4) (忠烈王)六年四月 贊成事元傅知貢擧 大司成白文節同知貢擧 取進士 賜李伯琪
等三十三人·明經一人·恩賜一人 及第 五月親試文臣 取書籍店錄事趙簡等九人:
고종 28년의 급제자로[2-2-20-18), 169쪽] 이미 원종 13년에 지공거를 맡은바
있는 원부[2-2-21-7), 176쪽]가 지금은 찬성사(정2품)로서 다시 같은 일을 담당하
고, 역시 고종 25년의 급제자인 백문절[2-2-20-16), 168쪽]이 이때에 이르러 대
사성(종3품)에 재임 중 동지공거를 맡아 함께 과거를 주관하고 있다.

이 시험에서 장원급제한 이백기에 대해서는 이 사실 이외에 달리 전하는
내용이 찾아지지 않는다. 그러나 동년인 주인원은 뒤에 삼사좌윤(종3품)을 역
임하는 등 활동이 많았다.

한데 왕 6년에는 이처럼 급제자의 방방이 있은 다음 달, 즉 5월에 친시가
시행되었다. 본래 친시는 앞서 설명한 일이 있듯이 당해년의 합격자들을 대
상으로 국왕이 친히 주재해 재심하여 급제 순위를 결정하는게 상례였으나

이번의 시험은 그와 성격이 좀 다른 것이었다[2-1-2-1), 36쪽]. 보다시피 이미 급제를 하여 벼슬길에 오른 문신들을 대상으로 한 시험이었기 때문이다. 이에 대해『고려사』권29, 세가에는「5월 계묘에 詩·賦로써 文臣들을 親試하여 書籍店錄事 趙簡 등 9인을 선발하고는 黃牌를 주고 內侍에 소속토록 하였다」고 설명하고 있으며,『고려사절요』에는 이보다 좀더 자세하여『고려사』세가와 동일한 설명에 이어서「왕이 詩文에 유의하여 文臣들을 親試하고는 합격자들을 殿試門生이라 일컬으며 특별하게 대우하였다」고 기술하고 있다. 일반 과거에서의 座主와 門生의 관계처럼 국왕이 합격자를 자신의 문생이라 칭하면서 자기 주변에 두고 특별대우를 했다는 데서 그것을 따로이 시행한 의미를 대략 짐작할 수 있는 것이다. 실제로 이번 친시에서 합격한 사람들도 조간을 비롯해 權溥·李世基·李瑱·吳潛 등 전년인 왕 5년의 급제자 5명과 왕 2년의 급제자 金台鉉 등이었는데, 급제자의 분포가 그처럼 된 것은 조간 등 5명을 배출할 때의 지공거였던 朴恒이 많은 역할을 한 데서 말미암았다는 기술도 보인다[『고려사』권105, 열전 박항전].

　① 허홍식, 위의 글 508쪽.

　② 박용운, 위의 글 435·436·450쪽.

　③ 柳浩錫,「高麗時代의 覆試」『全北史學』8, 1984, 22·23쪽.

-5) (忠烈王)八年十一月 知密直司事李尊庇知貢擧 承旨郭預同知貢擧 取進士 賜崔伯倫等三十二人及第: 원종 원년의 급제자인 이존비[2-2-21-1), 174쪽]가 이때에 이르러 지밀직사사(종2품)로서 지공거를 맡고, 역시 고종 42년의 장원급제자인 곽예(곽왕부)[2-2-20-26), 172쪽]가 지금은 승지(정3품)로 재임 중 동지공거를 담당하여 함께 과거를 주관하고 있다. 이 시험에서는 최백륜이 장원으로 급제하였는데, 그는 뒤에 戶部議郞(정4품)을 지냈다고 전하며, 同年인 安于器도 역시 원종 원년의 급제자인 安珦[2-2-21-1), 174쪽]의 아들로서 밀직부사(정3품) 등을 역임하였음이 확인된다.

　① 허홍식, 위의 글 508·509쪽.

　② 박용운, 위의 글 436·437쪽.

-6) (忠烈王)十年十月 判密直司事金周鼎知貢擧 判衛尉寺事權㫜(㫜은 誤記)同知貢擧 取進士 賜趙宣烈等三十三人·明經二人·恩賜一人 及第: 원종 5년의 급제자인 김주정[2-2-21-4), 175쪽]이 이때에 이르러 판밀직사사(종2품)로서 지공거를 맡고, 역시 고종 41년의 급제자인 권단權㫜[2-2-20-25), 171쪽] - 선거지의 권훤權㫜은 잘못된 표기임 - 이 지금은 판위위시사(정3품)에 재임 중 동지공거를 담당하여 함께 과거를 주관하고 있다. 이들 중 전자는 뒤에 知都僉議事(종2품)에까지 오르며, 후자는 위의 4)항목에서 소개한 權溥의 아버지로서 그 또한 知僉議府事(종2품)로 승진하며 致仕한다.

이 시험에서 장원급제한 조선렬에 대해서는 이 사실 이외에 달리 전하는
내용이 찾아지지 않는다. 그러나 그의 同年으로 현재 崔誠之(崔實)·蔡洪哲·權
漢功·金元祥·白頤正 등 5명이 알려졌는데, 이들이 장원급제자와는 달리 모
두들 고위직에 오르고 있어 주목된다. 즉, 최성지는 여러 요직을 거치는 가
운데 충선왕 5년에 동지공거를 맡고 뒤에 찬성사(정2품)를 지내며, 채홍철 역
시 찬성사까지 오르면서 충숙왕 後5年에 지공거를 담당한다. 그리고 권한공
도 유사하여 충선왕 5년에는 지공거를 맡고, 이어서 찬성사를 거쳐 정승(종1
품)까지 역임하며, 김원상은 정당문학(종2품) 등을 거쳐 판삼사사에 이른다.
나머지 한 사람 백이정은 왕 6년에 동지공거를 맡았던 백문절[위의 4)항]의 아
들로서 僉議評理(종2품)를 지내거니와, 그는 또한 安珦과 더불어 朱子性理學
을 도입하는데 큰 몫을 하는 장본인이기도 한 것이다.

   ① 허홍식, 위의 글 509쪽.

   ② 박용운, 위의 글 437·438쪽.

-7) (忠烈王)十一年十月 知僉議府事薛公儉知貢擧 左承旨崔守璜同知貢擧 取進士
賜郭麟等三十一人及第: 고종 45년의 급제자로[2-2-20-27], 172쪽], 충렬왕 2년에
동지공거를 맡았던 설공검[위의 2)항]이 지금은 지첨의부사(종2품)로서 지공거
를 담당하고, 역시 고종조의 급제자인 최수황이 이때에 이르러 좌승지(정3품)
에 재임 중 동지공거를 맡고 있다. 이 후자는 뒤에 찬성사(정2품)에까지 오르
거니와, 이번의 급제자들도 상당한 직위들을 역임하고 있음이 확인된다. 장
원급제자인 곽인은 사절의 한 사람으로 일본에 갔다가 돌아오지 못하여 직
위가 供驛署令(종7품)에 그쳤지만, 同年인 李兆年은 정당문학(종2품), 閔頔(閔迪)
도 密直使(종2품) 등을 지내는 것이다.

   ① 허홍식, 위의 글 509쪽.

   ② 박용운, 위의 글 419·420·438·439쪽.

-8) (忠烈王)十二年十月 贊成事韓康知貢擧 國子祭酒李益培同知貢擧 取進士 賜李
榑等三十一人及第: 그 자신 급제자로서 이미 왕 원년에 지공거를 맡은바 있
는 한강[위의 1)항]이 지금은 찬성사(정2품)에 재임 중 다시 같은 일을 담당하
고, 역시 고종 31년의 급제자인 이익배[2-2-20-20), 170쪽]가 이때에 이르러 국
자제주(정4품)로 있으면서 동지공거를 맡아 함께 과거를 주관하고 있다. 이
시험에서는 이부가 장원으로 급제하였는데, 그는 뒤에 右思補(종6품) 등을 역
임하였음이 확인된다.

   ① 허홍식, 위의 글 509쪽.

   ② 박용운, 위의 글 439쪽.

-9) (忠烈王)十四年九月 中贊許珙知貢擧 左承旨安珦同知貢擧 取進士 賜尹宣佐等
三十三人及第: 고종 45년의 급제자로[2-2-20-27), 172쪽], 이미 원종 13년과 충

렬왕 2년에 각각 동지공거[2-2-21-7), 176쪽]와 지공거[위의 2)항]를 맡은바 있는
허공이 지금은 中贊(종1품), 곧 수상으로서 한번 더 그 일을 담당하고 있다.
그리고 역시 원종 원년의 급제자인 안향[2-2-21-1), 174쪽]이 이때에 이르러 좌
승지(정3품)로 있으면서 동지공거를 맡고 있는데, 그는 왕 20년에 한번 더 지
공거의 일을 담당하고 직위도 찬성사(정2품)에까지 이른다.

이번 시험에서 장원급제한 윤선좌도 여러 요직을 거쳐 僉議評理(종2품)로 致
仕하였다. 그리고 同年인 蔡禑 또한 密直使(종2품) 등을 역임하였음이 확인된다.

① 허흥식, 위의 글 509쪽.

② 박용운, 위의 글 439쪽.

-10) (忠烈王)十六年五月 政堂文學鄭可臣知貢擧 判秘書事金㹐同知貢擧 取進士
賜崔咸一等三十一人及第: 고종 42년의 급제자인 정가신[2-2-20-26), 172쪽]이
이때에 이르러 정당문학(종2품)에 재임 중 지공거를 맡고, 역시 원종 9년의
급제자인 김변[2-2-21-6), 176쪽]이 지금은 판비서사(정3품)로 있으면서 동지공거
를 담당하고 있다. 이들 중 전자는 충렬왕 21년에 다시 한번 지공거를 맡고
직위도 수상인 中贊(종1품)에까지 이르며, 후자도 僉議叅理(종2품)까지 역임한
다 함은 앞서의 기회에 설명한 바와 같다.

이곳의 『고려사』 선거지에는 금번 시험에서 진사 31명만을 뽑은 것으로
기술되어 있다. 그러나 『高麗朝科擧事蹟』과 禹倬의 문집인 『尙賢錄』에 이번
과거의 결과인 榜目이 실려 있어서 진사 31명과 함께 恩賜 2인과 明經 1인
이 그 안에 더 포함되어 있었음을 알 수 있다. 동시에 그들 급제자의 명단과
신상도 파악되어 있거니와, 이처럼 충렬왕 16년의 과거는 그 전체적인 모습
을 보여주고 있는 시험이었다는 점에서도 의미가 큰 것이었다.

이번의 진사 급제자들은 乙科 3인, 丙科 7인, 同進士 21인으로 분포되어
있는데, 그 대표로 선거지에도 기록되어 있는 최함일이 '乙科 第一人'으로
장원급제자였겠다. 그는 뒤에 판서(정3품)까지 역임하거니와, 그와 함께 을과
에 든 趙仁秀와 尹莘傑 중에서는 후자의 활동이 많아서 史書 여러 곳에서
찾아진다. 즉, 그는 요직을 두루 거쳐 評理(종2품)에까지 오르고 있는 것이다.

그리고 병과 급제자 가운데에서 『고려사』 등에도 이름이 올라 있어 직위
등을 알 수 있는 사람은 糾正(종6품)을 역임한 金文鼎과 憲官으로서의 활동이
컸고 또 성균제주(정4품)에 올랐던 우탁이 보인다. 아울러 동진사 급제자로서
는 護軍(정4품)을 지낸 印承光과 密直使(종2품)에 오른 金承用, 左思補(종6품)를
지낸 崔沏 및 選部典書(정3품)에 오른 崔斯立, 右獻納(정6품)을 지낸 李樛, 대사
성(종3품)에 오른 金承印 등이 찾아진다.

① 허흥식, 위의 글 509~511쪽.

② 박용운, 위의 글 439~444쪽.

-11) (忠烈王)二十年十月 安珦知貢擧 閔漬同知貢擧 取進士 賜尹安庇等三十三人
及第: 원종 원년의 급제자로서[2-2-21-1), 174쪽] 충렬왕 14년에 동지공거를 맡
은바 있는 안향[위의 9)항]이 이번에는 지공거를 담당하고, 역시 원종 7년의
장원급제자인 민지[2-2-21-5), 176쪽]가 이때에 이르러 동지공거를 맡고 있다.
한데 이곳 선거지에는 이들 두 사람의 당시 직위가 누락되어 있는데, 전자
의 경우 충렬왕 20년 4월에 同知密直(종2품)이었고[『고려사』 권31, 세가], 후자는
왕 18년 윤6월에 副承旨(정3품)였으므로[『고려사』 권30, 세가] 이들 직위에 여전
히 머물면서 과거를 주관했다고 보아도 좋을 것 같다. 이들이 뒤에 각각 찬
성사(정2품)와 정승(종1품)을 역임한다 함은 앞서의 기회에 설명한 바와 같다.
  이번 시험에서 장원급제한 윤안비는 代言(정3품)을 지냈음이 확인된다. 그
리고 同年들도 여러 명이 고위직에 올랐는데, 趙延壽는 찬성사(정2품), 李彦冲은
첨의평리(종2품), 金光軾은 摠部議郎(정4품), 辛蕆은 판밀직사사(종2품)까지 역임
하는 것이다. 다만 다른 한 동년인 洪侑의 경우는 직위가 잘 파악되지 않는다.
  ① 허흥식, 위의 글 511·512쪽.
  ② 박용운, 위의 글 444·445쪽.

-12) (忠烈王)二十一年十月 鄭可臣知貢擧 金恂同知貢擧 取進士 賜姜暄等二十七
人及第: 고종 42년의 급제자로[2-2-20-26), 172쪽], 충렬왕 16년에 이미 지공거
를 맡은바 있는 정가신[위의 10)항]이 이번에 다시 그 일을 담당하고, 역시 왕
5년의 급제자인 김순[위의 3)항]이 동지공거를 맡아 과거를 주관하고 있다. 한
데 이곳 선거지에는 이들 두 사람의 당시 직위가 누락되어 있는데, 그러나
전자의 경우 왕 21년 정월에 僉議侍郎贊成事(정2품)였으므로[『고려사』 권31, 세
가] 10월에도 그 직위 그대로 였으리라 짐작되지만, 후자는 자료가 미비되어
있어 실제로 좀 파악하기가 어렵다. 이번 시험에서 장원급제한 강훤에 대해
서도 이 사실 이외에 달리 전하는 내용이 찾아지지 않는다.
  ① 허흥식, 위의 글 512쪽.
  ② 박용운, 위의 글 445·446쪽.

★ 登科錄에는 충렬왕 22년과 23년에도 과거를 실시한 것으로 정리되어 있다.
그러나 『고려사』 선거지 등에서는 전혀 기록이 찾아지지 않는데, 왕 22년부
터 24년까지는 世子가 국왕을 대신하여 일시 국사를 聽斷하다가 他意에 의
해 물러나고, 이어지는 母妃 齊國大長公主의 死去와 그에 따라 귀국한 세자
에 의해 국왕측근세력이 숙청되고, 종국에는 국왕도 물러났다가 새로 즉위
했던 忠宣王(세자)이 또다시 쫓겨나다시피 하면서 復位하는 등 정치적 소용
돌이가 심한 시기였다. 이같은 상황을 감안할 때 위의 두 차례 과거 시행을
긍정적으로 보는 견해가 없지 않지만 좀더 신중하게 검토해 볼 필요는 있다

고 생각된다.

① 허흥식, 위의 글 512쪽.

② 박용운, 위의 글 446쪽.

-13) (忠烈王)二十六年九月 全昇知貢擧 鄭允宜同知貢擧 取進士 賜李資歲等三十三人及第: 지공거를 맡은 전승은 뒤에 密直使(종2품)[『고려사』 권32, 세가 충렬왕 28년 정월]를, 그리고 동지공거를 담당한 정윤의는 뒤에 密直提學(정3품)[『고려사』 권32, 세가 충렬왕 28년 동10월] 등을 역임하지마는, 그러나 과거를 주관할 당시의 직위는 선거지에도 기술되어 있지 않듯이 잘 파악이 되지 않는다. 아울러 이 시험에서 장원급제한 이자세에 대해서도 그같은 사실 이외에 달리 전하는 내용이 찾아지지 않는데, 반면에 同年인 柳墩(柳仁和)은 찬성사(정2품)까지 지내면서 활동이 많았다.

① 허흥식, 위의 글 512쪽.

② 박용운, 위의 글 446·451쪽.

-14) (忠烈王)二十七年五月 密直司事權永知貢擧 左副承旨趙簡同知貢擧 取進士 賜盧承綰等三十三人及第: 이번에 지공거를 맡은 권영(권부)의 직위인 密直司事는 同知密直司事(종2품)의 誤記로 생각된다. 그는 왕 29년 11월에 知密直司事(종2품)를 제수받고 있기 때문이다[『고려사』 권32, 세가]. 이 시험의 동지공거는 左副承旨(정3품)인 조간이 담당하고 있지마는, 두 사람은 왕 5년에 함께 급제한 同年으로[위의 3)항], 거기에서 장원급제한 사람은 조간이었다. 그럼에도 오히려 권부가 그보다 상위직에 있어서 흥미롭거니와, 그 뒤의 직위도 권부가 수상인 僉議政丞(종1품)까지 지낸 반면 조간은 찬성사(정2품)로 그쳤다 함은 앞서의 자리에 설명해 둔 바와 같다.

이번 시험에서 장원으로 급제한 사람은 노승관인데, 獻納(정6품) 등을 역임한 사실이 확인된다. 그러나 보다 더 많은 활동을 한 인물은 동년들로, 고려 후·말기의 대표적 儒臣의 한 사람이요 정치가인 李齊賢도 바로 이 해에 급제하였다. 권부의 사위로서 『櫟翁稗說』 등의 저자이기도한 그는 이후 충숙왕 7년과 공민왕 2년에 지공거를 맡아 과거를 주관하며, 여러 요직을 거쳐 상당히 오랜 기간 동안 수상직의 임무도 수행하는 것이다. 그리고 다른 동년들 가운데서도 朴元桂는 典法判書(정3품), 全信은 同知密直司事(종2품), 閔祥正은 찬성사(정2품), 王伯은 執義(종3품) 등을 역임하였으며, 그밖에 직위가 밝혀져 있지 않으나 吳璲·李彦昇도 동년으로 알려져 있다.

① 허흥식, 위의 글 512·513쪽.

② 박용운, 위의 글 446·447쪽.

-15) (忠烈王)二十八年四月 密直司事吳祈知貢擧 三司左使池禹功同知貢擧 取進士

賜崔凝等三十三人及第 五月親試 取乙科曹匡漢等二人·丙科五人: 왕 5년의 급제자로[위의 3)항], 당시 密直司事－同知密直司事(종2품) 내지 知密直司事(종2품)로 생각됨－인 吳祁(吳祈?)(吳潛)가 지공거를 맡고, 삼사좌사(정3품)인 지우공이 동지공거를 담당하여 함께 과거를 주관하고 있다. 이 시험에서는 최응이 장원으로 급제하였는데, 그에 대해서는 왕 22년에 국자감시[『고려사』권74, 선거지 2, 科目 國子試之額], 이어서 왕 27년 升補試에 합격한 기사(위와 같은 책, 科目 升補試) 등이 찾아진다.

한데 이번의 과거에서도 일반적인 親試와는 달리 일단 放榜을 하고, 그 다음 달인 5월에 추가로 그것을 실시하고 있다. 여기에서는 조광한이 장원으로 급제하였지마는, 그밖에 이미 왕 20년에 급제한 洪侑[위의 11)항]와 27년의 급제자 閔祥正[위의 14항]이 그것에 또 응시해 급제하고 있는 것을 보면 이 역시 왕 6년에 시행한 친시[위의 4)항]와 유사한 성격과 의미를 지닌 시험이지 않았을까 짐작된다.

① 허흥식, 위의 글 513쪽.
② 박용운, 위의 글 447·448·456쪽.

-16) (忠烈王)二十九年六月 密直司事金台鉉知貢擧 秘書尹金祐同知貢擧 取進士 賜朴理等三十三人及第: 왕 2년의 급제자인 김태현[위의 2)항]이 지금은 知密直司事(종2품)로 있으면서 지공거를 맡고 있다. 이는 그가 왕 28년 6월에 知密直司事였으므로[『고려사』권32, 세가] 그처럼 판단한 것인데, 아마 선거지의 密直司事였다는 기술은 어떤 잘못에 기인하는 것 같다. 이 김태현과 더불어 동지공거를 담당해 과거를 주관한 사람은 비서윤(종3품)인 김우였다.

이 시험에서 장원급제한 朴理는 국자제주(정4품)를 지낸 사실이 밝혀져 있다. 그리고 同年으로는 許冠·崔瀣·李衍宗 등이 알려졌는데, 이들 중 허관은 戶部散郎(정6품)에 올랐고, 최해는 檢校大司成(종3품), 이연종은 密直使(종2품) 등을 역임하였음이 확인된다.

① 허흥식, 위의 글 513쪽.
② 박용운, 위의 글 448·456쪽.

-17) (忠烈王)三十一年五月 贊成事鄭瑎知貢擧 知申事宋璘同知貢擧 取進士 賜張子贇等三十三人及第: 원종 13년의 급제자인 정해[2-2-21-7), 176쪽]가 지금은 찬성사(정2품)로 있으면서 지공거를 맡고, 지신사(정3품)인 송인이 동지공거를 담당하여 함께 과거를 주관하고 있다.

이 시험에서는 장자빈이 장원으로 급제하였는데, 그에 대해서는 이 사실 이외에 달리 전하는 내용이 찾아지지 않는다. 하지만 同年들 가운데는 뛰어난 인물이 여럿이어서, 그 한 사람인 韓宗愈는 충혜왕 원년에, 또 金永旽은 충혜왕 後元年에 각각 지공거를 맡고, 뒤에는 두 사람 모두 左政丞(종1품)의

직위에까지 올랐다. 아울러 金光轍도 判密直司事(종2품)까지 지내는데, 그러
나 張桂의 경우는 직위가 잘 확인되지 않는다.

① 허흥식, 위의 글 513·514쪽.
② 박용운, 위의 글 449·456쪽.

-18) (忠烈王)三十三年十一月 密直司事許有全知貢擧 版圖惣郞李顗同知貢擧 取進
士 賜安奮等三十三人及第: 원종 15년의 급제자인 허유선[2-2-21-9], 177쪽]이
지금은 同知密直司事(종2품) – 왕 33년 3월의 직위임. 선거지의 密直司事는 誤
記로 생각됨 – 에 있으면서 지공거를 맡고, 판도총랑(정4품)에 재임 중인 이의
가 동지공거를 담당하여 과거를 주관하고 있다.

이 시험에서 장원급제한 안분에 대해서는 이 사실 이외에 달리 전하는 내
용이 찾아지지 않는다. 반면에 同年인 安軸은 충혜왕 後元年에 동지공거를
맡고, 뒤에 찬성사(정2품)의 직무를 수행하는 등 활동이 많았다.

① 허흥식, 위의 글 514쪽.
② 박용운, 위의 글 449·450·456쪽.

原文 2-2-23. 忠宣王五年八月權漢功知貢擧 崔誠之同知貢擧 取進士 賜安震等
三十三人及第

2-2-23. 충선왕 5년 8월에 권한공이 지공거, 최성지가 동지공거가 되어
진사를 뽑았는데, 안진 등 33인에게 급제를 사하였다.[1]

註解 2-2-23-

-1) 忠宣王五年八月 權漢功知貢擧 崔誠之同知貢擧 取進士 賜安震等三十三人及
第: 이번 시험이 충선왕의 재위시에 시행된 듯 정리되어 있으나 그는 이미
왕 5년 3월에 讓位했으므로 실은 충숙왕 즉위년 8월에 실시를 본 것인데,
충렬왕 10년에 같이 급제한 동년인 권한공과 최성지[2-2-22-6], 182쪽]가 각기
지공거와 동지공거를 맡아 주관하고 있다. 한데 이곳 선거지에는 이들 고시
관의 직위가 기술되어 있지 않지마는, 그러나 역시 같은 충선왕 4년 6월에
전자가 僉議評理(종2품), 후자는 同知密直司事(종2품)를 제수받고 있어서[『고려
사』 권34, 세가] 여전히 양자는 당해 직위에 머물면서 그 일을 담당하지 않았
을까 짐작된다.

이 시험에서 장원급제한 안진은 그후 여러 요직을 거쳐 정당문학(종2품)에
까지 올랐다. 그리고 同年들 가운데도 金光載는 충혜왕 後2年에 동지공거를
맡고 직위는 첨의평리에 이르렀으며, 李嵒(李君侅) 역시 충혜왕 원년에 동지공

거, 같은 왕 後2년에는 지공거의 임무를 수행하고, 직위는 亞相인 左政丞(종1
품) 및 守門下侍中(종1품)을 역임하는 등 활동이 많았다.

① 許興植, 「고려 예부시 동년록」, 『高麗科擧制度史研究』, 일조각, 1981 ; 『고려
의 과거제도』, 일조각, 2005, 514쪽.

② 朴龍雲, 「科試 設行과 製述科 及第者」, 『高麗時代 蔭叙制와 科擧制 研究』, 일
지사, 1990, 457·458쪽.

原文 2-2-24. 忠肅王二年正月李瑱考試官 尹奕同考試官 取進士 賜朴仁幹等三
十三人及第 四年九月延興君朴全之考試官 摠部典書白元恒同考試官 取進士 賜
洪義孫等及第 七年六月李齊賢考試官 朴孝修同考試官 取進士 九月賜崔龍甲等
三十三人及第 十三年權準朴瑗取崔元遇等 十七年十月順興府院君安文凱知貢
擧 右代言李湛同知貢擧 取進士 賜宋天鳳等三十三人明經恩賜各二人及第

2-2-24. 충숙왕 2년 정월에 이진이 고시관, 윤혁이 동고시관이 되어 진사
를 뽑았는데, 박인간 등 33인에게 급제를 사하였다.[1]

4년 9월에 연흥군 박전지가 고시관, 총부전서 백원항이 동고시관이 되
어 진사를 뽑았는데, 홍의손 등에게 급제를 사하였다.[2]

7년 6월에 이제현이 고시관, 박효수가 동고시관이 되어 진사를 뽑았는
데, 9월에 최용갑 등 33인에게 급제를 사하였다.[3]

13년에 권준과 박원이 최원우 등을 뽑았다.[4]

17년 10월에 순흥부원군 안문개가 지공거, 우대언 이담이 동지공거가
되어 진사를 뽑았는데, 송천봉 등 33인과 명경·은사 각 2인에게 급제를
사하였다.[5]

註解 2-2-24-

-1) 忠肅王二年正月 李瑱考試官 尹奕同考試官 取進士 賜朴仁幹等三十三人及第:
충렬왕 5년의 급제자인 이진[2-2-22-3), 181쪽]이 考試官을 맡고, 윤혁이 同考試
官을 담당하여 과거를 주관하고 있다. 이곳의 고시관과 동고시관은 종래의
지공거와 동지공거가 충숙왕 2년에 이르러 개정된 명칭인데[『고려사』 권74, 선
거지 2, 科目 2 凡試官], 이 호칭은 이번의 왕 2년과 4년·7년·13년 등 네 차례
사용되고 왕 17년부터는 다시 이전의 명칭으로 되돌아간다.

한데 이곳 선거지에는 고시관·동고시관을 맡은 사람들의 직위가 누락되

어 있는데, 그러나 이진의 경우 충렬왕 33년 8월에 정당문학[『고려사』권32, 세가], 그리고 충숙왕 원년 6월에는 商議會議都監事에 재임하고 있으므로[『고려사』권34, 세가] 과거를 맡을 당시는 政堂文學商議(종2품)이지 않았을까 생각된다. 하지만 윤혁의 직위는 여전히 파악이 되지 않는데, 뒤에 密直使(종2품)를 지낸 사실만은 확인이 된다[『고려사』권36, 세가 충혜왕 즉위년 하4월].

이 시험에서는 박인간이 장원으로 급제하였는데, 그는 뒤에 여러 요직을 거쳐 첨의평리(종2품)에까지 올랐다. 아울러 同年들 가운데서도 여러 명이 고위직에 올랐거니와, 朴仁宇는 知府事(5품)를 지냈고, 閔思平은 찬성사(정2품), 趙廉은 밀직부사(정3품), 金昴는 判典客寺事(정3품), 安牧은 밀직부사 등을 역임하였던 것이다.

  ① 許興植, 「고려 예부시 동년록」『高麗科擧制度史硏究』, 일조각, 1981 ; 『고려의 과거제도』, 일조각, 2005, 514·515쪽.

  ② 朴龍雲, 「科試 設行과 製述科 及第者」『高麗時代 蔭叙制와 科擧制 硏究』, 일지사, 1990, 457~459쪽.

-2) (忠肅王)四年九月 延興君朴全之考試官 摠部典書白元恒同考試官 取進士 賜洪義孫等及第: 원종 9년의 급제자인 박전지[2-2-21-6), 176쪽]가 贊成事(정2품)로 致仕한 후 이때는 延興君(종1품)으로 있으면서 고시관을 맡고 있다. 그리고 뒤에 첨의평리(종2품)까지 지내는 백원항[『고려사』권35, 세가 충숙왕 8년 동10월]이 당시는 총부전서(정3품)에 재임 중 동고시관을 담당하고 있거니와, 이들이 맡은 고시관과 동고시관에 대해서는 바로 윗 항목에서 설명한 바와 같다.

이 시험에서 장원급제한 홍의손에 대해서는 이 사실 이외에 달리 전하는 내용이 찾아지지 않는다. 반면에 同年의 한 사람인 鄭頲는 첨의평리를 지냈으며, 특히 許伯은 충목왕 3년에 지공거의 일을 보고, 직위도 찬성사에 이르렀다. 그러나 또 한 동년인 金光轍는 夭折하여 微官에 머물고 말았다.

  ① 허흥식, 위의 글 515쪽.

  ② 박용운, 위의 글 457·459·460쪽.

-3) (忠肅王)七年六月 李齊賢考試官 朴孝修同考試官 取進士 九月賜崔龍甲等三十三人及第: 충렬왕 27년의 급제자인 이제현[2-2-22-14), 186쪽]이 고시관을 맡고, 역시 급제자인 박효수가 동고시관[위의 1)항 참조]을 담당하여 과거를 주관하고 있다. 한데 이곳 선거지에는 이들의 당시 직위가 명시되어 있지 않다. 그러나 전자는 墓誌·年譜 등을 통해 그때에 知密直司事(종2품)였음을 확인할 수 있는데, 하지만 후자는 자료의 미비로 잘 알 수가 없다. 이후 이제현은 공민왕 2년에 한번 더 지공거를 맡고 여러 해 동안 수상의 직무를 수행하며, 박효수도 밀직부사(정3품)에 오른다.

이번 시험에서 장원급제한 최용갑에 대해서는 이 사실과 함께 元나라 制

科에 응시하였다는 것 이외에는 달리 전하는 내용이 찾아지지 않는다. 하지만 同年들 가운데는 李穀·安輔·白文寶·尹澤 등 뛰어난 인물들이 여럿이었다. 이들 중 이곡과 안보는 원나라 制科에도 급제하고 각기 충목왕 3년과 공민왕 4년에 동지공거를 맡으며, 직위도 전자는 찬성사(정2품), 후자는 정당문학(종2품)에 올랐다. 그리고 백문보와 윤택 역시 여러 요직을 거쳐 전자 또한 정당문학, 후자는 密直提學(정3품) 등을 역임하는 것이다.

① 허흥식, 위의 글 515쪽.
② 박용운, 위의 글 460·461쪽.

★ 登科錄에는 忠肅王 11년에도 과거가 실시된 것으로 정리되어 있으나 『고려사』 선거지 등에서는 그 사실이 찾아지지 않는다.

① 허흥식, 위의 글 515쪽.
② 박용운, 위의 글 461쪽.

-4) (忠肅王)十三年 權準·朴瑗取崔元遇等: 기록이 매우 소략한데, 두 사람은 모두 급제자로서 아마 권준이 考試官이고 朴瑗(朴遠)이 同考試官[위의 1)항 참조]이었겠다. 그리고 직위도 권준은 충숙왕 11년 2월 이후로 僉議贊成事(정2품)였으므로[『고려사』 권35, 세가] 13년 당시에도 이 직위에 재임했을 것 같고, 박원 역시 11년 2월에 右副代言(정3품)을 제수받고 있으므로(위와 같음) 그 또한 13년 당시에는 당해 직위에 재임하지 않았을까 싶다.

이 시험에서 장원급제한 최원우에 대해서는 이 사실 이외에 달리 전하는 내용이 찾아지지 않는다. 그러나 同年들 중에는 고위직에 오른 인물이 여럿이었는데, 특히 李仁復은 공민왕 6년과 14년·18년 등 세 차례 지공거를 맡으며, 직위도 찬성사(정2품)를 거쳐 판삼사사에 이르렀다. 그리고 李達衷(李達中) 역시 여러 요직을 거쳐 정당문학(종2품)까지 지냈고, 鄭誧는 左司議大夫(정4품), 李挺은 형부상서(정3품), 金臺卿은 檢校大司成(정3품) 등을 역임하는 것이다.

① 허흥식, 위의 글 515·516쪽.
② 박용운, 위의 글 461·462쪽.

-5) (忠肅王)十七年十月 順興府院君安文凱知貢擧 右代言李湛同知貢擧 取進士 賜宋天鳳等三十三人 明經·恩賜各二人 及第: 이곳 선거지에는 충숙왕 17년 10월의 사실로 정리되었으나 그는 이 해 2월에 傳位했으므로 실제로는 충혜왕 즉위년에 시행된 과거라 할 수 있다. 그리고 시험관의 명칭도 이때부터 考試官·同考試官에서 知貢擧·同知貢擧로 되돌려졌으므로 그에 따라 기록되었는데, 전자는 이미 僉理(종2품)를 거친 안문개가 府院君(정1품)으로 있으면서 담당하고, 후자는 우대언(정3품)인 이담이 맡고 있다.

이 시험에서는 宋天鳳(宋天逢)이 장원으로 급제하였는데, 그는 뒤에 簽書密直司事(정3품)까지 지냈다. 同年으로는 洪彦博이 가장 활발한 활동을 벌여 공민왕 2년과 11년에 각각 동지공거와 지공거를 맡고, 여러 차례 수상인 政丞(종1품) 및 門下侍中(종1품)을 지냈다. 아울러 李達尊은 典理摠郞(정4품), 崔宰는 密直副使商議(정3품), 鄭道傳의 아버지인 鄭云敬은 형부상서(정3품) 등을 역임하였음이 확인되며, 李文挺은 정당문학(종2품)에까지 오른 것으로 알려져 있다.

① 허흥식, 위의 글 516쪽.
② 박용운, 위의 글 457·462·463쪽.

原文 2-2-25. 忠惠王元年四月密直提學韓宗愈知貢擧 右代言李君侅同知貢擧 取進士 賜周贇等三十三人及第

2-2-25. 충혜왕 원년 4월에 밀직제학 한종유가 지공거, 우대언 이군해가 동지공거가 되어 진사를 뽑았는데, 주빈 등 33인에게 급제를 사하였다.[1]

註解 2-2-25-

-1) 忠惠王元年四月 密直提學韓宗愈知貢擧 右代言李君侅同知貢擧 取進士 賜周贇等三十三人及第: 충렬왕 31년의 급제자인 한종유[2-2-22-17), 187쪽]가 지금은 밀직제학(정3품)에 재임하면서 지공거를 맡고, 역시 충선왕 5년의 급제자인 이군해(李嵓)[2-2-23-1), 188쪽]가 이때에 이르러 우대언(정3품)으로서 동지공거를 담당하여 과거를 주관하고 있다. 이들 중 후자는 충혜왕 後2年에 다시 지공거를 맡거니와, 직위는 두 사람 모두 뒤에 左政丞(종1품)을 지냈다 함은 앞서 설명한 바와 같다.

이 시험에서 장원급제한 주빈에 대해서는 이 사실 이외에 달리 전하는 내용이 찾아지지 않는다. 그러나 同年 가운데 崔璪(崔源)은 밀직부사(정3품)까지 지냈음이 확인되며, 閔抃 역시 副代言(정3품)까지 오르고 있다. 그 밖에 朴仁祉도 司設署令(정6품)을 역임하고, 閔愉 또한 別將(정7품)을 지내고 있다.

① 許興植,「고려 예부시 동년록」,『高麗科擧制度史硏究』, 일조각, 1981 ;『고려의 과거제도』, 일조각, 2005, 516쪽.
② 朴龍雲,「科試 設行과 製述科 及第者」,『高麗時代 蔭叙制와 科擧制 硏究』, 일지사, 1990, 463·464쪽.

原文 2-2-26. 忠肅王後五年正月蔡洪哲知貢擧 安珪同知貢擧 取進士 賜南宮敏等三十三人及第

2-2-26. 충숙왕 후5년 정월에 채홍철이 지공거, 안규가 동지공거가 되어 진사를 뽑았는데, 남궁민 등 33인에게 급제를 사하였다.[1]

註解 2-2-26-

-1) 忠肅王後五年正月 蔡洪哲知貢擧 安珪同知貢擧 取進士 賜南宮敏等三十三人 及第: 충렬왕 10년의 급제자인 채홍철[2-2-22-6), 182쪽]과 그리고 안규가 각각 지공거와 동지공거를 맡아 과거를 주관하고 있다. 한데 이곳 선거지에는 이들의 직위가 나타나 있지 않은데, 그러나 전자는 충숙왕 後元年 2월에 찬성사(정2품)였고[『고려사』 권35, 세가], 후자 역시 충숙왕 7년 12월에 代言(정3품)이었던(위와 같음) 점으로 미루어 당해 직위나 이보다 조금 더 높은 위치에서 과거를 담당했으리라 짐작된다. 이들 중 후자는 뒤에 정당문학(종2품)에까지 오른다.

　이번 시험에서는 남궁민이 장원으로 급제하였는데, 그는 뒤에 按廉·存撫使나 整治官 등으로 활동하고 있다. 同年들 가운데서도 뚜렷한 위치에 오르지 못한 李潤을 제외하면 許綱(許鋼)은 知申事(정3품)를 지냈고, 成汝完은 政堂文學商議(종2품), 鄭思道도 정당문학 등을 역임하고 있다.

① 許興植, 「고려 예부시 동년록」 『高麗科擧制度史研究』, 일조각, 1981 ; 『고려의 과거제도』, 일조각, 2005, 516·517쪽.

② 朴龍雲, 「科試 設行과 製述科 及第者」 『高麗時代 蔭叙制와 科擧制 研究』, 일지사, 1990, 458·464·465쪽.

原文 2-2-27. 忠惠王後元年金永旽知貢擧 安軸同知貢擧 取李公遂等 後二年七月密直副使李君侅知貢擧 判典儀寺事金光載同知貢擧 取進士 賜安元龍等三十三人及第 後三年七月政堂文學金積知貢擧 知申事辛裔同知貢擧 取進士 賜李資乙等三十三人及第 後五年十一月朴忠佐知貢擧 李蒨同知貢擧 取進士 賜河乙沚等三十三人及第

2-2-27. 충혜왕 후원년에 김영돈이 지공거, 안축이 동지공거가 되어 이공수 등을 뽑았다.[1]

　후2년 7월에 밀직부사 이군해가 지공거, 판전의시사 김광재가 동지공거가 되어 진사를 뽑았는데, 안원룡 등 33인에게 급제를 사하였다.[2]

　후3년 7월에 정당문학 김진이 지공거, 지신사 신예가 동지공거가 되어 진사를 뽑았는데, 이자을 등 33인에게 급제를 사하였다.[3]

후5년 11월에 박충좌가 지공거, 이청이 동지공거가 되어 진사를 뽑았는데, 하을지 등 33인에게 급제를 사하였다.[4]

註解 2-2-27-

-1) 忠惠王後元年 金永旽知貢擧 安軸同知貢擧 取李公遂等: 충렬왕 31년의 급제자인 김영돈[2-2-22-17), 187쪽]과 그 2년 뒤인 왕 33년에 급제한 안축[2-2-22-18), 188쪽]이 각각 지공거와 동지공거를 맡아 과거를 주관하고 있다. 한데 이곳 선거지에는 이들의 직위가 나타나 있지 않은데, 전자의 경우는 역시 당시의 직위가 잘 확인되지 않으나, 후자는 이를 전후하여 典法判書(정3품)에 재임했으므로[『고려사』 권109, 열전 안축전] 어느 정도 분명하게 알 수가 있다. 이들 가운데 김영돈은 뒤에 찬성사(정2품)를 거쳐 좌정승(종1품)에까지 오르며, 안축 역시 찬성사 등을 역임하였다.

이번 시험에서는 이공수가 장원으로 급제하였는데, 그는 뒤에 여러 요직을 거치는 가운데 공민왕 4년에 지공거를 맡으며, 직위도 좌정승(종1품)에 이르렀다. 同年인 柳淑 또한 유사하여 공민왕 11년에 동지공거를 담당하고, 뒤에 찬성사(정2품)까지 지냈다. 그러나 崔禮卿의 경우는 이들처럼 고위직에 오르지는 못한 듯하다.

① 許興植, 「고려 예부시 동년록」, 『高麗科擧制度史硏究』, 일조각, 1981 ; 『고려의 과거제도』, 일조각, 2005, 517쪽.

② 朴龍雲, 「科試 設行과 製述科 及第者」『高麗時代 蔭叙制와 科擧制 硏究』, 일지사, 1990, 469쪽.

-2) (忠惠王)後二年七月 密直副使李君侅知貢擧 判典儀寺事金光載同知貢擧 取進士 賜安元龍等三十三人及第: 충선왕 5년의 급제자로서[2-2-23-1), 188쪽] 충혜왕 원년에는 동지공거를 맡은바 있는 이군해(이암)[2-2-25-1), 192쪽]가 밀직부사(정3품)에 재임 중 지공거를 담당하고, 역시 같은 해에 급제한 同年인 김광재가 지금은 判典儀寺事(정3품) - 判典校寺事(정3품)의 잘못인 듯 함 - 로 있으면서 함께 과거를 주관하였다고 전하고 있다. 한데 이군해의 경우 이미 충혜왕 後元年에 정당문학(종2품), 僉議評理(종2품)에 오르고 있어[『고려사』 권111, 열전 이암전·『高麗墓誌銘集成』 566쪽, 이암묘지명] 그의 직위에 대한 이곳의 기술만은 어떤 오해에서 비롯된게 아닐까 짐작된다. 그는 뒤에 좌정승(종1품)에 오르거니와, 김광재도 첨의평리 등을 지낸다.

이번 시험에서 장원으로 급제한 안원룡은 뒤에 諫官으로 활동하고 있는 사실 등이 확인된다. 동년으로는 安宗源이 알려졌는데, 禑王 8년에 지공거를 맡고, 직위도 고려조에서는 찬성사(정2품) 등을 역임하였다.

   ① 허흥식, 위의 글 517쪽.

   ② 박용운, 위의 글 469·470쪽.

-3) (忠惠王)後三年七月 政堂文學金積知貢擧 知申事辛裔同知貢擧 取進士 賜李資乙等三十三人及第: 정당문학(종2품)인 김진이 지공거를 맡고, 급제자로서 뒤에 叅理(종2품)까지 지내는 신예[『고려사』 권125, 열전 신예전]가 지금은 지신사(정3품)로 있으면서 동지공거를 담당하여 함께 과거를 주관하고 있다. 이 시험에서는 이자을이 장원으로 급제하였는데, 그는 뒤에 舍人(정4품) 등을 역임하였다. 그리고 同年들 중에도 崔仲淵은 佐郞(정6품), 河允源은 대사헌(정3품)에 올랐다.

   ① 허흥식, 위의 글 517쪽.

   ② 박용운, 위의 글 467·470쪽.

-4) (忠惠王)後五年十一月 朴忠佐知貢擧 李蒨同知貢擧 取進士 賜河乙沚等三十三人及第: 금번 과거는 이 해 정월에 충혜왕이 세상을 떠났으므로 실제로는 새로 즉위한 충목왕대에 시행된 것인데, 급제자인 박충좌가 지공거를 맡고, 역시 급제자인 이청이 동지공거를 담당하여 주관하고 있다. 한데 이곳 선거지에는 이들의 당시 직위가 명시되어 있지 않은데, 박충좌의 경우는 여전히 잘 확인이 되지 않으나 이청은 왕 後4년 7월에 僉議評理商議(종2품)를 제수받고 있으므로[『고려사』 권36, 세가] 이 직위에서 과거를 주관했을 것으로 짐작된다. 이들 중 전자는 뒤에 찬성사(정2품)를 거쳐 判三司事에까지 오르며, 후자는 叅理(종2품) 등을 역임하였다.

   이 시험에서는 하을지가 장원으로 급제하였는데, 그는 뒤에 全羅道元帥 등으로 활동하고 있음이 확인된다. 그리고 同年인 安吉常(安吉祥) 역시 判典客寺事(정3품) 등을 지내고 있다.

   ① 허흥식, 위의 글 517쪽.

   ② 박용운, 위의 글 453·466·470·471쪽.

原文 2-2-28. 忠穆王三年十月陽川君許伯知貢擧 韓山君李穀同知貢擧 取進士 賜金仁琯等三十三人及第

2-2-28. 충목왕 3년 10월에 양천군 허백이 지공거, 한산군 이곡이 동지공거가 되어 진사를 뽑았는데, 김인관 등 33인에게 급제를 사하였다.[1]

註解 2-2-28-

-1)忠穆王三年十月 陽川君許伯知貢擧 韓山君李穀同知貢擧 取進士 賜金仁琯等三

十三人及第: 각각 충숙왕 4년과 7년의 급제자인 허백[2-2-24-2), 190쪽]과 이곡
[2-2-24-3), 190쪽]이 다같이 密直使(종2품)로 재임 중 전자는 양천군(종1품), 후자
는 한산군(종1품)에 封함을 받은 상태에서 한 사람은 지공거, 다른 한 사람은
동지공거를 맡아 함께 과거를 주관하고 있다.

　이 시험에서 장원으로 급제한 김인관은 뒤에 원나라 과거에도 응시한바
있는데, 직위는 檢校太子太師((종1품) 등을 역임하였다. 아울러 同年들 중에도
많은 활동을 한 인물이 여럿 알려졌다. 그 한 사람으로 李茂芳(李茂方·李釋之)
은 여러 요직을 거치는 가운데 공민왕 23년에 지공거를 맡고 직위는 門下評
理(종2품)까지 지내며, 韓脩 역시 禑王 2년에 동지공거를 담당하고 직위가 知
密直司事(종2품)에 이른다. 그리고 李岡 또한 밀직부사(정3품)에 오르고, 李誠
中은 판서(정3품), 金可久는 典校令(종3품) 등을 역임하는 것이다. 그러나 白璘
의 경우만은 활동이 뚜렷하지 못했던 듯 직위 등이 찾아지지 않는다.

① 許興植, 「고려 예부시 동년록」 『高麗科擧制度史硏究』, 일조각, 1981 ; 『고려
　의 과거제도』, 일조각, 2005, 517·518쪽.
② 朴龍雲, 「科試 設行과 製述科 及第者」 『高麗時代 蔭敍制와 科擧制 硏究』, 일
　지사, 1990, 472·473쪽.

原文 2-2-29. 恭愍王二年五月金海君李齊賢知貢擧 贊成事洪彦博同知貢擧 取進
士 賜乙科李穡等三人丙科七人同進士二十三人明經二人及第　四年二月贊成事
李公遂知貢擧 密直提學安輔同知貢擧 取進士 賜安乙起等三十三人及第 六年四
月政堂文學李仁復知貢擧 簽書樞密院事金希祖同知貢擧 取進士 賜廉興邦等三
十三人及第 九年十月政堂文學金得培知貢擧 樞密院直學士韓方信同知貢擧 取
進士 賜鄭夢周等三十三人及第 十一年十月右侍中洪彦博知貢擧 知都僉議柳淑
同知貢擧 取進士 賜朴實等三十三人及第 十四年閏十月興安府院君李仁復知貢
擧 簽書密直司事李穡同知貢擧 取進士 賜尹紹宗等二十八人及第 十七年四月幸
九齋親試 賜李詹等七人及第 十八年六月興安伯李仁復知貢擧 三司左使李穡同
知貢擧取進士 賜柳伯濡等三十三人及第 二十年三月李穡知貢擧 田祿生同知貢
擧 取進士 六月親試 賜金潛等三十一人及第 二十三年四月政堂文學李茂芳知貢
擧 密直副使廉興邦同知貢擧 取進士 王親試 取金子粹等三十三人 至十二月賜
及第

2-2-29. 공민왕 2년 5월에 김해군 이제현이 지공거, 찬성사 홍언박이 동
지공거가 되어 진사를 뽑았는데, 을과에 든 이색 등 3인과 병과 7인, 동
진사 23인, 명경 2인에게 급제를 사하였다.[1)]

4년 2월에 찬성사 이공수가 지공거, 밀직제학 안보가 동지공거가 되어 진사를 뽑았는데, 안을기 등 33인에게 급제를 사하였다.[2]

6년 4월에 정당문학 이인복이 지공거, 첨서추밀원사 김희조가 동지공거가 되어 진사를 뽑았는데, 염흥방 등 33인에게 급제를 사하였다.[3]

9년 10월에 정당문학 김득배가 지공거, 추밀원직학사 한방신이 동지공거가 되어 진사를 뽑았는데, 정몽주 등 33인에게 급제를 사하였다.[4]

11년 10월에 우시중 홍언박이 지공거, 지도첨의 유숙이 동지공거가 되어 진사를 뽑았는데, 박실 등 33인에게 급제를 사하였다.[5]

14년 윤10월에 홍안부원군 이인복이 지공거, 첨서밀직사사 이색이 동지공거가 되어 진사를 뽑았는데, 윤소종 등 28인에게 급제를 사하였다.[6]

17년 4월에 9재에 행차하여 친시하고 이첨 등 7인에게 급제를 사하였다.[7]

18년 6월에 홍안백 이인복이 지공거, 삼사좌사 이색이 동지공거가 되어 진사를 뽑았는데, 유백유 등 33인에게 급제를 사하였다.[8]

20년 3월에 이색이 지공거, 전녹생이 동지공거가 되어 진사를 뽑았는데, 6월에 친시하고 김잠 등 31인에게 급제를 사하였다.[9]

23년 4월에 정당문학 이무방이 지공거, 밀직부사 염흥방이 동지공거가 되어 진사를 뽑았는데, 왕이 친시하여 김자수 등 33인을 선발하였다. 12월에 이르러 급제를 사하였다.[10]

註解 2-2-29-

-1) 恭愍王二年五月 金海君李齊賢知貢擧 贊成事洪彦博同知貢擧 取進士 賜乙科 李穡等三人·丙科七人·同進士二十三人·明經二人 及第: 충렬왕 27년의 급제자로서[2-2-22-14], 186쪽] 이미 충숙왕 7년에 考試官(知貢擧)을 맡은바 있는 이제현[2-2-24-3), 190쪽]이 이때에 이르러 한번 더 과거를 주관하는 책임을 담당하고 있다. 당시 이제현은 都僉議政丞(종1품)과 右政丞(종1품) 등을 역임하고 일시 현직에서 물러나 金海君(종1품)에 머물고 있었다. 그리고 그와 함께 동지공거를 맡은 사람은 역시 충숙왕 17년(충혜왕 즉위년)에 급제하고[2-2-24-5), 191쪽] 당시에는 찬성사(정2품)에 재임 중이던 홍언박이었는데, 그 또한 왕 11년에 재차 지공거를 담당한다. 이번의 시험을 주관한 이후에도 이제현은 다시 정

승직을 맡고 府院君(정1품)에 오르거니와, 홍언박도 우정승까지 지내지마는
뒤에 피살되는 불운을 당하였다.

이 시험에서 장원급제한 사람은 座主인 이제현과 더불어 고려말의 최대
유학자로서 왕 14년과 18년에 동지공거, 왕 20년과 우왕 12년에는 지공거를
맡고, 문하시중(종1품)과 判門下府事(종1품) 등을 역임하면서 고려왕조에 대해
끝까지 충절을 지킨 이색이었다. 그리고 복잡 多難했던 麗末에 많은 활동을
하면서 判典校寺事(정3품)를 지낸 朴尙衷과 정당문학(종2품)까지 오르는 鄭樞
(鄭公權), 우왕 3년에 동지공거를 맡고 뒤에 門下贊成事(성2품)를 역임히는 權
仲和는 그의 同年이었다. 이들 이외에 이 해의 급제자로는 大護軍(종3품)을
지내는 司空實과, 判典校寺事에 오른 李悅, 開城尹(정3품)을 지내는 金鉄, 侍
史(종4품)에 오르는 韓弘道, 代言(정3품)을 지내는 朴晉祿, 門下評理(종2품)에 오
르는 李玖, 典書(정3품)를 지내는 韓哲冲, 直學(정9품)에 오른 柳乙淸, 右正言(종
6품)을 지내는 李得遷, 直長(정7품)에 오른 金君弼, 典校副令(종4품)을 지내는
金義卿 등이 알려져 있으며, 그 외에 직위를 잘 알 수 없는 權德生 등 여러
명의 이름도 찾아지고 있어 진사 급제자 33명 대부분이 확인된다.

① 許興植,「고려 예부시 동년록」『高麗科擧制度史研究』, 일조각, 1981 ;『고려
　의 과거제도』, 일조각, 2005, 518·519쪽.

② 朴龍雲,「科試 設行과 製述科 及第者」『高麗時代 蔭叙制와 科擧制 研究』, 일
　지사, 1990, 474~477쪽.

-2) (恭愍王)四年二月 贊成事李公遂知貢擧 密直提學安輔同知貢擧 取進士 賜安乙
起等三十三人及第: 충혜왕 後元年의 장원급제자인 이공수[2-2-27-1), 194쪽]가
지금은 찬성사(정2품)에 재임하면서 지공거를 맡고, 역시 충숙왕 7년의 급제자
인 안보[2-2-24-3), 190쪽]가 이때에 이르러 밀직제학(정3품)으로 있으면서 동지공
거를 담당하여 함께 과거를 주관하고 있거니와, 이들 중 전자는 뒤에 左政丞(종
1품)을 거쳐 領都僉議(종1품)에 이르며, 후자 또한 정당문학(종2품)까지 지낸다.

이 시험에서는 안을기가 장원으로 급제하였는데, 그에 대해서 몇몇 기사
가 더 눈에 띠기는 하나 신상은 잘 파악이 되지 않는다. 대신에 同年 32명의
이름이 대부분 전해지는 가운데 뛰어난 활동을 한 사람들은 여럿이 알려져
있다. 그중 한 명인 韓方信은 여러 요직을 거치는 가운데 왕 9년에는 동지공
거를 맡고 뒤에 찬성사(정2품)의 지위에까지 오르며, 李集(李元齡)은 判典校寺
事(정3품), 鄭習仁은 散騎常侍(정3품), 李韌은 정당문학(종2품), 이제현의 손자인
李寶林도 정당문학 등을 역임하였다. 또 廉國寶는 우왕 11년에 지공거를 담
당하고 직위도 樞密宰相에 오르는가 하면, 禹玄寶 역시 우왕 9년에 門下評
理(종2품)로서 지공거를 맡고 뒤에 右侍中(종1품)을 지낸다. 이들 이외에 吳思
忠은 左常侍(정3품), 金九容(金齊閔)은 大司成(정3품), 楊以時는 知申事(정3품)를

맡는 등 한결같이 주요직들을 담당하였음이 확인되는 것이다.

　① 허흥식, 위의 글 519·520쪽.

　② 박용운, 위의 글 477~480쪽.

-3) (恭愍王)六年四月　政堂文學李仁復知貢擧　簽書樞密院事金希祖同知貢擧　取進 士　賜廉興邦等三十三人及第: 충숙왕 13년의 급제자인 이인복[2-2-24-4), 191쪽] 이 지금은 정당문학(종2품)으로서 지공거를 맡고, 역시 급제자인 김희조가 첨 서추밀원사(정3품)에 재임 중 동지공거를 담당하여 함께 과거를 주관하고 있 다. 이들 중 특히 전자는 그후 왕 14년과 18년, 두 차례 더 지공거를 맡고 직위도 찬성사(정2품)를 거쳐 判三司事에 이르며, 후자 역시 뒤에 同知樞密院 事(종2품) 등을 역임한다.

　　이번 시험에서는 염흥방이 장원으로 급제하였다. 그는 당시에 이미 수상 의 자리에 올라 있던 廉悌臣의 아들이요 왕 4년에 급제한 廉國寶의 동생으 로[위의 2)항] 빠른 승진을 거듭하였다. 그리하여 공민왕 23년에는 추밀의 위 치에서 동지공거를 맡고, 이어서 우왕 6년에는 지공거, 다시 12년에는 동지 공거를 담당하며 직위도 評理(종2품)에까지 오르는데, 나중에는 권세를 함부 로 하다가 복주되는 운명을 맞았다.

　　하지만 同年들 가운데는 계속하여 중요한 역할을 수행한 인물들이 여럿이 었는데, 그 한 사람인 成石璘 같은 이는 공양왕 2년에 지공거를 맡고 이어서 찬성사(정2품)에 올랐다. 그리고 閔霽는 開城尹(종2품)을 지내며, 李舒는 右常 侍(정3품), 尹東明은 理部散郎(정6품), 鄭暉은 判典校(정3품), 姜蓍는 門下贊成事 (정2품), 許錦은 典理判書(정3품), 趙云仡은 同知密直司事(종2품), 崔彦父는 禮儀 摠郎(정4품) 등을 역임하였다.

　① 허흥식, 위의 글 520·521쪽.

　② 박용운, 위의 글 466·480·481쪽.

-4) (恭愍王)九年十月　政堂文學金得培知貢擧　樞密院直學士韓方信同知貢擧　取進 士　賜鄭夢周等三十三人及第: 시기는 분명치 않지만 급제자인 김득배가 지금 은 정당문학(종2품)에 재임하면서 지공거를 맡고, 왕 4년의 급제자로 이때는 추밀원직학사(정3품)였던 한방신[위의 2)항]이 동지공거를 담당하여 과거를 주 관하고 있다. 이들 중 후자는 뒤에 찬성사(정2품)의 지위에까지 오르거니와, 그와 함께 이번 시험에서 장원으로 급제한 사람이 바로 정몽주였다는 사실 이 눈길을 끈다. 정몽주는 다들 아는 대로 유학에 깊어 「東方 理學의 祖」로 기술되고 있거니와, 급제 후 여러 요직을 거치는 가운데 우왕 11년에 동지 공거를 맡으며, 직위도 찬성사(정2품)에 이어서 守門下侍中(종1품)에 올랐다. 그러면서 이른바 易姓革命을 기도하는 李成桂一派에 맞서 고려왕조에 충절 을 다하다가 선죽교에서 순절한 사실은 잘 알려진 이야기이다.

그의 同年들은 그 한 사람으로 辛旽에게 맞섰다가 죽음을 당하는 李存吾의 문집인 『石灘集』에 전하여 대부분을 알 수가 있다. 그들 중 여말에 활동이 많아 귀에 익은 사람들만도 判典校寺事(정3품)를 지낸 林樸을 비롯하여 門下評理(종2품)에 오른 金湊(金轍), 목화의 전래와 더불어 左司議大夫(종3품)를 지낸 文益漸, 정당문학(종2품)을 지낸 李仁敏, 밀직부사(정3품)에 오른 李子庸, 정당문학을 지낸 徐鈞衡(徐鈞衡), 判開城府事(종2품)까지 오른 柳源, 역시 정당문학을 지낸 郭樞, 藝文館大提學(종2품)에 오른 柳珣 등이 찾아진다. 이들 가운데에서 이인민은 우왕 9년에 동지공거를 맡았고, 유원은 창왕 원년에 지공거를 담당하기도 하는 사람들이다. 그밖에도 典校令(종3품)을 지낸 申仁甫, 秘書監(종3품)에 오른 朴啓陽, 밀직부사를 지낸 李嶬, 左代言(정3품)에 오른 金君鼎, 內書舍人(종4품)을 지낸 金潾, 판전교시사에 오른 金禧, 밀직부사를 지낸 李士渭 등이 확인되며, 白君瑛 등 일정한 직위가 알려지지 않은 사람들도 몇 명 이름이 전해지고 있다.

① 허홍식, 위의 글 521~524쪽.

② 박용운, 위의 글 467·481~486쪽.

-5) (恭愍王)十一年十月 右侍中洪彦博知貢擧 知都僉議柳淑同知貢擧 取進士 賜朴實等三十三人及第: 충숙왕 17년(충혜왕 즉위년)의 급제자로서[2-2-24-5), 191쪽] 이미 공민왕 2년에 동지공거를 맡은바 있는 홍언박[위의 1)항]이 지금은 우시중(종1품), 곧 수상으로 재임하면서 한번 더 지공거를 담당하고 있다. 그리고 그와 함께 동지공거를 맡은 사람은 충혜왕 後元年의 급제자로[2-2-27-1), 194쪽] 이때에 이르러 지도첨의(종2품)였던 유숙인데, 그는 뒤에 찬성사(정2품)까지 지냈다.

이번 시험에서는 박실(朴宜中)이 장원으로 급제하였다. 그는 新進士類의 한 사람으로 이후 주로 學官과 諫官職을 거쳐 密直提學(정3품)에 오르는데, 문집으로 『貞齋集』을 남겼다. 여기에 그의 同年들 이름이 전하여 이 해의 진사 급제자 전원의 명단을 파악할 수 있거니와, 역시 밀직제학을 지낸 金濤와 특히 이색·정몽주와 함께 三隱의 한 사람으로 知密直司事(종2품)까지 지낸 李崇仁도 그 일원이었다.

이들과는 정치적 입장을 달리하여 조선의 건국에 앞장서거나 동조했던 鄭道傳과 偰長壽 역시 같은 동년들이었다. 이들은 고려조에서 전자의 경우 정당문학(종2품), 후자는 찬성사(정2품)와 判三司事 등을 역임하는데, 그 동안 전자는 창왕 즉위년, 후자는 고려의 마지막 과거인 공양왕 4년의 시험 때 각각 지공거를 맡았다. 이들 이외에도 비교적 활발한 활동을 하여 史書에 이름이 올라있는 동년들로 司議大夫(종3품)를 지낸 許時와 舍人(종4품)에 오른 方得珠, 密直宰相을 지낸 安景溫(安仲溫), 成均祭酒(종3품)에 오른 金文鉉, 이조판서(정3품)를 지낸 韓理, 密直使(종2품)에 오른 李恬(李福海) 등등이 확인된다.

① 허홍식, 위의 글 524·525쪽.

② 박용운, 위의 글 486~492쪽.

-6) (恭愍王)十四年閏十月 興安府院君李仁復知貢擧 簽書密直司事李穡同知貢擧 取進士 賜尹紹宗等二十八人及第: 충숙왕 13년의 급제자로서[2-2-24-4), 191쪽] 이미 공민왕 6년에 지공거를 맡은바 있는 이인복[위의 3)항]이 지금은 府院君(정1품)으로서 判三司事(종1품)에 재임 중 또다시 지공거의 책임을 맡고, 역시 공민왕 2년의 장원급제자인 이색[위의 1)항]이 이때에 이르러 첨서밀직사사(정3품)로 있으면서 그와 함께 동지공거를 담당하여 과거를 주관하고 있다. 이들은 그 4년 후인 왕 18년에 또 한번 각기 똑같은 임무를 수행하거니와, 후자의 경우 왕 20년과 우왕 12년에 다시 지공거를 맡기도 한다 함은 앞서의 기회에 설명한 바와 같다.

이 시험에서는 윤소종이 장원으로 급제하였는데, 그는 예조판서(정3품)까지 지내면서 座主인 이색과는 반대로 조선의 개국에 앞장서는 인물이 되었다. 同年인 河崙 역시 윤소종과 비슷한 입장이었거니와 그는 고려조에서 첨서밀직사사까지 지냈다. 그 밖의 동년으로는 起居舍人(정5품)에 오른 朴尙眞과 知密直(종2품)을 지낸 盧嵩, 역시 밀직(종2품)에 오른 趙湖, 조선조에서 檢校漢城尹을 지낸 孟希道 등이 알려졌다.

① 허홍식, 위의 글 525쪽.

② 박용운, 위의 글 492·493쪽.

-7) (恭愍王)十七年四月 幸九齋 親試 賜李詹等七人及第: 친시는 국왕이 친히 주재하여 치르는 시험이라는 뜻에서 붙여진 명칭인데, 그것은 통상적으로 당해년의 급제자들을 대상으로 하여 급제 순위를 결정하는 수준이었으며, 시험과목은 詩·賦였다. 하지만 이 시험은 언제나 시행하는 상례적인게 아니었고, 또 통례를 벗어난 형식으로 치러진 경우도 있었다[2-1-2-1), 36쪽 및 2-1-3-1), 37쪽]. 이번 공민왕 17년의 친시 역시 후자의 예에 해당하는 것으로 왕이 9齋－5經 4書齋－에 행차하여 經學의 시험을 통해 새로운 급제자들을 선발하고 있는 것이다. 이러한 시험이 있게된 데 대해『고려사절요』권28, 공민왕 17년 하4월조와『고려사』권132, 열전 辛旽傳에 다음과 같이 설명되어 있다. 즉, 科擧의 폐단을 비판하는 신돈의 뜻에 따라 시행하지 않음으로써 藝文館·春秋館·典校寺에 충원이 되지 않아 심지어 전교시에서 疏祝을 쓸 사람이 한 명 밖에 없다는 말을 전해 듣고는 예문관의 요청을 받아들여 마침내 친시가 있게 되었다는 것이다. 공민왕 18년 전후의 상황을 보여주는 한 예라 하겠다.

이 시험에서는 李詹을 수석으로 하여 郭復·閔中理·鄭居義·李展·許溫·金子贇 등 7명이 급제하였다. 이들 중 이첨은 그후 활발한 활동을 하면서 知申

事(정3품)에 올랐고, 곽복은 密直提學(정3품)을 지냈으며, 민중리도 版圖判書(정
3품) 등을 역임하였다.

① 柳浩錫, 「高麗時代의 覆試」『全北史學』 8, 1984, 24~26쪽.

② 허홍식, 위의 글 525·526쪽.

③ 박용운, 위의 글 493·494쪽.

-8) (恭愍王)十八年六月 興安伯李仁復知貢擧 三司左使李穡同知貢擧 取進士 賜柳
伯濡等三十三人及第: 위의 6)항에서 설명했듯이 왕 14년에 함께 과거를 주
관하였던 이인복과 이색이 이번에도 전자가 홍안백이라는 伯爵의 위치에서
지공거를 맡고, 후자는 삼사좌사(정2품)에 재임 중 동지공거를 담당하여 임무
를 수행하고 있다. 이 시험에서는 유백유가 장원급제하였는데, 그는 비교적
활발한 활동을 하면서 判典儀寺事(정3품) 등을 지냈다. 同年으로는 權近(權晉)
이 주목되는 인물로, 창왕 즉위년에 동지공거를 맡고 직위도 簽書密直司事
(정3품)까지 지내거니와, 그는 널리 알려진 대로 性理學의 대가로서 조선조에
서 활약이 컸다. 그 밖에 金孟이 司憲糾正(종6품), 姜日華(姜隱)가 밀직부사(정3
품), 徐甄이 司憲掌令(종4품), 裵仲倫이 典理摠郞(정4품), 李至가 密直提學(정3품),
閔由義(誼)가 正言(정6품) 등을 역임하였음도 확인되지마는, 여타 인원들의 경
우 명단은 밝혀져 있으나 직위 등은 분명치가 않다.

① 허홍식, 위의 글 526·527쪽.

② 박용운, 위의 글 494~499쪽.

-9) (恭愍王)二十年三月李穡知貢擧 田祿生同知貢擧 取進士 六月親試 賜金潛等三
十一人及第: 공민왕 2년의 장원급제자로서[위의 1)항] 왕 14년과 18년 두 차
례에 걸쳐 동지공거를 맡은바 있는 이색[위의 6)항과 8)항]이 이번에는 지공거
를 담당하고, 역시 충혜왕 때의 급제자인 전록생이 이때에 이르러 동지공거
가 되어 함께 과거를 주관하고 있다. 한데 이곳 선거지에는 이들의 당시 직
위가 표기되고 있지 않지마는, 그러나 이색의 경우 동지공거를 맡았던 왕
18년에 三司左使(정2품)였고 20년 7월에는 정당문학(종2품)을 제수받고 있으므
로[『고려사』 권43, 세가] 이로써 당시의 그의 직위를 가늠해볼 수 있을 것 같으
며, 전녹생 역시도 왕 14년에 密直提學(정3품)과 鷄林府尹(4품 이상)이었다가[『고
려사』 권41, 세가 공민왕 14년 4월 및 7월] 20년 7월에 大司憲(정3품)을 제수받고 있
는 만큼[『고려사』 권43, 세가] 당시의 그의 직위 또한 가늠해 보기는 어렵지 않
을 듯싶다.

이들에 의해 선발된 진사들을 대상으로 6월에 친시가 시행되고, 그리하여
김잠 등 31인이 급제하고 있다. 이들의 명단이 급제자의 한 사람인 李行의
문집 『騎牛集』 등에 실려 있어 전원 파악되고 있지마는, 그 가운데 장원급
제자인 김잠은 급제한 이듬해인 왕 22년 11월에 擧子로서 사신과 함께 명나

라로 가던중 익사하는 불운을 당하여〔『고려사』 권44, 세가〕 별다른 자취를 남기
지 못하였다. 그렇지만 同年들은 여러 방면에서 활동을 하여 全伯英은 左司
議大夫(종3품)를 지내고, 이행은 이조판서(정3품)에 올랐으며, 尹就는 知密直司
事(종2품), 張知道는 起居注(종5품), 金敬崇은 注書(종7품), 南在(南謙)는 判典校寺
事(정3품), 鄭穆은 門下舍人(종4품), 李才(李伯由)는 右常侍(정3품), 金若采는 知申
事(정3품), 柳觀(柳寬)은 司憲中丞(종3품), 金若恒은 司憲執義(종3품), 王康은 밀직
부사(정3품), 金震陽도 常侍, 廉廷秀도 지신사, 劉敬(劉敞)은 成均祭酒(종3품), 許
應도 상시, 全賓은 諫議大夫(종3품), 文益孚도 知密直 등을 역임하고 있다.

　① 허홍식, 위의 글 527·528쪽.
　② 박용운, 위의 글 499~504쪽.

-10) (恭愍王)二十三年四月 政堂文學李茂芳知貢舉 密直副使廉興邦同知貢舉 取進
　士 王親試 取金子粹等三十三人 至十二月賜及第: 충목왕 3년의 급제인 李
　茂芳(李茂方·李釋之)[2-2-28-1], 195쪽]이 이때에 이르러 정당문학(종2품)에 재임 중
　지공거를 맡고, 역시 공민왕 6년의 장원급제인 염흥방[위의 3)항]이 지금은
　밀직부사(정3품)로 있으면서 동지공거를 담당하여 함께 과거를 주관하고 있
　다. 이들 가운데에서 후자의 경우 우왕 6년과 12년 두 차례 더 지공거와 동
　지공거를 맡는다 함은 앞서의 기회에 설명한 바와 같다.

　　이들 관장하의 이번 시험은 보다시피 4월에 치러지고, 이어서 친시의 시
　행까지 거쳐 김자수 등이 급제하였다. 그러나 9월에 왕이 급작스럽게 시해
　당하고 새 국왕이 즉위하는 정변이 있어 급제는 12월에 이르러 禑王에 의해
　사여되었다. 그 장원급제자는 방금 말했듯이 김자수였지마는, 그는 고려조에
　서 右常侍(정3품)와 형부판서(정3품) 등을 역임하였다. 정도전과 더불어 조선의
　건국에 앞장 섰던 趙浚도 역시 이 해의 급제자였거니와, 이 사람은 공양왕
　2년에 동지공거를 맡았으며 고려조에서의 직위도 찬성사(정2품)를 거쳐 판삼
　사사(종1품)에 이르렀다. 이 이외에 同年들 가운데에서 史書에 전하는 사람으
　로는 道의 장관인 按廉使를 지낸 李須를 비롯하여 獻納(정5품)에 오른 安定과
　門下舍人(종4품)을 지낸 金爾音, 密直提學(정3품)에 오른 朴仲容, 司憲執義(종3
　품)를 지낸 李皐, 左常侍(정3품)에 오른 李廷堅, 역시 道의 장관인 觀察使를 지
　낸 安景良, 우상시에 오른 陳義貴 등이 알려져 있다.

　① 허홍식, 위의 글 528~530쪽.
　② 박용운, 위의 글 504~508쪽.

原文 2-2-30. 辛禑二年政堂文學洪仲宣知貢舉 知密直韓脩同知貢舉 取進士 賜
鄭摠等三十三人明經四人及第 三年四月竹城君安克仁知貢舉 政堂文學權仲和
同知貢舉 取進士 賜成石珚等三十三人及第 六年五月瑞城君廉興邦知貢舉 密直

使朴形同知貢擧 取進士 賜李文和等三十三人明經六人及第 八年五月順興君安
宗源知貢擧 判厚德府事尹珍同知貢擧 取進士 賜柳亮等三十三人及第 九年四月
門下評理禹玄寶知貢擧 政堂文學李仁敏同知貢擧 取進士 賜金漢老等三十三人
及第 十一年四月瑞城君廉國寶知貢擧 政堂文學鄭夢周同知貢擧 取進士 賜禹洪
命等三十三人及第 十二年五月韓山府院君李穡知貢擧 三司左使廉興邦同知貢
擧 取進士 賜孟思誠等三十三人及第

2-2-30. 신우 2년에 정당문학 홍중선이 지공거, 지밀직 한수가 동지공거
가 되어 진사를 뽑았는데, 정총 등 33인과 명경 4인에게 급제를 사하였
다.[1]

　3년 4월에 죽성군인 안극인이 지공거, 정당문학 권중화가 동지공거가
되어 진사를 뽑았는데, 성석인 등 33인에게 급제를 사하였다.[2]

　6년 5월에 서성군인 염흥방이 지공거, 밀직사 박형이 동지공거가 되어
진사를 뽑았는데, 이문화 등 33인과 명경 6인에게 급제를 사하였다.[3]

　8년 5월에 순흥군인 안종원이 지공거, 판후덕부사 윤진이 동지공거가
되어 진사를 뽑았는데, 유량 등 33인에게 급제를 사하였다.[4]

　9년 4월에 문하평리 우현보가 지공거, 정당문학 이인민이 동지공거가
되어 진사를 뽑았는데, 김한로 등 33인에게 급제를 사하였다.[5]

　11년 4월에 서성군인 염국보가 지공거, 정당문학 정몽주가 동지공거
가 되어 진사를 뽑았는데, 우홍명 등 33인에게 급제를 사하였다.[6]

　12년 5월에 한산부원군인 이색이 지공거, 삼사좌사 염흥방이 동지공
거가 되어 진사를 뽑았는데, 맹사성 등 33인에게 급제를 사하였다.[7]

註解 2-2-30-

　-1) 辛禑二年 政堂文學洪仲宣知貢擧 知密直韓脩同知貢擧 取進士 賜鄭摠等三十
　　三人·明經四人 及第: 충혜왕 때에 급제한 홍중선이 지금은 정당문학(종2품)으
　　로서 지공거를 맡고, 역시 충목왕 3년에 급제한 한수[2-2-28-1), 195쪽]가 지밀
　　직(종2품)에 재임하면서 동지공거를 담당하여 함께 과거를 주관하고 있다.
　　　이 시험에서는 정총이 장원으로 급제하였는데, 그는 여러 요직을 거쳐 고
　　려조에서는 이조판서(정3품)까지 지냈다. 이 해의 급제자 가운데는 특히 인재

가 많았던 듯, 史書에 올라있는 사람들만 하더라도 集賢提學(정3품)을 지낸 楊首生과 密直提學(정3품)에 오른 成石璿을 비롯하여 厚德府副丞을 지낸 李就, 成均司藝(종4품)에 오른 柳伯淳, 三司右尹(종3품)을 지낸 趙禾, 典儀副令(정4품)에 오른 孔俯, 執義(종3품)를 지낸 鄭熙, 司議大夫(종3품)에 오른 李混, 정당문학(종2품)을 지낸 姜淮伯, 代言(정3품)에 오른 安景恭, 司憲持平(정5품)을 지낸 安祖同, 獻納(정5품)에 오른 宋愚, 이색의 아들로서 창왕 원년에 동지공거를 맡고 簽書密直司事(정3품)까지 지낸 李種學, 역시 집의에 오른 禹洪得, 兵曹摠郎(정4품)을 지낸 安魯生, 사의대부에 오른 洪吉旼, 大護軍(종3품)을 지낸 金涵 등이 확인되고 있다.

① 許興植,「고려 예부시 동년록」『高麗科擧制度史研究』, 일조각, 1981 ;『고려의 과거제도』, 일조각, 2005, 530·531쪽.

② 朴龍雲,「科試 設行과 製述科 及第者」『高麗時代 蔭叙制와 科擧制 研究』, 일지사, 1990, 471· 511~516쪽.

-2) (禑王)三年四月 竹城君安克仁知貢擧 政堂文學權仲和同知貢擧 取進士 賜成石珚等三十三人及第: 우왕을 신돈의 아들이라 하여 辛禑라 명명한 사람들은 이른바 易姓革命을 주도했던 李成桂派들로, 이 부분의 사실 여부는 아직 불분명한채이므로 이 자리에서는 일반적인 용례대로 우왕이라고 붙였다. 그가 즉위한지 두 번째인 이번 시험은 죽성군(종1품)인 안극인이 지공거를 맡고, 공민왕 2년의 급제자인 권중화[2-2-29-1), 197쪽]가 지금은 정당문학(종2품)에 재임하면서 동지공거를 담당하여 함께 과거를 주관하고 있다. 이들 중 전자는 공민왕의 后妃 가운데 한 사람인 定妃의 아버지로 일찍이 벼슬을 하여 공민왕 17년 8월 당시 同知密直(종2품)에 재임하던 중 魯國大長公主의 陵墓를 조성하는 役에 대해 諫言했다가 왕의 노여움을 사서 물러났다[『고려사절요』권28·『고려사』권89, 后妃列傳 공민왕 定妃安氏]. 이후 복직은 되지 않았던 듯, 죽성군으로 지내다가 우왕 3년의 과거를 총괄하게 된 것 같으며, 후자인 권중화는 그 후 어려움을 겪기도 하지만 찬성사(정2품)까지 승진하는 인물이다.

이번 시험에서는 성석인이 장원으로 급제했거니와, 그는 뒤에 판서(정3품)를 역임하였다. 아울러 同年들도 여럿이 벼슬길에 올라 史書에 이름이 전하는데, 고려조까지로 한정하여 살펴 보면 典校副令(종4품)에 오른 鄭矩를 비롯하여 獻納(정5품)을 지낸 權軫, 密直副使(정3품)에 오른 閔開(閔致康), 常侍(정3품)를 지낸 鄭洪, 知密直司事(종2품)에 오른 禹洪壽, 掌令(종4품)을 지낸 崔兢, 형조판서(정3품)에 오른 李稷, 刑曹正郎(정5품)을 지낸 房士(仲)良, 府使(5품 이상)에 오른 許操, 散騎常侍(정3품)를 지낸 李擴, 형조총랑(정4품)에 오른 尹會宗, 典儀副令(정4품)을 지낸 廉致和(廉致庸), 判事에 오른 禹洪壽의 동생 禹洪康 등이 찾아진다.

① 허홍식, 위의 글 531~533쪽.

② 박용운, 위의 글 516~521쪽.

-3) (禑王)六年五月 瑞城君廉興邦知貢擧 密直使朴形同知貢擧 取進士 賜李文和等 三十三人·明經六人 及第: 공민왕 6년의 장원급제자로[2-2-29-3), 199쪽] 왕 23 년에는 동지공거를 맡은바 있는 염흥방[2-2-29-10), 203쪽]이 이때에 이르러 지 공거를 담당하고, 密直使(종3품)에 재임 중인 박형이 동지공거를 맡아 과거를 주관하고 있다. 이곳 선거지에는 당시 염흥방이 서성군(종1품)이었다고 보이 거니와, 공민왕 23년에 밀직부사(정3품)와 密直提學(정3품) 등을 역임하고 있던 그가 우왕 원년 7월에 유배당하고 있지마는 이후 복직이 되지 않은 상태에 서 君號만을 띄고 과거의 주관에 임하였던 관계로 해서 그처럼 표기된 듯하 다. 염흥방은 그후 우왕 12년에 다시 한번 동지공거를 맡는다 함은 앞서 설 명한 바와 같고, 동지공거를 담당했던 박형도 뒤에 찬성사(정2품)까지 지낸다 [『고려사절요』권33, 우왕 14년 정월].

이 시험에서는 이문화가 장원으로 급제하였는데 그는 뒤에 司議大夫(종3 품)를 역임하였다. 同年들도 대부분의 이름이 전해지지마는, 그들 가운데에 서 韓尙質은 형조판서(정3품)에까지 올랐고, 그 이외에 밀직제학을 지낸 李靖, 知申事(정3품)에 오른 權執經, 持平(정5품)을 지낸 李作, 諫議(종3품)에 오른 閔 汝翼, 掌令(종4품)을 지낸 權湛, 堂後官(정7품)에 오른 柳謙, 左司諫(정5품)을 지 낸 崔云嗣 등만이 史書에서 찾아진다.

① 허홍식, 위의 글 533·534쪽.

② 박용운, 위의 글 510·521~526쪽.

-4) (禑王)八年五月 順興君安宗源知貢擧 判厚德府事尹珍同知貢擧 取進士 賜柳亮 等三十三人及第: 충혜왕 後2年의 급제자인 안종원[2-2-27-2), 194쪽]이 순흥군 (종1품)의 위치에서 지공거를 맡고, 판후덕부사인 윤진이 동지공거를 담당하 여 과거를 주관하고 있다. 안종원은 그 전에 門下評理(종2품)였는데 과거를 주관할 당시에 이 직위에서는 물러나 있었는지, 아니면 관직을 띤채 君으로 써 그같은 임무를 수행했는지 그점은 분명치가 않다. 그리고 윤진이 종사했 던 후덕부는 우왕의 后妃 가운데 한 사람인 謹妃의 府로, 그는 바로 당해 府 의 判事였던 것인데, 이 직위는 얼마 뒤인 창왕 때 宰樞의 기구인 도평의사 사의 회의원이 되고 있는 것을 보면 상당한 고위직의 대우를 받는 위치에 있었던 것 같다. 이로부터 얼마 뒤에 두 사람은 모두 찬성사(정2품)의 지위에 오르고 있다[『고려사』권137, 열전 우왕 14년 정월].

이번 시험에서는 유량이 장원으로 급제하였는데, 그는 뒤에 직위가 호조 판서(정3품)에 이르고 있다. 그리고 同年들 가운데서도 獻納(정5품)을 지낸 張 子崇과 副代言(정3품)에 오른 韓尙敬을 비롯하여 舍人(정5품)을 지낸 禹洪富,

禮曹摠郎(정4품)에 오른 崔關, 兵曹佐郎(정6품)을 지낸 鄭擢, 寶文閣提學(정3품)에 오른 鄭愊, 掌令(종4품)을 지낸 金肇, 司議大夫(종3품)에 오른 辛權, 三司右尹(종3품)을 지낸 趙璞, 헌납에 오른 權弘(權幹), 執義(종3품)를 지낸 姜淮仲, 持平(정5품)에 오른 都衍, 諫官을 지낸 李堂, 判事에 오른 邊顯, 正郎(정5품)을 지낸 李種善 등이 『고려사』 등에서 확인되고 있다.

① 허흥식, 위의 글 534~536쪽.
② 박용운, 위의 글 526~531쪽.

-5) (禑王)九年四月 門下評理禹玄寶知貢擧 政堂文學李仁敏同知貢擧 取進士 賜金漢老等三十三人及第: 공민왕 4년의 급제자인 우현보[2-2-29-2), 198쪽]가 지금은 문하평리(종2품)에 재임 중 지공거를 맡고, 역시 공민왕 9년에 급제한 이인민[2-2-29-4), 199쪽]이 이때에 이르러 정당문학(종2품)으로 있으면서 동지공거를 담당하여 함께 과거를 주관하고 있다. 이들 가운데 우현보는 그뒤 右侍中(종1품)과 判三司事(종1품) 등을 역임한다 함은 앞서의 기회에 설명해 두었다.

이 과거에서는 김한로가 장원으로 급제하였는데, 그는 뒤에 禮儀佐郎(정6품)에 올랐다. 고려조에서 知密直(종2품)의 직위에까지 오르고 뒤에 조선의 세번째 국왕으로 太宗이 되는 李芳遠도 바로 이 해 급제자의 한 사람이었다. 이들 同年으로 史書에 이름이 오른 사람들을 더 찾아보면 司憲掌令(종4품)을 지낸 沈孝生을 비롯하여 司議大夫(종3품)에 오른 李來, 副代言(정3품)을 지낸 柳琰, 正言(정6품)에 오른 尹珪, 刑曹摠郎(정4품)을 지낸 成溥, 獻納(정5품)에 오른 李蟠, 大護軍(종3품)을 지낸 辛鳳生, 정언에 오른 權壎, 門下舍人(종4품)을 지낸 安束 등이 보이고 있다.

① 허흥식, 위의 글 536~538쪽.
② 박용운, 위의 글 531~536쪽.

-6) (禑王)十一年四月 瑞城君廉國寶知貢擧 政堂文學鄭夢周同知貢擧 取進士 賜禹洪命等三十三人及第: 공민왕 4년의 급제자인 염국보[2-2-29-2), 198쪽]가 서성군(종1품)의 위치에서 지공거를 맡고, 역시 공민왕 9년의 장원급제자인 정몽주[2-2-29-4), 199쪽]가 당시에는 정당문학(종2품)으로서 동지공거를 담당하여 함께 과거를 주관하고 있다. 이들 중 염국보의 경우 封君을 받은 이외에 어떤 다른 직위가 있었는지의 여부와, 또 있었다면 어느 정도의 직위였는지 등을 자료의 미비로 잘 알 수가 없지만, 정몽주는 그뒤 찬성사(정2품)를 거쳐 守門下侍中(종1품)에까지 올랐다 함은 앞서의 기회에 설명한 바와 같다.

이번 시험에서는 바로 직전인 우왕 9년[위의 5)항]의 과거를 주관했던 우현보의 아들 우홍명이 장원급제하였는데, 그는 뒤에 禮曹正郎(정5품)을 지냈다. 아울러 同年들 가운데서도 관직에 진출하여 『고려사』 등에 이름이 올라있는 사람이 몇몇 눈에 띠는데, 正言(정6품)을 지낸 王稛와, 獻納(정5품)에 오른 李

室, 역시 헌납을 지낸 咸傅霖과 李敢·趙休, 持平(정5품)에 오른 李原, 成均祭
酒(종3품)를 지낸 尹珥, 병조판서(정3품)에 오른 朴錫命, 考功佐郞(정6품)을 지낸
李孟畛, 司宰副令(종4품)에 오른 文允卿, 代言(정3품)을 지낸 盧龜山 등이 그들
이다. 卞季良 역시 이번 급제자 가운데 한 사람이지마는, 그는 다 아는 대로
조선조에 들어가서 큰 역할을 하였다.
① 허홍식, 위의 글 538·539쪽.
② 박용운, 위의 글 536~541쪽.

-7) (禑王)十二年五月 韓山府院君李穡知貢擧 三司左使廉興邦同知貢擧 取進士 賜
孟思誠等三十三人及第: 공민왕 2년의 장원급제자로[2-2-29-1], 197쪽] 이미 왕
14년과 18년에 동지공거[2-2-29-6)·8), 201·202쪽], 20년에는 지공거를 맡은바
있는 이색[2-2-29-9), 202쪽]이 이제 네 번째로 한산부원군(정1품)의 위치에서 과
거를 주관하는 임무를 수행하고 있다. 그는 당시 실무직에서 벗어나 檢校門
下侍中(종1품)을 띠고 府院君에 封君되어 있는 상태였다.

그와 함께 동지공거를 담당한 사람은 역시 공민왕 6년의 장원급제자인 염
홍방[2-2-29-3), 199쪽]이었다. 그후에 그도 또한 공민왕 23년에 동지공거
[2-2-29-10), 203쪽], 우왕 6년에는 지공거를 맡은바 있었는데[위의 3)항] 이때에
이르러 三司左使(정2품)로 재임 중 또다시 동지공거를 담당하고 있는 것이다.
이색의 위치로 인해 이미 지공거를 거친 사람이 다시 동지공거를 맡는 일이
있게된 듯 짐작은 가지만, 당시 그가 크게 세력을 부리고 있던 시기임을 함
께 감안할 때 여러 측면을 생각케 하는 대목이다.

이번 시험에서는 맹사성이 장원으로 급제하였다. 그는 獻納(정5품)을 지냈
음이 확인되는데, 조선조에 들어가 매우 큰 역할을 하게 된다. 吉再 역시 이
해의 급제자였다. 그는 成均博士(정7품)를 지냈는데, 맹사성과는 반대로 절조
를 지켜 조선조에는 仕宦하지 않았다. 그밖의 同年들로 沈溫·趙涓·鄭坤·申
元弼 등이 알려졌지마는 그중 신원필만이 고려조의 內府令(종3품)에 올랐음
이 전해지고 있다.
① 허홍식, 위의 글 539쪽.
② 박용운, 위의 글 541·542쪽.

原文 2-2-31. 辛昌卽位之年十月密直提學鄭道傳知貢擧 知申事權近同知貢擧 取
進士 賜李致等三十三人及第 元年九月判開城府事柳源知貢擧 厚德府尹李種學
同知貢擧 取進士 賜金汝知等三十三人及第

2-2-31. 신창 즉위년 10월에 밀직제학 정도전이 지공거, 지신사 권근이
동지공거가 되어 진사를 뽑았는데, 이치 등 33인에게 급제를 사하였다.[1]

원년 9월에 판개성부사 유원이 지공거, 후덕부윤 이종학이 동지공거가
되어 진사를 뽑았는데, 김여지 등 33인에게 급제를 사하였다.[2]

註解 2-2-31-

-1)辛昌卽位之年十月 密直提學鄭道傳知貢擧 知申事權近同知貢擧 取進士 賜李致
等三十三人及第: 공민왕 11년의 급제자인 정도전[2-2-29-5), 200쪽]이 지금은
밀직제학(정3품)으로서 지공거를 맡고, 역시 공민왕 18년의 급제자인 권근
[2-2-29-8), 202쪽]이 이때에 이르러 지신사(정3품)로 재임 중 동지공거를 담당하
여 함께 과거를 주관하고 있다. 昌王(辛昌 ; 2-2-30-2), 205쪽 참조) 즉위년은 이성
계 일파가 정치적 실권을 장악해가는 시기로서 그 중심 인물의 하나인 정도
전이 비교적 낮은 직위임에도 지공거를 맡고 있지마는, 그와 권근 두 사람
모두 조선조에 들어가 중요한 역할을 담당한다 함은 앞서의 기회에 설명한
바와 같다.
    이번 시험에서는 이치가 장원으로 급제하였는데, 어떤 직위에 올라 무슨
역할을 수행했는지의 여부는 알려져 있지 않다. 그리고 同年들도 고려조에
서 벼슬길에 오른 사람은 成均博士(정7품)를 지낸 金貂, 開城少尹(정4품)에 오
른 朴訔, 右正言(정6품)을 지낸 安從約 등이 확인되는 정도이다. 당시는 고려
가 終焉을 고하기 불과 몇 년전으로서 벼슬길에 올랐더라도 史書에 실릴 수
있는 기회가 적었을 것이므로 이같은 결과가 되지 않았을까 짐작된다.
    ① 許興植,「고려 예부시 동년록」『高麗科擧制度史硏究』, 일조각, 1981 ;『고려
      의 과거제도』, 일조각, 2005, 540·541쪽.
    ② 朴龍雲,「科試 設行과 製述科 及第者」『高麗時代 蔭叙制와 科擧制 硏究』, 일
      지사, 1990, 542~546쪽.
-2) (昌王)元年九月 判開城府事柳源知貢擧 厚德府尹李種學同知貢擧 取進士 賜金
汝知等三十三人及第: 공민왕 9년의 급제자인 유원[2-2-29-4), 199쪽]이 지금은
판개성부사(종2품)로 있으면서 지공거를 맡고, 역시 우왕 2년의 급제자인 이
종학[2-2-30-1), 204쪽]이 이때에 이르러 후덕부윤에 재임 중 동지공거를 담당
하여 함께 과거를 주관하고 있다. 여기서 이종학이 從仕한 후덕부는 우왕의
后妃 가운데 한 사람인 謹妃의 府로, 그 尹은 재추의 기구인 도평의사사의
회의에 참여할 정도였던 만큼 그 위상이 상당히 높았음을 짐작할 수 있다.
    이번 시험에서는 김여지가 장원으로 급제하였는데, 그는 그후 正言(정6품)
을 역임하고 있다. 그리고 그의 同年들로 고려조에서 벼슬길에 올랐음이 확
인되는 사람은 善山府使(5품 이상)를 지낸 文襲과 司宰注簿(종7품)에 오른 安
純, 考功佐郎(정6품)을 지낸 姜淮季 정도에 지나지 않거니와, 그렇게 된 이유

도 위 대목에서 설명했듯이 당시가 고려조가 終焉을 고하기 불과 몇 년 전
이었다는 사실과 관계가 있는 듯하다.

① 허흥식, 위의 글 541·542쪽.

② 박용운, 위의 글 546~551쪽.

[原文] 2-2-32. 恭讓王二年六月門下評理成石磷知貢擧 評理趙浚同知貢擧 取進士
覆試 賜李慥等二十三人及第 四年五月判三司事偰長壽知貢擧 政堂文學李元紘
同知貢擧 取進士 覆試 賜金緒等三十三人及第

2-2-32. 공양왕 2년 6월에 문하평리 성석린이 지공거, 평리 조준이 동지
공거가 되어 진사를 뽑았는데, 복시하여 이조 등 33인에게 급제를 사하
였다.[1)]

4년 5월에 판삼사사 설장수가 지공거, 정당문학 이원굉이 동지공거가
되어 진사를 뽑았는데, 복시하여 김권 등 33인에게 급제를 사하였다.[2)]

註解 2-2-32-

-1) 恭讓王二年六月 門下評理成石磷知貢擧 評理趙浚同知貢擧 取進士 覆試 賜李
慥等三十三人及第: 공민왕 6년의 급제자인 成石璘(成石磷)[2-2-29-3), 199쪽]이 지
금은 문하평리(종2품)에 재임 중 지공거를 맡고, 역시 공민왕 23년의 급제자
인 조준[2-2-29-10), 203쪽]이 이때에 이르러 평리(종2품)로 있으면서 동지공거를
담당하여 함께 과거를 주관하고 있다. 동일한 직위에 재임하면서 각기 지공
거와 동지공거를 담당하여 좀 이채롭거니와, 뒤에 전자는 찬성사(정2품), 후
자 또한 찬성사를 거쳐 판삼사사(종1품)에 오르며, 조선조에 들어가서 두 사
람 모두 더욱 큰 역할을 맡았다.

이들이 뽑은 진사들에게 다시 覆試를 시행하여(2-1-2-1), 36쪽 및 2-1-3-1), 37쪽
참조) 이조 등 33인을 급제시키고 있다. 그러나 고려조의 운명이 풍전등화와
같은 시기여서 그런지 장원급제자인 이조를 비롯한 급제자 대부분이 고려조
에서 새로이 직위를 받았는지의 여부조차 잘 확인이 되지 않는다. 다만 許
稠가 이미 관직을 지닌채 응시, 급제하여 典儀寺丞(종5품)에 오른 것과 皮子
休가 宗簿注簿(종7품)에 재임하면서 급제한 사실 등이 알려져 있을 정도인 것
이다.

① 許興植, 「고려 예부시 동년록」『高麗科擧制度史硏究』, 일조각, 1981 ;『고려
의 과거제도』, 일조각, 2005, 542·543쪽.

② 朴龍雲,「科試 設行과 製述科 及第者」『高麗時代 蔭叙制와 科擧制 硏究』, 일지사, 1990, 551~555쪽.

-2) (恭讓王)四年五月 判三司事偰長壽知貢擧 政堂文學李元紘同知貢擧 取進士 覆試 賜金絅等三十三人及第: 공민왕 11년의 급제자인 설장수[2-2-29-5), 200쪽]가 지금은 판삼사사(종1품)로 있으면서 지공거를 맡고, 정당문학(종2품)에 재임 중인 이원굉이 동지공거를 담당하여 과거를 주관하고 있다. 이번에도 직전의 시험[위의 1)항]과 마찬가지로 覆試를 시행하여 김권 등 33인을 급제시키고 있는데, 그러나 고려가 終焉을 고하기 두 달 전의 마지막 과거여서 그런지 급제자의 이름조차 김권과 함께 李孟畯・金問 등 몇 명만이 전해지고 있다.

① 허흥식, 위의 글 543쪽.

② 박용운, 위의 글 510・555・556쪽.

『高麗史』卷七十四 志 卷第二十八 選舉二

『고려사』 권74 지 권 제28 선거 2

正憲大夫·工曹判書·集賢殿大提學·知經筵
春秋館事 兼成均大司成 臣 鄭麟趾 奉敎修

3. 과목科目 2
-과목科目은 과거科擧와 같은 의미임-

3-1. 시관試官

原文 3-1-1. 凡試官 光宗 始命雙冀爲知貢擧 自後命文臣一人爲知貢擧 二十三年增置同知貢擧 尋罷之

3-1-1. 무릇 시관은 광종이 처음으로 쌍기를 임명하여 지공거를 삼았는데, 이후부터 (줄곧) 문신 1인을 임명, 지공거를 삼았다. 23년에 동지공거를 더 두었다가 얼마뒤에 혁파하였다.[1]

註解 3-1-1-

-1) 凡試官 光宗 始命雙冀爲知貢擧 自後命文臣一人爲知貢擧 二十三年增置同知貢擧 尋罷之: 이곳의 試官은 곧 과거의 본고사인 禮部試(東堂試)를 주관한 시험관을 뜻하는데, 그의 호칭을 비롯하여 그와 관련된 몇몇 내용을 정리해 놓고 있다. 이미 설명한 일이 있듯이 우리나라에서 과거제를 처음으로 채택한 것은 광종 9년(958)에 중국 5代의 한 나라인 後周 사람으로 고려에 귀화한 雙冀의 건의를 따른 데서[1-1-3), 27쪽] 비롯하였다. 그리하여 이 해 5월에 제1회의 과거가 실시되거니와[2-2-2-1)·2)·3), 84·85쪽], 그 시험관에는 제도를 건의한 쌍기가 임명되었으며, 호칭은 역시 중국에서 불렀던 것처럼 知貢擧라 칭하였다. 지공거는 공거, 즉 과거를 '맡는다(知)'는 의미이다.

　　이후부터 계속하여 문신 1인을 지공거로 임명하여 과거를 맡게 했다는 것인데, 이 시험에서 雜科를 통해 기술관을 일부 뽑기도 했으나 주된 대상은 進士·明經을 선발하는 것이었으므로 당연히 문신이 지공거를 담당하게 마련이었다. 그리고 그 인원도 얼마 동안은 한 사람이었던 것을, 제6회째인 광종 23년(972)의 과거에서 副考試官인 同知貢擧를 더 임명함으로써 시험관은 2명이 되었다 한다. 이는 실제로도 그러하여 앞서 설명한 選場條에 보면 이번 과거에서는 王融이 지공거, 金柅가 동지공거를 담당하고 있다[2-2-2-13], 87쪽]. 이곳 試官條에는 그 동지공거제도를 '얼마 있다가 혁파하였다'고 기술되어 있지마는, 역시 選場條의 실례를 보면 그것은 1회에 그치고 그 이듬해인 광종 24년부터는 여전히 지공거 1인만이 임명되고 있다. 그러다가 고려시기의 과거에서 지공거와 동지공거 2명이 시험을 주관하는 제도가 상례화되는 것은 뒤에 나오듯이[3-1-4-1], 217쪽] 그로부터 상당한 기간이 지난 문종 37년 이후의 일이었다.

 ① 崔惠淑,「高麗時代 知貢擧에 대한 硏究」『崔永禧華甲紀念 韓國史學論叢』, 탐구당, 1987, 170·171쪽.

原文 3-1-2. 景宗二年 以王融爲讀卷官 親試則稱讀卷官

3-1-2. 경종 2년에 왕융을 독권관으로 삼았다. 친시 때는 독권관이라 칭하였다.[1]

註解 3-1-2-

-1) 景宗二年 以王融爲讀卷官 親試則稱讀卷官: 이번 경종 2년(977)의 과거에 대해 選擧志 1의 課目 등 제도 일반을 설명한 자리에서는「景宗 2년에 進士를 親試하였다」고[2-1-2, 36쪽] 기술하고 있으며, 다시 選場條에는「景宗 2년 3월에 進士를 親試하여 甲科에 든 高凝 등 3인과 乙科 3인에게 及第를 賜하였다」고[2-2-3, 88쪽] 기술되어 있다. 이 시험이 친시로 시행되었음을 거듭 확인할 수 있거니와, 그 부분에 대해 이곳 선거지 2 試官條에서는 그랬을 때의 시험관을 독권관이라 불렀으며 그 임무를 맡은 사람이 왕융이었음도 밝히고 있는 것이다. 왕융은 이번 경종 2년을 전후한 여러 차례의 과거에서 지공거를 담당하여 시험을 주관하고 있지마는, 그럼에도 이번만은 친시이므로해서 그가 지공거가 아니라 독권관이 되고 있는 사실도 이해할 수 있을 것 같다.
  그런데 통상적인 친시는 禮部試에 급제한 진사들을 대상으로 국왕이 재심하는 형식으로 처러지는 것이었다[2-1-2-1), 36쪽 및 2-1-3-1), 37쪽]. 그러므로 후대의 여러 사례들을 보면 특별한 경우가 없진 않지만 보통은 지공거가 임명되어 일단 진사를 선발하고 국왕이 그들을 친시하고 있다. 하지만 이번 경종 2년의 친시는 그같은 절차와는 좀 달리 시행된 듯 보이기도 하여[2-1-2-1), 36쪽] 앞으로 좀더 검토해볼 필요가 있을 듯싶은데, 그래서 지공거가 아닌 독권관이 임명된게 아닐까 짐작된다.

한데 여기에서 새롭게 주의를 끄는 점은 경종 2년의 과거 이외에 독권관을 임명한 사례가 찾아지지 않는다는 대목이다. 지공거가 임명되지 않은 과거의 사례로는 성종 2년(983) 12월에 崔承老·李夢游·劉彦儒·盧奕이 시험관이 되어 진사를 뽑고 이어서 국왕이 覆試한 경우이다[2-2-4-2), 90쪽]. 전후의 사례들과는 달리 4명이나 되는 시험관을 임명하면서도 그들의 호칭이 사용되지 않고 있는 것이다. 이 경우 역시 혹 독권관이 아니었을까 짐작해볼 수 있는 여지가 없지 않은데, 그러나 물론 그점이 확인이 되지는 않는다. 가령 이 부분을 인정한다 하더라도 독권관의 경우는 위에서 지적했듯 더 이상 보이지 않는다.

原文 3-1-3. 成宗十五年 改知貢擧爲都考試官 明年復稱知貢擧

3-1-3. 성종 15년에 지공거를 고쳐 도고시관이라 하였다가, 이듬해에 다시 지공거라 칭하였다.[1]

註解 3-1-3-

-1) 成宗十五年 改知貢擧爲都考試官 明年復稱知貢擧: 성종 15년(996)에 이르러 시험관의 호칭이 지공거에서 도고시관으로 고쳐 정해지고 있다. 이는 이 해 3월에 시행된 과거에서 崔遲이 도고시관으로 임명돼 시험을 주관하고 있어 확인도 되는데[선거지 1 選場條, 2-2-4-13) 93쪽], 그러나 이 호칭의 사용은 당해년의 1회에 그치고 있다. 보다시피 이듬해인 왕 16년 8월에 시행된 과거에서 柳邦憲이 지공거로써 시험을 주관하고 있어[선거지 1 선장조, 2-2-4-14), 93쪽] 또한 확인되고 있다. 이번의「考試官」이라는 명칭은 뒤에 다시 설명하듯 충숙왕대에 이르러 몇 년간 더 채용된다.

原文 3-1-4. 文宗三十七年 復增置同知貢擧一人 遂以爲常

3-1-4. 문종 37년에 다시 동지공거 1인을 더 설치하고는 드디어 상례로 삼았다.[1]

註解 3-1-4-

-1) 文宗三十七年 復增置同知貢擧一人 遂以爲常: 앞서 살폈듯이 광종 23년(972)에 처음으로 동지공거를 더 임명하여 지공거와 함께 2명의 시험관이 과거를

주관토록 한 일이 있었다[3-1-1-1), 215쪽]. 그러나 이 제도는 그 해 한번의 시행으로 그치고 말아 이후는 줄곧 지공거(또는 都考試官) 1인이 주관하여 왔었는데, 이제 문종 37년(1083)에 이르러 다시 동지공거를 추가로 둠으로써 시험관은 2명이 되었으며, 이를 常例로 삼도록 했다고 전하고 있다. 그리고 이는 실제로도 그러하여 지공거와 동지공거를 동시에 임명하여 2명의 시험관이 과거를 주관하는 제도는 이후 고려말까지 변함없이 시행된다.

그런데 이때까지 대략 지공거 1인이 과거를 총괄하던 제도에서 이처럼 동지공거와 더불어 2인이 함께 관장토록 바뀐 데에는 그럴만한 계기가 있었다. 그것은 다름이 아니라 바로 전해인 왕 36년 3월에 吏部尚書(정3품) 崔奭이 지공거의 책임을 맡아 시행한 과거에서 응시생이 中場의 「詩賦名紙」를 몰래 뜯어 본 부정 사건이 급제자를 발표함에 미쳐 밝혀지는 사태가 발생한 것이었다[2-2-9-19), 113쪽]. 이에 당해 과거는 무효 처리되고 이듬해에 다시 치러지게 되는데, 왕 37년의 시험이 바로 그것으로서, 이에 즈음해 시험의 관리를 강화할 필요성이 논의되었던 듯하다. 그리하여 지공거와 함께 동지공거를 더 두도록 결정이 되어 곧바로 시행에 옮겨진 것 같으며, 동시에 그들의 직위도 상향 조정한 듯싶다. 종래에는 대략 3품 내지 4품관을 임명해 왔으나 이번의 지공거는 정2품 宰臣인 中書侍郎이 맡고, 동지공거는 정4품인 侍講學士가 담당하고 있거니와(위와 같음), 이후에도 대체적으로 유사한 위치의 고위 관원이 그 자리에 임명되고 있는 것이다.

原文 3-1-5. 仁宗十年閏四月 崔滋盛知貢擧 林存同知貢擧 存出賦題云 聖人耐以天下爲家 省奏 按耐古能字奴登切 今以奴代爲韻 非是 請改命他人再試 不允 因命滋盛等更試之 又命題云 天道不閑而能久 省臺又奏 按禮記云 天道不閉而能久 鄕本家語以不閉爲不閑者 盖謬語耳 今貢院不考正經而據錯本 請罷兩貢擧職 仍停今年選擧 王不允 命簡取經義論中格者

3-1-5. 인종 10년 윤4월에 최자성이 지공거, 임존이 동지공거를 맡았는데, 존存이 부賦의 제목을 내어 「성인이라야 능히 천하로서 일가를 삼는다(聖人耐以天下爲家)」고 하였더니, 성(省, 간성諫省)에서 아뢰기를, 「살펴보건대 '내耐'는 옛적의 '능能'자라 노등절奴登切인데 지금 노奴로써 운韻을 삼는 것은 옳지 않습니다. 청컨대 다른 사람으로 고쳐 명하여 다시 시험하소서」 하였으나 윤허하지 않았다. 인하여 자성 등에게 명하여 다시 시험토록 하자 또 제명題名을 내기를 「천도가 한가롭지 않으므로 능히 오래

간다(天道不閑而能久)」고 하니, 성대省臺에서 또 아뢰기를, 「예기를 살펴본
즉, 천도가 막혀 있지 않으므로 능히 오래 간다(天道不閑而能久) 하였습니
다. 향본鄕本·가어家語에 불폐不閉를 불한不閑이라 한 것은 대개 잘못된 말
일 뿐입니다. 지금 공원貢院에서 올바른 경전(정경正經)을 상고하지 않고
잘못된 책(착본錯本)에 의거하였으니 청컨대 두 공거貢擧의 직을 파하고 인
하여 금년의 선거(과거)를 중지하소서」 하였으나, 왕이 윤허하지 아니하
고 명하여 경의經義와 논論에 합격한 사람들을 가려뽑도록 하였다.[1]

註解 3-1-5-

-1) 仁宗十年閏四月 崔滋盛知貢擧 林存同知貢擧 … 仍停今年選擧 王不允 命簡
取經義論中格者: 과거가 지니는 비중과 중요성에 비추어 그 시험관은 일반
적으로 급제한 경험이 있으면서 학식과 덕망도 갖춘 인물들이 임명되었다.[1]
하지만 그렇지 못한 경우가 없지 않았는데[2] 인종 14년의 최자성과 임존이
담당했던 과거가 그 대표적인 한 예로 들어져 있다. 즉, 이들은 처음에 中場
인 詩·賦場에서 賦를 출제함에 있어 韻字를 잘못 놓아 中書門下省 郎舍, 즉
諫省의 지적을 받자, 다시 출제하면서는 鄕本이나 家語처럼 부정확한 내용
이 있기 쉬운 잘못된 책에 의거했다가 또 諫省과 御史臺의 탄핵을 받고 있
다. 이에 따라 臺諫들은 두 시험관의 貢擧職을 파직하고 과거 자체도 중지할
것을 청하였으나, 왕은 허락지 않고 초장의 經義와 終場의 論 성적만으로 사
정하여[3] 급제자를 뽑도록 조처하고 있는 것이다. 이 부분에 대해 선거지 1,
選場條에는 〃(인종) 10년 윤4월에 평장사 최자성이 지공거, 이부시랑 임존이
동지공거가 되어 진사를 뽑자 崔光遠 등 25인에게 급제를 賜하였다」고
[2-2-14-7), 133쪽]정리해 놓고 있다.

① 曺佐鎬, 「麗代의 科擧制度」『歷史學報』 10, 1958, 146·147쪽.
② 崔惠淑, 「高麗時代 知貢擧에 대한 硏究」『崔永禧華甲紀念 韓國史學論叢』, 탐
　구당, 1987, 174~183쪽.
③ 朴龍雲, 「高麗時代의 科擧－製述科의 運營」『高麗時代 蔭敍制와 科擧制 硏究』,
　一志社, 1990, 252·253쪽.

原文 3-1-6. 元宗十四年十月 叅知政事金坵知貢擧 舊制 二府知貢擧 卿監同知
貢擧 其赴試諸生 卷首寫姓名本貫及四祖糊封 試前數日呈試院 試前日午後 貢
擧具三場題脚於狀詣闕 實封進呈 王親自拆封 各於題上落點 封押而出 貢擧齋
奉到試院 試日未明放題 承宣奉金印至 同知貢擧庭迎 知貢擧避位待之 詳在禮

志 越一日 承宣又往拆名而後放榜 第二場亦如之 至第三場 貢擧各於入格卷子
背上望科次以啓 並依貢院之望而放榜焉 至是初場日 承宣洪子藩至貢院 詰曰
予承命而來 知貢擧必庭迎 金坵不得已下階

3-1-6. 원종 14년 10월에 참지정사인 김구를 지공거로 삼았는데,[1] 옛 제
도에 2부를 지공거, 경·감을 동지공거로 삼았었다.[2]

시험에 응시하는 제생諸生들은 권수卷首(두루마리의 첫머리)에 성명과 본관
및 4조四祖를 쓰고 풀로 봉하여 시험을 치르기 수일 전 시원試院에 제출
한다.[3] 시험 전 날 오후에 공거가 삼장에서의 제목과 각운脚韻을 장狀에
갖추어 대궐로 나아가 봉함한 것을 올리면 왕이 친히 스스로 봉한 것을
뜯고 각각의 제목 위에 점을 찍고(낙점落點하고) 봉압封押해 내어주면 공거
가 받아가지고 시원에 이른다. 시험일의 날이 밝기 전에 제목을 발표하
는데, 승선이 금인金印을 받들고 이르면 동지공거는 뜰에서 맞으며 지공
거는 자리를 피하여 기다리는데 상세한 것은 예지禮志에 있다. 하루를 지
나 승선이 또 와서 이름을 (가린 곳을) 뜯은 후에 발표하며, 제2장도 역시
이와 같았다. 제3장에 이르러서 공거가 각기 합격한 사람의 권자卷子(시권
試卷 ; 답안지) 이면裏面 위에 바라는 바의 과차科次(급제등급과 석차)를 써서
아뢰면 모두 공원貢院의 망기望記에 의거하여 발표하였다.[4]

이때에 이르러 초장을 치르는 날에 승선 홍자번이 공원에 이르러 힐
난해 이르기를, "내가 (왕)명을 받들고 왔으니 지공거는 필히 뜰에서 맞
이해야 할 것이요" 하므로 김구가 부득이 계단을 내려왔다.[5]

註解 3-1-6-

-1) 元宗十四年十月 叅知政事金坵知貢擧: 선거지 1, 選場條에 보면 이번의 과거
는 참지정사(종2품)인 김구가 지공거를 맡고, 右承宣(정3품)인 李顗가 동지공거
를 담당하여 鄭賢佐 등 進士 29인과 明經 1인을 급제시킨 시험이었다[2-2-
21-8), 177쪽].

-2) 舊制 二府知貢擧 卿·監同知貢擧: 원종 14년 10월의 과거에서 中書門下省 宰
臣의 하나인 참지정사가 지공거를 맡은 사례의 소개와 더불어 舊制에서는
二府, 즉 門下侍中·平章事·叅知政事·政堂文學·知門下省事 등 2품 이상 재신

들이 소속한 宰府와, 判院事·院使·知院事·同知院事·副使·簽書院事·直學士
등 中樞院(樞密院)의 2·3품 樞密들이 소속한 樞府에서 지공거를 맡고, 諸寺·
監의 3품관인 卿·監들이 동지공거를 담당했다는 설명을 덧붙이고 있다. 하
지만 이 설명은 일정 부분 온당한 것이기는 하나 여러 모로 문제가 내포되
어 있기도 하다.

우선 지공거의 경우만 하더라도 兩府(二府) 재상들만이 담당한게 아니라는
점에서 그러하다. 특히 시기상으로 보아 과거가 시행되는 처음부터 상당한
기간에 이르는 문종조까지만 하여도 현종대에 1차례, 靖宗代에 3차례, 그리
고 문종대의 몇 차례를 제외한 대부분의 경우 3품관인 尙書와 4품관인 翰林
學士를 비롯하여 심지어 5품관까지의 관원들이 지공거를 맡고 있는 것이다.
물론 이후부터는 양부의 재상들이 주로 담당하고, 그같은 경향은 후·말기로
가면서 더 심화되지만 그간에도 3품관들이 맡는 사례가 심심찮게 눈에 띄고
있다.

諸寺·監의 卿·監들이 동지공거를 맡았다는 설명은 좀더 문제가 많은데,
실제로 선거지 2, 選場條의 사례들을 보면 이들이 담당한 것은 소수에 지나
지 않는다. 그 역시 중서문하성과 중추원(추밀원)·尙書6部·翰林院·國子監 등
을 비롯한 몇몇 관서의 3품 이하 관원들이 주로 맡고 있는 것이다. 그리고
후·말기로 가면 심지어 재추들이 동지공거를 담당하는 사례도 여럿 나타나
고 있다.

①崔惠淑, 「高麗時代 知貢擧에 대한 硏究」 『崔永禧華甲紀念 韓國史學論叢』, 탐
　구당, 1987

-3) 其赴試諸生 卷首寫姓名·本貫及四祖糊封 試前數日 呈試院: 과거를 보려는 응
시생들이 시험을 치르기 며칠전에 그것을 관장하는 試院에다가 내는 두루마
리로 된 답안지 첫머리(卷首卷首)에 자신의 성명과 본관 및 4祖를 기입하도록
했다는 내용이다. 여기서의 4조는 父·祖·曾祖·外祖를 말한다. 이곳을 풀로
봉하여 볼 수 없게 한 것은 그 기록한 사항이 정실관계로 인해 시험 과정에
영향을 미칠 수 없도록 하기 위함이었던 듯하다.

현재 文集 등에 전하는 榜目에 의하면 응시자의 성명과 본관·4祖뿐 아니
라 당사자의 응시자격·나이와 4조가 역임한 관직 등도 쓰도록 했음을 알 수
있는데, 그것은 試卷(試券)과는 달리 行卷과 함께 제출하는 家狀의 내용에 포
함된 사항들이[2-1-8-7)·8), 51·52쪽 및 2-1-11-6), 56쪽] 아니었을까 짐작된다.

①曺佐鎬, 「麗代의 科擧制度」 『歷史學報』 10, 1958, 153·154쪽.
②朴龍雲, 「高麗時代의 科擧－製述科의 應試資格」 『高麗時代 蔭敍制와 科擧制
　研究』, 一志社, 1990, 231·232쪽.

-4) 試前日午後 貢擧具三場題脚於狀 詣闕 … 至第三場 貢擧各於入格卷子背上

望科次以啓 並依貢院之望 而放榜焉: 시험을 치르는 전 날의 오후에 시험관
인 貢擧가 시험 문제를 가지고 대궐로 가서 국왕의 결재를 받고 다음 날 문
제를 공표하여 실시를 하는데, 그에 즈음하여 승선이 金印을 가지고 오면 동
지공거가 뜰로 내려가 맞이하며 지공거는 자리를 피하여 기다리는게 관례였
다. 이런 과정이 禮志에 실려 있다고 보이거니와, 실제로『고려사』권68, 예
지 10「東堂監試放牓儀」條에 이어서 元宗 14년 10월 甲寅의 기사로 보다 상
세한 내용을 기술해 놓고 있다.

　　이렇게 치러진 初場의 시험 결과는 그 다음 날 승선이 또 와서 이름이 가
려진 것을 뜯고 발표하였으며 이는 제2장, 즉 中場 때에도 같은 과정으로 시
행되었다. 이어서 제3장, 즉 終場이 치러진 후 최종적으로 합격한 답안지의
뒤에 乙科·丙科·同進士 등의 급제 등급과 석차를 써서 왕에게 아뢰면 그에
따라 放榜하였다. 물론 親試·覆試가 있게 되면 그 급제 등급과 석차 등에 변
경이 있을 수 있었다.

　　① 曺佐鎬, 위의 논문 154～157쪽.

-5) 至是 初場日 承宣洪子藩至貢院 詰曰 予承命而來 知貢擧必庭迎 金坵不得已
下階: 바로 윗 대목에 보이듯이 승선(정3품)이 金印을 가지고 貢院에 오면 동
지공거가 뜰로 내려가 맞이하고 지공거는 잠시 피해 있는 것이 상례였는데,
마침 이번 원종 14년의 과거에서는 洪子藩이 승선으로서 공원에 이르러, 자
기는 왕명을 받들고 왔으니 마땅히 지공거가 뜰로 내려와 맞이해야 한다고
고집을 부려서 참지정사(종2품)인 지공거 김구가 할 수 없이 그렇게 했다는
에피소드를 전하고 있다. 홍자번은 고려후기 명문의 하나인 남양홍씨 출신
으로 뒤에 수상까지 지내는 인물인데, 벼슬길에 나가서는 과감하게 국왕의
잘못을 지적하고 義에 합당하지 않을 경우 상급자와 쟁론을 서슴지 않았는
가 하면 민생에도 관심을 가지고 있어 眞宰相이라는 평가를 받았던 사람이
다[『고려사』권105, 열전 홍자번전].

原文 3-1-7. 忠肅王二年 改知貢擧爲考試官 同知貢擧爲同考試官 十七年復稱知
貢擧同知貢擧 國俗 掌試者謂之學士 門生稱之則曰恩門 門生座主之禮甚重 學
士有父母若座主在 旣放榜 必具公服往謁 而門生綴行隨之 學士拜於前 門生拜
於後 衆賓雖尊長 皆下堂庭立 侯禮畢 揖讓而升 以次拜賀 於是 學士邀至其第
奉觴稱壽

3-1-7. 충숙왕 2년에 지공거를 고쳐 고시관이라 하고, 동지공거를 동고시
관이라 하였다가, 17년에 다시 지공거·동지공거라 칭하였다.[1]

나라의 습속에 시험을 관장하는 사람을 학사라 일렀으며, 문생은 그를 칭하여 은문이라 하였다. 문생과 좌주의 예의는 심히 중하게 여겨, 학사에게 부모나 좌주가 생존해 있으면 방방을 마친뒤 반드시 공복을 갖추고 가서 뵙는데, 문생들은 줄을 지어 따랐다. 학사는 앞에서 절을 하고 문생은 뒤에서 절을 하는데 여러 빈객들은 비록 존장이라 하더라도 모두 당堂을 내려 뜰에 서서 예가 끝나기를 기다렸다가 읍양揖讓하고 올라가 차례로 절하며 하례하였다. 이에 학사가 맞이하여 그 집에 이르면 잔을 받들어 수壽를 칭하였다.[2]

註解 3-1-7-

-1) 忠肅王二年 改知貢擧爲考試官 同知貢擧爲同考試官 十七年復稱知貢擧·同知貢擧: 충숙왕 2년(1315)에 시행된 과거부터 지공거는 고시관, 동지공거는 동고시관으로 칭호를 변경했다가 17년(1330)부터 이전대로 되돌렸다는 기사이다. 그러므로 시험관을 고시관·동고시관이라 칭한 것은 충숙왕 2년과 4년·7년·13년 등 모두 4차례였음을 알 수 있는데, 선거지 2 選場條에도 그대로 정리되어 있다.

-2) 國俗 掌試者謂之學士 門生稱之則日恩門 門生座主之禮甚重 … 於是 學士邀至其第 奉觴稱壽: 과거에서 시험관을 담당했던 座主-學士 또는 恩門과 급제자인 門生간의 관계가 매우 각별했음을 전하고 있는데, 그같은 각별한 관계가 두 당사자 간에서 뿐 아니라 좌주의 좌주와 부모에게까지 연결되어 있음도 보여주고 있다. 이 기사는 후·말기인 충선왕 때부터 공민왕대에 걸쳐 크게 활동하는 李齊賢의 저술인 『櫟翁稗說』後集 2의 後尾 부분에 나오는 문장을 옮겨놓은 것이지마는, 유사한 내용은 그에 앞서 무신정권기에 벼슬을 한 李仁老의 문집인 『破閑集』에서도 찾아진다(卷上, 門生之於宗伯).

좌주와 문생 사이의 이러한 관계는 흔히 父子의 관계로 묘사되고 있다(『樊隱逸稿』권6, 尊慕錄 榜目 李達衷). 그리하여 문생은 좌주를 아버지처럼 깍듯한 예의로 받들고, 좌주는 문생을 아들처럼 보살피고 이끌어주었다는 것이다. 이런 관계가 좌주의 부모나 좌주에게까지 연결될 때 이들이 한 집단을 형성하게 되어 사회적으로 또는 정치적으로까지 기능을 하게 된다. 이 부분에 대해 李穡과 같은 이는 文風의 번성과 學脈의 연계라는 측면에서 긍정적으로 평가하면서 「門生과 座主간의 恩義가 全足함은 국가의 元氣를 培養하는 것」이라 말하고 있다(『牧隱詩藁』권26, 詩 末尾 門生掌試圖歌 幷序).

그런가 하면 한편으로 「高麗의 座主와 門生 사이는 엄하기가 父兄에 대한

子弟와 같아서 囑託 指揮를 감히 사양하여 피하지 못하였다. 좌주가 이미 세상을 떠난 뒤에도 문생이 不順하면 夫人이 불러서 面責하였으니, 때문에 知貢擧職을 甚重하게 여겼다」는 기록도 보인다(『樊隱逸稿』 권6, 尊慕錄 榜目 李達衷). 이는 지공거-좌주-가 매우 중시되었음을 강조하기 위한 것이지만 여기에서 그에 따른 부작용의 일면도 살필 수 있다. 그리하여 공민왕조에 이르러서 辛旽이 이제현을 왕에게 헐뜯어 하는 말이긴 하지마는, 「儒者들이 좌주·문생이라 칭하면서 서로 청탁을 합니다. 심지어 이제현 문생의 경우에는 門下가 다시 문생을 보아 드디어 나라에 가득찬 도둑이 되었으니 科擧의 害가 이와 같습니다」라(『고려사』 권132, 열전 신돈전) 하고도 있는 것이다. 고려말로 가면서 좌주·문생의 관계에서 비롯되는 폐단이 점차 심화되었던 모양이다.

좌주·문생간의 친밀한 관계는 고려전기라 하여 다르지 않았으리라 생각된다. 뿐 아니라 급제 동기생의 모임인 同年會나 장원급제자끼리의 모임인 龍頭會 등도 물론 있었다. 하지만 당시에는 그로 인한 사회적 부작용의 문제가 발생하지는 않았던 것 같다. 그러다가 문신들이 커다란 고난을 당하는 무신정권기에 접어들면서 科擧 관련의 사람들이 자구책의 차원에서 점차 집단을 형성해가며 부작용이 나고, 그같은 상황이 이어지는 元간섭기에 한층 심화되지 않았나 보고 있다. 이 좌주·문생의 제도는 조선초에 이르러 없어지게 된다.

① 曺佐鎬, 「麗代의 科擧制度」『歷史學報』 10, 1958, 162~164쪽.
② 許興植, 「高麗의 科擧와 門蔭과의 比較」『韓國史研究』 27, 1979 ;『고려의 과거제도』, 일조각, 2005.
③ 李楠福, 「麗末鮮初의 座主·門生關係에 關한 一考察」『鄭在覺古稀記念 東洋學論叢』, 고려원, 1984.
④ 崔惠淑, 「高麗時代 知貢擧에 대한 研究」『崔永禧華甲紀念 韓國史學論叢』, 탐구당, 1987.
⑤ 柳浩錫, 「高麗後期 座主·門生 關係의 變化와 그 性格-元干涉期를 중심으로」『국사관논총』 55, 1994.

3-2. 숭장의 전례崇獎典例

原文 3-2-1. 凡崇獎之典 光宗始取進士 親御威鳳樓 放榜 十五年御天德殿 宴群臣 命新及第金策釋褐 賜公服赴宴

3-2-1. 무릇 숭장하는 전례는,[1] 광종이 처음으로 진사를 뽑고 친히 위봉루에 거동하여 방방하였다.[2]

　15년에 천덕전에 거동하여 여러 신하들과 연회하면서 명하여 새로 급제한 김책에게 거친 베옷(갈포의褐布衣·조의粗衣)을 벗게하고 공복을 내리고는 연회에 나오게 하였다.[3]

註解 3-2-1-

-1) 凡崇獎之典: 과거를 권장하기 위해 취하거나 정해놓은 여러 法例(典例)들에 관한 항목이라는 뜻이다.

-2) 光宗始取進士 親御威鳳樓 放榜: 광종 9년에 과거제를 신설하고 그 해 5월에 처음으로 雙冀를 지공거로 삼아 崔暹 등을 선발하고는[2-2-2-1)~7), 84~86쪽], 과거를 그만큼 존중하고 권장한다는 것을 과시하고 널리 알리기 위해 왕이 몸소 대궐의 門樓 가운데 하나인 위봉루에 나와 급제자를 발표하고 있다.

-3) (光宗)十五年 御天德殿 宴群臣 命新及第金策釋褐 賜公服赴宴: 광종 15년의 시험은 제4회째의 과거였는데 김책은 이번의 장원급제자였다[2-2-2-11), 86쪽]. 국왕이 여러 신하들에게 연회를 베풀면서 그에게 일반인들이 입는 거친 삼베로 된 褐布衣를 벗게하고 公服을 하사하고는 그 연회에 참석토록 하고 있는 것이다. 이는 국왕 임석하의 연회에 참여도 참여려니와 釋褐은 곧 임용한다는 의미이므로 그만큼 특별대우를 하여 과거를 장려했음을 말한다. 김책은 뒤에 僕射(정2품)의 직위에까지 올랐다.

原文 3-2-2. 景宗二年親試進士 卽令釋褐

3-2-2. 경종 2년에 진사를 친시하고, 곧바로 갈옷을 벗도록 하였다.[1]

註解 3-2-2-

-1)景宗二年 親試進士 卽令釋褐: 경종 2년의 친시에 대해서는 앞서 몇 차례 소개한 바와 같거니와[2-1-2-1), 36쪽 및 2-2-3-1), 37쪽], 이번의 급제자들에게도 즉시 갈옷을 벗게하는[위의 3-2-1-3) 참조] 특전을 베풀고 있다.

原文 3-2-3. 成宗六年三月放榜 下敎曰 省今所擧諸生詩賦策 文辭蹐駁 格律猥瑣 皆不堪取 唯進士三人詩賦策 及明經以下諸業通計六人對義名狀 一如所奏 進士鄭又玄五夜方闌二篇已就 雖非卓異之才 亦是敏捷之手 宜置前列 用勸後來

明經以下諸業學生 各勤本業 方成厥志 宜降優柔之澤 俾升擢用之科 其令有司
准例敍用 自今進士諸生不依考官格式 放縱違律者 勿許試取 永以爲式 放牓下
敎 始此

3-2-3. 성종 6년 3월에 방방하였다. 교敎를 내려 이르기를, "이번에 선발
하여 올린 제생諸生의 시詩·부賦·책策을 살펴본즉 문사文辭는 잡되고 격률
格律도 난잡하고 좀스러워 모두 뽑을만한 것이 못되나, 다만 진사 3인의
시詩·부賦·책策 및 명경 이하 제업諸業까지 합계 6인의 대의對義(답안지)와
명장名狀이 모두 아린바와 같은데, 진사 정우현의 5야五夜 방란方闌 두 편
은 이미 능숙하여 비록 탁월한 재주는 아니더라도 역시 민첩한 솜씨이므
로 마땅히 전열에 두어 뒤에 오는 사람들을 권면할 만하다. 명경 이하
제업의 학생들도 각각 본업에 부지런하여 바야흐로 그 뜻을 이루어야할
것이다. 마땅히 우유優柔한 은택을 내려 탁용의 과등에 올리도록 할 것이
니 유사有司는 이에 준하여 서용토록 하라. 지금부터 진사 제생으로 고관
考官의 격식格式에 의하지 아니하고 방종하여 율律을 어기는 자는 시취試取
를 허락지 않도록 하여 영구히 법식으로 삼을 것이다" 하였다. 방방하면
서 교서를 내리는 것이 이때부터 시작되었다.[1]

註解 3-2-3-

-1) 成宗六年三月 放牓 下敎曰 省今所擧諸生詩·賦·策 … 放縱違律者 勿許試取
永以爲式 放牓下敎 始此: 성종 6년의 과거는 李夢游를 지공거로 삼아 시행
한 시험으로, 그가 뽑아 올린 급제자들에게 8월에 이르러 교서의 발표와 함
께 급제증서를 사여하고 있는데, 그들은 정우현 등 진사 3인과, 명경 1인·
卜業 1인·醫業 2인·明法業 2인이었다[2-2-4-6), 91쪽]. 보다시피 국왕인 성종은
교서에서 이번의 성적에 대해 만족치 못하고 있다. 아마 이때까지는 아직
과거가 본궤도에 올라 응시생들이 우수한 성적을 올릴만한 단계에 와 있지
못했던 모양이다. 그러므로 응시생들에게 분발을 촉구하는 한편으로 국왕이
과거에 대해 깊은 관심을 가지고 배려하고 있음을 放牓敎書를 통해 알리고
있는 것이라 하겠다.

原文 3-2-4. 顯宗十年正月 定新及第榮親之法 無兩親者代以待(侍?)養父母妻父

母 皆無則代以伯叔父母 二十一年四月王製詩 賜新及第 特加獎異

3-2-4. 현종 10년 정월에 신급제자에 대한 영친榮親의 법을 정하였는데, 양친이 없는 사람은 시양侍養부모나 처부모로 대신케 하고, 모두 없으면 백숙부모로 대신케 하였다.[1]

21년 4월에 왕이 시를 지어 신급제자에게 하사해 특별히 장려함을 나타내었다.[2]

註解 3-2-4-

-1) 顯宗十年正月 定新及第榮親之法 無兩親者代以待(侍?)養父母·妻父母 皆無則代以伯叔父母: 현종 10년에 신급제자의 부모에게도 영예가 돌아가게 하는 법(榮親法)을 제정하고 있다. 그 내용이 『고려사』 권68, 禮志10「新及第進士榮親儀」에 자세한데, 신급제자가 돌아오는 날에 州官이 吏屬을 거느리고 5里亭까지 나와 맞고, 그에 감사하는 의례가 있은 후 本家로 가서 신급제자가 부모에게 上壽하고 함께 館舍에 이르면 州官이 친히 부모에게 酌獻하고 酒食과 雜技를 베풀어 연회하는 절차 등이 행하여 졌던 것이다. 한데 이때 급제자의 친부모가 안계시면 모시고 있던 부모나 처부모가 대신토록 하고, 그들도 안계시는 경우 백부 백모나 숙부 숙모가 대신하도록 하는 규정도 마련하고 있다.

  ① 許興植,「高麗의 科擧와 門蔭과의 比較」『韓國史硏究』27, 1979 ;『고려의 과거제도』, 일조각, 2005, 292쪽.

-2) (顯宗)二十一年四月 王製詩 賜新及第 特加獎異: 현종 21년 4월의 과거는 예부낭중(정5품)인 朴有仁이 지공거가 되어 선발한 진사들을 국왕이 覆試를 실시하여 崔惟善 등 18인을 급제시킨 시험이다[2-2-6-14], 101쪽]. 이제 그렇게 하여 뽑힌 신급제자들에게 왕이 친히 詩를 지어 하사함으로써 특별하게 장려하는 뜻을 보인 것이다. 그것은 이들이 국왕이 주재하는 복시를 거친 급제자들이라는 점과 함께 장원급제자인 최유선이 목종 8년의 장원급제자인 崔冲의 장자였다는 사실과도 일정한 관련이 있지 않을까 짐작된다. 최충과 최유선 부자는 뒤에 다같이 수상을 지내기도 한다.

原文 3-2-5. 文宗三十年十二月判 凡州縣闕榜 至三十年或四五十年登製述明經科者 給田十七結 百年後登者 給田二十結 奴婢各一口 是月判 國制 製述明經明法明書筭業出身初年給田 甲科二十結 其餘十七結 何論業出身義理通曉者第

二年給田 其他手品雜事出身者亦於四年後給田 唯醫卜地理業未有定法 亦依明
法書筭例給田

3-2-5. 문종 30년 12월에 판判하여, 무릇 주현에서 과거방방科擧放榜에 빠
진지 30년 혹은 40·50년에 이르러서야 제술과나 명경과에 등과한 사람
은 전 17결을 지급하고 100년 후에 등과한 사람에게는 전 20결을 지급
하며, 노비도 각각 1구씩 주도록 하였다. 이 달에 판하여, 나라의 제도에
제술과·명경과·명법업·명서업·명산업 출신에게는 첫 해에 토지를 지급
하는데 갑과는 20결, 그 나머지는 17결을 주도록 하고, 하론업 출신으로
의리義理에 통효通曉한 사람에게는 제2년에 토지를 지급하며, 기타 수품
잡사手品雜事 출신자에게는 역시 4년후에 토지를 지급하도록 되어 있으나,
다만 의업·복업·지리업에는 정해진 법이 없지마는 역시 명법업·명서업·
명산업의 예에 의거하여 토지를 지급토록 하였다.[1]

註解 3-2-5-

-1) 文宗三十年十二月判 凡州縣鬪榜 至三十年 … 奴婢各一口 是月判 國制 製述·
明經·明法·明書·筭業出身 初年給田 … 唯醫·卜·地理業 未有定法 亦依明法·
書·筭例 給田: 과거에 급제한 사람들에게는 관직으로 진출하기에 앞서 일정
한 면적의 登科田을 지급토록 하는 제도가 마련되어 있었음을 알 수 있다.
그것은 좀더 중시되던 科業의 출신자 경우 첫 해부터 지급하고, 그렇지 않은
과업 출신자에게는 제2년 또는 4년후에 지급하는 등 급여 시기에 차등을 두
었고 또 성적에 따라서도 토지 액수에 얼마의 차이가 났으나, 오랫 동안 급
제자를 내지 못했던 주현 출신의 제술과·명경과 급제자에게는 특별한 대우
를 하여 주기도 하였다. 여기에 들어진 각 과업들에 대해서는 2-1-12-5), 63
쪽 이하에서 설명한 바와 같은데, 그중 手品雜事 출신이란 呪噤業 등을 말하
는게 아닐까 짐작된다.

　　한편『고려사』권78, 食貨志 1 田制 田柴科條의 목종 원년 改定田柴科에
의하면 제16과등에 속한 製述·明經登科將仕郎에게는 토지 27결, 제17과등에
속한 諸業將仕郎에게는 토지 23결을 지급하도록 규정되어 있다. 그리고 문종
30년의 更定田柴科에는 급제자인지 아닌지에 대한 구분이 없이 將仕郎은 제
15과등에 속하여 토지 25결을 받도록 되어 있거니와, 어느 경우이던 앞서의
判文과 액수에 얼마간의 차이가 보이는데 그 내막은 잘 알 수가 없다.

① 姜晉哲, 「田柴科制度의 制定 및 그 內容」, 『高麗土地制度史硏究』, 高麗大出版
部, 1980, 58·59쪽.

原文 3-2-6. 宣宗七年七月 引見新及第 賜酒食 仍賜公服各一襲

3-2-6. 선종 7년 7월에 신급제자를 인견하고, 술과 음식을 내렸으며, 인하여 공복도 각각 1벌씩 하사하였다.[1]

註解 3-2-6-

-1) 宣宗七年七月 引見新及第 賜酒食 仍賜公服各一襲: 선종 7년 4월에 과거를 치러 진사 등을 선발하였다. 이어서 다시 覆試를 시행하고 장원급제한 李景泌 등 을과에 든 3인과 병과 9인, 동진사 14인, 명경 2인, 은사 3인에게 詔書를 내리며 급제를 사여하였거니와[2-2-10-5), 116쪽], 7월에 이들을 인견하고 酒食과 公服을 내려 장려하고 있는 것이다.

原文 3-2-7. 肅宗二年九月 引見新及第林元通等 賜酒食衣服 是年 賜金富轍母米四十石 舊制 三子登科歲給母大倉米三十石 以富轍兄弟四人登科 加賜十石 遂以爲常 七年七月式目都監奏 由三傳三禮業出身者 宜授官勸後 制可 十一月 引見新及第 賜衣服酒食 九年十月引見新及第宋瑋等 賜酒食

3-2-7. 숙종 2년 9월에 신급제자 임원통 등을 인견하고, 주식과 의복을 하사하였다.[1]

이 해에 김부철의 어머니에게 쌀 40석을 내렸다. 옛 제도에 세 아들이 등과하면 해마다 어머니에게 대창의 쌀 30석을 지급하였는데, 부철의 형제 4인이 등과하였으므로 10석을 더 내리고, 드디어 상례로 삼도록 하였다.[2]

7년 7월에 식목도감에서 아뢰기를, "3전업·3례업을 거친 출신자들에게도 마땅히 벼슬을 주어 후생들을 권면하소서" 하니 제制하여 가하다 하였다.[3]

11월에 신급제자를 인견하고 의복과 주식을 하사하였다.[4]

9년 10월에 신급제자 송위 등을 인견하고 주식을 하사하였다.[5]

註解 3-2-7-

-1) 肅宗二年九月 引見新及第林元通等 賜酒食·衣服: 숙종 2년 4월에 과거를 치러 급제자를 선발하였다. 이어서 覆試를 실시하여 을과에 든 임원통 등 5인과 병과 10인, 동진사 18인, 명경 4인, 은사 4인에게 詔書를 내리며 급제를 사여하였거니와[2-2-12-2), 120쪽], 9월에 이들 신급제자를 인견하고 酒食과 의복을 내려 장려하고 있다.

-2) 是年 賜金富轍母米四十石 舊制 三子登科 歲給母大倉米三十石 以富轍兄弟四人登科 加賜十石 遂以爲常: 이전부터 세 아들이 登科하면 그 어머니에게 해마다 米 30석씩을 내려 포상하는 제도가 시행되고 있었다. 그런데 이 해에 김부철이 급제하면서[숙종 2년의 과거 ; 2-2-12-2), 120쪽] 그에 앞서 이미 급제한 바 있는 金富弼[2-2-10-4), 116쪽]과 金富佾, 그리고 金富軾[2-2-12-1), 119쪽] 등 형들과 함께 4형제가 급제하는 사례가 되자 특별히 10석을 더하여 40석을 하사하였으며, 이후부터 그것을 常例로 삼도록 조처하고 있다.

-3) (肅宗)七年七月 式目都監奏 由三傳·三禮業出身者 宜授官 勸後 制可: 동일한 기사가 과거제 一般을 설명하는 자리에 숙종 7년 윤6월조로 실려 있다[2-1-10-1), 53쪽]. 3전업·3례업의 시험 시기와 試官 및 과목과 치르는 방식 등에 대해서는 2-1-7-5), 47쪽과 2-1-8-4)·5)·6), 49~51쪽 참조.

-4) (肅宗七年)十一月 引見新及第 賜衣服·酒食: 숙종 7년 3월에 과거를 치러 급제자를 선발하였다. 이어서 覆試를 실시하여 을과에 든 姜滌 등 5인과 병과 11인, 동진사 17인, 명경 3인, 은사 5인에게 詔書를 내리며 급제를 사여하였거니와[2-2-12-5), 121쪽], 11월에 이들 급제자를 인견하고 의복과 주식을 내려 장려하고 있다.

-5) (肅宗)九年十月 引見新及第宋瑋等 賜酒食: 왕 9년 2월에 과거를 치러 급제자를 선발하였다. 이어서 태자에게 명해 복시를 시행하고 을과에 든 송위 등 3인과 병과 8인, 동진사 16인, 명경 2인, 은사 5인에게 詔書를 내리며 급제를 사여했거니와[2-2-12-6), 121쪽], 10월에 이들 신급제자를 인견하고 酒食을 내려 권면하고 있다.

原文 3-2-8. 睿宗二年四月 引見新及第皇甫許等 四年二月 引見新及第盧顯庸等 賜衣酒 八年三月 引見新及第鄭之元等 命左正言胡宗旦 押賜酒食于閣門 仍令釋褐 十一年二月 引見新及第金精等 賜酒食于閣門 仍令釋褐 十一月新及第林許允等 許令釋褐賜酒食及衣各一襲

3-2-8. 예종 2년 4월에 신급제자 황보허 등을 인견하였다.[1]

4년 2월에 신급제자 노현용 등을 인견하고 옷과 술을 하사하였다.[2)]

8년 3월에 신급제자 정지원 등을 인견하고 좌정언 호종단에게 명하여 인솔해가서 주식을 합문에서 내리도록 하고 인하여 갈포의도 벗도록 하였다.[3)]

11년 2월에 신급제자 김정 등을 인견하고, 주식을 합문에서 내리고 인하여 갈포의를 벗도록 하였다.[4)]

11월에 신급제자 임허윤 등에게 갈포의를 벗도록 허락하고, 주식 및 옷 1벌씩을 각각 사여하였다.[5)]

註解 3-2-8-

-1) 睿宗二年四月 引見新及第皇甫許等: 황보허 등은 왕 원년 4월에 급제하고 있는데[2-2-13-1), 123쪽], 이전에 비해 얼마의 시기가 좀더 지나 해를 넘긴 왕 2년 4월에 인견하고 있다. 이는 당시가 여진과의 전쟁으로 어수선한 시기였다는 사실과 혹 관련이 있지나 않은지 모르겠다.

-2) (睿宗)四年二月 引見新及第盧顯庸等 賜衣酒: 여전히 여진과의 전쟁기 임에도 불구하고 왕 3년 5월에 과거를 치르고, 이어서 覆試까지 시행해 노현용 등 34인에게 급제를 사여하였다[2-2-13-3), 124쪽]. 이들을 왕 4년 2월에 인견하고 옷과 술을 내려 장려하고 있는 것이다.

-3) (睿宗)八年三月 引見新及第鄭之元等 命左正言胡宗旦 押賜酒食于閤門 仍令釋褐: 鄭之元(鄭知常) 등이 응시하여 급제한 것은 왕 7년 3월이었다[2-2-13-5), 125쪽]. 이들을 왕 8년 3월에 인견하고 있지마는, 좌정언인 호종단에게 합문으로 인솔해가 酒食을 내리게 하고 인하여 褐布衣도 벗게하는 은택을 베풀고 있다.

-4) (睿宗)十一年二月 引見新及第金精等 賜酒食于閤門 仍令釋褐: 김정 등이 급제한 과거는 왕 10년 5월에 시행되었는데, 합격자들의 對策이 先人들의 작품을 답습한 것이라는 비판이 일어 왕이 覆試를 치르게한 시험이기도 하였다[2-2-13-7), 126쪽]. 그럼에도 이듬해 2월에 급제자들을 인견하고, 합문에서 酒食을 내리는 한편 褐布衣를 벗게하는 은택도 베풀고 있다.

-5) (睿宗十一年)十一月 新及第林許允等 許令釋褐 賜酒食及衣各一襲: 이번에도 신급제자들에게 釋褐하고 酒食과 옷을 하사하는 등의 은택을 베푸는 기사인데, 그 대표자로 거론된 임허윤은 왕 11년 4월에 시행된 시험의 급제자 가운데 한 사람이다[2-2-13-8), 126쪽]. 그런데 선거지 1, 選場條에는 그가 아니라 裵祐가 장원급제자로 되어 있어 얼마간의 문제가 될 것 같다. 이 과거는 覆

試 과정에서 일반적인 관례를 벗어난 여러 부류의 인원들에게 응시를 허락한 시험이었거니와, 장원급제자에 있어서도 차이를 두었던 모양이다.

原文 3-2-9. 仁宗十一年十二月判 四子登製述明經科者 令五部兩京諸州府郡縣辨報 其父母別賜米三十石 已沒者超一等封爵

3-2-9. 인종 11년 12월에 판하여, 네 아들이 제술과·명경과에 등과한 사람은 5부와 양경, 여러 주·부·군·현에 그 부모를 조사, 보고토록 하여 쌀 30석을 별도로 사여하고, 이미 죽은 사람은 일등을 뛰어넘어 봉작토록 하였다.[1]

註解 3-2-9-

-1) 仁宗十一年十二月判 四子登製述·明經科者 令五部·兩京·諸州府郡縣辨報 其父母別賜米三十石 已沒者超一等封爵: 인종 11년에 開京의 5部와 兩京 - 西京·東京인 듯 - 및 제 주·부·군·현, 즉 전국에 지시해 네 아들이 제술과나 명경과에 오른 사람의 부모를 조사, 보고케 하여 米 30석씩을 別賜하고, 이미 세상을 떠난 사람들에게는 원래 주어지기로 되어 있는 爵보다 한 단계를 뛰어넘는 것을 수여하는 특혜를 내리고 있다. 앞서 네 아들을 등과시킨 어머니에게는 매년 米 40석씩을 내리도록 제정한바 있으므로[3-2-7-2), 230쪽], 이번의 조처는 글자 그대로 別賜, 즉 그와는 별도로 米 30석을 더 내리는 은택을 베푼 것으로 생각된다.

原文 3-2-10. 毅宗三年正月判 兄弟三人登製述明經科者 其父授職 其母別賜米二十石 沒者封贈 五年四月 引見乙丑年以來新及第等 賜宴閤門 仍令釋褐 十年六月詔 今年壯元黃文莊 乃丙寅科狀元文富之弟也 兄弟俱占魁科 在古罕聞 宜准三子登科例 歲給母粟三十石

3-2-10. 의종 3년 정월에 판하여, 형제 3명이 제술과·명경과에 등과한 경우 그 아버지에게는 직職을 주고, 그 어머니에게는 쌀 20석을 별도로 내리도록 하며, 죽은 사람에게는 봉작封爵을 추증토록 하였다.[1]

5년 4월에 을축년 이래의 신급제자 등을 인견하고, 합문에서 잔치를 베풀어주면서 인하여 갈포의를 벗도록 하였다.[2]

10년 6월에 조詔하기를, "금년에 장원한 황문장은 곧 병인과 장원인 문부의 동생으로, 형제가 모두 괴과(장원)를 차지한 것은 옛적에도 드물게 듣던 일인즉, 마땅히 세 아들이 등과한 예에 준하여 해마다 어머니에게 속粟(조) 30석씩을 지급토록 하라" 하였다.[3]

註解 3-2-10-

-1) 毅宗三年正月判 兄弟三人登製述·明經科者 其父授職 其母別賜米二十石 沒者 封贈: 일반적으로 3형제가 제술과나 명경과에 登科했을 때 그 어머니에게 米 30석을 내리도록 되어 있었다[3-2-7-2), 230쪽]. 그런데 이번에 米 20석을 別賜토록 조처하고 있는데, 이것은 글자 그대로 30석 이외에 20석을 별도로 하사토록 했다는 의미인 듯싶다. 아울러 아버지에게도 職을 내리고, 이미 사망했을 경우에는 封爵을 追贈토록 하는 은택도 내리도록 하고 있다.

-2) (毅宗)五年四月 引見乙丑年以來新及第等 賜宴閤門 仍令釋褐: 乙丑年, 즉 父王인 인종 23년과 이후 인종 24년(의종 즉위년), 그리고 자신이 즉위하여 시행한 왕 원년·2년·4년 등 모두 5차례의 급제자 전원을 인견하고, 합문에서 잔치를 베풂과 동시에 褐布衣도 벗도록 하는 은택을 내리고 있다.

-3) (毅宗)十年六月詔 今年壯元黃文莊 乃丙寅科狀元文富之弟也 兄弟俱占魁科 在古罕聞 宜准三子登科例 歲給母粟三十石: 왕 10년의 장원급제자인 황문장[2-2-15-7), 141쪽]은 인종 24년(의종 즉위년)의 장원급제자인 황문부[2-2-14-17), 136쪽]의 동생이었다. 이렇게 형제가 함께 장원으로 급제하자 이것은 옛적에도 듣기 어려웠던 사례라 칭송하면서 그들의 어머니에게 세 아들이 등과한 사례에 준하여 해마다 粟 30석씩을 내리도록 왕명으로 조처하고 있다. 한데 앞에서 설명했듯이 3자가 등과했을 때는 米(쌀) 30석씩을 내리도록 되어 있었는데[3-2-7-2), 230쪽], 이번에는 粟(조) 30석씩을 내리도록 하고 있어 그점에서는 차이가 보인다.

原文 3-2-11. 明宗六年八月 新及第看榜 許於街路張樂 以爲榮觀 比因兵亂久廢 至是復之 八年六月御史臺奏 舊制 新及第紅牌 降使就賜于家 迎待煩費 寒士不克供辦 自今請於簾前賜牌 中書門下府駁奏 先王之制 必降賜于家者 將以榮耀里閭 使人歆羨勸學 況行之已久 仍舊便 制可 二十二年四月 丙科第四人崔祗義 兄祗元祗禮弟祗忠 先已登第 舊制 三子登第者賜母米二十七石 今以四子登科 命有司加賞

3-2-11. 명종 6년 8월에 신급제를 발표함에 있어 길거리에서 풍악 울리는 것을 허락하여 영광된 볼거리를 삼도록 하였다. 근래에 병란으로 인해 오래 동안 폐했던 것을 이때에 이르러 회복시킨 것이다.[1]

8년 6월에 어사대에서 아뢰기를, "옛 제도에 신급제자의 홍패는 사령을 보내 집에 가서 사여케 했으므로 맞이하고 대접하기가 번거럽고 비용이 많이 들어 빈한한 선비는 감당하기가 어려웠습니다. 지금부터는 청컨대 (궁궐의) 발을 드리운 앞에서 홍패를 사여토록 하소서" 하였다. 중시문하성에서 반박하여 아뢰기를, "선왕의 제도에 반드시 집에 가서 사여하도록 한 것은 장차 이려里閭(동리)를 영광되게 하여 사람들로 하여금 흠모토록 해 학문을 권면하기 위함이었습니다. 하물며 시행한지가 이미 오래되었은즉 예전대로 하는게 좋겠습니다" 하니 제하여 가하다 하였다.[2]

22년 4월에 병과 제4인인 최지의는 형인 지원·지례와 동생 지충이 앞서 이미 급제했었다. 옛 제도에 세 아들이 등과하면 그 어머니에게 쌀 27석을 사여하였는데, 지금은 네 아들이 등과했으므로 맡은 관청에 명하여 상을 추가토록 하였다.[3]

註解 3-2-11-

-1) 明宗六年八月 新及第看榜 許於街路張樂 以爲榮觀 比因兵亂久廢 至是復之: 신급제자들이 확정되어 발표하면서는 길거리에서 풍악을 울려 그들의 영광된 모습을 널리 알리는 관습이 있었다. 그러던 것이 武臣亂이 폭발하고(1170) 이어서 명종 3년(1173)에는 金甫當, 4년에는 趙位寵에 의한 반란이 계속되면서 그같은 행사가 폐지되었었는데, 兵亂이 좀 잠잠해지자 왕 6년에 이르러 회복시키고 있다.

-2) (明宗)八年六月 御史臺奏 舊制 新及第紅牌 降使就賜于家 迎待煩費 寒士不克 供辦 自今請於簾前賜牌 中書門下府駁奏 先王之制 必降賜于家者 將以榮耀里閭 使人歆羨勸學 況行之已久 仍舊便 制可: 급제증서인 紅牌는 나라에서 使令을 파견해 당사자의 집에 직접 가서 사여하도록 되어 있었다. 하지만 그에 따르는 비용도 적지 않아 집안의 경제적 사정이 어려운 선비에게는 큰 부담이 된다는 점을 들어 어사대에서 홍패를 궁궐 내의 장소에서 주자고 건의하였다. 하지만 중서문하성에서는, 그와 같은 선왕의 제도는 당사자가 사는 온 동리를 영예롭게 하여 면학을 권장하려는 뜻을 지닌 것이므로 예전대

로 시행하는게 좋겠다고 반박하자 그에 따르고 있다.

   ① 朴龍雲,「高麗時代의 紅牌에 관한 一考察」『李佑成定年退職紀念論叢, 民族史
　의 展開와 그 文化』上, 1990 ;『高麗時代 蔭敍制와 科擧制 硏究』, 一志社,
　1990.

-3) (明宗)二十二年四月 丙科第四人崔祇義兄祇元·祇禮 弟祇忠 先已登第 舊制 三
子登第者賜母米二十七石 今以四子登科 命有司加賞: 원래 세 아들이 등과하
면 그 어머니에게 해마다 米 30석씩 내리도록 되어 있었고[3-2-7-2), 230쪽], 한
아들이 더 급제하여 4형제가 登科하는 경우에는 10석을 더하여 해마다 40
석씩 주는 것을 常例로 삼기도 하였다(위와 같음). 한데 이 자리에는 다같이「舊
制」를 말하고 있으면서도 3형제가 등과한 경우 27석을 주도록 되어 있다고
언급하고 있어 좀 차이가 나는데, 그 연유를 지금으로서는 잘 알 수가 없다.
그리고 네 아들이 등과한 경우에도 상을 추가하도록 했다고만 언급하고 있
어 그 내용 역시 명확치 않다.

原文 3-2-12. 高宗十七年 崔瑀始造新及第儀物 以寵之

3-2-12. 고종 17년에 최우가 처음으로 신급제자에게 의물儀物을 만들어
주어 총애함을 나타냈다.[1]

註解 3-2-12-

-1) 高宗十七年 崔瑀始造新及第儀物 以寵之: 儀物은 의례 등에서 쓸 물품을 말하
는 것 같다. 고종 17년 당시 왕권을 능가하는 권력을 휘둘렀던 최씨무신정권
의 제2대 執政인 崔瑀(崔怡)가 신급제자들에게 의례 등에서 소요되는 물품을
만들어 하사함으로써 총애함을 보였다는 기사로 짐작되는 것이다.

原文 3-2-13. 元宗元年九月 以魏文卿兄弟俱爲狀元 廩其母 七年五月 命新及第
綴行 令八坊廂父老士庶笙歌盛服隨從 以寵之

3-2-13. 원종 원년 9월에 위문경 형제가 모두 장원을 하였으므로 어머니
에게 창고의 쌀을 주었다.[1]

　7년 5월에 신급제자들에게 철행(성행)토록 명하고, 팔방상과 나이 든 어
른 (및) 사士·서庶들로 하여금 옷을 차려 입고 노래하며 따르도록 하여
총애함을 보였다.[2]

註解　3-2-13-

-1) 元宗元年九月 以魏文卿兄弟俱爲狀元 廩其母: 원종 원년에 위문경이 장원으로 급제하였는데[2-2-21-1), 174쪽], 그에 앞서 형도 장원급제한바 있으므로 그 어머니에게 창고의 쌀을 내리도록 조처하고 있다. 그 쌀(米)은 관례에 따라 30석[3-2-7-2), 230쪽] 또는 27석[3-2-11-3), 235쪽]이었을 것이다.

　한데 장원급제자는 전원 『고려사』 등에 실려 있음에도 불구하고 정작 위문경과 형제인 듯한 이름은 찾아지지 않아 한 작은 문제가 된다. 이점을 살펴가는데 있어 『新增東國輿地勝覽』 권37, 長興都護府 人物條에 장원급제자인 魏文凱와 함께 그 형인 魏元凱 역시 고종 35년에 장원급제하였다는 기사가 실려 있어 주목된다. 그렇지만 동생의 이름이 魏文卿이 아니라 魏文凱로 되어 있고, 또 고종 35년의 장원급제자는 金鈞이어서[2-2-20-22), 170쪽] 여전히 문제는 남는다. 다만 고종 31년의 장원급제자가 魏珣인데[2-2-20-20), 170쪽], 혹 이 사람이 형일 가능성은 생각해볼 여지가 있다. 그렇다고 한다면 魏珣·魏文卿은 먼저의 이름이고, 魏元凱·魏文凱는 뒤에 고쳐진 이름으로 보아야 하는데, 물론 확인은 되지 않는다.

-2) (元宗)七年五月 命新及第綴行 令八坊廂父老士庶笙歌盛服隨從 以寵之: 신급제자들이 綴行을 하도록 했다는 기사이다. 철행은 成行이라고도 하여 급제자들이 줄 지어 시가행진을 하는 행사를 말한다. 원종은 이때 음악을 담당하는 팔방상과 함께 나이가 든 어르신 및 士庶들에게 옷을 차려 입고 노래를 부르며 따르도록 하여 급제자들에 대한 총애를 드러내 보이고 있는 것이다.

原文 3-2-14. 忠烈王二十八年五月親試 各賜白銀三斤馬一匹

3-2-14. 충렬왕 28년 5월에 친시하고 각각에게 백은 3근과 말 1필씩을 사여하였다.[1)

註解　3-2-14-

-1) 忠烈王二十八年五月 親試 各賜白銀三斤·馬一匹: 왕 28년 4월에 과거를 시행하여 급제자를 발표하고, 이어서 5월에 친시를 실시해 乙科에 든 曹匡漢 등 2인과 丙科 5인을 선발하였다[2-2-22-15), 186쪽]. 이번 친시에서 선발된 7인 가운데는 조광한 이외에 洪侑 閔祥正 등이 포함되어 있었지마는, 그중 홍유는 왕 20년의 급제자였고, 민상정은 27년의 급제자였다. 통상적인 친시라면 당해년의 합격자들을 대상으로 했던 것인데, 이번은 관례를 벗어난 특별한 시험이었던 듯싶거니와, 그 때문인지 친시 급제자 모두에게 銀과 말을 하사하

는 특혜를 베풀고 있다.

原文 3-2-15. 忠穆王三年十月 金仁琯連魁三場 賜馬紅鞓 許着金花帽 王親授紅
牌 寵渥尤厚 是月命新及第四日成行 尋令六日成行 國制 凡登科者特賜藍袍犀
帶 戴花張盖以榮之

3-2-15. 충목왕 3년 10월에 김인관이 연달아 3장에서 으뜸이었으므로 말
과 홍정(붉은 가죽 띠)을 하사하고, 금화모 쓰는 것을 허락하였으며, 왕이
친히 홍패를 수여하여 총애함이 더욱 두터웠다.[1]

이 달에 명하여 신급제자들에게 4일간 성행成行하도록 했는데, 얼마 있
다가 6일간 성행하도록 하였다. 나라의 제도에 무릇 등제자들에게 특별
히 남포와 서대를 하사하고, (머리에) 꽃을 꽂으며 일산을 쓰도록 해 영예
롭게 하였다.[2]

註解 3-2-15-

-1) 忠穆王三年十月 金仁琯連魁三場 賜馬紅鞓 許着金花帽 王親授紅牌 寵渥尤厚:
충목왕 3년 10월에 시행된 과거에서 김인관이 장원으로 급제하였는데[2-2-28-1),
195쪽] 초장·중장·종장에서의 성적이 모두 으뜸이었다. 그러므로 그에게 말
과 붉은 가죽 띠를 하사하고 금으로 만든 꽃이 달린 모자를 쓰게 하였으며
홍패도 왕이 친히 수여하여 지극한 총애를 베풀고 있는 것이다.

-2) 是月 命新及第四日成行 尋令六日成行 國制 凡登科者特賜藍袍犀帶 戴花張盖
以榮之: 신급제자들이 하는 시가 행진, 즉 成行을 4일간으로 했다가, 얼마
뒤에 그 기간을 6일간으로 늘리는 조처를 취하고 있다. 國制로서 등과자들
에게는 藍袍와 犀帶를 하사하고 꽃으로 장식한 모자를 쓰며 日傘을 받도록
하게 했다는 것인데, 성행 때에 그같은 복장과 장식을 하게 함으로써 영예
를 드러내도록 하였다는 의미로 이해된다.

3-3. 은례恩例

原文 3-3-1. 凡恩例 穆宗卽位詔 進士明經十擧不第及書者地理學生滿十年者 並
許脫麻 元年三月取恩賜一人 東堂取恩賜自此始 然不爲常例 二年十月鎬京醫卜

業生 在學滿二十年 年踰五十者 並許脫麻

3-3-1. 무릇 은례로는[1] 목종이 즉위년에 조詔하여 진사와 명경에 열 번 응거하였으나 급제하지 못한 사람 및 서자書者·지리 학생으로 10년이 찬 사람은 모두 마의를 벗는 것(탈마脫麻)을 허락하였다.[2]

원년 3월에 은사 1인을 뽑았다. 동당에서 은사를 뽑는 것은 이로부터 시작되었는데, 그러나 상례로 삼지는 않았다.[3]

2년 10월에 호경의 의업과 복업생으로 재학한지 20년이 찬 사람과 나이가 50이 넘은 사람은 모두 마의를 벗도록 허락하였다.[4]

註解 3-3-1-

-1) 凡恩例: 진사(제술과 과정)와 명경에 10회 – 대략 20년간 – 나 응시 했음에도 급제하지 못한 경우 및 醫業·지리업·卜業 등 雜科 과정에서 오랜 동안 학업을 닦았음에도 역시 급제하지 못한 사람들에게 특별히 은혜를 베풀어 급제시킨 典例들을 설명한 항목이다.

-2) 穆宗卽位詔 進士·明經十擧不第 及書者·地理學生滿十年者 並許脫麻: 성종이 재위 16년째 되던 해(997) 10월에 세상을 떠나자 그를 이어서 목종이 즉위하였다. 그처럼 새 국왕이 즉위하면 통상적으로 赦免令을 내리고 광범위에 걸치는 은사를 베풀곤 하였거니와, 목종 역시 두 달 후인 12월에 詔書를 내려 1년간의 조세를 면제해주고 효자와 順孫을 포상하며 5품 이상의 子에게 蔭職을 수여하는 등의 은택을 베푸는 가운데[『고려사절요』 권2] 그 일환으로 제술과(진사 과정)·명경과에 10회 – 대략 20년간 – 나 응시하였으나 급제하지 못한 사람 및 書業·地理業에 몸담아 학업을 닦아 10년이 찬 학생들에게 脫麻, 즉 일반인들이 입는 麻衣를 벗고 관리로 출발하도록 허락하는 은전도 베풀었음을 전하는 기사이다.

-3) (穆宗)元年三月 取恩賜一人 東堂取恩賜 自此始 然不爲常例: 이번의 과거는 左司郞中인 崔成務가 지공거가 되어 姜周載 등을 선발한 시험으로, 급제자 가운데는 恩賜 1인도 포함되어 있다[2-2-5-1), 95쪽]. 이 恩賜及第는 바로 윗 항목의 사례에도 보이듯이 열 차례에 걸쳐 응시, 그러니까 대략 20년간 끈질기게 학업을 닦으면서 응시하였음에도 급제하지 못한 사람에게 學風을 장려하는 뜻에서 특별히 登科시킨 것을 말하는 것이다. 東堂, 즉 과거에서 은사 급제를 준 것은 이번이 처음이었거니와, 선거지 選場條를 보면 이후에도 그 같은 사례가 가끔 눈에 띠지마는 그러나 그것이 常例的으로 주어지던 것은

아니었다.

-4) (穆宗)二年十月 鎬京醫·卜業生 在學滿二十年 年踰五十者 並許脫麻: 호경, 즉 西京의 醫業[2-1-12-9), 64쪽]과 卜業[2-1-12-17), 67쪽]을 닦는 학생들로 재학한지 20년이 찼거나, 나이 50이 넘은 사람들은 모두 麻衣를 벗고 벼슬길을 걷도록 허락하는 은전을 베풀고 있다. 이는 서경에 대한 배려와 함께 의업과 복업을 장려하는 의미도 염두에 둔 조처로 보인다.

原文 3-3-2. 顯宗四年八月 擧人崔弘正 以赴擧年滿 特賜釋褐 五年四月石邦寶 等二人 以赴擧度滿 並賜釋褐

3-3-2. 현종 4년 8월에 거인(과거 응시자) 최홍정이 부거赴擧하는 나이가 찼으므로 특별히 석갈(갈포의를 벗는 것)을 사여하였다.[1]

  5년 4월에 석방보 등 2인이 부거하는 도수(회수)가 찼으므로 모두에게 석갈을 사여하였다.[2]

  註解 3-3-2-

 -1) 顯宗四年八月 擧人崔弘正 以赴擧年滿 特賜釋褐: 현종 4년 8월의 과거는 金審言이 지공거로서 주관한 시험이었는데, 선거지 選場條에는 드러나 있지 않으나[2-2-6-3), 99쪽], 이곳의 기술 처럼 그때 최홍정이 恩賜及第를 받은 사실을 알 수 있다. 과거에 나아가는 나이가 찼다는 것은 10회를 응시하는 동안 20년이라는 햇수가 흘러 나이가 많게 되었다는 의미인 듯 하며, 그러므로 恩例를 베풀어 褐布衣를 벗도록 賜하였다는 것은 석갈과 동시에 公服을 내렸으므로 그처럼 표현한 것 같다.

 -2) (顯宗)五年四月 石邦寶等二人 以赴擧度滿 並賜釋褐: 이번의 과거는 周佇가 지공거를 맡아 주관한 시험이었는데, 역시 선거지 選場條에는 드러나 있지 않으나[2-2-6-4), 99쪽] 그때 석방보 등 2인에게 恩賜及第도 내린 사실을 전하고 있다. 이들에게 은사급제를 내린 것은, 바로 위 1)항의 경우 부거하는 나이가 찼기 때문이었다고 기술하고 있는데 비해 이번에는 부거하는 도수(회수)가 찼기 때문으로 표기하고 있으나 그 내용은 동일하다고 생각된다. 釋褐을 賜하였다는 것도 같은 의미이다.

原文 3-3-3. 文宗十九年六月 叅知政事金義珍知貢擧 取進士 王覆試 以盧旦奏事 忤旨 怒不設科 惟取十上不第者 賜李元長等五人恩賜出身 又賜明經二人 及第

3-3-3. 문종 19년 6월에 참지정사인 김의진이 지공거가 되어 진사를 뽑
자 왕이 복시하려 하였는데, 노단이 일을 아뢴게 뜻을 거스르매 노하여
과科를 설치하지 아니하고 다만 열 번 응시하여 급제하지 못한 사람만을
뽑아 이원장 등 5인에게 은사출신을 사하고, 또 명경 2인에게 급제를 사
하였다.[1]

註解 3-3-3-

-1) 文宗十九年六月 叅知政事金義珍知貢擧 取進士 王覆試 以盧旦奏事忤旨 怒不
設科 惟取十上不第者 賜李元長等五人恩賜出身 又賜明經二人 及第: 이 내용
이『고려사』권8, 세가와『고려사절요』권5에도 실려 있거니와, 일단 지공거
가 선발한 진사 등을 비록 사연이 있었다 하더라도 이처럼 국왕이 복시에서
무효화한 것은 특별한 예에 해당한다. 그런 가운데서도 열 번 응시하여 급
제하지 못한 진사 5인에게는 은사출신을, 명경과 응시자 2인에게는 급제를
사여하는 은택만은 베풀고 있어 주목된다. '出身'은 급제와 같은 의미로 쓰
이는 경우가 많았다.

原文 3-3-4. 肅宗詔 進士明經十擧不第者 許令脫麻

3-3-4. 숙종이 조詔하여 진사와 명경에 열 번 응시해 급제하지 못한 사람
에게 마의를 벗도록 허락하였다.[1]

註解 3-3-4-

-1) 肅宗詔 進士・明經十擧不第者 許令脫麻: 여기에는 명시되어 있지 않지만 이
번 조처는 이른바 이자의의 난을 진압하고 비상수단을 통해 즉위한 숙종이
그해 11월에 접어들어 목종조의 예에서처럼[3-3-1-2), 238쪽] 다방면에 걸쳐 은
택을 베풀면서[『고려사절요』권6, 獻宗 원년=숙종 즉위년, 11월] 진사와 명경 시험
에 열 번 응시하여 급제하지 못한 사람에게도 脫麻를 허락하는 기사이다.

原文 3-3-5. 高宗四十年六月詔 諸業東堂監試各一度 進士明經各十度已滿者 一
度中場入格 許令脫麻

3-3-5. 고종 40년 6월에 조詔하여, 제업의 동당감시[1]에 각기 한 번 (응시한

사람 및) 진사·명경에 각각 열 번이 이미 찬 사람으로 한 번 중장에만 합격했어도 마의를 벗도록 허락하였다.[2]

註解 3-3-5-

-1) 東堂監試: 고려시대의 과거는 크게 보면 本考査와 예비고사의 두 단계로 나뉘어져 있었는데, 양자를 대표하는 명칭으로 전자의 경우 禮部試, 후자의 경우 國子監試가 쓰였지마는 이들 이외에도 매우 다양한 호칭이 사용되었다. 그 하나로써 역시 비교적 자주 쓰인 호칭에 東堂 또는 東堂監試가 있는데, 이들 용어에 대해서만은 논자들 사이에 서로 다른 견해가 피력되고 있다. 이 가운데 얼핏 보아도 東堂과 監試가 합쳐진 것으로 짐작되는 東堂監試를 둘러싸고 논란이 많았지마는, 처음에 이것은 본고사를 뜻하는 용어라고 파악되었다.[①] 하지만 얼마뒤 그것은 하나의 용어가 아니라 단순히 東堂과 監試를 붙여 쓴 합성문구로서 전자가 본고사였던데 비해 후자는 예비고사를 뜻했다는 해석이 나왔다.[②] 필자 역시 후자의 견해에 찬동하는 입장에서 여러 자료의 검토를 통해 그점을 다시 확인한바 있지마는,[③] 그와 더불어 東堂이라고만 표기된 경우 그것은 물론 종래처럼 본고사를 의미했다는 점도 거듭 밝혔다.[④]

　필자는 이 자리에서 東堂監試는 어느 경우를 막론하고 東堂과 監試로 분리하여 파악해야할 것이라는 입장을 취하였다. 이때 동당은 곧 본고사로서 양자는 마치 동일한 내용을 뜻하는 것처럼 오해하기 쉽게 설명하였다. 하지만 東堂이라는 단독 표기도 자주 나오듯 그것이 곧 본고사라는 말은 아니었다. 동당은 본래 科場을 뜻한데서 유래하였고, 그러므로 그것은 우리들이 흔히 말하는 科擧라는 뜻에 가까운 용어였다고 할 수 있다.

　한데 科擧의 핵심은 더 말할 필요도 없이 급제 여부가 결정되는 본고사에 있었다. 그러므로 東堂 내지 科擧라고 하면 본고사와 관련되게 마련이었고, 그런 점에서 이들 용어가 본고사와도 통하는 말이 되지 않았나 짐작된다. 이같은 측면에서 생각해 볼 때 東堂監試로 표기된 대부분의 경우 東堂이 본고사, 監試가 예비고사를 뜻했다는 사실을 대략 이해할 수 있게 되지마는, 동시에 동당이 본래의 뜻 그대로 科擧라는 의미로 쓴 경우 역시 있을 수 있다는 점 또한 염두에 두어야 하지 않을까 싶다.

① 曺佐鎬,「麗代의 科擧制度」『歷史學報』10, 1958, 127쪽.

② 趙東元,「麗代 科擧의 豫備考試와 本考試에 對한 考察」『圓光大 論文集』8, 1974, 230·231쪽.

　朴龍雲,「高麗時代 科擧의 考試와 體系에 대한 檢討」『한국사연구』61·62,

1988 ;『高麗時代 蔭叙制와 科擧制 硏究』, 일지사, 1990, 125~132쪽.
③ 朴龍雲, 위와 같음.
④ 許興植,「高麗 科擧制度의 成立과 發展」『한국사연구』10, 1974 ;『고려의 과
  거제도』,일조각, 2005, 41·42쪽.

-2) 高宗四十年六月詔 諸業東堂監試各一度 進士·明經各十度已滿者 一度中場入
  格 許令脫麻: 고종 40년에 王命으로 恩例를 베풀고 있는데, 먼저 明法業·明
  書業·明算業·醫業·地理業 등「諸業은 東堂監試 各一度」라 기술되어 있다.
  이 부분을 '諸業東堂과 諸業監試'로 분리하여 해석하는 것은 아무래도 무리
  가 따르는 듯싶으므로 이는 아마 科擧의 한 분야인 諸業(雜科)의 경우 監試에
  한 번 응시했더라도 戰時임을 감안해 脫麻를 허락했다는 의미인 듯 짐작된
  다. 반면에 진사와 명경의 경우는 종래의 사례처럼 열 번의 응시를 채운 사
  람 중에서 한 차례 中場에만 합격했더라도 탈마를 허락하는 은택을 베푼 것
  으로 이해된다.

[原文] 3-3-6. 忠宣王卽位敎曰 諸業東堂監試各許一度 進士·明經赴擧已滿十度者
亦許脫麻

3-3-6. 충선왕이 즉위해 敎(교)하여 이르기를, "제업의 동당감시에 각기 한
번 (응시한 사람도) 허락하고, 진사·명경에 부거赴擧하여 이미 열 번을 채운
사람 역시 마의 벗는 것을 허락토록 한다" 하였다.[1]

註解 3-3-6-

-1) 忠宣王卽位敎曰 諸業東堂監試各許一度 進士·明經赴擧已滿十度者 亦許脫麻:
  이곳의 東堂監試도 윗 대목에서와 마찬가지로 과거 시험에서의 감시로 짐작
  된다. 그러므로 이번의 敎書 역시 諸業, 즉 明法業·醫業 등 잡과의 경우 한
  번 예비고시인 監試에 응시했더라도 脫麻를 허락하고, 진사(제술과)·명경(명경
  과)의 경우는 전례대로 열 번 응시한 사람에게 충선왕이 즉위함에 즈음하여
  탈마를 허락하는 은례를 베풀고 있는 것이라 하겠다.

3-4. 제과制科

[原文] 3-4-1. 制科 景宗元年遣金行成如宋 入學國子監 二年行成在宋登第 五年

遣崔罕王琳如宋入學 十一年罕琳登賓貢科 授秘書郞

3-4-1. 제과.[1] 경종 원년에 김행성을 보내 송에 가서 국자감에 입학케 하였는데, 2년에 행성이 송에서 등제登第하였다.[2]

5년에 최한과 왕림을 보내 송에 가서 입학하였는데, 11년에 한·림이 빈공과에 등제하여 비서랑을 제수받았다.[3]

註解 3-4-1-

-1) 制科: 고려시기 사람들이 문화·외교상으로 긴밀한 관계를 가졌던 중국의 宋나라와 元·明의 科擧에 급제했거나 그와 관련된 사항들을 설명한 대목이다.

-2) 景宗元年 遣金行成如宋 入學國子監 二年行成在宋登第: 고려와 송나라 사이에 국교가 시작된(광종 13년, 962) 이후 경종 원년(976)에 처음으로 김행성이 유학하여 저들의 국자감에 입학하고, 다음해에는 登第까지 한 사실을 전하고 있다. 이 부분에 대해『고려사』권2, 세가 경종 원년조에는 「是歲 遣金行成 如宋 入學國子監」, 그리고『고려사절요』권2, 경종 원년조에도 역시 「是歲 遣金行成如宋 入學國子監 遂登第」라 간략하게 기술해놓고 있다.

　　이 자리에는 밝혀져 있지 않지만 김행성이 登第했다는 송의 과거는 아마 뒤이어 나오는 賓貢科나 制科였을 것으로 짐작된다. 빈공과는 외국인들을 상대로 하는 과거의 일종이며, 制科(制擧)는『唐書』에 「其科之目 有秀才 有明經 有俊士 有進士 … 此歲擧之常選也 其天子自詔者曰制擧 所以待非常之才焉」(『신당서』권44, 志 34, 選擧志 上 첫머리)이라 보이듯이 임시로 뛰어난 인재를 뽑기 위해 임금이 친히 문제를 내어 보이던 과거를 말한다. 이 부분에 대해서는『宋史』에도 「宋之科目 有進士 有諸科 有武擧 常選之外 又有制科」(『송사』권155, 志 108, 選擧 1 科目 上)라는 설명이 보인다.

　　송나라의 과거에 처음으로 급제한 고려 사람인 김행성에 대해서는 이 사실 이외에 달리 전하는 내용이 찾아지지 않는다.

-3) (景宗)五年 遣崔罕·王琳如宋入學 十一年罕·琳登賓貢科 授秘書郞: 이 기사는『고려사』편찬자의 오류로 인해 年代가 잘못된 경우이다. 景宗 5년과 11년이 아니라 그 다음 왕인 成宗 5년과 11년의 사실이기 때문이다. 실제로『고려사절요』권2, 성종 5년조에「是歲 遣崔罕·王琳如宋 入學」이라 하였고, 같은 책 권2, 성종 11년 秋7月조에「崔罕·王琳登宋賓貢科 受秘書郞 而還」이라 전하는 것이다. 그러니까 최한과 왕림 두 사람은 송나라에 유학한지 7년만에 그곳의 빈공과[위의 2)항 참조]에 급제하고 비서랑이라는 관직까지 제수받은 뒤 귀국했음을 알 수 있다. 현종 22년 5월에 檢校右僕射·羅州牧使를 제수받은

王琳[『고려사』권5, 세가]은 바로 송나라에서 급제했던 그 사람으로 생각된다.

原文 3-4-2. 穆宗元年 金成績入宋登第

3-4-2. 목종 원년에 김성적이 송에 들어가 등제登第하였다.[1]

註解 3-4-2-

-1) 穆宗元年 金成績入宋 登第: 이 사실이『고려사절요』권2, 목종 원년조에「是歲 金成績入宋 登第」라 보여 다시 확인된다. 그러나 김성적이 어떤 사람인지 등에 대해서는 전하는 내용이 찾아지지 않는다.

原文 3-4-3. 肅宗四年二月 宋詔 許擧子賓貢

3-4-3. 숙종 4년 2월에 송이 조詔하여 거자擧子의 빈공과 (응시를) 허하였다.[1]

註解 3-4-3-

-1) 肅宗四年二月 宋詔 許擧子賓貢: 이 사실이『고려사』권11, 세가 숙종 4년 2월조와『고려사절요』권6, 숙종 4년 春2月조에 각각「宋帝詔 許擧子賓貢」및「宋詔 許擧子賓貢」이라 실려 있어 다시 확인된다. 송에서 과거를 실시하면서 고려인도 빈공과에 응시하도록 전하여 온 것 같다.

原文 3-4-4. 睿宗十年七月 遣金端甄惟底趙奭康就正權迪如宋 赴大學 十二年迪奭端登上舍及第

3-4-4. 예종 10년 7월에 김단·견유저·조석·강취정·권적을 보내 송에 가서 태학에 들어가도록 하였는데, 12년에 적·석·단이 상사 급제上舍及第에 올랐다.[1]

註解3-4-4-

-1) 睿宗十年七月 遣金端·甄惟底·趙奭·康就正·權迪如宋 赴大學 十二年迪·奭·端 登上舍及第: 교육개혁에 많은 관심과 노력을 기울였던 예종은 그 일환으로 進士인 김단 등 5명을 송에 파견하여 태학에 들어가도록 조처하였다. 그리하여 몇 년 후에는 이들 가운데 權迪(權適) 등 4인이 上舍及第에 오르고 있다.

송나라에서는 국자감의 교육 편제를 外舍와 內舍·上舍로 구분해 운영하였거
니와, 이들은 그 상급의 齋舍로 升補하는 시험에 급제하고 있는 것이다.

이들 중 강취정과 견유저는 불운하여 송에서 죽음을 맞았다. 그러나 권적
과 김단·조석은 예종 12년 5월에 사신으로 들어간 李資諒과 함께 귀국하여
[『고려사』 권14, 세가] 교육개혁을 비롯한 여러 분야에서 많은 활동을 하였다.
그리하여 특히 권적은 國子祭酒(정4품)·翰林學士(정3품)까지[『고려사』 권17, 세가
毅宗 즉위년 12월] 지내는 동안 인종 20년에는 동지공거를 역임하며[2-2-14-14),
135쪽], 김단 역시 호부상서(정3품) 등을(위 책, 의종 5년 4월) 지내는 동안 인종
17년에 동지공거를 맡는다[2-2-14-12), 134쪽].

① 申千湜, 「高麗中期 教育理念과 國子監運營 — 睿宗의 教育改革을 中心으로 —」『고
  려교육제도사연구』, 형설출판사, 1983 ;『고려교육사연구』, 경인문화사, 1995,
  76~80쪽.

原文 3-4-5. 忠肅王元年正月 元頒科舉詔 令選合格者三人 貢赴會試 二年正月
遣朴仁幹等三人應舉 皆不第 四年十二月遣安震應舉 五年震中制科第三甲十五
名 七年十月遣安軸崔瀣李衍宗應舉 八年瀣中制科 勅授遼陽盖州判官 十年十二
月遣安軸趙廉崔龍甲應舉 十一年軸中制科 後二年李穀中制科第二甲 授翰林國
史院檢閱官

3-4-5. 충숙왕 원년 정월에 원에서 과거의 조서를 반포함에 합격자 3인
을 선발하여 회시에 나아가도록 하였다.[1]

2년 정월에 박인간 등 3인을 보내 응거應舉케 하였는데, 모두 급제하지
못하였다.[2]

4년 12월에 안진을 보내 응거케 하였는데, 5년에 진이 제과의 제3갑
15명째로 중제中第하였다.[3]

7년 10월에 안축·최해·이연종을 보내 응거케 하였는데, 8년에 해가
제과에 중제中第하자 칙명으로 요양개주판관을 제수하였다.[4]

10년 12월에 안축·조염·최용갑을 보내 응거케 하였는데, 11년에 축이
제과에 중제하였다.[5]

후2년에 이곡이 제과의 제2갑에 중제中第하니 한림국사원검열관을 제
수하였다.[6]

註解 3-4-5-

-1) 忠肅王元年正月 元頒科擧詔 令選合格者三人 貢赴會試: 원나라에서 과거를 시행하면서 우리나라에도 그 사실을 皇帝命인 詔書로 알려 왔다. 이에 따라 합격자 3인을 선발하여 會試에 응시하도록 했다는 것인데, 당시 원의 과거는 鄕試·會試·殿試의 체계로 되어 있었다. 그러므로 이곳의 「합격자 3인」은 고려에서 저들의 향시에 해당하는 시험을 거친 것을 말하며, 그들이 원나라로 들어가 회시에도 응시하였음을 전하는 기사로 생각된다. 고려와 원은 충렬왕 이후로 이른바 一家의 관계에 있었다고 일컬어질 정도로 정치적·문화적으로 밀접하게 얽혀 있었다. 이 사실이 『고려사』 권34, 세가와 『고려사절요』 권24, 충숙왕 원년 춘정월조에도 각각 「丙午 元以行科擧 遣使頒詔」 및 「元遣使來 頒科擧詔」라 실려 있다.

-2) (忠肅王)二年正月 遣朴仁幹等三人 應擧 皆不第: 충숙왕 2년(1315)에는 과거제에 몇가지 개정이 있었다. 우선 과거의 시험관 명칭을 知貢擧·同知貢擧에서 考試官·同考試官으로 바꾸었고[3-1-7-1), 223쪽], 또 과거 내지 과거의 본고사를 뜻했던 東堂을 應擧試로 고쳤던 것이다[2-1-15-1), 74쪽]. 이같은 개정을 주도한 것은 王位를 아들인 충숙왕에게 물려주었으면서도 자신은 上王으로서 정사에 깊이 관여하였던 瀋王인 忠宣王이었는데, 특히 후자의 개정은 고려의 과거를 원나라 과거와의 관계를 염두에 둔듯 짐작된다는 점에서 당시 고려의 정치적 상황을 되새겨보게 된다. 충렬왕 원년 이후 원나라와 견줄 수 있는 여러 제도, 체제가 격하되는 방향에서 고쳐져 왔던 것이다.

이러한 상황하에서 충숙왕 2년 정월에 李瑱을 고시관, 尹奕을 동고시관으로 하는 과거가 치러져 장원급제한 박인간을 비롯한 33인의 進士를 선발하였다[2-2-24-1), 189쪽]. 그리하여 이들 중 박인간 등 3인을 원나라의 과거에도 응시케 하였던 모양인데, 급제는 하지 못한 것으로 나타나 있다. 박인간은 그후 여러 요직을 거쳐 僉議評理(종2품)에까지 오르는 인물이다.

-3) (忠肅王)四年十二月 遣安震應擧 五年震中制科第三甲十五名: 안진은 權漢功이 지공거를 맡은 충선왕 5년 8월(충숙왕 즉위년 9?월)의 과거에서 장원으로 급제한 사람이다[2-2-23-1), 188쪽]. 그리하여 藝文檢閱(정9품)에 재임 중이던 충숙왕 4년 12월에 원나라의 과거에 응시토록 파견되었는데, 해가 바뀐 시험에서 저들 制科의 第3甲 15명째의 성적으로 中第하였던 것이다. 그가 급제한 제과에 대해서는 앞서 설명한 바와 같거니와[3-4-1-1)·2), 243쪽], 뒤에 그는 政堂文學(종2품)에까지 올랐다[『고려사』 권39, 세가 공민왕 9년 2월].

-4) (忠肅王)七年十月 遣安軸·崔瀣·李衍宗應擧 八年瀣中制科 勅授遼陽盖州判官: 최해·이연종은 충렬왕 29년에[2-2-22-16), 187쪽], 그리고 안축은 충렬왕 33년에[2-2-22-18), 188쪽] 각각 급제한 사람들이다. 이들 3명을 충숙왕 7년 10월에

원나라로 보내 저들 과거에 응시케 한 것인데, 이듬해에 실시된 제과에서
그들중 최해 한 사람만이 中第하고 있거니와, 그는 칙명으로 원나라의 요양
개주판관을 제수받았다. 최해는 귀국후 주로 文翰職을 역임하면서 檢校大司
成(종3품)까지 지내고『고려사』권109, 열전], 이연종은 密直使(종2품)까지 올랐다
『고려사』권38, 세가 공민왕 즉위년 11월]. 그리고 안축은 뒤이어 설명하듯 몇 년
뒤에 재차 제과에 응시하여 中第한다.

-5) (忠肅王)十年十二月 遣安軸·趙廉·崔龍甲應擧 十一年軸中制科: 이번에는 왕
7년에 파견했던 안축과 함께 충숙왕 2년에 급제한 조염[2-2-24-1], 189쪽]과 왕
7년에 장원급제한 최용갑[2-2-24-3], 190쪽]을 원나라에 보내 응시케 하였는데,
바로 윗 대목에서 언급했듯 안축만이 급제하였다. 그는 귀국후 여러 요직을
거쳐 贊成事(정2품)까지 오르는『고려사』권109, 열전] 가운데 충혜왕 後元年의
과거에서는 동지공거를 맡기도 하거니와[2-2-27-1], 194쪽], 조염은 密直副使(정
3품) 등을 역임하였다『고려사』권109, 열전]. 하지만 최용갑에 대해서는 달리 전
하는 내용이 찾아지지 않는다.

-6) (忠肅王)後二年 李穀中制科第二甲 授翰林國史院檢閱官: 이곡은 잘 알려진대
로 여말의 대학자요 정치가인 李穡의 아버지로서, 충숙왕 7년의 과거에 급
제한[2-2-24-3], 190쪽] 뒤 왕 後2年에는 원나라의 제과에도 第2甲으로 中第하
여 한림국사원검열관을 제수받고 있다. 그는 이후 원나라에서 벼슬하는가
하면 본국에서의 신임도 두터워 여러 요직을 거쳐 贊成事(정2품)까지 지내는
사이에 충목왕 3년에는 동지공거를 역임하기도 한다[2-2-28-1], 195쪽].

原文 3-4-6. 忠惠王後三年 李仁復中制科 授大寧路錦州判官

3-4-6. 충혜왕 후3년에 이인복이 제과에 중제中第하여 대녕로금주판관을
제수받았다.[1]

註解 3-4-6-

-1) 忠惠王後三年 李仁復中制科 授大寧路錦州判官: 이인복은 충숙왕 13년의 급
제자로[2-2-24-4], 191쪽], 이때에 이르러 원나라 제과에도 中第하여 대녕로금주
판관을 제수받고 있다. 그는 공민왕 초기에 이미 재상직에 오른후 贊成事(정
2품)와 判三司事 등을 역임하며『고려사』권112, 열전], 공민왕 6년과 14년·18년
등 세 차례나 지공거를 맡기도 한다[2-2-29-3)·6)·8), 199·201·202쪽].

原文 3-4-7. 忠穆王初年十一月 遣尹安之安輔郭珝應擧 明年輔中制科 三年九月

遣尹安之白彌堅朴中美應擧

3-4-7. 충목왕 초년 11월에 윤안지와 안보·곽연을 보내 응거케 하였는데,
이듬해에 보가 제과에 중제中第하였다.[1]

　　3년 9월에 윤안지와 백미견·박중미를 보내 응거케 하였다.[2]

　註解 3-4-7-

-1) 忠穆王初年十一月 遣尹安之·安輔·郭珚應擧 明年輔中制科: 안보는 충숙왕 7
　　년의 급제자임이 확인되나[2-2-24-3), 190쪽], 나머지 두 사람 윤안지와 곽연의
　　경우는 그렇지가 못하다. 하지만 우리의 東堂을 應擧試라 바꾼데서 짐작되
　　듯이[3-4-5-2), 246쪽] 원나라는 고려의 과거를 자기네의 그것보다 한 단계 아
　　래의 예비고사처럼 대하고 있었던만큼 이들 역시 일단은 급제자였을 것으로
　　짐작된다. 그리고 이곳 선거지에는 이들이 충목왕 초년 11월에 이르러 원의
　　과거에 응시했다고 기록하고 있는데, 그러나『고려사절요』권25에는 그때가
　　충목왕 즉위년 11월로 밝혀져 있어 정확한 연대를 알 수가 있다.
　　　응시자 3인중 이듬해 시행된 제과에서 보다시피 안보 1인만이 中第하였
　　다. 그리하여 遼陽行中書省照磨직을 제수받은 사실도 확인이 되는데[『고려사』
　　권109, 열전], 그는 곧 충숙왕 8년의 원 제과에 급제한 安軸[3-4-5-4), 246쪽]의
　　동생으로 이 집안에서는 형제가 외국에까지 이름을 드높인 것이다. 안보는
　　뒤에 정당문학(종2품)을 지내거니와, 그 사이 공민왕 4년에는 동지공거를 역
　　임하기도 하였다[2-2-29-2), 198쪽].
　　　윤안지는 원의 제과에 응시하는 충목왕 즉위년 당시 左正言(종6품)에 재직
　　중이었다[『고려사』권37, 세가 충목왕 즉위년 6월]. 그는 이번의 실패에도 불구하고
　　뒤이어 설명하듯이 이후 두 번 더 응시하여 마침내는 中第를 한다. 곽연에
　　대해서는 제과에 응시한 사실 이외에 달리 전하는 내용이 찾아지지 않는다.

-2) (忠穆王)三年九月 遣尹安之·白彌堅·朴中美應擧: 윤안지가 왕 즉위년에 이어
　　서 두 번째로 원나라의 과거에 응시하고 있다. 이번에는 그와 함께 백미견
　　과 박중미도 파견되고 있는데, 이들 역시 고려에서는 급제했으리라 짐작되
　　나[위의 1)항 참조] 원의 제과에는 모두 실패하고 있다. 이후 윤안지는 제3차,
　　백미견은 제2차로 다시 응시하지마는 박중미는 1차로 그치고 있다. 박중미
　　는 공민왕조에 左司議大夫(종3품)를 역임하였음이 확인된다[『고려사』권41, 세가
　　공민왕 14년 秋7월].

原文 3-4-8. 忠定王元年 安之中制科 授大寧路判官 二年遣白彌堅金仁琯應擧

3-4-8. 충정왕 원년에 (윤)안지가 제과에 중제中第하여 대녕로판관을 제수받았다.[1]

2년에 백미견과 김인관을 보내 응시케 하였다.[2]

註解 3-4-8-

-1) 忠定王元年 安之中制科 授大寧路判官: 윤안지가 충목왕 즉위년과 3년에 이어서 세번째로 응시해 마침내 제과에 中第하여 대녕로판관을 제수받고 있다. 그는 고려에서도 諫議大夫(종3품)를 지냈음이 확인된다(『東文選』 권117, 行狀 高麗國奉翊大夫 … 刑部尙書鄭先生(云敬)行狀).

-2) (忠定王)二年 遣白彌堅·金仁琯應擧: 이들이 응시한 기사가 『고려사절요』 권26의 충정왕 2년 9월조에도 실려 있어 정확한 시기를 알 수가 있다. 김인관은 충목왕 3년의 장원급제자였고[2-2-28-1], 195쪽], 백미견은 충목왕 3년에 이어서 두 번째의 응시였는데, 그러나 급제하지는 못한듯 응거한 사실만을 기록하고 있다.

原文 3-4-9. 恭愍王二年 以李穡充書狀官應擧 三年穡中制科第二甲第二名 授應奉翰林文字 十九年六月 大明頒科擧詔 令就本國鄕試貢赴京師 至會試 不拘額數選取 八月李仁復李穡爲考試官 通考三場文字 取李崇仁朴實權近金濤柳伯濡 以充貢士 崇仁近以年未滿二十五不遣 二十年濤中制科第二十五名 授東昌府丞 二十二年六月 白文寶權仲和取應擧試金潛宋文中權近曹信金震陽 近又以年少不赴

3-4-9. 공민왕 2년에 이색을 서장관으로 삼아 응거케 하였는데, 3년에 색이 제과의 제2갑 제2명으로 중제中第하여 응봉한림문자를 제수받았다.[1]

19년 6월에 대명大明이 과거의 조서를 반포하여, 본국의 향시에 나아갔던 사람들로 경사京師에 응시해 오면 회시에서 (정해진) 액수에 구애받지 않고 선발하겠다고 하였다. 8월에 이인복과 이색을 고시관으로 삼아 삼장의 문자를 전체적으로 고찰해 이숭인·박실·권근·김도·유백유를 뽑아 공사貢士에 충당토록 하였는데, 숭인과 근은 나이가 25세에 차지 않아 보내지 않았다. 20년에 도가 제과에 제25명으로 중제中第하여 동창부승을 제수받았다.[2]

22년 6월에 백문보와 권중화가 응거시를 (치러) 김잠·송문중·권근·조

신·김진양을 뽑았는데, 근은 또 나이가 적어 나아가지 못하였다.[3]

註解 3-4-9-

-1) 恭愍王二年 以李穡充書狀官應擧 三年穡中制科第二甲第二名 授應奉翰林文字: 공민왕 2년 5월에 장원으로 급제한 이색을[2-2-29-1), 197쪽] 마침 賀禮使를 맡은 蔡河中의 書狀官으로 삼아 함께 원에 들어가 제과에 응시토록 했던바[『고려사절요』 권26, 공민왕 2년 冬10月], 이듬해에 第2甲의 第2名이라는 우수한 성적으로 급제하여 응봉한림문자직을 제수받고 있다. 『牧隱文集』에 실려있는 그의 年譜에도 그가 공민왕 3년에 회시에 합격하고, 3월에는 殿試에서 그같이 우수한 성적으로 급제하여 관직을 제수받은 사실 등이 구체적으로 드러나 있다. 이색은 이처럼 일찍부터 文名을 드높이고 이후 대학자로 성장하면서 공민왕 14년과 18년에 동지공거, 왕 20년과 우왕 12년에 지공거를 담당했을 뿐 아니라 정치적으로도 여러 요직을 거쳐 門下侍中(종1품)과 判門下府事(종1품) 등 최고의 직위에 올랐다[『고려사』 권115, 열전].

-2) (恭愍王)十九年六月 大明頒科擧詔 令就本國鄕試 貢赴京師 至會試 不拘額數 選取 八月 李仁復·李穡爲考試官 通考三場文字 取李崇仁·朴實·權近·金濤·柳伯濡 以充貢士 崇仁·近以年未滿二十五 不遣 二十年濤中制科第二十五名 授東昌府丞: 공민왕 19년은 신흥의 명나라와 고려가 다같이 원과 대치하고 있는 상황에서 급속히 접근하여 양국간에 막 국교가 열린 시기였다. 이같은 상황을 반영하듯 명나라가 과거의 조서를 반포하면서 고려에서 鄕試에 나아갔던 사람들을 명나라의 京師(수도)에서 시행하는 會試에 보내면 정해진 액수에 구애받지 않고 선발하겠다는 호의적인 소식을 전해 온 것이다. 이에 8월에는 충숙왕 13년에 급제하고[2-2-24-4), 191쪽] 충혜왕 後3年에는 원나라의 제과에도 中第한바 있는 이인복[3-4-6-1), 247쪽]과 바로 윗 대목에서 소개한 이색을 고시관으로 삼아 명의 과거에 응시할 貢士들을 선발토록 하였다. 그리하여 이들은 初場·中場·終場, 즉 3場의 文字·성적을 통털어 전체적으로 고찰하여 이숭인 등 5인을 선발하였다. 여기에서 뽑힌 이숭인과 박실(朴宜中)·김도는 공민왕 11년의 급제자이고[2-2-29-5), 200쪽], 권근과 유백유는 왕 18년의 급제자인데[2-2-29-8), 202쪽], 그중 박실과 유백유는 장원급제자로서 모두가 여말에 중요한 역할을 담당하는 인물들이다. 이제 그들이 명의 과거에 나갈 貢士들로 다시 선발된 것이지마는, 그중 이숭인과 권근은 나이가 아직 25세가 되지 않아 파견되지 못하고 결국 세 사람만이 응시했는데 그 가운데 김도가 이듬해 시행된 제과에서 제25명째로 中第하여 동창부승을 제수받았다.

-3) (恭愍王)二十二年六月 白文寶·權仲和取應擧試金潛·宋文中·權近·曹信·金震

陽 近又以年少不赴: 충숙왕 7년의 급제자인 백문보[2-2-24-3), 190쪽]와 공민왕 2년의 급제자인 권중화[2-2-29-1), 197쪽]가 고시관이 되어 시험을 통해 명의 과거에 파견할 사람들로 김잠 등 5명을 선발하고 있다. 이들 중 권근은 윗 대목에서 소개했듯이 공민왕 18년의 급제자이고 김잠과 김진양은 왕 20년 의 급제자 – 김잠은 장원급제자 – 이며[2-2-29-9), 202쪽], 나머지 두 사람 송문 중과 조신도 시기는 분명치 않지만 급제자일 것으로 생각되는데, 이번의 응 거시에서 다시 뽑히고 있는 것이다. 한데 보다시피 권근은 이번에도 나이가 적어서 파견하지 못했고, 김잠과 조신은 명으로 가던 뱃길에서 익사하는 불 운을 당하였다[『고려사』 권44, 세가 공민왕 22년 冬10월]. 그러나 송문중과 김진양 은 여말까지 여러 방면에서 중요한 역할을 맡았다.

3-5. 무과武科

原文 3-5-1. 武科 恭愍王元年四月 進士李穡上書 請設武擧之科 事未施行

3-5-1. 무과. 공민왕 원년 4월에 진사인 이색이 상서하여 무과를 설치할 것을 청하였으나 일이 끝내 시행되지 못하였다.[1]

註解 3-5-1-

-1) 武科 恭愍王元年四月 進士李穡上書 請設武擧之科 事未施行: 고려 때에는 進 士나 明經 및 기술관 등을 선발하는 일반적인 과거가 시행된 바와 달리 무 신을 선발하는 武科는 시행되지 아니한 것이나 마찬가지였다. 예종조에 이 르러 북방 여진족과의 긴장이 고조된 가운데 국학의 진흥책이 전개되면서 그 7齋중의 하나로 講藝齋(武學齋)가 두어지고 한때 武擧가 실시되기도 했으 나 얼마 오래지 않아 그마져 폐지되고 마는 것이다[4-1-6-3)·7), 324·326쪽]. 그 로부터 많은 세월이 경과한 공민왕 초에 이르러 다난한 국내정세와 왜구의 침구 등 대내외적인 어려움에 처하여 이색이 다시 武擧의 科, 즉 과거에 武 科도 설치할 것을 청하는 상서가 있었던 모양인데, 그러나 이 역시 시행이 이루어지지 못하였다.
  ① 申千湜, 「高麗時代 武科와 武學 」『고려교육사연구』, 경인문화사, 1995.

原文 3-5-2. 恭讓王二年閏四月都評議使司奏 文武二道不可偏廢 本朝只取文科

不取武科 故武藝成材者少 當以寅申巳亥試武科 其試官則以兩府以上一員 同考
試官則以三四品中文武各一員 試取給牌 一如文科儀 一等三人取諸家兵書俱通
且精武藝者 二等七人取粗習武藝通兵書者 三等二十三人取或通兵書或精一藝
者 永爲恒式 從之

3-5-2. 공양왕 2년 윤4월에 도평의사사에서 아뢰기를, "문文·무武의 두 길
은 어느 한쪽에 치우쳐 폐지할 수 없는 것인데, 본조本朝에서는 단지 문
과文科만을 취하고 무과武科는 취하지 않았으므로 무예로 유능한 인물이
된 자가 적습니다. 마땅히 인寅·신申·사巳·해亥 년年에 무과를 치르는데,
시관試官인즉 양부兩府 이상자 한 사람으로 하고, 동고시관인즉 3·4품 가
운데 문·무관 각 한 사람씩으로 하여 시험해 뽑고 패牌를 사급賜給하는
것을 전적으로 문과의 의례와 같게 할 것입니다. 1등은 3인으로 제가諸家
의 병서에 모두 통하고 또 무예에도 정통한 자로서 뽑고, 2등은 7인으로
무예를 대략 익히고 병서에 통하는 사람으로 뽑을 것이며, 3등은 23인으
로 혹 병서에 통하거나 혹 한가지 무예에 정통한 사람을 뽑는 것을 길이
일정한 법(항식恒式)으로 삼으소서" 하니 청종聽從하였다.[1]

註解 3-5-2-

-1) 恭讓王二年閏四月 都評議使司奏 文武二道 不可偏廢 本朝只取文科 不取武科
故武藝成材者少 當以寅申巳亥試武科 … 三等二十三人 取或通兵書或精一藝
者 永爲恒式 從之: 공양왕 2년은 이미 李成桂一派가 실권을 장악하고 있던
시기인데, 宰樞가 중심이 된 기구로서 국정을 총괄하던 도평의사사에서 종
래에는 시행되지 않았던 武科도 실시하자고 건의하고 있다. 그 試案인즉, 12
支年 가운데 寅·申·巳·亥, 즉 3년에 한번씩 돌아오는 이들 해에 무과를
실시할 것과, 그 시험관으로 考試官은 兩府의 2품 이상관 1명, 同考試官은
3·4품 가운데 문·무신 각 1명씩으로 할 것이며, 의례는 문과와 동일하게 하
여 급제자에게는 紅牌를 賜給하고, 급제자수도 역시 문과와 동일하게 1등 3
명, 2등 7명, 3등 23명으로 하는데 그 급제 기준도 함께 제시하고 있다. 이
에 국왕 역시 그 안에 좇겠다는 결정을 내리고 있으나 그로부터 2년여 뒤에
고려조가 終焉을 고하므로 실제로 실시되지는 않았다.
① 申千湜, 위의 3-5-1-1) 논문 참조.

3-6. 국자감시國子監試

原文 3-6-1. 國子監試卽進士試 德宗始置 試以賦及六韻十韻詩 厥後或稱成均試
或稱南省試 文宗二十五年只試六韻十韻詩 毅宗二年試以賦及十韻詩 忠宣王廢
之 忠肅王四年以九齋朔試代之 七年稱擧子試

3-6-1. 국자감시[1]는 곧 진사시이다.[2] 덕종이 처음 설치하였는데[3] 부 및 6
운시·10운시로 시험하였다.[4] 그후 혹 성균시라 칭하기도 하고, 혹 남성
시라고도 칭하였다. 문종 25년에는 다만 6운시·10운시로 시험하였고, 의
종 2년에는 부 및 10운시로 시험하였다. 충선왕이 폐지했던 것을, 충숙
왕 4년에 9재삭시로 대신케 하였으며, 7년에는 거자시라 칭하였다.

註解 3-6-1-

-1) 國子監試: 국자감시의 성격에 대해서는 그 동안 국자감에 들어가기 위한 입
   학시험으로 보는 이해와, 그렇게 아니라 과거의 예비고시였다는 견해로 엇
   갈려 왔으나, 지금은 후자쪽에 더 무게를 두는 방향으로 결론이 나 있다 함
   은 앞서 언급한 바와 같다[1-3-4), 30쪽]. 그리하여 이 항목에서는 보다시피 그
   것에 대한 각종 명칭과, 연혁 및 시험과목과 그 변천 등을 소개하고 있다.
-2) 國子監試卽進士試 … 成均試 … 南省試 … 擧子試: 국자감시는 시험을 주관
   한 관서에서 비롯하는 호칭이며, 진사시는 전공으로 하는 분야에 따른 명칭
   인데, 그러나 두 시험은 모두 과거의 예비고시였으므로 이처럼 「국자감시는
   곧 진사시이다」라는 설명을 하고 있는 것 같다. 하지만 국자감시는 제술과
   와 명경과·잡과 등의 전체 응시생들이 치르는 시험과 관련된 호칭인데 비해
   진사는 제술과 응시생들만이 거치는 과정과 관련된 명칭이어서 이렇게 단순
   하게 직접 대입시켜 설명하는 것은 조심스러운 면이 있다. 그럼에도 과거라
   하면 진사를 뽑는 제술과가 핵심이었던만큼 그와 같이 표현하기도 했던 듯
   하다.[1]
   　　한데 정작 고려에서 과거의 예비고시를 이와 같이 進士試로 표기한 사례
   는 여말인 禑王朝의 얼마 동안에 그치고 있다.[2] 일반적으로 널리 쓰인 그의
   호칭은 역시 국자감시였던 것이다.
   　　국자감시는 이곳 선거지에도 명시되어 있듯이 시기에 따라 成均試·南省
   試·擧子試라고도 불리었다. 이들 중 성균시는 국자감이 뒤에 成均監 또는

成均館으로 개정된데 따른 것이고, 남성시의 南省은 尙書省을 뜻하는 말로 과거를 상서성의 예부가 주관한 것과 관련이 있는데 고려에서는 그것이 예비고사의 명칭으로 쓰이고 있으며, 거자시는 더 말할 필요도 없이 과거 응시생들을 지칭하는 擧子에서 비롯하는 것이다.

국자감시는 이들 이외에 司馬試·南宮試·百字科 등으로도 표기되었다. 그 중 사마시는 『禮記』 王制에 보이는바 진사 중에서 우수한 자를 골라 관리 임명권을 쥐고 있는 司馬에서 올리는 것을 진사라 한데서 유래하는 것으로 고려에서도 그대로 사용되고 있으며, 남궁시의 남궁은 泮宮 또는 學官의 뜻이 있는 데다가 고려 때의 국자감은 남궁이 위치한 곳에 있었으므로 그와 같은 호칭이 쓰여진 것 같다. 그리고 백자과는 국자감시의 과목중 하나인 10韻試가 五言排律이면 100字가 되므로 만들어진 이름인 듯하다.[③]

① 朴龍雲, 「高麗時代 科擧의 考試와 體系에 대한 檢討」『한국사연구』 61·62, 1988 ; 『高麗時代 蔭叙制와 科擧制 硏究』, 일지사, 1990, 140~141쪽.

② 朴龍雲, 위의 논문 ; 저서 172~174쪽.

③ 許興植, 「高麗 科擧制度의 成立과 發展」『한국사연구』 10, 1974 ; 『고려의 과 거제도』, 일조각, 2005.
　　許興植, 「高麗의 國子監試와 이를 통한 鄕吏의 身分上昇」『한국사연구』 12, 1976 ; 위 저서.
　　朴龍雲, 위의 논문 ; 저서 149~156쪽.

-3) 德宗始置 … 忠宣王廢之 忠肅王四年 以九齋朔試代之 七年稱擧子試: 국자감 시가 덕종 때 처음으로 설치되었다고 전하고 있는데, 이에 대해 『고려사절 요』(권3)에는 「德宗 卽位年(1031) 閏10월에 國子監試를 설치하고 鄭功志 등 60인을 뽑았다. (중략) 監試는 여기에서 비롯되었다」고 하여 좀더 분명하게 밝히고 있다. 따라서 우리들은 이대로 이해하면 될 듯 싶지만, 그러나 다른 기록에는 국자감시가 이미 현종조에 시행된듯한 설명도 보여 이번의 덕종 즉위년 서술은 이 제도가 정비되어 모든 응시자들이 거쳐야할 것을 공식적으로 규정한 내용이 아닐까 짐작하고 있다.

그후 국자감시 제도는 충선왕조(1309~1313)에 이르러 잠시 폐지되었던 것 같다. 그러므로 실제의 감시 시행사항을 정리한 「國子試之額」條에는 이때의 기록이 없다. 그러다가 얼마 뒤인 충숙왕 4년(1317)에는 12徒生을 대상으로 한 9齋朔試가 그 대신에 시행되고, 다시 7년(1320)에는 호칭이 擧子試로 바뀜과 동시에 이전 국자감시 형태의 시험이 재개된 것으로 생각된다. 이 역시 곧이어 소개하는 「國子試之額」條에 그대로 반영되어 있다.

① 許興植, 위의 1976 논문.

② 朴龍雲, 위의 논문 ; 저서 189~195쪽.

-4) 試以賦及六韻·十韻詩 … 文宗二十五年只試六韻·十韻詩 毅宗二年試以賦及十

韻詩: 명경업과 잡업의 監試 과목은 앞서 소개한바 選擧志 1, 科目 1 인종 14년 11월의 判文에 명시되어 있거니와[2-1-12-13)~16), 65~67쪽], 이곳의 課目들은 그들과 구분되는 製述業監試의 그것에 대해 언급한 것이다. 이제 그의 변천 과정을 간략하게 다시 정리하면 다음과 같다.

> 덕종 즉위년(1031) 이후, 賦 및 6韻詩와 10韻詩
> 문종 25년(1071) 이후, 6운시와 10운시
> 의종 2년(1148) 이후, 부와 10운시

한데 이어지는 「국자시지액」조에는 고시과목이 이와 약간 다르게 나타나 있다. 그 하나가 의종 2년 이후에도 賦만이 아니라 詩賦가 함께 부과되었다는 점을 기록하고 있는 것이다. 이로써 미루어 짐작컨대 제술업감시에서는 대체적으로 詩·賦-이 경우 詩는 6운시-나 10운시 가운데 하나를 선택하여 치르지 않았나 생각된다. 「국자시지액」조에는 그후 얼마 동안 詩賦 대신에 古賦를 치렀다는 기록도 눈에 띄지마는 대부분의 경우 그러하였다고 이해해도 큰 문제는 아닐 듯싶은 것이다.

① 許興植, 2)항의 1974 논문.
② 趙東元, 「麗代 科擧의 豫備考試와 本考試에 對한 考察」『圓光大 論文集』 8, 1974.
③ 朴龍雲, 「高麗時代의 科擧-製述科의 運營」『高麗時代 蔭敍制와 科擧制 研究』, 一志社, 1990, 247~250쪽.

原文 3-6-2. 恭愍王十七年王欲選通經者爲試官 辛旽欲以監察大夫孫湧爲之 宦者李剛達欲以判典校寺事李茂芳權思復爲之 王惡其爭 乃曰 監試所取 例皆童蒙 非經明行修之士 無益國家 罷之 辛禑二年復之

3-6-2. 공민왕 17년에 왕이 경전에 능통한 사람을 선발하여 시관試官을 삼고자 했는데, 신돈은 감찰대부인 손용으로 삼고자 한데 대해 환자宦者인 이강달은 판전교시사인 이무방과 권사복으로 삼고자 하였다. 왕은 그들이 다투는 것을 미워하여 이에 이르기를, "감시에서 뽑은 사람들은 사례를 (보면) 모두 어리며, 경전에 밝고 덕행을 닦은 선비들도 아니어서 국가에 이익됨이 없다" 하고 혁파하였다. 신우 2년에 복구시켰다.[1]

註解 3-6-2-

-1) 恭愍王十七年 王欲選通經者爲試官 … 非經明行修之士 無益國家 罷之 辛禑二年復之: 공민왕 17년(1368)에 이르러 국자감시가 다시 한번 폐지되는 상황을 설명하고 있다. 그 한 계기가 된 것은 국왕의 의지를 외면한채 당시 왕의 신임을 받아 권세를 쥐고 있던 신돈이 自派의 한 사람으로[『고려사』 권132, 반역열전 신돈전] 감찰대부(정3품)에 재직중인 손용을 국자감시의 試官으로 삼기를 바랐던데 비해 역시 왕의 총애를 받고 있던 이강달[『고려사』 권42, 세가 공민왕 12년 윤3월]은 판전교시사(정3품)인 이무방[2-2-28-1), 195쪽]과 권사복을 그에 임명해줄 것을 바라면서 서로 다투어 미움을 사게된 때문이었다는 것이다. 하지만 이것은 표면상의 이유였을뿐 그보다는 공민왕 자신이 지적하고 있듯 당시 과거제의 운영이 문란해지면서 감시 합격자들이 대부분 권세가의 나이 어린 자제들이고 경전에 밝고 덕행을 닦은 선비는 극히 적어 국가에 이익될게 없다는 판단을 하고 있었던데 있는 것 같다.

그런데 사실 이같은 변혁에는 당시 사회의 분위기가 바뀌어 가고 있던 현실과 한층 더 밀접한 관련이 있지 않나 한다. 즉, 朱子性理學의 수용, 확산과 더불어 공민왕의 개혁정치가 진행되면서 교육·사상계에도 전환이 필요하게 된 것이다. 그에 따라 왕 18년에는 과거제가 鄕試·會試·殿試의 科擧三層制로 바뀌고 그 과목도 종래 詩·賦 중심에서 經書 중심으로 옮겨지게 되지마는, 왕 17년은 이미 그같은 방향이 정해져 국자감시의 의미가 그리 큰 생명력을 가지고 있지 못한 때이기도 했던 것이다.

그후 이 제도는 공민왕이 시해당하고 禑王이 즉위하면서 舊勢力의 위세가 또한 커지게 됨에 따라 왕 2년(1376)에는 옛 제도로 되돌려져 얼마간 유지된다.

① 許興植, 「高麗 科擧의 應試資格」『고려과거제도사연구』, 일조각, 1981, 73·74쪽 ; 『고려의 과거제도』, 일조각, 2005, 101·102쪽.
② 朴龍雲, 「高麗時代 科擧의 考試와 體系에 대한 檢討」『한국사연구』 61·62, 1988 ; 『高麗時代 蔭叙制와 科擧制 研究』, 일지사, 1990, 199·200쪽.

3-7. 국자시 시원國子試試員

原文 3-7-1. 凡國子試試員 以三品以下官爲之

3-7-1. 무릇 국자시의 시원은 3품이하관으로 삼았다.[1]

註解 3-7-1-

-1) 凡國子試試員 以三品以下官爲之: 이곳의 국자시는 國子監試와 동일한 명칭
으로 이해되고 있는데, 그 試員 즉 시험관에 대하여 3품 이하관으로 삼았다
고 간략하게 기술하고 있다. 그리하여 정작 그 구체적 내용은 오히려 이어
지는 「國子試之額」條에서 찾아볼 수 있고 이 자리에는 그들 국자시 試官들
중 제대로 역할을 수행하지 못한 세 사례를 더 언급하는데 그치고 있는 것
이다.

참고로 「국자시지액」조에 실려있는 국자시 試員들을 살펴 보면 위에 기
술된대로 3품 이하관으로 구성되었음이 확인된다. 그러나 「3품 이하관」이란
지나치게 포괄적인 표현이고 실제로는 3·4품이 대부분을 차지하고 있는데,
종6품인 右拾遺(덕종조)와 정5품인 禮部郎中(선종조), 종5품인 起居注(의종조)가
각각 1사례씩 눈에 띄지만 이들은 예외적인 경우라 해도 좋을 듯싶은 것이
다. 이어서 試員을 담당한 3·4품관을 다시 소속 관서별로 보면 국자감의 祭
酒와 大司成, 중서문하성 郎舍의 常侍·諫議大夫·舍人, 諸寺監의 判事·卿·監,
중추원의 知奏事·承宣·副承宣이 다수인 가운데 상서예부의 侍郎과 상서성의
좌·우승, 어사대의 大夫와 中丞이 얼마간씩 찾아지며, 그 외에 學士·判書 등
도 몇몇 눈에 보이고 있다.

原文 3-7-2. 高宗十四年三月庚敬玄掌試 以相如一奮其氣 威信敵國 爲十韻詩題
擧子請解題 敬玄誤解信字爲誠信之信 有一生前詰是非 敬玄怒黜之 時人欺之
忠烈王十三年五月林貞杞掌試 出律賦題曰 太宗好堯舜之道如魚依水 不可暫無
以好堯舜道 不可暫無爲韻 諸生進曰 韻中六字皆則音何如 貞杞慚改之曰 好堯
之道如魚依水 諸生又進曰 韻中五字皆平音何如 貞杞大慚又改之曰 好堯舜道如
魚依水 辛禑十一年三月尹就掌試 所取皆勢家乳臭之童 時人欺之爲粉紅榜 以其
兒童好著粉紅衣也

3-7-2. 고종 14년 3월에 유경현이 시험을 관장하면서 「상여가 한번 그
기세를 분발하니 위신威信이 적국에 떨쳤다」(相如一奮其氣 威信敵國)로 10운
시의 제목을 삼았는데, 거자(응시자)가 해제를 청하자 경현이 신신자를 오
해하여 성신誠信의 신신으로 하였다. 한 서생이 앞으로 나와 시비是非를
힐난하니 경현이 노하여 내치자 당시인들이 기롱하였다.[1]

충렬왕 13년 5월에 임정기가 시험을 관장하면서 율부律賦의 시제試題를

내기를, 「태종이 요·순의 도를 좋아한 것이 고기가 물에 의지하듯 잠시라도 없이할 수 없었던 것 같이, 요·순의 도를 좋아하는 것은 잠시라도 없을 수 없다」(太宗好堯舜之道 如魚依水 不可暫無 以好堯舜道 不可暫無)로 운韻을 삼았다. 제생諸生이 나아와 말하기를, "운韻 가운데 여섯 글자가 모두 측음則音이니 어찌합니까" 하자 정기가 부끄러워 하며 고치기를, "요堯의 도를 좋아하는 것이 고기가 물에 의지하는 것 같이 한다"로 하자, 제생이 또 나아와 말하기를, "운 가운데 다섯 글자가 모두 평음平音이니 어찌합니까" 하였다. 정기가 크게 부끄러워 하며 또 고치기를, "요·순의 도를 좋아하기를 고기가 물에 의지함과 같이 한다" 하였다.[2]

신우 11년 3월에 윤취가 시험을 관장하면서 뽑은 사람들이 모두 세가勢家의 젓내나는 아동들이었으므로 당시인들이 기롱하여 분홍방粉紅榜이라 하였으니, 그것은 아동들이 분홍 옷 입기를 좋아함으로써였다.[3]

註解 3-7-2-

-1) 高宗十四年三月 庾敬玄掌試 … 敬玄怒黜之 時人欺之: 고종 14년에 국자감시의 시관을 맡았던 유경현이 試題의 뜻 풀이를 잘못하여 응시생과의 사이에 불미스런 논난이 있었던 에피소드를 전하는 기사로, 동일한 내용이 그의 부친인 庾資諒의 전기에도 실려 있는데[『고려사』 권99, 열전], 이 시험의 결과에 대해서는 이어지는 「국자시지액」조에서 확인할 수 있다. 유경현은 제술과 급제자로서(위와 같음) 그뒤 右承宣(정3품)을 거쳐 僕射(정2품)에까지 이른 인물이다(『高麗墓誌銘集成』 364쪽, 본인 墓誌銘).

-2) 忠烈王十三年五月 林貞杞掌試 出律賦題曰 太宗好堯舜之道 如魚依水 不可暫無 以好堯舜道 不可暫無 爲韻 諸生進曰 韻中六字則音 何如 貞杞慚 改之曰 好堯之道如魚依水 諸生又進曰 韻中五字皆平音 何如 貞杞大慚 又改之曰 好堯舜道 如魚依水: 충렬왕 13년에 시행된 국자감시의 試官을 맡았던 임정기가 律賦의 試題를 내면서 두 번이나 詩法에 맞도록 仄韻(則音)·平韻(平音)을 내지 못하여 부끄러움을 당했다는 이야기를 전하는 기사이다. 한자의 4聲, 즉 平聲·上聲·去聲·入聲 가운데 後3者가 仄韻인데 詩法에 맞게 그 平·仄韻을 배열해 출제하지 못했던 것이다.

　이 기사는 『고려사』 열전의 그의 전기에도 좀더 자세한 내용이 전하는데 (권123, 嬖幸列傳 林貞杞傳), 그는 제술과 급제자였음에도 불구하고 學術에는 어두운 대신 '吏能'(행정실무 능력)이 있었다고 한 것을 보면 문학적인 소양은 적었던 것 같고, 그래서 試官으로서는 적절치 못한 인물이었던 듯하다. 하지만 폐행열전에 올라 있는 데서 단적으로 드러나듯이 당시 국왕인 충렬왕의 총애를 받은데다가 권세가에게 붙어 여러 모로 불미스런 행적을 남기는 가운데 무리하게 국자감시 시관까지 맡았던 모양인데, 그는 뒤에 副知密直司事(정3품)·監察大夫(정3품)의 직위에 오르기도 하였다(위와 같음).

-3) 辛禑十一年三月 尹就掌試 所取皆勢家乳臭之童 時人欺之爲粉紅榜 以其兒童好著粉紅衣也: 윤취는 당시 그렇게 떨치지는 못했지만 名門으로 이어져온 坡平尹氏 출신으로① 급제 후[2-2-29-9), 202쪽] 禑王 11년에는 左代言(정3품)의 요직에 있으면서 국자감시 시관을 맡았는데, 선발한 사람들이 대부분 권세가의 젖내나는 아동들이어서 粉紅榜이라는 비난을 받았다는 기사이다. 당시 과거제 운영의 난맥상을 보여주는 한 사례라 하겠다. 이 사실이 『고려사』 권117, 열전 鄭夢周傳에도 실려 있는데, 우왕 11년에 東堂試의 同知貢擧를 맡았던 그가 知貢擧인 廉國寶에게 밀려 과거 급제가 부당하게 처리되자 崔瑩이 다음과 같이 희롱하고 있는 것이다. 즉, 「전 달의 監試에서는 학사 윤취가 寒士를 버리고 못난 아동들을 뽑자 하늘이 큰 우박을 내려 나의 삼(麻)을 모두 죽도록 했는데, 이번의 東堂學士는 다시 어떤 종류의 天變을 가져오게 하려는가」라고 말이다.

　① 박용운, 「고려시대 海州崔氏와 坡平尹氏 家門 분석」 『백산학보』 23, 1977 ; 『高麗社會와 門閥貴族家門』, 경인문화사, 2003.

3-8. 국자시지액國子試之額

原文 3-8-1. 凡國子試之額 無定制

3-8-1. 무릇 국자시의 액수는 일정한(정해진) 제도가 없었다.[1]

註解 3-8-1-

-1) 凡國子試之額 無定制: 國子試之額은 글자 그대로 국자시 즉 국자감시에서 1회에 몇 명씩이나 선발했느냐 하는 額數, 곧 정원수에 관한 항목이라는 뜻인데, 실제적으로는 課目別 수석 합격자와 선발인원뿐 아니라 시험관의 이름과 직위도 王代에 따라 차례로 정리해 놓고 있다. 그러므로 국자감시의 시행 상황에 대한 가장 풍부한 내용을 담고 있는 기록이라 할 수 있는 셈인데, 하

지만 墓誌銘 등의 사례와 비교해 볼 때 여기에는 상당한 횟 수가 누락되었
음이 확인되고 있다는 데서 단적으로 드러나듯이 매우 소략한 자료라는 점
도 지적받고 있다.[①] 뿐 아니라 시험관의 직위나 심지어 선발 인원 역시 빠
진 곳이 적잖게 눈에 띄고 있기도 하다. 이런 몇가지 점들을 염두에 두고 앞
으로 王代順으로 하나 하나 살펴 가겠는데, 선발 인원은 기록에도 보이듯 일
정한 정원이 제정되어 있지 않아서 적게는 수십명에서 많게는 백명이 훨씬
넘는 것으로 나타나 있다.

① 許興植, 「高麗 科擧制度의 成立과 發展」『한국사연구』10, 1974 ;『高麗科擧
制度史研究』, 일조각, 1981, 30~32쪽 ;『고려의 과거제도』, 일조각, 2005, 51·
52쪽.

[原文] 3-8-2. 德宗初年 命右拾遺廉顯 取鄭功志等六十人

3-8-2. 덕종 초년에 우습유인 염현에게 명하여 정공지 등 60인을 뽑았다.[1)]

註解 3-8-2-

-1) 德宗初年 命右拾遺廉顯 取鄭功志等六十人: 동일한 사실이 『고려사절요』 권
3, 덕종 즉위년 閏10月條에 「國子監試를 설치하고 鄭功志 등 60인을 뽑았다.
賦 및 6韻·10韻詩로써 시험하였는데, 감시는 여기에서 비롯되었다」고 전하
여 이곳의 덕종 초년은 곧 그의 즉위년(1031) 임을 알 수 있다. 한데 다른 기
록에는 이미 顯宗朝에 시행된듯한 설명도 보여 이번의 덕종 즉위년 기술은
국자감시 제도가 정비되어 공식적으로 시작된 것을 말하는 게 아닐까 짐작
되며, 또 그것이 그후 잠시 동안 폐지된 일도 있다 함은 앞서 설명한 바와
같다[3-6-1-3), 254쪽 및 3-6-2-1), 256쪽].

이번에 試官을 맡은 염현은 당시 종6품인 右拾遺였는데, 이는 대부분의
시관이 3·4품이었음을 감안할 때 예외라 할 정도로 낮은 직위이다[3-7-1-1),
257쪽]. 염현은 그뒤 右補闕(정6품)을 역임한 사실도 확인된다[『고려사』권5, 세가
덕종 2년 9월]. 이번의 합격자 60인 가운데 수석을 차지한 사람은 정공지인데
그가 뒤에 左贊善大夫(정5품)를 지낸 사실은 전해지고 있으나[『고려사』권8, 세
가 문종 15년 11월] 그 이외 제술과 급제 여부 등은 확인이 되지 않는다.

[原文] 3-8-3. 文宗三年二月 右副承宣金尙賓取韓復等三十九人 二十五年十月 秘
書少監高維取七十五人

3-8-3. 문종 3년 2월에 우부승선 김상빈이 한복 등 39인을 뽑았다.[1]
25년 10월에 비서소감 고유가 75인을 뽑았다.[2]

註解　3-8-3-

-1) 文宗三年二月 右副承宣金尙賓取韓復等三十九人: 우부승선(정3품)인 김상빈이
試官을 맡아 한복 등 39인을 선발하고 있는데, 이 숫자는 가장 적은 예에 속
한다. 시관인 김상빈은 뒤에 私學 12徒 가운데 하나인 南山徒를 설립한 것
으로도 널리 알려져 있지마는[『고려사』 권74, 選擧志 학교 私學·같은 책 권95, 열전
崔冲傳], 수석 합격자인 한복에 대해서는 그 사실 이외에 더 전하는 내용이
찾아지지 않는다.

-2) (文宗)二十五年十月 秘書少監高維取七十五人: 비서소감(종4품)에 재직중인 고
유가 試官을 맡아 75인을 선발하고 있으나 그 수석 합격자조차 전하지 않는
간략한 기사이다. 하지만 시관인 고유 자신은 제주 출신의 賓貢으로서 이곳
선거지에는 누락된 靖宗 11년(1045)의 南省試(國子監試)에서 수석을 하고[『東
文選』 권101, 星主高氏家傳] 이듬해의 과거에서 급제한 사실[2-2-8-6), 105쪽] 등이
알려져 있다.

　　① 朴龍雲, 「高麗時代의 科擧 – 製述科의 應試資格」 『高麗時代 蔭敍制와 科擧制
　　　 研究』, 一志社, 1990, 209쪽.
　　② 許興植, 『고려의 과거제도』, 일조각, 2005, 546쪽.

原文 3-8-4. 宣宗八年三月 禮部郎中李頗取金藎等九十一人

3-8-4. 선종 8년 3월에 예부낭중인 이오가 김신 등 91인을 뽑았다.[1]

註解　3-8-4-

-1) 宣宗八年三月 禮部郎中李頗取金藎等九十一人: 이오는 최대 문벌가인 慶源李
氏 출신으로 급제 후 숙종 5년과 예종 4년에 지공거를 맡기도 하는 인물인
데[2-2-12-4), 120쪽] 그에 앞서 이때에는 예부낭중(정5품)이라는 좀 낮은 직위에
도 불구하고 국자감시 시관을 담당하고 있다. 이 시험에서 수석으로 합격한
김신에 대해서는 이 사실 이외에 달리 전하는 내용이 찾아지지 않는다.

原文 3-8-5. 睿宗元年三月 中書舍人李載取安之忠等八十九人 十一年二月國子
祭酒洪瓘取兪坦升等九十九人 十二年三月文德殿學士金沽取王存等一百三人

3-8-5. 예종 원년 3월에 중서사인 이재가 안지충 등 89인을 뽑았다.[1]

　11년 2월에 국자제주인 홍관이 유탄승 등 99인을 뽑았다.[2]

　12년 3월에 문덕전학사인 김고가 왕존 등 103인을 뽑았다.[3]

　註解 3-8-5-

-1) 睿宗元年三月 中書舍人李載取安之忠等八十九人: 李載(李軌)[『고려사』 권97, 열전 습黃元附傳 李軌]는 급제 후 예종 3년에 동지공거, 같은 왕 13년에는 政堂文學 (종2품)으로서 지공거를 맡기도 하는 인물인데[2-2-13-3)·9), 124·127쪽], 그에 앞서 원년에는 중서사인(종4품)에 재직중 국자감시의 시관을 담당하여 89인을 선발하고 있다. 이 시험에서 수석으로 합격한 안지충에 대해서는 이 사실 이외에 달리 전하는 내용이 찾아지지 않는다.

-2) (睿宗)十一年二月 國子祭酒洪瓘取兪坦升等九十九人: 이곳의 洪瓘은 洪灌과 동일인으로 짐작된다[『고려사』 권121, 열전 洪灌傳·같은 책 권96, 열전 金仁存傳·같은 책 권125, 열전 朴昇中傳]. 그는 시기는 분명치 않지만 급제 후 인종 원년에는 예부상서(정3품)로서 동지공거를 담당하고[2-2-14-1), 130쪽] 뒤에는 左僕射(정2품) 까지 지내는 사람인데, 이번에 국자제주(정4품)로 재직중 국자감시 시관을 맡고 있는 것이다. 이 시험에서 수석을 차지한 유탄승을 비롯한 99인의 합격자들 행적에 대해서는 달리 전하는 내용이 눈에 띄지 않는다.

-3) (睿宗)十二年三月 文德殿學士金沽取王存等一百三人: 김고는 명문인 강릉김 씨 출신으로 아버지 金上琦는 평장사(정2품), 형인 金仁存은 수상을 역임하였고, 그 역시 뒤에 평장사까지 오르는 인물이다. 그는 이에 앞서 예종 13년에는 동지공거를 맡기도 했는데[2-2-13-9), 127쪽], 다시 그전에 문덕전학사(정4품)의 직위에 있으면서 국자감시 시관을 담당하고 있는 것이다. 반면에 당해 시험에서 수석으로 합격한 왕존에 대해서는 이 사실 이외에 달리 전해지는 내용이 찾아지지 않는다.

原文 3-8-6. 仁宗十七年林光取林景等 十八年崔誠取韓梓等 十九年三月禮部侍郎李仁實取卓光裕等 二十一年朴景山取皇甫存等 二十三年金永寬取朴彥猷等 二十四年四月張脩取金大年等

3-8-6. 인종 17년에 임광이 임경 등을 뽑았다.[1]

　18년에 최함이 한재 등을 뽑았다.[2]

　19년 3월에 예부시랑 이인실이 탁광유 등을 뽑았다.[3]

21년에 박경산이 황보존 등을 뽑았다.[4]

23년에 김영관이 박언유 등을 뽑았다.[5]

24년 4월에 장수가 김대년 등을 뽑았다.[6]

註解 3-8-6-

-1) 仁宗十七年 林光取林景等: 林光(林完이라고도 함)은 宋나라 진사 출신으로 예
종 9년에 別賜乙科로 급제한 후[2-2-13-6), 125쪽], 인종 18년에는 國子祭酒(정4
품)로 재임하면서 동지공거를 맡기도 하였다[2-2-14-13), 135쪽]. 이 동지공거를
맡기 바로 전 해에 국자감시 시관을 담당하고 있거니와, 이 자리에는 그의
직위가 밝혀져 있지 않으나 당시에도 동일한 자리에 있지 않았을까 짐작된
다[『고려묘지명집성』 131쪽, 본인 墓誌銘]. 하지만 이번 시험에서 수석으로 합격한
임경에 대해서는 이 사실 이외에 달리 전하는 내용이 찾아지지 않는다.

-2) (仁宗)十八年 崔誠取韓梓等: 최함은 명문의 하나인 水州崔氏 출신으로 처음
에는 蔭敍로 官途를 밟았으나 예종 9년에 급제를 하고[2-2-13-6), 125쪽] 인종
24년(의종 즉위년)에 동지공거를 역임하기도 하는데[2-2-14-17), 136쪽], 그에 앞
서 왕 18년에 국자감시를 관장하고도 있는 것이다. 여기에는 그의 직위가
누락되었는데 墓誌銘에는 당시에 예부시랑(정4품)이었음이 밝혀져 있어 확인
이 가능하나[『고려묘지명집성』 182쪽, 본인 묘지명] 이때 몇 명을 선발했으며, 또
수석 합격자인 한재의 행적이 어떠 했는지 등에 대해서는 알려진게 없다.

-3) (仁宗)十九年三月 禮部侍郎李仁實取卓光裕等: 이인실은 예종 원년의 급제자
로서[2-2-13-1), 123쪽] 인종 24년(의종 즉위년)에는 지공거를 담당하기도 하는데
[2-2-14-17), 136쪽], 그에 앞서 왕 19년에 예부시랑(정4품)으로 재임 중 국자감시
시관을 맡고 있다. 하지만 이번 시험에서 몇 명이 선발되었으며, 또 수석 합
격자인 탁광유가 어떤 행적을 남겼는지 등에 대해서는 역시 알려진 사실이
없다.

-4) (仁宗)二十一年 朴景山取皇甫存等: 박경산은 명문의 하나인 平山朴氏 출신
으로 蔭敍로 벼슬길에 나간 뒤에도 과거에 응시하여 바로 위에서 소개한 李
仁實과 함께 예종 원년에 급제하였다[2-2-13-1), 123쪽]. 그후 인종 21년에 이르
러 국자감시 시관을 맡고 있는데, 이 자리에는 밝혀져 있지 않지만 인종 12
년에 借禮部侍郎(정4품)이었고, 그후 判衛尉事(정3품)를 지낸 것을 보면[『고려묘
지명집성』 163쪽, 본인 묘지명·『고려사』 권95, 열전 朴寅亮附傳 景山] 이 수준의 직위에
머물렀을 것이다. 하지만 이번에도 몇 명이 선발되었으며, 또 수석 합격자인
황보존의 행적 등에 대해서는 달리 알려진 사실이 찾아지지 않는다.

-5) (仁宗)二十三年 金永寬取朴彦猷等: 김영관은 명문의 하나인 강릉김씨 출신

으로 급제 후 의종 원년에는 지공거를 담당하기도 하는데[2-2-15-1), 138쪽], 그
에 앞서 인종 23년에 국자감시 시관을 맡고 있는 것이다. 하지만 당시 그의
직위가 무엇이었고, 또 선발 인원은 몇 명이었으며, 수석 합격자인 박언유의
행적이 어떠 하였는지 등은 확인이 되지 않는다.

-6) (仁宗)二十四年四月 張脩取金大年等: 이 해에 仁宗이 세상을 떠나고 3월에
毅宗이 즉위했으므로 이번 시험은 의종 즉위년에 시행된 것이라 하겠는데,
시관인 장수와 수석 합격자인 김대년의 행적과 더불어 선발 인원까지도 알
려져 있지 않다.

原文 3-8-7. 毅宗元年李之茂取朴綬等　二年四月崔允儀取詩賦梁忠贊等十一人
十韻詩朴有時等八十人　三年五月左承宣鄭襲明取詩賦吳光允等十四人　十韻詩
趙挺時等四十人　五年四月金永胤取詩賦高英瑾等十五人　十韻詩河挺材等七十
二人　七年三月知奏事劉碩取詩賦金世賴　十韻詩李東粹等　八年四月右承宣李元
膺取詩賦朴世南等十八人　十韻詩金遇等九十三人　明經五人　九年五月御史中丞
李公升取詩賦金端寶　十韻詩黃文莊等百餘人　十一年四月給事中崔應淸取李陽
秀等一百餘人　十三年五月國子祭酒李德壽取七十八人　十五年五月金諹取高克
中等八十三人　明經五人　十七年四月起居注尹鱗瞻取鄭成澤等九十四人　十八年
四月大府少卿崔祐甫取金謀直等一百人　十九年五月右常侍徐淳取詩賦金縢等十
五人　十韻詩九十人　明經五人　二十一年金敦中取閔湜等　二十二年鄭肅忠取王光
純等　二十三年金敦時取林廷等

3-8-7. 의종 원년에 이지무가 박수 등을 뽑았다.[1]

2년 4월에 최윤의가 시·부로 양충찬 등 11인, 10운시로 박유시 등 80
인을 뽑았다.[2]

3년 5월에 좌승선 정습명이 시·부로 오광윤 등 14인, 10운시로 조정
시 등 40인을 뽑았다.[3]

5년 4월에 김영윤이 시·부로 고영근 등 15인, 10운시로 하정재 등 72
인을 뽑았다.[4]

7년 3월에 지주사 유석이 시·부로 김세뢰, 10운시로 이동수 등을 뽑았
다.[5]

8년 4월에 우승선 이원응이 시·부로 박세남 등 18인, 10운시로 김우

등 93인, 명경 5인을 뽑았다.[6)]

9년 5월에 어사중승 이공승이 시·부로 김단보, 10운시로 황문장 등 100여인을 뽑았다.[7)]

11년 4월에 급사중 최응청이 이양수 등 100여인을 뽑았다.[8)]

13년 5월에 국자제주 이덕수가 78인을 뽑았다.[9)]

15년 5월에 김양이 고극중 등 83인과 명경 5인을 뽑았다.[10)]

17년 4월에 기거주 윤인첨이 정성택 등 94인을 뽑았다.[11)]

18년 4월에 대부소경 최우보가 김모직 등 100인을 뽑았다.[12)]

19년 5월에 우상시 서순이 시·부로 김등 등 15인, 10운시로 90인, 명경으로 5인을 뽑았다.[13)]

21년에 김돈중이 민식 등을 뽑았다.[14)]

22년에 정숙충이 왕광순 등을 뽑았다.[15)]

23년에 김돈시가 임정 등을 뽑았다.[16)]

註解 3-8-7-

-1) 毅宗元年 李之茂取朴綏等: 이번에 시관을 맡은 이지무는 최대 문벌가인 慶源李氏 출신으로 급제 후 의종 4년에 左諫議大夫(정4품)로 재직중 동지공거를 맡고, 18년에는 지공거를 담당하는 사람인데[2-2-15-3)·12), 139·143쪽], 그에 앞서 국자감시를 총괄하고 있다. 하지만 당시 그의 직위는 잘 알 수가 없고, 아울러 수석으로 합격한 박수의 행적 및 그때의 선발 인원수 등도 확인이 되지 않는다.

-2) (毅宗)二年四月 崔允儀取詩賦梁忠贊等十一人 十韻詩朴有時等八十人: 최윤의는 문벌가의 하나인 海州崔氏 출신으로 인종 6년에 급제한 후[2-2-14-5), 132쪽] 의종 8년과 16년에 지공거를 담당하는 사람인데]2-2-15-6)·10), 140·142쪽], 그에 앞서 국자감시 시관도 맡고 있는 것이다. 한데 이 자리에는 그의 직위가 명시되어 있지 않지만 그는 의종 2년 3월에 試禮部侍郎(정4품)을 제수받고 있어[『고려묘지명집성』 197쪽, 본인 墓誌銘] 분명하게 알 수가 있다. 그러나 이 시험의 詩·賦 방면과 10韻詩 방면에서 각각 수석으로 합격한 양충찬과 박유시의 행적은 더 이상 알려진 사실이 없지마는, 이때에 이르러 시험 과목인 詩·賦와 10韻詩로[3-6-1-4), 254쪽] 나누어 수석 합격자와 선발 인원수를 정리한 사실이 주목된다. 아울러 10운시 방면의 합격자수가 시·부 방면의 합격자수에

비하여 7배 이상이나 된다는 점도 눈길이 가는 대목이다.

-3) (毅宗)三年五月 左承宣鄭襲明取詩賦吳光允等十四人 十韻詩趙挺時等四十人: 정습명은 급제자로서[『고려사』 권98, 열전 정습명전] 이때에 좌승선(정3품)으로 재직중 국자감시 시관을 담당하고 있다. 이번의 詩·賦 수석 합격자인 오광윤과 10운시 수석 합격자인 조정시에 대해서는 이 사실 이외에 달리 알려진게 없는데, 역시 시·부와 10운시의 합격자수는 前·後와 마찬가지로 후자가 전자보다 월등하게 많다.

-4) (毅宗)五年四月 金永胤取詩賦高英瑾等十五人 十韻詩河挺材等七十二人: 김영윤은 문벌가의 하나인 강릉김씨 출신으로 급제 후 왕 17년과 20년·22년 등세 차례나 지공거를 맡는 사람인데[2-2-15-11)·13)·14), 142·143쪽], 그에 앞서 국자감시를 총괄하고도 있다. 그러나 이때의 그의 직위는 불분명하며, 시·부와 10운시 방면의 수석 합격자인 고영근·하정재의 행적 또한 잘 알려져 있지 않다.

-5) (毅宗)七年三月 知奏事劉碩取詩賦金世賴 十韻詩李東粹等: 지주사(정3품)인 유석이 시관을 맡아[『고려묘지명집성』 145쪽, 본인 묘지명] 김세뢰·이동수 등을 선발하고 있는데, 이들 수석 합격자의 행적은 물론 선발 인원수도 알려져 있지 않는 소략한 기사이다.

-6) (毅宗)八年四月 右承宣李元膺取詩賦朴世南等十八人 十韻詩金遇等九十三人 明經五人: 이번에 우승선(정3품)으로서 국자감시 시관을 맡은 이원응은 왕 10년에 동지공거를 담당하기도 하는 사람인데[2-2-15-7), 141쪽], 詩賦·10韻詩와 함께 명경 합격자도 처음으로 밝혀져 있다. 그러나 이 詩賦試와 10韻詩의 수석 합격자인 박세남과 김우에 대해서는 이 사실 이외에 달리 알려져 있는 내용이 찾아지지 않는다.

-7) (毅宗)九年五月 御史中丞李公升取詩賦金端寶 十韻詩黃文莊等百餘人: 이공승은 급제자로서[『고려사』 권99, 열전 이공승전] 의종 12년에는 동지공거를 역임하지마는[2-2-15-8), 141쪽], 그에 앞서 어사중승(종4품)에 재임 중 국자감시 시관을 맡고 있다. 이 시험에서 詩賦 방면의 수석 합격자인 김단보에 대해서는 달리 찾아지는 기록이 보이지 않으나, 10운시에서 수석을 한 황문장은 이듬해의 과거에서도 장원급제를 하여[2-2-15-7), 141쪽] 이름을 높이고 이후 여러 벼슬을 거친다.

-8) (毅宗)十一年四月 給事中崔應淸取李陽秀等一百餘人: 급사중(종4품)으로서 시관을 맡았던 최응청은 그 뒤에도 계속하여 諫官으로 많은 활동을 하고 있는데, 그러나 이번 시험에서 수석으로 합격한 이양수에 대해서는 이 사실 이외에 달리 전하는 내용이 찾아지지 않는다.

　　이번부터는 그전과 달리 詩賦와 10韻詩 합격자를 구분하여 정리하지 않고 있는데, 내용상으로는 나뉘어져 있었으리라 생각된다.

-9) (毅宗)十三年五月 國子祭酒李德壽取七十八人: 이덕수는 왕 16년에 秘書監(종3품)으로서 동지공거를 맡기도 한 사람인데[2-2-15-10), 142쪽], 그에 앞서 국자제주(정4품)에 재임 중 국자감시 시관을 담당하고 있다. 그러나 이 시험의 수석 합격자가 누구인지 등의 기록은 누락되어 보이지 않는다.

-10) (毅宗)十五年五月 金諝取高克中等八十三人 明經五人: 김양은 왕 17년에 左承宣(정3품)으로서 동지공거를 맡기도 한 사람인데[2-2-15-11), 142쪽], 그에 앞서 국자감시 시관을 담당하고 있다. 이 자리에는 당시 그의 직위가 명시되어 있지 않지마는 그는 왕 12년 이후 줄곧 諫議(정4품)에 재직했으므로[『고려사절요』 권11, 의종 12년 6월] 역시 이 직위에 머물면서 시관을 맡았던 듯 싶은데, 그러나 이 시험에서 수석으로 합격한 고극중에 대해서는 이 사실 이외에 달리 전하는 내용이 찾아지지 않는다.

-11) (毅宗)十七年四月 起居注尹鱗瞻取鄭成澤等九十四人: 윤인첨은 명문의 하나인 파평윤씨 출신으로 인종 10년에 급제 후[2-2-14-7), 133쪽] 명종 3년에는 平章事(정2품)로서 지공거를 맡기도 하는 사람인데[2-2-15-4), 140쪽], 그에 앞서 기거주(종5품)에 재임 중 국자감시 시관을 담당하고 있다. 그런 한편 이 시험에서 수석으로 합격한 정성택에 대해서는 이 사실 이외에 달리 전하는 내용이 찾아지지 않는다.

-12) (毅宗)十八年四月 大府少卿崔祐甫取金謀直等一百人: 최우보는 명문의 하나인 水州崔氏 출신으로 인종 12년에 급제한 후[2-2-14-9), 133쪽] 이때에는 大府少卿(종4품)으로 있으면서 국자감시를 총괄하고 있다. 이 시험에서 수석으로 합격한 김모직에 대해서는 그러나 이 사실 이외에 달리 전하는 내용이 찾아지지 않는다.

-13) (毅宗)十九年五月 右常侍徐淳取詩賦金縢等十五人 十韻詩九十人 明經五人: 서순은 급제자로서[『고려묘지명집성』 143쪽, 尹誧墓誌銘] 왕 20년 예부상서(정3품)에 재직중 동지공거를 맡기도 하는 사람인데[2-2-15-13), 143쪽], 그 전 해에 右常侍(정3품)로 있으면서 국자감시 시관을 맡고 있다. 이 시험에서 김등이 詩賦試에서 수석으로 합격했으나 이후 그의 행적은 확인되지 않으며, 10韻詩 합격자도 따로 발표는 하고 있으나 수석 합격자의 이름은 누락되어 보이지 않는 대신 명경 방면에서 5인을 뽑았다는 사실은 남기고 있다.

-14) (毅宗)二十一年 金敦中取閔湜等: 김돈중은 『삼국사기』의 저자로 수상을 역임한바 있는 金富軾의 아들로서 아버지의 후광에 힘입어 인종 22년에 장원으로 급제한 후[2-2-14-15), 135쪽] 이때에 이르러 시관을 맡고 있는데, 이 자리에는 그의 직위가 누락되어 있으나 그는 의종 21년 정월[『고려사절요』 권11] 이후 줄곧 左承宣(정3품)에 재임했으므로 당시 그의 품계는 쉽사리 확인이 되는 셈이다. 이 시험에서 수석으로 합격한 민식 역시 그후 제술과에 급제하고

형부상서(정3품) 등을 역임한 사실이 확인된다[『고려사』 권101, 열전 閔令謨附傳 湜].

-15) (毅宗)二十二年 鄭肅忠取王光純等: 시관을 맡은 정숙충의 직위가 이 자리에 는 누락되어 있으나 다른 기록에 그가 右承宣(정3품)을 역임한 것이 밝혀져 있어[『고려묘지명집성』 254쪽, 晉光仁墓誌銘] 그로써 미루어 짐작해볼 수 있을 듯 싶다. 이 시험에서 수석으로 합격한 왕광순에 대해서는 이 사실 이외에 달 리 전하는 내용이 없거니와, 선발 인원수 등도 알려져 있지가 않다.

-16) (毅宗)二十三年 金敦時取林廷等: 시관을 맡은 김돈시는 위의 14)항에서 소 개한 김돈중의 동생으로, 이 자리에는 직위가 누락되어 있으나 그는 의종 20년 10월에 侍郎(정4품)이었다가 왕 24년 9월에는 尙書右丞(종3품)이었으므 로[『고려사』 권18, 세가·같은 책 권98, 열전 김부식전] 당시는 이 둘 가운데 하나에 재임했을 것이다. 이 시험에서 수석으로 합격한 임정에 대해서는 이 사실 이외에 달리 전하는 내용이 찾아지지 않으며, 선발 인원수 등도 기록의 누 락으로 알 수가 없다.

原文 3-8-8. 明宗元年正月大僕卿柳德林取詩賦李希祐等十三人 十韻詩李世卿等 七十六人 明經八人 二年三月判衛尉事高子思取金光祖等一百十五人 三年三月 將作監廉信若取詩賦金徵魏等二十八人 十韻詩李滋祐等七十八人 五年六月刑 部侍郎閔令謨取詩賦承丘源等十二人 十韻詩方希進等六十人 六年六月國子祭 酒崔汝諧取詩賦李晉升等八人 十韻詩鄭世俊等三十八人 明經一人 七年四月諫 (諫)議大夫崔遇淸取詩賦朴敦章等十五人 十韻詩金角章等六十八人 明經三人 九 年五月左副承宣尹文中取李陟高等八十一人 十一年四月林民庇取洪永植等八十 九人 十三年五月尙書左丞崔讜取詩賦吳夢霖等十人 十韻詩金瑀等八十九人 明 經六人 十五年五月右承宣趙永仁取詩賦崔文牧等 十韻詩丁光祐等 明經五人 十 六年閏七月大司成皇甫倬左散騎常侍李知命判將作監崔詵取梁公俊等三十二人 明經五人 十七年七月秘書監金英富取池宗潘等八十人 明經九人 十九年五月右 承宣柳公權取詩賦鄭守剛等十九人 十韻詩李奎報等六十二人 二十一年李純祐 取洪儆等 二十五年六月禮部侍郎張自牧取詩賦申敍等二十一人 十韻詩李膺貫 等八十六人 明經十三人 二十七年四月諫議大夫王儀取百人

3-8-8. 명종 원년 정월에 태복경 유덕림이 시·부로 이희우 등 13인, 10운 시로 이세경 등 76인, 명경 8인을 뽑았다.[1]

2년 3월에 판위위사 고자사가 김광조 등 115인을 뽑았다.[2]

3년 3월에 장작감 염신약이 시·부로 김징위 등 28인, 10운시로 이자

우 등 78인을 뽑았다.[3]

5년 6월에 형부시랑 민영모가 시·부로 승구원 등 12인, 10운시로 방희진 등 60인을 뽑았다.[4]

6년 6월에 국자제주 최여해가 시·부로 이진승 등 8인, 10운시로 정세준 등 38인, 명경 1인을 뽑았다.[5]

7년 4월에 간의대부 최우청이 시·부로 박돈장 등 15인, 10운시로 김각장 등 68인, 명경 3인을 뽑았다.[6]

9년 5월에 좌부승선 이문중이 이척고 등 81인을 뽑았다.[7]

11년 4월에 임민비가 홍영식 등 89인을 뽑았다.[8]

13년 5월에 상서좌승 최당이 시·부로 오몽림 등 10인, 10운시로 김우 등 89인, 명경 6인을 뽑았다.[9]

15년 5월에 우승선 조영인이 시·부로 최문목 등을, 10운시로 정광우 등을, 명경으로 5인을 뽑았다.[10]

16년 윤7월에 대사성 황보탁과 좌산기상시 이지명·판장작감 최선이 양공준 등 32인과 명경 5인을 뽑았다.[11]

17년 7월에 비서감 김영부가 지종준 등 80인과 명경 9인을 뽑았다.[12]

19년 5월에 우승선 유공권이 시·부로 정수강 등 19인, 10운시로 이규보 등 62인을 뽑았다.[13]

21년에 이순우가 홍경 등을 뽑았다.[14]

25년 6월에 예부시랑 장자목이 시·부로 신서 등 21인, 10운시로 이응분 등 86인, 명경 13인을 뽑았다.[15]

27년 4월에 간의대부 왕의가 100인을 뽑았다.[16]

註解 3-8-8-

-1) 明宗元年正月 大僕卿柳德林取詩賦李希祐等十三人 十韻詩李世卿等七十六人 明經八人: 태복경(종3품)인 유덕림이 試官을 맡아 詩賦 방면에서 이희우 등 13명을, 그리고 10韻詩 방면에서 이세경 등 76인 및 명경으로 8인을 선발하고 있는데, 이들 시관과 함께 수석 합격자 2명 등의 행적은 모두가 달리 찾아지는게 없다.

-2) (明宗)二年三月 判衛尉事高子思取金光祖等一百十五人: 시관을 맡은 고자사
는 인종조에 급제를 하고[『고려묘지명집성』 143쪽, 尹誧墓誌銘] 의종 21년 5월에
는 侍郞(정4품) 등을 역임하다가[『고려사』 권18, 세가] 이때에 이르러 판위위사(정
3품)로 재임 중 국자감시를 총괄하고 있다. 그러나 이번 시험에서 수석으로
합격한 김광조 등에 대해서는 이 사실 이외에 달리 전하는 내용이 찾아지지
않는다.

-3) (明宗)三年三月 將作監廉信若取詩賦金徵魏等二十八人 十韻詩李滋祐等七十八
人: 인종조에 급제를 하고[『고려사』 권99, 열전 廉信若傳] 명종 7년에는 동지공거
를 맡은바 있는 염신약[2-2-16-6), 148쪽]이 그에 앞서 장작감(정4품)에 재임 중
국자감시도 담당하고 있다. 그러나 이번 시험의 詩賦와 10운시에서 각각 수
석으로 합격한 김징위와 이자우에 대해서는 이 사실 이외에 달리 전하는 내
용이 찾아지지 않는다.

-4) (明宗)五年六月 刑部侍郞閔令謨取詩賦承丘源等十二人 十韻詩方希進等六十
人: 인종 16년에 급제를 하고[2-2-14-11), 134쪽] 명종 5년과 10년 두 차례에 걸
쳐 지공거를 맡기도 하는 민영모[2-2-16-4)·8), 147·149쪽]가 그에 앞서 형부시
랑(정4품)에 재직중 국자감시도 담당하고 있다. 한데 이번 시험에서 詩賦와
10운시에 각각 수석으로 합격한 승구원과 방희진 등에 대해서는 이 사실 이
외에 달리 전하는 내용이 찾아지지 않아 아쉬움이 남는다.

-5) (明宗)六年六月 國子祭酒崔汝諧取詩賦李晉升等八人 十韻詩鄭世俊等三十八人
明經一人: 최여해는 급제자로서[『고려사』 권101, 열전 최여해전] 이때에 이르러
국자제주(정4품)로 재임 중 시관을 맡고 있다. 그러나 이번 시험의 詩賦에서
수석으로 합격한 이진승과 10운시에서 수석을 한 정세준 등에 대해서는 이
이외에 달리 전하는 내용이 찾아지지 않는다.

-6) (明宗)七年四月 諫(諫)議大夫崔遇淸取詩賦朴敦章等十五人 十韻詩金角章等六
十八人 明經三人: 최우청 역시 급제자로서[『고려사』 권101, 열전 최우청전] 이때
에 이르러 간의대부(정4품)에 재임 중 시관을 맡고 있다. 그러나 이번 시험의
詩賦에서 수석으로 합격한 박돈장과 10운시에서 수석을 한 김각장 등에 대
해서는 이 이외에 달리 전하는 내용이 찾아지지 않는다.

-7) (明宗)九年五月 左副承宣李文中取李陟高等八十一人: 좌부승선(정3품)인 이문
중이 시관을 맡고 있는데, 그가 이전에는 郞將[『고려사』 권19, 세가 명종 8년 春正
月], 뒤에는 장군(같은 책 권20, 세가 명종 13년 윤11월) 등을 역임하고 있는 사실
이 눈길을 끈다. 당시가 무신집권기였던 데서 이같은 사례도 있게 된 듯 싶
거니와, 이번 시험에서 수석으로 합격한 이척고에 대해서는 역시 이 사실
이외에 달리 전하는 내용이 찾아지지 않는다.

-8) (明宗)十一年四月 林民庇取洪永植等八十九人: 임민비는 門蔭 출신이면서도

급제를 하고[『고려사』 권99, 열전 임민비전] 왕 14년에 동지공거, 16년·18년에 지공거를 담당하는 사람인데[2-2-16-10)·11)·12), 149·150쪽], 그에 앞서 국자감시 시관도 맡고 있는 것이다. 이 자리에는 그때의 직위가 누락되어 있지마는 당시 그는 아마 承宣(정3품)에 재임했던 듯하다. 한편 이번 시험에서 수석으로 합격한 홍영식에 대해서는 여전히 이 사실 이외에 달리 전하는 내용이 찾아지지 않는다.

-9) (明宗)十三年五月　尙書左丞崔讜取詩賦吳夢霖等十人　十韻詩金瑀等八十九人 明經六人: 최당은 명문의 하나인 철원최씨 출신으로 급제를 하고[『고려사』 권 99, 열전 崔惟清附傳 讜] 왕 27년에는 叅知政事(종2품)로서 지공거를 맡는 사람인데[2-2-16-17), 152쪽], 그에 앞서 상서좌승(종3품)에 재직중 국자감시를 주관하고도 있다. 이 시험에서는 詩賦에서 오몽림이, 10운시에서는 김우가 각각 수석으로 합격하였는데, 그러나 이 두 사람의 행적은 이 사실 이외에 달리 전하는 내용이 찾아지지 않는다.

-10) (明宗)十五年五月　右承宣趙永仁取詩賦崔文牧等　十韻詩丁光祐等　明經五人: 조영인은 고려후기에 명문으로 성장하는 橫川趙氏 출신으로 의종 14년에 급제를 하고[2-2-15-9), 141쪽] 명종 22년에는 叅知政事(종2품)로서 지공거를 맡는 사람인데[2-2-16-14), 151쪽], 그에 앞서 우승선(정3품)에 재임 중 국자감시 시관을 담당하고도 있는 것이다. 이 시험에서는 詩賦에서 최문목이, 10운시에서는 정광우가 각각 수석으로 합격하였는데, 그러나 이 두 사람의 행적은 역시 이 사실 이외에 달리 전하는 내용이 찾아지지 않는다.

-11) (明宗)十六年閏七月　大司成皇甫倬·左散騎常侍李知命·判將作監崔詵 取梁公俊等三十二人 明經五人: 명종 16년은 혼란이 심했던 武臣政權 성립기의 李義旼 집권 때인데, 무엇 때문이었는지 그 이유는 잘 알 수 없으나 통상 한 명이던 그전과는 달리 특별하게 황보탁·이지명·최선 등 세 명이 試官에 임명되어 감시를 치르고 있다. 이들 중 선임자는 이지명으로서, 그는 인종 22년에 급제를 하고[2-2-14-15), 135쪽] 명종 12년에 동지공거, 20년에 지공거를 맡는 사람인데[2-2-15-9)·13), 141·143쪽] 그 중간인 왕 16년에 좌산기상시(정3품)로 있으면서 감시를 담당하여, 먼저 감시를 맡고 다음에 본고사를 관장하던 선례들과는 약간 다른 경우를 보여주고 있다. 다음 황보탁은 의종 8년의 장원급제자로서[2-2-15-6) 140쪽] 명종 16년 4월에 동지공거[2-2-16-11), 150쪽]를 맡은데 이어서 바로 그해 윤7월에 대사성(종3품)으로 재임 중 감시의 시관을 담당하여 동일한 사례를 남기고 있으며, 최선은 의종 14년에 급제를 하고 [2-2-15-9), 141쪽] 명종 24년에 동지공거[2-2-16-15), 152쪽], 왕 26년과 신종 2년에 지공거를 맡는데[2-2-16-16), 152쪽 및 2-2-17-2), 154쪽], 그에 앞서 판장작감사 (종3품)로 재임 중 감시의 시관도 담당하고 있는 것이다. 시관을 세 명 임명

한 것이나, 본고사를 맡았던 사람이 다시 감시 시관을 담당한 것 등 이번 시험은 상례를 벗어난 점이 많은 특이한 경우에 해당한다.

이 시험에서 수석으로 합격한 양공준에 대해서는 이 사실 이외에 달리 전하는 내용이 찾아지지 않는다.

-12) (明宗)十七年七月 秘書監金英富取池宗濬等八十人 明經九人: 비서감(종3품)인 김영부가 시관을 맡아 지종준 등을 선발하고 있는데, 그러나 수석 합격자인 지종준은 말할 것 없고 시관인 김영부도 이 사실 이외에 달리 전하는 내용이 찾아지지 않는다.

-13) (明宗)十九年五月 右承宣柳公權取詩賦鄭守剛等十九人 十韻詩李奎報等六十二人: 유공권은 의종 14년의 급제자로서[2-2-15-9), 141쪽] 명종 22년에 동지공거를 담당하는 사람인데[2-2-16-14), 151쪽], 그에 앞서 우승선(정3품)에 재임 중 감시의 시관도 맡고 있다.

이 시험에서 보다시피 詩賦 방면은 정수강이, 10운시 방면은 이규보가 수석으로 합격하였다. 한데 전자의 경우는 이 사실 이외에 달리 전하는 내용이 보이지 않으나, 후자 즉 이규보는 감시에 이어서 이듬해인 왕 20년에 시행된 본고사에서 급제를 하고[2-2-16-13), 151쪽] 이후 여러 요직을 거치는 가운데 고종 15년에 동지공거, 왕 21년과 23년에 지공거를 맡기도 한다[2-2-20-11)·14)·15), 167·168쪽].

-14) (明宗)二十一年 李純祐取洪儆等: 李純祐(李純佑)는 의종 17년의 장원급제자로서[2-2-15-11), 142쪽], 이 자리에는 명시되어 있지 않으나 왕 21년 당시는 한림학사(정3품)로 재임하면서[『고려사』 권99, 열전 李純佑傳] 시관을 맡았던 것 같다. 그러나 이 시험에서 수석으로 합격한 홍경에 대해서는 이 사실 이외에 달리 전하는 내용이 찾아지지 않는다.

-15) (明宗)二十五年六月 禮部侍郎張自牧取詩賦申敍等二十一人 十韻詩李膺貫等八十六人 明經十三人: 장자목이 예부시랑(정4품)으로서 시관을 맡고 있는데, 그는 뒤에 太僕卿(종3품) 등을 역임한다[『東國李相國集』 권27, 書 張侍郎自牧·같은 책 권37, 張自牧祭文). 그는 이번 시험의 詩賦 방면에서 신서 등을, 10운시 방면에서 이응분 등을 뽑고 있는데, 이들의 행적은 달리 보이는게 찾아지지 않는다.

-16) (明宗)二十七年四月 諫議大夫王儀取百人: 간의대부(정4품)인 왕의가 시관을 맡아 100인을 선발하고 있지마는, 수석 합격자마저도 누락하는 등 매우 소략한 기사에 그치고 있다.

原文 3-8-9. 神宗元年四月秘書監金平取詩賦智大成等十九人 十韻詩叚世儒等七十二人 明經七人 二年四月秘書監李桂長取詩賦陸永儀等二十人 十韻詩李唐仁

等七十五人 明經五人 三年閏二月禮賓卿高瑩中取詩賦陳澕等二十二人 十韻詩
魯元規等七十三人 明經七人 四年三月禮部侍郎崔弘胤取詩賦鄭公扎等二十二
人 十韻詩朴維弼等七十人 明經五人 五年四月左承宣安有孚取詩賦秦陽胤等十
四人 十韻詩宋咸等七十三人 明經五人 六年五月國子祭酒崔孝思取詩賦金命予
等二十一人 十韻詩李世興等七十二人 明經七人

3-8-9. 신종 원년 4월에 비서감 김평이 시·부로 지대성 등 19인, 10운시
로 단세유 등 72인, 명경 7인을 뽑았다.[1]

  2년 4월에 비서감 이계장이 시·부로 육영의 등 20인, 10운시로 이당
인 등 75인, 명경 5인을 뽑았다.[2]

  3년 윤2월에 예빈경 고영중이 시·부로 진화 등 22인, 10운시로 노원
규 등 73인, 명경 7인을 뽑았다.[3]

  4년 3월에 예부시랑 최홍윤이 시·부로 정공찰 등 22인, 10운시로 박
유필 등 70인, 명경 5인을 뽑았다.[4]

  5년 4월에 좌승선 안유부가 시·부로 진양윤 등 14인, 10운시로 송함
등 73인, 명경 5인을 뽑았다.[5]

  6년 5월에 국자제주 최효사가 시·부로 김명여 등 21인, 10운시로 이
세흥 등 72인, 명경 7인을 뽑았다.[6]

註解 3-8-9-

-1) 神宗元年四月 秘書監金平取詩賦智大成等十九人 十韻詩段世儒等七十二人 明
   經七人: 이번에 비서감(종3품)으로서 국자감시 시관을 맡은 김평은 곧이어 왕
   2년과 4년에 동지공거[2-2-17-2)·4), 154쪽], 5년에는 樞密院使(종2품)에 재임 중
   지공거를 담당하기도 하는 인물[2-2-17-5), 155쪽]이다. 그렇지만 이 시험의 詩
   賦와 10韻詩에서 각각 수석으로 합격한 지대성과 단세유에 대해서는 이 사
   실 이외에 달리 전하는 내용이 찾아지지 않는다.

-2) (神宗)二年四月 秘書監李桂長取詩賦陸永儀等二十人 十韻詩李唐仁等七十五人
   明經五人: 이계장은 급제자로서 이때에 이르러 비서감(종3품)에 재임 중 국자
   감시 시관을 담당하고 있는데, 그후 희종 원년과 4년·7년·강종 2년[2-2-18-1)·
   3)·5), 156~158쪽 및 2-2-19-2), 159쪽] 등 무려 네 차례나 지공거를 담당한다. 이
   번 시험의 詩賦에서 수석으로 합격한 육영의는 이 이외에 달리 전하는 내용

이 찾아지지 않으나, 10운시 방면의 수석 합격자인 이당인은 그후 본고사에
도 급제한 사실이 확인된다[『고려묘지명집성』 143쪽, 尹誧墓誌銘].

-3) (神宗)三年閏二月 禮賓卿高瑩中取詩賦陳澕等二十二人 十韻詩魯元規等七十三
人 明經七人: 고영중은 의종 18년의 급제자로서[2-2-15-12), 143쪽] 이때에 이르
러 예빈경(종3품)으로 재임 중 국자감시를 관장하고 있다[『고려묘지명집성』 295
쪽, 본인 墓誌銘]. 이 시험의 詩賦에서 수석으로 합격한 진화는 그후 본고사에
도 급제하고[『고려사』 권100, 열전 陳俊傳·『櫟翁稗說』 前集 2, 毅王季年] 右司諫(정6품)
등을 역임한 사실이 확인되나, 10운시에서 수석을 한 노원규에 대해서는 달
리 전하는 내용이 찾아지지 않는다.

-4) (神宗)四年三月 禮部侍郎崔弘胤取詩賦鄭公扎等二十二人 十韻詩朴維弼等七十
人 明經五人: 이번에 예부시랑(정4품)으로 국자감시 시관을 맡은 崔弘胤은 명
종 7년에 장원급제한 崔洪胤(崔基靜)과 동일한 인물로 생각된다[2-2-16-7), 148
쪽]. 그는 이후 희종 원년에 동지공거[2-2-18-1), 156쪽], 다시 희종 6년[2-2-18-4),
158쪽]과 강종 원년[2-2-19-1), 158쪽], 평장사(정2품)에 재임하던 고종 2년[2-2-20-2),
164쪽] 등 세 차례에 걸쳐 지공거를 담당하는 사람인데, 그에 비해 이번 시험
의 詩賦와 10운시에서 각각 수석으로 합격한 정공찰과 박유필에 대해서는
이 사실 이외에 달리 전하는 내용이 찾아지지 않는다.

-5) (神宗)五年四月 左承宣安有孚取詩賦秦陽胤等十四人 十韻詩宋咸等七十三人
明經五人: 이번에 좌승선(정3품)으로서 시관을 맡은 안유부는 그 2년 뒤인 왕
7년에 동지공거를 담당하기도 한다[2-2-17-6), 155쪽]. 그러나 이 시험의 詩賦에
서 수석으로 합격한 진양윤과 10운시에서 수석을 한 송함은 이 기록 이외에
다른 자료가 보이지 않는다.

-6) (神宗)六年五月 國子祭酒崔孝思取詩賦金命予等二十一人 十韻詩李世興等七十
二人 明經七人: 최효사는 門蔭 출신으로서, 의종 22년에는 급제를 하고
[2-2-15-14), 143쪽] 이때에 이르러 국자제주(정4품)로 재임 중 감시 시관을 맡고
있다. 그런데 이 시험의 詩賦와 10운시에서 각각 수석으로 합격한 김명여와
이세흥에 대해서는 더 이상의 자료가 눈에 띄지 않아 행적을 찾을 수가 없다.

原文 3-8-10. 熙宗元年四月判小府監事李頤取李蔵等九十人 三年五月大司成張
允文取詩賦金南石 十韻詩權時偉等九十餘人 五年六月國子祭酒趙冲取詩賦秋
永壽等十六人 十韻詩申季伯等五十人 七年三月大司成蔡靖取詩賦鄭宗諝等二
十人 十韻詩鄭弘柱等六十九人

3-8-10. 희종 원년 4월에 판소부감사 이이가 이위 등 90인을 뽑았다.[1]

3년 5월에 대사성 장윤문이 시·부로 김남석, 10운시로 권시위 등 90
여 인을 뽑았다.[2]

5년 6월에 국자제주 조충이 시·부로 추영수 등 16인, 10운시로 신계
백 등 50인을 뽑았다.[3]

7년 3월에 대사성 채정이 시·부로 정종서 등 20인, 10운시로 정홍주
등 69인을 뽑았다.[4]

註解 3-8-10-

-1) 熙宗元年四月 判小府監事李頤取李蒇等九十人: 판소부감사(종3품)인 이이가
시관을 맡아 이위 등 90인을 선발했음이 밝혀져 있는데, 전자가 그에 앞선
신종 5년 12월에 병부시랑(정4품)을 지냈다는[『고려사절요』 권14] 사실 이외에
달리 전하는 내용은 보이지 않는다.

-2) (熙宗)三年五月 大司成張允文取詩賦金南石 十韻詩權時偉等九十餘人: 장윤문
은 外祖蔭으로 진출한뒤 급제까지 하고 여러 직위를 거치는 가운데 대사성
(종3품)에 재임하면서 국자감시를 관장하는 책임을 맡고 있다[『고려묘지명집성』
306쪽, 본인 墓誌銘]. 이 시험의 詩賦와 10운시에서 각각 수석으로 합격한 김남석
과 권시위에 대해서는 이 사실 이외에 달리 전하는 내용이 찾아지지 않는다.

-3) (熙宗)五年六月 國子祭酒趙冲取詩賦秋永壽等十六人 十韻詩申季伯等五十人:
조충은 고려후기 명문의 하나인 橫川趙氏 출신으로 처음에는 蔭敍로 벼슬을
시작했으나 명종 20년의 과거에서 급제를 하였다[2-2-16-13), 151쪽]. 그후 희종
7년에 동지공거[2-2-18-5), 158쪽], 고종 6년에 지공거를 맡기도 하는데[2-2-20-4),
164쪽], 그에 앞서 국자제주(정4품)로 재임 중 국자감시 시관도 담당하고 있는
것이다. 그러나 이 시험의 詩賦와 10운시에서 각각 수석으로 합격한 추영수
와 신계백에 대해서는 이 사실 이외에 달리 전하는 내용이 찾아지지 않는다.

-4) (熙宗)七年三月 大司成蔡靖取詩賦鄭宗諝等二十人 十韻詩鄭弘柱等六十九人:
채정은 급제자로서 고종 원년에 동지공거, 3년에는 지공거[2-2-20-1)·3), 164쪽]
를 담당하는 사람인데, 그에 앞서 대사성(종3품)으로 재임 중 국자감시 시관
도 맡고 있다. 그런데 이번 시험의 詩賦에서 수석으로 합격한 정종서와 10
운시에서 수석을 한 정홍주에 대해서만은 이 사실 이외에 달리 전하는 내용
이 없어 그들 행적을 찾아보기가 어렵다.

原文 3-8-11. 康宗元年五月右諫議大夫崔甫淳取詩賦閔曧等二十八人 十韻詩魏
大輿等六十二人 明經二人 二年四月秘書監李淳中取詩賦陳璸 十韻詩金革良等

八十一人 明經十五人

3-8-11. 강종 원년 5월에 우간의대부 최보순이 시·부로 민부 등 28인, 10운시로 위대여 등 62인, 명경 2인을 뽑았다.[1]

　2년 4월에 비서감 이순중이 시·부로 진교, 10운시로 김혁량 등 81인, 명경 15인을 뽑았다.[2]

註解 3-8-11-

-1) 康宗元年五月　右諫議大夫崔甫淳取詩賦閔橄等二十八人　十韻詩魏大興等六十二人　明經二人: 최보순은 명종 12년의 급제자로서[2-2-16-9), 149쪽] 여러 요직을 거치는 가운데 강종 2년에 동지공거[2-2-19-2), 159쪽], 그리고 고종 9년과 12년·15년 등 세 차례나 지공거[2-2-20-6)·9)·11), 165~167쪽]를 담당하는 사람인데, 그에 앞서 우간의대부(정4품)에 재임 중 국자감시 시관도 맡고 있다. 그리하여 이 시험의 詩賦에서 민부 등 28인, 10운시에서 위대여 등 62인 등을 뽑고 있지마는, 그러나 이들 수석 합격자의 행적은 자료가 더 이상 찾아지지 않아 잘 알 수가 없다.

-2) (康宗)二年四月　秘書監李淳中取詩賦陳璬　十韻詩金革良等八十一人　明經十五人: 비서감(종3품)에 재직중인 이순중이 국자감시 시관을 맡아, 진교·김혁량 등을 선발하고 있는데, 하지만 각각 詩賦와 10운시 방면의 수석 합격자인 後2者의 행적에 대해서는 이 이상 더 알려진 사실이 찾아지지 않는다.

原文 3-8-12. 高宗元年四月左諫議大夫朴玄圭取詩賦尹得之等二十五人　十韻詩張貂等六十二人　明經十人　二年四月大司成任永岭取金文老等八十六人　明經六人　三年三月國子祭酒李得紹取文昌瑞等五十八人　明經六人　六年四月衛尉卿崔宗靜取詩賦金守堅　十韻詩蘇文悅等六十七人　明經五人　七年五月右承宣金良鏡取詩賦陳昌德等二十四人　十韻詩徐子敏等三十六人　明經一人　八年四月右諫議大夫崔先旦取李陽茂等八十六人　十年四月左諫議大夫劉冲基取韓景允等六十人　十一年三月右諫議大夫兪升旦取詩賦金璨　十韻詩梁龍藏等七十四人　明經一人　十二年二月國子祭酒李奎報取詩賦李惟信　十韻詩元良允等六十六人　明經三人　十三年三月右副承宣崔宗藩取詩賦庚松栢　十韻詩張良允等五十九人　明經二人　十四年三月右諫議大夫庚敬玄取詩賦兪亮　十韻詩高宗賓等七十一人　明經二人　十六年五月取詩賦金良純等二十人　十韻詩盧希管等五十三人　十八年四月任景謙取詩賦李旦等二十五人　十韻詩李仁等四十一人　二十年將作監李百順取詩賦康

洪正 十韻詩曹伯等七十人 明經一人 二十四年四月大僕寺事金敞取詩賦吳壽 十
韻詩曹希甫等八十一人 明經四人 二十七年四月判秘書省事宋國瞻取詩賦吳恂
十韻詩李石崇等四十一人 二十九年三月大司成閔仁鈞取詩賦權珝 十韻詩劉勃
忠等七十四人 明經二人 三十年六月右承宣趙伯琪取詩賦韓璟等二十人 十韻詩
六十人 明經二人 三十二年五月左承宣庾弘取詩賦閔陽宣等二十九人 十韻詩朴
文正等五十八人 明經二人 三十四年四月大僕卿崔滋取詩賦鄭淳 十韻詩廉守貞
等九十人 明經五人 三十六年四月判秘書省事趙修取詩賦孫昌衍 十韻詩鄭一麟
等九十五人 明經六人 三十八年四月判秘書省事李淳牧取詩賦盧元等三十九人
十韻詩明經幷六十人 四十年四月大司成李藏用取詩賦金仲偉等三十人 十韻詩
金命等六十人 明經八人 四十一年四月秘書監河千旦取詩賦李邵等三十三人 十
韻詩郭洪祚等五十二人 明經三人 四十二年五月大僕卿柳璥取詩賦王胤等三十
四人 十韻詩李受庚等五十四人 明經四人 四十四年閏四月尙書右丞崔允愷取詩
賦林椿壽等十七人 十韻詩黃公石等二十七人 明經一人 四十五年三月大僕寺事
韓就取李源等六十五人

3-8-12. 고종 원년 4월에 좌간의대부 박현규가 시·부로 윤득지 등 25인,
10운시로 장초 등 62인, 명경 10인을 뽑았다.[1]

　2년 4월에 대사성 임영령이 김문로 등 86인과 명경 6인을 뽑았다.[2]

　3년 3월에 국자제주 이득소가 문창서 등 58인과 명경 6인을 뽑았다.[3]

　6년 4월에 위위경 최종정이 시·부로 김수견을, 10운시로 소문열 등
67인, 명경 5인을 뽑았다.[4]

　7년 5월에 우승선 김양경이 시·부로 진창덕 등 24인, 10운시로 서자
민 등 36인, 명경 1인을 뽑았다.[5]

　8년 4월에 우간의대부 최선단이 이양무 등 86인을 뽑았다.[6]

　10년 4월에 좌간의대부 유충기가 한경윤 등 60인을 뽑았다.[7]

　11년 3월에 우간의대부 유승단이 시·부로 김찬, 10운시로 양용장 등
74인, 명경 1인을 뽑았다.[8]

　12년 2월에 국자제주 이규보가 시·부로 이유신, 10운시로 원양윤 등
66인, 명경 3인을 뽑았다.[9]

　13년 3월에 우부승선 최종번이 시·부로 유송백, 10운시로 장양윤 등

59인, 명경 2인을 뽑았다.[10]

14년 3월에 우간의대부 유경현이 시·부로 유양, 10운시로 고종뢰 등 71인, 명경 2인을 뽑았다.[11]

16년 5월에 시·부로 김양순 등 20인, 10운시로 노희관 등 53인을 뽑았다.[12]

18년 4월에 임경겸이 시·부로 이단 등 25인, 10운시로 이인 등 41인을 뽑았다.[13]

20년에 장작감 이백순이 시·부로 강홍정, 10운시로 조백 등 70인, 명경 1인을 뽑았다.[14]

24년 4월에 태복시사 김창이 시·부로 오수, 10운시로 조희보 등 81인, 명경 4인을 뽑았다.[15]

27년 4월에 판비서성사 송국첨이 시·부로 오순, 10운시로 이석숭 등 41인을 뽑았다.[16]

29년 3월에 대사성 민인균이 시·부로 권후, 10운시로 유발충 등 74인, 명경 2인을 뽑았다.[17]

30년 6월에 우승선 조백기가 시·부로 한경 등 20인, 10운시로 60인, 명경 2인을 뽑았다.[18]

32년 5월에 좌승선 유홍이 시·부로 민양선 등 29인, 10운시로 박문정 등 58인, 명경 2인을 뽑았다.[19]

34년 4월에 태복경 최자가 시·부로 정순, 10운시로 염수정 등 90인, 명경 5인을 뽑았다.[20]

36년 4월에 판비서성사 조수가 시·부로 손창연, 10운시로 정일린 등 95인, 명경 6인을 뽑았다.[21]

38년 4월에 판비서성사 이순목이 시·부로 노원 등 39인, 10운시와 명경을 합하여 60인을 뽑았다.[22]

40년 4월에 대사성 이장용이 시·부로 김중위 등 30인, 10운시로 김명 등 60인, 명경 8인을 뽑았다.[23]

41년 4월에 비서감 하천단이 시·부로 이소 등 33인, 10운시로 곽홍조 등 52인, 명경 3인을 뽑았다.[24]

42년 5월에 태복경 유경이 시·부로 왕윤 등 34인, 10운시로 이수경 등 54인, 명경 4인을 뽑았다.[25]

44년 윤4월에 상서우승 최윤개가 시·부로 임춘수 등 17인, 10운시로 황공석 등 27인, 명경 1인을 뽑았다.[26]

45년 3월에 태복시사 한취가 이원 등 65인을 뽑았다.[27]

註解3-8-12-

-1) 高宗元年四月 左諫議大夫朴玄圭取詩賦尹得之等二十五人 十韻詩張貂等六十二人 明經十人: 급제자로서(『東國李相國集』 권33, 敎書 樞密副使朴玄珪乞退三度依允敎書) 고종 2년에 동지공거를 맡기도 하는 朴玄圭(朴玄珪[2-2-20-2), 164쪽])가 그에 앞서 좌간의대부(정4품)에 재임 중 국자감시 시관을 담당하고 있다. 한데 이번 시험의 詩賦와 10운시에서 각각 수석으로 합격한 윤득지와 장초에 대해서는 이 사실 이외에 달리 전하는 내용이 찾아지지 않는다.

-2) (高宗)二年四月 大司成任永岭取金文老等八十六人 明經六人: 任永岭(任永齡)은 명종 12년의 급제자로서[2-2-16-9), 149쪽] 고종 3년에는 동지공거를 맡기도 하는 사람인데[2-2-20-3), 164쪽], 그에 앞서 대사성(종3품)으로 재임 중 국자감시 시관을 담당하고 있다. 이 시험에서 수석으로 합격한 김문로에 대해서는 그러나 자료가 결핍되어 행적은 잘 파악이 되지 않는다.

-3) (高宗)三年三月 國子祭酒李得紹取文昌瑞等五十八人 明經六人: 이득소는 고종 6년에 동지공거를 맡기도 한 사람인데[2-2-20-4), 164쪽] 그에 앞서 국자제주(정4품)로 재임 중 국자감시 시관을 맡고 있다. 그러나 이 시험에서 수석으로 합격한 문창서에 대해서는 이 사실 이외에 달리 전하는 내용이 찾아지지 않는다.

-4) (高宗)六年四月 衛尉卿崔宗靜取詩賦金守堅 十韻詩蘇文悅等六十七人 明經五人: 위위경(종3품)에 재직중인 최종정이 시관을 맡아 詩賦에서 김수견, 10운시에서 소문열 등을 선발하고 있지마는, 이들 세 사람은 모두 이 사실 이외에 달리 전하는 내용은 찾아지지 않는다.

-5) (高宗)七年五月 右承宣金良鏡取詩賦陳昌德等二十四人 十韻詩徐子敏等三十六人 明經一人: 金良鏡(金仁鏡)은 명종 24년의 급제자로서[2-2-16-15), 152쪽] 고종 9년에 동지공거, 19년에는 지공거를 담당하기도 하는 사람인데[2-2-20-6)·13), 165·167쪽], 그에 앞서 우승선(정3품)에 재임 중 국자감시 시관을 맡고 있다. 이 시험에서는 진창덕이 시부에서, 서자민이 10운시에서 수석으로 합격하고

있지만, 그러나 이들에 대해서는 이 사실 이외에 달리 전하는 내용이 찾아지지 않는다.

-6) (高宗)八年四月 右諫議大夫崔先旦取李陽茂等八十六人: 우간의대부(정4품)인 최선단이 시관을 맡아 86인을 선발하고 있는데, 그 수석 합격자인 이양무에 대해서는 이 사실 이외에 달리 전하는 내용이 찾아지지 않는다.

-7) (高宗)十年四月 左諫議大夫劉冲基取韓景允等六十人: 유충기는 명종 20년의 급제자로서[2-2-16-13), 151쪽] 고종 17년에 동지공거를 맡기도 하는데[2 2-20-12), 167쪽], 그에 앞서 좌간의대부(정4품)에 재임 중 국자감시 시관을 맡고 있다. 이 시험에서는 한경윤이 수석으로 합격하였으나 이후 그의 행적에 대해서는 전하는 내용이 찾아지지 않는다.

-8) (高宗)十一年三月 右諫議大夫兪升旦取詩賦金璨 十韻詩梁龍藏等七十四人 明經一人: 유승단은 명종 20년의 급제자로서[2-2-16-13), 151쪽] 고종 13년에 동지공거, 17년에는 지공거를 맡기도 하는 사람인데[2-2-20-10)·12), 166·167쪽], 그에 앞서 우간의대부(정4품)로 재임 중 국자감시 시관을 담당하고 있다. 이 시험의 詩賦에서는 김찬, 10운시에서는 양용장이 각각 수석으로 합격하고 있지만 양자 모두 그 이후의 행적에 대해서는 전하는 내용이 보이지 않는다.

-9) (高宗)十二年二月 國子祭酒李奎報取詩賦李惟信 十韻詩元良允等六十六人 明經三人: 이규보는 앞서 소개했듯이 명종 19년에 시행된 감시의 10운시 방면에서 수석을 한 사람인데[3-8-8-13), 272쪽] 이번에 그 자신이 국자제주(정4품)로서 당해 시험의 시관을 맡고 있다. 그는 감시에 합격한 이듬해 본고사에도 급제를 하고[2-2-16-13), 151쪽] 그후 고종 5년에 동지공거, 왕 21년과 23년에 지공거를 담당하기도 한다[2-2-20-11)·14)·15), 167·168쪽].

이번의 감시에서는 이유신이 詩賦에서 수석을 하였는데, 그로 인한 인연 때문인듯 이유신은 이규보의 사위가 되고(『東國李相國集』 後集 卷終 이규보墓誌), 貝外郞(정6품)[『고려사』 권24, 세가 고종 45년 5월]과 內謁者監(정6품) 등을 역임한 사실도 확인된다. 10운시 방면에서 수석으로 합격한 원양윤에 대해서는 그 사실 이외에 달리 전하는 내용이 찾아지지 않는다.

-10) (高宗)十三年三月 右副承宣崔宗藩取詩賦庾松栢 十韻詩張良允等五十九人 明經二人: 崔宗藩(崔宗蕃)은 명문의 하나인 철원최씨 출신으로 우부승선(정3품)에 재임 중 국자감시 시관을 맡고 있다. 그러나 이 시험의 詩賦와 10운시 방면에서 각각 수석으로 합격한 유송백과 장양윤에 대해서는 이 사실 이외에 달리 전하는 내용이 찾아지지 않는다.

-11) (高宗)十四年三月 右諫議大夫庾敬玄取詩賦兪亮 十韻詩高宗賚等七十一人 明經二人: 유경현은 급제자로서[『고려사』 권99, 열전 庾資諒傳] 이때에 이르러 우간의대부(정4품)에 재임 중 국자감시 시관을 맡고 있다. 이번 시험에서는 유양

이 詩賦에서, 고종뢰가 10운시에서 수석으로 합격하였는데, 그중 후자는 다른 행적이 찾아지지 않으나 전자의 경우는 많은 활동을 한 사실이 확인된다. 즉 兪亮은 뒤에 兪千遇로 이름이 알려진 사람으로, 이번의 감시에 이어서 왕 19년에는 본고사에서 급제를 하고[2-2-20-13), 167쪽] 직위가 平章事(정2품)에까지 오르는데[『고려사』 권105, 열전 兪千遇] 그 동안 원종 3년에 동지공거, 15년에는 지공거를 맡기도 하는 것이다[2-2-21-3)·9), 175·177쪽]. 이같은 결과에도 불구하고 유경현이 감시의 시험장에서 정작 試題의 뜻 풀이를 잘못하여 응시생과 불미스런 논난이 있었다 함은 앞서 소개한[3-7-2-1), 258쪽] 바와 같다.

-12) (高宗)十六年五月 取詩賦金良純等二十人 十韻詩盧希管等五十三人: 시관의 이름조차 전해지지 않는 경우인데, 이 시험의 詩賦와 10운시에서 각각 수석으로 합격한 김양순과 노희관 등에 대해서도 달리 전하는 자료가 눈에 띄지 않는다.

-13) (高宗)十八年四月 任景謙取詩賦李旦等二十五人 十韻詩李仁等四十一人: 임경겸은 명문의 하나인 定安任氏 출신으로 급제한 후(『牧隱文藁』 권8, 賀竹溪安氏三子登科詩序) 이때에 이르러 국자감시 시관을 맡고 있다. 당시 그의 직위는 누락되어 잘 알 수가 없는데, 다만 뒤에 同知樞密事(종2품)를 지낸 사실은 확인된다[『고려사』 권95, 열전 任濡傳].

  이번 시험의 詩賦에서는 이단이, 10운시에서는 이인이 각각 수석으로 합격을 하고 있으나 이후 그들의 행적에 대해서는 달리 전하는 기록이 찾아지지 않는다.

-14) (高宗)二十年 將作監李百順取詩賦康洪正 十韻詩曹伯等七十人 明經一人: 이백순은 고종 21년에 大司成(종3품)으로 있으면서 동지공거를 맡기도 하는데[2-2-20-14), 168쪽], 그에 앞서 장작감(정4품)에 재임 중 국자감시 시관을 담당하고 있다. 하지만 이 시험의 詩賦에서 수석으로 합격한 강홍정과 10운시에서 수석을 한 조백에 대해서는 이 사실 이외에 달리 전하는 내용이 찾아지지 않는다.

-15) (高宗)二十四年四月 大僕寺事金敝取詩賦吳壽 十韻詩曹希甫等八十一人 明經四人: 김창은 희종 2년의 급제자로서[2-2-18-2), 157쪽] 고종 29년에는 지공거를 맡기도 하는 사람인데[2-2-20-19), 169쪽], 그에 앞서 판태복시사(정3품)에 재임 중 국자감시 시관을 담당하고 있다. 그러나 이번의 詩賦와 10운시 방면에서 각각 수석으로 합격한 오수와 조희보에 대해서는 이 사실 이외에 달리 전하는 내용이 찾아지지 않는다.

-16) (高宗)二十七年四月 判秘書省事宋國瞻取詩賦吳恂 十韻詩李石崇等四十一人: 송국첨은 급제자로서[『고려사』 권102, 열전 宋國瞻傳] 이때에 이르러 판비서성사(정3품)로 재임 중 국자감시 시관을 맡고 있다. 한데 이번 시험의 詩賦에서

수석으로 합격한 오순과 10운시에서 수석을 한 이석숭에 대해서는 이 사실 이외에 달리 전하는 내용이 찾아지지 않아 이후의 행적을 알 수가 없다.

-17) (高宗)二十九年三月 大司成閔仁鈞取詩賦權珝 十韻詩劉勃忠等七十四人 明經 二人: 민인균은 희종 원년의 급제자로서[2-2-18-1], 156쪽] 고종 35년에 동지공 거를 맡기도 하는데[2-2-20-22], 170쪽], 그에 앞서 대사성(종3품)에 재임 중 국자 감시 시관을 담당하고 있다. 이번 시험에서는 권후외 유발충이 각각 詩賦와 10운시에서 수석으로 합격하고 있지마는, 그러나 이들에 대해서는 달리 전 하는 기록이 찾아지지 않아 이후의 행적은 밝히기가 어렵다.

-18) (高宗)三十年六月 右承宣趙伯琪取詩賦韓璟等二十人 十韻詩六十人 明經二 人: 조백기는 명문의 하나인 橫川趙氏 출신으로, 급제 후(『補閑集』下 趙承宣伯琪) 당시에는 우승선(정3품)으로 있으면서 국자감시 시관을 맡고 있다. 이 시험에 서는 한경이 詩賦에서 수석으로 합격하고 있으나 이후의 행적은 알려진게 없으며, 10운시의 경우는 수석 합격자의 이름조차 전해지지 않고 있다.

-19) (高宗)三十二年五月 左承宣庾弘取詩賦閔陽宣等二十九人 十韻詩朴文正等五 十八人 明經二人: 좌승선(정3품)인 유홍이 시관을 맡아 詩賦에서 민양선, 10 운시에서 뱍문정 등을 선발하고 있는데, 수석 합격자인 이들 後2者에 대해 서 따로이 소개할만한 내용은 보이지 않는다.

-20) (高宗)三十四年四月 大僕卿崔滋取詩賦鄭淳 十韻詩廉守貞等九十人 明經五 人: 명문의 하나인 해주최씨 출신으로 『補閑集』의 저자이기도 한 최자는 강종 원년에 급제를 하고[2-2-19-1], 158쪽] 고종 39년과 45년에 지공거를 맡기도 하 는 사람인데[2-2-20-24)·27), 171·172쪽], 그에 앞서 태복경(종3품)에 재임 중 국자 감시를 총괄하고 있다. 이 시험의 詩賦에서 수석으로 합격한 정순에 대해서는 달리 전하는 내용이 찾아지지 않으나, 10운시 방면에서 수석을 한 염수정은 그후 少府尹(정4품)을 역임한 사실이 확인된다[『고려사』 권29, 세가 충렬왕 10년 9월].

-21) (高宗)三十六年四月 判秘書省事趙修取詩賦孫昌衍 十韻詩鄭一麟等九十五人 明經六人: 조수는 급제자로서[2-2-19-1], 158쪽] 왕 41년에는 지공거를 맡기도 하는 사람인데[2-2-20-25), 171쪽], 그에 앞서 판비서성사(정3품)에 재임 중 국자 감시 시관을 맡고 있다. 이 시험의 詩賦에서는 손창연이, 10운시에서는 정일 린이 각각 수석으로 합격하고 있지마는, 그러나 이후의 이들 행적은 자료가 결핍되어 잘 알 수가 없다.

-22) (高宗)三十八年四月 判秘書省事李淳牧取詩賦盧元等三十九人 十韻詩·明經幷 六十人: 이순목은 급제자로서[『고려사』 권102, 열전 이순목전] 이때에 이르러 판 비서성사(정3품)로 재임 중 국자감시 시관을 맡고 있다. 이 시험의 詩賦에서 는 노원이 수석으로 합격했으나 이후 그의 행적은 찾아지지 않으며, 10운시 방면은 수석 합격자의 성명도 밝혀져 있지 않다.

-23) (高宗)四十年四月 大司成李藏用取詩賦金仲偉等三十人 十韻詩金命等六十人
明經八人: 이장용은 고종 7년의 급제자로서[2-2-20-5), 165쪽] 원종 원년에 지공
거를 맡기도 하는 사람인데[2-2-21-1), 174쪽], 그에 앞서 대사성(종3품)에 재임
중 국자감시 시관을 담당하고 있다. 이 시험에서는 詩賦에서 김중위가, 10운
시에서는 김명이 각각 수석으로 합격하고 있지마는, 그러나 이후 그들 두
사람의 행적에 대해서는 전하는 내용이 찾아지지 않는다.

-24) (高宗)四十一年四月 秘書監河千旦取詩賦李邵等三十三人 十韻詩郭洪祚等五
十二人 明經三人: 비서감(종3품)에 재임 중인 하천단이 국자감시 시관을 맡아
詩賦에서 이소, 10운시에서 곽홍조 등을 선발하고 있다. 수석 합격자인 後2
者중 이소는 원종 13년 8월 당시 郎將이었다고 보이는데[『고려사』 권27, 세가]
그가 과연 詩賦試에서 수석으로 합격한 장본인인지, 아니면 同名異人인지
그 점은 잘 알 수가 없다. 곽홍조에 대해서는 달리 전하는 기록이 눈에 띄지
않는다.

-25)(高宗)四十二年五月 大僕卿柳璥取詩賦王胤等三十四人 十韻詩李受庚等五十
四人 明經四人: 유경은 고종 때에 급제를 하고[『고려사』 권105, 열전 유경전] 원
종 원년에 동지공거[2-2-21-1), 174쪽], 그리고 다시 원종 3년과 9년에 지공거를
역임하며[2-2-21-3)·6), 175·176쪽] 직위도 수상에까지 오르는 인물이다. 여기서
는 그에 앞서 태복경(종3품)에 재임할 때 국자감시 시관도 맡았음을 전하고
있는데, 이 시험의 詩賦와 10운시에서 각각 수석으로 합격한 왕윤과 이수경
에 대해서는, 그러나 달리 행적을 찾아볼 수가 없다.

-26) (高宗)四十四年閏四月 尙書右丞崔允愷取詩賦林椿壽等十七人 十韻詩黃公石
等二十七人 明經一人: 급제자로서[『고려사』 권99, 열전 崔均附傳] 원종 5년에 지
공거를 맡기도 하는 최윤개[2-2-21-4), 175쪽]가 지금은 상서우승(종3품)에 재임
중 국자감시를 총괄하고 있다. 그러나 이 시험의 詩賦에서 수석으로 합격한
임춘수와 10운시에서 수석을 한 황공석에 대해서는 달리 전하는 기록이 찾
아지지 않는다.

-27) (高宗)四十五年三月 大僕寺事韓就取李源等六十五人: 樞密院副使(정3품) 등을
역임하는 한취가 그에 앞서 판태복시사(정3품)에 재임 중 국자감시 시관을 맡
아 이원 등 65인을 선발하고 있다. 수석 합격자인 이원은 그후 어느 때 出仕
한듯 直史館(權務)[『고려사』 권28, 세가 충렬왕 즉위년 冬10월]과 摠郎(정4품) 등을 지
낸 사실이[『고려사』 권33, 세가 충렬왕 24년 忠宣 2월] 확인된다.

原文 3-8-13. 元宗元年五月許遂取詩賦吳漢卿等八十人 十韻詩金得鈞等二十五
人 明經一人 二年五月尙書右丞兪千遇取詩賦金守衍等二十一人 十韻詩林杞等
三十五人 四年五月左諫議大夫鄭義取金良裕等五十五人 六年任睦取朴安等 八

年金坵取李繪等 十年四月元傅取方宣老等九十人 十二年五月大司成韓康取梁
淳等五十三人 十四年九月翰林侍讀學士任翊取詩賦文貫之等十九人 十韻詩梁
均等三十九人 明經一人

3-8-13. 원종 원년 5월에 허수가 시·부로 오한경 등 80인, 10운시로 김득
균 등 25인, 명경 1인을 뽑았다.[1]

2년 5월에 상서우승 유천우가 시·부로 김수연 등 21인, 10운시로 임
기 등 35인을 뽑았다.[2]

4년 5월에 좌간의대부 정의가 김양유 등 55인을 뽑았다.[3]

6년에 임목이 박안 등을 뽑았다.[4]

8년에 김구가 이회 등을 뽑았다.[5]

10년 4월에 원부가 방선로 등 90인을 뽑았다.[6]

12년 5월에 대사성 한강이 양순 등 53인을 뽑았다.[7]

14년 9월에 한림시독학사 임익이 시·부로 문관지 등 19인, 10운시로
양균 등 39인, 명경 1인을 뽑았다.[8]

註解 3-8-13-

-1) 元宗元年五月 許遂取詩賦吳漢卿等八十人 十韻詩金得釣等二十五人 明經一人:
허수는 명문의 하나인 孔巖許氏 출신으로 고종 6년에 급제한 후[2-2-20-4), 164
쪽] 이때에 이르러 국자감시 시관을 맡고 있는데, 당시 그의 직위는 여전히
잘 파악되지 않는다. 이 시험의 詩賦에서 수석으로 합격한 사람은 吳漢卿(吳
詗)으로 그 이듬해에 역시 본고사에 급제하고[2-2-21-2), 174쪽] 出仕하여 직위가
贊成事(정2품)까지[『고려사』 권109, 열전 吳詗傳] 올랐던데 비해 10운시에서 수석을
한 김득균의 경우는 이 사실 이외에 달리 전하는 내용이 찾아지지 않는다.

-2) (元宗)二年五月 尙書右丞兪千遇取詩賦金守衍等二十一人 十韻詩林杞等三十五
人: 兪千遇(兪亮)는 그 자신 고종 14년의 국자감시 詩賦 방면에서 수석으로
합격한 사람인데[3-8-12-11), 280쪽] 이때에 이르러 상서우승(종3품)으로 재임하
면서 당해 시험을 주관하고 있다. 그후 그가 원종 3년에 동지공거, 15년에는
지공거를 맡았다는[2-2-21-3)·9), 175·177쪽] 사실도 소개한바 있지마는, 그의 이
같은 활동에 비해 이번에 詩賦에서 수석으로 뽑힌 김수연과 10운시에서 수
석으로 합격한 임기는 별다른 활동 기록을 남기지 못하고 있다.

-3) (元宗)四年五月 左諫議大夫鄭義取金良裕等五十五人: 좌간의대부(정4품)인 정
의가 시관을 맡아 김양유 등 55인을 선발하고 있는데, 그러나 이들에 대한
그후의 행적은 별다른 내용이 찾아지지 않는다.

-4) (元宗)六年 任睦取朴安等: 이번에 시관을 맡은 임목은 뒤에 樞密副使(정3품)
를 역임하기도 하나『고려사』 권107, 열전 元傅傳』당시의 직위는 잘 알 수가 없
다. 이 시험에서 수석으로 합격한 박안에 대해서도 달리 전하는 내용이 찾
아지지 않는다.

-5) (元宗)八年 金坵取李繪等: 이번에 시관을 맡은 김구는, 이곳 선거지에는 드
러나 있지 않으나 墓誌銘『고려묘지명집성』 395쪽]을 통해 고종 14년에 시행된
감시에서[3-8-12-11), 280쪽] 합격한 사실을 알 수 있는데, 그 자신이 이때에 이
르러 국자감시를 주관하고 있는 것이다. 이 자리에는 그의 직위가 역시 누
락되었는데 그는 원종 5년에 國子祭酒(정4품)이던 것이 왕 10년에는 大司成
(종3품)에 재임했으므로 시관을 맡을 당시의 직위는 이 둘 가운데 하나였을
것으로 생각된다. 그는 감시에 합격한 얼마 뒤인 고종 19년에 급제도 하였
거니와[2-2-20-13), 167쪽], 다시 얼마 후 국자감시 시관, 그리고 이어서 원종
14년에는 참지정사(종2품)로서 지공거를[2-2-21-8), 177쪽] 담당하기도 한다. 그
에 비하여 그가 주관한 감시의 수석 합격자인 이회의 경우 특기할만한 내용
이 찾아지지 않는다.

-6) (元宗)十年四月 元傅取方宣老等九十人 : 이번에 시관을 맡은 원부는, 이곳
선거지에는 드러나 있지 않으나 墓誌銘『고려묘지명집성』 398쪽]을 통해 고종
24년에 시행된 감시에서[3-8-12-15), 279쪽] 합격한 사실을 알 수 있는데, 그 자
신이 이때에 이르러 국자감시를 주관하고 있는 것이다. 이 자리에는 그의
직위가 역시 누락되었는데 그는 원종 8년에 判禮賓省事(정3품), 10년 12월에
는 樞密院副使(정3품)·右常侍(정3품)였으므로 이 둘 가운데 하나였을 것으로 생각
된다. 그는 감시에 합격한 얼마 뒤인 고종 28년에 급제도 하였거니와[2-2-20-18),
169쪽], 다시 얼마 후 국자감시 시관, 그리고 이어서 원종 13년[2-2-21-7), 176쪽]
과 충렬왕 6년에 贊成事(정2품)로 재직하면서 지공거[2-2-22-4), 181쪽]를 담당하
기도 한다. 그에 비하여 그가 주관한 감시의 수석 합격자인 방선로의 경우
별다른 내용이 찾아지지 않는다.

-7) (元宗)十二年五月 大司成韓康取梁淳等五十三人: 한강은 고종조의 급제자로
서『고려사』 권107, 열전 韓康傳] 충렬왕 원년과 12년에 지공거를 맡기도 하는데
[2-2-22-1)·8), 180·183쪽], 그에 앞서 대사성(종3품)에 재임 중 국자감시 시관을
담당하고 있다. 이 시험에서는 양순이 수석으로 합격하지마는, 그러나 그에
대해서는 이 사실 이외에 달리 전하는 내용이 찾아지지 않는다.

-8) (元宗)十四年九月 翰林侍讀學士任翊取詩賦文貫之等十九人 十韻詩梁均等三十

九人 明經一人: 임익은 급제자로서『『고려사』 권95, 열전 任翊傳』 뒤에 贊成事(정2
품)까지 지내는 사람인데, 그에 앞서 한림시독학사(정4품)에 재임 중 국자감시
시관을 맡고 있다. 이 시험의 詩賦에서는 문관지가, 10운시에서는 양균이 수
석으로 합격하였지마는, 그러나 이들의 그뒤 행적은 자료가 결핍되어 있어
잘 알 수가 없다.

原文 3-8-14. 忠烈土元年四月尙書右丞李仁成取詩賦金台鉉等二十一人 十韻詩
趙戩等四十九人 明經二人 二年八月判秘書事朱悅取詩賦李之桓等三十人 十韻
詩李緣等二十八人 三年左諫議大夫金周鼎取詩賦鄭公旦等三十一人 十韻詩鄭
龜等三十九人 明經三人 五年五月右司議大夫鄭興取詩賦白元恒等三十二人 十
韻詩鄭時等三十一人 明經二人 八年三月右司議大夫潘阜取詩賦朴文靖等三十
八人 十韻詩安碩等五十一人 明經二人 九年五月秘書少尹金應文取詩賦李榑等
三十八人 十韻詩李膺等四十六人 十一年四月判秘書事安戩取詩賦尹莘傑等三
十一人 十韻詩二十四人 十二年五月崔旬取詩賦任弘基等三十六人 十韻詩四十
人 十三年五月林貞杞取李擤等八十五人 十五年十月右副承旨李混取金承印等
七十人 十八年六月左承旨鄭瑎取李彦忠等六十一人 二十一年九月金暄取李瑈
等七十餘人 二十二年九月左承旨尹珤取崔凝等七十餘人 二十五年九月金台鉉
取李蒨等七十餘人 二十六年三月右副承旨吳祈取金琅韻等六十九人 二十七年
四月鄭僑取李鳳龍等七十七人 二十八年三月朴顓取梁成梓等七十人 二十九年
五月吳演取具桓等九十九人 三十一年三月右承旨安于器取李文彦等七十三人

3-8-14. 충렬왕 원년 4월에 상서우승 이인성이 시·부로 김태현 등 21인,
10운시로 조전 등 49인, 명경 2인을 뽑았다.[1]

2년 8월에 판비서사 주열이 시·부로 이지환 등 30인, 10운시로 이연
등 28인을 뽑았다.[2]

3년에 좌간의대부 김주정이 시·부로 정공단 등 31인, 10운시로 정귀
등 39인, 명경 3인을 뽑았다.[3]

5년 5월에 우사의대부 정흥이 시·부로 백원항 등 32인 , 10운시로 정
시 등 31인, 명경 2인을 뽑았다.[4]

8년 3월에 우사의대부 반부가 시·부로 박문정 등 38인, 10운시로 안
석 등 51인, 명경 2인을 뽑았다.[5]

9년 5월에 비서소윤 김응문이 시·부로 이부 등 38인, 10운시로 이응 등 46인을 뽑았다.[6]

11년 4월에 판비서사 안전이 시·부로 윤신걸 등 31인, 10운시로 24인을 뽑았다.[7]

12년 5월에 최전이 시·부로 임홍기 등 36인, 10운시로 40인을 뽑았다.[8]

13년 5월에 임정기가 이교 등 85인을 뽑았다.[9]

15년10월에 우부승지 이혼이 김승인 등 70인을 뽑았다.[10]

18년 6월에 좌승지 정해가 이언충 등 61인을 뽑았다.[11]

21년 9월에 김훤이 이관 등 70여 인을 뽑았다.[12]

22년 9월에 좌승지 윤보가 최응 등 70여 인을 뽑았다.[13]

25년 9월에 김태현이 이청 등 70여 인을 뽑았다.[14]

26년 3월에 우부승지 오기가 김낭운 등 69인을 뽑았다.[15]

27년 4월에 정선이 이봉룡 등 77인을 뽑았다.[16]

28년 3월에 박전이 양성재 등 70인을 뽑았다.[17]

29년 5월에 오연이 구환 등 99인을 뽑았다.[18]

31년 3월에 우승지 안우기가 이문언 등 73인을 뽑았다.[19]

註解 3-8-14-

-1) 忠烈王元年四月 尙書右丞李仁成取詩賦金台鉉等二十一人 十韻詩趙戩等四十九人 明經二人: 李仁成(李尊庇)은 원종 원년의 급제자로서[2-2-21-1), 174쪽] 충렬왕 8년에는 知密直司事(종2품)로 있으면서 지공거를 맡기도 하는 사람인데[2-2-22-5), 182쪽], 그에 앞서 상서우승(종3품)에 재임 중 국자감시 시관을 담당하고 있다. 이 시험의 詩賦에서는 김태현이 수석으로 합격하고 있거니와, 그는 그 이듬해의 본고사에도 급제를 하고[2-2-22-2), 180쪽] 왕 25년에 국자감시 시관, 29년에는 지공거를 담당하며[2-2-22-16), 187쪽], 직위 역시 수상직에까지 오르는 등 활동이 많았다[『고려사』권110, 열전 金台鉉傳·『고려묘지명집성』472쪽, 본인 墓誌銘]. 그러나 한편 그와 함께 10운시 방면에서 수석을 한 조전에 대해서는 달리 전하는 내용이 찾아지지 않는다.

-2) (忠烈王)二年八月 判秘書事朱悅取詩賦李之桓等三十人 十韻詩李緣等二十八人: 주열은 고종 28년의 급제자로서[2-2-20-18), 169쪽] 뒤에 知都僉議府事(종2

품)까지 지내는 사람인데[『고려사』권106, 열전 朱悅傳] 이때에 이르러 판비서성사(정3품)에 재임 중 국자감시 시관을 맡고 있다. 그런데 이번 시험의 詩賦와 10운시에서 각각 수석으로 합격한 이지환과 이연에 대해서는 자료의 결핍으로 그 뒤의 행적을 잘 알 수가 없다.

-3) (忠烈王)三年 左諫議大夫金周鼎取詩賦鄭公旦等三十一人 十韻詩鄭龜等三十九人 明經三人: 김주정은 蔭敍 출신이면서 원종 5년의 과거에서 장원급제한 사람으로[2-2-21-4), 175쪽][『고려사』권104, 열전 金周鼎傳·『고려묘지명집성』401쪽, 본인 墓誌銘] 충렬왕 10년에는 判密直司事(종2품)로서 지공거를 맡기도 하는데[2-2-22-6), 182쪽], 그에 앞서 좌간의대부(종4품)에 재임 중 국자감시를 주관하고 있다. 그러나 이 시험의 詩賦에서 수석으로 합격한 정공단과 10운시에서 수석을 한 정귀에 대해서는 모두 전하는 자료가 찾아지지 않아 이후의 행적을 밝히기가 어렵다.

-4) (忠烈王)五年五月 右司議大夫鄭興取詩賦白元恒等三十二人 十韻詩鄭時等三十一人 明經二人: 鄭興(鄭可臣)은 고종 42년에 급제를 하고[2-2-20-26), 172쪽] 충렬왕 16년과 21년에는 지공거를 맡으며[2-2-22-10)·12), 184·185쪽] 그뒤 수상까지 역임하는 사람인데[『고려사』권105, 열전 鄭可臣], 그에 앞서 우사의대부(종4품)로 재임 중 국자감시 시관을 담당하고 있다. 이 시험의 詩賦에서 수석으로 합격한 백원항은 出仕한 후 충숙왕 4년에 同考試官을 맡으며[2-2-24-2), 190쪽] 직위도 僉議評理(종2품)[『고려사』권35, 세가 충숙왕 8년 冬10月]까지 지내는 등 활동이 많았다. 그러나 10운시에서 수석을 한 정시의 경우는 자료가 찾아지지 않아 그뒤의 행적을 잘 알 수가 없다.

-5) (忠烈王)八年三月 右司議大夫潘阜取詩賦朴文靖等三十八人 十韻詩安碩等五十一人 明經二人: 반부는 국자사업을 거쳐 兵馬副使로써 일본의 원정에 참여하는 등 여러 모로 활동하였는데, 이때에 이르러 우사의대부(종4품)에 재임 중 국자감시 시관을 맡고 있다. 그는 이어서 그 2년 뒤인 왕 10년에 升補試 시관도 담당한다. 이번 시험의 詩賦에서 수석으로 합격한 박문정에 대해서는 이 사실 이외에 달리 전하는 내용이 찾아지지 않으나 10운시에서 수석을 한 안석은 그뒤 본고사에서 급제한 사실 등이[『고려묘지명집성』536쪽, 安軸墓誌銘] 확인된다.

-6) (忠烈王)九年五月 秘書少尹金應文取詩賦李榑等三十八人 十韻詩李瞺等四十六人: 김응문은 고종 37년의 장원급제자로서[2-2-20-23), 171쪽] 이때에 이르러 비서소윤(종4품)에 재임 중 국자감시 시관을 맡고 있는데, 그는 뒤에 宰臣의 班列인 判三司事까지 지낸다. 이번 시험의 詩賦에서는 이부가 수석으로 합격하고 있거니와, 그는 이어서 충렬왕 12년의 본고사에서도 장원급제를 하고[2-2-22-8), 183쪽] 右思補(종6품)[『고려사』권34, 세가 충숙왕 원년 춘정월] 등을 역임

하였음이 확인된다. 그러나 10운시에서 수석을 한 이응에 대해서는 이 사실 이외에 달리 전하는 내용이 찾아지지 않는다.

-7) (忠烈王)十一年四月 判秘書事安戩取詩賦尹莘傑等三十一人 十韻詩二十四人: 안전은 시기는 분명치 않지만 급제를 하고[『고려사』 권106, 열전 安戩傳] 出仕하여 이때에는 판비서성사(정3품)로 재임하면서 국자감시를 주관하고 있는데, 그는 뒤에 知密直司事(종2품)의 직위에까지 오른다. 이 시험의 詩賦에서 수석으로 합격한 윤신걸 역시 충렬왕 16년의 과거에서 급제를 하고[2-2-22-10), 184쪽] 뒤에 評理(종2품)까지 역임하였다[『고려사』 권109, 열전 尹莘傑傳].

-8) (忠烈王)十二年五月 崔旬取詩賦任弘基等三十六人 十韻詩四十人: 최전이 시관을 맡아 임홍기 등을 선발하고 있는데, 이들의 인적 사항은 한결같이 잘 알려져 있지 않다.

-9) (忠烈王)十三年五月 林貞杞取李撉等八十五人: 급제자로서[『고려사』 권123, 嬖幸列傳 林貞杞傳] 우부승지(정3품)에 재임할 당시[『고려사』 권30, 세가 충렬왕 13년 2월] 국자감시 시관을 맡은 임정기가 이교 등 85인을 선발하고 있다. 그러나 그가 바로 이 시험에서 試題를 잘못 출제하여 물의를 일으켰다 함은 앞서의 기회에 설명해 두었다[3-7-2-2), 258쪽].

-10) (忠烈王)十五年十月 右副承旨李混取金承印等七十人: 이혼은 원종 9년의 급제자로서[2-2-21-6), 176쪽] 이때에 이르러 우부승지(정3품)에 재임 중 국자감시 시관을 맡고 있는데, 그는 뒤에 政丞(종1품)의 지위에까지 오른다. 이 시험에서는 김승인 등 70인이 합격하고 있지마는, 그러나 수석을 한 김승인에 대해서도 특기할만한 내용은 찾아지지 않는다.

-11) (忠烈王)十八年六月 左承旨鄭瑎取李彦忠等六十一人: 鄭瑎(鄭玄繼)는 원종 13년의 급제자로서[2-2-21-1), 174쪽] 왕 31년에 지공거를 맡기도 하는 사람인데 [2-2-22-17), 187쪽], 그에 앞서 좌승지(정3품)에 재임 중 국자감시를 주관하고 있다. 이 시험에서는 李彦忠(李彦冲)이 수석으로 합격하고 있거니와, 그 역시 왕 20년에 시행된 본고사에서 급제를 하고[2-2-22-11), 185쪽] 出仕 후 여러 요직을 거쳐 僉議評理(종2품)까지 지냈다[『고려묘지명집성』 499쪽, 본인 墓誌銘].

-12) (忠烈王)二十一年九月 金晅取李琯等七十餘人: 金晅(金㫚)은 원종 원년의 급제자로서[2-2-21-1), 174쪽] 뒤에 政堂文學(종2품)까지 지내는 사람인데[『고려사』 권106, 열전 金晅傳·『고려묘지명집성』 417쪽, 본인 墓誌銘], 그간에 국자감시 시관을 맡고 있다. 한데 이 자리에는 당시 그의 직위가 누락되었지만 역시 전기나 묘지명을 보면 이때 좌간의대부(정4품)·한림시강학사(정4품)였음을 알 수 있다. 이 시험에서는 이관이 수석으로 합격하였는데, 뒤에 駕洛君에 封해진 것을 보면[『고려묘지명집성』 554쪽, 韓宗愈墓誌銘] 그도 상당한 지위에 올랐을 것으로 짐작된다.

-13) (忠烈王)二十二年九月 左承旨尹珤取崔凝等七十餘人: 윤보는 명문의 하나인 파평윤씨 출신으로 守僉議贊成事(정2품)까지 지내는 사람인데[『고려사』 권35, 세가 충숙왕 8년 冬10월] 그에 앞서 좌승지(정3품)로 재임 중 국자감시 시관을 맡고 있다. 이 시험에서는 최응이 수석으로 합격하고 있거니와, 그는 이어서 왕 27년에 升補試 합격[『고려사』 권74, 선거지 2, 科目 升補試], 그리고 이듬해인 왕 28년에는 과거의 본고사에 급제하는[2-2-22-15], 186쪽] 기록 등을 남기고 있다.

-14) (忠烈王)二十五年九月 金台鉉取李蒨等七十餘人: 김태현은 이미 소개했듯이 [3 8 14 1), 287쪽] 왕 원년에 시행된 감시의 詩賦 방면에서 수석으로 합격하고, 이듬해인 왕 2년에는 본고사에도 급제하고 있거니와[2-2-22-2), 180쪽], 이때에 이르러서 그 자신이 감시 시관을 담당하고 있다. 아울러 이 자리에는 당시 그의 직위가 누락되어 있지마는, 그러나 전기 및 묘지명에 의해[『고려사』 권110, 열전 金台鉉傳·『고려묘지명집성』 476쪽, 본인 墓誌銘] 版圖摠郞(정4품) 내지 右承旨(정3품)에 재임하였음도 확인이 된다. 이후 그는 왕 29년에 지공거를 맡으며 [2-2-22-16), 187쪽] 수상직에까지 오른다 함은 역시 앞에서 소개한 바와 같다.

　이번 시험에서는 이청이 수석으로 합격하였는데, 그 역시 급제를 하고, 충혜왕 後5年에는 동지공거를 담당하며[2-2-27-4), 195쪽], 직위도 叅理(종2품)에 이른다[『고려사』 권112, 열전 李達衷傳].

-15) (忠烈王)二十六年三月 右副承旨吳祈取金琅韻等六十九人: 오기는 충렬왕 5년의 급제자로[2-2-22-3), 181쪽] 왕 28년에는 지공거를 맡기도 하는 사람인데 [2-2-22-15), 186쪽], 그에 앞서 우부승지(정3품)에 재임 중 국자감시 시관을 담당하고 있다. 이 시험에서는 김낭운이 수석으로 합격하였으나 그에 대해서는 달리 전하는 내용이 찾아지지 않는다.

-16) (忠烈王)二十七年四月 鄭僐取李鳳龍等七十七人: 鄭僐(鄭賢佐)은 원종 14년의 장원급제자로서[2-2-21-8), 177쪽] 이때에 이르러 국자감시 시관을 맡고 있는데, 이 자리에는 누락되었으나 충렬왕 당시 그는 右常侍(정3품) 등을 역임하고 있으므로[『고려사』 권108, 열전 鄭僐傳] 시관을 맡을 때에도 이 직위가 아니었을까 짐작된다. 그는 뒤에 僉議評理(종2품)까지 지내지마는, 그러나 그가 주관한 시험에서 수석으로 합격한 이봉룡에 대해서는 이 사실 이외에 달리 전하는 내용이 찾아지지 않는다.

-17) (忠烈王)二十八年三月 朴顓取梁成梓等七十人: 박전은 충렬왕 원년의 급제자로서[2-2-22-1), 180쪽][『고려사』 권105, 열전 兪千遇傳] 이때에 이르러 국자감시 시관을 맡고 있다. 이 자리에는 당시 그의 직위가 누락되어 있는데, 그 두 달 후에 監察大夫(정3품)를 제수받고 있으므로[『고려사』 권32, 세가 충렬왕 28년 5월] 그로써 어림짐작을 해 볼 수 있거니와, 그는 뒤에 知密直司事(종2품)까지 오른 사실이 확인된다[『고려사』 권32, 세가 충렬왕 31년 8월]. 그러나 이번 시험에

서 수석으로 합격한 양성재에 대해서는 이 사실 이외에 달리 전하는 내용이
찾아지지 않는다.

-18) (忠烈王)二十九年五月 吳演取具桓等九十九人: 오연이 국자감시를 맡아 구
환 등 99인을 선발하고 있는데, 시관인 오연의 직위가 이 자리에는 누락되
어 있으나 그 두 달 후의 기사에 秘書尹(종3품)에 재임하고 있음이 확인되어
[『고려사』 권32, 세가 충렬왕 29년 秋7月] 파악이 가능하다. 그러나 이 시험에서 수
석으로 합격한 구환에 대해서는 달리 자료가 눈에 띄지 않는다.

-19) (忠烈王)三十一年三月 右承旨安于器取李文彦等七十三人: 안우기는 왕 8년
의 급제자로서[2-2-22-5), 182쪽] 이때에 이르러 우승지(정3품)에 재임 중 국자감
시 시관을 맡고 있다. 그는 이어서 密直副使(정3품) 등을 역임하거니와[『고려사』
권105, 열전 安于器傳], 그가 주관한 시험에서 수석으로 합격한 이문언에 대해서
도 몇몇 자료가 더 눈에 띄나 특기할만한 내용은 아닌 것 같다.

原文 3-8-15. 忠肅王四年朴孝修掌九齋朔試 取金玄具等 七年八月右代言許富取
古賦鄭乙輔 十韻詩裴仲輔等八十餘人 十三年辛蕆取李達中等 十七年九月代言
尹之賢取孫光嗣等九十九人

3-8-15. 충숙왕 4년에 박효수가 9재삭시를 관장하여 김현구 등을 뽑았
다.[1]

　7년 8월에 우대언 허부가 고부로 정을보, 10운시로 배중보 등 80여인
을 뽑았다.[2]

　13년에 신천이 이달중 등을 뽑았다.[3]

　17년 9월에 대언 윤지현이 손광사 등 99인을 뽑았다.[4]

註解 3-8-15-

-1) 忠肅王四年 朴孝修掌九齋朔試 取金玄具等: 국자감시가 충선왕대에 와서 잠
시 폐지된다. 그러다가 충숙왕 4년에 이르러 9齋朔試로 대신케 하는 형식을
빌어 다시 시행되었다[『고려사』 권74, 선거지 2, 科目 國子監試][3-6-1-3), 254쪽]. 이곳
기사는 그 후반부의 시행 사항을 정리한 것으로서, 박효수가 시관이 되어
김현구 등을 선발하고 있다. 박효수는 급제 후[『牧隱文藁』 권8, 序 賀竹溪安氏三子
登科詩序) 충숙왕 7년에는 同考試官을 맡기도 하는 사람인데[2-2-24-3), 190쪽]
그에 앞서 9재삭시의 시관을 맡고 있는 것이다. 하지만 이 시험에서 수석으
로 합격한 김현구 등에 대해서는 달리 전하는 자료가 찾아지지 않는다. 아

울러 9재삭시의 운영 방식 등 구체적인 내용은 역시 자료의 결핍으로 지금
으로선 잘 알 수가 없는데, 종래 국자감시 형태의 시험이 재개되는 것은 이
어서 설명하듯이 충숙왕 7년부터이다.

① 朴龍雲,「高麗時代 科擧의 考試와 體系에 대한 檢討」,『한국사연구』 61·62,
　　1988 ;『高麗時代 蔭敍制와 科擧制 硏究』, 일지사, 1990, 194·195쪽.

-2) (忠肅王)七年八月 右代言許富取古賦鄭乙輔 十韻詩裴仲輔等八十餘人: 충선왕
때에 일시 폐지되었던 국자감시가 충숙왕 4년의 9齋朔試 단계를 거쳐
[3-6-1-3), 254쪽 및 위의 1)항] 이때에 이르러 복구되었음을 알 수 있다. 다만 지
금부터는 종래 詩(6韻詩)·賦와 10운시를 부과하던 제도를 詩·賦만을 古賦로
바꾸고 있지마는, 그러나 이 역시도 잠시 동안의 시행에 그친 것으로 보인
다[3-6-1-4), 254쪽].

이번에 복구된 감시의 시관은 우대언(정3품)인 허부[『고려사』 권105, 열전 許富
傳]가 맡았다. 그리하여 古賦에서는 정을보, 10운시에서는 배중보 등을 선발
하였는데, 전자는 여러 요직을 거쳐 贊成事(정2품)까지 지내며[『고려사』 권38,
세가 공민왕 원년 冬10월], 후자도 본고사에 급제한 사실이 확인된다[『牧隱文藁』 권
8, 序 賀竹溪安氏三子登科詩序).

① 朴龍雲,「高麗時代의 科擧－製述科의 運營」『高麗時代 蔭敍制와 科擧制 硏究』,
　　일지사, 1990, 248~250쪽.

-3) (忠肅王)十三年 辛蕆取李達中等: 신천은 충렬왕 20년의 급제자로서[2-2-22-11),
185쪽][『고려사』 권105, 열전 安珦傳] 이때에 이르러 감시를 주관하고 있거니와,
그는 뒤에 判密直司事(종2품)의 직위에까지 오른다[『고려사』 권36, 세가 충혜왕 後
卽位年 12월]. 그리고 이 시험에서 수석으로 합격한 李達中(李達衷) 역시 연이어
서 같은 해의 본고사에도 급제하고[2-2-24-4), 191쪽] 뒤에 政堂文學(종2품)까지
지냈다[『고려사』 권112, 열전 李達衷傳·『霽亭集』 권4, 附錄 본인 行狀].

-4) (忠肅王)十七年九月 代言尹之賢取孫光嗣等九十九人: 대언(정3품)인 윤지현이
시관을 맡아 감시를 주관하고 있거니와, 그는 그뒤 知申事(정3품)를 지냈음도
확인된다[『고려사』 권35, 세가 충숙왕 後元年 3월]. 그리고 이 시험에서 수석으로
합격한 손광사 역시 直講(종5품) 등을 역임한 기록이 찾아진다[『고려사』 권37,
세가 충목왕 4년 3월].

原文 3-8-16. 忠惠王元年四月成均祭酒金右鏐取卓光茂等九十人

3-8-16. 충혜왕 원년 4월에 성균제주 김우류가 탁광무 등 90인을 뽑았다.[1)]

註解 3-8-16-

-1) 忠惠王元年四月 成均祭酒金右鏐取卓光茂等九十人: 성균제주(종3품)인 김우류
가 감시 시관을 맡아 탁광무 등 90인을 선발하고 있다. 이번 시험에서 수석
으로 합격한 탁광무는 그뒤 본고사에 급제도 하고(『新增東國輿地勝覽』 권35, 全羅
道 光山 人物) 左司議(정4품)를 역임하였음이 확인된다(『고려사』 권105, 열전 洪永通
傳].

原文 3-8-17. 忠肅王後八年正月 尹澤取安元龍等九十九人

3-8-17. 충숙왕 후8년 정월에 윤택이 안원룡 등 99인을 뽑았다.[1]

註解 3-8-17-

-1) 忠肅王後八年正月 尹澤取安元龍等九十九人: 윤택은 충숙왕 7년의 급제자로
서[2-2-24-3), 190쪽] 이때에 이르러 감시 시관을 맡고 있는데, 뒤에 密直提學(정
3품) 등을 지냈다(『고려사』 권106, 열전 尹澤傳·『고려묘지명집성』 576쪽, 본인 墓誌銘].
이 시험에서는 안원룡이 수석으로 합격하였거니와, 그 역시 충혜왕 後2년의
과거에서 장원급제하고[2-2-27-2), 194쪽] 諫官 등으로 활동하고 있는 사실이[『고
려사절요』 권25, 충목왕 4년 春正月] 확인된다.

原文 3-8-18. 忠惠王後元年金稹取梁允軾等 二年金光載取成元達等 三年取金鷹
等九十九人

3-8-18. 충혜왕 후원년에 김진이 양윤식 등을 뽑았다.[1]
　(후)2년에 김광재가 성원달 등을 뽑았다.[2]
　(후)3년에 김응 등 99인을 뽑았다.[3]

註解 3-8-18-

-1) 忠惠王後元年 金稹取梁允軾等: 김진은 충렬왕 23년의 급제자로서(『韓國上代古
文書資料集成』 153쪽, 光山金氏 金稹 戶口單子) 충혜왕 後3년에는 政堂文學(종2품)에
재임 중 지공거를 맡기도 하는 사람인데[2-2-27-3), 195쪽], 그에 앞서 감시 시
관을 담당하고 있다. 이 시험에서는 양윤식이 수석으로 합격하고 있지마는,
그러나 그에 대해서는 달리 전하는 내용이 찾아지지 않는다.
　① 許興植, 「고려 예부시 동년록」, 『고려의 과거제도』, 일조각, 2005, 512쪽.

② 朴龍雲,「科試 設行과 製述科 及第者」『高麗時代 蔭叙制와 科擧制 研究』, 일지사, 1990, 446쪽.

-2) (忠惠王)(後)二年 金光載取成元達等: 김광재는 충선왕 5년의 급제자로서 [2-2-23-1], 188쪽] 충혜왕 後2년에 연달아 감시 시관과 그리고 본고사의 동지공거를[2-2-27-2), 194쪽] 담당하고 있다. 한데 선거지 1, 選場條에는 동지공거를 맡았을 때 그의 직위가 判典儀寺事(정3품)였다고 기술되어 있으나 傳記[『고려사』 권110, 열전]와 墓誌[『고려묘지명집성』 562쪽, 본인 묘지명]에는 충혜왕 後元年과 2년 당시에 判典校寺事(정3품)였다고 나오므로 후자가 옳지 않을까 생각된다. 그는 뒤에 評理(종2품)까지 지내지만, 그러나 그가 주관한 시험에서 수석으로 합격한 성원달에 대해서는 달리 전하는 기사가 보이지 않는다.

-3) (忠惠王)(後)三年 取金鷹等九十九人: 보다시피 시관 조차도 알 수 없는 소략한 기사이거니와, 수석 합격자인 김응에 대해서도 달리 전하는 내용이 찾아지지 않는다.

原文 3-8-19. 忠穆王初年 祭酒田淑蒙取安保麟等九十九人 三年四月代言鄭思度取詩賦朴形等五十二人 十韻詩金得齊等四十六人

3-8-19. 충목왕 초년에 제주 전숙몽이 안보린 등 99인을 뽑았다.[1]

3년 4월에 대언 정사도가 시·부로 박형 등 52인, 10운시로 김득제 등 46인을 뽑았다.[2]

註解 3-8-19-

-1) 忠穆王初年 祭酒田淑蒙取安保麟等九十九人: 제주(종3품)인 전숙몽이 시관을 맡아 안보린 등 99인을 선발하고 있다. 전숙몽은 당시 右代言(정3품) 등도 역임했음이[『고려사』 권37, 세가 충목왕 즉위년 12월] 확인되는데[『고려사』 권125, 姦臣列傳 辛裔傳附 淑蒙], 그러나 수석 합격자인 안보린에 대해서는 달리 전하는 내용이 찾아지지 않는다.

-2) (忠穆王)三年四月 代言鄭思度取詩賦朴形等五十二人 十韻詩金得齊等四十六人: 鄭思度(鄭思道)는 충숙왕 後5년의 급제자로서[2-2-26-1), 193쪽] 이때에 이르러 대언(정3품)에 재임 중 감시의 시관을 담당하고 있다. 그는 뒤에 政堂文學(종2품)의 직위에까지 오르거니와[『고려묘지명집성』 603쪽, 본인 墓誌銘], 이 시험의 詩賦에서 수석으로 합격한 박형 역시 우왕 6년 5월에 동지공거를 맡는가 하면[2-2-30-3), 206쪽] 직위도 贊成事(정2품) 등을 역임하며[『고려사절요』 권33, 우왕 14년 정월], 10운시에서 수석을 한 김득제도 외적의 격퇴에 많은 공로를 세우

고 三司右使(정2품) 등을 지냈다[『고려사절요』 권30, 우왕 3년 5월].

原文 3-8-20. 恭愍王二年四月 執義宋天鳳取韓達漢等八十二人 明經五人 四年
正月右代言柳淑取全翊等九十五人 六年三月御史大夫申君平取李㙉等九十八人
九年九月御史大夫李嶠取朴季陽等九十九人 十一年九月知申事元松壽取許時等
百一人 十四年十月典理判書韓蔵取古賦閔安仁等五十五人 十韻詩林幹等四十
一人

3-8-20. 공민왕 2년 4월에 집의 송천봉이 한달한 등 82인과 명경 5인을
뽑았다.[1]

4년 정월에 우대언 유숙이 전익 등 95인을 뽑았다.[2]

6년 3월에 어사대부 신군평이 이준 등 98인을 뽑았다.[3]

9년 9월에 어사대부 이교가 박계양 등 99인을 뽑았다.[4]

11년 9월에 지신사 원송수가 허시 등 101인을 뽑았다.[5]

14년 10월에 전리판서 한천이 고부로 민안인 등 55인, 10운시로 임간
등 41인을 뽑았다.[6]

註解 3-8-20-

-1) 恭愍王二年四月 執義宋天鳳取韓達漢等八十二人 明經五人: 宋天鳳(宋天逢)은
충혜왕 즉위년(충숙왕 17년)의 장원급제자로서[2-2-24-5), 191쪽] 이때에 이르러
집의(종3품)에 재임 중 감시 시관을 맡고 있다. 그는 뒤에 簽書密直司事(정3품)
까지 지내지마는[『고려사』 권111, 열전 宋天逢傳], 그러나 이 시험에서 수석으로
합격한 한달한에 대해서는 이 사실 이외에 달리 특기할만한 내용은 보이지
않는다.

-2) (恭愍王)四年正月 右代言柳淑取全翊等九十五人: 유숙은 충혜왕 後元年의 급
제자로서[2-2-27-1), 194쪽] 공민왕 11년에는 동지공거를 맡기도 하는 사람인데
[2-2-29-5), 200쪽] 그에 앞서 우대언(정3품)에 재임 중 감시의 시관을 담당하고
있다. 그는 뒤에 贊成事(정2품)의 직위에까지 오르지마는[『고려사』 권112, 열전
柳淑傳・『고려묘지명집성』 599쪽, 본인 墓誌銘], 그러나 그가 주관한 감시에서 수석
으로 합격한 전익에 대해서는 그 사실 이외에 달리 특기할만한 내용은 찾아
지지 않는다.

-3) (恭愍王)六年三月 御史大夫申君平取李㙉等九十八人: 신군평은 시기는 분명

치 않지만 급제자로서 이때에 이르러 어사대부(정3품)에 재임 중 감시 시관을 맡고 있다[『고려사』 권109, 열전 申君平傳]. 이 시험에서 수석으로 합격한 이준 역시 공민왕 9년에 시행된 본고사에서 급제를 하고[2-2-29-4), 199쪽][『石灘集』下 附錄 공민 9년 榜目] 그후 諫官으로 많은 활동을 하며 직위도 密直副使(정3품) 등을 역임하였다[『고려사』 권112, 열전 李達衷傳].

-4) (恭愍王)九年九月 御史大夫李嶠取朴季陽等九十九人: 어사대부(정3품)인 이교가 시관을 맡아 박계양 등 99인을 선발하고 있다. 이 시험에서 수석을 한 朴季陽(朴惇之)은 같은 해에 시행된 본고사에서도 급제를 하고[2-2-29-4), 199쪽][『石灘集』下 附錄 공민 9년 榜目] 뒤에 秘書監(종3품) 등을 지냈다[『고려사』 권115, 열전 李崇仁傳・『騎牛集』 권1, 正憲大夫檢校僉贊議政府事朴惇之墓誌].

-5) (恭愍王)十一年九月 知申事元松壽取許時等百一人: 원송수는 명문의 하나인 原州元氏 출신으로, 시기는 분명치 않지만 급제를 하고[『고려사』 권107, 열전 元傳傳附 松壽] 이때에 이르러 지신사(정3품)로 있으면서 감시의 시관을 맡고 있다. 그는 뒤에 政堂文學(종2품)까지 지내거니와, 그가 주관한 시험에서 수석으로 합격한 허시도 명문인 孔岩許氏 출신으로 같은 해에 시행된 본고사에 급제를 하고[2-2-29-5), 200쪽] 左獻納(정6품)[『고려사』 권41, 세가 공민왕 14년 7월]과 司議(정4품)[『고려사』 권133, 열전 우왕 2년 3월] 등을 역임하였다.

-6) (恭愍王)十四年十月 典理判書韓蕆取古賦閔安仁等五十五人 十韻詩林幹等四十一人: 전리판서(정3품)인 한천이 시관을 맡아 古賦로 민안인, 10운시로 임간 등을 선발하고 있다. 고부에 의해 선발한 사례는 충숙왕 7년의 감시에서 보이고 있는데[3-8-15-2), 292쪽] 이번에 다시 채택하고 있어 주목된다. 이 시험의 시관을 담당한 한천은 이후 判開城府事(종2품) 등을 역임하고 있으며[『고려사』 권46, 세가 공양왕 3년 12월], 고부에서 수석으로 합격한 민안인도 祗候(종6품)를 지낸 사실이 확인되나[『牧隱詩藁』 권17, 詩 閔祗候], 10운시에서 수석을 한 임간에 대해서는 달리 전하는 기사가 찾아지지 않는다.

공민왕조의 국자감시 시행은 이 왕 14년의 사례를 마지막으로 하여 더 이상 보이지 않고 있다. 그것은 충선왕조의 일시적인 폐지에[3-6-1-3), 254쪽] 이어서 공민왕 17년에 다시 폐지되기 때문이다. 그후 감시는 우왕 2년에야 재차 시행을 보지마는, 공민왕 17년에 폐지되는 연유, 상황에 대해서는 앞 대목에서 함께 설명해 두었다.

原文 3-8-21. 辛禑二年五月知申事郭樞取鄭熙等九十九人 三年三月知申事金濤取鄭悛等九十九人 六年五月右代言徐均衡取李汝良等九十九人 八年四月上護軍李崇仁取李升商等九十九人 九年四月知申事廉廷秀取禹洪命等九十九人 明經六人 十一年四月左代言尹就取任公緯等九十九人 十二年四月知申事權執經

取鄭坤等九十九人

3-8-21. 신우 2년 5월에 지신사 곽추가 정희 등 99인을 뽑았다.[1]

　3년 3월에 지신사 김도가 정전 등 99인을 뽑았다.[2]

　6년 5월에 우대언 서균형이 이여량 등 99인을 뽑았다.[3]

　8년 4월에 상호군 이숭인이 이승상 등 99인을 뽑았다.[4]

　9년 4월에 지신사 염정수가 우홍명 등 99인과 명경 6인을 뽑았다.[5]

　11년 4월에 좌대언 윤취가 임공위 등 99인을 뽑았다.[6]

　12년 4월에 지신사 권집경이 정곤 등 99인을 뽑았다.[7]

註解 3-8-21-

-1) 辛禑二年五月 知申事郭樞取鄭熙等九十九人: 곽추는 공민왕 9년의 급제자로
서[2-2-29-4], 199쪽](『石灘集』下 附錄 공민 9년 榜目) 이때에 이르러 지신사(정3품)에
재임 중 감시 시관을 맡고 있다. 그는 뒤에 政堂文學(종2품)에까지 오르거니와
[『고려사』권50, 열전 우왕 14년 2월], 이번 시험에서 수석으로 합격한 정희 역시
같은 해에 시행된 본고사에 급제를 하고[2-2-30-1), 204쪽] 뒤에 掌令(종4품)[『고
려사』권45, 세가 공양왕 원년; 창왕 원년 12월] 및 司憲執義(정3품)[『고려사』권46, 세가
공양왕 3년 9월] 등을 역임한 사실이 확인된다.
　　이 시험은 공민왕 17년 이후 폐지되었던 국자감시가 다시 복구되면서 처
음으로 시행된 것이다. 그와 동시에 명칭도 國子監試에서 進士試로 바뀌지
않았나 생각된다. 앞서 進士試를 칭한 사례가 주로 우왕 때에 나타난다고 소
개하였거니와[3-6-1-2), 253쪽], 그 역시 이 때문으로 짐작된다.

-2) (禑王)三年三月 知申事金濤取鄭悛等九十九人: 김도는 공민왕 11년의 과거에
서 급제를 한 후[2-2-29-5), 200쪽] 왕 19년에는 중국 명나라의 制科에도 급제
하고[3-4-9-2), 250쪽] 여러 요직을 거치는 가운데 이때에 이르러 지신사(정3품)
로서 국자감시를 주관하고 있다. 그는 뒤에 密直提學(정3품)에도 오르지마는,
그러나 그가 주관한 시험에서 수석으로 합격한 정전에 대해서는 달리 전하
는 기록이 찾아지지 않는다.

-3) (禑王)六年五月 右代言徐均衡取李汝良等九十九人: 徐均衡(徐鈞衡)은 공민왕 9
년의 과거에서 급제 후[2-2-29-4), 199쪽] 여러 요직을 거치는 가운데 이때에는
우대언(정3품)에 재임 중 감시의 시관을 맡고 있다. 그는 뒤에 政堂文學(종2품)
에까지 오르거니와[『고려사』권137, 열전 창왕 원년 11월], 그가 주관한 시험에서
수석으로 합격한 이여량 역시 禮務佐郞(禮部佐郞?, 정6품)을 지냈음이 확인된다

[『고려사』 권135, 열전 우왕 10년 정월].

-4) (禑王)八年四月 上護軍李崇仁取李升商等九十九人: 이숭인은 공민왕 11년의 급제자인데[2-2-29-5), 200쪽], 이때에 이르러 上護軍(고려 전기의 上將軍, 정3품)으로 있으면서 국자감시 시관을 맡아 이승상 등 99인을 선발하였다고 전하고 있다. 이숭인은 그후 직위가 知密直司事(종2품)에까지 오른 사실이 확인되지마는[『고려사절요』 권34, 창왕 원년 9월], 그러나 이번에 수석으로 합격한 이승상에 대해서는 달리 전하는 자료가 눈에 띄지 않는다.

한데 이 시험에서 한 가지 독특한 점은 시관인 이숭인이 당시 武將의 직위에 있었다는 사실이다. 그리고 이것은 문신을 뽑는 과거를 무장이 시관을 맡을 수 없다는 측면에서 논리상·내용상으로 맞지 않을 뿐만 아니라, 그러므로 전례가 없는 일이었다. 그럼에도 실제로는 그같은 일이 일어나게 된 것인데, 이에 대해서는 麗末의 이성계·정도전·조준 일파와 이색·이숭인·권근 일파가 서로 입장을 달리하여 정쟁을 벌이면서 상호간에 탄핵과 해명을 하는 다음과 같은 과정에 잘 나타나 있다. 즉 창왕 때의 일로, 먼저 이성계파 쪽의 諫官인 具成佑·吳思忠 등이 이숭인을 여러 측면에서 탄핵하는 가운데에, 「부모의 喪에 3년이 차지 않으면 掌試를 할 수 없는 것이 국가의 제도입니다. 그런데 숭인은 散騎常侍로 있으면서 어머니의 상을 당했는데도 監試의 試官을 구하고는 朝服 차림으로 科試할 수 없으므로 常侍의 고관에서 내려서 上護軍을 求하여 그 시험을 관장하였습니다」[『고려사』 권115, 열전 李崇仁傳]고 언급하고 있다. 이에 대해 簽書密直司事(종2품)에 재임 중인 權近이 求命하는 상소를 올려 논하기를, 「대저 숭인을 일러 불효하다고 한 것은 그 어머니 喪의 3년 이내에 試員이 되었다는 것입니다. 그러나 그때에는 아버지 元具가 이미 늙고 병들어 생명이 조석에 있었는데 측은하게도 그의 생전에 아들이 掌試하는 영예를 보고자 하였으므로 국가에서 숭인의 재능을 중히 여기고 원구의 뜻을 민망하게 여겨 감시를 관장토록 했습니다. 만약에 숭인이 굳이 사양했다면 이는 돌아가신 어머니의 있음만을 알고 살아 계신 아버지가 있음은 알지 못하는 것이요, 그 몸이 뒤에 비방하는 것을 면하고자 하여 그 아버지의 뜻은 염두에 두지 않은 것이므로 비록 내심으로는 편안치 않으나 억지로 職에 나아간 것입니다. 이는 비록 허물이 되는 것이나 孔子가 이른바 허물을 보고서도 仁을 안다는 것이니, 참으로 이것은 효자의 불행이지 불효라 할 수는 없는 것입니다」(위와 같음) 라고 말하고 있다. 국자감시 시관의 위상이 높았음을 알 수 있음과 동시에 喪中에 그것을 맡는데 대한 제약 및 喪中에 문관의 고위직인 散騎常侍(정3품)는 거기에 취임할 수 없었으나 무관의 고위직인 上護軍(정3품)으로서는 비록 禮法에 어긋나지만 전혀 불가능하지만은 않은 편법도 있었음을 짐작케 한다.

-5) (禑王)九年四月 知申事廉廷秀取禹洪命等九十九人 明經六人: 염정수는 공민
왕 20년의 급제자로서[2-2-29-9), 202쪽] 이때에 이르러 지신사(정3품)에 재임 중
국자감시 시관을 맡고 있다. 이 시험에서는 우홍명이 수석으로 합격하였거
니와, 그는 감시에 이어서 왕 11년에 시행된 본고사에서도 장원으로 급제하
고[2-2-30-6), 207쪽] 뒤에 禮曹正郎(정5품) 등을 역임하였다[『고려사』 권46, 세가 공
양왕 4년 6월].

-6) (禑王)十一年四月 左代言尹就取任公緯等九十九人: 윤취는 명문의 하나인 파
평윤씨 출신으로 공민왕 20년에 급제를 하고[2-2-29-9), 202쪽](『騎牛集』 補遺 麗朝
榜目 공민 20년] 이때에 이르러 좌대언(정3품)에 재임 중 국자감시 시관을 맡고
있다. 그는 뒤에 知密直司事(종2품)까지 지내지마는[『고려사』 권46, 세가 공양왕 3
년 12월], 그러나 이번 시험에서 수석을 한 임공위에 대해서는 달리 전하는
내용이 찾아지지 않는다.

　이 시험에서는 보다시피 99인을 선발하고 있다. 하지만 그들 선발자의 대
부분은 권세가의 젓내나는 아동들이어서 당시 사람들로부터 粉紅榜이라는
비난을 받았던[3-7-2-3), 259쪽] 바로 그 시험이었다.

-7) (禑王)十二年四月 知申事權執經取鄭坤等九十九人: 권집경은 우왕 6년의 급
제자로서[2-2-30-3), 206쪽] 이때에 이르러 지신사(정3품)에 재임 중 국자감시 시
관을 맡고 있다. 하지만 그가 주관한 시험에서 수석으로 합격한 정곤에 대
해서는 달리 전하는 내용이 찾아지지 않는다.

原文 3-8-22. 辛昌卽位之年八月 知申事李種學取孟思謙等九十九人 元年八月知
申事權鑄取黃訥等九十九人

3-8-22. 신창 즉위년 8월에 지신사 이종학이 맹사겸 등 99인을 뽑았다.[1]
원년 8월에 지신사 권주가 황눌 등 99인을 뽑았다.[2]

註解 3-8-22-

-1) 辛昌卽位之年八月 知申事李種學取孟思謙等九十九人: 이종학은 우왕 2년의
급제자로서[2-2-30-2), 205쪽] 이후 여러 요직을 거치는 가운데 창왕 원년에는
동지공거를 맡기도 하거니와[2-2-31-2), 209쪽], 그에 앞서 지신사(정3품)에 재임
중 국자감시 시관을 맡고 있다. 그는 이어서 簽書密直司事(종2품)에도 오르지
마는(『牧隱文集』李穡 行狀), 그러나 그가 주관한 시험에서 수석으로 합격한 맹
사겸에 대해서는 달리 전하는 기사가 눈에 띄지 않는다.

-2) (昌王)元年八月 知申事權鑄取黃訥等九十九人: 권주는 우왕 12년 정월에 典

工判書(정3품)를 역임하고[『고려사』권136, 열전] 이때에 이르러서는 지신사(정3품)에 재임 중 국자감시 시관을 맡고 있다. 하지만 이번 시험에서 수석으로 합격한 황눌에 대해서는 이 사실 이외에 달리 전하는 내용이 찾아지지 않는다.

原文 3-8-23. 恭讓王二年閏四月 知申事閔開取李逖等九十九人 四年三月知申事李詹取李孟畯等九十九人

3-8-23. 공양왕 2년 윤4월에 지신사 민개가 이적 등 99인을 뽑았다.[1)]
4년 3월에 지신사 이첨이 이맹준 등 99인을 뽑았다.[2)]

註解 3-8-23-

-1) 恭讓王二年閏四月 知申事閔開取李逖等九十九人: 민개는 우왕 3년의 급제자로서[2-2-30-2), 205쪽] 이때에 이르러 지신사(정3품)에 재임 중 시관을 맡고 있다. 그는 뒤에 密直副使(정3품)에도 오르지마는[『고려사』권45, 세가 공양왕 2년 12월], 그러나 이 시험에서 수석으로 합격한 이적에 대해서는 달리 전하는 기사가 찾아지지 않는다.

-2) (恭讓王)四年三月 知申事李詹取李孟畯等九十九人: 이첨은 공민왕 17년의 급제자로서[2-2-29-7), 201쪽] 이후 여러 요직을 거치는 가운데 이때에 이르러 지신사(정3품)에 재임 중 국자감시의 시관을 맡고 있다. 이번 시험에서 수석으로 합격한 이맹준 역시 같은 해에 시행된 본고사에서 급제한 사실 등이 확인된다[2-2-32-2), 211쪽].

3-9. 승보시升補試

原文 3-9-1. 升補試卽生員試 毅宗元年始置 試以詩賦經義 取任裕公等五十五人 六年七月取吳世文等二十五人 十二年九月命國子祭酒廉直諒司業崔婁伯 取尹敦敘等十六人

3-9-1. 승보시는 곧 생원시이다.[1)] 의종 원년에 처음으로 설치하였는데,[2)] 시·부·경의로써 시험하여[3)] 임유공 등 55인을 뽑았다.[4)]
6년 7월에 오세문 등 25인을 뽑았다.[5)]

12년 9월에 국자제주 염직량과 사업 최루백이 윤돈서 등 16인을 뽑았다.[6]

註解 3-9-1-

-1) 升補試卽生員試: 승보시가 어떤 성격의 시험이었느냐에 대해서는 許興植이 국학 내에 설치된 7齋의 학생, 즉 齋生을 뽑는 入齋考試라고 밝힌[1] 이후 대부분의 논자들도 그에 동조하여 같은 견해를 피력하고 있다.[2] 그것은 升補試가 生員試라는 명칭으로 바뀌게 되었다는 사실과 함께 이 부분을 입증해 주는 여러 자료가 찾아져 의심의 여지가 없기 때문인데, 논자들이 제시하고 있는 그들 몇몇 기사를 소개하면 다음과 같다.

> ㉮ 毅宗 元年에 升補試로 任裕公 등 55인을 뽑아 國學에 充員하였으니 곧 生員試이다. 정원은 정해진 제도가 없었으며 詩賦와 經義로 取士하였다. 升補試는 여기에서 시작되었다(『增補文獻備考』 권184, 選擧考 1, 科制 1).
>
> ㉯ 庚申年(禑王 6) 여름에 내(權近)가 (인재가) 없으므로 祭酒로서 入學할 生徒들을 시험함에, 李氏의 아들 敢이란 사람이 그 선발에 합격하였는데 용모가 맑고 준수하며 언어도 간결하면서 조리가 있었다(『東文選』 권98, 義民字說).
>
> ㉰ (朝鮮 世宗 10년 閏4月 戊戌) 成均司成 鄭坤이 상서하여 말하기를, "(중략) 前朝의 取士法은, 文科 실시 전에 있는 것을 監試라 하여 詩賦로 시험하고 (합격자를) 進士라 불렀으며, 文科 실시 후에 있는 것을 升補試라 하여 疑義로 시험하고 (합격자를) 大賢이라 불렀는데, 그후 生員試로 升補試를 대신케 하고 監試도 또한 시행하였습니다."(『朝鮮世宗實錄』 권40).
>
> ㉱ (朝鮮 世宗 21년 正月 庚申) 禮曹에서 進士 李寬義 등이… 左叅贊 河演이 논의하여 말하기를, "三代 이하로 科를 설치하여 … 生員試인즉은 科擧가 이미 끝난 뒤에 成均館으로하여금 疑義를 가지고 시험을 치르게 하되 試官도 없고 또 放牓도 없었습니다."(『朝鮮世宗實錄』 권84).

㉮는 승보시로 사람들을 뽑아 국학에 충원하였다고 직접 설명해 주고 있으며, ㉯는 권근이 주관하여 입학할 생도를 뽑은 시험이 바로 이곳 升補試條 우왕 6년에 실린 기사－당시의 명칭은 生員試－[『고려사』 권74, 선거지 2 과목 2]라는 데서 升補試의 성격이 분명하게 드러난다. 이 밖에도 승보시의 입학시험적 성격을 입증해주는 자료는 여럿이 더 눈에 띄거니와, 아울러 ㉮~㉱ 자료에서는 升補試가 生員試라는 지적이 직·간접적으로 표현되어 있다.

한데 후자의 문제, 즉 승보시가 생원시로 명칭이 바뀐 시기는 상당히 후대로 짐작된다. 위의 사례는 그것이 우왕 6년 때의 일이라 하였거니와, 생원시를 치러 합격한 또 다른 사례인 卞季良(『朝鮮世宗實錄』 권48, 세종 12년 4월 癸巳)과 許稠(위 책 권87, 세종 21년 12월 壬寅)의 경우도 각각 우왕 9년과 11년이다. 명칭의 변경은 이로 미루어 그로부터 얼마전이라는 짐작을 할 수 있는데, 논자들은 그때를 공민왕 17년 이후로 보고 있다.③ 공민왕 17년은 국자감시가 폐지되고[3-6-2-1), 256쪽 및 3-8-20-6), 296쪽] 이후 승보시가 대폭 강화되고 있으며, 또 「高麗朝科擧事蹟」에 실려있는 급제자의 경력을 보면 공민왕 17년 이전에는 齋生으로 나오다가 왕 18년부터 生員으로 바뀌고 있는 것 등을 참작할 때 그와 같이 이해된다는 것이다. 올바른 판단으로 생각된다.

升補試·生員試는 이처럼 국학에 입학할 齋生·生員을 선발하는 시험이었기 때문인듯 그 시험 기간도 과거의 본고시인 禮部試가 시행된 이후에 실시되고 있다. 이는 급제하지 못한 인원을 흡수하여 학업을 더 증진시키려는 목적과 연관된 배려가 아닐까 싶다. 아울러 충렬왕 12년의 승보시에서 鄕貢進士 權然 등이 합격하고 있는[『고려사』 권74, 선거지 2, 과목 2] 점을 염두에 둘 때 혹시 장차 과거에 응시코자 하는 사람들 중에서 신분적으로 국학에 입학할 요건을 갖추지 못한 층들이 치르는 시험이지 않았을까 하는 추측이 가기도 한다.④

① 許興植, 「高麗 科擧制度의 成立과 發展」 『한국사연구』 10, 1974, 32·33쪽 ; 『고려의 과거제도』, 일조각, 2005, 53·54쪽.

② 柳浩錫, 「高麗時代의 國子監試에 대한 再檢討」 『역사학보』 103, 1984, 29·30쪽.

　　朴龍雲, 「高麗時代 科擧의 考試와 體系에 대한 檢討」 한국사연구』 61·62, 1988 ; 『高麗時代 蔭叙制와 科擧制 硏究』, 일지사, 1990, 175~182쪽.

　　朴贊洙, 「고려 중기의 國子監 개혁과 그 운용」 『高麗時代 敎育制度史 硏究』, 경인문화사, 2001, 98~101쪽.

③ 許興植, 「高麗 科擧의 應試資格」 『高麗科擧制度史硏究』, 일조각, 1981, 69·70쪽 ; 『고려의 과거제도』, 일조각, 2005, 97·98쪽.

　　朴龍雲, 위와 같음.

　　朴贊洙, 위와 같음.

④ 朴龍雲, 위의 논문 ; 저서 179~181쪽.

-2) 毅宗元年 始置: 升補試가 의종 원년(1147)에 이르러 처음으로 설치되었다는 것인데, 국학 진흥책이 마련되면서 그 일환으로 국학 내에 7齋를 두는 것은 예종 4년(1109)이었다[『고려사』 권74, 선거지 2, 學校]. 더구나 그때의 기록에 의하면 齋生을 「試取」했다고 하여 처음부터 생도들을 시험에 의해 선발하였음을 알 수 있는데, 어찌하여 당해 시험인 升補試를 40년 가까이 지난 의종 원년에 이르러서야 치르기 시작했다고 하였을까. 이는 아마 예종 4년부터 시험을 치르기는 했으되 그에 관한 명칭이 정해지지 않았고, 또 구체적인 규정

도 마련되어 있지 않았던 데서 그처럼 된게 아닐까. 혹 다른 연유가 있었는
지도 모르겠는데, 지금으로서는 그 상황을 밝히기 어려운 실정이다.

① 朴龍雲, 위의 논문 ; 저서 176·177쪽.

-3) 試以詩·賦·經義: 승보시에서는 시·부와 경의를 과목으로 부과하였다는 설명
인데, 경전의 의리를 시험하는 經義는 제술과의 본고사에서도 부과하는 과
목이었던 점을[2-1-13-1), 70쪽] 감안할 때 시·부나 10운시를 치르게 했던 국자
감시[3-6-1-4), 254쪽]에 비해 수준을 좀더 높인 시험이었음을 알 수 있다.

　　그런데 한편으로 위의 1)항에 제시한 ㉱·㉰ 기사에 의하면 승보시에 또
疑義가 부과되었다고 전하고 있다. 이것은 결국 승보시의 과목이 어느 때부
터 經義와 疑義로 바뀌었다는 이야기인 것 같은데, 과거의 본고사에서도 충
목왕 즉위년부터 初場에서 6經義와 4書疑로 바뀐바 있었다[『고려사』 권73, 선거
지 1, 科目 1]. 이는 충렬왕 때에 들어와 朱子性理學의 전래, 수용과 더불어 學
風이 經學 중심으로 전환되어 가는 경향과 관계가 깊거니와[2-1-16-1), 75쪽],
그것이 승보시의 과목에도 영향을 준게 아닐까 짐작된다. 하지만 그같은 변
경이 본고사에서와 마찬가지로 충목왕 때부터 비롯되는 것인지, 아니면 生員
試로 명칭이 바뀌는 공민왕 17년 이후부터의 일인지 그점은 분명치가 않다.

① 朴贊洙, 앞의 글 105쪽.

-4) 取任裕公等五十五人: 공식적인 첫 승보시인 의종 원년의 시험에서 55인의
합격자를 내고 있다. 그중 임유공은 수석 합격자이겠는데, 그의 이후 행적에
대해서는 달리 전하는 기록이 찾아지지 않는다.

　　그뒤 승보시 사례들을 보면 의종 12년에 16인, 국가가 다난했던 충목왕
원년에 19인, 공민왕 10년과 11년에 선발했던 8인과 5인, 그리고 그 반대로
150인을 선발한 충렬왕 27년의 경우는 예외에 속한다. 그렇지 아니할 때에는
30명 내외~50명 내외가 통상이었는데, 국자감시가 폐지되고 생원시의 위상
이 높아진 공민왕 23년 이후에는 대략 1회에 100여 명씩 선발되고 있다.

① 朴龍雲, 앞의 글 104쪽.

-5) (毅宗)六年七月 取吳世文等二十五人: 이번 시험에서는 오세문을 비롯하여 25
인이 합격하고 있는데, 그는 뒤에 出仕했던 듯, 秘丞(秘書丞, 종5품)을 역임한
사실이 확인된다(『補閑集』 上, 外王父題).

-6) (毅宗)十二年九月 命國子祭酒廉直諒·司業崔婁伯 取尹敦敍等十六人: 이번 시
험은 국자감의 제주(종3품)인 염직량과 사업(종4품)인 최누백[『고려사』 권121, 孝
友列傳 崔婁伯傳·『고려묘지명집성』 93쪽, 崔婁伯 妻 廉瓊愛墓誌銘]이 시험을 주관하고
있어 주목된다. 위의 1)항 기사에 의하면 生員試(이전의 升補試)는 成均館(이전의
國子監)이 주관하여 치르되 試官은 따로 임명하지 않았다고 보이기 때문이다.
한데 이곳 升補試條에 실린 設行의 기사는 모두 33회 이거니와, 그중 11회

에 한해 시관이 명시되어 있는데 그 가운데에서 8회가 이번의 의종 12년처럼 국자감(성균관)의 관원이 담당하고 나머지 3사례가 다른 관서의 관원이 맡고 있다. 이 後者, 즉 3사례를 예외로 간주한다면 승보시는 국자감의 관원이 담당하는게 일반적이었다고 할 수 있을 것 같고, 따라서 특별히 지정된 8사례 이외에도 거의 모두가 그들이 맡아서 시험을 치렀으리라 짐작된다. 승보시가 국학의 생도를 뽑는 시험이었던 만큼 주로 그 해당 기관인 국자감이 주관하는 것은 자연적인 추세였을 것이며, 그렇기 때문에 따로 시관이 지정되지 않았다는 설명도 나온 듯싶고, 또 실제로도 그러하지 않았을까 한다.

이 시험에서 최고의 성적으로 합격한 윤돈서에 대해서는 이 사실 이외에 달리 전하는 기사가 찾아지지 않는다.

① 朴贊洙, 앞의 글 104·105쪽.

原文 3-9-2. 明宗二年九月取李鳴鶴等三十八人　六年十月取皇甫沆等四十五人 明經三人　八年八月取高得一等四十一人　十年九月取朴仲臧等四十餘人　二十年 九月取安社基等三十二人　二十二年九月取李仲誠等三十人

3-9-2. 명종 2년 9월에 이명학 등 38인을 뽑았다.[1]

6년 10월에 황보항 등 45인과 명경 3인을 뽑았다.[2]

8년 8월에 고득일 등 41인을 뽑았다.[3]

10년 9월에 박중장 등 40여인을 뽑았다.[4]

20년 9월에 안사기 등 32인을 뽑았다.[5]

22년 9월에 이중함 등 30인을 뽑았다.[6]

註解 3-9-2-

-1) 明宗二年九月 取李鳴鶴等三十八人: 이번 시험에서는 최고의 성적을 낸 이명학을 비롯해 38인을 선발하고 있는데, 이들에 관한 다른 기록은 눈에 띄지 않는다.

-2) (明宗)六年十月 取皇甫沆等四十五人 明經三人: 이번 시험에서 수석으로 합격한 皇甫沆(皇甫抗)은 그 뒤에 급제한 사실이 확인되며(『西河集』권2, 古律詩 賀皇甫沆及第), 다른 기록에도 「名儒」 등으로 나오고 있다(『고려사』권102, 열전 李仁老傳·李奎報傳).

-3) (明宗)八年八月 取高得一等四十一人: 이번 시험에서 수석으로 합격한 고득일에 대해서 달리 전하는 내용은 찾아지지 않는다.

-4) (明宗)十年九月 取朴仲臧等四十餘人: 이번 시험에서 수석으로 합격한 박중장에 대해서도 달리 전하는 기사가 찾아지지 않는다.

-5) (明宗)二十年九月 取安社基等三十二人: 이번 시험에서 수석으로 합격한 안사기에 대해서도 달리 전하는 기사가 찾아지지 않는다.

-6) (明宗)二十二年九月 取李仲誠等三十人: 이번 시험에서 수석으로 합격한 이중함에 대해서도 달리 전하는 기사가 찾아지지 않는다.

原文 3-9-3.　神宗五年九月取崔天祐等四十三人　七年二月取鄭承祖等四十一人 八年五月取金守剛等五十二人　十五年八月取石延年等四十七人

3-9-3. 신종 5년 9월에 최천우 등 43인을 뽑았다.[1]

　7년 2월에 정승조 등 41인을 뽑았다.[2]

　8년 5월에 김수강 등 52인을 뽑았다.[3]

　15년 8월에 석연년 등 47인을 뽑았다.[4]

註解　3-9-3-

-1) 神宗五年九月 取崔天祐等四十三人: 이번 시험에서 수석으로 합격한 최천우에 대해서 달리 전하는 기사가 찾아지지는 않는다.

-2) (神宗)七年二月 取鄭承祖等四十一人: 이번 시험에서 수석으로 합격한 정승조에 대해서도 달리 전하는 기사가 찾아지지 않는다.

-3) (神宗)八年五月 取金守剛等五十二人: 이번 시험에서는 김수강이 수석으로 합격하였는데, 그는 뒤에 시기는 분명치 않지만 응시하여 급제를 하고 出仕해 中書舍人(종4품) 등을 역임한 사실이 확인된다『고려사』권102, 열전 金守剛傳].

-4) (神宗)十五年八月 取石延年等四十七人: 이번 시험에서 수석으로 합격한 석연년에 대해서는 달리 전하는 기사가 찾아지지 않는다.

原文 3-9-4.　元宗五年六月取李方衍等四十七人　七年六月取鄭試等三十一人

3-9-4. 원종 5년 6월에 이방연 등 47인을 뽑았다.[1]

　7년 6월에 정시 등 31인을 뽑았다.[2]

註解　3-9-4-

-1) 元宗五年六月 取李方衍等四十七人: 이번 시험에서 수석으로 합격한 이방연

에 대해서 달리 전하는 기사가 찾아지지는 않는다.

-2) (元宗)七年六月 取鄭試等三十一人: 이번 시험에서 수석으로 합격한 정시에 대해서도 달리 전하는 기사가 찾아지지 않는다.

原文 3-9-5. 忠烈王十年十一月諫議大夫潘阜取南宣用等三十三人 十一年十一月 取李瑞等三十八人 十二年取鄕貢進士權烋等二十九人 二十七年七月國子祭酒 安于器取崔凝等一百五十人

3-9-5. 충렬왕 10년 11월에 간의대부 반부가 남선용 등 33인을 뽑았다.[1]

11년 11월에 이서 등 38인을 뽑았다.[2]

12년에 향공진사인 권휴 등 29인을 뽑았다.[3]

27년 7월에 국자제주 안우기가 최응 등 150인을 뽑았다.[4]

註解 3-9-5-

-1) 忠烈王十年十一月 諫議大夫潘阜取南宣用等三十三人: 반부는 원종 15년 춘 정월에 國子司業을 역임하고[『고려사』 권27, 세가] 충렬왕 즉위년 10월에는 兵 馬副使로써 일본 원정에 참여하기도 한 사람으로[『고려사』 권28, 세가], 왕 8년 3월에 右司議大夫(종4품)에 재임 중 국자감시 시관을 담당하고[3-8-14-5), 288쪽] 그 2년 뒤가 되는 이때에 이르러 간의대부(정4품)로서 승보시를 맡고 있어 주 목된다. 앞서 이처럼 국자감의 현직 관원이 아닌 사람에게 특별히 승보시를 주관토록 한 것은 예외에 속할 정도라고 언급하였지마는[3-9-1-6), 303쪽], 이번 시험에서 수석으로 합격한 남선용에 대해서는 이 사실 이외에 달리 전하는 기사가 보이지 않는다.

-2) (忠烈王)十一年十一月 取李瑞等三十八人: 이번 시험에서 수석으로 합격한 이서에 대해서도 달리 전하는 기사가 찾아지지 않는다.

-3) (忠烈王)十二年 取鄕貢進士權烋等二十九人: 권휴는 이미 과거의 初試인 鄕貢 試를 거친 進士로서 升補試를 치르고 있다는 점에서 주목되는 사례이다 [3-9-1-1), 301쪽].

-4) (忠烈王)二十七年七月 國子祭酒安于器取崔凝等一百五十人: 안우기는 충렬왕 8년의 급제자로서[2-2-22-5), 182쪽] 왕 31년 3월에 右承旨(정3품)로 있으면서 국 자감시를 주관한바 있는데[3-8-14-19), 291쪽] 그에 앞서서 왕 27년에는 국자제 주(정4품)에 재임 중 승보시를 주관하고 있다. 위의 1)항에 소개한 潘阜와 국 자감시 및 승보시의 시관을 담당한 순서가 정반대라는 점에서 주목되는 것

이다.

이번 시험에서는 최응이 수석으로 합격하고 있지마는, 그는 그 5년전인 왕 22년에 시행된 국자감시에서도 수석으로 합격한바 있었다[3-8-14-13), 290쪽]. 국자감시와 승보시를 연달아 거친 사례로서 역시 눈길을 끄는데, 그는 승보 시에 합격한 이듬해인 왕 28년의 본고사에도 급제하고 있다[2-2-22-15), 186쪽].

보다시피 이 시험에서는 150인을 선발하고 있다. 일반적으로는 30명 내 외~50명 내외 이었던[3-9-1-4), 303쪽] 것에 비하면 매우 파격적인 조처인데, 이 해에 어찌하여 그같은 조처가 있었는지, 그 연유는 잘 알 수가 없다.

原文 3-9-6. 忠肅王七年十月右常侍林仲沈取鄭宗輔等

3-9-6. 충숙왕 7년 10월에 우상시 임중연이 정종보 등을 뽑았다.[1]

註解 3-9-6-

-1) 忠肅王七年十月 右常侍林仲沈取鄭宗輔等: 흔하지 않은 사례이지만 우상시 (정3품)에 재임 중인 임중연이 시관을 맡아 정종보 등을 선발하고 있다. 임중 연은 그후 僉議贊成事(정2품)에까지 오르는데[『고려사』권124, 열전 林仲沈傳·같은 책 권35, 세가 충숙왕 11년 5월], 그러나 수석 합격자인 정종보에 대해서는 달리 전하는 내용이 찾아지지 않는다.

原文 3-9-7. 忠穆王元年五月典儀令申誗取李天驥等十九人

3-9-7. 충목왕 원년 5월에 전의령 신집이 이천기 등 19인을 뽑았다.[1]

註解 3-9-7-

-1) 忠穆王元年五月 典儀令申誗取李天驥等十九人: 역시 흔하지 않은 사례로써 전의령(종3품)에 재임 중인 신집이 시관을 맡아 이천기 등 19인을 선발하고 있다. 신집은 그후 開城尹(정3품) 등을 역임하는 사람인데[『고려사』권38, 세가 공민왕 원년 冬10월], 그러나 수석 합격자인 이천기에 대해서는 특기할만한 내 용이 눈에 띄지 않는다. 충목왕 원년은 충혜왕대의 혼란을 겪고난 직후의 다난한 시기였던 때문인듯 합격자가 19인에 그치고 있다[3-9-1-4), 303쪽].

原文 3-9-8. 忠定王二年五月成均祭酒全卿取李玖等

3-9-8. 충정왕 2년 5월에 성균제주 전경이 이구 등을 뽑았다.1)

註解 3-9-8-

-1) 忠定王二年五月 成均祭酒全卿取李玖等: 성균제주(종3품)에 재임 중인 전경이
   시관을 맡아 이구 등을 선발하고 있는데, 이보다 얼마 앞선 기록에는 전경이
   이 武官인 郞將(정6품)으로 나오고 있어[『고려사』 권36, 세가 충혜왕 後3年 6월] 주목
   된다. 그리고 수석 합격자인 이구도 그후 出仕하여 활동이 많았던듯, 門下評
   理(종2품) 등을 역임한[『고려사』 권136, 열전 禑王 13년 10월] 사실 등이 확인된다.

原文 3-9-9. 恭愍王二年六月祭酒李挺取楊以時等五十人 十年十月大司成許佺取
八人 十一年十一月大司成金安利取鄭天益等五人 十七年八月取全伯英等三十
七人 二十三年四月取李就等一百人

3-9-9. 공민왕 2년 6월에 제주 이정이 양이시 등 50인을 뽑았다.1)
   10년 10월에 대사성 허전이 8인을 뽑았다.2)
   11년 11월에 대사성 김안리가 정천익 등 5인을 뽑았다.3)
   17년 8월에 전백영 등 37인을 뽑았다.4)
   23년 4월에 이취 등 100인을 뽑았다.5)

註解 3-9-9-
-1) 恭愍王二年六月 祭酒李挺取楊以時等五十人: 이정은 충숙왕 13년의 급제자
   로서[2-2-24-4), 191쪽] 이때에 이르러 제주(종3품)로 있으면서 승보시를 주관하
   고 있다. 이 시험에서는 양이시가 수석으로 합격하였는데, 그는 그 2년후 과
   거에 급제하고[2-2-29-2), 198쪽](『韓國上代古文書資料集成』 212쪽, 楊以時紅牌) 出仕해
   知申事(정3품) 등을 역임하였음이[『고려사』 권133, 열전 禑王 3년 11월] 확인된다.
-2) (恭愍王)十年十月 大司成許佺取八人: 대사성(정3품)인 허전이 시관을 맡아 8
   인을 선발하고 있는데, 선발 인원이 이렇게 적은 것은[3-9-1-4), 303쪽] 이때가
   마침 홍건적의 침구로 큰 난리를 겪는 시기이기 때문인 듯하다.
-3) (恭愍王)十一年十一月 大司成金安利取鄭天益等五人: 대사성(정3품)인 김안리
   가 시관을 맡아 주관하고 있는데, 그는 곧이어 典法判書(정3품) 등을 역임한
   다[『고려사』 권41, 세가 공민왕 14년 秋7月]. 이 시험에서 수석으로 합격한 정천익
   은 文益漸의 장인으로서 목면의 재배와 관련하여 자주 언급되는 바로 그 사

람이거니와[『고려사』권111, 열전 文益漸傳], 이번에 합격자를 5명만 내고 있는 것도[3-9-1-4), 303쪽] 당시가 홍건적을 물리치고 수도인 開京을 되찾은지 얼마 되지 않는 어수선한 시기였다는 사실과 관련이 있는 듯하다.

-4) (恭愍王)十七年八月 取全伯英等三十七人: 이번 시험에서 수석으로 합격한 전백영은 그로부터 3년 뒤에 급제를 하고[2-2-29-9), 202쪽](『騎牛集』補遺 麗朝榜目) 臺諫으로서 많은 활동을 하였다. 그리하여 직위도 右司議大夫(종3품) 등을 역임한다[『고려사』권46, 세가 공양왕 3년 夏4月].

-5) (恭愍王)二十三年四月 取李就等一百人: 이 기사는 공민왕 23년 4월에 수석 합격자인 이취 등 100인을 선발하였다는 매우 간략한 내용으로 되어 있지만, 그러나 이번의 시험이 지니는 의미는 여러 모로 큰 것이었다. 우선 그 하나가 앞서 소개한대로 국자감시가 공민왕 17년 이후 폐지되었다가 우왕 2년에야 복구되므로[3-6-2-1), 256쪽] 그간에 단독으로 시행된 시험이었다는 점에서이다. 그렇기 때문에 좀더 중시되었을 가능성이 높으며, 선발 인원이 평소와 비교가 되지 않을만큼 100명이나 되는 많은 숫자도 그와 일정한 관련이 있지 않을까 싶은 것이다.

다음으로는 이때부터 그 명칭이 升補試가 아니라 生員試로 불리기 시작했을 것이라는 점이다. 이 부분에 대해서도 이미 논의한 바가 있지마는[3-9-1-1), 301쪽] 그것이 종래의 詩·賦 중심에서 經學 중심으로 學風이 바뀌어가는 조류와 관련이 깊다는 점을[3-6-2-1), 256쪽] 함께 고려할 때 이 또한 의미가 적지 않다고 생각된다.

역시 앞에서 國子監試를 進士試라 칭한 사례가 주로 우왕 때에 보이며 [3-6-2-1), 256쪽] 그와도 관련하여 진사시라는 명칭은 국자감시가 폐지되었다가 다시 복구되어 처음 실시된 우왕 2년부터 쓰이지 않았을까 추측한바 있다[3-8-21-1), 297쪽]. 이렇게 됨으로써 우왕 2년부터는 進士試와 生員試가 동시에 시행되었겠는데, 여기에서 상대적으로 우위에 위치한 것은 시대 조류와 더불어 進士보다는 生員이었다. 이점은 조선의 世宗 21년 정월 庚申에 禮曹에서 아뢰는 가운데, "生員과 進士의 坐次는 成均館에서 일찍이 本曹에 보고하였고, 本曹 또한 敎旨를 받은 것에 의거하여 進士를 生員의 아래에 앉게 하였습니다"라 하고 있으며, 또 領議政 黃喜와 右議政 許稠가 논하여, "國初에 高麗의 舊例를 이어받아 進士試를 설치한 것은 初學을 勸勵하기 위함이었습니다. … 바라건대 舊例에 의거하여 進士와 幼學은 나이를 따져 生員의 아래에 앉게 해야 할 것입니다"라고 한 데에 잘 드러나 있다.

原文 3-9-10. 辛禑三年五月取文褧等 六年六月祭酒權近取洪尙彬等百十人 八年五月取鄭龜晉等一百人 九年四月取王卨等百九人 十一年五月司藝鄭摠取崔鐲

等六十餘人

3-9-10. 신우 3년 5월에 문경 등을 뽑았다.[1]

6년 6월에 제주 권근이 홍상빈 등 110인을 뽑았다.[2]

8년 5월에 정구진 등 100인을 뽑았다.[3]

9년 4월에 왕비 등 109인을 뽑았다.[4]

11년 5월에 사예 정총이 최견 등 60여인을 뽑았다.[5]

註解 3-9-10-

-1) 辛禑三年五月 取文褧等: 이번 시험은 수석 합격자의 이름만이 전하는 소략한 기사로 되어 있는데, 당해자인 문경은 그뒤 과거의 본고사에도 급제한 사실이 확인된다[2-2-31-2), 209쪽][『고려사』 권137, 열전 창왕 원년 10월].

-2) (禑王)六年六月 祭酒權近取洪尙彬等百十人: 권근은 공민왕 18년의 급제자로서[2-2-29-8), 202쪽] 창왕 즉위년에는 동지공거를 맡기도 하는 사람인데[2-2-31-1), 209쪽], 그에 앞서 제주(종3품)에 재임 중 生員試의 시관을 담당하고 있다. 그는 성리학의 대가로써 여말선초에 걸쳐 많은 활동을 하거니와, 그가 주관한 이 시험에서 수석으로 합격한 洪尙彬(洪尙賓)도 그 2년 뒤인 우왕 8년에 본고사에도 급제하였음이 확인되며,[1] 또 앞서 소개한바[3-9-1-1)의 ㉯사료, 301쪽] 「언어가 간결하면서 조리가 있었다」고 극구 칭찬한 이번의 합격자 李敢 역시 우왕 11년에 시행된 본고사에서 급제를 하고[2-2-30-6), 207쪽] 獻納(정5품)[『고려사』 권46, 세가 공양왕 3년 12월] 등의 諫官으로 활동이 많았다.

　　이 시험에서 110인을 합격시키고 있다. 그후의 추세도 대략 이와 유사하거니와, 이것은 생원시가 그만큼 중시되게 된 한 증좌라 함은 역시 앞에서[3-9-9-5), 309쪽] 언급한 바와 같다.

　　① 朴龍雲,「科試 設行과 製述科 及第者」『高麗時代 蔭叙制와 科擧制 硏究』, 일지사, 1990, 529쪽.

-3) (禑王)八年五月 取鄭龜晉等一百人: 8년에도 정구진 등 100인을 선발하고 있는데, 이에 관한 추가적인 내용은 찾아지지 않는다.

-4) (禑王)九年四月 取王畀等百九人: 9년에도 王畀(王神) 등 109인을 선발하고 있는데, 수석 합격자인 王畀는 그 2년 뒤인 왕 11년의 본고사에도 급제를 하고[2-2-30-6), 207쪽] 出仕하여 右正言(정6품) 등을 역임하였음이[『고려사』 권46, 세가 공양왕 4년 6월] 확인된다. 이번 시험에서는 卞季良도 합격하였는데, 그 역시 왕비와 함께 왕 11년의 본고사에 급제하고 있지마는, 다 아는 대로 그는

조선조에 들어가 커다란 역할을 하였다[『朝鮮世宗實錄』 권48, 세종 12년 4월 癸巳].

-5) (禑王)十一年五月 司藝鄭摠取崔鐍等六十餘人: 정총은 우왕 2년의 장원급제
자로서[2-2-30-1), 204쪽] 이때에 이르러 사예(종4품)에 재임 중 생원시 시관을
맡고 있다. 그는 고려조에서도 이조판서(정3품)까지 지내지마는[『고려사』 권46,
세가 공양왕 3년 5월], 조선조에 들어가 한층 활발한 활동을 하였다.

　　이번 시험에서는 최견이 수석으로 합격하였는데, 그 역시 이후 史官으로
활동하고 있음이 확인된다[『고려사』 권137, 열전 창왕 원년 3월]. 그리고 조선조에
들어가 큰 역할을 맡는 許稠도 이 해에 같이 생원시에 합격하고 공양왕 2년
의 본고사에 급제한 사람이었다[2-2-32-1), 210쪽].

原文 3-9-11. 恭讓王四年五月　取許逖等一百二十人

3-9-11. 공양왕 4년 5월에 허적 등 120인을 뽑았다.[1)]

註解　3-9-11-

-1) 恭讓王四年五月　取許逖等一百二十人: 공양왕 4년 5월에 허적 등 120인을 선
발하고 있다. 그러나 이것은 고려가 終焉을 고하기 두 달 전의 어수선한 시
기에 실시된 시험이어서 그런지 이와 관련된 다른 자료가 찾아지지 않는다.

4. 학교學校

4-1. 관학官學(※ 사학私學에 대비하여 임의로 추가한 호칭임)

原文 4-1-1. 太祖十三年幸西京 創置學校 命秀才廷鶚爲書學博士 別創學院 聚六部生徒教授 後太祖聞其興學 賜綵帛勸之 兼置醫卜二業 又賜倉穀百石爲學寶

4-1-1. 태조 13년, 서경에 행차하여 학교를 처음으로 설치(창치創置)하였다.[1] 수재인 정악을 서학박사로 삼아 별도로 학원을 창립하고[2] 6부의 생도를 모아 교수토록 하였다.[3] 뒤에 태조가 그 학문 일으킴(흥학興學)을 듣고는 비단을 내려 권장하고, 겸하여 의업과 복업卜業 두 업을 설치하였으며,[4] 또 창고 곡식 100석을 내려 학보學寶로 삼았다.[5]

註解 4-1-1-

-1) 太祖十三年 幸西京 創置學校: 학교에 관한 최초의 기사인 이 설명이 『고려사』(권1) 世家에는 태조 13년 冬12月 庚寅日의 사실로「幸西京 創置學校」라고 간략하게 언급되어 있으며, 『고려사절요』(권1)에는 이곳 選擧志의 태조 13년조 전체 기사와 거의 같은 내용을 실은데 이어서 그 말미에「寶者方言也 以錢穀施納 存本取息 利於久遠 故謂之寶」라고 하여 學寶에 나오는 寶에 대한 설명이 추가되어 있다. 어떻든 이처럼 태조 13년(930) 12월의 학교 創置는 선거지 1의 序文에서도「高麗太祖 首建學校」라고 언급할[1-1-2, 27쪽] 정도로 중시되고 있는데, 그 설치 지역이 수도인 開京이 아니라 西京이라는 점도 눈길을 끈다.

　　태조 왕건은 즉위 직후부터 평양에 대해 각별한 관심을 베풀었거니와, 왕 원년(918) 9월에 벌써 그곳을 大都護府로 삼고 堂弟인 王式廉 등을 파견해 지키도록 조처하고 있다. 이는 그가 왕위에 오른지 석 달 뒤의 일이며, 그로부터 다시 넉 달 뒤에야 철원에서 松嶽(開城)으로 천도하고 있는 데서 평양에 대한 왕의 관심도를 가히 짐작할 수 있다. 이어서 2년 10월에는 그곳에 城을 쌓고, 4년 10월에는 그곳이 西京으로 나타나고 있다. 대도호부로서의 평양을 留守京으로서의 西京으로 승격시킨 것이다. 그후에도 태조는 자주 서경에 행차하고 있지마는,[①] 그는 장차 서경을 수도로 삼으려는 계획까지 가

지고 있었던 것으로 밝혀져 있다.[2] 태조 13년의 學校 創置는 이와 같은 서
경에 대한 일련의 우대정책과 궤를 같이하는 것으로 생각된다.

　이번의 첫 문장에 나오는바 創置했다는「學校」는 일정한 등급상에 있는
고유명사로서의 의미를 지닌 명칭은 아닌 것 같다. 그것은 단순히 교육을
하는 장소를 가르키는 말로 쓴듯 짐작되는 것이다.

　① 河炫綱,「高麗西京考」『歷史學報』35·36 합집, 1967 ;『韓國中世史研究』, 일
　　조각, 1988, 315~320쪽.

　② 하현강, 위의 논문 ; 위의 저서 321~324쪽.

　　박용운,「고려시기 사람들의 고려의 고구려계승의식」『북방사논총』2호,
　　2004 ;『고려의 고구려계승에 대한 종합적 검토』, 일지사, 2006, 63~65쪽.

-2) 命秀才廷鶚爲書學博士 別創學院: 여기에서 문제의 핵심이 되는 것은 별도로
세웠다는 學院이 바로 위의 1)대목에 나오는 學校와 동일한 교육기관을 가
리킨 것이냐 아니면 그와 다른 교육기관을 지칭한 것이냐 하는 점이다. 이
부분에 있어 처음에는 학교와 학원을 등급에 차이가 나는 등 서로 다른 두
종류의 교육기관으로 보려는 견해가 우세하였다.[1] 그러나 그후의 여러 논자
들은 양자는 동일한 기관을 지칭한 것으로, 學校가 1)대목에서 설명했듯이
우리들이 일반적으로 쓰듯 배우는 곳, 교육을 하는 곳을 가리킨 말이고, 學
院은 그러한 학교로서 서경에 설치한 교육기관의 명칭으로 이해하고들 있
다.[2]『고려사』권77, 百官志 2 外職의 西京留守官條에도 學院만이 보이거니
와, 후자의 견해가 타당한게 아닌가 생각된다.

　이 西京學院의 교수직을 처음으로 맡은 사람은 秀才인 廷鶚으로서, 그는
태조를 수행하여 서경에 갔다가 書學博士를 제수받고 그곳에 머물면서 생도
들을 교육하는 책임을 맡게된 것이었다. 보다시피 그는 처음에 秀才였다고
하는데, 널리 알려져 있듯 隋·唐에서는 으뜸되는 科業으로 秀才科를 두었고
고려에서도 후기에는 製述科를 대신하여 수재과라 칭한 사례가 여럿 눈에
띈다.[3] 하지만 태조 13년은 아직 과거가 실시되기 이전이므로 당시 정악이
급제자인 것은 아닌 듯싶고, 수재는 달리 士人을 통칭하는 말이기도 했던만
큼 그는 아마 書學이나 유학에 조예가 깊은 선비이므로 해서 그처럼 부른
것 같다.[4] 그가 임명받은 서학박사는 律學博士·算學博士와 같이 그 방면에
뛰어나 교수직을 담당하던 직위를 일컬었거니와, 정악 역시 그같은 인물중
의 한 사람으로 위에서 지적했듯 유학에 대한 지식도 깊었던 것 같다.

　① 李萬珪,『朝鮮敎育史』上, 乙酉文化社, 1947, 108쪽.

　　金庠基,『高麗時代史』, 東國文化社, 1961, 296·297쪽.

　　李丙燾,『高麗時代의 研究』, 을유문화사, 1967, 135쪽.

　　金貞玉,「高麗時代 敎育制度에 대한 一考察」『梨花女大70周年紀念論文集』,
　　1956.

② 朴性鳳, 「國子監과 私學」『한국사』6, 국사편찬위원회, 1975, 176·177쪽.

河炫綱, 「高麗時代의 西京」『高麗地方制度의 研究』, 韓國研究院, 1977, 124쪽 ; 『韓國中世史研究』, 일조각, 1988. 297쪽.

申千湜, 「高麗前期 學制 成立과 敎育理念」『高麗敎育制度史研究, 형설출판사, 1983, 15·16쪽 ; 『高麗敎育史研究』, 경인문화사, 1995, 18·19쪽.

宋春永, 「高麗時代의 西京學校」『大丘史學』28, 1985, 14쪽.

朴贊洙, 「高麗前期 國子監의 成立과 興替」『민족문화』14, 1991 ; 『高麗時代 敎育制度史 研究』, 경인문화사, 2001, 34~36쪽.

③ 朴龍雲, 「高麗時代 科擧의 考試와 體系에 대한 檢討」『한국사연구』61·62, 1988 ; 『高麗時代 蔭叙制와 科擧制 研究』, 일지사, 1990, 148·149쪽.

④ 朴贊洙, 위의 논문 ; 저서 36쪽 및 43쪽.

-3) 聚六部生徒 敎授: 이곳의 6부에 대해서도 서경 행정구획상의 6부라는 등 여러 의견이 있으나 전래의 평양은 5부였고, 또 태조 13년 당시는 아직 새로운 체제가 마련되기 이전이므로, 그것은 아마 西京管內를 총칭하는 의미 정도로 보는게 좋겠다는 견해에 오히려 많은 동감이 간다.

① 河炫綱, 위의 논문 124쪽 및 297쪽.

② 朴贊洙, 위의 논문 ; 저서 36쪽 및 43쪽.

-4) 後太祖聞其興學 賜綵帛勸之 兼置醫·卜二業: 西京學院의 교육을 맡은 廷鶚이 상당한 성과를 올렸던듯, 그 소식을 전해들은 왕은 비단을 하사하여 권장하고, 겸하여 醫業과 卜業도 설치하고 있다. 후삼국이 각축하는 불안한 정황하에서 민생의 안정을 위해서는 행정의 담당자뿐 아니라 특히 병을 치료하는 사업과 길흉화복·풍수지리 등을 담당하는 인원이 시급했으므로 그같은 조처를 취한 것 같다. 의업과 복업은 뒤에 각기 과거의 잡과 가운데 일부로 편입될만큼 중시되던 것으로[2-1-12-9)·17), 64·67쪽], 최초로 시행된 광종 9년의 科試에서부터 製述·明經과 함께 급제자를 배출하고 있다[2-1-1-3), 36쪽].

① 朴贊洙, 위의 논문 ; 저서 42·43쪽.

-5) 又賜倉穀百石 爲學寶 ; 寶란 위의 1)항목에 소개한바『고려사절요』권1, 태조 13년 12월조에, 그것은 「方言으로서 錢穀을 施納하여 그 本錢은 보존하고 利息을 취해 영원히 利롭게 하는 것이므로 寶라고 일컬었다」라고 했듯이 일정한 자금을 밑천으로 하여 얻어지는 이자를 가지고 공공사업 등을 행하는 재단이었다. 그리하여 이것은 고려조에서도 크게 번성하여 廣學寶니 金鐘寶니 하는 불교 관계의 寶 이외에도 濟危寶·八關寶·父母忌日寶 등 각종 명칭이 찾아지거니와, 학보도 그런 종류의 하나였다. 즉 이곳의 학보는 국왕인 태조가 창고의 곡식 100석을 서경의 학교에 하사해 그것을 자본으로 이식을 얻어 재정에 보태도록 한 것이다.

① 金三守, 「'寶'의 前期的 資本機能에 대한 宗敎社會學的 研究」『아세아학보』1,

1965.

② 韓基汶,「高麗時代 寺院寶의 設置와 運營」『역사교육논집』13·14, 1990 ;『高麗 寺院의 構造와 機能』, 민족사, 1998.

原文 4-1-2. 成宗詔 令諸州郡縣 選子弟 詣京習業 五年七月教曰 朕素慚薄德 尙切崇儒 欲興周孔之風 冀致唐虞之理 庠序以養之 科目以取之 今諸州所上學士 慮有思鄕之人 皆令從便去留 其歸寧學生二百七人 可賜布一千四百匹 願留者五十三人 亦賜幞頭一百六枚米二百六十五石 仍差通事舍人高榮嵓 就客省宣諭 賜酒果 六年八月以前年許還學生 無師教授 教 選通經閣籍者爲經學醫學博士 於十二牧各遣一人 敦行教諭 其諸州郡縣長吏百姓有兒可教學者 幷令訓戒 若有勵志明經孝弟有聞 醫方足用者 令牧宰知州縣官依漢家故事 具錄薦貢京師 以爲恒式 八年四月教曰 大學助教宋承演 南海道羅州牧經學博士全輔仁 誨人不倦 宜加獎擢 承演可超九等授國子博士 仍賜緋公服一襲 輔仁可賜公服一襲米五十石 自今 凡文官有弟子十人以下者 有司於政滿遷轉之時 具錄奏聞 以爲褒貶 其十二牧經學博士無一箇門生赴試者 雖在考滿 復令留任 責其成效 量授官階 以爲恒式 八年下教 申勸十二牧諸州府經學醫學博士 仍賜酒食 十一年十二月教 有司相得勝地 廣營書齋學舍 量給田庄(庄?) 以充學粮 又創國子監

4-1-2. 성종이 조詔하여, 여러 주·군·현으로 하여금 자제들을 선발해 서울로 나아와 업(학업)을 익히도록 하였다.[1]

5년 7월에 교敎하여 이르기를, "짐은 평소에 덕이 부족함을 부끄러워하면서도 오히려 유학을 숭상하는 마음은 간절하여 주공과 공자의 풍교를 일으키고 당·우(요·순)의 다스림에 이르기를 바라서, 상·서(학교의 명칭)로써 기르고 과목(과거)으로써 뽑고자 하였다. (그런데) 지금 여러 주에서 올린바 학사들중 고향을 생각하는 사람이 있을까 염려되니 모두들 돌아갈 것인가 남을 것인가는 편리할대로 좇게 하라. 그 귀녕歸寧하려는 학생 207인에게는 포布 1,400필을 나누어주고, 남기를 원하는 사람 53인에게도 역시 복두 106매와 미米 265석을 나누어 주라"하고 인하여 통사사인 고영암을 파견해 객성으로 가서 선유宣諭하고 술과 과일을 하사케 하였다.[2]

6년 8월, 전년에 돌아가기를 허락한 학생들에게 교수할 스승이 없으므

로, 교敎하여 경학에 통하고 문적을 열람한 사람들을 경학박사와 의학박
사로 삼아 12목에 각각 1인씩 파견해 돈독하게 교유敎諭를 행하도록 하
고, 그 여러 주·군·현의 장리長吏와 백성百姓으로 가르칠만한 아들이 있으
면 아울러 훈계토록 하였으며,³⁾ 만약에 의지를 가다듬고 경전에 밝으며
효제孝悌하여 들려짐(소문)이 있거나 의방醫方에 족히 쓸만한 자가 있으면
목재牧宰와 지주知州·현관縣官들로 하여금 한漢나라의 고사古事에 의거해
모두 기록하여 경사京師(서울)에 천공薦貢토록 하고 그것을 항식恒式(일정한
법)으로 삼았다.⁴⁾

8년 4월에 교敎하여 이르기를, "태학조교 송승연과 남해도 나주목의
경학박사 전보인은 사람들을 가르침에 게으르지 아니하였으므로 마땅히
장려·탁용擢用해야할 것인즉, 승연에게는 가히 9등을 뛰어넘어 국자박사
를 제수하고 인하여 비공복緋公服 1벌을 하사할 것이며, 보인에게는 가히
공복 1벌과 미(쌀) 50석을 하사할 것이다. 지금부터 무릇 문관으로 제자
가 10인 이하인 자는 유사(맡은 관청)에서 임기가 차 (자리를) 옮길 때에 갖
추어 기록하여 아뢰고 포상하거나 폄출貶黜할 것이며, 그 12목의 경학박
사로서 한 명의 문생도 부시赴試한 사람이 없는 자는 비록 임기가 찼더라
도 다시 유임시켜 효과를 거두도록 책임지우고 참작하여 관계官階를 제
수하는 것을 항식恒式(일정한 법)으로 삼도록 하라" 하였다.⁵⁾

8년에 교敎를 내려 12목과 여러 주·부의 경학박사와 의학박사들을 거
듭 권장하고, 인하여 술과 음식을 하사하였다.⁶⁾

11년 12월에 교하여 유사는 좋은 지역을 골라서 널리 서재書齋와 학사
學舍를 세우고 전장田庄을 양급量給(헤아려 지급)하여 학량學糧에 충당토록 할
것이며,⁷⁾ 또 국자감을 창건하라고 하였다.⁸⁾

註解 4-1-2-
-1) 成宗詔 令諸州·郡·縣 選子弟 詣京習業: 성종조(982~997)에 이르러 내외의 통
치조직이 정비되고 유교정치이념도 제자리를 잡아가게 된다. 여기에는 필연
적으로 교육의 뒷받침이 있어야 하게 마련인데, 성종은 특히 지방에 거주하

는 인재들의 교육에 많은 관심을 베풀고 있다. 그 일환으로 처음 내려진 조
처가 이 기사로써, 詔書를 통해 여러 주·군·현으로 하여금 자제들을 수도인
開京으로 뽑아 올려 학업을 닦게 한 것이다. 이 조서에는 그 대상이 이처럼
단순히 주·군·현의 자제들로 표현되어 있지마는, 이어지는 기사에 의하면
그들은 향리 등 지방 유력자의 자제들이었다.

한데 여기에는 그때가 명확하게 밝혀져 있지 않다. 그리하여 논자들 사이
에 견해가 구구하여 성종 원년으로 보는 의견이 없지 않았으나 그 동안에는
12목에 지방관이 처음 파견되는 왕 2년이 그때로 유력시 되었었다. 지방관
이 파견됨으로써 비로소 자제들의 선발도 가능했으리라 본 것이다. 하지만 그
후 지방관이 파견되자 곧바로 그 일을 착수했으리라는데 의문을 가지고, 왕
5년 7월에 뽑아 올렸던 자제들의 절대 다수가 고향을 그리워하여 되돌아가는
기사도 고려해 그 시기를 왕 5년 2·3월경으로 파악하는 견해도 나와 있다. 특
히 후자는 이렇게 지방의 자제들을 뽑아 올린 그 해를 國子監의 성립과 연결
시키고 있어 주목되는데, 이점에 대해서는 뒤에 다시 논하기로 하겠다.

① 李基白,「高麗 貴族社會의 形成」『한국사』 4, 국사편찬위원회, 1977, 185쪽 ;
『高麗貴族社會의 形成』, 일조각, 1990, 62쪽.
宋春永,「高麗時代 鄕校의 變遷史的 考察」『歷史敎育』 41, 1987, 49쪽.
② 朴贊洙,「高麗前期 國子監의 成立과 興替」『민족문화』 14, 1991 ;『高麗時代
敎育制度史 硏究』, 경인문화사, 2001, 57~61쪽.

-2) (成宗)五年七月敎曰 朕素慚薄德 尙切崇儒 欲興周孔之風 冀致唐虞之理 庠序
以養之 科目以取之 … 仍差通事舍人高榮崇 就客省宣諭 賜酒果: 이번 왕 5년
의 기사는 위의 1)대목에 소개한바 詔書를 통해 주·군·현에서 뽑아 올린 학
생들에 대한 후속 조처를 위해 내린 교서이다. 그 내용은 우선 序頭에서 왕
자신은 유학을 존숭하여 周公과 孔子의 風敎를 일으키고 堯임금(唐은 그의 號)
이나 舜임금(虞는 그의 호)이 한 것 같은 훌륭한 정치가 이루어지기를 바라면
서 庠(순임금 때의 학교)·序(夏后 때의 학교)와 같은 학교를 세워 인재를 기르고
科目, 즉 과거를 통해 선비를 뽑아 쓰려고 했다는 술회를 하고 있다.

이제 그런 취지에서 여러 주·군·현에서 뽑아 올린 학생들이지만 그들
260명 가운데에서 207명이나 되는 사람들이 고향을 그리워하여 돌아가기를
바라고, 나머지 53명은 남아서 학업을 계속하기를 희망하자 각자가 좋을대로
하도록 조처하고 있다. 그러면서 歸寧하는 학생들에게는 布 1,400필을 하사
하고, 학업을 계속하려는 사람들에게는 주로 관원들이 쓰는 冠帽인 幞頭[①]
106매와 쌀 265석을 하사하고 또 특별히 관원을 보내 宣諭하는 한편 빈객을
접대하는 일을 맡은 관서인 客省(禮賓省)에서[②] 酒果를 내리도록 하고도 있다.

① 朴龍雲,「고려시기의 幞頭와 幞頭店」『韓國史學報』 19, 2005.

②『고려사』권76, 百官志 1 禮賓寺. 이에 대해서는 朴龍雲,『高麗史 百官志 譯註』, 신서원, 2009, 294~296쪽 참조.

-3) (成宗)六年八月 以前年許還學生 無師敎授 敎 選通經閱籍者爲經學·醫學博士 於十二牧 各遣一人 敦行敎諭 其諸州郡縣長吏·百姓有兒可敎學者 幷令訓戒: 이번 조처 역시 2)항에 설명되어 있는바 서울인 開京으로 뽑혀서 올라갔다가 중도에 학업을 그만두고 고향에 되돌아온 207명에 대한 대책으로 나온 것으로써, 주·군에는 이들을 가르칠만한 스승이 없는게 문제가 되었다. 그러므로 經學에 통하고 文籍－주로 醫書를 두루 읽은 사람들을 경학박사와 의학박사로 삼아 12목에 각각 1인씩 파견해 교육을 맡도록 하고 있는 것이다. 차제에 주·군의 長吏와 百姓의 자제들로 가르칠만한 사람이면 아울러 교육을 받도록 하고 있다. 이들은 비록 먼젓번에 수도로 뽑아 올리는 데는 들지 못하였으나 상당한 자질을 가졌으면서도 지방에 그대로 머문 청소년들이었을 것이다. 여기에서 그 대상이 된 장리는 향리를 말하며, 百姓은 村主級 등 농민과는 구별되는 특정계층을 뜻하는 것으로 알려져 있다.①

이번 성종 6년에 경학박사와 의학박사를 12목에 파견한 것은 방금 위에서 설명했듯이 지방의 교육을 염려한 때문이다. 그러나 한편 생각하면 그로써 지방의 교육에 대한 중앙정부의 통제가 시작되었음을 의미하기도 한다.② 이에 근거하여 여러 논자들은 이때부터 鄕校가 발족된게 아닐까 보고도 있어서③ 이번 조처는 여러 모로 주목할 필요가 있는 대목이다.

① 李佑成,「麗代百姓考」『역사학보』14, 1961, 29쪽 ;『韓國中世社會硏究』, 일조각, 1991.

武田幸男,「高麗時代の百姓」『朝鮮學報』28, 1963, 28쪽.

② 金光洙,「麗末鮮初의 地方學校問題」『한국사연구』7, 1972, 126쪽.

③ 閔丙河,「高麗時代의 敎育制度－特히 國子監을 中心으로－」『역사교육』2, 1957, 46쪽.

朴晴湖,「高麗時代의 儒學發達과 私學12徒의 功績」『史叢』2, 1957, 62·63쪽.

宋春永, 앞의 1)항 논문.

朴贊洙, 앞의 1)항 논문 ; 저서 61쪽.

-4) 若有勵志·明經·孝弟有聞 醫方足用者 令牧宰·知州·縣官 依漢家故事 具錄薦貢京師 以爲恒式: 바로 윗 대목에서 살폈듯이 성종 6년 8월에는 경학박사와 의학박사를 파견하여 지방 유력자의 자제들에 대한 교육을 장려할 뿐 아니라 牧宰·知州事·縣令官 등 지방 守令들로 하여금 자기의 의지를 가다듬고(勵志) 경학에 밝으며 孝悌하는 사람 및 족히 쓸만한 의술을 지닌자들을 서울로 薦貢토록 하고, 그것을 일정한 법으로 삼기까지 하고 있다. 守令薦擧制의 시작이라 하겠거니와, 요컨대 성종이 이처럼 여러 모로 지방세력까지도 흡수하려한 사실이 주목된다.

① 鄭求先,「高麗時代의 守令薦擧制 」『關東史學』8, 1998.

-5) (成宗)八年四月 敎曰 大學助敎宋承演 南海道羅州牧經學博士全輔仁 誨人不倦
宜加獎擢 … 雖在考滿 復令留任 責其成效 量授官階 以爲恒式: 교육을 장려
하는 뜻에서 좋은 성과를 낸 學官들은 포상을 하고, 그렇지 못한 사람들에게
는 불이익을 주도록 교서를 내리고 있다. 그리하여 前者에 해당하는 사람으
로 중앙의 경우 宋承演이 뽑혀 그는 太學助敎에서 무려 9등급을 뛰어넘어
國子博士(정7품)의 직위와 함께 緋公服 한 벌도 하사받고 있으며, 지방의 경
우 羅州牧 經學博士인 全輔仁이 뽑혀 그도 공복 한 벌과 米 50석을 하사받
고 있다. 緋公服은 紫衫·丹衫에 이은 3등급의 공복으로 그 이하는 綠衫이
었다.

이들에 비해 특히 지방관으로서 제자가 10인 이하인 사람은 임기가 차서
자리를 옮길 때에 불이익을 주도록 하고, 12목의 경학박사로서 1명의 문생
도 과거에 보내지 못한 사람은 역시 임기가 찼더라도 다시 그곳에 유임하면
서 성과를 내도록 함과 동시에 官階도 量授토록 하고 있으며, 이를 일정한
법으로 삼도록 조처하고도 있다.

-6) (成宗)八年 下敎 申勸十二牧·諸州府經學·醫學博士 仍賜酒食: 교서를 내려
12목과 여러 주·부의 경학박사와 의학박사들을 거듭 권장하면서 酒食을 내
려 위무하고도 있다.

-7) (成宗)十一年十二月敎 有司相得勝地 廣營書齋·學舍 量給田庄(庄?) 以充學粮:
성종 11년은 특히 중앙의 교육 시설과 재정 방면에 커다란 진전이 있었음을
알 수 있다. 보다시피 왕명으로 교육 환경이 좋은 지역을 골라 널리 書齋와
學舍를 짓고 또 田庄(田庄)을 지급하여 그 수입을 學粮에 충당토록 하고 있기
때문이다. 이곳의 田庄은 學田과 성격이 유사했을 것이므로 국유지 위에 설
정되었으리라 짐작되는데, 그렇다면 그것은 신라말이나 고려후기 권력자들
의 私的인 대규모 소유지인 田庄(田莊)과는① 성격이 달랐다고 할 수 있다.

① 姜晉哲,『高麗土地制度史硏究』, 고려대출판부, 1980, 15·16쪽 및 207·208쪽 ;
改訂版, 일조각, 1991.

-8) 又創國子監:「또 國子監을 創하라」는 이 기사가 고려의 국립대학격인 國子
監에 대한 최초의 기록이다. 그런데다가 그것을 「創」하라 했으므로 초기의
연구자 가운데는 이것이 開京에 국립대학을 처음으로 설치한 사실을 전하는
기사로 이해하기도 하였다.① 그러나 오래지 않아 이처럼 성종 11년(992)에
이르러서야 국자감이 설치된듯한 이해에는 여러 모로 의문이 제기되었다.
위에서 살폈듯이 태조가 일찍이 재위 13년에 서경으로 행차하여 그곳에 學
院을 세우는 등 몇가지 조처를 취하고 있는데[위의 1)항], 수도인 개경에 아무
런 교육기관도 존재하지 않았다고 생각하기가 어렵고, 또 성종이 즉위하여

서는 지방의 주·군·현에서 자제들을 수도로 뽑아 올려 교육을 받도록 하고
있는만큼[위의 2)항] 개경에는 이미 그들을 수용할 수 있는 학교가 있었다고
보는게 자연스럽기 때문이었다. 뿐 아니라 다시 왕 8년에는 국자감의 교수
직인 太學助敎·國子博士 등의 칭호가 나오고 있는가 하면[위의 5)항], 「헛되이
國學에 이름만 걸어놓았을뿐(空係名於國學)」 春場에서 재주를 겨루는 사람은
드물다고 걱정하는 기사도 찾아져[『고려사』권3, 世家 成宗 8년 夏4月] 그것을 뒷
받침하였다. 그리하여 개경에는 건국 후 언제부터 이미 신라의 國學을 이은
국립대학이 있었으리라 짐작하는게 대세였고, 그에 따라 성종 11년의 「又創
國子監」은 종래의 國學이 國子監으로 개편, 정비된 사실 내지는 단순한 국
자감 건물의 創建을 말하는게 아닐까 하는 해석들을 해 왔다.[2]

이후 논자 가운데에서 이와 약간 다른 의견도 제시되어 눈길을 끌었다.
여기에서 그가 주목한 것은 역시 성종이 지방의 주·군·현에서 자제 260명을
수도로 뽑아 올려 교육을 받게 한 사실이었다. 그들중 고향을 그리워하는
학생 207명은 되돌아가도록 허락하고 계속 교육을 받기를 원하는 53명은
수도에 머물도록 조처한 것이 왕 5년 7월이거니와[위의 1)·2)항], 그는 이 학생
들이 처음 수도로 뽑혀 올라온 것을 왕 5년 2·3월경으로 파악하고 이 시기
가 바로 국립대학인 國子監이 발족된 때라 이해하고 있는 것이다. 그러면서
그는 이 어간에 보이는 신라 이래의 호칭인 國學은 그것이 고려의 국립대학
명칭이기 보다는 국립학교란 의미의 일반 명사 정도로 이해하는게 옳겠다는
주장을 펴 종래의 國學에서 國子監으로 변천, 정비되었다는 의견도 부정하
고 있지마는,[3] 한때 國子監이 國學으로 호칭이 바뀌기도 하므로[『고려사』권
76, 百官志 1 成均館] 이점은 좀더 생각해 볼 여지가 있는 것 같다.

① 柳洪烈, 「麗末鮮初의 私學」『靑丘學叢』 24, 1936, 65~67쪽.
② 閔丙河, 앞의 3)항 논문 44~46쪽.
　朴晴湖, 앞의 3)항 논문 34~37쪽.
　申千湜, 「高麗前期 學制 成立과 敎育理念」『高麗敎育制度史硏究, 형설출판사,
　　1983, 27·30쪽 ;『高麗敎育史硏究』, 경인문화사, 1995.
③ 朴贊洙, 앞의 1)항 논문 ; 저서 61~64쪽.

[原文] 4-1-3. 穆宗六年正月敎 令三京十道博士師長 獎勸生徒有勤効者 錄名申聞
管內有才學者 逐年薦擧 勿墜恒規

4-1-3. 목종 6년 정월에 교敎하여, 3경과 10도의 박사·사장師長들로 하여
금 생도들을 권장케 하고 부지런하여 효과를 거둔 사람은 이름을 기록해

보고토록 하였으며, 관내의 재학才學이 있는 자는 해마다 천거하여 항규
(일정한 규정)를 떨어뜨리지 말도록 하였다.[1]

註解 4-1-3-

-1) 穆宗六年正月敎 令三京·十道博士·師長 獎勸生徒有勤効者 … 逐年薦擧 勿墜
恒規: 이곳의 3京은 아직 南京이 설치되기 이전이므로 開京(開城)·西京(平壤)·
東京(慶州)을 말하고, 10道는 성종 14년에 둔 關內道·嶺南道 등을 일컫는다.
이중 10도의 기능에 대해서는 논자간에 의견이 좀 엇갈리고 있지만,[①] 어떻
든 이들 지방 행정구역에 교육을 맡은 사람들로 박사와 師長 등이 있었고,
이들에게 교서를 통해 권장함과 동시에 성과를 올린 사람들은 명단을 보고
토록 하고 있다. 포상을 위한 조처이었겠다. 그러면서 학업에 재능이 있는
인재들을 해마다 천거토록 하고도 있는데, 이러한 제도는 이미 성종 6년 8
월에 恒式으로 정한바 있으므로[4-1-2-4), 318쪽] 그에 어긋남이 없도록 하라는
당부도 겸하여 지시하고 있는 것이다.

① 河炫綱,「高麗地方制度의 一研究 - 道制를 中心으로 -」『사학연구』13·14, 1962 ;
『高麗地方制度의 研究』, 韓國研究院, 1977.

具山祐,「高麗 顯宗代 鄕村支配體制 개편의 배경과 성격」『한국중세사연구』
창간호, 1994 ;『高麗前期 鄕村支配體制 研究』, 혜안, 2003.

原文 4-1-4. 文宗十七年八月制 國子監諸生近多廢業 責在學官 自今精加勉勵
至年終較臧否 定去留 儒生在監九年律生六年 荒昧無成者 並令屛黜

4-1-4. 문종 17년 8월에 제制하기를, 국자감의 제생諸生들이 근래에 많이
들 학업을 그만두는 것은 책임이 학관에게 있은즉 지금부터는 정성을 다
해 힘써 권장해야 할 것이다. 연말에 이르러서 가부를 비교하여 남거나
물러나기를 정하되 유생으로 국자감에 재학 9년, 율생으로 6년인데도 거
칠고 어두워서 성취함이 없는 자는 아울러 모두 내치도록 할 것이다 하
였다.[1]

註解 4-1-4-

-1) 文宗十七年八月制 國子監諸生 近多廢業 責在學官 … 儒生在監九年·律生六
年 荒昧無成者 並令屛黜: 문종조는 여러 제도가 정비되고 문물도 번성한 시

기로 알려져 있지마는 교육 방면은 재정난 등으로 인해 그렇지 못하여 위축
되었던 것 같은데, 왕이 그 책임을 學官들에게 돌리고 있는 것을 보면 그 역
시 이같은 결과를 가져온 한 요인이었던 듯하다. 그러므로 학관들이 좀더 정
진, 勉勵할 것을 촉구하고 있거니와, 동시에 학생들도 유학생의 경우 재학 9
년, 律生과 같이 雜科계통의 학생은 6년을 한도로 하여 학업을 성취하지 못하
는 사람은 출교토록 조처하고도 있다. 아마 잡과계통의 6년, 유학생의 경우 9
년은 그들이 국자감에 재학할 수 있는 최장 기간이 아니었을까 짐작된다.

[原文] 4-1-5. 肅宗七年閏六月 宰相邵台輔等奏 國學養士 糜費不貲 實爲民弊 且
中朝之法 難以行於我國 請罷之 不報

4-1-5. 숙종 7년 윤6월에 재상 소태보 등이 아뢰기를, "국학에서 선비를
기르는데 비용이 적지 않아서 실로 민폐가 되며, 또 중국의 법을 우리나
라에서 행하기는 어렵습니다. 청컨대 혁파하십시요" 하였으나 답하지 아
니하였다.[1]

註解 4-1-5-
 -1 肅宗七年閏六月 宰相邵台輔等奏 國學養士 糜費不貲 … 請罷之 不報: 邵台輔
   는 이미 宣宗朝에 叅知政事(종2품)를 거쳐 中書侍郞平章事(정2품)·判刑兵部事
   로 있을 때에 나이 어린 獻宗을 사이에 두고 鷄林公 熙와 李資義가 권력투
   쟁을 벌리자 전자의 편에 서서 이른바 李資義의 난을 진압한 중심 인물이었
   다. 그 결과로 계림공 희가 숙종으로 즉위하자 그는 곧 門下侍中(종1품)·判吏
   部事로 수상에 올라 여러 해 동안 권력의 중심에 있었는데, 그간에 국학폐지
   론을 건의하고 있다. 그 내용이 그의 전기에도 실려 있거니와[『고려사』 권95,
   열전 邵台輔傳], 실제로 국가의 재정이 그만큼 어려웠는지는 모르겠지만 그의
   국학폐지론은 이후에도 비판을 받고 있듯이 적절한 건의였다고 보기는 어려
   울 것 같다. 국왕인 숙종도 그처럼 판단했던듯 그에 답하지 않고 있는데, 어
   떻든 국학의 처지가 당시 그만큼 어려운 상황에 있었다는 점만은 분명한 듯
   하다.

[原文] 4-1-6. 睿宗卽位制 三京八牧通判以上及知州事縣令 由文科出身者 兼管勾
學事 二年制日 置學養賢 三代以降致治之本也 而有司議論未定 宜速疾施行 睿
宗方嚮文學 遂下此制 士類莫不欣然 大臣無一人奉承 時議惜之 四年七月國學

置七齋 周易曰麗擇(澤?) 尙書曰待聘 毛詩曰經德 周禮曰求人 戴禮曰服膺 春秋
曰養正 武學曰講藝 試取大學崔敏庸等七十人 武學韓自純等八人 分處之 九年
二月國子生張仔等六十人詣闕 請立國學 十一年四月制曰 文武兩學 國家教化之
根源 早降指揮 欲令立其兩學 養育諸生 以備將來將相之擧 而有司各執異論 未
有定議 宜速奏定施行 十四年七月國學始立養賢庫以養士 自國初 肇立文宣王廟
于國子監 建官置師 至宣宗 將欲教育而未遑 睿宗銳意儒術 詔有司 廣設學舍 置
儒學六十人武學十七人 以近臣管勾事務 選名儒爲學官博士 講論經義以教導之

4-1-6. 예종이 즉위하자 제制하여, 3경·8목의 통판 이상 및 지주사·현령
으로 문과 출신자는 겸하여 학사學事를 관구管句토록 하였다.[1]

2년에 제制하여 이르기를, "(국)학을 두어 어진이를 양성하는 것은 3대
이래로 다스림을 이루는 근본이었는데, 유사(맡은 관청)의 의론이 정해지
지 않았다 하나 마땅히 신속하게 시행토록 하라" 하였다. 예종이 바야흐
로 문학(유학)에 호응하여(마음을 두어) 마침내 이 제制를 내리자 사류들은
기뻐하지 않는 이가 없었으나 대신들은 한 사람도 받들지 않으니 당시
의론이 애석해 하였다.[2]

4년 7월, 국학에 7재를 설치하였다. 주역을 (공부하는 곳을) 여택(재)이라
하고, 상서는 대빙(재), 모시는 경덕(재), 주례는 구인(재), 대례는 복응(재),
춘추는 양정(재), 무학을 강예(재)라 하고는, 태학의 최민용 등 70인과 무
학은 한자순 등 8인을 시험으로 뽑아 나누어 처하게 하였다.[3]

9년 2월에 국자생 장자 등 60인이 대궐에 나아가 국학을 세울 것을
청하였다.[4]

11년 4월에 제制하여 이르기를, "문·무 두 학學은 국가 교화의 근원이
므로 일찍이 지휘를 내려 두 학學을 세우고 제생諸生을 양육하여 장래에
장상將相(장수와 재상)의 등용에 대비하고자 했는데, 유사(맡은 관청)가 각기
이론異論(다른 견해)을 고집하여 아직 의논이 정해지지 않았다. 마땅히 신
속하게 정하여 아뢰고 시행하라" 하였다.[5]

14년 7월, 국학에 처음으로 양현고를 설립하고 선비를 기르도록 하였
다. 국초로부터 국자감에 문선왕묘를 세우고 관(학관學官)과 사師를 건치建

置하였는데, 선종에 이르러서 장차 교육하고자 하였으나 겨를이 없었다.[6] 예종은 유술(유교학술)에 예의 주목하여 유사에게 조詔해 널리 학사學舍를 짓고 유학(생) 60인과 무학(생) 17인을 두고는, 근신近臣으로 사무를 관장케 하고 명유名儒를 선발하여 학관과 박사를 삼아 경의經義를 강론하게 함으로써 교도敎導토록 하였다.[7]

註解 4-1-6-

-1) 睿宗卽位制 三京·八牧通判以上及知州事·縣令 由文科出身者 兼管勾學事: 문종조 이후 국학인 국자감은 재정난에다가 私學이 번성함에 따라 크게 위축되면서 숙종조에 이르러서는 국학폐지론이 나오는 상황까지 연출되었다 함은 위에서 언급한 바와 같다[4-1-4-1), 321쪽 및 4-1-5-1), 322쪽]. 이제 그러한 상황은 예종과 인종이 적극적인 국학진흥책을 씀으로써 극복하여 가게 되는데, 예종은 즉위하자 먼저 지방의 교육에 유의하여 守令들을 독려하고 있다. 즉 상급행정기구인 3京(西京·東京·南京)과 8牧(廣州·忠州·淸州·晉州·尙州·全州·羅州·黃州)의 留守·牧使(3품 이상) 및 副留守·牧副使(4품)와 이들의 상위 屬官인 通判(判官, 6품), 그리고 知州·郡事(5품)·縣令(7품)까지 모두가 文科(科擧) 출신자이면 관내의 學事를 겸하여 관장토록 하고 있는 것이다.

-2) (睿宗)二年制曰 置學養賢 三代以降 致治之本也 而有司議論未定 … 大臣無一人奉承 時議惜之: 예종은 「(국)학을 설치하여 賢士를 양육하는 것」은 3대, 즉 夏·殷·周 이래로 훌륭한 정치를 이루는 근본이 되었다는 교육이념을 가지고 있었던 데다가 文學, 즉 儒學에도 관심이 깊어 문교 진흥을 통해 그러한 자신의 뜻을 성취시키려고 힘썼던 것 같다. 그럼에도 담당 관청에서 논의만 분분할뿐 좀처럼 진전이 없자 신속히 시행하라고 명하고 있거니와, 이에 대해 士類들은 모두 기뻐하였으나 大臣들은 한 사람도 받들지 않았다는 것을 보면 기득권을 누리고 있는 문벌 집안들이 유학을 중심으로 하는 국학의 진흥책에 여전히 반대의 입장을 취했던 듯하다.

-3) (睿宗)四年七月 國學置七齋 周易曰麗擇(澤?) 尙書曰待聘 毛詩曰經德 周禮曰求人 戴禮曰服膺 春秋曰養正 武學曰講藝 試取大學崔敏庸等七十人 武學韓自純等八人 分處之: 예종은 즉위 당시 커다란 현안의 하나였던 女眞 문제가 일단락되자 곧이어 자신이 뜻했던 국학 진흥책을 단행하게 되는데 4년 7월의 7齋 설치가 그것이었다. 보다시피 7재는『周易』을 전문으로 공부하는 麗澤齋(여택재: 원래의 음은 이택재, 擇은 澤의 誤字)와 같이 각각 유학 경전인『尙書』·『毛詩』·『周禮』·『戴禮』·『春秋』를 전문으로 하는 待聘齋·經德齋·求仁齋·服膺

齋·養正齋 등 6재와 武學을 전문으로 하는 講藝齋를 말하거니와, 儒學部 6
재의 麗澤·待聘 등 명칭은 儒敎經典에서 따온 것들로 私學인 崔冲의 9齋에
서 영향을 받은듯 짐작된다.

이번의 7재 설치는, 첫째로 위에서 언급했듯 그 동안 부진했던 중앙의 官
學이 제자리를 잡아가게 되었다는 데서 우선 그 의미를 찾을 수 있다. 그리
고 둘째로, 국학 내에서 상위를 차지하게 되는 6재가 유학 경전을 전문으로
공부하는 곳이었다는 데서 經學이 크게 강조되었다는 점을 지적할 수 있다.
아울러 무학재가 설치되었다는 사실 또한 주목해야할 사항이다. 이는 그 동
안 긴박했던 대외관계에서 因由하는 바가 컸겠지만 문신 중심의 귀족정권하
에서 이같은 조처가 있게된 점만은 그 의미가 큰 것이다.

그러면 이렇게 새로 설치된 7재의 위치, 성격은 어떠 했을까. 이에 대해서
처음에는 7재가 국자감을 개편하여 보다 조직화한 것이라 이해하려는 경향
을 띠었다.[①] 그런가 하면 얼마 전에는 7재가 송나라의 三舍制度를 받아들임
에 따라 그 上舍에 해당하는 과정으로 설치한 것으로서 기존의 국자감과는
성격을 달리하는 교육체제로 보아야 한다는 의견도 제시되었으나[②] 대체적
으로는 그 역시 국자감체제 내의 교육시설로 , 이때에 이르러 7재가 새로 설
치됨으로써 국학은 7재생과 일반 국학생으로 구분되게 되었다고 파악하고
있다.[③] 그리하여 이 7재가 기존의 일반 국학보다는 우위에 위치하는 학제가
되었으며, 사료에 가끔 보이는 上舍·上舍生은 바로 이 7齋·齋生을 가리켰다
고 이해하고들 있는 것이다. 이들 7齋生은 이곳 선거지에도 나타나 있듯이
시험을 통해 선발하였다. 그 시험이 바로 升補試였다 함은 앞서의 기회에 설
명해 두었다[3-9-1-1), 301쪽]. 이번의 첫 시험에서는 儒學部 6재에 太學에 재학
중인 崔敏庸 등 70인을, 그리고 무학재에는 韓自純 등 8인을 선발하고 있다.

① 閔丙河,「高麗時代 成均館의 成立과 發展」『대동문화연구』6·7 합집, 1969~
  1970, 16·17쪽.
  尹南漢,「高麗儒學의 性格」『한국사』 6, 국사편찬위원회, 1975, 253쪽.
② 申千湜,「高麗中期 敎育政策과 國子監 運營」『高麗敎育史硏究』, 경인문화사,
  1995, 90~97쪽.
③ 許興植,「高麗 科擧의 應試資格」『高麗科擧制度史硏究』, 일조각, 1981, 87쪽 ;
  『고려의 과거제도』, 일조각, 2005, 119·120쪽.
  辛虎雄,「高麗中期 國學에 관한 小考-그 構成과 敎育課程을 中心으로-」『韓
  國學論集』 2, 1982, 19쪽.
  朴贊洙,「고려 중기의 國子監 개혁과 그 운용」『高麗時代 敎育制度史 硏究』,
  경인문화사, 2001, 94~97쪽.

-4) (睿宗)九年二月 國子生張仔等六十人 詣闕 請立國學: 이곳의 국자생 張仔 등
  60인은 7齋生으로 생각된다. 이들이 대궐로 나아가 국학의 설립을 청원했다

는 것인데, 그 실상인즉 4년 7월에 7재를 설치한 후에도 재생들은 일반 국자감생들과 함께 옛 學舍 내에서 교육을 받았던 것 같으며, 그에 따라 여러 면에서 불편이 초래되었고, 그러므로 이곳의 국학 설립 청원은 그 문제를 해결하기 위한 새 學舍의 마련을 청원한 것으로 짐작된다.

① 朴贊洙, 위의 글 96쪽.

-5) (睿宗)十一年四月 制曰 文武兩學 國家敎化之根源 … 而有司各執異論 未有定議 宜速奏定施行: 국왕인 예종이 적극적인 국학진흥책을 써서 4년에 儒學(文學) 6齋와 武學齋 하나로 편제된 7齋를 설치하였고[위의 3)항], 9년에는 이들이 사용할 국학 시설의 확충에 대한 청원이 있었다 하였거니와[위의 4)항], 그럼에도 특히 무학재의 설치 등에 비판이 커지면서 왕 11년까지만 해도 국학의 원만한 운영이 제대로 이루어지지 못했던 것 같다. 이에 국왕은 「文·武 兩學은 국가 敎化의 근원으로서」 장차 나라의 將相이 될만한 인재를 양육하고자 한 것인즉 有司는 고집을 버리고 신속히 논의를 확정하여 시행할 것을 다시 촉구하고 있다.

-6) (睿宗)十四年七月 國學始立養賢庫 以養士 自國初 肇立文宣王廟于國子監 建官置師 至宣宗 將欲敎育而未遑: 국학이 부진한 가장 큰 원인의 하나가 재정난이었다 함은 앞서 여러 차례 언급하였거니와 그같은 상황이 宣宗朝까지 계속되었음을 보여주고 있다. 예종은 이 문제를 해결코자 왕 14년 7월에 마침내 국학의 장학재단인 養賢庫를 설치하고 있는 것이다.

-7) 睿宗銳意儒術 詔有司 廣設學舍 置儒學六十人·武學十七人 以近臣管勾事務 選名儒爲學官·博士 講論經義 以敎導之: 예종은 14년 7월에 이르러 장학재단인 養賢庫의 설치와 더불어 교육 진흥을 위한 몇가지 조처를 더 취하고 있다. 그 하나가 學舍를 크게 확충하고 있다는 것이다. 9년 2월의 齋生들 청원이[위의 4)항] 이때에 와서 이루어진 셈이다. 둘째로, 武學齋의 설치에 대한 그동안의 문신들 반대에도 불구하고 오히려 이번에는 儒學의 인원을 10명 줄여 60명으로 하는 대신에 武學을 9명 늘여 17명으로 하고 있다. 이것은 물론 당시 女眞의 수상한 동향과 관련이 있겠지만 한편으로 武備에 많은 관심을 가지고 있던 왕의 강력한 의지가 반영된 결과로 짐작된다. 셋째로, 近臣으로 하여금 學事 업무를 관장토록 조처하고 있다. 학사 업무도 강화코자 하는 의도에서였겠다. 넷째로, 名儒를 선발하여 學官·博士를 삼고 있다. 국학의 부진이 학관들에게도 책임이 있다는 지적을[4-1-4-1), 321쪽] 염두에 둘 때 그점을 시정하여 교육의 내실을 기하고자 했음을 알 수 있다. 다섯째로, 經義를 강론하여 敎導토록 하고 있다. 이것은 科試에서 종래에는 구술고사인 貼經으로[2-1-4-1), 39쪽] 시험하던 형식에서 이때부터 經書의 義理를 논문식으로 치르는 經義로 바뀐 사실[2-1-11-7), 56쪽]과 관련이 있는 것으로 경서에 대

한 교육과 시험이 모두 한단계 수준이 높아졌음을 뜻한다.

① 朴贊洙, 앞의 글 94~97쪽.

原文 4-1-7. 仁宗朝式目都監詳定學式 國子學生 以文武官三品以上子孫及勳官
二品帶縣公以上 幷京官四品帶三品以上勳封者之子爲之 大學生 以文武官五品
以上子孫若正從三品曾孫 及勳官三品以上有封者之子爲之 四門學生 以勳官三
品以上無封 四品有封 及文武官七品以上之子爲之 三學生各三百人 在學以齒序
凡係雜路及工商樂名等賤事者 大小功親犯嫁者 家道不正者 犯惡逆歸鄕者 賤鄕
部曲人等子孫及身犯私罪者 不許入學 其律學書學筭學皆肄國子學 律書筭及州
縣學生並以八品以上子及庶人爲之 七品以上子情願者聽 國子大學四門皆置博
士助敎 必擇經學優長 景行修謹堪爲師範者 分經敎授諸生 每授一經 必令終講
未終講者不得改業 年終計講授多少 以爲博士助敎考課等第 律書筭學只置博士
律學博士掌敎律令 書學掌敎八書 筭學掌敎筭術 凡經周易尙書周禮禮記毛詩春
秋左氏傳公羊傳穀梁傳各爲一經 孝經論語必令兼通 諸學生課業 孝經論語共限
一年 尙書公羊穀梁傳各限二年半 周易毛詩周禮儀禮各二年 禮記左傳各三年 皆
先讀孝經論語 次讀諸經 幷筭 習時務策 有暇兼須習書日一紙 幷讀國語說文字
林三倉爾雅 五年三月詔 諸州立學 以廣敎道 八年六月國學奏 近年以來明經浸
衰 宜選取三十人以下入學養育 兼差敎導官叅上叅外各一員以勸學 七月國子諸
生詣闕上書曰 臣等竊聞 御史臺奏 國學養士大多 供給甚費 請簡留行修業成者
若干人在學 餘悉出之 臣等上爲國家惜之 夫崇學育才 乃理國之本 古之聖賢必
以是爲先務焉 孔子雖不得位 周流四方 猶養三千之徒 唐韓文公讁守潮州 潮下
州也 猶曰 州學廢久 不聞業成貢于王庭 亦州之恥也 乃命趙德秀才 掌州學以聚
生徒 出己俸以給廚饌 況我國家奄有三韓 旣富而敎風俗文物 擬諸三代 而國學
生徒不過二百 有司以爲費財而欲削之 豈吾君尊道崇儒之意邪 且佛氏寺觀周遍
中外 齊民逃役飽食逸居者 不知其幾千萬焉 有司曾不是思 而反言國學之費 非
公言至論也 願陛下却而不用 詔可 九年三月中書門下奏 叅外文臣各定業經 注
錄政案 量差學官 從之 十一年正月判 武學齋生赴擧者少 故策論雖不合格 隨分
選取 得第甚易 諸學生爭屬武學 棄本逐末 非徒士風僥倖 率皆才器駑下 或委兵
事 有名無實 且武學漸盛 將與文學人角立不和 深爲未便 自今已登第者 與文士
一體敍用 武學取士及齋號並停罷 十三年判 國學諸生四季私試 通考分數 直赴
科場 大寒大熱兩朔免試 十五年九月門下省奏 國學六齋諸生 各持所講大小經升
堂 博士學諭執經升講 每日不過五人 每人不過二問 從容論難 悟疑辨惑

4-1-7. 인종조에 식목도감에서 학식學式을 상정詳定하였는데,[1] 국자학생은 문·무관 3품 이상의 자·손 및 훈관 2품으로 현공縣公 이상을 띤 사람의 자子와 아울러 경관京官 4품으로 3품 이상의 훈봉을 띤 사람의 자子로써 삼고, 태학생은 문·무관 5품 이상의 자·손과 정·종3품의 증손 및 훈관 3품 이상으로 봉封함을 받은게 있는 사람의 자子로써 삼으며, 사문학생은 훈관 3품 이상으로 봉함을 받은게 없는 사람과 4품으로 봉함을 받은게 있는 사람 및 문·무관 7품 이상의 자子로써 삼도록 하였다.[2] 3학의 학생은 각각 300인으로 재학在學은 연령순으로 하였다.[3] 무릇 잡로 및 공·상·악樂 등에 이름이 오른 천한 일에 종사하는 자(賤事者), 대·소공친을 범하고 혼인한 자, 가도家道가 부정한 자, 악역惡逆을 범하고 귀향歸鄕된 자, 천인·향·부곡인 등의 자손 및 자신이 사죄私罪를 범한 자는 입학을 허락하지 않는다.[4] 그 율학·서학·산학은 모두 국자학에서 학습하는데, 율(학)·서(학)·산(학) 및 주현학州縣學 학생은 모두 8품 이상의 자子와 서인으로 삼으며, 7품 이상의 자子라도 원하면 들어주도록 하였다.[5]

국자학·태학·사문학에는 박사와 조교를 두는데, 반드시 경학에 우수하며 행실이 훌륭하고 삼가서 사범이 될만한 사람들을 택하여서 경전을 나누어 제생諸生을 교수토록 하였다. 매번 하나의 경전을 교수하면 반드시 종강終講토록(강론을 마치도록) 하여, 강론을 마치지 못하면 과업을 바꾸지 못하게 하였으며, 연말에 강수講授(강론 교수)의 다소를 계산하여 박사와 조교를 고과考課해 등급을 매기도록 하였다.[6] 율학·서학·산학에는 단지 박사만을 두는데, 율학박사는 율·령의 교수를 관장하고, 서학(박사)는 8서八書의 교수를 관장하였으며, 산학(박사)는 산술의 교수를 관장하였다.[7]

무릇 경전은 주역·상서·주례·예기·모시와 춘추의 좌씨전·공양전·곡량전을 각각 하나의 경經으로 삼고, 효경과 논어는 반드시 겸하여 통하도록 하였다.[8] 여러 학생의 과업課業은, 효경과 논어를 공共히(합하여) 1년을 기한으로 하고, 상서·공양전·곡량전은 각각 2년 반을 기한으로 하며, 주역·모시·주례·의례는 각각 2년, 예기·좌전은 각각 3년으로 하여, 모두들 먼저 효경·논어를 읽고, 다음에 여러 경전[9]과 함께 산算을 읽으며, 시무책을 익히고, 여가가 나면 겸하여 반드시 서書를 익히는데 하루에 한 장씩 하며, 아울러 국어·설문·자림·삼창·이아를 읽게 하였다.[10]

5년 3월에 조詔하여, 여러 주州에 학學을 세우고 교도敎道를 넓히게 하였다.[11]

8년 6월에 국학에서 아뢰기를, "근년 이래로 명경(업)이 점점 쇠퇴해지오니 마땅히 30인 이하를 선발하여 입학시켜 양육하고 겸하여 교도관으로 참상·참외관 각각 1사람씩을 보내 권학勸學토록 하소서" 하였다.[12]

7월에 국자(감) 제생諸生이 대궐에 나아가 상서하여 말하기를, "신 등이 그윽히 듣건대 어사대에서 아뢰기를, 「국학에서 선비를 기름이 너무 많아 공급하는 비용이 심히 많이 드니 청컨대 행실이 닦이고 학업을 이룰 만한 약간인만을 가려서 머물러 재학토록 하고 나머지는 모두 내보내소서」라고 하였다 하온데, 신 등은 위로 국가를 위하여 애석히 여깁니다. 대저 학學을 높이고 인재를 기르는 것은 곧 나라를 다스리는 근본이라 옛 성현들은 이로써 우선 힘써 해야할 일로 삼았습니다. 공자가 비록 직위를 얻지 못하고 사방으로 두루 돌아다니면서도 오히려 3천의 생도를 길렀고, 당나라 한문공은 쫓겨나 조주의 수령이 되었는데, 조주는 하주下州였으나 오히려 말하기를, 「주학州學을 폐한지 오래 되어 업業을 이루어 왕정王庭에 보냈다는 것을 듣지 못하였으니 역시 주州의 수치다」라고 하고는 곧 조덕이라는 수재秀才에게 명하여 주학을 맡아 생도를 모으게 하고 자기의 봉록을 내어 주찬廚饌을 공급하였다 했습니다. 하물며 우리 국가는 삼한을 영유하여 이미 부유하고 교화敎化해 풍속과 문물이 3대(하·은·주)에 견줄만한데 국학의 생도는 2백에 지나지 않습니다. (그럼에도) 유사有司가 재물을 소비한다 하여 삭감하고자 하니 어찌 우리 군상君上께서 도道를 높이고 유儒를 숭상하는 뜻이겠습니까. 또 불교 사찰은 중외에 두루 가득하여 일반 백성들이 역을 피해 배불리 먹고 편안하게 사는 자가 기천만幾千萬이나 될지도 알 수 없는데 유사가 일찍이 이것은 생각지 않고 반대로 국학의 비용을 말하니 공정한 말과 지당한 언론이 아닙니다. 원컨대 폐하께서는 물리치시고 쓰지 마소서" 하니 조詔하여 가可하다 하였다.[13)

9년 3월에 중서문하에서 아뢰기를, "참외 문신들은 각각 업業으로 하는 경전을 정해 정안에 기록토록 하고 헤아려 학관으로 보내도록 하소서" 하니 좇았다.[14)

11년 정월에 판判하여, 무학재의 생도는 부거赴擧하는 자가 적기 때문에 책론策論에 비록 합격하지 못했더라도 푼수(분수分數)에 따라 선발해 급제하기가 매우 쉬우므로 여러 학생들이 다투어 무학에 속하여 근본을 버리고 말업末業을 좇은즉 다만 사풍士風이 요행을 바랄뿐만 아니라 거의 전부 재기才器가 노둔駑鈍하고 낮아 혹 병사兵事를 맡겨도 유명무실하며, 또 무학이 점차 성하여져서 장차 문학인文學人과 더불어 대립하고 불화하면 심히 불편하게 될 것이다. 지금부터는 이미 등제登第한 사람은 문사와 함께 모두 서용敍用하되, 무학으로 무사를 뽑는 일 및 재호齋號는 모두 정파停罷하게 하였다.[15)

13년에 판判하여, 국학의 제생諸生들은 4계(봄·여름·가을·겨울)에 사시私試를 (치르게 하고) 푼수(분수分數)를 통고通考(전체를 고찰)하여 과장科場(과거 시험장)에 직부直赴토록 하였는데, 매우 춥고 매우 더운 두 달에는 시험을 면제하도록 하였다.[16)

15년 9월에 문하성에서 아뢰어, 국학 6재의 제생諸生들은 각각 강講하는 바의 대·소경을 가지고 당堂에 오르고, 박사와 학유는 경전을 가지고 올라 강하되, 매일 5인을 넘기지 말고, 매 사람당 두 문問을 넘기지 않으면서 조용히 논난論難하여 의혹을 분변分辨하고 깨닫게 하도록 하였다.[17)

註解 4-1-7-

-1) 仁宗朝 式目都監詳定學式: 식목도감은 수상이 使가 되고 3품직을 겸한 樞密이 대체로 副使가 되어 이들 宰樞가 중요 구성원을 이룬 法制·格式 제정의 최고기관을 말한다.[①] 이 기구에서 인종조에 이르러 학식, 즉 學則을 詳定했

다는 것인데, 그정확한 시기는 밝혀져 있지 않다. 혹자는 그때를 인종 11년
으로 보기도 하나[2] 확인하기는 어렵고, 또 그 내용 역시 어느 한 시기를 획
하여 단번에 성립한 것이 아니라 성종조 이후 당나라 제도를 본받아 시행해
오던 것을 참작하고 당시 지향했던 교육 목표도 고려하여 재정리한 것으로
짐작하고 있다.[3] 어떻든 이 학식은 보다시피 크게 세 분야, 즉 京師6學으로
알려진 國子學・太學・四門學과 律學・書學・算學의 입학자격 및 學官과 敎課目
에 대한 내용으로 구성되어 있다.

① 邊太燮,「高麗의 式目都監」『歷史敎育』15, 1973.
　末松保和,「高麗式目形止案について」『朝鮮學報』25, 1962 ;『靑丘史草』1, 笠
　井出版社, 1965.
② 申千湜,「高麗中期 敎育理念과 國子監 運營」『高麗敎育制度史硏究, 형설출판
　사, 1983, 98~102쪽 ;『高麗敎育史硏究』, 경인문화사, 1995, 121~125쪽.
③ 閔丙河,「高麗學式考」『成大論文集』11, 1966, 162쪽.
　朴贊洙,「高麗學式에 대한 再檢討-儒學部를 中心으로-」『國史館論叢』21,
　1991 ;『高麗時代 敎育制度史 硏究』, 경인문화사, 2001, 118~121쪽.

-2) 國子學生 以文武官三品以上子孫 及勳官二品帶縣公以上 幷京官四品帶三品以
上勳封者之子 爲之 大學生 以文武官五品以上子孫 若正從三品曾孫 及勳官三
品以上有封者之子 爲之 四門學生 以勳官三品以上無封 四品有封 及文武官七
品以上之子 爲之: 국자감의 儒學部인 國子學・太學・四門學 학생의 입학자격
에 관한 규정인데, 이를 보기 쉽게 다시 정리하면 다음과 같다.

　國子學生 … ⑴ 文・武官 3품 이상의 子와 孫
　　　　　　　⑵ 勳官 2품으로 縣公 이상을 띤 사람의 子
　　　　　　　⑶ 京官 4품으로 3품 이상의 勳封을 띤 사람의 子
　太學生 … ⑴ 文・武官 5품 이상의 子와 孫
　　　　　　⑵ 정・종 3품의 曾孫
　　　　　　⑶ 勳官 3품 이상으로 有封者의 子
　四門學生 … ⑴ 勳官 3품 이상으로 無封者의 子
　　　　　　　⑵ 勳官 4품 이상으로 有封者의 子
　　　　　　　⑶ 文・武官 7품 이상의 子

　이 규정대로라면 국자감 儒學部의 입학은 父祖의 직위라는 신분계층에 따
라 정해졌다고 할 수 있다. 문무관 3품 이상・5품 이상・7품 이상의 子 또는
孫으로 한정하여 입학시킨듯 규정하고 있는 것이다. 거기에 2품~4품의 勳
官과 封爵者의 子이면 역시 입학이 가능하도록 정해놓고도 있다. 여기서 공
로가 있는 사람들에게 책공하는 한 방식으로 주어지던 훈관 즉 勳階는 1등
급부터 6등급이던 上柱國・柱國이 2품, 上護軍・護軍이 3품, 上輕車都尉・輕車
都尉가 4품이므로 이들 고위 훈계를 띠거나, 또는 國公(정2품)・郡公(종2품)・縣

侯(정5품) 등의 封爵을 받으면[①] 그같은 혜택을 누린듯 짐작되는 것이다. 다만 위의 규정 가운데 국자학생에 해당하는 조항중 「勳官 2품으로 縣公 이상을 띤 사람의 子」라고 한 경우 고려에는 '현공'이라는 爵이 아예 없었으므로 어떤 착오에서 비롯하는 것 같다.

한데 사실 유학부의 입학 규정은 이보다도 그것이 과연 고려에서 실제로 시행되던 것이었는가 하는 근본적인 부분에서부터 의문이 제기되어 문제가 적지 않다. 고려의 학식은 이미 잘 알려진대로 대부분 당나라의 그것을 그대로 이끌어 오다시피한 것으로 이 입학자격에 대한 규정도 그 하나인데, 역사적 위치나 사회적 배경이 크게 다른 고려에서 그대로 적용하기가 어려웠을 것이므로 그에 따라 이해하기 어려운 여러 문제가 나타나고 있는 것이다. 물론 논자 가운데는 처음에 그런대로 수긍하기도 했으나[②] 얼마 뒤부터 연구가 진척되면서 실제와는 맞지 않는 사실이 속속 드러나면서, 국자학·태학·사문학이 독립적으로 운영되었을까에 대한 회의로부터[③] 국자학·태학과 사문학 사이에는 다소 차이가 났음에도 불구하고 본질면에서는 3학이 구분되어 있었던게 아니라는 견해와[④] 함께 官品과 勳爵에 따른 입학자격 역시 그대로 적용되던 규정은 아니었다고 파악하고들 있다.[⑤]

이어서 설명하듯이 학식에 입학을 불허하도록 규정한 雜路·賤事者 등의 자손은 물론 국자감에 들어갈 수 없었을 것이다. 하지만 일단 이들을 제외시키고 나면 국학과 밀접히 연결되어 있는 科擧에서 명경과 이하의 경우 양민 이상이면 응시가 가능했던 점을[2-1-12·13), 65쪽] 감안할 때 국학에의 입학에서도 그러하지 않았을까 짐작할 수 있을 것 같다. 하지만 규정상은 비록 그러하다 하더라도 실제에 있어서 양민으로 명경과 이상에 급제한 사례가 거의 찾아지지 않듯이 국학에의 입학도 실제적으로는 향리나 하급관료 이상층의 자손들이 대부분이었으리라는 짐작도 할 수 있을 듯하다. 국학이 위축을 면치 못하던 예종조까지만 하여도 그것은 문벌가의 자손들에게 커다란 호응을 얻지 못하다가 국학7재의 설치 이후 위상이 높아지면서 상황이 달라지게 되었다는 연구가 있거니와,[⑥] 아마 이번의 재정리된 학식도 인종대에 접어들어 이같은 국학의 위상이 한층 제고됨과 아울러 문벌귀족의 번성이 맞물려 당나라의 제도도 참작하여 자신들의 구미에 맞게 제정했던게 아닐까 하는 생각도 하고 있다.[⑦]

① 呂恩暎, 「高麗時代의 勳制」 『慶尙史學』 4·5 합집, 1989.
　김기덕, 「封爵制의 構成과 運營」 『高麗時代 封爵制 硏究』, 청년사, 1998.
　朴龍雲, 『高麗史 百官志 譯註』, 신서원, 2009, 737~741쪽.
② 閔丙河, 위의 논문 163쪽 및 173쪽.
③ 辛虎雄, 「高麗中期 國學에 관한 小考-그 構成과 敎育課程을 中心으로-」 『韓

國學論集』 2, 1982, 16쪽.
④ 朴贊洙, 위의 논문 ; 저서 124~138쪽.
⑤ 辛虎雄·朴贊洙, 위의 글.
申千湜, 위의 글 104~107쪽.
⑥ 朴贊洙, 위의 논문 ; 저서 144~146쪽.
⑦ 申千湜, 위의 글 104~110쪽.

-3) 三學生各三百人 在學以齒序: 국자학·태학·사문학의 학생 정원이 각각 300인씩으로 합계 900명이었다는 것인데, 이는 지나치게 많은 숫자로서 아마 당나라의 국자학생이 300명이었음을 감안한 데서 말미암은 듯하다. 그리하여 연구자는 「各三百人」이 아니라 「合三百人」이지 않았을까 짐작하였는데,① 비교적 합당한 숫자이다. 이어서 설명하듯 인종 8년 당시 국학의 비용이 과다하다 하여 축소론이 제기된데 대해 국학생들이 반대하는 상서를 올리는 가운데에 「국학생도는 200명에 지나지 않는다」[『고려사』 권74, 선거지 2 學校]고 한 구체적인 숫자 제시도 있어 이점을 이해하는데 많은 도움이 된다. 논자 중에는 이보다 훨씬 적은 숫자였다고 이해하기도 했으나② 시기에 따라 얼마의 차이가 있었겠지만 대략 200~300명으로 보는게 타당할 듯싶다.③

뒷 부분의 「在學은 연령순으로 하였다」는 기술은 입학 지원자가 정원을 초과할 경우 연령순에 따랐다는 의미로 짐작된다. 연장자에게 우선권이 주어지는 제도였던 것 같다.
① 朴性鳳, 「國子監과 私學」『한국사』 6, 국사편찬위원회, 1975, 211쪽.
② 朴贊洙, 위의 논문 ; 저서 148~151쪽.
③ 申千湜, 위의 글 121~124쪽.
朴贊洙, 위의 논문 ; 저서 148~151쪽.

-4) 凡係雜路及工·商·樂名等賤事者 大·小功親犯嫁者 家道不正者 犯惡逆歸鄕者 賤·鄕·部曲人等子孫 及身犯私罪者 不許入學: 국자감 儒學部에 입학이 금지된 사람과 그 자손들을 하나하나 열거해 놓고 있다.
(1) 雜路는 말단 吏屬인 雜類의 仕路로서 이들은 品官線을 상한으로 하여 胥吏 신분에 묶여있는 吏族層이었는데① 그들 자손에게는 입학을 불허한다.
(2) 工匠·商業·樂律에 이름이 오른 천한 일에 종사하는 사람들의② 자손은 입학을 불허한다.
(3) 喪服을 입는 기간에 따라 3年服·周年服과 9개월을 입는 大功親, 5개월을 입는 小功親, 3개월을 입는 緦麻親을 5服制라 하는데,③ 이처럼 9개월 또는 5개월 동안 상복을 입어야할만큼 가까운 인척이어서 서로 혼인할 수 없는 데도 그것을 어기고 혼인한 사람들의 자손은 입학을 불허한다는 조항이다.
(4) 家道가 不正한 사람들의 자손은 입학을 불허한다.

(5) 惡逆이란 祖父母·父母를 毆打하거나 謀殺하고 伯叔父母·姑·兄姊·外祖父母·夫·夫의 父母와 祖父母를 살해한 것을 말하는데,[④] 이같은 죄를 짓고 자신의 本貫地로 되돌아가게 하는 형벌인 歸鄕刑을[⑤] 받은 사람의 자손은 입학을 불허하도록 규정하고 있다.

(6) 賤 鄕 部曲人 등의 자손은 입학을 불허한다는 조항인데, 이곳의 앞 부분을 「천인·향·부곡인」으로 해석 하느냐 또는 「천한 향·부곡인」으로 해석 하느냐에 따라 의미가 크게 달라진다. 그러나 지금은 일반적으로 전자와 같이 해석하므로 그에 좇기로 하겠는데, 그렇다면 천인과 아울러 비록 신분은 양인이었다 하더라도 일반 군현민에 비해 사회적으로 차별대우를 받던 향·소·부곡민의[⑥] 자손은 입학을 불허하도록 정하고 있는 것이다.

(7) 자신이 私罪를 범한 자는 입학을 허락하지 않는다.

요컨대 신분적으로 하자가 있거나 범법자들의 자손 및 자신이 범죄를 지은 사람들에게는 국자감의 유학부에 입학이 허락되지 않았음을 알 수 있다.

① 洪承基, 「高麗時代의 雜類」 『역사학보』 57, 1973 ; 『高麗社會史硏究』, 일조각, 2001.

② 洪承基, 「高麗時代의 工匠」 『진단학보』 40, 1975 ; 『高麗社會史硏究』, 일조각, 2001.

金蘭玉, 「高麗前期 工匠의 身分」 『史學硏究』 58·59 합집, 1999 ; 『고려시대 천사·천역양인 연구』, 신서원, 2000.

金蘭玉, 「高麗時代 商人의 身分」 『한국중세사연구』 5, 1998 ; 위의 저서.

③ 盧明鎬, 「高麗의 五服親과 親族關係 法制」 『학국사연구』 33, 1981.

崔在錫, 「高麗時代의 親族組織」 『역사학보』 94·95 합집, 1982 ; 『한국가족제도사연구』, 일지사, 1983.

④ 蔡雄錫, 『高麗史 刑法志 譯註』, 신서원, 2009, 360쪽 및 532쪽.

⑤ 蔡雄錫, 「高麗時代의 歸鄕刑과 充常戶刑」 『韓國史論』 9, 1983.

朴恩卿, 「高麗時代 歸鄕刑에 대한 재검토」 『韓國史硏究』 79, 1992 ; 『高麗時代 鄕村社會 硏究』, 일조각, 1996.

⑥ 旗田巍, 「高麗時代の賤民制度 '部曲'について」 『和田還曆記念 東洋史論叢』, 1951 ; 『朝鮮中世社會史の硏究』, 法政大學出版局, 1972.

金龍德, 「部曲의 規模 및 部曲人의 身分에 對하여(上)」 『역사학보』 88, 1980.

朴宗基, 「高麗 部曲人의 身分과 身分制 運營原理」 『한국학논총』 13, 1991.

-5) 其律學·書學·筭學皆隷國子學 律·書·筭及州縣學生並以八品以上子及庶人 爲之 七品以上子情願者聽: 국자감에는 국자학·태학·사문학 등의 儒學部 이외에 律學·書學·算學 등의 기술학 3부도 소속하여 있었다. 그리하여 이들을 京師6學이라 하였는데, 이같은 체제가 분명하게 언급된 것은 바로 인종조의 이 학식에서이다. 하지만 경사6학이 갖추어진 것은 이보다 훨씬 앞서서의

일로 짐작되거니와, 논자에 따라 그 시기를 문종조로 보기도 하고① 또 성종
조로 이해하고 있기도② 하다.

　　이 율학·서학·산학과 지방의 州縣學에 입학하는 학생은 8품 이상의 子와
庶人으로 규정하고, 7품 이상의 子라도 원하면 들어주도록 하고 있다. 하지
만 이 규정은 얼핏 보더라도 「8품 이상의 자」와 「7품 이상의 자」가 서로 모
순되고 있는데, 이것은 전자의 8품 「以上의 子」가 「以下의 子」에 대한 誤記
일 것으로 보고들 있다.③

　　① 閔丙河, 앞의 논문 163·164쪽.
　　② 朴贊洙, 앞의 논문 ; 저서 119쪽.
　　③ 閔丙河, 위의 논문 174쪽.
　　　朴贊洙, 위의 논문 ; 저서 123쪽.

-6) 國子·大學·四門皆置博士·助教 必擇經學優長 景行修謹堪爲師範者 分經教授
諸生 每授一經 必令終講 未終講者不得改業 年終計講授多少 以爲博士助教考
課等第: 국자학·태학·사문학에는 교수직으로 경학에 뛰어나고 언행도 근실
하여 사범이 될만한 사람들을 박사와 조교로 삼아 임명하였다. 그리하여 이
들은 각기 한 경전씩을 맡아 교수하였는데, 맡은 경전의 강론을 마치지 못
하면 다른 경전을 담당할 수 없도록 하였으며, 연말에 이르러 그 강론·교수
한 수의 다소에 의해 당해 박사·조교를 考課하는 제도를 채택하고 있었음을
전하고 있다. 국자감 전체의 직관에 대해서는『고려사』권76, 百官志 1 成均
館條 참조.

-7) 律·書·筭學只置博士 律學博士掌敎律令 書學掌敎八書 筭學掌敎筭術: 율학·
서학·산학에는 교수직으로 박사만을 두었다. 그리하여 율학박사는 律·令의
교육을 담당하였고, 서학박사는 8書, 산학박사는 算術의 교육을 담당하였는
데, 8서는 古文·大篆·小篆·隷書·草書 등을 말하며,① 산술은 九章 綴術 등을
일컫는 것 같다. 이들에 대해서는 역시 인종조에 정해진 과거에서의 明法業
式[2-1-12-6), 63쪽]과 明算業式[2-1-12-8), 65쪽]에 제시된 과목을 보면 많은 참고
가 된다.

　　① 朴性鳳, 앞의 글 210쪽.

-8) 凡經 周易尙書周禮禮記毛詩春秋左氏傳公羊傳穀梁傳各爲一經 孝經論語必令
兼通 諸學生課業 孝經論語共限一年 尙書公羊穀梁傳各限二年半 周易毛詩周
禮儀禮各二年 禮記左傳各三年 皆先讀孝經論語 次讀諸經: 여러 학생들이 課
業으로한 경전과 그 각 경전에 대한 수업의 기간을 정해놓고 있는데, 그 내
용은 다음과 같다.

　　(1)『孝經』과『論語』는 합하여 1년을 기한으로 한다.
　　(2)『尙書』와『公羊傳』·『穀梁傳』은 각각 2년 반을 기한으로 한다.

(3) 『周易』과 『毛詩』·『周禮』·『儀禮』는 각각 2년으로 한다.

(4) 『禮記』와 『左傳』은 각각 3년으로 한다.

이들 중 먼저 『효경』과 『논어』를 읽고, 다음에 여러 경전들을 읽도록 하였다고 보이는데, (2)·(3)·(4)의 경전 경우 그들 가운데 각기 하나씩만을 선택하여 읽게 한 것으로 짐작된다.[1] 그렇다면 차례로 읽어가는데 소요되는 전체 기간은 8년 6개월이 되거니와, (2)의 『상서』 등은 '2년 반'이 아니라 '1년 반'의 오류로 짐작되고 있는 만큼[2] 그 1년을 줄이더라도 재학하는 전체 기간은 7년 6개월이 된다. 그런데 이에 비해 국자감생들의 목표인 科擧에는 靖宗 2년의 判文으로 3년을 재학하면 監試에 응시할 수 있도록 정하고 있으며[2-1-6-1), 43쪽], 다시 예종 5년에는 그 3년 중 300일을 출석하여 수업하면 응시할 수 있도록 하고 있다[2-1-11-2), 55쪽]. 이런 점들을 함께 고려할 때 이곳 학식의 규정은 먼저 공통필수과목인 『논어』와 『효경』을 1년에 걸쳐 이수하고 나면 (2)·(3)·(4)과목은 자유로이 선택하여 수업을 하되 거기에 정해져 있는 기간은 소요되는 연수의 상한선을 표시한 것일뿐 능력에 따라서 먼저 이수할 수도 있었지 않았나 짐작하고 있다.[3] 그러한 과정에서 及第가 되면 국자감에 더 머물 필요가 없이 出仕의 길을 걸었을 것으로 생각된다.

① 辛虎雄, 앞의 논문 23~25쪽.

② 申千湜, 앞의 글 117쪽.

朴贊洙, 위의 논문 ; 저서 123쪽 및 154쪽.

③ 閔丙河, 앞의 논문 177쪽.

申千湜, 위의 글 118~120쪽.

朴贊洙, 위의 논문 ; 저서 153~155쪽.

-10) 幷筭 習時務策 有暇兼須習書日一紙 幷讀國語說文字林三倉爾雅: 여러 경전을 읽는 동안에 算數를 익히고 時務策을 작성하는 연습을 하여 과거에 대비하며, 아울러 역사서인 『國語』를 읽음과 동시에 字典類인 『說文』·『字林』·『三倉』·『爾雅』를 교재로 字學을 익혀 문자의 원리를 확실하게 알도록 하였다. 국자감 학생이면 유학과 교양 및 실무에 필요한 상식 등을 두루 익히도록 배려했음을 알 수 있다.

① 朴性鳳, 앞의 글 208·209쪽.

② 朴贊洙, 위의 논문 ; 저서 153쪽.

-11) (仁宗)五年三月 詔 諸州立學 以廣敎道: 이 조서는 이자겸의 난을 겪고 난 뒤에 민심을 안정시키기 위해 발표한 維新 15조 가운데 하나로서[『고려사절요』 권9, 인종 5년 3월], 글자 그대로 여러 州에 학교를 세워 교육의 문을 넓히라는 것이었다. 한데 한때는 이에 근거하여 고려에 지방학교가 처음으로 설치된 것이 바로 이때이고 그 명칭은 鄕學이었다고 설명하여 왔으나[1] 이는 옳지

못한 이해였다. 물론 州에 있는 학교는 州學, 縣에 있는 학교는 縣學 등으로
불렀겠지만 그것들 전체를 부르는 공식 명칭은 鄕校였기 때문이다.『고려사』
가운데에서 鄕校라는 호칭은 인종 20년(1142)에 科擧와 관련하여 내린 判文
중「界首官鄕校都會」라고 한데서[『고려사』권73, 선거지 1, 科目 1, 2-1-12-23], 69쪽]
처음으로 보이고 있다. 하지만 향교가 발족한 것은 이보다 훨씬 앞선 시기
로서, 일찍이 성종이 지방에서 학생 260명을 수도로 뽑아 올려 교육을 시켰
으나 오래지 않아 그들중 207명이나 되는 인원이 고향을 그리워하여 되돌아
가기를 원하자 그대로 허락하고는 다시 왕 6년(987) 8월에, 州·郡에는 이들을
가르칠만한 스승이 없을 것이라 하여 경학박사와 의학박사를 각각 1인씩 12
牧에 파견하였는데, 논자들은 이때를 기점으로 향교가 설치되기 시작했다고
보고들 있다. 이점에 대해서는 4-1-2-3), 318쪽 참조.

　① 柳洪烈,「麗末鮮初의 私學」『靑丘學叢』 24, 1936.
　　金貞玉,「高麗時代 敎育制度에 대한 一考察」『梨花女大 70周年紀念論文集』,
　　1956.

-12) (仁宗)八年六月 國學奏 近年以來明經浸衰 宜選取三十人以下 入學養育 兼差
敎導官叅上叅外各一員 以勸學: 이 당시에 明經科가 상대적으로 부진했던 모
양이다. 그러므로 국학에서 특별히 30인을 뽑아 입학시키고 또 叅上員과 叅
外員 각각 1인씩을 敎導官으로 파견하여 勸學하자고 건의하고 있다. 참상과
참외는 조회에 참석할 수 있는 관직이냐 그렇지 못한 관직이냐에 따른 것으
로, 官品上 대체적으로 6품 이상과 7품 이하로 나뉘어져 있었는데, 그에 대
해서는 朴龍雲,『高麗史 百官志 譯註』, 신서원, 2009, 193쪽 참조.

-13) (仁宗八年)七月 國子諸生詣闕 上書曰 臣等竊聞 御史臺奏 國學養士大多 供
給甚費 請簡留行修業成者若干人在學 餘悉出之 臣等上爲國家惜之 … 不知其
幾千萬焉 有司曾不是思 而反言國學之費 非公言至論也 願陛下却而不用 詔可:
왕 8년 7월에 접어들기 얼마전 御史臺에서 국학에 들어가는 비용이 과다함
을 들어 그 규모의 축소를 건의했던 것 같다. 이에 국자생들이 대궐로 나아
가 상서해, 교육 養士의 중요성을 강조하면서 어사대의 건의가 부당함을 지
적하자 국왕도 그에 동조하고 있다. 이 국자생들의 상서문 가운데 국학생
숫자가 200명 정도라는 언급도 있어 주목된다 함은 위의 3)항에서 지적한
바와 같다. 어사대에 대해서는 朴龍雲,『高麗史 百官志 譯註』, 신서원, 2009,
184쪽 참조.

-14) (仁宗)九年三月 中書門下奏 叅外文臣各定業經 注錄政案 量差學官 從之: 좋
은 學官의 부족 현상은 여전했던 모양이다. 그러므로 중서문하성에서 아뢰
어, 叅外文臣들에게 각각 전문으로 하는 경전을 정하게 하고 인사기록카드
에 해당하는 政案에 기록해 두었다가 적정성 여부를 헤아려 학관으로 파견

토록 하고 있는 것이다. 이곳의 참외에 대해서는 바로 윗 대목에서 설명한 바와 같고, 중서문하성에 대해서는 朴龍雲, 『高麗史 百官志 譯註』, 신서원, 2009, 67쪽 참조.

-15) (仁宗)十一年正月判 武學齋生赴擧者少 故策論雖不合格 隨分選取 得第甚易 諸學生爭屬武學 棄本逐末 非徒士風僥倖 率皆才器駑下 或委兵事 有名無實 且 武學漸盛 將與文學人角立不和 深爲未便 自今已登第者 與文士一體敍用 武學 取士及齋號並停罷: 예종 4년에 강예재가 설치된 이후 얼마 뒤부터 이들 武 學生들도 儒學生과 마찬가지로 과거의 武科를 치러 등용의 길을 열어 주었 겠는데, 처음에는 武術과 관계되는 시험만을 부과했던 것 같다. 예종 15년의 과거에서부터 이들에게도 策論을 치르게 한 것으로[『고려사』 권73, 선거지 1, 科 目 1 選場 예종 15년 5월, 2-2-13-10], 127쪽] 보아 그같은 짐작을 할 수 있다. 이렇 게 되자 武學齋生의 숫자가 원래부터 적어서 赴擧者도 자연히 많지 않았던 데다가 책론까지 부과함에 따라 그 장벽에 부딪혀 급제자가 거의 배출되지 못했던 것 같다. 이에 책론에 대해서만은 합격점에 이르지 못했더라도 일정 한 성적만 얻으면 급제시키도록 완화하였으며, 그렇게 되자 이번에는 반대 로 급제하기 쉬운 무학으로 너도나도 몰려드는 현상이 나타났다. 이에 조정 은 本末이 顚倒되고 士風이 나빠질뿐 아니라 무학으로 진출한 사람들의 능 력이 떨어져 兵事를 맡겨도 일을 제대로 해내지 못하고, 또 점차 무학이 번 성해져 文學人(儒學人)과 대립, 불화할 것이 우려된다 하여 마침내 이때부터 武擧를 정지하고 武學齋도 폐지하고 있다. 무과와 무학재 停罷의 전말은 대 개 이러하지마는, 그 저변을 보면 맨마지막에 언급된 것처럼 문신이 중심이던 고려사회의 풍조가 그같은 결과를 가져오지 않았나 짐작된다. 이후 무과의 재 설치 문제는 공민왕 원년과 공양왕 2년에 제기되었으나 실제로 실시되지는 못하였다[『고려사』 권74, 선거지 2, 科目 2 武科, 3-5-1-1], 251쪽 및 3-5-2-1), 252쪽].

-16) (仁宗)十三年判 國學諸生四季私試 通考分數 直赴科場 大寒大熱兩朔免試: 國學生들에게 酷寒과 酷暑가 있는 두 달을 제외한 4계절에 私試를 치러서 그 성적 전체를 보아 科場에 直赴토록 하는 제도를 정하고 있다. 하지만 그 내용은 잘 알 수가 없는데, 그 다음해 8월에 마련된 것을 보면 얻은 점수- 푼수(분수分數)-가 14分 이상이면 제3장에, 13分 이하 4分 이상이면 詩賦場 (中場)에 直赴토록 하고 있는 것으로[『고려사』 권73, 선거지 1, 科目 1, 2-1-12-3), 62 쪽] 미루어 짐작할 수는 있다.

-17) (仁宗)十五年九月 門下省奏 國學六齋諸生 各持所講大小經 升堂 博士·學諭 執經升講 每日不過五人 每人不過二問 從容論難 悟疑辨惑: 문하성에서 국학 의 6齋生들이 大·小經을 가지고 學堂에 나가 박사·학유와 더불어 강론하는 방식에 대해 건의하고 있는데, 매일 학생수는 5인을 넘기지 말고, 問難은 학

생 1인당 2間을 넘기지 말도록 이야기하고 있다. 소수의 인원들이 몇몇 핵심이 되는 중요한 문제들을 가지고 집중적으로 깊이있게 공부하는 방식을 택할 것을 주문하고 있는 것이라 짐작된다. 이곳에 보이는 大·小經의 소경은 전문으로 하는 경전을 말하고, 대경은『禮記』·『左傳』으로 알려져 있으며 [2-1-8-5), 50쪽 및 2-1-12-5), 63쪽] 또 교수직으로 언급된 박사와 학유 가운데 후자는 종래 국자감의 사무직으로 이해하여 왔던만큼① 좀더 검토가 필요할 것 같다.

① 朴龍雲,『高麗史 百官志 譯註』, 신서원, 2009, 246쪽.

原文 4-1-8. 毅宗二十二年三月詔曰 化民成俗 必由學校 自祖宗以來 於外官差遣文師一員 又有儒臣爲守 則兼管勾學事 以勸學 近聞 任是職者 但以謀利爲先 勸學之方略不留意 志學之士 無由聞達 朕甚憫焉 如有各官文師及管勾學事者 勸學育才 以副朕意 則兩界兵馬使各道按察使注名馳報 朕將不待政滿 隨卽擢用

4-1-8. 의종 22년 3월에 조詔하여 이르기를, "백성을 교화하고 풍속을 이룸은 반드시 학교로 말미암는 것이므로 조종祖宗 이래로부터 외관에 문사文師 1인을 파견하고 또 유신儒臣으로 수령이 되면 겸하여 학사學事를 관장토록 해 권학勸學하였다. 근래에 들은즉 이 직을 맡은 사람들이 다만 이익을 꾀하는 것만 우선으로 할 뿐 권학하는 방책에는 유의하지 않아 학문에 뜻을 둔 선비들이 문달聞達됨이 없다 하니 짐이 심히 민망스럽다. 만약에 각 외관의 문사 및 학사를 관장하는 사람들로서 권학하여 인재를 길러 짐의 뜻에 부응했으면 양계의 병마사와 각 도道의 안찰사는 이름을 기록하여 보고하라. 짐이 장차 임기가 찼음을 기다리지 아니하고 즉시 발탁해 등용할 것이다" 하였다.[1]

註解 4-1-8-

-1) 毅宗二十二年三月 詔曰 化民成俗 必由學校 自祖宗以來 於外官差遣文師一員 … 各道按察使 注名馳報 朕將不待政滿 隨卽擢用: 성종은 지방의 교육을 위해 왕 6년에 경학박사와 의학박사를 파견한[4-1-2-3), 318쪽] 이후 여러 차례에 걸쳐 지방관들에게 교육을 독려하고 있으며, 예종 즉위년에는 그들에게 學事를 管句토록 하고도 있다[4-1-6-1), 324쪽]. 의종조는 정치가 문란한 때이지만 왕은 그점을 상기시키면서 역시 그들에게 지방의 교육에 힘쓰도록 권장하고

있다. 그러한 상황의 보고를 맡긴 道 안찰사와 양계 병마사는 고려의 가장 상급 지방행정단위인 5도 양계(서북계·동북계)의 장관이었다.

原文 4-1-9. 高宗五年七月 中軍宰樞議 生徒未登仕版者 試以詩 選取八十人 其不中者皆令從軍

4-1-9. 고종 5년 7월에 중군과 재추가 의논하여, 생도로서 사판仕版에 오르지 못한 자는 시詩를 시험하여 80인을 선발하고, 합격하지 못한 사람은 모두 종군從軍토록 하였다.[1]

註解 4-1-9-

-1) 高宗五年七月 中軍宰樞議 生徒未登仕版者 試以詩 選取八十人 其不中者皆令從軍: 고종 5년에는 몽고세력이 확장되면서 그에 밀린 거란족이 우리나라로 대거 침입해 들어오게 된다. 이에 고려는 군사력을 동원하여 저들과 전쟁을 치르게 되지마는, 이같은 국가의 비상사태에 즈음하여 中軍과 宰樞가 협의해 아직 仕版에 오르지 못한 국학생들을 詩를 가지고 시험하여 80인을 선발하고 나머지는 從軍토록 하고 있는 것이다. 이곳의 중군은 군사의 동원체제인 前·後·左·右·中軍의 中軍이며, 宰樞는 宰相들인 中書門下省의 宰臣과 中樞院(樞密院)의 樞密을 말하며, 仕版은 士版과 유사한 것으로 과거의 예비고사인 監試에 합격한 進士들의 士籍 내지 名籍을 뜻하는데,[①] 국자감생 가운데는 아직 士版에 오르지 못한 생도들도 있었으므로 그들에게는 시험을 부과하여 불합격하면 從軍시켰음을 알 수 있다. 士版을 仕版이라고도 한 것은 장차 벼슬길에 오를 사람들의 名籍이라는 의미에서 그렇게도 표현했던 것 같다.

이후 고려는 실제로 거란적과 여러 차례 전쟁을 벌이며, 趙沖이 거느린 고려군이 몽고군과 합세하여 江東城의 役을 통해 저들을 무찌르는 것도 이 당시의 일이다.

① 許興植, 「高麗의 國子監試와 이를 통한 鄕吏의 身分上昇」『한국사연구』 12, 1976 ;『高麗科擧制度史研究』, 일조각, 1981, 143~145쪽 ;『고려의 과거제도』, 일조각, 2005.

原文 4-1-10. 元宗二年三月 置東西學堂 各差別監教學教導

4-1-10. 원종 2년 3월에 동·서학당을 설치하고 각각 별감과 교학·교도를

파견하였다.[1]

註解 4-1-10-

-1) 元宗二年三月 置東·西學堂 各差別監·敎學·敎導: 원종 2년은 오랜 동안에 걸친 몽고와의 전쟁이 실제로 종식된 상태여서 고려로서도 새로운 국가의 정비가 필요한 시점에, 교육 방면에는 동부학당과 서부학당이 설치되고 있다. 당시는 수도가 江都에 옮겨져 있던 때이므로 동·서학당은 그곳에 설치되었겠는데, 이 부분에 대해 『고려사절요』(권18)의 왕 2년 3월조에는 이곳의 「置東西學堂」과는 약간 달리 「復置東西學堂」으로 되어 있다. 동·서학당이 회복, 설치되었다는 것이다. 따라서 동·서학당은 언제부터였는지 지금으로서는 잘 확인할 수 없지만 이전부터 설치되어 있었던 것이 어떤 이유로 인해 그 동안 폐지되었다가 이때에 이르러 다시 설치된 것이라 하겠다. 그리하여 거기에는 각각 별감과 교학·교도 등이 파견되어 학당을 운영하여 갔음을 알 수 있다.

　　이들 학당은 얼마뒤 수도가 개경으로 환도함에 따라 같이 이곳으로 옮겨왔을 것이다. 이후 그것은 계속 존치되었음이 확인되는데, 그의 위상은 자주 지방의 鄕校와 더불어 언급되는 것을 보면 국자감(성균관)보다 한 단계 아래의 초중등교육기관이었던 듯하다. 뒤이어 설명이 되겠지만 이 동·서학당은 공양왕 2년에 이르러 京中의 5部學堂으로 확대, 개편된다.

　　① 閔丙河,「高麗의 敎育政策考」『대동문화연구』23, 1989.
　　② 申千湜,「高麗後期 學堂敎育과 十學」『高麗敎育史硏究』, 경인문화사, 1995.

原文 4-1-11. 忠烈王六年三月敎 今儒士唯習科擧之文 未有博通經史者 其令通一經一史者 敎授國子 三十年五月安珦建議 令各品出銀布有差 以充國學贍學錢 王亦出內庫錢穀以助之 珦以餘貨 送江南 購六經諸子史以來 於是願學之士七管十二徒諸生 橫經受業者 動以數百計 六月國學大成殿成 初使臣耶律希逸 以殿宇隘陋 甚失泮宮制度 言於王 新之

4-1-11. 충렬왕 6년 3월에 교敎하기를, 지금의 유사儒士들은 오직 과거의 문장만을 학습하여 경經·사史에 널리 통하는 사람이 없다. 그 1경一經이나 1사一史에 능통한 사람으로 하여금 국자國子를 교수하게 하라 하였다.[1]

　　30년 5월에 안향이 건의하여 각 품(官)들로 하여금 은·포를 차등있게 내도록 해 국학의 섬학전으로 충당하니 왕도 역시 내고의 전곡을 내어

도왔다. 향이 여분의 재물로 (사람을) 강남江南에 보내 6경과 제자諸子·사서
를 사가지고 오게 하니 이에 학업을 닦기를 원하는 선비와 7관七管 12도
徒의 제생諸生들로 경서를 끼고 수업하는 사람들이 거의 수백을 헤아릴
정도였다.[2]

  6월에 국학의 대성전이 낙성되었다. 처음에 사신 야율희일이 전우殿宇
가 좁고 누추하여 심히 반궁泮宮의 제도를 잃었다고 해서 왕에게 아뢰자
새로이 한 것이다.[3]

註解 4-1-11-

-1) 忠烈王六年三月敎 今儒士 唯習科擧之文 未有博通經史者 其令通一經一史者
  敎授國子: 무신정권기와 對蒙전쟁을 거치는 동안 유학의 침체를 면하기는
  어려웠을 것이다. 거기에다가 과거에만 매달리면서 학술의 밑바탕이 되는
  유교 경전과 역사에 두루 통하는 儒士들도 찾기가 어렵게 되어 갔던 것 같
  다. 이에 왕은 一經 또는 一史에 능통한 사람을 구하여 국자감에서 國子들을
  교수토록 敎를 내리고 있는 것이다. 이 자리에는 기술되어 있지 않지만 왕
  은 이와 동시에 正郞(정5품)인 崔雄 등 7인을 經史敎授로 삼고 있으며[『고려사
  절요』 권20, 충렬왕 6년 3월], 또 왕 22년에는 經史敎授都監도 설치하고 있거니
  와[『고려사』 권31, 세가 충렬왕 22년 춘정월·같은 책 권77, 백관지 2, 諸司都監各色 經史敎
  授都監], 이처럼 충렬왕조 이후 특히 經·史가 강조되는 경향을 띠어가고 있음
  도 주목할 현상의 하나이다.
    ① 閔丙河, 「高麗의 敎育政策考」『대동문화연구』 23, 1989, 111쪽.
    ② 申千湜, 「高麗後期의 敎育政策과 國子監運營」『高麗敎育史硏究』, 경인문화사,
      1995, 166쪽.
    ③ 朴贊洙, 「고려후기 國學의 변천」『高麗時代 敎育制度史 硏究』, 경인문화사,
      2001, 167·168쪽.
    ④ 朴龍雲, 『高麗史 百官志 譯註』, 신서원, 2009, 590·591쪽.

-2) (忠烈王)三十年五月 安珦建議 令各品出銀布有差 以充國學瞻學錢 … 七管十
  二徒諸生 橫經受業者 動以數百計: 朱子性理學의 도입자로 널리 알려진 안향
  이 이때에 贊成事(정2품)로 있으면서 국학이 재정의 어려움으로 쇠퇴하여 가
  는 것을 해결하고자 장학재단인 養賢庫[4-1-6-6), 326쪽]에다가 瞻學錢을 설치
  하게 되는 사실을 전하는 기사이다. 그 내용이 『고려사절요』(권22)의 당해년
  條와 『고려사』 권105, 열전 安珦傳에 좀더 자세한데, 거기에 보면 안향은 다
  른 재상들과 상의하여 6품관 이상은 銀 1근씩, 7품관 이하는 布를 차등을

두어 내도록 하여 그것을 자본으로 이식을 얻어 교육, 養士에 충당하는 방식을 취하고 있으며, 이 소식을 들은 왕도 內庫의 전곡을 내어서 돕도록 조처하고 있다. 안향은 이 자금의 일부를 박사인 金文鼎 편에 보내 중국의 江南으로 가서 각종 서적과 함께 祭器 등도 구입해 오도록 하고, 또 李瑱·李瑱 등 명망있는 인사들을 천거하여 經史敎授都監使로 삼자 학문에 뜻을 둔 선비와 7管 12徒의 諸生이 크게 모여들어 성황을 이루었음을 알 수 있다. 이 기사에 나오는 內庫는 왕실재정관서의 하나이며, 7관은 국학 7재[4-1-6-3), 324쪽], 12도는 뒤에 설명하는 私學 12도[4-2-1-1)·2), 351~353쪽]를 말한다.

① 閔丙河, 위의 논문 111쪽.
申千湜, 위의 글 167·168쪽.
朴贊洙, 위의 글 172~175쪽.
② 朴龍雲,『高麗史 百官志 譯註』, 신서원, 2009, 430·431쪽.

-3) (忠烈王三十年)六月 國學大成殿成 初使臣耶律希逸 以殿宇隘陋 甚失泮宮制度 言於王 新之: 충렬왕 30년에는 섬학전의 설치와 함께 국학의 대성전도 개축하고 있다. 이는 얼마전에 왔던 元나라 사신 耶律希逸이 그것의 殿宇가 매우 좁고 누추하여 泮宮(學校)의 제도에 맞지 않는다는 지적에서 비롯하는 것인데, 그때까지만 하여도 오랜 동안의 전쟁을 거친 이후 쇠락한 학교에 손을 대지 못했던 모양이다. 그러다가 외국 사신의 지적을 받고서야 개축하고 있는 것이다.『고려사절요』(권22)의 이 관계 기사에는 낙성식에 왕이 직접 행차하여 先聖(孔子)을 拜謁하는 등 여러 행사를 했음도 나타나 있다.

① 閔丙河, 위의 논문 111쪽.
② 申千湜, 위의 글 166·167쪽.
③ 朴贊洙, 위의 글 172쪽.

原文 4-1-12. 忠宣王卽位 賜養賢庫銀五十斤 令藝文館 召致郡縣有茂才者 給牒 任以訓導

4-1-12. 충선왕이 즉위하여 양현고에 은 50근을 내리고, 예문관으로 하여금 군·현에서 재능이 뛰어난 사람들을 불러 모으게 하고는 직첩을 주어 훈도를 맡도록 하였다.[1]

註解 4-1-12-

-1) 忠宣王卽位 賜養賢庫銀五十斤 令藝文館 召致郡縣有茂才者 給牒 任以訓導: 충선왕 역시 양현고에 銀을 내려 재정을 보태고, 지방의 군현에서까지 재능

이 뛰어난 인재를 불러 국학의 훈도를 맡도록 하고 있다. 재정뿐 아니라 유능한 學官도 그만큼 부족한 상태였던 것 같다.

原文 4-1-13. 忠肅王十二年教曰 學校風化之源 嚴加勸勵 以備擢用

4-1-13. 충숙왕 12년에 교教하여 말하기를, "학교는 교화의 근원인즉 엄히 권장·장려하여 발탁·등용에 대비케 하라" 하였다.[1]

註解 4-1-13-
-1) 忠肅王十二年教曰 學校風化之源 嚴加勸勵 以備擢用: 충숙왕도 학교의 중요성을 강조하는 교서를 내리고 있다.

原文 4-1-14. 恭愍王元年二月教曰 學校庠序風化之源 國學名存實無 十二徒東西學堂頹圮不修 宜令葺治 養育生徒 其有能通一經者 錄名以聞 四月進士李穡上疏請 外而鄉校內而學堂 考其才而陞諸十二徒 十二徒又摠而考之 陞之成均 限以日月程其德藝 貢之禮部 中者依例與官 不中者亦給出身之階 除在官而求擧者 其餘非國學生不得與試 六年正月命修中外學校 十二年五月教曰 近因干戈 教養頗弛 自今成均十二徒東西學堂諸州郡鄉校 嚴加教誨 作成人才 其土田人口 或被豪强所兼幷者 官爲析辨 以瞻學用 十六年成均祭酒林樸上言 請改造成均館 命重營國學于崇文館舊址 令中外儒官隨品出布 以助其費 增置生員 常養一百 始分五經四書齋 二十年十二月教曰 文武之用不可偏廢 內自成均外至鄉校 開設文武二學 養成人才 以備擢用

4-1-14. 공민왕 원년 2월에 교(教)하여 이르기를, "학교와 상서庠序는 교화의 근원인데 국학은 이름은 있으되 실속이 없고 12도와 동·서학당도 퇴폐하여졌으나 수리하지 않았다. 마땅히 수리하여 생도를 양육하도록 하고, 1경一經에라도 능통한 사람이 있으면 이름을 기록하여 보고토록 하라" 하였다.[1]

4월에 진사 이색이 상소하여 청하기를, "지방에서는 향교, 중앙에서는 학당이 그 재능을 고사하여 12도로 올리고, 12도는 또 총체적으로 고사하여 성균관에 올리면, 일정한 기간을 한정해 그 품행과 재능의 정도를 헤아려 예부에 추천하는데, 합격하면 관례에 따라 관직을 수여하고, 합격하지 못했더라도 역시 출신出身의 계階를 줄 것이며, 관원으로 있으면서 부거赴擧하기를 원하는 사람을 제외하고 그 나머지는 국학생이 아니면 시험에 참여할 수 없도록 할 것입니다" 하였다.[2]

6년 정월에 명하여 중외의 학교를 수리하였다.[3]

12년 5월에 교敎하여 이르기를, "근래에 병란으로 인하여 교육, 양사養士가 자못 해이해졌다. 지금부터 성균관과 12도, 동·서학당, 여러 주·군의 향교는 엄하게 가르쳐 인재를 양성하라. 그 토지와 사람들을 혹 호강자豪强者에게 겸병 당한 것은 관官에서 판별하여 학교 비용을 돕도록 하라" 하였다.[4]

16년에 성균제주인 임박이 상언上言하여 성균관을 개조할 것을 청하자 명하여 국학을 숭문관 옛터에 다시 짓도록 하였는데, 중외의 유관儒官들로 하여금 관품에 따라 포를 내어 그 비용을 돕도록 하고, 생원을 늘려서 항상 100명을 양성하게 하였으며,[5] 처음으로 5경과 4서재를 나누었다.[6]

20년 12월에 교敎하여 이르기를, "문·무의 쓰임새는 어느 한쪽을 폐할 수 없는 것이다. 중앙의 성균관으로부터 지방의 향교에 이르기까지 문학·무학 두 학學을 개설하고 인재를 양성하여 발탁·등용에 대비토록 하라" 하였다.[7]

註解 4-1-14-
-1) 恭愍王元年二月 教曰 學校·庠序風化之源 國學名存實無 十二徒·東西學堂頹圮不修 宜令葺治 養育生徒 其有能通一經者 錄名以聞: 庠·序 등의 학교가 [4-1-2-1), 316쪽] 교화의 근원이라는 이념은 계속 강조되었음에도 불구하고 공민왕의 즉위 초까지만 하여도 실제와는 거리가 있었던 모양이다. 국학도 그러했지만 12도[4-1-11-2), 342쪽]와 동·서학당[4-1-10-1), 341쪽] 등이 모두 有名無實했던 것이다. 그러므로 왕은 재차 교서로서 학교의 수리와 유능한 학관을 널리 구하고 있다.
-2) (恭愍王元年)四月 進士李穡上疏請 外而鄉校 內而學堂 考其才而陞諸十二徒 十二徒又摠而考之 … 其餘非國學生 不得與試: 이색은 14세가 되던 충혜왕 後2年(1341)에 成均試에 합격하여 進士의 자격을 취득한 후 아버지 李穀이

원나라에 벼슬한 관계로 곧장 원나라의 國子監生員으로 입학하게 된다. 그리하여 재학 3년에 아버지가 본국인 고려에서 세상을 떠나자 귀국하여 喪을 치르고 服中에 상서하게 되는데[『고려사』권115, 열전 李穡傳·『牧隱文集』年譜], 이곳의 기사는 그 가운데 학교와 과거에 대한 부분이다.

그 상서에 의하면, 이곳에는 생략되어 있지만 학교 교육이 부진한 원인을 그는 「仕路에 오른 자는 반드시 급제할 필요가 없고, 급제한 자는 반드시 국학을 거칠 필요가 없는데 누가 빠른 길을 버리고 갈림길로 가겠습니까. 학생들이 흩어지고 齋舍가 퇴락하는 것은 실로 이 때문입니다」라고 하여 벼슬길로 나가기 위한 과거가 학교와 긴밀하게 연결되어 있지 않다는 데서 찾고 있다. 그러므로 해결책도 학교를 계열화·체계화하고 그것을 통해 관직 진출과 과거까지도 규제할 것을 건의하고 있는 것이다. 즉, 제1단계로 지방은 향교, 서울은 학당에서 재능을 시험하여 12도로 올리고, 제2단계로 12도에서 총체적으로 시험하여 성균관으로 올리며, 제3단계로 다시 성균관에서 일정한 기간을 정하여 덕행과 학식의 정도를 헤아려 예부로 추천하면, 예부에서 합격자에게는 관례에 따라 관직을 수여하고, 불합격자라도 그간의 과정을 감안해 出身의 階를 주며, 科試에도 在官者를 제외한 나머지는 국학생에 한정하여 참여시키자는 것이다. 과거와 관직 진출을 학교를 중심으로 시행하자는 것이라 하겠다. 이 건의가 받아들여진 것 같지는 않거니와, 다만 여기에서 私學인 12도를 官學들과 함께 계열화하자는 것을 보면 이미 그것은 그에 앞서 관학화하여 가지 않았나 짐작된다는 점에서 주목되고 있다.

① 申千湜, 「高麗後期의 教育政策과 國子監運營」『高麗教育史研究』, 경인문화사, 1995, 184·185쪽.

　박찬수(朴贊洙), 「고려후기 國學의 변천」『高麗時代 教育制度史 研究』, 경인문화사, 2001, 176쪽.

② 朴贊洙, 「私學十二徒의 變遷」『허선도정년기념 한국사학논총』, 일조각, 1992 ; 『高麗時代 教育制度史 研究』, 경인문화사, 2001, 269~274쪽.

　申千湜, 「高麗時代 私學十二徒에 대한 研究」『조항래화갑기념 한국사학논총』, 일조각, 1992 ;『高麗教育史研究』, 경인문화사, 1995, 317~319쪽.

-3) (恭愍王)六年正月 命修中外學校: 이때에도 중외의 학교를 수리하도록 조처했음을 전하고 있다.

-4) (恭愍王)十二年五月 教曰 近因干戈 教養頗弛 自今成均·十二徒·東西學堂·諸州郡鄉校 嚴加教誨 作成人才 其土田·人口或被豪强所兼幷者 官爲析辨 以贍學用: 이곳의 근래 兵亂이란 왕 10년의 紅巾賊 침입으로 수도인 開京이 함락당하고 왕이 福州(安東)로 피신하는 등으로 전국이 큰 난리를 겪은 사건을 말한다. 결국은 무사히 적들을 물리치고 국왕도 12년에 개경으로 돌아오거니

와, 그 뒷수습의 하나로 성균관·12도·동서학당·여러 주군의 향교 등 모든 학교들이 교육을 강화할 것과, 豪强者들이 겸병한 토지와 인구(노비)도 조사하여 학교의 재정에 보태도록 당부하고 있다.

-5) (恭愍王)十六年 成均祭酒林樸上言 請改造成均館 命重營國學于崇文館舊址 令中外儒官隨品出布 以助其費 增置生員 常養一百: 왕 10년에 홍건적의 침입으로 수도인 개경이 함락당하는 난리를 겪으면서 성균관도 불타버렸던 것을[『고려사절요』권28, 공민왕 15년 12월] 16년 5월에 이르러 成均祭酒(종3품)인 林樸의 건의를 받아들여 옛 숭문관 터에다가 重營하기 시작했다는 기사이다. 당시는 공민왕의 제2차 개혁기로서 辛旽이 집권하고 있을 시기인데, 그는 한때 李齊賢과 충돌하면서 「儒者들은 나라에 가득찬 도적과 같아 해됨이 크다」고 말한 일이 있는 인물이었다. 그러나 이번에는 그와 반대로 「文宣王(孔子)은 천하 만세의 스승」이라고 추켜 세우면서 성균관 중영에 적극 나서[『고려사』권132, 열전 辛旽傳] 그해 12월에는 준공을 보게 된다. 이같은 사실은 당시 判開城府事(종2품)로서 성균관대사성(정3품)을 겸하고 있는 李穡을 비롯하여 임박 등 新進士類(新進士大夫) 세력의 커다란 성장과 관련이 많으리라는 점에서 주목되는 부분의 하나이기도 하다.[①]

성균관의 중영과 더불어 生員의 숫자도 크게 늘려 항상 100명이 되었다고 보인다. 이에 대비하여 이색은 經術에 밝은 金九容·鄭夢周·朴尙衷·朴宜中·李崇仁 등이 學官을 겸하도록 조처하고도 있다[『고려사절요』권28, 공민왕 16년 5월]. 이것은 공민왕 17년 이후 얼마 동안의 國子監試 폐지와[3-6-2-1), 256쪽] 이후 生員試(升補試)의 활성화[3-9-1-1), 301쪽] 및 과거를 鄕試·會試·殿試의 3층법으로 변경하는 사실[2-1-17-5), 77쪽] 등과 깊이 연결되어 있는 것으로, 종합하면 고려의 學風이 經學爲主로 전환되고 있음을 말해준다 하겠다.[②]

① 閔賢九,「辛旽의 執權과 그 政治的 性格(하)」『역사학보』40, 1968.

② 申千湜, 앞 2)의 ①논문 175·176쪽.

　朴贊洙, 앞 2)의 ①논문 177·178쪽.

-6) 始分五經四書齋: 이 역시 바로 윗 대목에서 언급한바 經學 중심의 교육 강화와 직결되는 것으로 國學에 9齋, 즉 大學齋·論語齋·孟子齋·中庸齋·禮記齋·春秋齋·詩齋·書齋·周易齋를 두고 차례로 수학해가게 하는 체제를 말한다.[①] 혹자는 고려에서 실제로 설치되어 운영된 것은 5經齋뿐이 아닐까 하는 견해도[②] 밝히고 있지마는, 국학 9재의 제도가 이때 마련된 것은 분명한 사실이다.

① 申千湜, 위의 글 178쪽.

② 朴贊洙, 위의 글 177·178쪽.

-7) (恭愍王)二十年十二月 敎曰 文武之用 不可偏廢 內自成均 外至鄕校 開設文武二學 養成人才 以備擢用: 왜구 등 대내외적으로 전란이 많았던 시기 때문인

듯 왕은 새삼스레 문신뿐 아니라 무장을 길러낼 武學도 중앙의 성균관으로
부터 지방의 향교에 이르는 각 학교에 설치할 것을 명하고 있다. 하지만 이
교서대로 실현되었는지는 의문이다.

① 申千湜,「高麗時代 武科와 武學」『軍史』7, 1983 ;『高麗敎育史硏究』, 경인문
화사, 1995.

原文 4-1-15. 恭讓王元年十二月大司憲趙浚等上疏曰 學校風化之源 國家理亂
政治得失 莫不由斯 近因兵興 學校廢弛 鞠爲茂草 鄕愿之托儒名避軍役者 至五
六月間 集童子 讀唐宋絶句 至五十日乃罷 謂之夏課 爲守令者視之泛然 曾不介
意 如此欲得經明行修之士 以補國家之盛理 其可得乎 願自今 以勤敏博學者爲
敎官 分遣五道各一人 周行郡縣 其馬疋供億 並委鄕校主之 又以外方閑居業
儒者 爲本官敎導 令子弟常讀四書五經 不許讀詞章 而敎授官循環周行 嚴立課
程 身自論難 考其通否 登名書籍 誘掖奬勸 以成實材 其有得人才之多者 擢以
不次 若不能敎誨而無成効者 亦將論罰 二年二月置京中五部及西北面州儒學
敎授官 三年正月各道牧府亦置之 六月金瞻等上疏 請元子及宗室子弟入學

4-1-15. 공양왕 원년 12월에 대사헌 조준 등이 상소하여 말하기를, "학교
는 풍화(교화)의 근원으로서 국가의 다스려짐과 어지러움(이란理亂), 정치의
얻은 것과 잃는 것(득실得失)이 여기에서 말미암지 않는게 없습니다. 근래
에 병란이 일어남으로 인하여 학교가 쇠락해져 무성한 풀밭이 되었는데,
지방에서 덕을 가장하고 있는 옳지 못한 사람(향원鄕愿)들이 유학儒學의 이
름을 청탁하고 5·6월 사이에 이르러서 동자童子들을 모아 당·송의 절구絶
句를 읽은지 50일에 파하고는, 일러 하과夏課라고 하고 있으나 수령이 된
자들이 보기를 대수롭지 않게 여겨 일찍이 개의치 않고 있으니, 이와 같
이 하고서 경의經義에 밝고 행실이 닦인 선비를 얻어 국가를 잘 다스리는
데 도움을 얻고자 한들 그 가히 되겠습니까. 원컨대 지금부터 근면하고
민첩하며 박학博學한 사람을 교수관으로 삼아 5도에 각각 1인씩 나누어
파견하여 군현을 두루 다니게 하는데 그 마필馬疋과 공억供億은 모두 향
교에 맡겨 주관토록 할 것이며, 또 지방에 한가로이 살면서 유학을 업業
으로 하는 사람을 본관本官(본읍本邑)의 교도로 삼아 자제들로 하여금 항상

4서 5경을 읽도록 하고 사장詞章을 읽는 것을 허락하지 않도록 하고는, 교수관들이 순환하여 두루 다니면서 엄히 과정課程을 세우고, 몸소 논난 論難도 하며, 그 통하는가의 여부를 고찰하여 명적名籍에 이름을 올리고 이끌어주고 권장하여 성실한 재목이 되도록 하며, 그 인재를 얻음이 많은 사람은 차례를 거침이 없이 탁용擢用하고, 만약에 잘 가르치지 못하여 성과를 내지 못한 사람은 역시 벌을 논하도록 하소서" 하였다.[1]

2년 2월에 경중京中 5부 및 서북면의 부府·주州에 유학교수관을 두고, 3년 정월에는 각 도道의 목·부에도 역시 설치하였다.[2]

6월에 김첨 등이 상소하여 원자元子 및 종실의 자제들을 입학시킬 것을 청하였다.[3]

註解　4-1-15-

-1) 恭讓王元年十二月 大司憲趙浚等上疏曰 學校風化之源 國家理亂 政治得失 莫不由斯 近因兵興 學校廢弛 鞠爲茂草 … 其有得人才之多者 擢以不次 若不能教誨而無成效者 亦將論罰: 위화도회군으로 실권을 장악한 李成桂派는 연달아 우왕과 창왕을 폐하고 공양왕을 세운 이후 자기네의 목적을 달성하기 위한 여러 가지 개혁을 추진해가게 된다. 이곳의 기사는 이성계파의 핵심 인물 가운데 한 사람인 조준이 공양왕 원년 12월에 제시한 여러 방면에 걸친 개혁안 중 교육에 관한 부분이다. 그 내용은 그간의 폐단을 지적함과 아울러 잠시 위축되었던 經學爲主의 교육을 다시 강화하자는 것이었다. 詞章을 금하고 4서 5경만을 읽히도록 하자는 데서 그점이 잘 드러나 있다. 이를 위해 지방에서 유학을 업으로 하는 사람들을 그곳의 교도로 삼아 지도하도록 하는 한편 勤敏 博學한 인물들을 뽑아 교수관으로 임명해 5도에 각각 1인씩 파견하여 군·현을 두루 다니면서 감독과 지도도 함께 맡도록 건의하고 있다.

　　① 申千湜,「高麗後期의 敎育政策과 國子監運營」『高麗敎育史硏究』, 경인문화사, 1995, 191·192쪽.

　　② 朴贊洙,「고려후기 國學의 변천」『高麗時代 敎育制度史 硏究』, 경인문화사, 2001, 182·183쪽.

-2) (恭讓王)二年二月 置京中五部及西北面府州儒學敎授官 三年正月各道牧府亦置之: 왕 2년 2월에는 京中 5部와 서북면의 府·州에, 이듬해 정월에는 각 道의 牧·府에 유학교수관을 설치함으로써 儒學·經學의 교육을 전국적으로 확대, 강화해가고 있다. 이중 경중 5부는 수도인 개경의 동·서·남·북·중 5부로서

종래에는 원종 2년에 동부·서부에만 學堂이 설치되었던 것인데[4-1-10-1), 341 쪽] 이때에 이르러 남부학당·북부학당·중부학당이 추가되어 그곳에 각각 유학교수관을 두고 있음을 의미한다는 점에서도 역시 주목되는 기사이다. 한데 이 부분에 대해 『고려사』 권117, 열전 정몽주전에는 「都城內에 5부학당을 세우고 外方에는 향교를 설치하여 儒術을 일으켰다」고 한 것을 보면 이 5부학당의 설치에는 정몽주의 역할이 컸던 것 같다.

① 申千湜, 위의 글 191쪽.

-3) (恭讓王二年)六月 金瞻等上疏 請元子及宗室子弟入學: 김첨은 창왕 원년 3월 당시 사헌부 持平(정5품)의 직위에 있었던[『고려사』 권137, 열전] 인물인데, 元子와 종실의 자제들을 입학시킬 것을 상소하고 있다. 이곳의 입학 대상 학교는 국학으로 짐작되거니와, 그가 뒤에 親禦軍護軍(종3품)으로 있다가 鄭夢周黨으로 몰려 탄핵, 유배되고 있는 것으로[『고려사』 권46, 세가 공양왕 4년 6월] 미루어 왕실의 강화를 위한 한 방책으로 그같은 상소를 올렸던게 아닌가 싶다.

4-2. 사학私學

原文 4-2-1. 凡私學 文宗朝大師中書令崔冲收召後進 敎誨不倦 靑衿白布塡溢門巷 遂分九齋 曰樂聖大中誠明敬業造道率性進德大和待聘 謂之侍中崔公徒 衣冠子弟凡應擧者 必先肄徒中而學焉 每歲暑月 借僧房結夏課 擇徒中及第學優才贍而未官者爲敎導 其學則九經三史也 間或先進來過 乃刻燭賦詩 榜其次第 呼名而入 仍設酌 童冠列左右奉樽俎 進退有儀長幼有序 竟日酬唱 觀者莫不嘉嘆 自後凡赴擧者 亦皆肄名九齋籍中 謂之文憲公徒 又有儒臣立徒者十一 曰弘文公徒侍中鄭倍傑一稱熊川徒 曰匡憲公徒祭政盧旦 曰南山徒祭酒金尙賓 曰西園徒僕射金無滯 曰文忠公徒侍中殷鼎 曰良愼公徒平章金義珍一云郎中朴明保 曰貞敬公徒平章黃塋 曰忠平公徒柳監 曰貞憲公徒侍中文正 曰徐侍郎徒徐碩 曰龜山徒未詳 幷文憲公冲徒世稱十二徒 然冲徒最盛

4-2-1. 사학. 문종조에 태사·중서령인 최충이 후진後進들을 불러모아 가르침에 싫증냄이 없으니 청금(청색 깃의 옷, 즉 유생)과 백포(평민)가 문밖까지 차고 넘치자 드디어 9재로 나누어 낙성·대중·성명·경업·조도·솔성·진덕·대화·대빙이라 하였는데, 시중최공도侍中崔公徒라 일컬었다. 의관衣冠

자제들로 무릇 과거에 응시하려는 사람들은 반드시 먼저 이 도徒 가운데
들어가 학습하였다. 매년 더운 달에는 승방僧房을 빌려 하과夏課를 여는
데, 도徒 가운데에서 급제한바 있어 학문이 우수하고 재능이 많으면서도
아직 관직에 나가지 않은 사람을 택하여 교도로 삼았으며, 그 배우는 것
은 9경과 3사史였다. 간혹 선진先進이 오게 되면 촛불에 금을 그어 (시간을
한정하고) 시를 지어 그 순차를 붙여놓고 이름을 불러 들어오게 하고는 인
하여 술자리를 베풀어서 동자童子와 관자冠子가 좌우에 배열해 술과 안주
를 받들었는데, 진퇴에 예의가 있고 장유長幼의 질서를 지켜가며 해가 지
도록 수창酬唱하니 보는 사람들이 아름답게 여기고 탄복하지 않는 이가
없었다. 이후부터 무릇 과거에 나아가는 사람은 역시 모두 이름을 9재의
명적名籍에 두니 이들을 일러 문헌공도라 하였다.[1]

또 유신儒臣으로 도徒를 세운 것이 11개이었다. 홍문공도라 함은 시중
인 정배걸이 세웠는데 일명 웅천도라 하였다. 광헌공도라 함은 참정인
노단이, 남산도라 함은 제주인 김상빈이, 서원도라 함은 복야인 김무체
가, 문충공도라 함은 시중(시랑)인 은정이, 양신공도라 함은 평장인 김의
진이 (세웠는데) 혹은 낭중인 박명보라고도 한다. 정경공도라 함은 평장인
황영이, 충평공도라 함은 유감이, 정헌공도라 함은 시중인 문정이, 서시
랑도라 함은 서석이, 귀산도라 함은 자세하지가 않다. 문헌공 충冲의 도
徒가 가장 번성하였다.[2]

註解 4-2-1-

1) 凡私學 文宗朝 大師·中書令崔冲 收召後進 敎誨不倦 靑衿·白布塡溢門巷 遂分
九齋 曰樂聖 … 自後凡赴擧者 亦皆肄名九齋籍中 謂之文憲公徒: 국학인 국자
감은 문종조까지만 하여도 재정상의 어려움과 學官의 무능에다가 문벌귀족
들로부터 환영을 받지 못해 위축을 면치 못하였다. 이런 상황을 배경으로
최충이 사학을 열자 크게 번창하면서 국학은 상당한 기간 동안 더 어려움을
겪게 된다.

　　私學을 처음으로 일으킨 최충은 목종 8년(1005)의 장원급제자로서[2-2-5-5),
96쪽] 이후 현달에의 길을 걸어 덕종 2년(1033)에는 이미 재상급에 오르며,
드디어 문종 원년(1047)에 門下侍中(종1품)이 되어 정상의 자리에 앉았다. 그

리하여 72세가 되는 왕 9년(1055) 7월에 致仕할 때까지 9년간 수상으로 활동하며, 관직에 있는 동안 현종 17년[2-2-6-12), 101쪽]과 靖宗 원년[2-2-8-1), 103쪽] 두 차례에 걸쳐 科試를 주관하는 知貢擧를 맡기도 하였다.[①] 그는 재직시부터 後進의 양성에 뜻을 두고 있었던만큼 아마 致仕와 거의 동시에 私塾을 열었을 것으로 짐작이 되는데, 「累代의 儒宗이요 삼한의 耆德」[『고려사』권95, 열전 최충전]이라는 평을 받을 정도의 학식과 인격을 갖춘데다가 화려한 관력 및 科擧에 대한 풍부한 경험을 구비하고 있는 그였으므로 일단 그가 학교를 열자 門巷-崔冲傳에는 街巷-을 메우고 넘칠 정도로 많은 학도들이 모여들었다. 세상에서 이들을 일컬어 侍中崔公徒라고 하였는데, 그가 세상을 떠난 후에는 그의 시호를 따서 文憲公徒라 불렀다.

그가 처음으로 齋를 연 곳은 학생들이 門巷 내지 街巷을 메우고 넘쳤다 한 것으로 미루어 개경에 있는 자신의 집이나 근처 어디였던 듯하다. 그러다가 얼마후 학생들의 숫자가 많아져 다 수용할 수 없게 되자 송악산 아래의 紫霞洞으로 옮겨 學堂을 설치한 것 같다. 그리하여 이들을 樂聖·大中·誠明·敬業·造道·率性·進德·大和·待聘의 9齋로 나누어 교육을 하였던 것이다. 이들 명칭은『주역』이나『예기』·『중용』등의 경전 속에서 이끌어온 것인데, 처음에는 이들 9재가 進學의 階梯에 따라 구성된 것으로 파악하였다.[②] 하지만 率性齋나 誠明齋 등에서 수학했던 실례를 보면 그들 호칭에서 전공으로 하는 경전이나 진학 階梯와의 관련성이 찾아지지 않아 그것은 효율적으로 교육하기 위한 단순한 分班의 성격으로 생각되고 있다.[③]

여기에서 중요한 과목으로 삼은 것은 9經과 3史였다. 9경은 앞서도 설명한바『주역』·『尙書』·『毛詩』와『춘추좌씨전』·『공양전』·『곡량전』및『예기』·『周禮』·『儀禮』-또는『孝經』-을[4-1-7-8), 335쪽] 말하며, 3사는『사기』와『한서』·『後漢書』를 가리킨다. 이밖에 과거 과목인 詩·賦와 時務策도 특별교육인 夏課에서 刻燭賦詩의 대회를 개최한데서 드러나듯이 학습에 유의했던 것 같다. 그 결과 과거급제에 좋은 성과를 올렸던듯, 과거에 응시하려는 사람이면 모두가 侍中崔公徒에 들어가려고 했다는 것이 이점을 증명한다.

최충 자신도 교수에 참여하였을 것이다. 아울러 夏課에 급제하고도 관직에 취임하지 않은 우수한 선비들을 敎導로 삼았다는 데서 알 수 있는 것처럼 같은 徒 출신 가운데서도 적지 않은 숫자가 그에 협력했던 것 같다.

① 朴龍雲, 「高麗時代의 海州崔氏와 坡平尹氏 家門 分析」『백산학보』23, 1977 ; 『高麗社會와 門閥貴族家門』, 경인문화사, 2003.
② 朴晴湖, 「高麗時代의 儒學發達과 私學12徒의 功績」『史叢』2, 1957, 44쪽. 尹南漢, 「儒學의 性格」『한국사』6, 국사편찬위원회, 1975, 248쪽.
③ 朴贊洙, 「私學十二徒의 變遷」『허선도정년기념 한국사학논총』, 일조각, 1992 ;

『高麗時代 教育制度史 研究』, 경인문화사, 2001, 257~263쪽.
申千湜, 「高麗時代 私學十二徒에 대한 研究」『조항래화갑기념 한국사학논총』, 일조각, 1992 ; 『高麗教育史研究』, 경인문화사, 1995, 308~312쪽.

-2) 又有儒臣立徒者十一 曰弘文公徒 侍中鄭倍傑一稱熊川徒 曰匡憲公徒 叅政盧
旦 … 曰徐侍郎徒 徐碩 曰龜山徒 未詳 幷文憲公冲徒 世稱十二徒 然冲徒最
盛: 최충이 세운 문헌공도 이외에 개경에는 儒臣들이 연 11개의 徒가 더 있
었다. 이들이 私學 12徒로서 이후 유학 교육은 국학보다 오히려 이들 私學
이 더 중요한 위치를 점하거니와, 아마 그들 숫자는 더 많았을 가능성도 없
지 않다. 그러나 정작 전해지는 것은 12도뿐으로서 이들이 아마 그중 뚜렷
한 자취를 남겨 이같은 결과가 된 것 같다. 이제 위에서 설명한 문헌공도를
제외하고 11개를 하나하나 소개하기로 하겠다.

(1) 文憲公徒

(2) 弘文公徒: 일명 熊川徒라고도 하는데 鄭倍傑이 세웠다. 설립자인 정배걸
은 현종 8년의 과거에서 장원급제하고[2-2-6-6), 99쪽], 문종 원년에는 중추
원부사(정3품)로 재임 중 지공거를 맡았다[2-2-9-1), 108쪽]. 이후의 관력은
찾아지지 않는데, 그러나 다행히 문종 34년에 예부상서·중추사이었던
그에게 弘文廣學推誠贊化功臣·開府儀同三司·守太尉·門下侍中·上柱國·光
儒侯를 追贈하고 있는 기사가 전한다[『고려사』권9, 세가 문종 34년 춘2월].
이로써 그는 禮部尙書(정3품)·中樞使(종2품)까지 지냈고, 이곳 선거지에 기
술한 侍中(종1품)은 추증직임을 알 수 있다. 아울러 이 기사와 함께 아들
鄭文과 관계된 사실[『고려사』권95, 열전 鄭文傳] 등으로 미루어 그가 학교를
연 것은 문종 15년 전후일 것으로 짐작하고 있거니와, 그의 공신호에
'弘文' '廣學' 등을 붙인 것을 보면 이후의 後進 교육에 공로가 많았음도
짐작할 수 있다. 홍문공도의 명칭은 그보다 훨씬 뒤인 무신정권기에도
찾아져 그점을 이해하는데 좋은 참고가 된다.

(3) 匡憲公徒: 立徒者인 盧旦은 문종 34년에는 예부상서(정3품)로서[2-2-9-18),
112쪽], 다시 선종 2년에는 中樞院使(종2품)로서 지공거를 담당하고 있다
[2-2-10-2), 115쪽]. 이로써 그 역시 급제자였다고 짐작할 수 있거니와, 그 이
듬해인 선종 3년(1086) 夏4月에 尙書左僕射(정2품)·叅知政事(종2품)로 승진
을 한다[『고려사』권10, 세가]. 그리고는 얼마 지나지 않아 致仕한듯 짐작되
는데, 선종 8년 7월에 세상을 떠난다(위와 같음). 따라서 그의 광헌공도 立
徒 시기 역시 선종 3년에서 그리 떨어지지 않는 때일 것으로 생각된다.

(4) 南山徒: 立徒者인 김상빈에 대해서는 일찍이 靖宗 7년 10월에 右拾遺(종
6품)를 지내고[『고려사』권6, 세가], 문종 3년에 右副承宣(정3품)으로서 국자
감시 試官을 역임한 것이[3-8-3-1), 261쪽] 立徒 관계를 제외하고 史書에 전

하는 기사의 전부이다. 다만 安稷崇墓誌銘[『고려묘지명집성』 59쪽]과 閔瑛墓誌銘[같은 책 122쪽]에 그가 國子祭酒(종3품)를 역임한 사실이 드러나 있어 거듭 확인되는데, 이것이 최종 관직일 것으로 생각된다. 따라서 그가 立徒한 시기는 최충의 문헌공도와 거의 같은 문종조 중기 정도로 짐작할 수 있을 듯하다.

(5) 西園徒: 立徒者는 최충이 주관한 靖宗 원년(1035)의 과거에서 장원급제한 김무체였다[2-2-8-1), 103쪽]. 그는 이후 상서(정3품)에 오른 사실만이 확인되는데[『補閑集』 卷上 崔文憲公典試), 문종의 재위 36년은 1082년이므로 급제한 때로부터는 47년간이라는 계산이 나온다. 이로써 짐작컨대 그가 尙書로부터 僕射(정2품)까지로의 승진은 좀 막연하지만 그대로 긍정하여도 좋을 듯싶고, 立徒 시기도 문종 後年 정도로 잡으면 무난하지 않을까 한다.

(6) 文忠公徒: 立徒者인 殷鼎에 대해서는 문종 25년 12월에 秘書少監(종4품)·右副承宣(정3품)을 제수받았다는 기록[『고려사』 권37, 세가] 이외에 달리 찾아지는게 없다. 이곳 선거지에는 그의 직위가 侍中으로 표기되어 있는데 이는 잘못인게 틀림없고, 崔冲傳[『고려사』 권95, 열전]에 侍郎(정4품)이라고 한 것이 사실일 듯싶지만, 그 시기는 역시 잘 알 수가 없다. 그러나 직위 상으로 미루어 문종 後年일 것이라는 짐작은 가는데, 따라서 立徒한 시기도 이때쯤으로 보면 무리가 없을 것 같다.

(7) 良愼公徒: 平章事(정2품)인 김의진이 세웠다. 그는 문종 원년 7월에 殿中侍御史(정6품)를 거쳐[『고려사』 권7, 세가], 15년 12월에는 左散騎常侍(정3품)·同知中樞院事(종2품)에 오르며[『고려사』 권8, 세가], 이어서 19년 6월에는 叅知政事(종2품)에 재임 중 지공거를 맡기도 하였다[3-3-3, 239쪽]. 그로부터 다시 몇 년 뒤인 왕 22년 정월에 亞相인 判尙書兵部事를 제수받는 것을[『고려사』 권8, 세가] 보면 이때는 이미 평장사의 직위에 올랐던 것 같거니와, 이는 왕 24년 8월에 致仕한 평장사로 卒去한 사실에서(위와 같음) 능히 짐작할 수 있는 것이다. 이때 받은 시호가 良愼이었겠지마는, 그의 立徒는 바로 이 무렵인 문종 22·23년경으로 생각된다.

이곳 선거지에는 양신공도의 立徒者로 郎中(정5품)인 朴明保도 함께 들어져 있다. 하지만 박명보는 私學의 설립과 관계되어서만 나오는 인물인데, 낭중이면 시호를 받을 수 없는 직위라는 점을 염두에 둘 때 혹 어떤 잘못에서 그와 같은 기록이 있게된 것은 아닌지 모르겠다.

(8) 貞敬公徒: 立徒者인 황영은 숙종 즉위년 12월에 예부상서(정3품)·同知樞密院事(종2품)를 거쳐[『고려사』 권11, 세가], 왕 2년 3월에는 叅知政事(종2품)에 올라(위와 같음), 그 다음 달에 지공거를 맡고 있다[2-2-12-2), 120쪽]. 이어서 왕 4년 2월에 中書侍郎同中書門下平章事(정2품)를 제수받고 있거니

와[『고려사』 권11, 세가], 그 얼마후 致仕한 것 같다. 따라서 그의 立徒도 숙종 4년으로부터 얼마 뒤의 일이라 짐작된다.

(9) 忠平公徒: 설립자인 유감에 대해서는 立徒한 사실 이외에 전하는 내용이 전혀 찾아지지 않아 상고할 길이 없다.

(10) 貞憲公徒: 立徒者인 文正은 文宗初에 급제하였는데[『고려사』 권95, 열전 文正傳], 왕 29년 7월에는 벌써 형부상서(정3품)·知中樞院事(종2품)에 올라[『고려사』 권9, 세가] 재상이 되었다. 이어서 왕 31년 11월에 叅知政事(종2품)로 승진하고(위와 같음), 이듬해에는 그 직위에 머물면서 지공거를 맡았다[2-2-9-17], 112쪽]. 이어서 다시 中書侍郎平章事(정2품)로 승진하여 東蕃의 作亂을 진압함으로써 功臣號와 함께 門下侍郎平章事(정2품)를 제수받았다. 그뒤 왕 36년 8월까지는 문하시랑에 재임하였음이 확인되는데[『고려사』 권9, 세가], 宣宗 10년 夏4月에 致仕한 門下侍中(종1품)으로서 卒去하고 있는 것을[『고려사』 권10, 세가] 보면 이미 선종 초년에는 문하시중으로 승진했었지 않았나 짐작된다. 따라서 그의 立徒 시기도 선종 때로 이해하여 좋을 듯하다. 그의 시호는 貞獻이었다.

(11) 徐侍郎徒: 徒의 명칭이 立徒者에서 비롯된 듯 생각되거니와, 그러므로 동시에 徐碩은 侍郎(정4품)을 역임한 인물이라 할 수 있겠다. 하지만 이같은 立徒의 기사 이외에는 더 찾아지는게 없어 자세한 내용은 알 수가 없다.

(12) 龜山徒: 徒의 명칭만 전할뿐 그 설립자조차 알려져 있지 않다.

이상에서 12도에 대하여 간략하게 살펴 보았는데, 우선 徒가 세워진 시기는 문종 9년(1055)의 문헌공도를 시작으로 하여 나중에는 宣宗朝와 肅宗朝에 각각 하나씩 설립된 예도 확인되지만 그 대부분은 文宗代였다. 그리고 설립자들은 당대를 대표할만한 儒臣들로서 과거와 관계가 깊었다. 그 자신들이 장원급제자 내지 급제자들이었고, 또 과거를 주관하는 지공거를 맡은 경우도 많았다. 뿐 아니라 고위관직을 지닌 사람들이 대부분으로 侍郎(정4품)이 두 사람, 祭酒(종3품)가 한 사람 포함되었으나 그 나머지 확인되는 사람들은 수상인 侍中(종1품) 2인을 비롯하여 모두 2품 이상인 재상급이었다. 그러므로 私學 12徒는 크게 번성할 수 있었고 과거 및 유학의 발전에도 기여한 바가 컸다고 할 수 있다.

① 朴贊洙, 위의 논문 ; 저서 245~253쪽.
② 申千湜, 위의 논문 ; 저서 305~307쪽.

原文 4-2-2. 仁宗十一年六月判 各徒儒生背曾受業師 移屬他徒者 東堂監試毋得許赴 十七年六月判 東堂監試後諸徒儒生都會日時 國子監知會 使習業五十日而罷 曾接寺三十日 私試十五首以上製述者 敎導精加考覈 各其名下注接寺若干日

私試若干首論報 方許赴會 諸徒敎導不離接所勸學者 學官有闕 爲先塡差 以示
褒奬

4-2-2. 인종 11년 6월에 判判하여, 각 도徒의 유생으로 일찍이 수업한 스
승을 배반하고 다른 도徒로 옮겨간 사람은 동당감시에 나가는 것을 허가
하지 않도록 하였다.[1]

17년 6월에 判判하여, 동당감시 이후에 여러 도徒의 유생들이 도회都會
하는 일시日時(날짜)에는 국자감에서 회會를 맡아 50일간 습업習業하고 – 업
을 익히고 – 파하도록 하는데, 일찍이 절에 30일간 머물며 사시私試로 15
수 이상을 제술製述한 사람을 교도가 정밀하게 고핵하여 각기 그 이름 아
래에다 절에 머문게 얼마 쯤의 날짜이며 몇 수首 정도를 사시私試하였는
지 논하여 보고하면 바야흐로 회會에 나가는 것을 허락하며, 여러 도徒의
교도로서 접소接所를 떠나지 아니하고 권학勸學한 사람은 학관에 결원이
생겼을 때 우선적으로 메꾸도록 보내 포장褒奬하는 뜻을 보이게 하였다.[2]

註解 4-2-2-

 -1) 仁宗十一年六月判 各徒儒生 背曾受業師 移屬他徒者 東堂監試毋得許赴: 여러
    개의 徒가 설립되면서 유생들은 과거급제에 유리하다고 판단되는 다른 徒로
    옮겨가는 사례가 많았던 것 같다. 이것은 스승을 배반하는 행위라 하여 예
    비고사인 東堂監試[2-1-5-3), 41쪽]에 나가는 것을 금지시킴으로써 학생들이 徒
    사이를 이동할 수 없도록 조처하고 있다.

 -2) (仁宗)十七年六月判 東堂監試後 諸徒儒生都會日時 國子監知會 使習業五十日
    而罷 … 方許赴會 諸徒敎導不離接所勸學者 學官有闕 爲先塡差 以示褒奬: 과
    거의 예비고사인 東堂監試[2-1-5-3), 41쪽]가 있은 이후에 여러 徒의 유생들을
    모아 50일간 習業케하는 都會가 있었음을 알 수 있다. 한데 이 私學의 都會
    를 국자감에서 맡아 주관하고 있어 주목되는데, 여기에 참가하기 위해서는
    절에 30일간 머물면서 15首 이상의 製述에 대한 私試를 치러야 했으며 그
    결과를 敎導에게 심사를 받도록 정하고 있다. 아울러 接所를 떠나지 않고 이
    업무를 성실하게 수행한 敎導에게는 學官에 결원이 생겼을 때 우선 채용하
    는 혜택을 주어 권장토록 하고도 있다. 이와 유사한 내용의 判文은 왕 20년
    에도 내려지고 있지마는[2-1-12-23), 69쪽], 여기에는 「界首官鄕校都會」에 대해
    서도 언급되어 있다.

原文 4-2-3. 恭愍王六年七月翰林院言 前者 夏課之終 必使知制誥爲試員 以考 諸生能否 近來廢不行 請復之 七年六月十二徒朔試

4-2-3. 공민왕 6년 7월에 한림원에서 말하기를, "전에는 하과가 끝나면 반드시 지제고를 시원으로 삼아 제생들의 능하거나 그렇지 못한 것을 고 사토록 했습니다. (그런데) 근래에는 폐하여 시행하지 않으니 청컨대 회복 시키소서" 하였다.[1]

7년 6월에 12도를 삭시朔試하였다.[2]

註解 4-2-3-

-1) 恭愍王六年七月 翰林院言 前者 夏課之終 必使知制誥爲試員 以考諸生能否 近來廢不行 請復之: 夏課란 몹시 더운 여름철에 유생들이 한 곳에 모여 학업 을 닦으면서 시 짓기 등의 대회를 연 것을 일컫는데,[①] 그 결과에 대해 국가 의 文翰官署인 한림원의 知制誥들이[『고려사』 권76, 百官志 1 藝文館] 試員이 되 어 諸生들의 能否를 考查했다는 언급이 주목된다. 이같은 제도가 언제부터 시행되었는지는 분명치 않으나 오래전부터의 일인듯 짐작되거니와, 혹 이것 이 科擧 때 제출하던 行卷[2-1-8-7), 51쪽 및 2-1-11-6), 56쪽]과 관련이 있는게 아 닌지 궁금한데,[②] 그 실상은 물론 잘 알 수가 없다.

　① 朴贊洙, 「高麗時代의 鄕校」『한국사연구』 42, 1983 ; 『高麗時代 敎育制度史 研究』, 경인문화사, 2001, 194·195쪽.

　　朴贊洙, 「私學十二徒의 變遷」『허선도정년기념 한국사학논총』, 일조각, 1992 ; 『高麗時代 敎育制度史 硏究』, 경인문화사, 2001, 243쪽 및 264· 265쪽.

　　申千湜, 「高麗時代 私學十二徒에 대한 硏究」『조항래화갑기념 한국사학논총』, 일조각, 1992 ; 『高麗敎育史硏究』, 경인문화사, 1995, 311~313쪽.

　② 朴龍雲, 「고려시기 科擧에서의 行卷과 家狀」『한국사연구』 148, 2010 ; 『고려 시기 역사의 몇 가지 문제』, 일지사, 2010.

-2) (恭愍王)七年六月 十二徒朔試: 12徒生들에게 朔試를 보였다는 것인데, 이 시 험의 성격에 대해서는 알려진 사실이 없다.

原文 4-2-4. 恭讓王三年六月 罷十二徒

4-2-4. 공양왕 3년 6월에 12도를 혁파하였다.[1]

註解 4-2-4-

-1) 恭讓王三年六月 罷十二徒: 私學 12徒는 고려후기로 접어들어 점차 官學化되어 갔으며, 그 위상도 초기와는 달리 성균관보다 한 단계 아래의 학교로 되어간 듯하다 함은 앞에서 설명한 바와 같다[4-1-14-2), 345쪽]. 그런데다가 공양왕 2년에는 역시 성균관보다 한 단계 아래의 官立 교육기관인 동부·서부 두 학당이 정몽주의 역할에 힘입어 남부·북부·중부 세 학당이 추가됨으로써 5부학당으로 확대 개편되는 변화가 있었다[4-1-15-2), 349쪽]. 이로써 사학 12도는 이미 존재의 의미를 잃지 않았나 짐작된다. 그러다가 마침내 왕 3년 6월에 이르러 정파되지 않았나 싶은 것이다. 사학 12도가 폐지된지 꼭 일년이 지나 고려왕조는 終焉을 고하게 된다. 그것은 고려왕조와 운명을 같이한 셈이다.

① 朴贊洙, 위의 1992 논문 ; 저서 281·282쪽.
② 申千湜, 위의 논문 ; 저서 319·320쪽.

『高麗史』卷七十五 志 卷第二十九 選擧三

『고려사』 권75 지 권 제29 선거 3

正憲大夫·工曹判書·集賢殿大提學·知經筵
春秋館事 兼成均大司成 臣 鄭麟趾 奉敎修

5. 전주銓注

5-1. 선법選法

原文 5-1-1. 凡選法 成宗八年四月 始令京官六品以下四考加資 五品以上必取旨
以爲常(當?)式

5-1-1. 무릇 선법[1]은, 성종 8년 4월에 처음으로 경관京官 6품 이하는 네
번 고과하여 자급資級을 가하고, 5품 이상은 반드시 왕지王旨를 얻을 것을
일정한 법(상식常式)으로 삼도록 하였다.[2]

註解 5-1-1-

-1) 凡選法: 이곳 選擧志 3은 銓注에 관한 전반적인 사항을 다룬 篇目이다. 銓注
는 사람의 됨됨이와 재능 등을 銓衡(銓選)하여 適材適所에 배정(주의注擬)한다
는 의미로서, 바꾸어 말하면 인사행정에 관계되는 여러 내용을 포괄하는 뜻
을 지닌 용어이다. 그러므로 여기에 選法·薦擧制·考課·守令과 監司의 選用·
宦寺職·限職·蔭敍·封贈制·添設職·役官制·鬻爵制·成衆官選補法·事審官·其
人·鄕職 등이 일괄 정리되고 있는 것이다. 보다시피 그 하나인 選法은 각종
관원들의 任免과 승진 및 그 기구들과 관련되는 法制를 다룬 항목이다.
  ① 金成俊,「高麗史 選擧 三, 譯註(一)」『湖西史學』5, 1977, 94쪽.
-2) 成宗八年四月 始令京官六品以下四考加資 五品以上必取旨 以爲當(常?)式: 성
종 8년(989)에 이르러 처음으로 京官들의 승급에 관한 일정한 법, 즉 常式이
정해졌음을 전하고 있다. 고려의 정규 法制는 성종 初年(982)부터 마련되기
시작하므로① 그 몇 년 뒤에 관원의 승진 규정 등도 제정하여 갔음을 알 수
있다. 그 내용인즉 京官들의 경우 6품 이하관은 네 번 考課하여 그 결과를
가지고 資品·資級을 올려주도록 하고 있는데, 그러나 5품 이상관은 반드시
왕의 재가를 얻은 이후에 시행토록 하고 있다. 5품 이상을 그만큼 중요시했
다는 뜻이겠다. 사실 고려에서는 父祖의 蔭德에 의해 그 자손을 敍用하는 제

도인 蔭敍의 특권을 5품관 이상에 한정하는 등 그것은 특별대우를 받을 수 있는 한계선이 되는 品階였거니와, 그점이 여기에도 나타나 있다 하겠다.[2]

다음은 6품 이하에 적용된 4考加資에 대해서인데, 考課는 곧이어 설명되듯이[5-1-3-1-1), 409쪽] 관리들이 재임하는 일정한 기간 동안의 勤慢·勞逸·功過 등을 고찰하여 성적을 매기는 것으로, 一考의 기간을 계산하는 방식으로는 1년을 단위로 하는 差年法과 日數로 계산하는 到宿法, 그리고 月數로 따지는 箇月法 등이 있었다. 고려 때에는 대체적으로 차년법을 채용하였으나 시기에 따라 달리 계산하기도 했으므로 위의 4考가 차년법에 따른 4년간의 고과를 뜻하는지, 아니면 개월법에 따라 6개월에 한번씩 고과하여 2년간의 성적을 말하는지, 그점은 당시의 제도가 확인되지 않아 잘 알 수가 없다. 아울러 고과의 성적도 上·中·下 가운데 어느 성적을 몇 번 얻어야 加資가 되고, 또 어떤 성적을 몇 번 받으면 제자리에 머물거나 罷黜되었는지 등도 역시 알 수가 없다.[3]

이 기사의 맨 뒤에 나오는 구절인 「當式」은 「常式」의 오류이다.

① 『高麗史』 권76, 百官志 1 序文. 이에 대해서는 朴龍雲, 『高麗史 百官志 譯註』, 신서원, 2009, 50~53쪽 참조.
② 李基白, 「中央官僚의 貴族的 性格」 『한국사』 4, 국사편찬위원회, 1974 ; 『高麗貴族社會의 形成』, 일조각, 1990, 69·70쪽.
③ 金成俊, 위의 글 95쪽.
　　朴龍雲, 「高麗時代 官員의 陞黜과 考課」 『역사학보』 145, 1995 ; 『高麗時代官階·官職 硏究』, 고려대출판부, 1997, 122~125쪽 및 132~141쪽.

原文 5-1-2. 明宗時 吏部員點初筮仕者姓名 入奏 號曰點奏 於是 求入仕者皆賂白銀 以爲贄 上自判事下至令史 習以爲常 競占下點 十一年正月中書門下郎舍議奏 舊制 文吏散官外補者皆有年限 非有功不得超遷 今有一二年而超受者 有三十餘年而不調者 政濫人怨 請限及第登科者閑五年 自胥吏爲員者閑八年以上許得施行 餘皆追寢之 詔可 時政出權門 奔競賄賂無復廉恥 自重房上將及宿衛之臣有氣勢者 各擧一人占官 請調如不得 詣執政家 張拳極口爭詰 執政畏縮許之 銓注猥濫 故有是議 然其追寢者亦行賂遺 故崔忠烈韓文俊之徒 力排其議曰 前朝文臣各執己意 臧否人物 以至於敗 何復踵往轍耶 卽命吏 疾速施行 諸郎無復詰之 二十年增省宰爲八員 先是省宰增至七 時論謂非古制 及是又增爲八 里巷謳曰 皇國實無寺 省中置七齋 七齋今夫(未?)了 八齋復入來 盖宰與齋聲相近 爲廋辭以譏之

5-1-2. 명종 때에 이부의 관원이 처음으로 벼슬을하고자 하는 사람의 성명에 점點을 찍어 들어가 아뢰니(주奏) 일컬어 점주點奏라 하였다. 이에 벼슬하기를 구하는 자들이 모두 백은白銀을 몰래 바쳐 예물로 삼으니, 위로는 판사로부터 아래로는 영사에 이르기까지 습관이 되어 상례로 생각하고, 다투어 점을 찍는 (위치를) 차지하려 하였다.[1]

11년 정월에 중서문하의 낭사가 의논하여 아뢰기를, "옛 제도에 문文·이吏 산관散官으로 외관에 보임되는 사람은 모두 연한이 있어서 공이 있는 자가 아니면 초천超遷할 수 없었는데, 지금은 1·2년만에 초수超受하는 자가 있는가 하면 30여년이 되어도 보임받지 못하는 자가 있어서 정사政事(인사人事)가 문란해지고 사람들이 원망합니다. 청컨대 과거 급제자로 5년 이상 한거閑居한 사람과 서리로 관원이 되어 8년 이상 한거閑居한 사람에 한정하여 허락해 시행토록 하고, 나머지는 모두 소급하여 중지시키도록 하소서" 하니 조詔하여 가可하다 하였다.[2]

당시에 정사政事가 권문에서 나와서 분경奔競과 뇌물로 더할 수 없이 염치가 없어져 중방의 상장上將으로부터 숙위하는 신하에 미치기까지 기세가 있는 자는 각각 1인을 천거하여 관직을 차지하고 보임을 청하다가 얻지 못하게 되면 집정執政의 집에 나아가 주먹을 휘두르며 온갖말로 다투고 비난함에 집정도 외축되어 허락함으로써 전주銓注가 외람되었기 때문에 이러한 의론이 있었다. 그러나 그 소급하여 중지될 자들이 역시 뇌물을 행하였기 때문에 최충렬·한문준의 무리가 힘써 그 의론을 배척하여 이르기를, "전조前朝의 문신들이 자기의 의견을 고집하여 인물의 선악善惡·양부良否를 가리다가 패함에 이르렀는데 어찌 다시 전철을 밟겠는가" 하고 즉시 이吏에게 명하여 신속히 시행하라고 하니 제랑諸郞이 다시 힐난하지 못하였다.[3]

20년에 성재를 늘려서 8원員으로 하였다. 이에 앞서 성재를 늘려 7(원)에 이르자 당시 의논이 고제古制가 아니라고 하였다. 이에 미쳐 또 늘려 8(원)이 되자 마을·골목에서 노래하기를, "황국에 실로 절이 없는데 성省

가운데 7재齋를 두더니, 7재齋가 지금 끝나지 않았는데 8재齋가 다시 들어오는구나" 하였다. 대개 재宰는 재齋와 소리가 서로 가까우므로 은어隱語를 만들어 이를 기롱한 것이다.[4]

註解 5-1-2-

-1) 明宗時 吏部員點初筮仕者姓名 入奏 號曰點奏 於是 求入仕者 皆略白銀 以爲贊 上自判事下至令史 習以爲常 競占下點: 고려 때 문관들의 인사는 尙書吏部에서 관장하였고, 따라서 이 관서의 관원들이 인사에 중요한 역할을 담당했으리라는 것은 쉽게 짐작할 수 있다. 하지만 그 역할이란 후보자들에 대한 자료를 수합, 검토하여 보통은 한 직위에 대해 3望이라 해서 첫째 후보자인 首望과, 다음인 次望, 세 번째인 末望까지 3명을 올리는 것이었고, 그러면 국왕은 이부의 수장인 判吏部事 등과 협의하여 최종적으로 한 사람을 결정해 그 사람의 이름 위에 點을 찍는데 이를 落點이라고 하였다. 한데 무신정권기에 접어들어 그게 아니라 이부의 관원이 아예 임명할 사람의 성명에 點을 찍어서 왕에게 아뢰도록 되어 그것을 點奏라 했다는 것이다. 이부에서 미리 入仕者를 결정하여 왕에게 아뢰는 형식으로 바뀐 것이며, 그렇게 되자 벼슬을 구하는 사람들은 이부의 判吏部事(수상이 겸임)와 그리고 吏部尙書(정3품) 이하 吏屬인 令史에게까지 뇌물을 바치게 되었고, 이부 관원은 그들대로 下點, 點奏할 수 있는 권한·위치를 차지하기 위해 다투기도 했다고 전하고 있다.

　이 기사는 安劉勃과 관련하여 『고려사』 권101, 열전 安劉勃傳과 『고려사절요』 권12, 명종 8년 9월조에도 실려 있다. 따라서 이것은 무신정권 초기인 李義方과 鄭仲夫가 집권하고 있을 때의 상황을 전하는 기록이라 할 수 있는데, 당시 吏部郞中(정5품)이던 안유발은 인사 이후에 다른 동료들이 "某某는 모두 나로부터 나왔다"고 하여 下點에 참여했음을 자랑했으나 그만은 초연하여 사람들이 그의 청백함에 탄복했다고 한다. 이들 기록은 그처럼 이부 관원들의 點奏를 중심으로 하여 기술하고 있으나 국왕의 인사권에 영향을 미치는 이같은 일이 당시 쿠데타를 통해 정권을 장악한 무신정권 담당자들과 분리시켜 이해하기는 어려울 것 같다. 인사제도의 문란은 이미 무신정권 초기부터 정권을 담당한 무장들과 이부 관원들에 의하여 야기되고 있었음을 알 수 있다 하겠다.

　① 『高麗史』 권76, 百官志 1 吏曹·朴龍雲, 『高麗史 百官志 譯註』, 신서원, 2009, 144~151쪽.

　② 金成俊, 「高麗史 選擧 三, 譯註(一)」 『湖西史學』 5, 1977, 94~98쪽.

-2) (明宗)十一年正月 中書門下郎舍議奏 舊制 文吏散官外補者 皆有年限 … 自胥
吏爲員者 閑八年以上 許得施行 餘皆追寢之 詔可: 명종 11년은 李義方·鄭仲
夫에 이어서 慶大升이 집권하고 있을 때이다. 한데 경대승은 그전의 집권자
들과는 달리 15세가 되던 해인 의종 22년에 음서를 통해 校尉職을 받을 정
도로 비교적 좋은 가문에서 태어난 사람으로[『고려사』 권100, 열전 慶大升傳], 무
신란에도 가담하지 않았다. 이러한 때문인지는 모르겠지만 그는 무신란 이
후에 자행된 무인들의 불법에 대해 분개하여 「復古의 뜻」을 가지게 되었으
며, 또 문신들과 긴밀한 관계를 유지하고도 있었다. 따라서 정치적 사회적
공포 분위기도 그전에 비해 상당히 완화되어 가고 있었거니와, 이같은 상황
을 배경으로 당시 인사행정의 문란에 대해 中書門下省 郎舍의 시정을 촉구
하는 건의가 있게된 것이다. 중서문하성은 국정을 총괄하는 최고 정무기관
으로서, 그 하층부를 구성하는 낭사에는 散騎常侍(정3품)·諫議大夫(정4품) 이하
司諫(정6품)·正言(종6품)에 이르는 省郎·諫官들이 있어 諫諍과 封駁·署經 등을
맡아 왔었는데,[①] 그 역할을 다시 이행하고자 나선 것이었다.

　이번에 시정을 건의하고 나선 것은 보다시피 외관(지방관)의 보임에 대해서
였다. 즉, 이전에는 文·吏 散官을 외관으로 보임함에 일정한 연한이 있어서
특별한 공로자가 아니면 超遷할 수가 없었다. 한데 무신정권이 들어선 이후
제도가 문란해져서 1·2년만에 보임받는 자가 있는 반면에 30년이 되어도 보
임받지 못하는 사람이 있게 되었다는 것이다. 그러므로 이제부터는 그점을
시정하여 及第登科者, 즉 과거 급제자의 경우는 5년 이상 閑한 자를, 그리고
서리로부터 官員이 된 사람은 8년 이상 閑한 자를 보임하도록 하고, 그 이전
에 정당한 과정을 밟지 않고 일찍 보임받은 경우는 소급하여 중지시키자는
방안을 제시하였고, 국왕이 그 건의를 재가하고 있다.

　고려 때 관인층을 출신별로 볼 때 文·武·吏의 3계열로 구성되어 있었다.
文은 文學과 儒學의 교양을 갖추어 과거에 급제한 사람들이고, 武는 무직을,
그리고 吏는 행정실무직인 吏屬을 거쳐 진출한 사람들을 말한다.[②] 이들이
일단 官界에 발을 들여놓으면 관인들의 지위와 신분을 나타내는 公的秩序體
系인 散階(文散階)를 받아 散官이 되었다. 하지만 그렇다고 하여 직무를 보는
게 아니라 散階(官階)를 감안하여 주어지는 職事, 즉 실무를 볼 수 있는 官職
을 받아야 비로소 관인으로서의 제역할을 할 수 있었다.[③] 이들이 처음으로
받는 관직이 주로 외관이었지마는, 그렇기 때문에 무신정권기에 들어와 인
사행정이 문란해지면서 文·吏 출신 산관들의 외관 보임 문제가 거론되고 있
는 것이다.[④]

　그리하여 문제의 시정책으로 제시된게 과거에 급제하였으면서도 산계만
받고 관직을 얻지 못해 閑하고 있는 기간이 5년 이상 된 사람과, 서리 출신

으로서 閑한지 8년 이상이 된 사람들에게 우선적으로 외관직을 주자는 것이었다. 여기에서 과거에 급제하고도 관직을 받지 못해 閑하고 있는 사람과, 서리 출신으로 역시 관직을 받지 못해 閑하고 있는 사람이 곧 閑人이라는 이야기를 도출해낼 수 있는데, 종래에는 한인을 주로 군인·무사라는 측면과 관련하여 파악했는가 하면,⑤ 未仕 未嫁한 6품 이하 하급양반의 자녀,⑥ 또는 특수한 직역을 지거나 자격은 있으되 아직 就職하지 못한 자⑦ 및 職事가 없는 同正職 등에 임명되어 대기 상태에 있는 관인층으로⑧ 이해하는 등 다양한 견해가 제시되었거니와, 이곳의 자료는 그중 맨 나중의 의견과 통하는 기사이기도 하다.

① 『高麗史』 권76, 百官志 1 門下府·朴龍雲, 『高麗史 百官志 譯註』, 신서원, 2009, 67~69 및 92~106쪽.

② 李佑成, 「高麗朝의 '吏'에 對하여」 『진단학보』 23, 1964 ; 『한국중세사회연구』, 일조각, 1991.

③ 李成茂, 「兩班과 官職」 『朝鮮初期 兩班研究』, 일조각, 1980, 116·117쪽.
   朴龍雲, 「高麗時代의 文散階」 『진단학보』 52, 1981 ; 『高麗時代 官階· 官職 研究』, 고려대출판부, 1997.

④ 金成俊, 위의 글 99·100쪽.

⑤ 千寬宇, 「閑人考 - 高麗初期 地方統制에 관한 一考察」 『社會科學』 2, 1958 ; 『近世朝鮮史研究』, 일조각, 1979.

⑥ 李佑成, 「閑人·白丁의 新解釋」 『역사학보』 19, 1962 ; 『한국중세사회연구』, 일조각, 1991.

⑦ 朴菖熙, 「'閑人田'論에 대한 再檢討」 『한국문화연구원논총』 27, 1976.

⑧ 文喆永, 「高麗時代의 閑人과 閑人田」 『한국사론』 18, 1988.

-3) 時 政出權門 奔競賄賂無復廉恥 自重房上將及宿衛之臣有氣勢者 各擧一人占官 … 卽命吏 疾速施行 諸郞無復詰之: 바로 윗 항목에서 다룬바 郞舍의 시정책 건의가 어찌하여 나오게 되었으며, 그후의 결과가 어떻게 되었는가에 대한 항목이다. 즉, 당시의 人事가 권력을 쥐고 있는 몇몇 무인세력가를 비롯한 權門에서 나오게 되자 벼슬을 얻기 위해 執政家에 분주하게 찾아다니는 이른바 엽관운동인 奔競과 뇌물이 공공연이 자행되면서, 무신의 최고위급인 상장군(정3품)과 대장군(종3품)의 협의체였던 重房이 무신정권의 성립과 더불어 권력의 중심기관으로 등장함에 따라 그 구성원인 상장군과 숙위를 담당할 정도의 중요 신료로서 기세가 있는 자들은 제각각 한 사람씩을 천거하여 관직을 차지하였으며, 그것이 뜻대로 되지 않으면 집정가에 찾아가 주먹을 휘두르며 온갖 말로 다투고 비판하는 사태가 연출되었다. 이에 아직 기반을 굳히지 못해 무인들의 연립정권과 같았던 당시의 상황에서 武人執政마져 외축되어 저들의 요구를 들어주지 않을 수 없었고, 그로써 銓注가 매우 외람되

게 마련이었다. 지방관의 보임 경우에 법을 무시하고 1·2년만에 임명을 받은 무리들도 대부분은 그렇게 하여 차지했을 것이라 짐작된다.

이같은 상황에서 낭사의 건의가 있었고, 국왕도 건의한 시정책을 받아들이기로 결정하였다. 그렇게 되자 관직을 잃게될 무리들이 유력자들에게 다시 뇌물을 써서 그 논의를 배격하도록 종용하였다. 이에 나선 인물이 崔忠烈·韓文俊 등이었거니와, 그중 최충렬은 무장 출신으로서 일찍이 상장군(정3품)과 同知樞密院事(종2품) 등을 거쳐 명종 11년 당시에는 中書侍郎平章事(정2품)·太子少傅(종2품)였으며[『고려사』 권100, 열전 崔忠烈傳], 한문준은 과거 급제후에 知貢擧까지 역임한 전형적인 문신이었지만 당시에는 叅知政事(종2품)·太子少保(종2품)로서[『고려사』 권99, 열전 韓文俊傳] 두 사람은 각기 무신과 문신을 대표할만한 위치에 있는 하나의 인물들이었다. 이들이 낭사의 건의를 적극 배격하면서 前朝, 즉 의종조에 문신들이 자기들의 의견만 내세우며 무신들을 업신여기고 멸시했다가 무신란을 당하는 패배를 당했는데 어찌 다시 그 전철을 밟으려고 하느냐며 위협하고 나섰던 것이다. 그리고는 관리에게 명하여 신속히 이전대로 시행토록 했다는 것인데, 그에 대해 諸郞, 즉 낭사의 省郞들도 다시 비판하고 나서지 못했다고 전하고 있다. 낭사의 건의에다가 국왕의 재가가 났던 사안도 武將權臣들의 집단적 행동에 어쩔 수 없었던 것이다. 무신정권기의 난맥상을 보여주는 단적인 한 예라 하겠다.

① 『高麗史』 권77, 百官志 2 西班 序文·朴龍雲, 위의 譯註, 637·638쪽.

② 金庠基, 「高麗 武人政治 機構考」 『東方文化交流史論攷』, 을유문화사, 1948.

③ 金成俊, 위의 글 100~102쪽.

-4) (明宗)二十年 增省宰爲八員 先是省宰增至七 時論謂非古制 及是 又增爲八 里巷謌曰 皇國實無寺 省中置七齋 七齋今夫(未?)了 八齋復入來 盖宰與齋聲相近 爲廋辭以譏之: 성재란 최고의 정무기관인 中書門下省의 상층부를 구성하는 2품 이상의 고위 관원들, 즉 宰臣을 말한다. 사료에 흔히 「省五」 또는 「宰五」라고 표기된 것이 그들로서, 약간의 견해차가 있기는 하지만 그들은 門下侍中(종1품)과 여러 平章事(정2품), 그리고 叅知政事·政堂文學·知門下省事(종2품)의 5職과 그 관원인 재신들을 일컫는 말로 이해되고 있는 것이다. 이들의 규정상 정원은 평장사가 4인이어서 합계 5職 8員이 된다. 그럼에도 이곳에 「省宰가 늘어나 7이 되었다」·「8員이 되었다」거나 또는 『고려사』 권76, 百官志 1 序文에 「省不過五 樞不過七이던 것이 … 그 폐단이 일어나면서 省宰가 늘어나 7·8에 이르렀다」고 한 것처럼 「省五」·「宰五」의 5도 5員으로 파악하고 있는 것 같다. 이곳 선거지의 기사 역시 명종 20년 12월[『고려사절요』 권13]에 8명의 宰臣을 임명한데 잇대어 설명되어 있는 것으로서, 역시 5·7·8을 員數로 파악하고 있거니와, 아마 규정상은 5職 8員인데도 보통 5員 또는 그 이

하의 숫자만이 임명되는 때가 많아 그처럼 인식되었는지는 모르겠으나 5를 員의 개념으로만 이해하는 것은 확실히 문제가 있다.

이 문제는 그렇다 하고 무신정권기에 들어와 省宰뿐 아니라 각 부분에 걸쳐 관원의 숫자가 늘어난 것은 사실이었다. 그렇기 때문에 백성들이 省宰의 '宰'와 절에서 재를 올리는 '齋'의 소리가 같으므로 그에 빗대어 그같은 사실을 기롱하고 있거니와, 기사중 「今夫了」의 '夫'는 '未'의 오류이다.

① 『高麗史』 권76, 百官志 1 序文·朴龍雲, 위의 譯註, 56쪽 및 60쪽.
② 邊太燮, 「高麗 宰相考 −3省의 權力關係를 중심으로−」 『역사학보』 35·36 합집, 1967 ; 『고려정치제도사연구』, 일조각, 1971.
③ 金成俊, 위의 글 102·103쪽.

原文 5-1-3. 神宗三年二月重房奏 門下錄事中書注書堂後官二員 並令周年拜叅職 然唯注書與堂後之文官者周年 五年四月式目都監使崔詵等奏 文班叅外五六品 並令帶犀爲叅秩 王曰 員數大多 豈可一時陞秩 乃增叅秩六七人

5-1-3. 신종 3년 2월에 중방이 아뢰기를, "문하녹사·중서주서와 당후관 2원은 모두 주년(만 1년)에 참직을 제수토록 하였으나, 그러나 오직 주서와 당후의 문관만을 주년으로 하소서" 하였다.[1]

5년 4월에 식목도감사인 최선 등이 아뢰기를, "문반의 참외 5·6품은 모두 서대를 띠도록 하여 참질로 삼으소서" 하니, 왕이 이르기를, "인원수가 매우 많은데 어찌 가히 일시에 질秩을 올리겠는가" 하고 이에 참질 6·7인을 늘렸다.[2]

註解 5-1-3-

-1) 神宗三年二月 重房奏 門下錄事·中書注書·堂後官二員 並令周年拜叅職 然唯注書與堂後之文官者周年: 중방은 앞에서 설명했듯이 처음에는 최고위급 무장들인 上將軍(정3품)과 大將軍(종3품) 합계 16명으로 구성된 협의체이던 것이 무신정권의 성립과 더불어 권력의 중심기관이 되었다 하였거니와[5-1-2-3), 366쪽], 그같은 상황을 배경으로 그가 官制에도 관여하고 나선 것이다. 즉 문하녹사·중서주서와 당후관은 만 1년을 재임하면 叅職으로 올려주어 왔었는데, 이제부터는 그중 주서와 당후로 있는 문관만을 그와 같이 하자는 건의였다.
문하녹사와 중서주서는 고려 최고의 정무기관으로 수상을 비롯한 재신[5-1-2-4), 367쪽]과 간쟁·봉박·서경 등을 담당한 省郞[5-1-2-2), 365쪽]들이 소속해 있는 중서문하성의 행정 업무를 총괄한 종7품 직위였으며,[①] 당후관은 역시 樞密宰相과 왕명의 출납을 관장한 承宣들이 소속해 있는 중추원(추밀원)의 행정 업무를 총괄한 정7품의 직위였다.[②] 한데 고려에서는 9품체계내의 직위를 크게 宰樞와 叅上·叅外의 셋으로 구분하고 있었다. 그중 재추는 방금 위에서 언급한 재신·추밀로서 2품 이상의 재상들을 말한다. 그리고 참상(叅內·叅秩)과 叅外(叅下)는 조회에 참석할 수 있는 직위냐 그렇지 못한 직위이냐를 기준으로 하여 나눈 것인데, 대체적으로 6품과 7품을 경계로 하여 3품과 대략 6품 이상이 참직(참상직), 그리고 대략 7품 이하로부터 9품까지가 참외직(참하직)이었다. 여기에서 '대체적으로'·'대략'이라는 말을 덧붙인 것은 5·6품 중에도 참외직이 있을 수 있고, 7품 가운데에도 참상직이 있을 수 있기 때문인데,[③] 외형상으로는 재추가 玉帶를 띤데 비해 참상직은 犀帶, 참외직은 黑帶를 띠도록 되어 있었다.

제도에 따라 문하녹사·중서주서·당후관은 모두 참외직이었다. 하지만 그들은 최고 정무기관의 행정 실무를 총괄하는 중요한 위치에 있었으므로 이들에게만은 1년만 재임하면 참직으로 올려주는 특별 배려를 하였던 것 같다. 참직에 오른다는 것은 승진상 매우 큰 의미가 있었던만큼 모두들 특별 배려를 받는 문하녹사 등에 취임하려 했던 듯 싶으며, 그 가운데는 집권 무신들을 배경으로 무인들마저 그 자리를 차지했던 것 같다. 그러므로 무인들로서는 부적합한 그 자리에 올랐던 사람들은 특별 배려에서 제외시키고 다만 주서와 당후에 재임한 문관들에 한하여 혜택을 주자는 건의를 하고 있는 것이다. 단 그러면서도 문하녹사는 왜 제외시켰는지 그점은 분명치가 않다.

① 『高麗史』 권76, 百官志 1 門下府 錄事·朴龍雲, 위의 譯註, 106~108쪽.
② 『高麗史』 권76, 百官志 1 門下府 注書·朴龍雲, 위의 譯註, 108·109쪽.
③ 金成俊, 위의 글 103·104쪽.
　　朴龍雲, 위의 譯註 193·194쪽.
　　朴龍雲, 「高麗時代의 文散階」『진단학보』52, 1981 ;『高麗時代 官階·官職 研究』, 고려대출판부, 1997.
　　李鎭漢, 「高麗時代 叅上·叅外職의 區分과 祿俸」『한국사연구』99·100, 1997 ; 『고려전기 官職과 祿俸의 관계 연구』, 일지사, 1999.

-2) (神宗)五年四月　式目都監使崔詵等奏　文班叅外五六品　並令帶犀爲叅秩　王曰 員數大多　豈可一時陞秩　乃增叅秩六七人: 식목도감은 法制·格式을 관장한 회의기관으로 그 책임자인 使는 규정상 省宰로 되어 있으나 통상적으로 수상이 겸임하였다.[①] 그리하여 崔詵 역시 신종 3년 12월에 門下侍郎同中書門下平章事(정2품)·判吏部事로 수상이 된 후·[『고려사』 권99, 열전 崔惟淸傳 附 詵] 이때 식목도감사를 겸하고 있으면서 관제의 改定을 건의하고 있는 것이다.

그 내용인즉 바로 윗 대목에서 설명했듯이 叅秩에 해당하는 문반의 5품과
6품이면서도 叅外로 되어 있는 직위들을 참질로 올려 犀帶를 띠게 하자는
것이었다. 이에 대해 국왕은 인원수가 매우 많은데 어찌 한꺼번에 모두 올
릴 수 있겠느냐며 6·7인만을 늘렸다고 전하고 있다. 동일한 내용이『고려사』
권72, 輿服志 冠服 冠服通制條에「神宗 5년 4월에 비로소 문반 5·6품의 丞·
令에게 犀帶를 띠게하여 叅秩로 삼았다」고 보이거니와, 실제로 이때에 종5
품인 太廟署令과 諸陵署令[『고려사』 권77, 백관지 2 寢園署·諸陵署條], 그리고 御史
臺의 종6품인 監察御史 2인[『고려사』 권76, 백관지 1 司憲府條] 등을 참질로 올리
고 있는 이외에 몇몇 사례가 더 찾아지고 있다.[②]

   ① 末松保和,「‘高麗式目形止案'について」『朝鮮學報』 25, 1962 ;『靑丘史草』 1,
      笠井出版社, 1965.
      邊太燮,「高麗의 式目都監」『역사교육』 15, 1973.
   ② 金成俊, 위의 글 104~107쪽.

原文 5-1-4. 熙宗時崔忠獻專權 頒政無常 舊例頒政 六月謂權務 十二月謂大政
吏兵部判事與諸僚會本部 陟功黜罪 皆稟王命 過此時雖有闕不補 又吏部每歳
調選百司胥吏 有仍有徙 名爲動靜

5-1-4. 희종 때에 최충헌이 권세를 오로지하면서 인사를 반포함(반정頒政)
이 무상無常하였다. 옛 관례에 반정은 6월에 하는 것을 권무權務라 하고
12월에 하는 것을 대정大政이라 하였는데, 이·병부의 판사가 여러 신료와
더불어 본부에 모여 공이 있는 사람은 올리고 죄가 있는 자는 쫓아내되
모두 왕명을 받았으며, 이때가 지나면 비록 결원이 있더라도 보충하지
않았다. 또 이부가 매 년 백사百司의 서리를 조정하여 그대로 두기도 하
고 옮기게도 하였는데, 이름하여 동정이라 하였다.[1]

註解 5-1-4-

-1) 熙宗時 崔忠獻專權 頒政無常 舊例頒政 六月謂權務 十二月謂大政 … 調選百
司胥吏 有仍有徙 名爲動靜: 최충헌은 慶大升에 이어서 권력을 장악하고 있
던 李義旼을 제거하고 반대파를 숙청함과 동시에 국왕인 명종마저 폐하고
신종을 옹립한 후 독재정권을 수립하였다. 이후 다시 신종을 폐하고 희종을
옹립하지마는, 그로부터 아들 瑀와 孫 沆·曾孫 竩에 이르기까지 4대에 걸쳐
60여년간 정권을 오로지하는 단초를 열었다[『고려사』 권129, 반역열전 崔忠獻].

이처럼 그는 국왕의 폐립까지 행할 수 있을 정도의 권력을 장악하고 있으면서 인사행정도 자의적으로 시행했다고 비판하고 있는 것이다.

　고려 때의 정규적인 인사는 6월과 12월에 하도록 되어 있었다. 그중 12월에 하는 것을 大政 또는 都目政이라고 해서 전반적인 인사를 단행하는 것이었고, 6월에 하는 것을 權務政이라 하였는데 조선에서 小政이라 한 것을 보면 규모가 적고 또 임시로 행하는 인사라는 의미를 지닌 것이었지만 이 역시 정규적인 인사에는 틀림이 없었다. 그리하여 이들 인사에는 주무 부서인 이부와 병부의 최고 책임자로서 首相이 겸한 判吏部事(이부판사)와 亞相이 겸하는 判兵部事(병부판사)가 이부상서(정3품) 또는 병부상서(정3품) 등 예하 관원들과 각각 본부에서 회합하여 전자가 문관의 인사, 후자가 무관의 인사를 단행하되, 최종적으로는 국왕의 재가를 얻어 시행하였다. 그러나 최충헌이 집권하고서는 이같은 절차나 시기가 제대로 지켜지지 않았다는 점을 지적하고 있는 것이다.

　이 12월과 6월의 인사가 끝나면 비록 결원이 있더라도 충원하지 않는게 원칙이었다. 그러나 이같은 원칙은 그렇게 잘 지켜지지 않은듯 고려 때도 6월과 12월 이외에 인사를 한 사례가 전·후기를 막론하고 눈에 띠고 있다. 조선시대에는 그것을 轉動政이라고 했는데, 고려의 경우 역시 이 용어가 보인다[『고려사』 권125, 열전 池奫傳]. 이러한 사례는 아마 최충헌의 집권기에 물론 한층 더 심했을 것이다.

　모든 관청(百司)의 서리들에 대한 인사 조정은 이부에서 매 년 실시하였다. 그리하여 근무 성적에 따라 혹 제자리에 그대로 두기도 하고 또 다른 부서로 옮기게도 하였는데 그것을 動靜이라고 했다는 사실도 전하고 있다.

① 金成俊, 위의 글 107·108쪽.
② 朴龍雲, 「高麗時代 官員의 陞黜과 考課」 『역사학보』 145, 1995 ; 『高麗時代 官階·官職 研究』, 고려대출판부, 1997.
③ 『高麗史』 권76, 百官志 1 吏曹·朴龍雲, 위의 譯註, 144~151쪽.
④ 『高麗史』 권76, 百官志 1 兵曹·朴龍雲, 위의 譯註, 153~160쪽.

原文 5-1-5. 高宗十二年 崔瑀置政房於私第 擬百官銓注 選文士屬之 號曰必者赤 舊制 吏部掌文銓 兵部掌武選 第其年月 分其勞逸 標其功過 論其才否 具載于書 謂之政案 中書擬升黜以奏 門下承制勅以行之 自崔忠獻擅權 置府 與僚佐私取政案 注擬除授 授其黨與承宣 謂之政色承宣 僚佐之任此者 三品謂之政色尙書 四品以下謂之政色少卿 持筆橐從事於其下者 謂之政色書題 其會所謂之政房

5-1-5. 고종 12년에 최우가 정방을 사제私第에 설치하고 백관의 전주銓注
를 다루었는데,[1] 문사文士를 선발하여 거기에 속하게 하고 필자적必者赤이
라 하였다.[2] 옛 제도에 이부는 문전文銓을 관장하고 병부는 무선武選을 주
관하여, 그 (근무) 연월의 차례를 매기고, 그 노일勞逸을 구분하며, 그 공과
功過를 표시하고, 그 재능이 있고 없음을 논하여 갖추어 서류에 기재하니
이를 정안이라 하였다. 중서성에서 승출升黜을 헤아려 아뢰고, 문하성에
서 제칙制勅을 받들어 행하였는데, 최충헌이 권세를 멋대로 하면서부터
부府를 두고 요좌僚佐와 함께 사사로이 정안을 취하여 주의注擬·제수하니,
그 당여黨與로 승선이 된 자를 정색승선이라 하였고, 요좌로서 이를 맡은
자 중 3품을 정색상서, 4품 이하를 정색소경이라 하였으며, 필탁(붓주머니,
필갑筆匣)을 가지고 그들 밑에서 종사하는 자를 정색서제라 하였고, 그 모
이는 장소를 정방이라 하였다.[3]

註解 5-1-5-

-1) 高宗十二年 崔瑀置政房於私第 擬百官銓注: 최충헌은 정권을 잡은지 23년째
가 되는 고종 6년에 세상을 떠나고 아들 瑀가 그 뒤를 이었다. 최씨정권은
그가 집권한 이후 세력 기반이 한층 공고해지거니와, 그 하나가 정방이었다.
위에서 살폈듯이 인사행정은 이미 아버지인 최충헌 때부터 자의적으로 행해
져 왔지마는, 瑀가 집권한지 6년째가 되는 고종 12년(1225)부터는 공식화하
여 인사를 담당할 기구로 정방을 자기의 개인 집에다가 설치하고 백관의 銓
注를 자행하였던 것이다. 정방은 이처럼 武人執政에 의하여 설치되어 그에
봉사하는 기구이었지마는 그것은 文士들의 진출로로 기능했다는데 또다른
의미가 있었다. 그래서인지 정방은 무신정권 때 생겨난 다른 기구들과는 좀
달리 최씨정권이 종말을 고한 뒤에도 궁궐 내의 便殿 옆으로 옮겨져 국가기
구화하여 置廢를 거듭하면서 知印房·箚子房·尙瑞司 등의 명칭을 띠고 조선
초까지 존속하였다.

① 金庠基,「高麗 武人政治 機構考」『東方文化交流史論攷』, 을유문화사, 1948.
② 金成俊,「高麗政房考」『史學研究』13, 1962 ;『한국중세정치법제사연구』, 일
　조각, 1985.
③ 金成俊,「高麗史 選擧 三, 譯註(一)」『湖西史學』5, 1977, 109·110쪽.
④ 金潤坤,「麗末鮮初의 尙瑞司－政房에서 尙瑞司로의 變遷過程을 中心으로－」
　『역사학보』25, 1964 ;『한국 중세의 역사상』, 영남대출판부, 2001.

⑤ 金昌賢,「고려후기 政房의 구성과 성격」『한국사연구』 87, 1994 ;『高麗後期
政房 研究』, 고려대 민족문화연구원, 1998.

-2) (高宗十二年 崔瑀置政房) … 選文士屬之 號曰必者赤: 이 기사는 고종 12년에
이르러 崔瑀에 의하여 설치된 정방에 必者赤(必闍赤 ; 필자적, 비칙치)이라 불리
는 文士들을 소속시켰다는 것이다. 이와 동일한 내용이 『고려사』 권129, 열
전에 실려있는 崔忠獻의 附傳인 崔怡(崔瑀)傳에도 전하지마는, 그러나 여기에
는 상당한 의문이 뒤따른다. 그 이유는 우선 必闍赤이 몽고의 제도에서 유래
하는 것인데, 고종 12년이라면 고려와 몽고가 江東城의 役으로 첫 접촉을
가진 왕 6년으로부터 얼마 되지 않는 시기로서 그간 몇 차례 몽고 사신이
왔을뿐, 고려로서는 저들과의 외교교섭조차 몹시 꺼리던 때였다. 이같은 시
기에 몽고의 官名인 必闍赤을 우리의 제도에도 채용했다는 것은 믿기가 어
려울 뿐더러 이곳 選擧志 기록의 자료가 된 것으로 짐작되는 李齊賢 저술의
『櫟翁稗說』 前集 2 기사에는 必闍赤이 보이지 않는 것이다. 그런데다가 『고
려사』 권104, 열전 金周鼎傳에 실려있는 또다른 하나의 기록에는 충렬왕 4
년(1278) 당시 「宰樞가 심히 많아 政事를 도모하는데 주관자가 없은즉 마땅
히 별도로 必闍赤을 설치하여 機務를 맡기자」고한 그의 건의에 따라 '新置'
되었으며, 그리하여 이들이 「항상 禁中에 모여 機務를 㸑決하니 당시 別廳
宰樞라 불렀다」는 내용도 전한다. 이런 여러 상황을 감안하여 必闍赤이 처
음 설치되는 것은 고종 12년이 아니라 충렬왕 4년이며, 그 기능도 논자에
따라 견해차가 좀 있긴 하지만 정방과 관련해서가 아니라 왕권조차 위협을
면치 못했던 당시의 상황을 반영하여 왕권 강화를 위한 측근기구의 필요에
따른 소산물로 이해하려는 경향이 많다.

이로부터 얼마 뒤의 기록에 王府必闍赤이라는 용어가 꽤 여럿 찾아진다.
이때의 왕부는 필시 국왕과 긴밀한 관계가 있는 기구일 것이므로 왕부필자적
역시 왕의 직속관부 내지 측근기구의 구성원으로 이해하는게 가능할 것 같
다. 하지만 그렇다고 해서 문제가 간단하게 끝나는 것은 아니다. 그와 더불어
누구 누구가 政房必闍赤 또는 箭子房必闍赤에 임명되었다는 기록도 간혹 눈
에 띄기 때문이다. 이들은 확실히 정방의 요원이었던 것이며, 사실 논자들이
그 동안 필자적을 정방과 연결지어 해석하여 온 것도 이런 기록에 말미암는
것이었다. 그러면 성격이 좀 다른 듯한 이들 두 종류의 기록을 어떻게 이해
하는게 합리적일까. 하나는 왕부의 필자적과 정방의 필자적을 별개의 조직
으로 보는 것이고, 다른 하나는 왕부의 필자적 가운데 일부가 국왕의 인사
권 강화를 위해 정방의 필자적으로도 기능한 데서 그처럼 나타난 것은 아닐
까 하는 가능성도 생각해볼 수 있을 듯싶지만, 물론 확인하기는 어렵다.

① 金成俊, 위의 譯註 110쪽.

② 金光哲,「高麗 忠烈王代 政治勢力의 動向」『창원대논문집』 7-1, 1985.

③ 金塘澤,「忠烈王의 復位 과정을 통해 본 賤系 출신 관료와 '士族' 출신 관료의 정치적 갈등-'사대부'의 개념에 대한 검토-」『東亞研究』 17, 1989.

④ 朴龍雲,「高麗後期의 必闍赤(필자적, 비칙치)에 대한 검토」『李基白古稀紀念 韓國史學論叢<上>』, 일조각, 1994 ;『高麗時代 官階·官職 研究』, 고려대출판부, 1997.

-3) 舊制 吏部掌文銓 兵部掌武選 第其年月 分其勞逸 標其功過 論其才否 具載于書 謂之政案 中書擬升黜以奏之 … 謂之政色書題 其會所謂之政房: 고려 때 문관에 대한 인사는 尙書吏部, 무관에 대한 인사는 尙書兵部에서 담당하였는데[『고려사』 권76, 백관지 1 吏曹·兵曹], 그때 자료가 되는 것이 당해자의 근무 연월과 勞逸·功過·재능 등을 갖추어 기록해놓은 일종의 인사기록카드라고 할 政案이었다. 그리하여 인사 서류가 작성되면 국왕에게 올려지고, 국왕은 다시 최고 정무기관인 중서문하성의 宰臣이면서 이·병부의 총책임자로 수상을 겸하고 있는 判尙書吏部事와 亞相을 겸하고 있는 判尙書兵部事 등과 협의하여 결정을 내리며, 그것을 재차 중서문하성의 하층부를 구성하고 있는 郎舍[5-1-2-2), 365쪽]의 署經을 거쳐 시행을 하게 된다.

고려가 모범으로 삼았다는 당나라에서는 詔勅을 작성하는 중서성과 그것을 심의하는 문하성 및 집행을 담당한 상서성 등 3省이 竝立되어 있었다. 이를 감안한듯 이곳 선거지도 중서성에서 升黜을 하고 문하성이 制勅을 받들어 행하였다고 기술하고 있고, 이에 근거하여 고려도 3省制로 운용되었다는 견해가 있지마는,① 그러나 실제로는 중서성과 문하성이 합쳐져 중서문하성이라는 단일 기구로 기능하였다는 의견이 적지 않아② 이 부분에 관한 이곳의 설명은 여러 모로 주의할 필요가 있는 기사이다.

하지만 어떻든 인사가 국왕과 중서문하성, 그리고 尙書 이부와 병부가 관여하는 일정한 절차를 거쳐 이루어졌던 점만은 분명한데, 앞에서도 지적되었듯이[5-1-4-1), 370쪽] 최충헌이 집권하고서는 그같은 절차를 무시하고 인사가 멋대로 시행되었다. 즉 그는 자기의 府(興寧府- 뒤에 晉康府로 고침)에 사사로이 정안을 가져다가 僚佐와 함께 注擬·除授를 자행하였던 것이다. 그러던 것을 아들 瑀가 집권한 얼마후 공식화하여 정방을 설치하고 거기에 政色承宣 등을 두어 여전히 인사를 자의적으로 처리하게된 것이다. 이 정방의 정색승선에 대해서는 이곳에 따로이 둔 직위라는 견해가 없지 않았으나③ 현재로서는 中樞院(樞密院)의 왕명 출납을 관장하던 바로 그 승선[『고려사』 권76, 백관지 1 密直司]으로 파악되고 있거니와,④ 그는 더 말할 나위도 없이 武人執政의 두터운 신임을 받는 사람이 발탁되었으며, 그리하여 인사를 총괄하는 실무를 담당하였던 만큼 매우 중시하는 요직의 하나로 인식되어 있었다.

① 李貞薰,「高麗前期 三省制와 政事堂」『한국사연구』 104, 1999.

② 邊太燮,「高麗의 中書門下省에 대하여」『역사교육』 10, 1967 ;『고려정치제도 사연구』, 일조각, 1971.
   朴龍雲,「高麗時代 中書門下省에 대한 諸說 검토」『한국사연구』 108, 2000 ; 『高麗社會의 여러 歷史像』, 신서원, 2002.

③ 李起男,「忠宣王의 改革과 詞林院의 設置」『역사학보』 52, 1971.

④ 朴龍雲,「高麗의 中樞院 研究」『한국사연구』 12, 1976 ;『高麗時代 中樞院 研究』, 고려대 민족문화연구원, 2001.

⑤ 金成俊, 위의 譯註 110~113쪽.
   閔丙河,「崔氏政權의 支配機構」『한국사』 7, 국사편찬위원회, 1973.
   金昌賢,『高麗後期 政房 研究』, 고려대 민족문화연구원, 1998.

原文 5-1-6. 忠烈王初 承宣朴恒掌銓注 始留宿禁中 除授訖乃出 故事政房員每當 除授 晨入暮出 干謁塡門 至是改之 二十四年正月忠宣王卽位敎曰 本朝三品之階 貳於宰相 未嘗輕授 雖至四品 容有年滿而未拜者 近來或以五品超授致仕受祿者 倍於顯官 各領校尉以下困於國役 而有終年未受祿者 誠爲未便 其以五品超授者 有司論罷 四月忠宣罷政房 以翰林院主選法 三十三年七月典理軍簿更定選法

5-1-6. 충렬왕 초에 승선 박항이 전주를 관장하면서 처음으로 금중(궁궐 안, 궁궐)에 유숙하였다가 제수를 마치고 이에 나왔다. 고사故事에 정방의 관원으로 매양 제수를 담당하면 아침에 들어갔다가 저녁에 나왔으므로 간알(개인 일로 알현을 구함)이 문을 메우더니 이에 이르러 고쳐졌다.[1]

24년 정월에 충선왕이 즉위해 교敎하여 이르기를, "본조의 3품 품계는 재상의 다음이라 일찍이 가볍게 제수하지 않았으며, 비록 4품에 이르러 연한이 찼어도 임명되지 못하는 자가 혹 있었는데, 근래에 혹 5품으로써 초수超授하여 치사致仕하고 녹을 받는 자가 현관顯官보다 배가 되나, 각 영領의 교위 이하는 국역國役에 고달프면서도 한해가 다 가도록 녹을 받지 못하는 사람이 있으니 참으로 마땅치 않다. 그 5품으로써 초수한 자는 유사(맡은 관청)가 논하여 파직시키라" 하였다.[2]

4월에 충선왕이 정방을 혁파하고 한림원이 선법을 주관하도록 하였다.[3]

33년 7월에 전리·군부에서 선법을 다시 고쳐 정하였다.[4]

註解 5-1-6-

-1) 忠烈王初 承宣朴恒掌銓注 始留宿禁中 除授訖 乃出 故事 政房員每當除授 晨入暮出 干謁塡門 至是改之: 이곳의 故事란 정방이 궁궐 내의 便殿 옆으로 옮겨간[5-1-5-1), 372쪽] 이후의 사실을 말하는 것으로 생각된다. 그렇기 때문에 정방의 관원들이 除授에 즈음하여 아침에 禁中에 들어갔다가 저녁에 퇴궐하였던 것이다. 그렇게 되자 벼슬하고자 하는 사람들이 그들 관원의 門前에 모여들어 干謁하는 폐단이 생겨났다. 그러던 것을 충렬왕 초에 承宣으로서 銓注를 관장하게된 朴恒이 궁궐로 들어가 아예 그곳에 유숙하면서 인사를 마친 뒤에야 퇴궐함으로써 그 폐단이 고쳐지게 되었다는 기사이다. 박항은 春州 출신으로 고종조에 급제하였으며 뒤에 贊成事(정2품)까지 지내는 인물이다 [『고려사』 권106, 열전 朴恒傳].

① 金成俊, 「高麗史 選擧 三, 譯註(一)」『湖西史學』 5, 1977, 113쪽.

-2) (忠烈王)二十四年正月忠宣王 卽位敎曰 本朝三品之階 貳於宰相 未嘗輕授 雖至四品 容有年滿而未拜者 … 誠爲未便 其以五品超授者 有司論罷: 세자 璋(뒤의 충선왕)은 母妃인 齊國大長公主의 사망을 계기로 국왕측근세력을 축출하면서 父王인 충렬왕마저 그의 24년(1298) 정월에 왕위에서 물러남에 따라 즉위하여 곧바로 교서를 발표하고 개혁에 착수하게 된다.① 이곳의 기사는 그 개혁 방안에 포함된 내용의 하나로써,② 3품계는 재상 바로 아래 지위이므로 除授에 신중을 기해 4품으로 연한이 찼더라도 임명을 받지 못하는 사람이 있을 정도였는데, 근래에 5품으로서 超授하고는 致仕하여 녹을 받는 사람이 實職者보다 배가 된다는 것이다. 致仕는 본래 고위 관직자가 70세가 되는 해에 자리에서 물러나는 停年制와 같은 것인데, 그와는 좀 다르지만 미리 물러난다는, 즉 치사한다는 것을 구실로 5품에서 3품으로 뛰어넘어 후한 녹을 받고 있다는 지적인 것 같다. 고려 때 致仕祿은 현직에 있을 때의 절반을 받도록 되어 있었다. 어떻든 그와 같은 숫자가 顯官의 배나 되었다는데, 顯官은 본래 高官이라는 뜻이지만 이곳에서는 致仕職에 상대되어 나오는만큼 實職의 뜻으로 쓰지 않았나 생각된다.

한편으로 그같은 현상에 비하여 각 領의 校尉가 논의되고 있다. 領은 고려의 중앙군인 2軍 6衛의 軍·衛 바로 아래 조직으로 1,000명으로 구성된 단위부대를 말하는데, 1령에 정9품인 교위가 20명씩 배치되어 있었다.③ 이들은 軍役이라는 고된 國役의 담당자들인데, 그럼에도 한해가 다 되도록 녹봉을 제대로 받지 못하는 형편으로서 이는 매우 옳지 못한 일인즉 5품관으로서 超授하여 녹봉을 받은 자들은 有司가 논하여 파직하라는 지시를 하고 있는 것이다.④

① 金成俊, 「麗代 元公主出身 王妃의 政治的 位置에 대하여」『金活蘭記念 韓國女

性文化論叢, 1958 ;『한국중세정치법제사연구』, 일조각, 1985.

② 李起男,「忠宣王의 改革과 詞林院의 設置」『역사학보』52, 1971.

③『高麗史』권77, 百官志 2 西班.

④ 金成俊, 위의 글 113~117쪽.

-3) (忠烈王二十四年)四月 忠宣罷政房 以翰林院主選法: 바로 윗 항목에서 소개했듯이 충렬왕 24년 1월에 즉위한 충선왕이 개혁정치를 진행시켜 가는 과정에서 4월에는 인사행정에 많은 폐단을 낳고 있는[5-1-5-3), 374쪽] 정방을 폐지하고 있다. 그리고는 인사권을 본래 국왕의 말씀과 명령을 대신 작성하는 일을 맡았던 翰林院[『고려사』권76, 백관지 1 藝文館]이 아울러 담당하도록 조처하고 있거니와, 이 한림원은 다음 달의 官制 개편 때 詞林院으로 바뀌면서 왕명의 출납을 관장하던 承旨房의 임무까지 겸하고 이후 개혁의 중심 기구가 된다. 하지만 충선왕이 世族·權門의 반발과 원의 압력으로 재위 8개월만에 왕위에서 물러나고 충렬왕이 복위함에 따라 개혁사업은 중지되고 고쳐졌던 관제도 그 이전으로 되돌려졌다.

① 李起男, 위의 글.

② 李益柱,「충선왕 즉위년(1298) '개혁정치'의 성격 – 관제개편을 중심으로 – 」『역사와 현실』7, 1992.

③ 金成俊, 위의 글 117·118쪽.

-4) (忠烈王)三十三年七月 典理·軍簿更定選法: 바로 윗 대목에서 설명했듯이 충렬왕 24년 1월에 父王을 밀어내고 즉위하여 개혁정치를 추진했던 충선왕이 8개월만에 물러나고 충렬왕이 복위한 이후 왕 父子간에 갈등이 격화되고 그에 편승한 朝臣들간의 파쟁이 겹쳐 고려는 한동안 혼란을 겪는다. 이러한 양 파간의 정쟁은 원나라의 수도에서까지 연출되어 그 치부를 드러내기도 하지마는, 그때 마침 원에서도 皇位繼承紛爭이 일어나 충선왕이 지지했던 武宗이 승리를 거둠에 따라 우리나라의 세력다툼 역시 자연히 끝나게 된다. 이때가 충렬왕 33년 3월로써, 이로부터 충렬왕이 자리를 지키고는 있었으나 실권은 충선왕이 장악하여 조정을 좌우하였다. 이 기사 역시 그같은 상황을 말해주는 한 예로, 충선왕의 의지에 따라 典理司와 軍簿司로 하여금 새로이 選法을 고쳐 인사를 관장토록 하고 있는 것이다. 이 부분에 대해『고려사』권22, 세가 충렬왕 33년 秋7月條에「典理·軍簿에게 選法을 更定토록 하였다. 이에 앞서 前王(충선왕)이 멀리서 二司에 명하여 文·武選을 관장케 하였다」면서 僉議·密直 같은 재상들은 자신에게 반드시 보고한 후 인사토록 하였는데 충렬왕도 어쩔 수 없이 그에 따랐다고 전하고 있다. 자신이 처음에 추진했던대로 정방을 혁파함과 동시에 인사권을 전리사와 군부사로 돌리고 그들을 통해 自派 중심으로 조정을 구성하여 갔던 것으로 이해된다. 전리사와

군부사는 충렬왕 원년에 각각 이부(예부 포함)와 병부의 고쳐진 명칭이다『고려
사』 권76, 백관지 1 吏曹 兵曹條].

① 高柄翊,「高麗 忠宣王의 元 武宗 擁立」『역사학보』 17·18 합집, 1962 ;『동아
교섭사의 연구』, 서울대출판부, 1970.

② 金光哲,「14세기초 元의 政局동향과 忠宣王의 吐蕃 유배」『한국중세사연구』
3, 1996.

③ 金成俊, 위의 글 118쪽.

[原文] 5-1-7. 忠宣王二年十月 文武銓選分委選摠部 以首亞相領之 然一二幸臣以
他官兼之 久而不易

5-1-7. 충선왕 2년 10월에 문·무의 전선銓選을 선부와 총부에 나누어 맡
기고 수상과 아상으로 하여금 영솔토록 하였으나, 그러나 한 두 명의 행
신幸臣이 타관他官으로써 겸하여 오래도록 바꾸지 못하였다.[1]

註解 5-1-7-

-1) 忠宣王二年十月 文武銓選 分委選·摠部 以首·亞相領之 然一二幸臣 以他官兼
之 久而不易: 정방을 혁파하고 인사권을 典理司와 軍簿司로 되돌린[5-1-6-4),
377쪽] 이후에도 저들이 제기능을 다하는데 어려움이 많았던 것 같다. 그러
므로 왕 2년에는 다시 문·무관의 인사를 각각 전리사의 후신인 選部와 군부
사의 후신인 摠部가 나누어 맡도록 하고 있거니와, 이번에 크게 달라진 점은
그 선부를 수상인 判選部事가, 총부는 亞相인 判摠部事가 領率토록 하고 있
는 조처이다. 그러므로써 고려 前期 때처럼 선부와 총부를 중심으로 인사가
원만하게 이루어지기를 바랐던 모양이다.

하지만 그럼에도 한 두 명의 幸臣이 他官으로써 인사 관계의 직위를 겸하
고 관여하는 바람에 오래도록 고쳐지지가 않았다고 전하고 있다. 당시에는
복위한 충선왕이 元都에 그대로 머물면서 고려를 통치하는 상황에 있었다.
그러므로 실제로는 왕 측근의 寵臣(幸臣)인 權漢功·崔誠之 등이 銓注를 관장
하여『고려사』 권125, 姦臣列傳 權漢功傳] 마련된 인사의 내용을 고려에 전달하는
형식을 취하고 있었으므로 비록 수상 또는 아상이라 하더라도 자기의 역할
을 제대로 할 수가 없었는데, 이 기사는 그점을 말하는 것 같다.

『고려사』 권76, 百官志 1 吏曹條에는 충렬왕 33년에 吏部·兵部·禮部가 합
쳐져 選部가 된 이후 상당한 기간 동안 유지된듯 기술되어 있으나 그 兵曹
條에는 얼마 되지 않아 摠部가 다시 分立한 것으로 나오는데, 이번 기사를

보면 그 분립된 시기가 충선왕 2년 이전으로 짐작된다.
  ① 金成俊, 위의 글 119·120쪽.
  ② 金昌賢,「정방의 성격변화와 재상의 인사참여」『高麗後期 政房 硏究』, 고려대
    민족문화연구원, 1998, 106·107쪽.

原文 5-1-8. 忠肅王七年復政房 十六年九月密直金之鏡掌銓注 專擅除授 及批目
下 用事者爭相塗抹竄定 朱與墨至不可辨 時人謂之黑册政事 黑册者 兒輩用厚
紙 黑而油之 以習寫字

5-1-8. 충숙왕 7년에 정방을 복구하였다.[1]

  16년 9월에 밀직 김지경이 전주를 관장하며 제수를 전단하였는데, 비
목이 내려옴에 미쳐서는 정권을 마음대로 하는 자(용사자用事者)들이 다투
어 서로 칠하고 지우며 고쳐 정하여 주(붉은색)와 묵(검은색)을 분별할 수
없을 정도에 이르니 당시 사람들이 흑책정사라 말하였다. 흑책黑册이란
아이들이 쓰는 두꺼운 종이에 검게 칠하고 기름을 발라 글씨쓰는 것을
연습하던 것이다.[2]

註解 5-1-8-
 -1) 忠肅王七年 復政房: 충선왕은 재위 5년에 아들(충숙왕)에게 讓位한 후 元都에
    머물면서도 上王으로서 고려의 모든 국정에 간섭하여 왕 父子간에 알력이
    조장되어 가고 있었다. 그러하던 충숙왕 7년에 충선왕의 강력한 후원세력이
    던 元의 仁宗이 세상을 떠나고 황태후마저 별궁으로 물러나면서 형세가 바
    뀐 가운데 그는 고려 출신의 환관인 任伯顔禿古思의 참소를 입어 吐蕃으로
    유배를 가게 된다. 충숙왕으로서는 그의 정치적 간섭에서 벗어날 수 있는
    기회가 온 것이었다. 이에 따라 충숙왕은 그 해 12월에 정방을 복구하는 조
    처를 취하는데, 그것은 그동안 인사권을 장악하고 비리를 저질러온 충선왕
    의 從臣들을 내어쫓는 반면에 자신의 측근들을 손쉽게 등용하기 위한 조처
    로 생각된다.
    ① 金成俊, 위의 글 120쪽.
    ② 鄭希仙,「高麗 忠肅王代 政治勢力의 性格」『사학연구』42, 1990.
    ③ 金光哲,「14세기초 元의 政局동향과 忠宣王의 吐蕃 유배」『한국중세사연구』
      3, 1996.
    ④ 金昌賢,「정방의 성격변화와 재상의 인사참여」『高麗後期 政房 硏究』, 고려대

민족문화연구원, 1998, 112쪽.

-2) (忠肅王)十六年九月 密直金之鏡掌銓注 專擅除授 及批目下 用事者爭相塗抹竄 定 朱與墨 至不可辨 時人謂之黑册政事 黑册者 兒輩用厚紙 黑而油之 以習寫 字: 이번의 인사는 元使로 온 完者의 族人에게 직위를 사여할 필요성도 있 어서 이루어진 것으로, 국왕의 嬖幸인 密直副使(정3품) 金之鏡을 비롯하여 大 司成(정3품) 高用賢, 右副代言(정3품) 奉天祐가 그 銓注를 맡아 시행하면서 비 리·불법까지 자행하여 많은 문제가 드러난 사례이다[『고려사절요』권24, 충숙왕 16년 9월·『고려사』권124, 嬖幸列傳 崔安道 附 金之鏡傳]. 그런데다가 이미 국왕의 재 가가 난 인사 발령의 조목인 批目이 내려간 뒤에도 정권을 마음대로 하는 자들이 다투어 발령자들을 지우고 고치는 바람에 붉은색과 검은색이 뒤섞여 분별할 수가 없는 지경이어서 아이들이 글자쓰기 연습을 하는 黑册과 비슷 하였으므로 그것을 가리켜 黑册政事라고 했다는 이야기까지 전하고 있다. 당시 인사행정의 문란상을 잘 보여주고 있다 하겠다.

① 金成俊, 위의 글 121쪽.

② 金昌賢, 위의 글 113·114쪽.

③ 吳英善, 「高麗時期의 告身과 官吏任用體系」『韓國古代中世古文書硏究』下, 서 울대출판부, 2000, 66·67쪽.

原文 5-1-9. 忠穆王卽位之年十一月 命典理軍簿 五品以下點望申聞 十二月罷政 房 歸文武銓注于典理軍簿 尋復政房

5-1-9. 충목왕 즉위년 11월에 전리·군부에 명하여 5품 이하는 망기望記에 점을 찍어 아뢰라고 하였다. 12월에 정방을 혁파하고 문·무관의 전주銓注 를 전리·군부에 귀속시켰다가 얼마 뒤 정방을 복구하였다.[1]

註解 5-1-9-

-1) 忠穆王卽位之年十一月 命典理·軍簿 五品以下點望申聞 十二月罷政房 歸文· 武銓注于典理·軍簿 尋復政房: 충숙왕에 이어서 즉위한 忠惠王은 왕권의 강 화와 국가 재정을 충실히 하는데 노력한 면이 없지 않지만 賤流에 속하거나 群小로 알려진 무리들과 함께 군왕으로서는 정상을 벗어난 행동을 일삼아 정치적 사회적으로 많은 물의를 일으키기도 하였다. 이에 元이 적극 개입하 여 충혜왕을 붙들어다가 멀리 유배보내는 사태까지 발생하거니와, 왕은 그 도중에 사망하였다. 이러한 혼란 속에서 元子인 충목왕이 8세의 나이로 즉 위하지마는, 고려의 重臣들은 원의 후원 아래 어린 왕을 받들고 곧 충혜왕대

의 弊政을 바로잡으려는 개혁작업에 들어가게 된다.

　이 작업은 충목왕의 즉위 후 첫 인사에서 判三司事를 제수받은 李齊賢이 5월에 장문의 개혁안을 상서하면서 시작되는데, 그러나 처음부터 그의 제안이 선뜻 받아들여지지는 않았다. 그러다가 10월에 비정통관료요 附元세력이라고 할 수 있는 蔡河中이 수상에서 물러나고 양식과 인품을 갖춘 王煦(왕후 ; 權載)가 그 자리에 들어서면서 개혁은 적극화된다. 아마 이곳의 「11월에 典理司와 軍簿司에 명하여 5품 이하의 관원은 望記에 點을 찍어 아뢰라」고한 조처도 이런 과정에서 나온게 아닌가 짐작된다. 물론 5품 이하의 관원이라 해도 인사담당 관부인 전리사와 군부사[『고려사』 권76, 백관지 1 吏曹·兵曹條]에서 望記에 미리 點을 찍어 국왕에게 올리는 것은 인사의 원칙에 어긋나는 것이지만[5-1-2-1),364쪽] 그러나 그런 점 보다는 정방이 엄연히 존재하는 상황에서 그에 구애됨이 없이 전래의 인사기구가 일부나마 인사행정을 담당하고 있다는 데서 이번 조처의 의미를 찾을 수 있는게 아닌가 짐작되기 때문이다.

　이제 그같은 단계를 거쳐 다음 달인 12월에는 아예 정방이 혁파되고 문·무의 銓注가 典理司와 軍簿司에 귀속하게 된다. 이제현이 제안했던 가장 중요한 개혁안 가운데 하나인 인사행정 문제가 왕후를 중심으로 하는 새 조정이 구성된지 두 달만에 이루어지고 있는 것이다. 이로부터 인사행정은 전기 이래의 정상적인 제도로 되돌아갈 수 있는 여지가 마련된 셈이었다.

　하지만 그것을 저지하려는 반대세력도 만만치는 않았던 것 같다. 정방이 혁파된지 한 달만에 다시 설치되고 있는 것이 그 증거이다. 거기에는 왕의 母后인 德寧公主와 그에 의지하여 세력을 유지하려는 康允忠 등 반개혁세력의 공작에 기인하는 측면이 많았던 것으로 알려져 있거니와, 충목왕 원년 12월에는 왕후마저 수상인 右政丞에서 파직당하여 제1차 개혁의 시도는 결국 좌절되고 말았다.

　① 金成俊, 위의 글 121·122쪽.
　② 金塘澤, 「高麗 忠惠王과 元의 갈등」 『역사학보』 142, 1994 ; 『원간섭하의 고려정치사』, 일조각, 1998.
　③ 閔賢九, 「整治都監의 設置經緯」 『국민대논문집』 11, 1977.
　④ 金昌賢, 「政房提調의 등장과 정방의 置廢」 『高麗後期 政房 硏究』, 고려대 민족문화연구원, 1998, 142~145쪽.

原文 5-1-10. 恭愍王元年二月復罷之 三月典理判書白文寶上書曰 爲政之要 在於得人 知人之難 聖賢所重 孔子曰 擧爾所知 書曰 無求備于一人 若指瑕掩善 則人無可用 隨器授任 則士無可棄 莫若使在位達官 各擧所知 則克恊至公 野無遺賢矣 乞依司馬光所議設十科以擧士 其一科行義純固 可爲師表 二科經術該博

可備顧問 三科方正識大體 可爲臺諫 四科文章典麗 可備著述 五科獄訟法令盡
公得失 六科廉義理財賦 公私俱便 七科公正有風(威?)力 可寄方面 八科愛民礪
節 可作守令 九科智勇才略 防禦將帥 十科行止合度 可爲典禮 應職事官 自兩
府諸奉翊至從三品以上 侍從官 自僉議監察提學外製六品以上 每歲須於十科內
擧堪當一科者一人 有堪擧者不必拘於一科 擧非其人以致敗 與擧主俱免 典理軍
簿古之政府也 古者文武異路 世官不相交 文資則典理 武資則軍簿 各任銓注宜
矣 自毅王以後文武世通 官亦交授 故兩司政官於大內別廳一會議政 宜當文武官
資一時注擬 此所謂政貴變通 酌古準今者也 近代選法大壞 不論資序功罪 隨代
番更 官類積薪 前職滿國 故奔競僥倖者滔滔皆是 又先王制定衙門之外 別立諸
色冗員 都目數多 不量勤慢 競求冒進 宜當減併衙門 沙汰不急之任 合錄都目
庶絶爭名之路 五年六月敎曰 政房設自權臣 豈爵人於朝之意 今宜永罷 其三品
以下與宰相共議進退 七品以下吏兵部擬議奏聞 六年正月命都目 去官人通四書
者使赴任 不通者爲校尉隊正 定爲恒式 然今注擬日逼 未易遽學四書 姑令畢讀
千字文 千字內能書百字者許赴任 不能者年雖久 不許錄用 十二月復歸銓選于吏
兵部 十年二月王召吏部郎中李岡曰 爾僉銓選 其臺諫曠職者黜之 賢才遺逸者陞
之 丁憂終制者亦須擢用 十一年密直提學白文寶上箚子曰 自九品至一品每品各
給職牒 所以防奸 近世品職朝謝 初則僉署 終則一官署 故始難終易 吏緣爲奸
今後六品以上各自寫牒 投省具署經印 七品以下典理軍簿具署經印 每品同品轉
移者 只給謝牒 十七年十二月用循資格

5-1-10. 공민왕 원년 2월에 다시 이를(정방을) 혁파하였다.[1]

　　3월에 전리판서 백문보가 상서하여 이르기를, "정치를 하는 요체는 사
람을 얻음에 있는데 사람을 알기 어려움은 성현도 중하게 여긴 바입니
다. 공자는 말하기를, '네가 아는 바의 (사람을) 천거하라' 하였고, 서경에
는 이르기를, '한 사람에게서 완비함을 구하지 말라' 하였습니다. 만약에
하자(허물)를 지적하여 착한 점을 덮어버리면 사람을 얻어 쓸 수가 없고,
그릇(됨됨이)에 따라 맡을 바를 주면 선비는 버릴 사람이 없을 것인즉, 달
관達官의 지위에 있는 사람으로 하여금 각기 아는 바의 (사람을) 천거하게
하면 지극히 공평함에 잘 부합하여 초야에 내버려둘 현사가 없게됨과 같
은게 없을 것입니다.[2]

　　빌건대 사마광이 논의한 바에 의하여 10과를 설치해 선비를 천거토록

하소서. 그 1과는 행실이 의롭고 순고純固하여 가히 사표師表가 될만하고,
2과는 경술經術에 해박하여 가히 고문에 대비할만 하며, 3과는 방정方正
하고 대체大體를 알아 가히 대간이 될만하고, 4과는 문장이 전려典麗하여
가히 저술에 대비할만 하며, 5과는 옥송獄訟과 법령에 있어 득실得失에 공
정함을 다하고, 6과는 염치와 의리가 있어 재부財賦를 다스림에 공·사가
모두 편하며, 7과는 공정하고 위력威力이 있어 가히 방면方面(한 지역)을 맡
길만 하고, 8과는 백성을 사랑하고 절검을 닦기에 힘써 가히 수령이 될
만하며, 9과는 지혜·용기와 재주·방략이 있어 방어할 장수가 될만하고,
10과는 행동거지行動擧止가 법도에 합당하여 가히 전례典禮삼을만한 것입
니다. 직사職事에 응하고 있는(직사를 맡고 있는) 관원으로는 양부의 여러 봉
익으로부터 종3품에 이르기까지의 (관원)과, 시종관으로는 첨의·감찰·제
학으로부터 외제 6품 이상까지의 (관원)이 매 해마다 반드시 10과 내에서
한 과科를 감당할만한 사람 1인을 천거하되, 감당할만 하여 (더) 천거할
사람이 있으면 반드시 한 과에 구애될 필요가 없지마는, 천거한 사람이
타당치 못하여 실패함에 이르게 되면 천거한 사람(거주擧主)도 함께 면직
免職시킬 것입니다.[3]

전리와 군부는 옛적의 정부政府입니다. 옛적에는 문·무의 길이 달라서
대대로 벼슬을 서로 교류하지 않았으니, 문관은 전리, 무관은 군부에서
각각 전주銓注를 맡은 것은 마땅합니다. 의종 이후로부터 문·무관이 대대
로 통하고 벼슬도 역시 교류하여 제수한 때문에 양사兩司의 정관政官이
대내大內의 별청에 함께 모여 정사政事를 의논했으므로 의당 문·무 관자官
資를 일시에 주의注擬하였으니, 이것은 이른바 정사政事에서는 변통을 귀
히 여겨 옛것을 참작해 지금의 준칙準則으로 한다는 것인데, 근래에 선법
이 크게 무너져 자서資序와 공죄功罪를 논하지 않고 수시로 교체하여 벼
슬이 섶(땔나무)을 쌓은 것 같아 전직前職이 나라에 가득 찼으므로 분경奔
競으로 요행을 바라는 자가 도도함(물이 그득히 퍼져 흐르듯 하는 것)이 모두
이것들입니다. 또 선왕이 제정한 아문衙門 이외에 별도로 세운 여러 기관

의 용원冗員들로 도목都目의 수가 많아 부지런함과 태만함을 헤아리지 않고 다투어 구하여 함부로 진출하였으니 의당 아문을 감축하고 합병하여 급하지 않은 임원은 도태시키고 도목을 합쳐서 기록하면 거의 명리名利를 다투는 길을 끊을 수 있을 것입니다" 하였다.[4]

5년 6월에 교敎하여 이르기를, "정방은 권신으로부터 설치되었으니 어찌 조정에서 사람들에게 벼슬을 주는 뜻이 되겠는가. 이제는 마땅히 영구토록 혁파하고, 그 3품 이하는 재상과 더불어 함께 진퇴를 논의할 것이며, 7품 이하는 이·병부에서 의논, 주의注擬하여 아뢰도록 하라" 하였다.[5]

6년 정월에 도목都目에 명하여 거관去官(임기가 차서 벼슬을 옮김)하는 사람으로 4서에 통하는 자는 부임하게 하고, 통하지 못하는 자는 교위·대정으로 삼을 것을 정하여 일정한 법(항식恒式)으로 삼게 하였다. 그러나 지금은 주의注擬하는 날짜가 너무 가까와서 갑자기 4서를 배우기가 쉽지 않을 것이므로 임시적으로 천자문을 다 읽게 하고 천자 내에서 능히 100자를 쓰는 자는 부임을 허락하고, 능히 쓰지 못하는 자는 (근무) 연월이 비록 오래 되었더라도 녹용錄用을 허락하지 않도록 하였다.[6]

12월에 다시 전선銓選을 이·병부에 귀속시켰다.[7]

10년 2월에 왕이 이부낭중 이강을 불러서 말하기를, "그대가 전선銓選에 참여하였은즉, 그 대간으로 직을 비운 자(직책을 제대로 수행하지 못한 자)는 내치고, 어질고 재주가 있으면서도 남겨져 있는 자(등용되지 못한 자)는 올릴 것이며, 부모의 상을 당하여 (상복을 입는) 제도를 마친 자는 모름지기 탁용하라" 하였다.[8]

11년에 밀직제학 백문보가 차자를 올려 말하기를, "9품으로부터 1품에 이르기까지 매 품마다 각각 직첩을 주는 것은 간계奸計를 막고자 하는 까닭인데 근세에는 품직品職을 조사朝謝함에 처음인즉 모두가 서명하였으나 끝에는 한 관원만이 서명하므로 처음은 어렵고 끝은 쉬워서 관리가 이로 인연해서 농간을 합니다. 지금 이후로 6품 이상은 각자가 직첩을 베껴서 성省에 제출하여 서경의 인신印信을 갖추고, 7품 이하는 전리와 군부에서 서경의 인신을 갖출 것이며, 매 품에서 동일한 품으로 옮기는 자는 다만 사첩謝牒을 주도록 하소서" 하였다.[9]

17년 12월에 순자격을 채용하였다.[10]

註解 5-1-10-

-1) 恭愍王元年二月 復罷之: 공민왕은 그 이전의 왕들처럼 원나라 공주 출신의 왕비가 아니라 고려인 明德太后 洪氏 소생으로서 22세의 한창 나이에 즉위하는데 성공하였다. 그리하여 커다란 포부와 야심을 가졌던 그는 老成한 학자요 명망이 높은 李齊賢을 등용하고 서둘러 개혁에 착수하였다. 정방을 혁파하여 인사권을 전리사와 군부사로 돌리고 田民辨整都監을 설치해 부당한 田民의 奪占을 시정토록 한 조처는 그 일환이었다. 그로써 우선 자신의 입지를 강화해 국내 정치질서의 안정을 꾀하고 사회경제적 폐단을 바로잡아 민생도 돕고자 한 것이다. 그러나 공민왕의 이러한 의도는 附元輩를 중심으로 하는 世族과 權門의 반발이 커서 그의 뜻대로 잘 이루어지지 않았다. 정방을 혁파한지 7개월만인 왕 원년 9월 戊子條에 그의 존재가 보이는 데서[『고려사』 권38, 세가] 그런 사실을 짐작할 수 있다. 이어서 설명하듯이[5-1-10-5), 388쪽] 정방이 다시 혁파되는 것은 왕 5년 6월이었다.

　① 金成俊, 「高麗史 選舉 三, 譯註(一)」『湖西史學』 5, 1977, 122·123쪽.
　② 閔賢九, 「高麗 恭愍王의 反元的 改革政治에 대한 一考察-背景과 發端-」『역사학보』 68, 1989.

-2) (恭愍王元年)三月 典理判書白文寶上書曰 爲政之要 在於得人 … 隨器授任 則士無可棄 莫若使在位達官 各擧所知 則克恊至公 野無遺賢矣: 백문보는 충숙왕 7년의 급제자로서 전리판서(정3품)와 密直提學(정3품) 및 政堂文學(종2품) 등을 역임하였다[『고려사』 권112, 열전 白文寶傳]. 학문이 높고 經世家로도 뛰어나 여러 방면에 걸쳐 정책들을 건의하였는데, 이곳의 상서문은 공민왕이 개혁사업을 시작하려는 때에 즈음하여 인사행정을 담당하던 전리사[『고려사』 권76, 백관지 1 吏曹]의 장관인 전리판서로 재임하면서 그에 관한 구체적인 방안을 제시한 것이다.

　이 상서문은 크게 세 부분으로 구성되어 있다. 그 첫째는 인사의 원칙에 대한 것이고, 둘째는 인재들을 司馬光이 논의했던바 10科로 나누고 그것에 의해 職事官과 侍從官이 각 과의 업무를 감당할만한 사람들을 천거토록 하되, 천거된 사람이 합당하지 않을 경우 천거자까지도 免職시키자는 내용이며, 셋째는 전리사와 군부사의 인사행정과 毅宗 이후의 변천을 평가하고, 근래에 選法이 크게 무너져 관직은 관직대로, 前職者는 전직자대로 차고 넘치

는 데다가 불요불급의 衙門·諸色이 늘어나고 그에 따른 冗員들도 많아졌으
므로 기구를 합병하고 인원도 도태시켜 이를 정비하자는 것이었다.

그 가운데 인사의 원칙에서는 여러 면에 능통한 완비된 인재를 얻기는 어
려우므로 적재적소에 쓸 인원들을 고르되 達官, 즉 고관직에 在位하고 있는
사람들로 하여금 천거케 하는게 좋겠다는 의견을 내고 있다.

① 金成俊, 위의 글 124·125쪽.

-3) 乞依司馬光所議設十科 以擧士 其一科行義純固 可爲師表 二科經術該博 可備
顧問 三科方正識大體 可爲臺諫 … 每歲湏於十科內擧堪當一科者一人 有堪擧
者不必拘於一科 擧非其人以致敗 與擧主俱免: 송나라의 재상이던 司馬光이
각 분야에 적합한 인재들로 師表가 될만한 사람과 고문에 대비할만한 사람,
대간을 삼을만한 사람 등등 10분야로 구분한 것을 소개하면서, 고려에서도
그것에 기준을 두어 인재를 등용하는데, 천거자들로 하여금 해마다 10科 내
의 어느 한 과를 능히 감당해나갈 사람을 1인씩 추천하게 할 것이나, 감당할
만한 인재가 더 있으면 반드시 한 과에 구애될 필요는 없으되, 천거한 사람
이 적합한 인물이 아니면 천거자도 함께 免職시키도록 할 것을 건의하고 있
다. 이때의 천거자는 職事官과 侍從官으로 하는데, 전자의 경우 兩府의 여러
奉翊으로부터 종3품 이상관을 지목하고 있다. 兩府는 僉議府의 상층부를 구
성하는 宰府와 樞密院(密直司)의 상층부를 구성하는 樞府를 말하며[『고려사』
권76, 백관지 1 門下府 및 密直司條], 奉翊 즉 奉翊大夫는 文散階의 하나로 충선왕
2년 이후로 쓰인 종2품계를 말하거니와[『고려사』 권77, 백관지 2 문산계] 따라서
이에 해당하는바 실제로 업무를 담당하는 職事官은 재부의 僉議中贊(종1품)
을 비롯하여 諸贊成事(정2품) 및 僉議叅理·叅文學事·知僉議府事(종2품)와, 추
부의 判司事·司使·知司事·同知司事(종2품)가 된다. 그리고 3품관으로는 전리
사 등 4司의 判書와 감찰사의 감찰대부, 郎舍의 散騎常侍, 밀직사의 密直副
使 등등이 대표적인 직사관들이다. 앞 부분의 인사 원칙을 언급하는 자리에
서 천거자로 지적한 達官이 바로 이들이 아닐까 생각된다.

다음 또 다른 천거자로 거론된 侍從官은 곧 국왕의 시종관을 말하는데,
구체적으로는 僉議·監察·提學·外製 6품 이상을 지목하고 있다. 이에 앞서
侍臣에 대해서『고려사』 권76, 백관지 1 諸館殿學士條에,「神宗 2년에 무릇
學士職을 띤 사람들은 모두 侍臣의 列에 참여함을 허락하였다. 옛 제도에 비
록 학사직을 띠었더라도 臺諫과 知制誥가 아니면 侍從에 참여할 수가 없었
는데, 이때에 와서 中書省에서 아뢰어 고친 것이다」라고 보인다. 이전에는
대간과 지제고만이 시종신이던 것을 이때에 이르러 학사직을 띤 모든 관원
들을 그 대열에 참여토록 했다는 것이다. 이에 따라 새로이 시종신에 참여
할 수 있게된 관원을 살펴 보면 諸館殿, 즉 弘文館·進賢館·修文殿·集賢殿

등등의 大學士(大提學, 종2품), 學士(提學, 정3품), 直學士(直提學, 정4품)[『고려사』권 76, 백관지 1 제관전학사]와 藝文館(翰林院)의 學士承旨(정3품), 學士(정3품), 侍讀學士(정4품), 侍講學士(정4품)[위와 같은 책, 예문관] 및 寶文閣(淸燕閣)의 대학사(대제학, 종2품), 학사(제학, 정3품), 직학사(직제학, 정4품)[위와 같은 책, 청연각·보문각) 등이 눈에 띤다.

이제 이들을 천거자로 거론된 시종관들과 비교해 보면 거의 일치함을 알 수 있다. 僉議·監察은 곧 대간을 말하고, 제학과 학사는 동일한 명칭이며, 外製(外知製敎)는 詞命을 制撰하는 知制誥(知製敎)의 일부로서 이들 지제고는 諫官인 중서문하성의 省郞과 한림원·보문각의 관원들이 겸임하던 직위인 것이다[『고려사』권76, 백관지 1 예문관]. '僉議·監察'이라고한 첨의는 보통 첨의부의 상층부를 구성하는 宰臣들을 의미하는 경우가 많지만, 이들은 이미 직사관을 언급하는 자리에서 거론이 되었을 뿐 아니라 이곳에서는 감찰인 臺官과 상대되는 첨의부의 성랑인 간관을 언급하는 경우여서 그같이 이해하는게 합당할 듯싶은 것이다.

이들 간관은 정3품의 散騎常侍부터 종6품인 正言까지의 관원으로 구성되었으며[『고려사』권76, 백관지1 문하부], 대관도 정3품인 大夫로부터 종6품인 監察御史까지의 관원으로 구성되어 있었다(위와 같은 책, 司憲府條). 그리고 지제고들도 6품 이상의 관원들이 겸임한 것으로 짐작되거니와, 6품은 대체적으로 參上官이 되는 한계선이기도 하였다[5-1-3-1), 368쪽]. 그러므로 시종관 가운데서도 천거권은 參上官 이상에 한정한다는 의미에서 그 범위를 6품 이상관으로 제한했던 것 같다. 어떻든 이곳에 시종관으로 지목된 직위들은 국왕의 侍臣 대열에 속하면서 또 淸要職이라 불리기도한 것들로 그만큼 조정에서 무게있고 중시하는 위치에 있었거니와, 이같은 그들의 위상에 맞게 관원의 천거권도 부여할 것을 건의하고 있다 하겠다.

① 金成俊, 위의 글 125·126쪽.
② 朴龍雲, 「고려시대의 淸要職에 대한 고찰」『高麗時代 官階·官職 硏究』, 고려대출판부, 1997.

-4) 典理·軍簿古之政府也 古者文武異路 世官不相交 文資則典理 武資則軍簿 各任銓注宜矣 自毅王以後 文武世通 官亦交授 … 宜當減倂衙門 沙汰不急之任 合錄都目 庶絶爭名之路: 예전에는 문관과 무관의 길이 달라서 서로 교류하지도 않았으며, 그리하여 인사 역시 政府, 즉 그들에 대한 인사담당기구인 전리사와 군부사에서 각각 해 오던 것을 毅宗朝 이후 문·무가 뒤섞이고 인사도 大內, 즉 궁궐 내의 별청 한 곳에 인사담당 관원인 政官들이 모여 일시에 注擬하게 되었는데, 이는 옛것을 참작해 지금의 準則으로 한 것이라 말하고 있다. 대체적으로 옳은 평가라고 할 수 있지마는, 그러나 예전에도 문·무

관 사이의 교류가 없지 않았다는 사실을 간과하고 있으며, 또 문·무가 뒤섞인게 의종조 이후라고 한 기술도 그보다 얼마 뒤에 무신정권이 들어선 명종조 이후이므로 그대로 긍정하는 데는 문제가 없지 않다. 더구나 인사를 궁궐 내의 별청에서 했다는 것 역시 이미 최씨정권이 정방을 설치하고 오랫동안 자의적인 인사를 해 온 끝머리부터의 일로써, 정방에 의한 인사행정을 지금까지 살펴 왔듯 긍정적으로 보기는 어려으므로 이 부분에 대한 기술 또한 문제가 좀 있다.

그럼에도 그뒤 인사행정의 문란상에 대한 지적은 매우 타당한 듯하다. 資級이나 次序, 功과 죄를 논하지 아니하고 수시로 교대시킴으로써 前職者 등이 많아져서 奔競이 성행했으며, 일정한 衙門 이외의 별도 기구가 세워지고 冗員도 늘어나 자리의 다툼이 많았다는 것 등이 그것이었다. 그러므로 아문을 합병, 감축하고 급하지 않은 직임을 도태시키는 등 관제와 인사행정의 정비를 건의하고 있는 것이다.

① 金成俊, 위의 글 127쪽.

② 邊太燮,「高麗朝의 文班과 武班」『사학연구』 11, 1961 ;『고려정치제도사연구』, 일조각, 1971.

③ 朴龍雲,「高麗前期 文班과 武班의 身分 問題」『한국사연구』 21·22 합집, 1978 ;『高麗社會와 門閥貴族家門』, 경인문화사, 2003.

-5) (恭愍王)五年六月敎曰 政房設自權臣 豈爵人於朝之意 今宜永罷 其三品以下與宰相共議進退 七品以下吏兵部擬議奏聞: 공민왕이 즉위하자 곧이어 개혁에 착수하였으나 世族과 권문 등의 반발로 성과가 지지부진하였다 함은 위의 1)항에서 설명한 바와 같다. 그러다가 마침내 본격적인 개혁정치를 단행하기 시작하는 것은 바로 왕 5년(1356)부터로서, 그것은 대외적으로는 反元정책, 대내적으로는 왕권의 강화와 사회경제적 모순의 혁거를 주내용으로 하는 것이었다. 개혁은 5월에 奇轍 등 친원파의 제거로부터 시작하여 7월에는 관제를 문종 때의 舊制로 환원시키는 조처가 이루어지거니와, 이번 6월의 정방 혁파는 그 일환으로서 李穡의 건의를 받아들여 그 사이에 단행되고 있다. 하지만 그러면서도 이번 역시 3품으로부터 6품관까지는 재상과 함께 논의하여 진퇴시키고, 7품 이하에 한하여 이·병부가 의논·注擬해 아뢰도록 하고 있다. 인사권 모두가 이·병부로 돌아가는 것은 다음 다음의 기사에 나오듯이 왕 6년 12월의 일이다.

① 金成俊, 위의 글 127쪽.

② 金昌賢,「政房提調의 등장과 정방의 置廢」『高麗後期 政房 硏究』, 고려대 민족문화연구원, 1998, 202~204쪽.

-6) (恭愍王)六年正月 命都目 去官人 通四書者使赴任 不通者爲校尉隊正 定爲恒

式 然今注擬 日逼 未易遽學四書 姑令畢讀千字文 千字內能書百字者許赴任 不
能者年雖久 不許錄用: 去官, 즉 기간이 차서 벼슬을 옮겨야 하는 관원들에
대한 都目政事[인사행정, 5-1-4-1), 370쪽]에 즈음하여 통과 여부를 4書(『論語』·『孟
子』·『大學』·『中庸』)에 통하느냐에 기준을 두고 있다. 하지만 기준에 미달하더라
도 유학 소양의 중요성이 덜한 무반의 정9품 校尉(1領에 20명)와 品外인 隊正
(1領에 40명)[『고려사』 권77, 백관지 2 西班]에는 부임이 가능하도록 법을 정하고
있다. 그러면서 한편으로 이번만은 注擬하는 날짜가 촉박하여 4서를 익히는
데 어려움이 있을 것이라 하여 대신에 千字文을 읽고 능히 100字를 쓸 수
있는가의 여부에 기준을 두어 통과와 불합격을 결정토록 하는 배려도 하고
있다. 당시에는 4서가 매우 중시되었는가 하면 관원들의 한자·유학의 소양
정도가 낮았지 않았나 싶은 생각이 든다.

　① 金成俊, 위의 글 127·128쪽.

-7) (恭愍王六年)十二月 復歸銓選于吏兵部: 왕 5년 6월에 정방을 혁파하면서도
이·병부에게는 주로 7품 이하관의 注擬를 담당케 했던 것을[위의 5)항] 그로부
터 1년 6개월이 지난 이번에 다시 모든 인사권을 이·병부에 돌리는 조처를
취한 것 같은데, 이는 아마 개혁정치의 본격화와 관련이 있는게 아닌가 싶다.

　① 金成俊, 위의 글 128·129쪽.

-8) (恭愍王)十年二月 王召吏部郎中李岡曰 爾叅銓選 其臺諫曠職者黜之 賢才遺逸
者陟之 丁憂終制者亦須擢用: 이강은 門蔭에도 불구하고 충목왕 3년에 급제
한 후 吏部郎中(정5품)과 知申事(정3품) 등을 거쳐 密直副使(정3품)까지 지냈다[『고
려사』 권111, 열전 李崇傳 附 岡·『牧隱文藁』 948쪽, 文敬李公[李岡]墓誌銘). 이 기사는 그
가 이부낭중으로서 인사에 참여하고 있을 때의 것으로, 국왕이 특별히 그를
불러 세 가지를 당부하고 있다. 관원들의 비리·불법을 규찰·탄핵하는 임무
를 맡은 어사대의 臺官[『고려사』 권76, 백관지 1 司憲府]과 국왕에 대한 諫諍·封
駁 등을 주임무로 했던 중서문하성 郎舍의 諫官(위와 같은 책, 門下府)으로 자기
책무를 제대로 하지 못하는 사람들을 내칠 것과, 賢才임에도 등용이 되지 못
했거나 부모의 喪을 만나 喪禮를 제대로 마친 사람들을 발탁, 등용하라는 지
시였다. 국왕의 판단에는 당시 이 분야가 제대로 이루어지지 않고 있다고
생각했던 모양이다.

　① 金成俊, 위의 글 129쪽.

-9) (恭愍王)十一年 密直提學白文寶上箚子曰 自九品至一品 每品各給職牒 所以防
奸 … 七品以下 典理軍簿具署經印 每品同品轉移者 只給謝牒: 왕 원년 3월에
典理判書로서 選法에 대해 上書했던 백문보[위의 1)항]가 지금은 밀직제학(정3
품)에 재임 중 간단한 書式으로 된 상소문인 箚子 형식의 글을 올리고 있다.
그 내용은 品官의 職牒(辭令狀)에 대한 署名과 관련된 사항으로, 종래 9품부터

1품에 이르기까지 매 品마다 직첩을 주어 절차를 밟게 함으로써 간계를 막
을 수 있었는데 근세에는 朝謝함에 처음인즉 관련 관원 모두가 서명을 하지
만 마지막에는 한 관원만이 서명함으로써 관리의 농간이 그로 인해 일어난
다고 지적하고 있다. 그러므로 이 이후로는 6품 이상인즉 각자가 직첩을 베
껴 중서문하성에 보내 署經印을 갖추도록 하고, 7품 이하는 전리사와 군부
사의 署經印을 갖추도록 할 것이나, 다만 동일한 品職으로 옮기는 사람은 謝
牒만 지급토록 하자고 건의하고 있는 것이다. 署經은 본래 臺諫들이[위의 8)
항] 당해자의 신분상 하자 또는 前歷이나 능력 등에서 부적합한 점이 없는가
를 검토하여 서명하는 직권중 하나를 말하는데, 여기서는 인사에 관계되는
여러 관원들이 서명하는 것을 일괄하여 일컬은 것 같다.

  ① 金成俊, 위의 글 130·131쪽.

-10) (恭愍王)十七年十二月 用循資格: 循資格은 「資品의 次序에 따라 관원을 敍
  用하는 格式(法)」이라는 의미인데, 여기서의 資品 곧 資級은 散官·散階를 말
  한다. 이 순자격의 가장 큰 특징은 資品의 次序(高下)가 從仕한 기간의 久近
  에 의해 정해진다는데 있었다. 말하자면 자품은 정해져 있는 일정한 기간
  동안 관직에 근무해야 승급할 수가 있었고, 그렇기 때문에 얼마만큼 오랫동
  안 근무했느냐에 따라 자연히 차서가 지어지게 마련이었던 것이다. 이같은
  제도는 관제의 운용에 긍정적으로 기능하는 면이 많았다. 승진에는 일정한
  기간의 근무라는 절대적인 조건이 필요했던만큼 뇌물이나 청탁에 의한 인사
  가 어려웠으며 그로써 정치기강도 확립될 수 있었던 것이다.

  그러나 한편으로 폐단도 없지 않았다. 이 제도 아래에서는 능력있는 인재
  들이 제역할을 다할 수가 없었다. 이른바 賢者·智者라 하더라도 그렇지 못
  한 사람들과 마찬가지로 일정한 기간을 경과해야만 승진할 수 있었으므로,
  당해자들은 적절한 시기에 자신의 능력에 맞는 지위를 확보하지 못하고, 따
  라서 중요한 역할을 맡지 못하는 경우가 많았던 것이다. 이점이 순자격이
  지니는 역기능적인 면이었다.

  공민왕 17년(1368)은 그에 의한 본격적인 제2차 개혁정치가 실시되던 시기
  이다. 그 일환으로 순자격을 채용한 것인데, 이는 더 말할 필요도 없이 당시
  문란해진 정치기강을 바로잡아 보려는 목적에서 채택한 것이겠다. 이 기록
  만 보면 순자격제가 공민왕 17년에 이르러 비로소 처음으로 채택된듯 이해
  하기 쉽다. 하지만 사실은 그렇지가 않았다. 이 제도가 훨씬 이전부터 시행
  되어 온 사례를 다수 찾아볼 수 있는 것이다. 그럼에도 이때에는 인사행정
  에 커다란 난맥상이 드러나자 당해 법제의 시행을 강화하겠다는 의미에서
  이같은 조처가 있었던건게 아닐까 짐작된다.

  ① 金成俊, 위의 글 131쪽.

② 朴龍雲, 「高麗時代 官員의 陞黜과 考課」 『역사학보』 145, 1995 ; 『高麗時代
官階·官職 硏究』, 고려대출판부, 1997, 118~120쪽.

原文 5-1-11. 辛禑元年十月 憲司請革箚子房 以文武二選分隷吏兵部 從之 不果
行 二年九月權臣弄權 隱政批累日而下 時謂之隱批 六年六月諫官李崇仁等言
近年官爵 眞添相雜 其謝牒但有堂後署而無印信 恐後日必有假濫 乞東班典理司
西班軍簿司 各令印信署給 九年三月憲司言 本朝以從仕久近 勞逸多小 循資升
秩 以賞功勞 比來奔競成風 名器日賤 有勞者不敍 無功者冒受 願自今 精加檢
察 循次敍用 以明銓選之法

5-1-11. 신우 원년 10월에 헌사가 차자방을 혁파하고 문선(문관 인선)과 무
선(무관 인선)을 이부와 병부에 나누어 소속시킬 것을 청하니, 그에 좇았으
나 마침내는 실행되지 못하였다.[1]

　2년 9월에 권신이 권세를 농단하면서 인사의 비목을 감추었다가 여러
날이 되어서야 내리니, 당시에 이를 은비라고 하였다.[2]

　6년 6월에 간관 이숭인 등이 말하기를, "근년에, 관작에 진·첨(진직眞職=
실직實職·첨설직添設職)이 서로 섞이었는데 그 사첩에는 다만 당후의 서명만
있고 인신은 없어서 뒷날에 반드시 가짜의 범람이 있을까 두렵습니다.
바라건대 동반은 전리사에서, 서반은 군부사에서 각각 인신을 찍고 서명
하도록 하여 지급하게 하소서" 하였다.[3]

　9년 3월에 헌사에서 말하기를, "본조에서는 종사從仕의 구근久近과 노일
勞逸의 다소에 의한 자품資品에 따라 관질官秩을 올리고 공로를 상주었는데,
근자에 분경이 성행하여 명기名器가 천해졌으며, 공로가 있는데 서용되지
않는가 하면 공이 없는 자가 함부로 받습니다. 원컨대 지금부터는 정밀하
게 검찰해 순차循次로 서용하여 전선銓選의 법을 밝게 하소서" 하였다.[4]

註解　5-1-11-

-1) 辛禑元年十月 憲司請革箚子房 以文武二選 分隷吏兵部 從之 不果行: 『고려사』
　권77, 백관지 2 諸司都監各色 尙瑞司條에, 「尙瑞司는 곧 政房이다. 혹 知印
　房이라 칭하고, 혹 箚子房이라고도 칭하였는데, 辛昌 때에 尙瑞司로 고쳤다」

고 했듯이 이들 여러 명칭은 동일한 기구를 말하는 것이다[5-1-5-1), 372쪽]. 이 정방이 처음으로 설치된 이후 여러 차례 置廢를 거듭해 온 사실에 대해서는 앞에서 밝힌바와 같거니와, 知印房이라는 호칭은 충숙왕 17년(1330) 2월에 왕위를 물려받은 충혜왕에 의해 쓰이기 시작했음이 확인된다[『고려사』 권36, 세가]. 정방이 인사와 관련하여 印信도 관장하게 되었으므로 자연히 지인방 은 정방에 통합되어 이런 칭호가 있게 되지 않았나 짐작된다.

다음 箚子房은 공민왕조에 급제한 成石璘이 얼마 뒤에 箚字(子?)房必闍赤 을 제수받았다는 데서 처음으로 보이고 있다[『고려사』 권117, 열전 成石璘傳]. 하 지만 그 명칭이 언제부터 쓰였는지 그 시기는 잘 알 수가 없는데, 차자 역시 앞에서 언급했듯 간단한 양식의 疏狀으로서 그것은 관직 후보자를 추천하는 데 자주 사용되었다. 이렇게 인사를 추천하는 차자가 올라가면 정방에서 처 리하게 마련이었고 그에 따라 정방이 차자방이라 불린게 아닐까 짐작되고 있다.

앞 대목에 나오듯이 정방은 공민왕 6년 12월에 혁파되었었다[5-1-10-7), 389 쪽]. 그러나 왕 후년에 辛旽과 함께 활동했던 林樸이 차자방의 知印이 된 것 을 보면[『고려사』 권111, 열전 林樸傳] 그것은 얼마 오래지 않아 다시 설치되었던 모양이다. 그러하던 차에 공민왕이 시해되고 새로 禑王이 즉위하자 時政의 得失을 논하는 임무를 맡고 있던 憲司, 즉 司憲府[『고려사』 권76, 백관지 1]에서 그의 혁파를 주청하였고, 왕도 그에 동의하였으나 결국은 실행에 옮겨지지 못하고 있다. 우왕의 즉위와 더불어 정권이 李仁任을 중심으로 하는 守舊勢 力에게 장악되어 있었음을 감안하면 이는 충분히 수긍할 수 있는 조처이다.

① 金成俊, 「高麗史 選擧 三, 譯註(一)」 『湖西史學』 5, 1977, 131·132쪽.

② 金潤坤, 「麗末鮮初의 尙瑞司-政房에서 尙瑞司로의 變遷過程을 中心으로-」 『역사학보』 25, 1964 ; 『한국 중세의 역사상』, 영남대출판부, 2001.

③ 金昌賢, 「政房의 尙瑞司로의 개편」 『高麗後期 政房 硏究』, 고려대 민족문화 연구원, 1998.

-2) (禑王)二年九月 權臣弄權 隱政批累日而下 時謂之隱批: 이곳의 權臣은 우왕이 즉위하는데 결정적인 역할을 하고 정권을 잡은 李仁任을 비롯한 池奫·林堅 味 등을 일컫는다. 이들이 재상으로서 정방의 提調가 되어[1] 인사권을 장악 하고 많은 不法·非理를 저질렀다는 것인데, 심지어는 국왕의 재가가 난 인 사 발령의 條目인 批目을[2] 감추고는 여러 날이 지난 뒤에야 내려보내 당시 에 그것을 隱批라 했다고 전하고 있다. 이같은 상황이 『고려사』 권126, 姦臣 列傳 李仁任傳에는 좀더 자세한데, 이들은 인사를 함에 즈음하여 뇌물의 다소 와 자기네에 대한 문안의 근태를 보아 升黜시키고, 벼슬의 숫자가 부족하면 添設職을 한정없이 늘렸다 한다. 뿐 아니라 몇 십일씩이나 批目을 내려보내지

않고 뇌물이 오는 것을 기다렸으며, 하루에 宰樞職을 59명에게 제수하는가 하면 臺諫·將帥·守令이 모두 이들의 친구였고, 또 인연이 있는 市井輩 등에게도 벼슬을 주어 당시인들이 煙戶政이라 일컬었다는 이야기 등도 보인다.[3]

① 金昌賢, 「政房提調의 등장과 정방의 置廢」 『高麗後期 政房 硏究』, 고려대 민족문화연구원, 1998.

② 吳英善, 「高麗時期의 告身과 官吏任用體系」 『韓國古代中世古文書硏究』 下, 서울대출판부, 2000, 66·67쪽.

③ 金成俊, 위의 글 132·133쪽.

-3) (禑王)六年六月 諫官李崇仁等言 近年官爵 眞添相雜 其謝牒但有堂後署而無印信 恐後日必有假濫 乞東班典理司 西班軍簿司 各令印信署給: 앞서 공민왕 11년에 白文寶가 올린 상서에서도 관리의 奸計를 막기 위해 職牒(謝牒)에 한 명만이 아니라 관련된 관원 모두가 서명할 것을 건의하였었거니와[5-1-10-9), 389쪽], 이번 이숭인 등의 上言도 유사한 우려에서 나온 것으로 생각된다. 즉 그는 당시 諫言을 담당하는 諫官[『고려사』 권76, 백관지 1 門下府]의 일원인 司議大夫(종3품, 『고려사』 권115, 열전 李崇仁傳)로서 동료들과 함께 사첩에 왕명을 출납하는 관서인 밀직사의 정7품관[『고려사』 권76, 백관지 1 密直司]으로 행정실무를 총괄하는 堂後官[1] 한 사람이 서명만 하고 印信도 없어 훗날에 가짜가 범람할까 두렵다고 말하고 있는 것이다. 그러므로 동반은 전리사, 서반은 군부사에서 각각 인신을 찍고 서명도 하여 지급하도록 하자는 방안도 제시하고 있다. 더구나 당시에는 添設職까지 설치되어서[2] 본래의 實職 즉 眞職과[3] 섞여 있는 상황이어서 더욱더 그같은 우려가 크다는 점 역시 지적하고 있다.[4]

① 金炅希, 「高麗前期 中樞院 承宣 硏究」 『梨大史苑』 24·25 합집, 1989.

② 정두희, 「高麗末 新興武人勢力의 成長과 添設職의 設置」 『이재룡환력기념 한국사학논총』, 한울, 1990.

③ 朴龍雲, 「고려시대의 官職 – 試·攝·借·權職에 대한 검토」 『진단학보』 79, 1995 ; 『高麗時代 官階·官職 硏究』, 고려대출판부, 1997.

④ 金成俊, 위의 글 133쪽.

-4) (禑王)九年三月 憲司言 本朝以從仕久近 勞逸多小 循資升秩 以賞功勞 比來奔競成風 名器日賤 有勞者不敍 無功者冒受 願自今 精加檢察 循次敍用 以明銓選之法: 공민왕 17년에 循資格式의 강화를 위한 조처가 있었거니와[5-1-10-10), 390쪽], 우왕조에 들어와 그것은 여전히 잘 준수되지 않았던 것 같다. 奔競이 성행하여 공로자들은 서용되지 않는 반면에 오히려 그렇지 않은 무리들은 冒受하는 일이 많았던 것이다. 그리하여 왕 원년에 인사제도의 혁신을 건의했던 憲司, 즉 司憲府[위의 1)항]에서 다시 循資格의 철저한 적용을 통해 銓選의 법을 명확하게 할 것을 논하고 있는 것이다.

原文 5-1-12. 辛昌卽位之年八月 始復銓選法 舊制 府衛則自隊正以上 諸司則自九品以上與夫府史胥徒 皆錄歲月功過 每於歲抄升黜 謂之都目政 自禑時 權奸竊國 官爵一出私門 都目政久廢 至是追錄其勞 是月趙浚請 公卿士大夫之幼弱子弟 不許拜東班九品以上之官 其有冒受者 父母論罪

5-1-12. 신창 즉위년 8월에 비로소 전선법을 복구하였다. 옛 제도에 부위府衛인즉 대정 이상부터, 제사諸司인즉 9품 이상으로부터 무릇 부사府史·서도胥徒까지 모두 세월(근무 연한)과 공과功過를 기록하여 매양 연말에 올리거나 내쳤는데 이를 도목정이라 하였다. 우왕 때로부터 권간權奸이 나라를 도둑질하여 관작이 모두 사문私門에서 나옴으로써 도목정이 오래동안 폐지되었었는데 이에 이르러 그 노일勞逸을 거슬러서 기록하게 한 것이다.[1]

이 달에 조준이 청하여, 공경·사대부의 어린 자제들은 동반의 9품 이상관에 제배除拜하는 것을 허락지 말고, 그 함부로 받은 자가 있으면 부모를 논죄토록 하였다.[2]

註解 5-1-12-

-1) 辛昌卽位之年八月 始復銓選法 舊制 府衛則自隊正以上 諸司則自九品以上 … 官爵一出私門 都目政久廢 至是追錄其勞: 고려 때 대규모의 정규 인사는 매년 12월에 행하는 都目政(大政)[5-1-4-1), 370쪽]이었는데, 그것은 당해자의 근무 연한과 功過 등을 기록해 놓은 일종의 인사기록카드라고 할 政案에 의거하여[5-1-5-3), 374쪽] 이루어졌다. 그 대상자는 府衛, 즉 2軍 6衛의 무관들인즉 정9품인 隊正 이상과, 모든 관서의 문관 9품 이상, 그리고 그곳의 胥吏·吏屬層인 府史·胥徒[1] 등 文·武·吏[5-1-1-2), 361쪽]를 망라하는 것이었다고 전하고 있다.

이와 같은 본래의 銓選法이 새 국왕인 창왕이 즉위한 해 8월에 복구되었다는 것인데, 이는 禑王朝에 李仁任 등의 권력 천단으로[5-1-11-2), 392쪽] 인사 행정이 극도로 문란해졌던 것을 전제로 하는 이야기다. 정방의 설치와 더불어 인사가 법대로 시행되지 않은 것은 무신정권 이래의 일이지마는, 여기서는 그 정도가 못지 않았던 우왕 때의 문란을 바로잡기 위한 조처가 있게 되었다는데 초점을 맞춘 이야기인 것이다.[2] 실제로 창왕 즉위년 8월에 諫官인 左司議大夫 李行 등이 인사에 '祖宗의 成規'를 준수할 것을 상소하였고[『고려사』 권137, 열전 辛禑 附 昌], 이어서 憲府에서 奔競의 금지를 요청하였으며(위와

같음), 그에 따라 전선법이 복구되었다는 이곳 선거지의 기록과 동일한 내용
이 연달아 기술되어 있다.

  전선법의 복구는 정방을 폐지하고 인사권을 이·병부에 돌리는 것을 내포
하는 것이라 생각된다. 한데 정작 다음 달인 9월에 정방이 尙瑞司로 개편되
는 조처가 이루어지고 있다[『고려사절요』 권33, 禑王 附 昌]. 그리고 다시 다음 달
인 10월에 李穡과 李成桂 등이 判尙瑞寺事에 임명되고 있다[『고려사』 권137,
열전 辛禑 附 昌]. 이렇게 보면 8월의 전선법 복구는 선언적 의미로 그치고 이
후 방향을 좀 바꾸어 실제로는 정방을 尙瑞司로 개편하는 것이 골자이었던
것 같다. 이는 아마 이미 실권을 장악해 가던 이성계파가 인사에 자기네의
의지를 쉽사리 반영하려는 것과 관련이 있지 않나 싶다.[4]

  ① 『高麗史』 권76, 百官志 1 門下府 掾屬·朴龍雲, 『高麗史 百官志 譯註』, 신서원,
    2009, 110~113쪽.
  ② 朴龍雲, 「高麗時代 官員의 陞黜과 考課」 『역사학보』 145, 1995 ; 『高麗時代
    官階·官職 硏究』, 고려대출판부, 1997, 146~150쪽.
  ③ 金潤坤, 「麗末鮮初의 尙瑞司－政房에서 尙瑞司로의 變遷過程을 中心으로－」
    『역사학보』 25, 1964 ; 『한국 중세의 역사상』, 영남대출판부, 2001.
    金昌賢, 「政房의 尙瑞司로의 개편」 『高麗後期 政房 硏究』, 고려대 민족문화
    연구원, 1998, 211~215쪽.
  ④ 金成俊, 「高麗史 選擧 三, 譯註(一)」 『湖西史學』 5, 1977, 134·135쪽.

-2) (昌王卽位年八月) 是月 趙浚請 公卿士大夫之幼弱子弟 不許拜東班九品以上之
官 其有冒受者 父母論罪: 이것은 창왕 즉위년 8월에 사헌부의 大司憲(정3품)[『고
려사』 권76, 백관지 1 司憲府]이던 趙浚[『고려사』 권118, 열전 趙浚傳]이 올린 時務[『고
려사절요』 권33, 辛禑 附 昌] 가운데 일부로 상·하의 고위직자들인 公卿士大夫(公
卿은 2품 이상, 大夫는 4품 이상, 士는 5품 이하)의[1] 어린 자제들은 동반의 9품 이상
관에 임명하지 말 것을 건의하고 있는 것이다. 당시의 권세가들이 아직 벼
슬길에 나갈 나이가 되지 않은 자제들을 從仕시키는 경우가 많아 이같은 제
안이 나온 듯싶은데, 이 자리에 제시되지는 않았지만 그 나이의 한계는 18
세로 짐작된다. 특히 蔭敍의 경우에 18세 이상으로 한정한다는 규정이 보이
고[『고려사』 권75, 선거지 3 銓注 蔭敍 첫머리], 조선초기에 18歲從仕法이 마련되는
것 등으로 미루어[2] 그처럼 생각되는 것이다.[3]

  ① 朴龍雲, 「高麗時代의 文散階」 『진단학보』 52, 1981 ; 『高麗時代 官階·官職 硏
    究』, 고려대출판부, 1997, 108~111쪽.
  ② 朴龍雲, 「高麗時代 蔭敍制의 實際와 그 機能」 『한국사연구』 37, 1982 ; 『高麗
    時代 蔭敍制와 科擧制 硏究』, 一志社, 1990, 43~52쪽.
  ③ 金成俊, 위의 글 135쪽.

原文 5-1-13. 恭讓王元年十二月 門下府郎舍具成祐等上疏曰 名器爵祿 所以養賢而待士也 官職自有定制 銓選亦有成法 我太祖統三之初 省五樞七之設 國人所傳聞也 自事元之後 省樞之合坐始 而添設倍多 東西各品無不繁冗 不幸甲寅以來奸臣擅政 籍蒼赤田宅以賄之 則不論人之賢不肖 擢以省樞 賄賂多而官數少 逐稱商議 數至七八十矣 其爲省樞者 則雖有合坐之名 旅進旅退 不與國政者多 於是名器混淆 而官爵亂矣 夫人主之職 論相而已 相得其人則治 不得其人則亂 宰相之職 論道經邦 燮理陰陽 正心以正百官 進君子退小人而已 今之五六十宰相 果能一一如是乎 古者無其人則闕其位 願殿下 遵太祖之成法 勿以親踈新舊之殊 惟賢不肖之爲察 以官擇人 則官有餘而人不足 其省五樞七之制 何患不復乎 宜自今 非論道經邦燮理陰陽正己以正百官者 非淸白忠直國耳忘家者 非戰勝攻取勇冠三軍威加敵國者 則不許入兩府 二年十二月都評議使司奏曰 先王設都目政 以差年到宿錄用 近來各司各成衆愛馬以至府史胥徒 冒受官爵 工商賤隸亦濫呈都目 乞依古制 令吏兵曹考覈功勞授職 其有名無實任者刪去 所任同而去路異名者倂合 從之 三年五月頒京外官解由格 十一月都堂啓曰 三載考績三考黜陟 是古今通規 本國選官之制 京外官員三十箇月 吏員九十箇月已滿者許遷轉 自事元以來官制紊亂 用人無法 數相遞代 因此成効未著 曠廢官職 願令都堂與吏兵曹尙瑞寺 叅酌古今 定爲選法 今姑依舊制 京外官滿三年 成衆愛馬別差及各司人吏滿九年者 許錄用 從之

5-1-13. 공양왕 원년 12월에 문하부의 낭사 구성우 등이 상소하여[1] 이르기를, "명기名器(관작官爵)와 작록爵祿은 어진이를 기르고 선비를 대우하기 위한 것으로서, 관직에는 스스로 일정한 제도가 있고, 전선銓選 역시 이룩된 법이 있었으니, 우리 태조께서 삼한을 통일한 초기에 성5·추7을 설치하였음은 나라 사람들이 전하여 들은 바입니다.[2] 원나라를 섬긴 이후로부터 성·추의 합좌가 시작되고, 첨설添設이 배로 많아져서 동·서(문·무) 각 품이 번용繁冗하지 않음이 없었으며, 불행이 갑인甲寅 이래로 간신이 인사를 천단하면서 노비·전택을 가지고 뇌물로 바치면 사람의 어질거나 그렇지 않음을 논하지 아니하고 성·추로 발탁하였는데 뇌물은 많고 관직수가 적자 드디어 상의까지 칭하여 숫자가 70~80에 이르렀으므로, 그 성·추가 된 자들이 비록 합좌한다는 명분은 있으나 나그네처럼 진퇴하

여 국정에 참여하지 못하는 사람들이 많았으니, 이에 명기名器가 혼란되고 관작은 문란해 졌습니다.[3] 대저 인주人主(국왕)의 직분은 재상을 논할 뿐으로서, 재상을 합당한 사람을 얻으면 (나라가) 다스려지고 합당한 사람을 얻지 못하면 어지러워지는 것입니다. 재상의 직분은 도를 논하며 나라를 경영하고(논도경방論道經邦), 음양을 섭리하며, 마음을 바르게하여 백관들도 바르게하고, 군자를 진출시키고 소인을 물러나게 하는 것 뿐인데, 지금의 50~60명이나 되는 재상이 과연 능히 하나하나 이와 같습니까. 원컨대 전하께서는 태조의 성법成法을 준수하시어 친소親疎나 신구新舊라 하여 달리하지 마시고, 오직 어질거나 그렇지 못함만을 살펴서 관직에 따라 사람을 택하면 관작은 남음이 있고 사람은 부족할 것이니 그 성5·추7의 제도가 어찌 복구되지 못할까 걱정하겠습니까. 마땅히 지금부터 논도論道 경방經邦하고 음양을 섭리하며 자신을 바로하여 백관들도 바르게하는 사람이 아니거나, 청백하고 충직하며 나라 뿐이어서 자기 집은 잊는 사람이 아닌 자, 싸우면 이기고 공격하면 빼앗아 용맹이 3군에 으뜸이어서 위엄을 적국에 가하는 자가 아닌 사람이면 양부에 들어가는 것을 허락지 마소서" 하였다.[4]

2년 12월에 도평의사사가 아뢰어 말하기를, "선왕은 도목정을 베풀고 차년差年·도숙到宿으로써 녹용錄用하였사온데, 근래에는 각 사司의 성중애마와 부사府史 서도胥徒에 이르기까지 함부로 관작을 받고, 공상工商 천예賤隷도 또한 외람되이 도목에 올립니다. 빌건대 고제古制에 의거하여 이·병조로 하여금 공로를 고핵하여 관직을 주고, 그 이름만 있고 실임實任이 없는 것은 깎아 없애며, 소임은 같으나 나아가는 길의 이름이 다른 것은 병합하소서" 하니 좇았다.[5]

3년 5월에 경·외관의 해유격을 반포하였다.[6]

11월에 도당에서 계啓하여 말하기를, "3년의 고적考績을 3고考해 출척하는 것은 고금의 통규通規로서, 본국의 선관選官하는 제도는 경·외관원京外官員은 30개월, 이원吏員은 90개월이 이미 찬 자라야 천전遷轉을 허락하

였사온데, 원나라를 섬긴 이래로 관제가 문란하여 사람을 씀에 법도가
없어 자주 서로 바꾸고 갈아서 이로 인해 성효成效가 나타나지 않고 관직
이 비고 폐하여지다시피 되었습니다. 원컨대 도당으로 하여금 이·병조,
상서사(상서시尙瑞寺; 상서사尙瑞司?)와 함께 고금을 참작하여 선법을 정하게
하시되, 지금은 임시로 구제舊制에 의거하여 경·외관은 만3년, 성중애마
별차(별차한 성중애마) 및 각 사司의 인리人吏는 만9년이 된 자를 녹용錄用토
록 하소서" 하니 좇았다.[7]

註解 5-1-13-

-1) 恭讓王元年十二月 門下府郞舍具成祐等上疏: 구성우는 門下府(전기의 중서문하
성)의 하층부를 구성하고 있으면서 국왕에게 諫言하는 직임을 맡은 郞舍[『고
려사』 권76, 백관지 1 門下府]의 일원으로서 이때 宰樞(省樞)에 대해 논난하고 있
는 것이다.
　　① 金成俊, 「高麗史 選擧 三, 譯註(一)」『湖西史學』 5, 1977, 137쪽.

-2) 名器爵祿 所以養賢而待士也 官職自有定制 銓選亦有成法 我太祖統三之初 省
五樞七之設 國人所傳聞也: 「省五·樞七」의 省5는 門下府(中書門下省)의 省宰(宰
臣) 5職 8員을 말한다 함은 앞서 설명한 바와 같다[5-1-2-4), 367쪽]. 樞7 역시
密直司(樞密院)의 樞密宰相 7職 9員(判司事 1인, 司使 2인, 知司事 1인, 同知司事 1인, 副
使 2인, 簽書司事 1인, 直學士 1인)을 말하는데[『고려사』 권76, 백관지 1 密直司], 다만
이 省5·樞7(宰5·樞7이라고도 함)의 5·7을 직위가 아니라 정원수로 이해한 듯한
기술도 없지 않아 혼선이 일어나고 있다 함도 앞서 설명한대로이다. 어떻든
성5·추7은 고려 최고의 두 정무기관을 구성하는 재상들이었음은 더 말할 나
위가 없는데, 이들이 처음으로 설치되는 것은 백관지 등에 명시되어 있듯이
성종조였다. 따라서 이들이 마치 이미 태조 때부터 존재했던 것처럼 설명된
이곳의 기록은 잘못된 것이라 할 수 있다.
　　① 金成俊, 위의 글 137쪽.

-3) 自事元之後 省樞之合坐始 而添設倍多 東西各品 無不繁冗 不幸甲寅以來 奸
臣擅政 … 不與國政者多 於是 名器混淆 而官爵亂矣: 이와 내용을 거의 같이
하는 기사가 『고려사절요』 권33, 昌王 즉위년 8월조와 『고려사』 권118, 열
전 趙浚傳 大司憲趙浚 陳時務 및 같은 책 권76, 백관지 序文에도 실려 있다.
그것은 본래의 정상적인 省5·樞7 제도와 함께 관제가 전반적으로 문란해져
가는 과정을 설명한 것으로, 그 계기를 고려가 원나라의 간섭하에 들어가면
서 省樞가 합좌를 시작한 데서 잡고 있다. 이어서 공민왕 3년에는 잦은 외침

으로 싸움이 계속되는 동안 軍功을 세운 士人과 향리 등에게 관직으로 상을 주기 위해 3품 이하에 설치한 添設職制,[1] 그리고 특히 甲寅年(공민왕 23년)의 왕 시해와 우왕의 즉위로 정권을 잡은 李仁任 등이 뇌물을 받고 함부로 宰樞를 임명한 것을 들고 있다. 이때 뇌물은 많고 부여할 고위직은 적어 商議를 설치하였다는 것인데, 그것은 2품 이상에 설치한 첨설직을 말한다.[2] 그리하여 마침내 재추의 숫자가 70~80명에 이르게까지 되면서 국정은 국정대로, 관제는 관제대로 혼란을 면치 못했다는 지적이다.

① 정두희, 「高麗末 新興武人勢力의 成長과 添設職의 設置」『이재룡환력기념 한국사학논총』, 한울, 1990.

②『高麗史』권76, 百官志 1 序文·朴龍雲,『高麗史 百官志 譯註』, 신서원, 2009, 61쪽.

③ 金成俊, 위의 글, 137·138쪽.

-4) 夫人主之職 論相而已 相得其人則治 不得其人則亂 宰相之職 論道經邦 燮理陰陽 正心以正百官 … 非淸白忠直 國耳忘家者 非戰勝攻取 勇冠三軍威加敵國者 則不許入兩府: 국왕이란 재상들을 잘 선택해야 하며, 그리하여 재상들이 論道 經邦, 陰陽의 燮理와 더불어 백관의 모범이 됨과 동시에 군자를 진출시키고 소인은 퇴진시키는 책무를 제대로 수행해야 한다는 원칙론을 제시하고 있다. 그러므로 비록 재상의 자리가 비었더라도 그같은 사람이 아니면 임명하지 않음으로써 전통적인 省5·樞7의 제도가 원만하게 운영될 수 있게 된다는 것이다.[1] 그들의 자질을 추가적으로 설명하는 가운데 「용맹이 3軍에 으뜸인 자」라고 한 그 3군은 左軍·右軍·中軍을 말하지마는,[2] 요점은 군사적으로 뛰어난 재질을 갖춘 사람이라는 정도로 이해하면 될 듯싶으며, 兩府는 省5(재5)로 구성되는 문하부(중서문하성)의 宰府와 추7로 구성되는 밀직사(추밀원)의 樞府를 합하여 부르는 용어이다. 사료상 「省樞兩府」·「宰樞兩府」라고 한 것 등이 그런 사례들이다.[3]

① 金成俊, 위의 글 138·139쪽.

② 李基白,『高麗史 兵志 譯註』, 고려사연구회, 1969, 77쪽.

③ 朴龍雲, 「高麗의 中樞院 硏究」『한국사연구』12, 1976 ;『高麗時代 中樞院 硏究』, 고려대 민족문화연구원, 2001.

-5) (恭讓王)二年十二月 都評議使司奏曰 先王設都目政 以差年到宿錄用 近來各司各成衆愛馬 … 其有名無實任者刪去 所任同而去路異名者倂合 從之: 도평의사사에서 選法·官制의 문란에 대한 시정책을 건의하고 있다. 전기에 대외적인 국방·군사 문제를 관장하는 宰樞의 회의기관이던 都兵馬使가 충렬왕 5년에 이르러 都評議使司(都堂)로 명칭을 바꾸고 중요 국정을 총괄하는 기구로 변질되거니와,[1] 그가 인사 문제를 제기하고 나선 것이다.

그 내용인즉, 우선 이전의 정규 인사행정인 都目政[5-1-4-1), 370쪽]에서는 差年·到宿에 따라 등용했음을 제시하고 있는데, 이 차년·도숙이란 인사 후보자를 考課함에 있어 그 기간을 각각 1년 단위로 하는 경우와 日數로 계산하는 방식을 말한다. 이밖에 月數를 따지는 箇月法이 더 있었지마는[5-1-1-2), 361쪽], 이것은 결국 이들 기간에 당해자의 勤慢·勞逸·功過 등을 살펴 인사를 했다는 설명이겠다. 뒷 부분에 古制에 의거해 이·병조로 하여금 공로를 고핵하여 授職해야 한다는 이야기도 나와 있지마는, 그 실 내용은 동일한 것이다.[②]

요컨대 이전에는 인사행정이 이같은 원칙에 의하여 이루어졌었는데, 지금은 그것이 제대로 지켜지지 않는데 문제가 있다는 지적인 것이다. 그 구체적인 사항으로 각 司의 內侍·茶房·忽只 등의 近侍官인 成衆愛馬[1-4-4), 32쪽]와 서리·吏屬層인 府史·胥徒[5-1-12-1), 394쪽]들이 함부로 관작을 받고, 심지어는 入仕가 금지된 工商·賤隷들까지 외람되게 都目에 올라오고 있는 현상을 지적하고 있다. 그러므로 이전의 인사 원칙을 준수함으로써 그같은 현상을 시정함과 아울러 이름만 있고 실제적인 직임이 없는 직위는 없애고, 직임이 동일한 직위들은 합병시킬 것을 건의하여 국왕의 동의를 받아내고 있다.[③]

① 末松保和,「高麗兵馬使考」『東洋學報』 39-1, 1956 ;『青丘史草』 1, 笠井出版社, 1965.

邊太燮,「高麗都堂考」『역사교육』 11·12 합집, 1969 ;『고려정치제도사연구』, 일조각, 1971.

② 朴龍雲,「高麗時代 官員의 陞黜과 考課」『역사학보』 145, 1995 ;『高麗時代官階·官職 研究』, 고려대출판부, 1997.

③ 金成俊, 위의 글 139·140쪽.

-6) (恭讓王)三年五月 頒京·外官解由格; 해유는 관청에서 전임관이 遞代될 때 신관인 후임자에게 특히 물품 등에 대한 사무를 인계하고 戶曹(戶部)에 보고하여 책임을 면하던 일을 말한다. 京·外官의 그에 관한 格, 즉 법을 이때 반포하였다는 것인데, 조선시대에는 호조가 그 사실을 吏曹에 통보하면 이조에서는 解由牒이라는 책임해제증명서를 내어 주었다고 하거니와, 고려조도 그러했을 듯싶으나 확실한 내용은 자료가 결핍되어 잘 알 수가 없다.

① 金成俊, 위의 글 140쪽.

-7) (恭讓王三年)十一月 都堂啓曰 三載考績 三考黜陟 是古今通規 本國選官之制 京外官員三十箇月 吏員九十箇月 已滿者許遷轉 … 京外官滿三年 成衆愛馬別差及各司人吏滿九十者 許錄用 從之; 위의 5)항)에서 소개한 都堂(都評議使司)이 이번에는 관리들의 임기에 대해서 건의하고 있다. 그러면서 고금의 通規라 하여 먼저 「三載考績 三考黜陟」, 즉 3년에 한번씩 考績(考課)하여 9년에 걸쳐 세 차례 시행해 그 성적을 가지고 출척했다는 것인데, 이는 『書經』 舜典에

나오는 것으로① 고려의 실제적인 고과제 및 임기제와는 별반 관계가 없는 내용이다.

이 기사에도 소개되어 있듯이 고려에서 전기부터 오랫동안 채택한 임기제는 京·外官員의 경우 3년, 吏員(人吏·胥吏)은 9년이었다. 그러므로 역시 5)항에서 소개한바 1년 단위의 고과제인 差年法에 따라 관원의 경우 3년에 걸쳐 세 차례 고과가 이루어지는 동안 임기도 차서(考滿) 그 성적에 따라 升黜·遷轉이 되었던 것이다.② 그러다가 언제부터인지는 분명치 않지만 筒月法으로 바뀌어 京·外官員은 30개월, 吏員은 90개월의 임기제가 시행된 것으로 생각된다.

한데 여기에서 문제로 지적된 것은 그 임기가 제대로 지켜지지 않는데서 오는 관제의 혼란이었다. 실제로 검토해 보면 고려전기에도 3년의 임기가 제대로 지켜지지 않는 사례가 적지 않게 눈에 띈다. 아마 그러던 것이 원나라의 간섭기에 들어선 이후 전반적인 관제의 문란과 더불어 그 정도가 한층 더해지고 그에 따른 폐단이 심했던 모양이다. 그러므로 도당에서 지금은 임시로 舊制대로 京·外官員은 3년, 別差 즉 따로이 差遣된 成衆愛馬[위의 5)항 참조]와 각 司의 人吏는 9년의 임기제를 적용하여 錄用하되, 자기네와 吏曹·兵曹·尙瑞寺[尙瑞司, 5-1-5-1), 372쪽 및 5-1-12-1), 394쪽]가 함께 논의하여 다시 選法을 정하도록 할 것을 건의하여 국왕의 동의를 얻고 있는 것이다.

① 金成俊, 위의 글 141쪽.
② 朴龍雲,「高麗時代 官員의 陞黜과 考課」『역사학보』145, 1995 ;『高麗時代 官階·官職 研究』, 고려대출판부, 1997.

5-2. 천거제薦擧制

原文 5-2-1. 凡薦擧之制 成宗十一年正月教曰 殷宗之於傅岩 徵用胥靡 周王之 於渭水 登庸漁師 或任之耳目之司 或授以台衡之職 故能匡扶社稷 經濟邦家 朕 自摠萬機 思齊七政 非積學無以知善 非任賢無以成功 是用內開庠序 外置學校 闢較藝之場 廣取士之路 猶未致懷寶出衆之士 安知無蔽賢防能之人 凡有文才武 略者 聽詣闕自擧 五月教曰 王者旁求多士 爰備百僚 以才俊爲先 匪恪勤勿授 今欲克明俊德 無曠庶官 京官五品以上各擧一人 所擧者德行才能 具疏名下 以 奏 十六年八月命有司 奇才異能隱滯丘園者 搜訪以聞

5-2-1. 무릇 천거의 제도는[1] 성종 11년 정월에 교敎하여 이르기를, "은나

라 고종高宗은 부암에서 서미胥靡(사역자使役者)를 징용하고, 주나라 문왕文王
은 위수에서 어사漁師(어부)를 등용하여 혹 이목耳目의 사司(대간臺諫의 관서)
를 맡기고, 혹 태형(삼태아형三台阿衡 ; 삼공三公과 재상)의 직위를 수여했으므
로 능히 사직을 바로잡고 나라를 잘 다스렸다.[2] 짐은 만기萬機(모든 국정)
를 총람하면서 7정七政(일日·월月과 화·수·목·금·토 5성星의 운행처럼 국가의 정
사政事가 돌아감)을 가지런히 할 것을 생각함에, 학문을 쌓지 않으면 선을
알 수가 없고, 어진이를 임용하지 않으면 공을 이룰 수 없는지라, 이로써
안(중앙)으로는 상·서를 열고 밖(지방)으로는 학교를 설치하여, 학예를 견
주는 곳을 열어 선비를 뽑는 길을 넓혔으나, 오히려 포부를 가진 출중한
선비를 얻지 못했으니, 어찌 현인賢人을 막고 재능있는 자를 방해하는 사
람이 없는지 알리오. 무릇 문재文才와 무략武略이 있는 자는 대궐에 나와
서 자거自擧(자천自薦)함을 청허聽許한다" 하였다.[3]

5월에 교敎하여 이르기를, "왕이 된 자는 많은 선비를 널리 구하여 이
에 백료百僚를 갖추되, 재주가 뛰어난 자(재준才俊)를 우선으로 하고 정성
껏 힘쓰는 자가 아니면 주지 않는다. 이제 뛰어난 덕(큰 덕 ; 준덕俊德)을 잘
밝히고 서관庶官을 비워두지 않고자 하니, 경관京官 5품 이상은 각기 1인
씩 천거하는데, 천거하는 사람의 덕행德行과 재능을 이름 아래에 갖추어
기록하여 아뢰라" 하였다.[4]

16년 8월에 유사(맡은 관청)에 명하여 유별난 재주와 특별한 능력을 가
졌으면서도 초야에 숨어서 지내는 사람을 찾아서 아뢰라 하였다.[5]

註解 5-2-1-
-1) 凡薦擧之制: 천거제는 現職官吏를 천거에 의해 승진시키는 경우와 守令薦擧
　　등도 포괄하는 개념이지만, 실은 遺逸의 천거라 하여 학식과 덕행이 뛰어났
　　으면서도 家勢가 미약하여 仕官치 못하고 있는 인물을 천거에 의해 특별히
　　등용하는 제도가 본질적인 것이었다. 유교적인 정치이념에 입각하고 있던
　　고려에서는 이 제도에도 적지 않은 의미를 부여하여 『고려사』 선거지 序文
　　에서 과거·음서와 함께 仕官의 한 방식으로 언급하고 있거니와[1-4-2), 31쪽],
　　이곳에 따로이 항목을 설정해 그 내용을 소개하고 있는 것이다. 지금 그 내

용을 대략 살피면 「賢良·經明 行修之士」·「奇才 異能」·「茂才 碩德 孝廉」·「淸
白 守節者」 등으로 표현되었듯이 유교적인 학식과 덕행, 그리고 재능이 있
는 인사 등을 대상으로, 京官 5품 이상 혹은 侍從官·兩府宰樞·臺省·6曹·按
廉使 등에게 천거토록 하고 있으며, 그것은 「側微 無聞者」·「隱滯丘園者」·「退
去巖谷者」와 같이 중앙과 지방을 가리지 않고 아직 벼슬을 하지 못했거나
은둔하여 지내는 인물 등 광범위에 걸치고 있다.

한데 사실 구체적으로 그 대상이 되었던 사람들을 찾아보면 대부분이 이
미 과거에 급제하고, 또 寒微한 집안의 출신자도 없지는 않았지만 대체적으
로 가문의 배경이 좋은 귀족권의 참여자들로 드러나 있다. 강력한 문벌적
기반 위에 서 있던 고려사회에서 그것이 본래의 취지대로 운용되기는 어려
웠던 듯하다.

① 金翰奎, 「高麗時代의 薦擧制에 대하여」 『역사학보』 73, 1977.
② 柳浩錫, 「武人執權期 科擧制의 運營과 薦擧制」 『전북사학』 14, 1991.
③ 鄭求先, 「高麗時代의 薦擧制－運用實態의 검토를 중심으로－」 『국사관논총』 98, 2002.
④ 金成俊, 「高麗史 選擧 三, 譯註(二)」 『湖西史學』 6, 1978, 159쪽.

-2) 成宗十一年正月 敎曰 殷宗之於傅岩 徵用胥靡 周王之於渭水 登庸漁師 或任
之耳目之司 或授以台衡之職 故能匡扶社稷 經濟邦家: 성종이 천거의 교서를
내림에 있어 그 모범적인 사례로 이상적인 정치를 했다는 중국 殷·周 때의
일을 들고 있다. 즉, 은나라 高宗(殷宗)이 부암에 귀양가 숨어 사는 부열傅說을
자기의 使役者·忠僕(胥靡)으로 징발해 썼으며, 주나라 文王은 황하의 지류인
위수에서 어부(漁師)처럼 낚시질을 하며 지내는 姜太公(姜尙)을 스승으로 등용
하여, 이들에게 황제·국왕의 귀와 눈 같은 역할을 한다 하여 耳目官으로도
알려진 臺諫의 관서(御史臺와 郞舍·司諫院)를 맡기기도 하고, 또 3台(3公－太尉 司徒
司空)와 阿衡 즉 재상의 직위에 임명함으로써 사직을 바로잡고, 나라를 잘 다
스렸다는(經濟－經國濟世) 이야기에 대해 언급하고 있는 것이다.

① 金成俊, 위의 글 159·160쪽.
② 朴龍雲, 「高麗朝의 臺諫制度」 『역사학보』 52, 1971 ; 『高麗時代 臺諫制度 硏
究』, 一志社, 1980.

-3) 朕自摠萬機 思齊七政 非積學 無以知善 非任賢 無以成功 … 安知無蔽賢防能
之人 凡有文才武略者 聽詣闕自擧: 성종은 국정을 총괄함에 즈음하여 7政, 즉
日·月과 火·水·木·金·土 5星의 질서있는 운행처럼 국가의 政事가 잘 돌아갈
것을 바랐으며, 그러기 위해서는 학문이 쌓이고 賢人을 임용해야 한다고 생
각하고 있었다. 이를 위해 京·外에 庠(舜임금 때의 학교)·序(夏后 때의 학교)와 같
은 학교[4-1-2-2], 317쪽]를 비롯한 각종의 교육기관을 설치하고 학예를 견주는

곳, 즉 과거를 시행하여 선비를 뽑는 길을 넓혔으나 출중한 인재를 얻지 못했다고 불만을 토로하고 있다. 성종은 이보다 5년전인 왕 6년 3월의 放榜敎書에서도 비슷한 불만을 말한바 있거니와[3-2-3, 226쪽] 아직까지 과거의 결과에 대해서 흡족하지 못했음을 알 수 있다. 왕은 이같은 상황이 혹 현인을 막고 재능이 있는 자들의 진출을 방해하는 일이 있는 때문은 아닌지 하는 의문조차 있었던 모양인듯, 「文才와 武略이 있는 자」는 대궐로 나와 自擧, 즉 自薦하도록 지시하고 있다. 천거는 그 성격상 대부분 他薦에 의거하여 이루어지기 마련인데, 이번에 自薦을 허락하고 있는 것은 좀 특별한 경우라 할 수 있겠다. 하지만 어떻든 이번 왕 11년의 천거를 논자들은 천거제의 시발로서 주목하고 있다.

① 金成俊, 위의 글 160쪽.
② 柳浩錫, 앞의 논문 52~54쪽.
③ 鄭求先, 앞의 논문 182·183쪽.

-4) (成宗十一年)五月 敎曰 王者旁求多士 爰備百僚 以才俊爲先 匪怜勤勿授 今欲克明俊德 無曠庶官 京官五品以上 各擧一人 所擧者德行才能 具疏名下 以奏: 바로 윗 대목에서 살핀바 왕 11년 정월에 문재·武略者들로 하여금 自薦토록 한 조처가 별다른 효과를 거두지 못했던 것 같다. 그러므로 4개월 뒤인 5월에 다시 교서를 내려 이번에는 5품 이상관들에게 각각 1인씩 천거토록 하고 있는데, 천거하는 사람의 德行과 재능을 이름 아래에 기록하여 아뢰도록 하고 있다.

① 金成俊, 위의 글 160쪽.
② 柳浩錫, 위의 논문 54쪽.

-5) (成宗)十六年八月 命有司 奇才異能隱滯丘園者 搜訪以聞: 성종은 유사에게 초야에 묻혀 숨어 지내는 奇才·異能者를 찾아서 보고하도록 명하고 있다. 왕이 이처럼 여러 차례에 걸쳐 널리 인재를 구한 것은 당대가 중앙집권체제의 확립과 더불어 제도의 정비가 이루어지면서 그만큼 많은 인재가 필요했던 것과 관련이 있지 않나 한다.

① 柳浩錫, 위의 논문 54쪽.

原文 5-2-2. 仁宗五年三月詔 侍從官各擧一人 所擧無狀則罪之 八年十二月詔 侍從官各擧遺逸一人 十六年 令有司 擧淸白守節者

5-2-2. 인종 5년 3월에 詔하여, 시종관에게 각각 1인씩 천거하게 하고, 천거한 바가 실상(실적)이 없으면 그(거주擧主)를 죄주도록 하였다.[1]

8년 12월에 조하여, 시종관에게 각기 유일遺逸 1인씩을 천거하게 하였다.[2]

16년에 유사(맡은 관청)로 하여금 청렴 결백하고 절개를 지키는 사람을 천거토록 하였다.[3]

註解 5-2-2-

-1) 仁宗五年三月詔 侍從官各擧一人 所擧無狀則罪之: 이 조목은 인종이 바로 전해에 일어났던 이른바 李資謙의' 난을 수습한 후 西京에 행차하여 국가의 면모를 일신하고자 발표한 惟新令 15조 가운데 제6조이다[『고려사절요』 권9, 인종 5년 3월]. 이번에는 천거자인 擧主로 왕 자신의 侍從官을 지목하고 있거니와, 그들은 이미 소개한바 있듯이 臺諫과 知制誥 및 諸館殿과 翰林院 등의 學士들을 일컫는다[5-1-10-3), 386쪽]. 이들로 하여금 각각 1인씩을 천거케하고 있는데, 특이한 점은 천거한 사람이 천거를 받을만한 자격상의 실상을 갖추지 못했을 때 擧主를 죄주도록 한 대목이다. 이는 물론 천거제가 공정하게 이루어지도록 하기 위한 조처의 하나였겠다.

　① 金成俊,「高麗史 選擧 三, 譯註(二)」,『湖西史學』6, 1978, 161쪽.
　② 柳浩錫,「武人執權期 科擧制의 運營과 薦擧制」『전북사학』14, 1991, 54·55쪽.
　③ 鄭求先,「高麗時代의 薦擧制-運用實態의 검토를 중심으로-」『국사관논총』98, 2002, 190~193쪽.

-2) (仁宗)八年十二月詔 侍從官各擧遺逸一人: 이번에도 시종관[5-1-10-3), 386쪽]들에게 학식과 덕행이 뛰어났으면서도 仕官치 못하고 있는 遺逸을 각각 1인씩 천거하도록 조서를 내리고 있다.

　① 鄭求先, 위의 논문 156~160쪽.

-3) (仁宗)十六年八月 命有司 奇才異能隱滯丘園者 搜訪以聞: 청렴 결백과 守節을 기준으로 삼아 有司로 하여금 천거토록 하고 있는 것이다.

　① 金成俊, 앞의 글 161쪽.

原文 5-2-3. 毅宗二十二年三月 詔曰 近世薦擧路絕 賢不肖混淆 其文筆可以華國者 兩府宰樞臺省侍臣諸司知制誥及留守官 各上書奏薦

5-2-3. 의종 22년 3월에 조詔하여 이르기를, "근세에 천거의 길이 끊어져 어진이와 불초한 자가 섞였다. 그 문필로 가히 나라를 빛낼만한 사람을

양부의 재추와 대성의 시신, 제사諸司의 지제고 및 유수관은 각각 상서하
여 주천奏薦하라” 하였다.[1]

註解 5-2-3-

-1) 毅宗二十二年三月 詔曰 近世薦擧路絶 賢不肖混淆 其文筆可以華國者 兩府宰
樞·臺省侍臣·諸司知制誥及留守官 各上書奏薦:「근세에 천거의 길이 끊어졌
다」고 한 것을 보면 의종 22년 이전의 상당한 기간 동안 이 제도의 시행이
제대로 이루어지지 못했던 것 같다. 그러다가 이번에는 문필에 뛰어난 사람
들을 천거토록 조서를 내리고 있는데, 그 담당자로는 兩府(宰府·樞府)의 재상
들인 宰樞(宰臣·樞密), 御史臺와 中書門下省 郞舍의 臺諫侍臣들, 여러 관서의
知制誥[5-1-10-3], 386쪽] 및 西京(평양)·東京(경주)·南京(楊州) 등 3京의 장관인 유
수관을 지목하고 있다. 奏薦이란 천거자가 吏部와 교섭을 거쳐 임명을 奏請
하는 것을 말한다.
　① 金成俊,「高麗史 選擧 三, 譯註(二)」『湖西史學』 6, 1978, 162·163쪽.
　② 柳浩錫,「武人執權期 科擧制의 運營과 薦擧制」『전북사학』 14, 1991, 55쪽.

原文 5-2-4. 忠宣王卽位敎曰 用人不可專用世家子弟 其有茂才碩德孝廉方正之
士退居巖谷者 所在官薦達 貧不能行者 官給衣粮 敦遣

5-2-4. 충선왕이 즉위해 교敎하여 이르기를, “사람을 쓰는데 오로지 세가
世家의 자제들만을 쓰는 것은 옳지 않다. 그 무재茂才·석덕碩德·효렴孝廉·
방정方正의 선비로 암곡(산골)에 물러가 사는 자가 있으면 소재지의 관원
이 천거하여 이르게 하는데, 가난하여 능히 갈 수 없는 자는 관官에서 옷
과 식량을 지급해주어 돈독히 하여 보내라” 하였다.[1]

註解 5-2-4-

-1) 忠宣王卽位 敎曰 用人不可專用世家子弟 其有茂才·碩德·孝廉·方正之士退居
巖谷者 所在官薦達 貧不能行者 官給衣粮 敦遣: 世家의 자제들이 아니라 산
골에 묻혀 지내는 인재와 유교적 덕목을 잘 드러내고 있는 사람들을 소재관
으로 하여금 천거토록 하고 있음이 주목된다. 이들이 가난해서 천거되어 수
도로 올라올 비용조차 댈 수 없을 때는 나라에서 주선해주도록 하는 배려도
베풀고 있다.
　① 金成俊,「高麗史 選擧 三, 譯註(二)」『湖西史學』 6, 1978, 163쪽.

② 柳浩錫,「武人執權期 科擧制의 運營과 薦擧制」,『전북사학』14, 1991, 55쪽.

原文 5-2-5. 忠肅王十二年十月敎 茂才碩德孝廉方正之士側微無聞者 所在官司
錄名升薦

5-2-5. 충숙왕 12년 10월에 교敎하여, 무재茂才·석덕碩德·효렴孝廉·방정方正
의 선비로서 측미(미천)하여 알려지지 못한 자는 소재지의 관사官司에서
이름을 기록해 추천하여 올리도록 하였다.[1]

註解

5-2-5-1) 忠肅王十二年十月敎 茂才·碩德·孝廉·方正之士 側微無聞者 所在官司錄
名升薦: 충숙왕 역시 바로 윗 대목의 충선왕과 마찬가지로 家勢가 側微하여
잘 알려지지 않은 인재와 유교적 덕목을 잘 드러내고 있는 사람들을 소재지
의 관서에서 천거하여 올리도록 교서를 내리고 있다.

原文 5-2-6. 恭愍王元年二月 敎曰 山林鄕曲如有經明行修茂才苦節之士 按廉使
以聞 典理軍簿隨才擢用 五年六月敎曰 懷才抱道肥遯不仕者 所在官錄其德行
敦遣赴朝 十年二月命宰相百官 各薦賢良二人

5-2-6. 공민왕 원년 2월에 교敎하여 이르기를, "산림과 향곡鄕曲에 만약
경전에 밝고 행실을 닦은 무재茂才로 고절苦節하는 선비가 있으면 안렴사
가 아뢰어 전리·군부에서 재능에 따라 발탁·등용케 하라" 하였다.[1]

5년 6월에 교하여 이르기를, "재주와 도덕을 지니고서도 숨어서 벼슬
하지 않은 사람은 소재지의 관원이 그 덕행德行을 기록하고 돈독히 하여
보내 조정에 나아가게 하라" 하였다.[2]

10년 2월에 재상과 백관에게 명하여 각각 현량賢良 2인씩을 천거토록
하였다.[3]

註解 5-2-6-

-1) 恭愍王元年二月 敎曰 山林鄕曲如有經明行修茂才苦節之士 按廉使以聞 典理
軍簿隨才擢用: 즉위하자 곧바로 개혁정치를 꾀했던 공민왕이 지방에 묻혀

지내는 인재들을 안렴사로 하여금 천거토록 교서를 내리고 있다. 안렴사는 道의 장관으로서, 按察使이던 것이 충렬왕 2년에 고쳐진 명칭으로, 그들은 자기가 담당한 道를 巡按하면서 민정을 살피던 직위였으므로 그 동안에 인재를 발굴토록 한 것이라 하겠다. 그러면 각각 문관과 무관의 인사 담당 관서인 典理司(전기의 吏部)와 軍簿司(전기의 兵部)에서 재능을 보아 등용하도록 조처하고 있다.

　① 金成俊,「高麗史 選擧 三, 譯註(二)」『湖西史學』 6, 1978, 164~166쪽.

　②『고려사』 권77, 百官志 2 外職 按廉使·朴龍雲,『高麗史 百官志 譯註』, 2009, 신서원, 672~679쪽.

-2) (恭愍王)五年六月 敎日 懷才抱道肥遯不仕者 所在官錄其德行 敦遣赴朝: 역시 숨어서 벼슬을 하지 않고 있는 인재들을 所在官으로 하여금 천거하여 조정에 나오도록 하라는 교서를 내리고 있다.

-3) (恭愍王)十年二月 命宰相百官 各薦賢良二人: 이번에는 재상과 백관들에게 賢良한 인사의 천거를 명하고 있다.

　① 金成俊, 앞의 글 166쪽.

原文 5-2-7. 辛禑十四年正月 令宗室耆老臺省六曹擧文武賢良

5-2-7. 신우 14년 정월에 종실과 기로·대성·6조로 하여금 각각 현량賢良 2인씩을 천거하게 하였다.[1]

註解 5-2-7-

-1) 辛禑十四年正月 令宗室·耆老·臺省·六曹擧文武賢良: 역시 賢良한 인사들을 천거토록 하고 있는데, 천거자에 宗室과 耆老를 포함시키고 있어 주목된다. 이중 종실은 왕족과 왕의 친족을 말하며, 耆老는 『禮記』 典禮 上에 의하면 耆가 60세, 老는 70세로서 德이 높은 사람들, 즉 국가의 원로를 가리키는 말이었지마는, 이들에게까지 천거의 범위를 넓히고 있는 것이다. 이들과 함께 천거자로 지목된 臺省·6曹는 御史臺와 中書門下省 郎舍의 臺諫[5-2-3-1), 406쪽]과 尙書6部의 후신인 銓曹·兵曹·民曹·刑曹·禮曹·工曹 내지 吏曹·兵曹·戶曹·刑曹·禮曹·工曹[『고려사』 권76, 백관지 1 각 해당조]로서 자주 천거에 참여하던 관서요 직위들이다.

　① 金成俊,「高麗史 選擧 三, 譯註(二)」『湖西史學』 6, 1978, 166·167쪽.

原文 5-2-8. 恭讓王二年十二月 令百官 各擧賢良二人 三年六月金瞻等上疏 請

擧用茂才孝廉 十一月令臺省六曹各擧賢良三人

5-2-8. 공양왕 2년 12월에 백관들로 하여금 각각 현량賢良 2인씩을 천거
하게 하였다.[1]

　　3년 6월에 김첨 등이 상소하여 무재茂才·효렴孝廉을 들어올려 쓸 것을
청하였다.[2]

　　11월에 대성·6조로 하여금 각각 현량賢良 3인씩을 천거하게 하였다.[3]

註解　5-2-8-

　-1) 恭讓王二年十二月　令百官　各擧賢良二人: 5-2-6-3), 408쪽 참조.

　-2) (恭讓王)三年六月　金瞻等上疏　請擧用茂才孝廉: 김첨은 昌王 원년 3월 당시
　　　司憲府(御史臺)의 持平(정5품)을 지내고 있는 것으로『고려사』권137, 列傳 50] 미루
　　　어 이때도 臺官의 자격으로[5-2-7-1), 408쪽] 茂才와 孝道·淸廉으로 이름난 인
　　　사들의 起用을 건의하고 있는 것 같다.
　　　① 金成俊, 「高麗史 選擧 三, 譯註(二)」『湖西史學』6, 1978, 167쪽.

　-3) (恭讓王三年)十一月　令臺省六曹各擧賢良三人: 5-2-7-1), 408쪽 참조.

5-3. 고과법考課法

原文 5-3-1. 凡考課之典　顯宗九年八月判　凡官吏　自正月初一日至十二月晦日
實仕及諸暇日數　具錄呈考功　謂之年終都歷

5-3-1. 무릇 고과의 법은,[1] 현종 9년 8월에 판判하여, 무릇 관리에 대한
정월 초1일부터 12월 회일(그믐날)까지의 실사實仕 및 여러 휴가 일수日數
를 갖추어 기록하여 고공사에 올리도록 하였는데, 그것을 일러 연종도력
이라 하였다.[2]

註解　5-3-1-

　-1) 凡考課之典: 고과는 관리가 일을 보는 동안의 勤慢과 勞逸·功過 등을 考査
　　　하여 그 성적을 매기는 것을 말한다. 달리 考績이라고도 하였는데, 성적이

좋았을 때는 승진하게 되지만 그렇지 않을 경우는 제자리에 머물거나 심지어 罷黜되기도 하였다.

   ① 金成俊,「高麗史 選擧 三, 譯註(二)」『湖西史學』6, 1978, 168쪽.

   ② 朴龍雲,「高麗時代 官員의 陞黜과 考課」『역사학보』145, 1995 ;『高麗時代 官階·官職 硏究』, 고려대출판부, 1997, 132쪽.

-2) 顯宗九年八月判 凡官吏 自正月初一日至十二月晦日 實仕及諸暇日數 具錄呈 考功 謂之年終都歷: 고과의 한 기준이 되는 勤慢은 곧이어 나오듯이 출퇴근 시간의 준수 여부와 당해년의 정월 초하루부터 12월 말일(그믐날)까지 동안의 實仕, 즉 실제로 일을 본 기간과 여러 휴가 日數 등을 살피는 것이었는데, 고려에서의 給暇는 비록 病暇를 포함하더라도 그 기간이 100일을 넘을 수 없도록 규정되어 있었다. 어떻든 이곳 현종 9년의 判文은 그중 후자와 관련된 것으로, 각 관서는 1년간의 그들 기록을 연말에 吏部의 屬司로서 관리들의 근무 성적을 考覈하는 직무를 맡고 있는 考功司[『고려사』권76, 백관지 1 吏部 考功司]에 제출하였는데 그것을 年終都歷이라 했으며, 그 문서를 都歷狀 또는 年終都歷狀이라 하였다.

   ① 金成俊, 위의 글 168·169쪽.

   ② 朴龍雲, 위의 논문 ; 저서 133~140쪽.

原文 5-3-2. 文宗元年八月制 尚書考功職在考績百僚 今只按胥吏能否 自今可悉 考中外見官殿最 二年四月制 各司巳初赴衙 酉初罷 已有成規 然四時晷刻短長 不同 自今日永辰初日短巳初赴衙

5-3-2. 문종 원년 8월에 제制하기를, 상서고공은 직임이 백료를 고적考績하는데 있는데, 지금은 다만 서리의 능부能否만을 살피고 있다. 지금부터는 중·외 현관現官의 전최殿最를 모두 고과하는 것이 옳다고 하였다.[1]

  2년 4월에 제制하여, 각 사司에서 사초巳初(오전 9시)에 관아에 나오고-출근하고-, 유초酉初(오후 5시)에 파罷하는 것-퇴근하는 것-이 이미 정해진 규정으로 되어 있다. 그러나 4계절의 시각은 길고 짧은게 같지 않으므로 지금부터 해가 길면 진초辰初(오전 7시)에, 해가 짧으면 사초巳初(오전 9시)에 관아에 나오도록-출근하도록 하였다.[2]

註解 5-3-2-

-1) 文宗元年八月制 尚書考功職在考績百僚 今只按胥吏能否 自今可悉考中外見官

殿最 ; 원래 모든 관리의 고과를 총괄하는 관서인 尙書考功司[5-3-1-2), 410쪽]
의 직능이 문종 원년 이전의 얼마 동안은 品官에 대한 경우 그리 적극 활발
하지 못했던듯, 胥吏의 能否만을 살피는데 그치고 있음을 지적하고 있다. 그
러므로 이제부터는 본래처럼 京·外의 모든 現官을 대상으로 고과하여 殿最
를 매기도록 조처하고 있는 것이다.

考課殿最法에서 殿은 下等, 最는 上等을 의미하였거니와, 그 가운데의 성
적을 얻은 사람은 中이 되었을 것이다. 하지만 이들 중 어떤 성적을 몇 번
얻어야 승진이 되거나 또는 罷黜되는지 등에 대해서는 자료의 결핍으로 잘
알 수가 없다.

① 金成俊,「高麗史 選擧 三, 譯註(二)」『湖西史學』6, 1978, 169쪽.

② 朴龍雲,「高麗時代 官員의 陞黜과 考課」『역사학보』145, 1995 ;『高麗時代
官階·官職 研究』, 고려대출판부, 1997, 135~142쪽.

-2) (文宗)二年四月制 各司巳初赴衙 酉初罷 已有成規 然四時晷刻短長不同 自今
日永辰初 日短巳初赴衙: 관리들의 勤慢을 평가하는 한 조목이던[5-3-1-2), 410
쪽] 출퇴근 시간에 대한 규정이다. 즉, 원래는 오전 9시인 巳時初에 출근하고
오후 5시인 酉時初에 퇴근하던 제도를 이때에 이르러 조금 조정하여 해가
짧은 경우는 그대로 두었으나 해가 긴 계절에는 출근 시간을 오전 7시인 辰
時初로 당기고 있는 것이다. 이같은 출퇴근 시간을 잘 지킬 것을 강조하는
명령은 충렬왕 6년 등에도 내려지고 있다[5-3-4-1), 412쪽].

① 金成俊, 위의 글 169·170쪽.

② 朴龍雲, 위의 논문 ; 저서 133쪽.

原文 5-3-3. 毅宗十八年七月詔 近百僚庶司不肯夙夜 瘝官竊祿 有違委任責成之
意 有司考其勤怠以黜陟

5-3-3. 의종 18년 7월에 조詔하기를, 근래에 백료·서사庶司가 직무를 게을
리해 관官을 병들게 하고 녹祿을 도둑질하는 것은 직무를 맡겨 책임지고
이루도록 한 뜻에 어긋나니, 유사(맡은 관청)는 그 근태(근면·태만)를 고찰하
여 출척하라 하였다.[1]

註解 5-3-3-

-1) 毅宗十八年七月詔 近百僚庶司不肯夙夜 瘝官竊祿 有違委任責成之意 有司考
其勤怠以黜陟: 庶司, 즉 여러 관서와 모든 신료들이 직무에 충실할 것을 당
부하는 詔書인데, 夙夜는 직무에 힘쓰느라 일찍 일어나고 밤 늦게야 잠자리

에 든다(夙興夜寐)는 뜻이다.

原文 5-3-4. 忠烈王六年十月 令監察司檢諸司勤怠 謂之衙時 每以冬夏孟月行之 三十三年十二月忠宣在元 敎曰 聞諸司員吏怠於供職 務行非理 自今每於月終 考覈賢否勤怠以聞

5-3-4. 충렬왕 6년 10월에 감찰사로 하여금 여러 관서의 근태(근면·태만)를 검찰하게 하였는데 이를 아시(衙時)라고 하였다. 매(년) 겨울과 여름의 맹월 孟月(첫 달)에 행하게 하였다.[1)]

33년 12월에 충선이 원나라에 있으면서 교(敎)하여 이르기를, "듣건대 여러 관서의 원리(員吏)들이 직무에는 태만하면서 비리는 힘써 행한다 한다. 지금부터 매(월) 월말에 어질거나 그렇지 아니한 것 및 근면과 태만 등을 고핵하여 아뢰라" 하였다.[2)]

註解 5-3-4-

-1) 忠烈王六年十月 令監察司檢諸司勤怠 謂之衙時 每以冬夏孟月 行之: 百官의 비리 등을 감찰하는 감찰사(어사대·사헌부 ;『고려사』권76, 백관지 1)로 하여금 諸司의 근면과 태만 여부를 검찰토록 하고 있는데 그것을 衙時라 했다고 전하고 있다. 衙는 官衙로서, 거기에는 출근하는 시간이 정해져 있었으므로 [5-3-2-2), 411쪽] 그 정해진 제시간에 나오고, 또 朝叅 시간도 지키는지 등을 뜻한 데서 衙時라 했던 것으로 생각된다. 특히 그것은 춥거나 더운 겨울과 여름에 잘 지켜지지 않을 가능성이 컸으므로 겨울의 孟月, 즉 첫 달인 10월과 여름의 첫 달인 4월에 시행토록 하고 있다.
　① 金成俊,「高麗史 選擧 三, 譯註(二)」『湖西史學』6, 1978, 170쪽.

-2) (忠烈王)三十三年十二月 忠宣在元 敎曰 聞 諸司員吏怠於供職 務行非理 自今 每於月終 考覈賢否勤怠以聞: 충렬왕 33년 12월은 비록 그가 아직 왕위를 지키고는 있었으나 이미 실권은 충선왕에게 넘어가 있는 시기였다[5-1-6-4), 377쪽]. 그리하여 충선은 원나라에 그대로 머물면서 고려를 다스리는 상황이었지마는, 이같은 비상 시국에 처하여 충선은 관리들의 賢否와 勤怠 등을 매월의 월말에 보고토록 하는 교서로서, 이는 물론 평상시와는 다른 특별한 경우라 할 수 있다.
　① 金成俊, 위의 글 170·171쪽.

原文 5-3-5. 恭愍王五年六月教 監察典法都官長官 每朔課員吏決訟多少 至六朔
以殿最黜陟 十九年十一月正言李詹請 令考功考各司公座簿 凡在官者日出而聚
日午而散 有不如法 憲司糾察

5-3-5. 공민왕 5년 6월에 교敎하여, 감찰과 전법사 도관의 장관은 매 달
원리員吏들의 결송決訟이 많고 적음을 고과해 6개월에 이르면 전최로써
출척토록 하라 하였다.[1]

　19년 11월에 정언인 이첨이 청하여, 고공으로 하여금 각 관서의 공좌
부를 고열考閱케 하고, 무릇 관직에 있는 사람은 해가 뜨면 모이고(출근하
고) 해가 오시午時가 되면 흩어지는(퇴근하는) 것인데, 법대로 하지 아니함
이 있으면 헌사에서 규찰하게 하소서 하였다.[2]

註解 5-3-5-

-1) 恭愍王五年六月教 監察典法都官長官 每朔課員吏決訟多少 至六朔 以殿最黜
　陟: 고려 때의 考課는 대체적으로 1년을 단위로 하는 差年法을 채택하고 있
　었다[5-1-1-2), 361쪽]. 그러나 시기 또는 대상 관서에 따라서는 月數로 계산하
　는 簡月法도 적용했었는데, 이번 교서의 내용이 그 한 사례이다. 즉, 관리들
　의 비위·불법을 감찰하는 감찰사(어사대·사헌부)와 노비의 決訟(裁判)을 담당
　한 典法司(전기의 刑部)의 屬司인 都官[『고려사』 권76, 백관지 1]처럼 민원이 집중
　되어 있는 관서의 員吏들은 6개월을 단위로 고과토록 조처하고 있는 것이
　다. 그리하여 考課殿最法[5-3-2-1), 410쪽]에 의거해 黜陟을 하도록 하고 있다.
　　① 金成俊, 「高麗史 選舉 三, 譯註(二)」 『湖西史學』 6, 1978, 171쪽.
　　② 朴龍雲, 「高麗時代 官員의 陞黜과 考課」 『역사학보』 145, 1995 ; 『高麗時代
　　　官階·官職 研究』, 고려대출판부, 1997, 133~139쪽.
-2) (恭愍王)十九年十一月 正言李詹請 令考功考各司公座簿 凡在官者 日出而聚
　日午而散 有不如法 憲司糾察: 郞舍 소속 諫官의 일원으로 正言(종6품)[『고려사』
　권76, 백관지 1]의 지위에 있던 이첨이 관리들이 출퇴근 규정을 잘 지키게 할
　것을 요청하면서 그 방안을 제시하고 있는 기사이다. 그는 급제자로서 이후
　知申事(정3품)까지 지내고[『고려사』 권117, 열전 李詹傳] 조선조에 들어가서도 많
　은 활동을 하는 인물이거니와, 그가 제시한 방안은 각 관서에 비치되어 있
　는 일종의 출근부인 公座簿는 고과 담당 부서인 考功司[5-3-2-1), 410쪽]가 考
　閱하고, 출퇴근 시간의 준수 여부는 감찰기관인 헌사(어사대·사헌부·감찰사)로
　하여금 규찰토록 하자는 것이었다.

① 金成俊, 위의 글 171·172쪽.
② 朴龍雲, 위의 논문 ; 저서 133쪽.

原文 5-3-6. 恭讓王元年十二月 趙浚上言 京外大小官吏除目旣下 不卽上官赴任 以致公事稽遲 願自今 除臺省政曹外 自下批後 京官限三日 外官限十日 進闕謝恩 卽行上官赴任 稱權知行事 新舊相對 將文書錢穀契券手相交付 以憑考課 待出謝卽眞 三年四月都堂請 考臺省勤慢 一不仕者抵罪 三不仕者削職

5-3-6. 공양왕 원년 12월에 조준이 상언上言하기를, "경·외의 대소 관리들이 제목除目(비목批目)이 이미 내려갔는데도 곧바로 벼슬에 올라 부임하지 않아 공사公事가 지체되고 있습니다. 원컨대 지금부터 대성臺省과 정조政曹를 제외하고는 비목이 내려간 뒤로부터 경관京官은 3일로 한정하고, 외관은 10일로 한정하여 대궐에 나아가 사은謝恩하고 즉시 가서 벼슬에 올라 부임하되, 권지행사權知行事를 칭하고, 신·구관이 상대하여 문서와 전곡의 계권(증서)을 손수 서로 교부하여 고과의 입증근거로 삼고, 사첩謝牒이 나오는 것을 기다려 진직眞職(정식 직위)에 취임할 것입니다" 하였다.[1)]

3년 4월에 도당이 청하기를, 대성臺省의 근면·태만을 고과하여 한번 출사出仕하지 않은 자는 죄를 주고 세번 출사하지 않은 자는 직위를 삭탈하자고 하였다.[2)]

註解 5-3-6-

-1) 恭讓王元年十二月 趙浚上言 京·外大小官吏除目旣下 不卽上官赴任 以致公事稽遲 願自今 … 將文書·錢穀契券手相交付 以憑考課 待出謝卽眞: 李成桂派의 실세 중 한 사람으로 이미 재상의 지위에 올라 있던 조준[『고려사』 권118, 열전 趙浚傳]이 관원들의 부임에 대해 上言하고 있다. 즉, 새로 직책을 받은 사람들이 이미 사령서인 除目(批目)[5-1-11-2), 392쪽]이 내려갔음에도 곧바로 부임하지 않아 공무가 지체되고 있으므로 京官의 경우 3일, 외관은 10일을 한정하여 그안에 임지로 나가도록 하자고 건의하고 있는 것이다. 단, 그러면서도 감찰 및 諫言 등을 담당하던 御史臺(司憲府)와 中書門下省 郎舍, 즉 臺省의 관원과 인사 기구인 政曹, 즉 吏曹와 兵曹의 관원들[『고려사』 권76, 백관지 1 각 해당 條]에게만은 특혜를 베풀어 그 기한에서 제외시키고 있어 주목된다. 어떻든 그리하여 새로 부임한 新官은 임시로 일을 맡아 본다는 의미의 權知行事로서

구관과 인수인계를 하고 謝牒[5-1-10-9), 389쪽]을 받으면 眞職, 즉 정식 직위에
취임하도록 하고 있다.

　① 金成俊, 「高麗史 選擧 三, 譯註(二)」『湖西史學』 6, 1978, 172·173쪽.
　② 朴龍雲, 「고려시대의 官職－試·攝·借·權職에 대한 검토」『진단학보』 79,
　　 1995 ; 『高麗時代 官階·官職 硏究』, 고려대출판부, 1997, 187~190쪽.

-2) (恭讓王)三年四月 都堂請 考臺省勤慢 一不仕者抵罪 三不仕者削職: 고려 후·
말기에 국정을 총괄하던 기구인 都堂(都評議使司)[5-1-13-5), 399쪽]에서 바로 윗
대목에 소개한 臺省의 관원들인 臺諫이 한번 不仕했을 때는 죄를 주고 세번
불사했을 때는 削職할 것을 요청하고 있는 내용이다. 한데 여기에서 우리들
은 그 '不仕'의 의미를 좀 깊이 생각해볼 필요가 있을 것 같다. 물론 그 불
사에는 일반 관원들과 마찬가지로 개인적인 일로 출근하지 못하는 등의 경
우를 생각할 수 있지만, 대간들은 직무의 특성상 국왕 등을 상대로 諫諍 등
을 하다가 여의치 않을 경우 국정을 바로잡아야 한다는 자신들의 의지를 관
철하기 위해 직무를 보지 않는 경우가 흔히 있었기 때문이다. 이곳의 기사
는 후자와 관련시켜 생각해볼 여지도 충분히 있지 않을까 싶다.

　① 金成俊, 위의 글 173·174쪽.
　② 朴龍雲, 「高麗朝의 臺諫制度」『역사학보』 52, 1971 ; 『高麗時代 臺諫制度 硏
　　 究』, 一志社, 1980, 110쪽.

5-4. 수령의 선용守令選用

原文 5-4-1. 凡選用守令 成宗元年六月崔承老上書曰 王者理民 非家至而日見之
故分遣守令 往察百姓利害 太祖統合之後 欲置外官 盖因草創未遑 今竊見 鄕豪
每假公務 侵暴百姓 民不堪命 請置外官 雖不得一時盡遣 先於十數州縣幷置一
官 官各設兩三員 以委撫字

5-4-1. 무릇 수령의 선용은,[1] 성종 원년 6월에 최승로가 상서하여 말하기
를, "왕이 민民을 다스리는데 집집마다 이르러 날마다 돌보는 것은 아니
므로 수령을 나누어 보내 백성들의 이해를 살피게 하는 것입니다. 태조
께서 통합한 뒤에 외관을 설치하고자 하였으나 초창기였으므로 겨를이
없었습니다. 지금 가만히 보건대 향호鄕豪들이 매양 공무를 빙자하고 백
성들을 침포侵暴하니 민들이 견디어 내지 못합니다. 청컨대 외관을 두소

서. 비록 일시에 다 보내지 못한다 하더라도 먼저 십수 주현에 아울러 한 사람의 관원을 두고 그 관원에 각기 2·3원을 설치하여 애민愛民하는 일을 맡기소서" 하였다.[2]

註解 5-4-1-

-1) 凡選用守令: 고려 때의 지방관(외관)은 크게 보면 5道 兩界의 按察使(按廉使)·兵馬使와 그보다 하급의 京·都護府·牧 및 州·府·郡·縣·鎭의 留守·都護府使·牧使(州牧) 및 知州府郡事·縣令·鎭將과 그 屬官 등 두 부류로 나눌 수 있다. 守令은 이들 중 후자를 총칭하는 말로 郡守·縣令에서 유래한다. 이곳 선거지의 항목은 바로 이들 수령의 선발·등용에 관한 것인데, 전자인 안찰사 등에 대해서는 이어지는 「選用監司」條에서 다루고 있다.

　① 邊太燮, 「高麗前期의 外官制」『한국사연구』 2, 1968 ;『고려정치제도사연구』, 일조각, 1971, 142쪽.

　② 金成俊, 「高麗史 選擧 三, 譯註(二)」『湖西史學』 6, 1978, 174쪽.

　③ 李惠玉, 「高麗時代의 守令制度研究」『梨大史苑』 21, 1985.

　④ 이진한, 「고려시대 守令職의 제수 자격」『史叢』 55, 2002.

-2) 成宗元年六月 崔承老上書曰 王者理民 非家至而日見之 故分遣守令 … 請置外官 雖不得一時盡遣 先於十數州縣 幷置一官 官各設兩三員 以委撫字: 이것은 성종이 왕 원년 6월에, 「京官 5품 이상은 각기 封事를 올려 時政의 得失을 논하라」고한 求言敎書에 응하여 당시 行選官御事(뒤의 吏部尙書, 정3품)의 요직에 있던 최승로가 올린 時務 28조 가운데 제7조로『고려사절요』와『고려사』권6, 열전에 있는 그의 전기에도 실려 있다. 보다시피 그 내용은 아직 중앙의 권력이 제대로 지방에 미치지 못하는 시기를 틈타 鄕豪(豪族)들이 백성들을 침탈하고 있으니 국왕을 대신하여 民들을 돌볼 외관을 파견하자는 것이었다. 비록 한꺼번에 모두 파견하지는 못하더라도 우선 중요 지역 십수 주현에 한 명씩의 외관을 설치하고 그들 아래에 2·3명씩 도와줄 인원을 두자는 것인데, 이 건의는 그대로 채택되어 왕 2년에 楊州 廣州 忠州 등 12州에 常住하는 州牧이 처음으로 파견된다. 이로써 중앙의 통제력이 본격적으로 지방에까지 침투되기 시작함에 따라 민생의 안정과 더불어 그가 의도했던대로 중앙집권화정책도 크게 진전을 보게 된다.

　① 金哲埈, 「崔承老의 時務 二十八條」『趙明基華甲記念 佛敎史學論叢』, 1965 ;『한국고대사회연구』, 지식산업사, 1975.

　② 李基白, 「新羅統一期 및 高麗初期의 儒敎의 政治理念」『대동문화연구』 6·7 합집, 1969·1970 ;『新羅時代의 國家佛敎와 儒敎』, 한국연구원, 1978.

　③ 河炫綱, 「高麗初期 崔承老의 政治思想 研究」『梨大史苑』 12, 1975 ;『한국중

세사연구』, 일조각, 1988.

④ 金成俊, 위의 글, 175·176쪽.

原文 5-4-2. 穆宗九年四月詔 文班常叅以上 各擧才堪治民者一人 視所擧當否賞罰

5-4-2. 목종 9년 4월에 조詔하여, 문반 상참 이상은 각각 재능이 백성을 다스릴만한 사람 1인씩을 천거하게 하고, 천거한 바의 마땅하고 그렇지 못함을 보아서 상주거나 벌하게 하였다.[1]

註解 5-4-2-

-1) 穆宗九年四月詔 文班常叅以上 各擧才堪治民者一人 視所擧當否賞罰: 백성을 다스릴만한 사람, 즉 수령직을 수행할 능력을 갖춘 인물을 문반의 常叅官 이상으로 하여금 천거토록 하고 있다. 常叅은 叅內 가운데서도 일상의 조회에 참석하는 관원들을 말하는데, 그들은 논자에 따라 5품 이상으로 보기도 하고 또 주로 6품 이상을 일컫는 叅上(叅內)과 동일하게 이해하기도 했으나 지금은 후자에 더 무게를 두는 경우가 많다. 하여튼 이처럼 상급직에 있는 관원들에게 수령을 천거하게 하고 있는 것인데, 적합한 인물을 천거했을 때는 상을 주지만, 그 반대의 경우 擧主를 처벌하도록 하고 있음이 주목된다.

① 金成俊, 「高麗史 選擧 三, 譯註(二)」『湖西史學』 6, 1978, 176쪽.

②『高麗史』 권76, 百官志 1 司憲府 ; 朴龍雲, 『高麗史 百官志 譯註』, 신서원, 2009, 193·194쪽.

③ 李成茂, 「兩班과 官階組織」『朝鮮初期 兩班研究』, 일조각, 1980, 86쪽.

④ 朴龍雲, 「高麗時代의 文散階」『진단학보』 52, 1981 ;『高麗時代 官階·官職 研究』, 고려대출판부, 1997, 22~24쪽.

⑤ 金塘澤, 「高麗時代의 叅職」『省谷論叢』 20, 1989, 782~790쪽.

原文 5-4-3. 顯宗九年二月 新定諸州府員 奉行六條 一察民庶疾苦 二察黑綬長吏能否 三察盜賊姦猾 四察民犯禁 五察民孝弟廉潔 六察吏錢穀散失

5-4-3. 현종 9년 2월에 여러 주·부의 관원이 봉행해야할 6조를 새로 정하였는데, 첫째로 민서(백성)의 질고疾苦를 살피는 것과, 둘째로 흑수黑綬(검은 끈)를 맨 장리(향리)의 능부能否를 살피는 것, 셋째로 도적의 간활함(간사하고 교활함)을 살피는 것, 넷째로 백성들의 범금犯禁(금법을 어김)을 살피는

것, 다섯째로 백성들의 효제(부모에 대한 효도와 형제에 대한 공경)와 염결(청렴과 결백)을 살피는 것, 여섯째로 이원吏員(향리)의 전곡 산실散失을 살피는 것이었다.[1]

註解 5-4-3-

-1) 顯宗九年二月 新定諸州府員 奉行六條 一察民庶疾苦 二察黑綬長吏能否 三察盜賊姦猾 四察民犯禁 五察民孝弟廉潔 六察吏錢穀散失: 여러 州·府의 관원, 즉 수령들이 奉行해야할 6조목을 정하고 있는데, 그 내용은 백성들의 고통을 살피는 일과 함께 그들이 禁法과 미풍 양속을 잘 지키는가의 여부 및 장리(향리)들의 재능과 錢穀의 관리에 대해 살피고 또 도적을 제대로 처리하는 것 등이었다.

① 金成俊, 「高麗史 選擧 三, 譯註(二)」『湖西史學』 6, 1978, 177쪽.

原文 5-4-4. 明宗八年四月 兵部集武散官 試牋奏 以擬外補

5-4-4. 명종 8년 4월에 병부에서 무산관을 모아 전주牋奏를 시험하여 외관의 보임에 의정擬定하였다.[1]

註解 5-4-4-

-1) 明宗八年四月 兵部集武散官 試牋奏 以擬外補: 본래 외관직은 東班(文班)仕路였다. 하지만 의종 24년(1170)의 쿠데타를 통해 권력을 장악한 무신정권은 무인들에게도 외관직을 제수하기 시작하거니와, 이때에 이르러 우선 실무직이 아닌 무반의 散職을 지니고 있던 사람들, 즉 武散官들부터① 그에 임명토록 하고 있다. 그러면서 외관으로서 직무를 수행하기 위해서는 上奏나 上表와 같은 類의 牋奏를 이해하고 있어야 했을 것이므로 병부에서 그것을 시험하여 합격자들에 한해 보임하도록 정하고 있는 것이다.②

① 朴龍雲, 「高麗時代의 文散階」『진단학보』 52, 1981 ;『高麗時代 官階·官職 硏究』, 고려대출판부, 1997, 94·95쪽.

② 金成俊, 「高麗史 選擧 三, 譯註(二)」『湖西史學』 6, 1978, 177쪽.

原文 5-4-5. 元宗元年十月中書省奏 大官自求補外 侵漁百姓 今官高者不差外任制可

5-4-5. 원종 원년 10월에 중서성에서 아뢰기를, "대관이 스스로 외관에 보임되기를 구하여 백성들을 침탈하니 지금부터 벼슬이 높은 사람은 외임에 보내지 마소서" 하니 제制하여 가可하다 하였다.[1]

註解 5-4-5-

-1) 元宗元年十月 中書省奏 大官自求補外 侵漁百姓 今官高者不差外任 制可: 국정을 총괄하는 최고 정무기관이던 중서성, 곧 중서문하성[『고려사』 권76, 백관지 1 門下府]에서 고관들의 외관 파견을 금지하도록 청하고 있다. 원종 원년은 오랜 동안에 걸친 몽고와의 전쟁이 마무리되어 가던 어려운 시기로서 외관으로 나가는 일반적인 관원들보다 월등히 높은 大官들이 스스로 청하여 수령이 되어서는 백성들을 침탈하는 일이 많았던 모양이다. 이에 원종도 동의하여 왕명으로 임명을 금지하는 조처를 취하고 있다.

原文 5-4-6. 忠烈王元年六月 王欲武官交差守令 承宣李玢(汾?)成言 武人可臨民者少 如有才兼文武寬猛相濟者 宜勿論東西班授之 王納之 自庚癸以來 權臣柄國 倡爲文武交差之例 每以武官補外 及朴恒掌銓注 白王曰 外寄是東班仕路 故東班必補外 然後得授朝官 西班則循次以進 何必求外寄 遂不補外 至是武官托左右 請復之

5-4-6. 충렬왕 원년 6월에 왕이 무관을 수령에 교차시키고자(교차로 임명하고자) 함에, 승선 이분성이 말하기를, "무인으로 가히 민民에게 임할만한 자는 적으나, 만약 재능이 문·무를 겸하고 관대함과 엄한 것이 서로 조화될만한 사람이 있으면 마땅히 동·서반을 논하지 말고 제수할 것입니다" 하니 왕이 받아들였다. 경계庚癸 이래로부터 권신이 국가의 권병權柄을 잡고는 문·무를 교차하는 사례를 시작하여 매양 무관을 외관에 보임하였는데, 박항이 전주銓注를 관장함에 미쳐 왕에게 아뢰기를, "외기外寄(외직)는 이것이 동반의 사로仕路(벼슬길)입니다. 그러므로 동반은 반드시 외직에 보임된 연후에야 조관朝官을 제수받을 수 있었습니다. 서반인즉은 차례를 따라 승진하는 것이니 어찌 반드시 외직을 구할 것입니까" 하자 드디어 외직에 보임하지 않았던 것인데, 이때에 이르러 무관들이 (왕의)

좌우에 부탁하여 복구를 청한 것이었다.[1]

註解 5-4-6-

-1) 忠烈王元年六月 王欲武官交差守令 承宣李汾(汾?)成言 武人可臨民者少 … 西
班則循次以進 何必求外寄 遂不補外 至是武官托左右 請復之: 이 기사는 외관
의 補任 제도가 그때까지 네 차례에 걸쳐 변천되었음을 말해주고 있다. 그
첫 단계는 외관에 東班, 즉 문반들만이 보임되던 고려전기이다. 그리고 이것
은 대체적으로 벼슬길 출발부터 외직을 거쳐 京官으로, 다시 衾外秩에서 衾
職(6품 이상)으로, 이어서 衾職에서 宰樞(2품 이상)로 승진하기 위해서는 거치도
록 한 제도와 관련되어 있었다.[①]

　다음 둘째로, 그러다가 무신란(의종 24, 1170년)과 더불어 무신정권이 들어
서면서 文武交差制를 시행하여[②] 무인들도 외관에 임명되는 시기이다. 문무
교차제란 異見이 없지 않지만 한 지역의 외관중 하나의 직위에 문관을 임명
하였으면 다음 자리는 무관을 기용하는 형식의 제도로서 앞서 살펴본 명종
8년의 예[5-4-4-1), 418쪽]는 그같은 사례를 전하는 기사라 할 수 있다. 이곳 선
거지의 「庚癸 이래」란 무신란이 발발한 의종 24년이 庚寅年이고, 그 3년 뒤
에 난의 주동자인 鄭仲夫 등의 제거를 기치로 거사했던 金甫當이 실패함과
동시에 다시 많은 문신들이 학살 당하는 명종 3년이 癸巳年으로서, 이 둘을
합쳐 庚癸의 난이라 한데서 비롯하는 것이다.

　셋째 단계는, 승선으로서 충렬왕초에 銓注를 맡았던 朴恒[5-1-6-1), 376쪽]이
고려전기의 외관제 운영에 대해 설명하면서 西班의 외직 임명이 옳지 않음
을 지적하자 그 의견을 받아들여 고려전기의 상태로 되돌아간 시기이다. 박
항이 승선에 재임한 것은 이미 충렬왕 즉위년부터이므로[『고려사』권28, 세가
충렬왕 즉위년 10월·같은 책 권106, 열전 朴恒傳] 전주를 맡았던 위의 충렬왕 초는
즉위년이나 원년의 초기로 생각된다. 그러니까 이때부터 다시 복구되기까지
몇 달 동안 문무교차제가 폐지된 시기가 되겠다.

　넷째 단계는 일시 폐지되었던 문무교차제가 복구되는 왕 원년 6월 이후가
되겠는데, 이 제도가 복구되는 데는 보다시피 李汾成의 역할이 컸다. 문·무
의 재능을 겸하고 관대하게 처리할 일과 엄하게 다루어야할 일을 조절할줄
아는 등 자격을 갖추었다면 무반 출신이라도 수령에 임명한다고 해서 별다
른 문제가 없을 것이라는 그의 논리가 왕에게 聽納된 것인데, 이는 무신정권
이후 문·무반에 대한 차별의식이 크게 바뀌어 간 당시의 사회 분위기와도
일정한 관련이 있지 않을까 싶다.[③]

　① 李佑成,「高麗朝의 '吏'에 대하여」『역사학보』23, 1964 ;『한국중세사회연
　　구』, 일조각, 1991, 106쪽.

朴龍雲, 「高麗時代의 文散階」『진단학보』 52, 1981 ;『高麗時代 官階·官職 硏究』, 고려대출판부, 1997, 130·131쪽.

② 邊太燮, 「高麗朝의 文班과 武班」『사학연구』 11, 1961 ;『고려정치제도사연구』, 일조각, 1971, 323쪽.

李佑成, 위의 논문 ; 저서 107쪽

③ 金成俊, 「高麗史 選擧 三, 譯註(二)」『湖西史學』 6, 1978, 178~180쪽.

原文 5-4-7. 恭愍王三年十二月教曰 沿海守令職兼防禦 誠難其人 自奉翊以下代言以上 各擧淸白有武才者二人 四年七月命兩府 各擧堪爲守令者 五年八月命宰相 選廉公諝吏治者 爲守令 八年全以道請 監務縣令專任文士 舊制 監務縣令皆用登科士流 近世專以諸司胥吏爲之 貪汚虐民 且階皆七八品 秩卑人微 豪强輕之 恣行不法 鄕邑殘弊 王納以道之言 以五六品爲安集 欲革舊弊 然安集非出於批目 皆用時宰所擧 以白牒之任 其後軍功添設之官 與工商之賤皆得爲之 十一年五月令省郞薦六品以上可外任者 十月臺諫上言 田里休戚 在於守令 雖有臺諫政曹保擧之令 皆徇面情 所薦至有不識字者 願自今 臨軒引見 核其名實 擧非其人 擧主必罰 十二年五月教曰 守令賢否 民之休戚係焉 今後僉議監察及六曹五品以上 各擧所知 以備擢用 所擧非人 罪及擧主 二十二年九月 命都堂 各擧才堪守令者數人

5-4-7. 공민왕 3년 12월에 교教하여 이르기를, "연해의 수령은 직무가 방어를 겸하여서 참으로 그 합당한 사람을 얻기가 어렵다. 봉익 이하로부터 대언 이상은 각각 청백하면서도 무재武才가 있는 자를 천거하라" 하였다.[1]

4년 7월에 양부에 명하여 각기 수령이 되어 감당할만한 사람을 천거하게 하였다.[2]

5년 8월에 재상에게 명하여 청렴·공정하고 이치吏治에 밝은 사람을 뽑아 수령을 삼게 하였다.[3]

8년에 전이도가 감무와 현령은 오로지 문사를 임용할 것을 청하였다. 옛 제도에 감무와 현령은 모두 과거에 급제한 사류士流를 임용하도록 되어 있었는데, 근세에 오로지 여러 관서의 서리로서 삼으니 탐오貪汚하여 백성을 괴롭히고 또 품계가 모두 7·8품이어서 품질品秩이 낮고 사람이

미천함에 호강豪强이 가벼히 여겨 불법을 자행하였으므로 향읍이 잔폐殘
弊(쇠잔하고 피폐함)하여졌다. 왕이 이도의 말을 받아들여 5·6품으로 안집安
集을 삼아 옛 폐단을 개혁하고자 하였으나, 그러나 안집이 비목批目으로
나오지 아니하고 모두 당시의 재상이 천거한 바를 임용하여 백첩白牒으
로 임지에 가니, 그후에는 군공軍功을 통한 첨설관添設官과 공상工商을 하
는 천한 자들까지 모두 얻어 하였다.[4]

11년 5월에 성랑으로 하여금 6품 이상으로 외임을 맡을만한 사람을
천거하게 하였다.[5]

10월에 대간이 상언上言하기를, "전리田里의 휴척休戚(편안함과 근심 걱정)
은 수령에게 달려 있는데, 비록 대간·정조에서 보거保擧(보증 천거)하라는
명령이 있었으나 모두 면식面識과 정의情誼에 이끌려서, 천거한 바가 심지
어는 글자를 모르는 자도 있습니다. 원하건대 지금부터는 동헌東軒(정청
政廳)에 임하여 인견引見하고 그 명실名實을 자세히 살펴서 천거한 바가 합
당한 사람이 아니면 거주擧主를 반드시 벌하소서" 하였다.[6]

12년 5월에 교敎하여 이르기를, "수령이 어질거나 그렇지 못함에 백성
들의 휴척休戚이 달려 있은즉 지금 이후 첨의와 감찰 및 6조의 5품 이상
은 각각 아는 바를 천거하여 발탁·등용에 대비하되, 천거한 바가 (합당한)
사람이 아니면 죄가 거주擧主에게 미치게 하라"고 하였다.[7]

22년 9월에 도당에 명하여 각기 재능이 수령을 감당할만한 사람 수인
數人씩 천거하게 하였다.[8]

註解 5-4-7-

-1) 恭愍王三年十二月 敎曰 沿海守令職兼防禦 誠難其人 自奉翊以下代言以上 各
擧淸白有武才者二人: 공민왕 때는 왜구가 창궐하던 시기이므로 특히 바다와
인접해 있는 지역의 수령은 武才도 갖추고 있어야 했다. 그러므로 문·무를
겸한 인재를 奉翊 이하 代言 이상의 고위 관원들로 하여금 천거토록 하고
있는 것이다. 봉익은 종2품의 文散階이고[5-1-10-3), 386쪽] 대언(承宣·承旨)은 추
밀원(밀직사)의 정3품직이므로 결국 2품의 재상들과 3품의 중견 고위관원들
에게 그같은 역할을 맡도록 교서를 내리고 있다 하겠다.

① 金成俊,「高麗史 選擧 三, 譯註(二)」『湖西史學』 6, 1978, 180쪽.

-2) (恭愍王)四年七月 命兩府 各擧堪爲守令者: 僉議府의 상층부를 구성하는 宰府
와 추밀원(밀직사)의 상층부를 구성하는 樞府, 즉 兩府의 재상들에게[5-1-10-3),
386쪽] 수령의 천거를 명하고 있는 기사이다.

-3) (恭愍王)五年八月 命宰相 選廉公謹吏治者 爲守令: 이번에는 재상들에게 비록
吏屬이라 하더라도 청렴하고 공정하면서도 吏治, 즉 吏務(行政實務)에 밝아 수
령의 직무를 수행할만한 사람들을 선발하여 등용하도록 명하고 있다.

① 金成俊, 앞의 글 181쪽.

-4) (恭愍王)八年 全以道請 監務縣令專任文士 舊制 監務縣令皆用登科士流 近世
專以諸司胥吏爲之 … 以白牒之任 其後軍功添設之官 與工商之賤 皆得爲之:
고려말기에는 정치적 사회적 혼란과 더불어 수령들이 貪汚한 데다가 豪强者
까지 불법을 자행함에 따라 특히 지방이 피폐해질대로 피폐해졌던 것 같다.
왕 8년 12월 당시 禮部侍郎(정4품)에 재임 중 慶尙道賑濟使가 되어 지방을 순
찰한 全以道가 그같은 상황을 살피고[『고려사』 권114, 열전 全以道傳·『고려사절요』
권27, 충렬왕 8년 12월], 그렇게 된 원인의 하나로 胥吏 출신들을 수령으로 삼게
되면서 그들 자신이 부정을 저지르는 데다가 또 직위가 7·8품으로 낮아서
지방세력들이 업신여기고 불법을 자행한 때문으로 파악한듯 생각된다. 그러
므로 백성들과 가장 가까운 위치에 있는 수령인 監務와 縣令을 본래의 옛
제도대로 과거에 급제한 양식있는 士流(士類)들을 그에 임명하도록 요청하였
던 것이다. 이중 감무는 지방사회의 변화와 더불어 흔들리는 백성들을 안정
시키기 위해 지방관이 없는 屬郡·屬縣에 睿宗 원년 이후 설치한 말단 수령
의 하나이며[1] 현령 역시 군현제의 최하 단위인 현의 8품 수령이었다[『고려사』
권77, 백관지 2 外職 諸縣].

국왕도 그 제안을 받아들여 현령·감무의 호칭을 安集別監으로 바꾸고(위와
같음), 품계도 5·6품으로 올림으로써 옛 폐단을 개혁하려 하였다. 그러나 안
집별감의 임명이 공식적인 과정을 밟아 발령하는 批目을 내리는게[5-1-11-2),
392쪽] 아니라 재상들이 천거하는 사람들에게 白牒을 주어 임지로 보내는 것
이어서 실효를 거두지 못했던 듯하다. 백첩의 뜻은 불분명하지마는, 口傳을
통한 임용과 유사하게 정식 임용장이 아닌 흰색의 어떤 임용 문서였던 듯싶
거니와, 그렇게 되다 보니 軍功으로 첨설직을 받은 사람이나[5-1-11-3), 393쪽]
심지어는 工匠·商人들까지 모두 얻어 안집별감이 되었다고 한 점으로 미루
어 그처럼 짐작되는 것이다.[2]

① 元昌愛,「高麗 中·後期 監務增置와 地方制度의 變遷」『청계사학』 1, 1984.
金東洙,「고려 중·후기의 監務 파견」『전남사학』 3, 1989.
金秉仁,「睿宗代 監務의 設置背景」『전남사학』 8, 1994.

② 金成俊,「高麗史 選擧 三, 譯註(三)」『大丘史學』19, 1981, 189~192쪽.

-5) (恭愍王)十一年五月 令省郞 薦六品以上可外任者: 국왕의 侍從臣으로서 그에 대한 諫言 등을 담당하고 있던 郞舍의 省郞(諫官)들에게[5-1-10-3], 386쪽] 6품 이 상관으로 외임(수령직)을 담당할만한 사람들을 천거토록 하고 있는 기사이다.

-6) (恭愍王十一年)十月 臺諫上言 田里休戚 在於守令 雖有臺諫政曹保擧之令 皆 徇面情 所薦至有不識字者 願自今 臨軒引見 核其名實 擧非其人 擧主必罰: 수 령의 천거에서 가장 문제가 되는 것은 顔面과 인정에 이끌리어 부적격자를 추천하는 사례였다. 국왕의 侍從臣이요 淸要職으로 알려진 臺諫[5-1-10-3], 386 쪽]과 인사담당 관서로서 역시 청요직이었던 政曹(吏曹와 兵曹)[5-3-6-1], 414쪽]가 保擧, 즉 보증·천거하였음에도 여전히 이같은 문제가 발생하였으며, 그 가운 데는 심지어 글자를 모르는 자까지 있었다. 이에 대간들은 자신들이 관련되 어 있는 사안임에도 上言하여 국왕이 직접 引見해 名實를 밝혀서 부적격자가 천거되었으면 그 擧主, 즉 천거인을 필히 벌주도록 건의하고 있는 것이다.
① 金成俊, 위의 글 192·193쪽.

-7) (恭愍王)十二年五月 敎曰 守令賢否 民之休戚係焉 今後僉議監察及六曹五品以 上 各擧所知 以備擢用 所擧非人 罪及擧主: 이 기사는 앞서 살핀 選法條 공민 왕 원년 3월[5-1-10-3], 386쪽]의 내용 일부와 매우 흡사하다. 거기에는 여러 천 거의 대상 가운데 여덟 번째로「백성을 사랑하고 절검을 닦기에 힘써 가히 수령이 될만한 자」가 포함되어 있고, 그 천거자, 즉 擧主로는「僉議·監察·提 學·外製 6품 이상」으로 되어 있으며, 천거한 사람이 타당치 않을 경우에 당 해인과 함께 擧主도 처벌하게 되어 있는 것이다. 양자간의 차이는 보다시피 거주에서 선법조의 제학·외제 대신에 이곳에는 6曹[5-2-7-1], 408쪽]로, 그리고 범위에서 선법조의 6품 이상이 이곳에서는 5품 이상으로 되어 있는 점 정도 이다. 이런 사실을 염두에 두고 볼 때 이곳의 기사는 첨의부 省郞중 정5품인 獻納부터 정3품인 常侍까지, 감찰사(어사대·사헌부)는 역시 정5품인 持平부터 정 3품인 監察大夫까지, 6조도 또한 정5품인 郞中부터 정3품인 判書까지에게 수 령의 천거권을 부여하고 그 결과에 대해 책임도 지우고 있는 것이라 하겠다.
① 金成俊, 위의 글 193쪽.

-8) (恭愍王)二十二年九月 命都堂 各擧才堪守令者數人: 중요 국정을 총괄하는 기 구인 도당(都評議使司)에 수령의 천거를 명하고 있는 기사이다.

原文 5-4-8. 辛禑元年二月敎 守令考績之法 以田野闢 戶口增 賦役均 詞訟簡 盜賊息 五事爲殿最 其遞任者必待新官交付 去任朝叅 十二月令宰相及六曹臺省 各擧才兼文武可爲守令者 四年十二月憲司上言 守令分憂重任 自古必選有名望 者 近因軍國事殷 安集不擇賢否 故侵漁病民者甚衆 請令臺諫擬議差遣 六年六

月諫官李崇仁等言 守令遷代大速 雖得其人 未見其効 請倣三載考績之法 滿三
年方許遞代 令按廉殿最以聞 如有政迹尤著者 不次擢用 八年二月令臺省及各司
擧可當外任者 九年三月憲司言 守令近民之職 不可不謹 近年奸佞貪暴之徒 付
托權勢 求爲守令 恣行不法 憑公營私 塗炭生民 州府郡縣日就彫弊 願自今 令
臺省六曹擧廉正寡欲純良勤儉者 分遣郡縣 使都巡問使按廉使黜陟賢否 以明賞
罰 如有謬擧 罪及擧主 黜陟不明 憲司糾(糾)理

5-4-8. 신우 원년 2월에 교敎하여, 수령의 고적법은 전야田野의 개간, 호구
의 증가, 부역의 균평均平, 사송詞訟의 간명, 도적의 지식止息 등 5사事로써
전최殿最를 삼고, 그 체임자는 반드시 신관新官에게 (문서가) 교부되기를 기
다렸다가 임지를 떠나 조참朝參하게 하였다.[1]

12월에 재상 및 6조와 대성臺省으로 하여금 각각 재능이 문무를 겸하
여 수령을 삼을만한 자를 천거하게 하였다.[2]

4년 12월에 헌사에서 상언上言하기를, "수령은 (임금의) 근심을 나누는
중임이므로 예로부터 반드시 명망이 있는 사람을 선임하였던 것인데, 근
래에 군국軍國의 일이 많은 때문에 안집安集의 어짐과 그렇지 않음을 가
리지 못한 까닭에 침탈하여 백성을 병들게하는 자가 심히 많습니다. 청
컨대 대간으로 하여금 논의토록 하여 파견하소서" 하였다.[3]

6년 6월에 간관 이숭인 등이 말하기를, "수령의 바뀜이 너무 빨라서
비록 적임자를 얻더라도 그 효과를 보지 못합니다. 청컨대 3재고적법을
본받아서 3년이 차야 바야흐로 교체를 허락하고, 안렴으로 하여금 전최
를 아뢰도록 하여 만약 정사政事의 실적이 더욱 현저한 사람은 차서次序
를 가리지 말고 탁용하소서" 하였다.[4]

8년 2월에 대성臺省 및 각 관서로 하여금 가히 외임外任을 감당할만한
사람을 천거하게 하였다.[5]

9년 3월에 헌사에서 말하기를, "수령은 백성을 가까이 하는 직책이므
로 삼가지 않을 수 없는데, 근년에 간녕奸佞(간사하고 아첨함)하고 탐포貪暴
(탐학하고 포악함)한 무리들이 권세에 부탁해 수령이 되기를 구하여 불법을
자행하고 공무를 빙자해 사리私利를 영위하므로 생민生民이 도탄에 빠져

주·부·군·현이 날로 피폐해지고 있습니다. 원컨대 지금부터는 대성臺省과 6조로 하여금 청렴·공정하고 욕심이 적으며 순량純良·근검한 사람을 천거케 하여 군현에 나누어 보내고, 도순문사와 안렴사로 하여금 현부賢否(어짐과 그렇지 못함)를 출척케 함으로써 상벌을 밝힐 것이며, 만약에 잘못 천거함이 있으면 죄가 거주擧主에게 미치게 하고, 출척이 분명치 못하면 헌사가 규리糾理하게 하소서" 하였다.[6]

註解 5-4-8-

-1) 辛禑元年二月敎 守令考績之法 以田野闢 戶口增 賦役均 詞訟簡 盜賊息 五事 爲殿最 其遞任者 必待新官交付 去任朝叅: 수령에 대한 考績法, 즉 考課法[5-3-1-1), 409쪽]으로, 그것은 田野의 개간과 호구의 증가 등등 다섯 분야를 중점적으로 살펴 殿最[5-3-2-1), 410쪽]를 매기도록 하고 있다. 아울러 舊官이 임기를 마치고 遞代될 때는 문서와 전곡 등에 대한 契券을 新官에게 교부하고[5-3-6-1), 414쪽] 임지를 떠나 朝叅에 참석하도록 하고도 있다. 5-3-6-1), 414쪽의 기사가 주로 새로이 부임하는 신관에 대한 것이라면 이번 것은 물러나는 구관에 관한 것인 셈인데, 이때의 조참은 본래 旬日의 조회에 참석하여 임금에게 문안을 드리고 政事를 아뢰는 일을 말하지만, 이번 경우는 벼슬을 그만둔 관원이 궁궐에 나아가 謝恩肅拜한 것을 일컬은 것이다.
  ① 金成俊,「高麗史 選擧 三, 譯註(三)」『大丘史學』 19, 1981, 194쪽.
-2) (禑王元年)十二月 令宰相及六曹臺省 各擧才兼文武 可爲守令者: 앞서 살핀 薦擧制 禑王 14년 정월조[5-2-7-1), 408쪽]와 유사한 기사이다.
-3) (禑王)四年十二月 憲司上言 守令分憂重任 自古必選有名望者 近因軍國事殷 安集不擇賢否 故侵漁病民者甚衆 請令臺諫擬議差遣: 近民職인 安集別監, 즉 縣令[『고려사』 권77, 백관지 2 外職 諸縣] 등 수령들의 직무가 중요함에도 불구하고 오히려 이들이 백성을 침탈하는 상황에 즈음하여 憲司(사헌부·어사대)에서 저들 선임에 좀더 유의해 侍從臣이요 淸要職으로 알려진 臺諫[5-1-10-3), 386쪽]들의 논의를 거쳐 파견할 것을 건의하고 있다.
-4) (禑王)六年六月 諫官李崇仁等言 守令遞代大速 雖得其人 未見其效 請倣三載 考績之法 滿三年 方許遞代 令按廉殿最以聞 如有政迹尤著者 不次擢用: 諫官의 일원인 司議大夫(종3품)로 재직중인 李崇仁[『고려사』 권115, 열전 李崇仁傳]이 동료들과 함께 당시의 여러 현안에 대한 상소의 일부이다. 그 하나인 인사에 관한 대목은 이미 앞서 살핀바 있거니와[5-1-11-3), 393쪽], 이곳의 내용은 수령의 교체가 너무 잦아 제대로 일을 보지 못할 형편이므로 원래의 규정대

로 3載考績法을 지키도록 하자고 건의하고 있는 것이다. 고려 때 관원들의 임기는 京·外官을 막론하고 3년이었다.[①] 그리하여 이 기간의 考課(考績)를 道의 장관인 按廉使(전기의 按察使)에게 맡겨 殿最[5-3-2-1), 410쪽]를 보고토록 하고, 그 결과 성적이 뛰어난 사람은 次序를 기다리지 말고 발탁·등용할 것도 上言하고 있다.

① 朴龍雲, 「高麗時代 官員의 陞黜과 考課」『역사학보』 145, 1995 ;『高麗時代 官階·官職 研究』, 고려대출판부, 1997, 125~130쪽.

-5) (禑王)八年二月 令臺省及各司 擧可當外任者: 역시 臺省의 관원인 臺諫 [5-1-11-3), 393쪽]과 함께 각 관서에서 수령직을 감당할만한 사람을 천거토록 하고 있다.

-6) (禑王)九年三月 憲司言 守令近民之職 不可不謹 近年奸佞貪暴之徒 付托權勢 求爲守令 恣行不法 … 如有謬擧 罪及擧主 黜陟不明 憲司糾(糾)理: 역시 憲司 [위의 3)항]에서 수령들이 비리·불법을 자행함에 따라 백성들이 도탄에 빠지고 있음을 지적하면서, 臺省과 6曹[5-2-7-1), 408쪽 및 위의 2)항]로 하여금 청렴·근검한 사람들을 천거케 하여 군·현에 보낼 것을 건의하고 있다. 이와 동시에 저들 수령의 賢否를 道의 장관인 按廉使[위의 4)항]와 역시 도에 파견되어 주로 군사관계를 관장하던 都巡問使들도[①] 고찰하여 黜陟토록 하고 아울러 만약 천거에 잘못이 있으면 擧主에게 책임을 물을 것과, 출척이 선명치 않을 경우 헌사에게 糾理토록 할 것 등도 上言하고 있다.[②]

①『高麗史』권77, 百官志 2 外職 節制使, 巡問使·朴龍雲,『高麗史 百官志 譯註』, 신서원, 2009, 690~692쪽.

② 金成俊, 앞의 글 195~197쪽.

[原文] 5-4-9. 辛昌卽位之年六月 令都評議使司臺省六曹 各擧所知 務得公廉有才幹者 以委外任 仰都巡問按廉使 嚴加考覈 以憑黜陟 其貪汚不材者痛行懲罰 八月趙浚言 近日所除守令 頗有士林所不知者 願自今 非經各司顯秩有名望者 非歷試中外有聲績者 不許除授 監務縣令 職又近民 近世仕出多門 人恥爲之 乃以府史胥吏除之 使不學墻面之輩 以毒其民 願以臺諫六曹所擧有材幹者差遣 陞階叅官 使與州牧同批 以重其任 安集一切罷之 是月 令臺諫六曹擧堪爲守令者 又復以士人爲縣令監務 自禑時 權奸秉政 競用私人 隨喜怒 以爲黜陟 或一年三四易 諸州縣安集 例多不識字者 奪人田民 納之權門 至養權臣馬牛鷹犬 求媚媒進 貪殘之禍 甚於胥吏 至是 始用士流

5-4-9. 신창 즉위년 6월에 도평의사사와 대성·6조로 하여금 각각 아는

바를 천거케 하였는데, 힘써 공평하고 청렴하며 재간이 있는 자를 얻어 외임을 맡기도록 하였고, 도순문사와 안렴사에게는 엄격하게 고핵을 가하여 출척에 증빙토록 하였으며, 그 탐오하여 적재適材가 아닌 자는 통렬히 징벌하도록 하였다.[1]

8월에 조준이 말하기를, "근일近日에 제수한바 수령에는 자못 사람이 알지 못하는 자가 있으니, 원컨대 지금부터는 각 관서의 현질顯秩을 거쳐 명망이 있는 자가 아니거나 내외를 역임하는 시험에서 명성과 공적이 있는 자가 아니면 제수하지 마십시요. 감무와 현령은 직무가 또한 백성을 가까이 하는 것인데 근세에 벼슬이 여러 갈래에서 나와 사람들이 그것 하기를 수치스럽게 여기므로 이에 부사府史·서리로써 제수함에, 배우지 못하여 벽에 얼굴을 맞댄 것 같은 무리들로 하여금 그 백성들에게 해독을 끼치게 하고 있습니다. 원컨대 대간과 6조가 천거한바 재간이 있는 자들을 파견하되, 품계를 참질로 올려 주목州牧과 더불어 비목批目을 같이 하여 그 직임을 중하게 하고, 안집安集은 일체 혁파하소서" 하였다.[2]

이 달에 대간과 6조로 하여금 수령을 감당할만한 사람들을 천거케 하고, 또 다시 사인士人을 현령과 감무로 삼도록 하였다. 우왕 때로부터 권간權奸이 정권을 잡고는 다투어 사인私人을 등용하고 희노喜怒에 따라 출척하여 혹 1년에 서·너번 바꾸기도 하였다. 여러 주현의 안집은 글자조차 알지 못하는 예가 많았는데 남의 토지와 예민隷民을 빼앗아 권문에 바치고, 권신의 말·소·매·개를 길러 아첨하여 승진의 매개로 삼기에 이르러서, 탐오·잔포殘暴의 화禍가 서리보다 심하였으므로, 이에 이르러 비로소 사류士流를 서용敍用하게된 것이다.[3]

註解 5-4-9-

-1) 辛昌卽位之年六月 令都評議使司臺省六曹 各擧所知 務得公廉有才幹者 以委外任 仰都巡問按廉使 嚴加考覈 以憑黜陟 其貪汚不材者 痛行懲罰: 도평의사사(都堂)[5-1-13-5), 399쪽 및 5-4-7-8), 424쪽)와 臺省·6曹[5-2-7-1), 408쪽 및 5-4-8-2), 426쪽]로 하여금 수령직을 수행하기에 합당한 사람들을 천거토록 하고, 都巡問使와 按廉使[5-4-8-6), 427쪽]에게는 이들에 대한 考覈을 맡겨 黜陟토록 하고 있다.

-2) (昌王卽位年)八月 趙浚言 近日所除守令 頗有士林所不知者 願自今 非經各司
顯秩有名望者 … 陞階叅官 使與州牧同批 以重其任 安集一切罷之: 李成桂派의
실세중 한 사람으로 당시 재상으로서 大司憲(정3품)을 겸하고 있던 趙浚[『고
려사』 권118, 열전 趙浚傳]이 수령의 임명에 대해 건의하고 있다. 그 하나가 내외
의 여러 관직을 두루 거쳐서 자질이 입증된 사람들을 파견하자는 것이었다.
　그리고 다른 하나는 監務와 縣令의 경우 특히 백성들과 가까이 하는 직위
로서 선발에 유의해야 하는데 현실은 그렇지 않아서 글자조차 제대로 알지
못하는 府史·서리[5-1-12-1), 394쪽 및 5-1-13-5), 399쪽]를 임명함으로써 그들이 백
성에게 해독을 끼치고 있다고 지적하고 있다. 그러므로 臺諫과 6曹[5-2-7-1),
408쪽 및 5-4-8-2), 426쪽]가 천거하는 능력있는 사람들을 파견토록 하는데, 품계
도 대체적으로 6품 이상인 叅秩[5-1-3-1), 368쪽]로 올리고 상급 지방행정단위
의 하나로 중요한 위치에 있던 州牧[『고려사』 권77, 백관지 2 外職 諸牧] 등과 같이
정식 임명절차를 밟아 발령하는 批目을 내리도록[5-1-11-2), 392쪽 및 5-4-7-4),
423쪽] 하는 대신에 安集別監[『고려사』 권77, 백관지 2 外職 諸縣]은 혁파할 것을
주청하고 있는 것이다. 공민왕 8년에 현령·감무의 호칭을 안집별감으로 바
꾸고 품계도 5·6품으로 올려 옛 폐단을 개혁하려 시도했으나 그들 임명이
비목의 형식을 취한게 아니라 口傳 임용했다가 添設官과 賤視되는 工匠·상
인 출신들까지 마구 진출하는 바람에 개혁이 실패로 돌아간 사실을[5-4-7-4),
423쪽] 염두에 둔 건의로 짐작된다.
　① 朴龍雲, 『高麗史 百官志 譯註』, 신서원, 2009, 722·723쪽.
　② 金成俊, 「高麗史 選擧 三, 譯註(三)」 『大丘史學』 19, 1981, 197~199쪽.
-3) (昌王卽位年八月) 是月 令臺諫六曹擧堪爲守令者 又復以士人爲縣令監務 自禑
時 權奸秉政 … 貪殘之禍 甚於胥吏 至是 始用土流: 바로 윗 대목에서 소개한
조준의 건의를 좇아 곧장 대간과 6曹로 하여금 수령을 감당할만한 인물을
천거토록 하고, 아울러 士人을 현령과 감무로 삼도록 조처한 사실을 전하는
기사이다. 특히 이중 후자 역시 공민왕 8년에 시행토록 하였으나 실패로 돌
아가고[5-4-7-4), 423쪽] 그로 인한 폐단은 禑王朝에 접어들어 한층 심화된 사
실을 전하고 있거니와, 이에 다시 土流를 현령과 감무에 敍用토록 조처하고
있는 것이다.
　① 金成俊, 위의 글 199·200쪽.

原文 5-4-10. 恭讓王二年十二月憲司上言 守令遞任頻數 雖有才能 未布政令 民
未受惠 且送舊迎新 其弊不貲 願自今 三年已滿有聲績者 擢授京官 不勝其任者
貶黜 以勵士風

5-4-10. 공양왕 2년 12월에 헌사에서 상언하기를, "수령의 체임이 빈번하여 비록 재능이 있더라도 정령政令을 펴지 못하여 백성들이 혜택을 받지 못하고, 또 구관舊官을 보내고 신관新官을 맞이함에 그 폐단이 적지 않습니다. 원컨대 지금부터는 3년이 이미 차고 명성과 공적이 있는 자는 발탁하여 경관京官을 제수할 것이며, 그 직임을 다하지 못하는 자는 폄출貶黜하여 사풍士風을 장려하소서" 하였다.[1]

註解 5-4-10-

-1) 恭讓王二年十二月 憲司上言 守令遞任頻數 雖有才能 未布政令 民未受惠 且送舊迎新 其弊不貲 願自今 三年已滿有聲績者 擢授京官 不勝其任者貶黜 以勵士風: 우왕 6년에 諫官인 李崇仁 등의 상소와 거의 같은 내용이다[5-4-8-4], 426쪽]. 이 역시 수령들을 자주 교체하지 말고 3년의 임기를 채우도록 할 것을 건의하고 있는 것이다. 다만 이번에는 주청자가 간관이 아니라 헌사(御史臺·司憲府)의 臺官[5-4-8-3), 426쪽]이고 聲績이 있는 사람의 발탁뿐 아니라 자신의 직무를 제대로 수행하지 못하는 자는 貶黜시킬 것을 아울러 건의하고 있는 점 등에서 얼마간의 차이가 나고 있는 정도이다.

5-5. 감사의 선용監司選用

原文 5-5-1. 凡選用監司 文宗十年八月 諸州牧刺史通判縣令尉及長吏 政績勤慢 淸濁 百姓貧富苦樂 遣使按撿

5-5-1. 무릇 감사의 선용은,[1] 문종 10년 8월에 여러 주목州牧·자사刺史·통판通判·현령縣令·위尉 및 장리長吏에 대한 정적政績(정사 실적)의 근만·청탁과 백성의 빈부·고락을 사절을 보내 안검按撿하게 하였다.[2]

註解 5-5-1-

-1) 凡選用監司: 監司는 일반적으로 조선시대 道의 장관인 觀察使의 별칭으로 알려져 있다. 하지만 그의 연원을 거슬러 올라가면 고려 때 도의 장관인 按察使에까지 미치게 된다. 이 안찰사가 뒤에 按廉使로 호칭이 바뀌며, 다시

창왕 즉위년(1388) 8월에 이르러 그들의 직임이 중대한데 비해 품질이 낮다
하여 宰府와 樞府, 즉 兩府의 재상들로 임명하고 그 명칭 역시 都觀察黜陟使
로 고쳐지게 된다. 이 명칭이 다음 해에는 줄여서 觀察使로도 불리었음이 확
인되거니와[『고려사』 권77, 백관지 2 外職 按廉使], 감사도 도관찰출척사의 사용과
더불어 쓰이기 시작하지 않았을까 짐작되나 더 이상의 자세한 내용은 잘 알
수가 없다. 이곳 「選用監司」條는 이들 안찰사(안렴사·도관찰출척사)의 등용
([5-4-1-1], 416쪽)과 그들 업무인 州縣 수령에 대한 감찰 및 道의 장관으로서의
직무, 그리고 그와 유사한 위치에 있던 察訪使·存撫使 등의 활동을 다룬 항
목이다.

① 邊太燮, 「高麗按察使考」 『歷史學報』 40, 1968 ; 『고려정치제도사연구』, 일조
　　각, 1971.

② 金成俊, 「高麗史 選擧 三, 譯註(三)」 『大丘史學』 19, 1981, 200쪽.

-2) 文宗十年八月 諸州牧·刺史·通判·縣令·尉 及長吏 政績勤慢淸濁 百姓貧富苦
樂 遣使按撫: 문종 10년에 여러 수령과 향리들이 직무를 수행함에 있어서의
勤慢·淸濁과 백성들의 빈부·고락을 살피기 위해 견사했다는 그 사절이 어떤
칭호를 띤 관원이었는지는 잘 알 수가 없다. 아마 후대의 按察使와 유사한
위치에 있는 어느 직위였을 것이다.

　　여기에서 감찰의 대상이 된 州牧은 牧의 책임자로서 뒤에 牧使(3품 이상)로
명칭이 바뀌는 외관이며,① 刺史는 성종 14년(995)에 12州牧制가 12軍節度使
制로 바뀌면서 그 예하에 都團練使·團練使와 함께 州·府에 둔 외관직 가운
데 하나였다가 목종 8년(1005)에 역시 도단련사 등과 더불어 혁파되는 직위
인데,② 이때에 다시 나오고 있어 문제가 없지 않지마는 그것은 아마 실존한
자사가 아니라 관습적으로 통용되어온 명칭이어서 언급된게 아닐까 보고 있
기도 하다.③

　　다음 通判은 외관의 屬官 가운데 하나로 기록상으로는 예종 11년(1116)에
이르러 判官(6품 이상)이 그처럼 개칭되었다고 하는데 역시 문종 10년의 기사
에 언급되고 있어 약간의 문제가 될 듯싶다.④ 이어지는 縣令(7품 이상)·縣尉(8
품)는 현의 정·부책임자이고,⑤ 長吏는 곧 향리를 말한다[5-4-3-1), 418쪽].

① 『高麗史』 권77, 百官志 2 外職 諸牧·朴龍雲, 『高麗史 百官志 譯註』, 신서원,
　　2009, 722·723쪽.

② 『高麗史』 권77, 百官志 2 外職 團練使, 都團練使, 刺史·朴龍雲, 『高麗史 百官
　　志 譯註』, 신서원, 2009, 717·718쪽.

③ 金成俊, 위의 글 201쪽.

④ 『高麗史』 권77, 百官志 2 外職 大都護府·朴龍雲, 『高麗史 百官志 譯註』, 신서
　　원, 2009, 702·721쪽.

　　金成俊, 위의 글 201·202쪽.

朴宗基,「高麗時代 外官 屬官制 硏究」『진단학보』74, 1992 ;『高麗의 地方社
　　會』, 푸른역사, 2002.
　⑤『高麗史』권77, 百官志 2 外職 諸縣·朴龍雲,『高麗史 百官志 譯註』, 신서원,
　　2009, 729·730쪽.

原文 5-5-2. 仁宗五年三月 詔曰 遣使郡國 廉察刺史縣令賢否 以褒貶之

5-5-2. 인종 5년 3월에 조詔하여 이르기를, "사절을 군국郡國에 보내 자사
와 현령의 어짐과 그렇지 못함을 자세히 살펴 포폄(褒奬·폄출貶黜)토록 하
라" 하였다.[1]

　　註解 5-5-2-

　-1) 仁宗五年三月 詔曰 遣使郡國 廉察刺史縣令賢否 以褒貶之: 이 조목은 인종이
　　　바로 전 해에 일어났던 이른바 李資謙의 난을 수습한 후 西京에 행차하여
　　　국가의 면모를 일신시키고자 발표한 惟新令 15조 가운데 제2조이다『고려사
　　　절요』권9, 인종 5년 3월][5-2-2-1), 405쪽]. 이같은 일이 있게된 데에는 鄭知常과
　　　妙淸·白壽翰 등 서경세력의 역할이 한 몫을 하였거니와, 당시 이들이 稱帝
　　　建元을 주창한 것은 잘 알려진 사실이다. 이 항목 가운데 지방을 가리켜 중
　　　국 漢나라에서 황제의 직속지를 '郡'이라 하고 諸侯의 영지를 '國'이라 했던
　　　것처럼 고려에서도 '郡國'이라 표현한 것은 아마 그와 일정한 관련이 있지
　　　않나 짐작된다. 염찰의 대상이 된 자사와 현령에 대해서는 바로 윗 대목에
　　　서[5-5-1-2), 431쪽] 설명한 바와 같다.

原文 5-5-3. 明宗十一年九月 以往年察訪使黜陟 多有乖戾 其被黜官吏 依舊敍
用 國制 重外寄 遣按察使 巡察州縣 問民疾苦 以春秋更代 而又間發察訪使 黜
陟幽明 自仁宗壬戌以後 不遣察訪 唯委按察 爲按察者 但循故常 不能彈擧 故
官吏略無畏忌 務爲侵漁 流亡相繼 庚癸之後 政令益苛 民生愈困 歲戊戌 宰相
宋有仁李光挺等建議奏 發十道察訪使 俾往升黜 坐贓落職者九百九十餘人 至是
原之 十八年三月因宰樞所奏 下制曰 百姓乃國家根本 朕欲其安土樂業 故遣朝
臣 分憂宣化 近聞 守令因公事不急之務 侵漁勞擾 民不堪弊 流移逃散 轉于溝
壑 朕甚愍之 其令兩界兵馬使五道按察使 巡察吏理 期於蠲實 各官員吏廉貪勤
怠 精究巡問 小有割民受贈 憑公自利 遍問驗實 以罪貶奏 其有淸白守節 興利
除害 獄訟平決者 以功褒奏

5-5-3. 명종 11년 9월에, 지난 해에 찰방사가 출척한 것에 많은 어긋남이 있어서 그 폄출당한 관리를 예전(직)대로 서용하였다. 나라의 제도에 외직을 중히 여겨 안찰사를 파견해 주현을 순찰하면서 백성들의 질고疾苦를 묻게하였는데 춘·추로 교대시켰으며, 또 사이사이에 찰방사를 보내 유명(어두운 것 - 악정과, 밝은 것 - 선정)을 출척토록 하였었다. (그런데) 인종 임술년(20년 ; 1142) 이후로부터 찰방을 파견하지 않고 오직 안찰에게 맡겼더니, 안찰이 된 자가 옛 관례만을 따라 능히 탄핵하여 들춰내지 못하므로 관리들이 조금도 두려워하거나 거리낌이 없이 힘써 침탈함에 유망流亡이 서로 잇달았다. 경계庚癸 이후로 정령政令이 더욱 가혹해져서 민생이 한층 곤궁해지자 재상인 송유인과 이광정 등이 건의하고 아뢰어서 10도에 찰방사를 보내기로 하여, 가서 승출升黜토록 함에 장죄贓罪에 걸려 파면된 자가 990여명이었는데, 이에 이르러 사유赦宥한 것이었다.[1]

18년 3월에 재추소가 아뢴바에 의하여 제制를 내려 이르기를, "백성은 국가의 근본이므로 그 땅에서 편안히 살며 업業을 즐겁게 하도록 하고자 한 때문에 조신朝臣을 보내 (임금의) 근심을 나누고 교화를 베풀게 하였다. (한데) 근자에 듣건대 수령들이 공사公事이긴 하나 급하지 않은 일로 인하여 침탈하고 수고롭게 함에 백성들이 폐해를 견디지 못하고 유리·도산逃散해 구렁텅이에 딩군다 하니 짐이 심히 민망스럽게 여긴다. 그 양계 병마사와 5도 안찰사는 관리들의 다스림을 순찰하여 기필코 실상을 조사토록 하고, 각 관서 원리員吏들의 염탐(청렴과 탐오貪汚)·근태(부지런함과 태만함)를 정밀하게 살피고 두루 신문訊問하며, 조금이라도 백성들을 해롭게 하여 증여를 받거나 공무를 빙자해 자기의 이익을 차렸는가를 두루 묻고 실상을 살펴서 죄로써 폄출貶黜할 것을 아뢸 것이며, 그 청백(청렴 결백)·수절守節하고, 흥리興利(이로운 일을 일으킴)·제해除害(해로운 일을 없앰)하며, 옥송獄訟을 공평하게 판결한 사람들은 공으로써 포상할 것을 아뢰도록 하라" 하였다.[2]

註解 5-5-3-

-1) 明宗十一年九月 以往年察訪使黜陟 多有乖戾 其被黜官吏 依舊敍用 國制 重
外寄 遣按察使 … 發十道察訪使 俾往升黜 坐贓落職者九百九十餘人 至是原
之: 안찰사를 장관으로 하는 5도제가 성립하는 것은 예종 내지 인종조에 이
르러서의 일로 확인되고 있다.[①] 하지만 이 이전에도 그와 동일한 명칭을 띤
관원이 지방에 파견되어 백성들의 疾苦를 살피는 등의 업무를 수행하는 기
사는 눈에 띄며,[②] 또 察訪使처럼 유사한 역할을 맡은 관원들의 활동도[③] 적
지 않게 보인다. 이러한 사실은 이곳 선거지의 기사에서 다시 확인이 되고
있는 셈인데, 그와 같은 상황이 인종 20년에 접어들어 5道按察使制가 제자
리를 잡음에 따라 지방의 巡按도 주로 이들에게 맡겨지면서 찰방사는 파견
되지 않게 된 것 같다. 한데 그렇게 되자 곧바로 문제가 발생하였다. 안찰사
들이 수령에 대한 감찰 업무를 제대로 해내지 못하여 백성들의 생활이 어려
워져 갔던 것이다. 그리고 이같은 상황은 庚寅·癸巳의 난, 즉 무신란[5-4-6-1),
420쪽] 이후 한층 심하여졌다. 이에 명종 8년 당시 武人執政인 정중부의 사
위로서 僕射(정2품)였던 宋有仁[『고려사』권128, 叛逆列傳 정중부 附 송유인]과 역시
실세중 한 사람으로 樞密院使(종2품)였던 李光挺[위와 같은 곳, 李光挺]이 건의하
여 다시 10도에 찰방사를 파견하게 되었던 것이다.

이번에 새로이 찰방사를 10도에 파견한 사실은 『고려사』권19, 世家 명종
8년 春正月條에 자세하다. 즉 工部郞中인 崔詵을 興化道에, 刑部員外郎 崔孝
著를 雲中道, 閤門祗候 林惟謙을 朔方道, 장군 宋君秀는 全羅州道, 起居注
皇甫倬은 春州道 등 각기 10도에 나누어 보내 백성들의 질고를 묻고 관리
및 使命을 받들고 나갔던 사람들의 殿最를 논하여 출척토록 하고 있는 것이
다. 여기에서 10도는 안찰사 파견의 道와 더불어 좀더 세분된 道도 있었음
을 알 수 있거니와, 그 결과에 대해서는 이곳 선거지의 것과 거의 같은 내용
이 『고려사』권20, 세가 명종 11년 9월조에 실려 있다.[④]

① 邊太燮, 「高麗按察使考」 『歷史學報』 40, 1968 ; 『고려정치제도사연구』, 일조
각, 1971.
② 『高麗史』 권77, 百官志 2 外職 按察使·朴龍雲, 『高麗史 百官志 譯註』, 신서원,
2009, 672~677쪽.
金成俊, 「高麗史 選擧 三, 譯註(三)」 『大丘史學』 19, 1981, 203쪽.
③ 김아네스, 「高麗時代의 察訪使」 『한국사연구』 82, 1993.
『高麗史』 권77, 百官志 2 外職 察訪使·朴龍雲, 『高麗史 百官志 譯註』, 신서원,
2009, 685·686쪽.
④ 金成俊, 위의 글 203~205쪽.

-2) (明宗)十八年三月 因宰樞所奏 下制曰 百姓乃國家根本 朕欲其安土樂業 故遣

朝臣 … 遍問驗實 以罪貶奏 其有淸白守節 興利除害 獄訟平決者 以功褒奏:
이번에는 宰樞所, 즉 都堂이① 건의함에 따라 왕명으로 지방의 상급행정단위
인 兩界(西北界·東北界)와 5道(楊廣道·慶尙道·全羅道·西海道·交州道)의 장관들, 즉 兵馬
使와② 按察使들로③ 하여금 수령들이 민정에 대한 업무를 제대로 수행하고
있는가를 조사해 貶黜할 자와 褒賞할 자를 가려서 아뢰도록 지시하고 있다.

① 邊太燮,「高麗都堂考」『歷史敎育』11·12 합집, 1969 ;『고려정치제도사연구』,
　일조각, 1971.
② 金南奎,「高麗 兩界兵馬使에 대하여」『李弘稙回甲紀念 韓國史學論叢』, 신구문
　화사, 1969 ;『高麗兩界地方史硏究』, 새문사, 1989.
　邊太燮,「高麗兩界의 支配組織」『고려정치제도사연구』, 일조각, 1971.
③ 河炫綱,「高麗地方制度의 一硏究(上)(下)－道制를 中心으로－」『史學硏究』13·
　14, 1962 ;『高麗地方制度의 硏究』, 한국연구원, 1977.
　邊太燮,「高麗按察使考」『歷史學報』40, 1968 ; 위의 저서.
　박종진,「고려시기 안찰사의 기능과 위상」『동방학지』122, 2003.

原文 5-5-4. 恭愍王五年六月 敎曰 存撫按廉州縣官 所以分憂共治者也 存撫按
廉 憑公營私 以害吾民 及罷軟不事事者 都評議司監察司聞奏黜削 州縣官員不
能其任 存撫按廉體察料理

5-5-4. 공민왕 5년 6월에 교敎하여 이르기를, "존무와 안렴·주현관은 (임
금의) 근심을 나누어 함께 다스리는 사람들이다. (한데) 존무·안렴으로 공
무를 빙자해 사사로움을 영위하여 나의 백성을 해롭게 하는 자 및 느른
하고 연약하여 일을 일같이 하지 못하는 자는 도평의사와 감찰사에서 아
뢴 뒤에 내치고, 주현의 관원으로 그 직임을 다하지 못하는 자는 존무·
안렴이 자세히 고찰하고 두루 살펴서 다스리라" 하였다.[1]

註解 5-5-4-
-1) 恭愍王五年六月 敎曰 存撫按廉州縣官 所以分憂共治者也 存撫按廉 憑公營私
　… 州縣官員不能其任 存撫按廉體察料理: 존무사는 安撫使와 유사하게 백성
　의 疾苦를 묻고 수령들의 殿最를 살피는 일 등을 담당한 관원이었고,① 按廉
　使는 道의 장관으로서 역시 그같은 업무를 수행하는 관원이었으며[5-5-1-1),
　430쪽 및 5-5-3-1)·2), 434쪽], 주현관은 수령으로서 모두가 국왕을 대신하여 지
　방을 다스리는 위치에 있었다. 한데 이들 가운데에서 상급의 존무사와 안렴
　사가 私利를 도모하거나 업무를 제대로 처리하지 못하는 경우 국정을 총괄

하던 최고정무기관인 都評議使司[5-1-13-5), 399쪽]와 감찰기관인 감찰사(어사대·
사헌부)에서 보고한 뒤에 내치고, 그 아래의 수령들이 직임을 다하지 못하는
경우는 존무사와 안렴사가 조사하여 다스리도록 조처하고 있다.

   ① 金成俊,「高麗史 選擧 三, 譯註(三)」『大丘史學』 19, 1981, 207쪽.
      『高麗史』권77, 百官志 2 外職 安撫使·朴龍雲,『高麗史 百官志 譯註』, 신서원,
      2009, 672쪽.

[原文] 5-5-5. 辛禑四年十二月憲司上言 各道按廉 軍國重事·民生疾苦·守令得失·
刑獄爭訟 皆委統察 所任至重 今六朔更代 故凡行公事未畢見遞 以至廢弛 且一
年兩度送迎有弊 願自今 滿一歲 方許遞代 十三年十一月令諸道按廉使 考將帥
能否殿最 月季報都堂

5-5-5. 신우 4년 12월에 헌사에서 상언上言하기를, "각 도의 안렴은 군국
의 중대사와 민생의 질고疾苦·수령의 득실得失·형옥의 쟁송爭訟을 모두 맡
아 통찰統察하므로 소임이 지극히 중한데도, 지금 6개월만에 교대하는 까
닭으로 무릇 공사公事를 행하여 마치지도 못해 체임遞任을 당하므로 폐이
廢弛되고 있으며, 또 1년에 두 차례 보내고 맞이하는 폐단도 있으니, 원
컨대 지금부터는 1년이 차면 바야흐로 체대遞代를 허락하소서" 하였다.[1]
   13년 11월에 여러 도의 안렴사로 하여금 장수의 능부能否와 전최殿最(우
열優劣)을 월말에 도당에 보고토록 하였다.[2]

註解 5-5-5-

-1) 辛禑四年十二月 憲司上言 各道按廉 軍國重事·民生疾苦·守令得失·刑獄爭訟
   皆委統察 所任至重 … 願自今 滿一歲 方許遞代: 道의 장관인 안렴사(전기의
   안찰사)[5-5-1-1), 430쪽]의 직무를 잘 설명해주는 기사이다. 그처럼 한 지역을
   맡아 統察하는 중임에도 불구하고 임기가 6개월이라는 짧은 기간이어서 제
   대로 업무를 볼 수 없을 뿐더러 新·舊官의 迎送에도 폐단이 많으니 임기를
   1년으로 늘리자고 헌사(어사대·사헌부)가 건의하고 있는 것이다. 이같은 건의
   는 그 이듬해에 그대로 시행이 된다.
     ① 邊太燮,「高麗按察使考」『歷史學報』 40, 1968 ;『고려정치제도사연구』, 일조
       각, 1971.
     ② 박종진,「고려시기 안찰사의 기능과 위상」『동방학지』 122, 2003.
-2) (禑王)十三年十一月 令諸道按廉使 考將帥能否殿最 月季報都堂: 道의 장관인

안렴사(전기의 안찰사)[5-5-1-1], 430쪽]는 자신의 행정구획 내 군인들에 대한 지휘 통제권도 지니고 있었던 관계로, 그들에게 장수의 能否와 殿最를 月末마다 국정의 최고정무기관인 都堂[5-1-13-5], 399쪽]에 보고토록 하고 있다.

① 李基白,「高麗州縣軍考」『歷史學報』29, 1965 ;『고려병제사연구』, 일조각, 1968.

② 邊太燮,「高麗按察使考」『歷史學報』40, 1968 ;『고려정치제도사연구』, 일조각, 1971.

③ 권영국,「고려전기 州縣軍의 동원과 지휘」『사학연구』64, 2001.

原文 5-5-6. 辛昌卽位之年七月趙浚言 按廉之職 國初節度使也 摠攝軍民 專制方面 守令奉職 而民安其業 方鎭懾服 而戰守必力事 權歸一 人無異望 至今號爲一方統察 今賊破州郡 而方鎭無所畏憚 擁兵養威 坐視而不戰 賊勢日益張 守令自恣 公行賄賂 流連聲色 百姓塗炭 而不之恤 爲按廉者 區區於簿書錢穀之間 而未能嚴於黜陟賞罰之典 以振起軍民之政者 無他 知官皆正順奉順之員 方鎭·府尹·州牧·都護亦兩府之大臣 奉翊之達官 故按廉不以王人大體爲念 反以秩卑小節爲嫌 紀綱不振 願法祖宗 遣兩府之成憲 體書室遣大臣之故事 擇兩府有廉威明幹四善者 爲都按廉黜陟大使 以田野闢 戶口增 詞訟簡 賦役均 學校興 巡察州郡而黜陟之 以號令嚴 器械精 兵卒鍊 屯田修 海寇息 巡臨方鎭而賞罰之 而軍官敗績 沒一州郡 守令貪汚 招納賄賂者斬 次罪罷職論罪 次罪論罰行公 以振紀綱 守令三年遞任 不被都按廉譴責者 卽除京職 其都按廉使許令臺諫薦擧 俟依貼出 乃遣之 自元帥以下皆郊迎 呈叅不許坐 雖以五六品爲廉使者 一年相遞之期 黜陟考課之法 與都按廉同 更相迭遣 不爲常例 都按廉不能黜陟州郡方鎭者 司憲府申聞 罷職痛理 八月諸道都觀察黜陟使 皆用臺諫之薦

5-5-6. 신창 즉위년 7월에 조준이 말하기를, "안렴의 직은 국초의 절도사로서[1] 군민을 총섭摠攝하고 한 방면(지역)을 전제專制하였으므로 수령이 직무를 받듦에 백성들은 그 업業을 편안히 하고, 방진方鎭은 두려운 마음으로 복종하여 싸워 지키기를 반드시 힘껏하여 권한이 한 곳으로 돌아감에 사람들이 다른 야망을 가지지 않았으므로 지금에 이르도록 일컬어 일방一方의 통찰統察이라고 하였습니다. (한데) 지금 적들이 주군을 파괴하여도 방진이 두렵거나 꺼려함이 없이 군대를 끼고 위엄만 기르면서 앉아 보기만 하고 싸우지 않으니 적세賊勢가 날로 성하며, 수령은 스스로 방자하여

공공연하게 뇌물을 행하고 성색聲色에 빠져서 백성들이 도탄에 있더라도 구휼하지 않는데, 안렴이 된 자는 문서와 전곡錢穀 사이의 자질구레한 것에 매달려 능히 출척과 상벌의 법을 엄하게 하여 군민軍民의 정사政事를 떨쳐 일으키는 자가 없음은 다름이 아니라 벼슬을 맡은 관원(지관知官)들이 모두 정순·봉순의 관원들이고 방진·부윤·주목·도호들도 역시 양부의 대신이요 봉익의 달관達官이므로, 안렴이 왕인王人(왕명을 받드는 사람 또는 국왕의 걱정을 나누는 사람)이라는 큰 근본(큰 본체)은 생각지 않고 도리어 품질品秩이 낮다는 소절小節(작은 예절·법도)을 꺼려서 기강을 떨치지 못하는 것입니다. 원컨대 조종祖宗이 양부에서 청렴·위엄·공명公明·재간才幹의 네 선덕善德이 있는 사람을 택하여 도안렴출척대사都按廉黜陟大使로 삼아, 전야田野의 개간·호구의 증가·사송詞訟의 간명簡明·부역의 균평均平·학교의 홍성으로서 주군을 순찰하여 출척하고, 호령號令의 엄명嚴明·기계器械의 정예精銳·병졸의 훈련·둔전의 수보修補·해구海寇의 지식止息으로서 방진의 순찰에 임하여 상벌하는데, 군관軍官이 패하여 한 주군이 함몰陷沒되었거나 수령이 탐오하여 뇌물을 불러들인 자는 참斬하고, 다음 죄는 파직하고 논죄하며, 다음 죄는 벌을 논하여 공평하게 시행함으로써 기강을 진작시키소서. 수령은 3년만에 체임遞任하는데 도안렴의 견책을 받지 않은 사람은 곧바로 경직京職을 제수할 것이며, 그 도안렴사는 대간으로 하여금 천거케 하고 의첩(依貼=依牒)이 나오는 것을 기다려 이에 보내는데 원수元帥 이하부터는 모두 교외에서 영접하면서 참장參狀을 올릴 때까지는 앉지 못하게 하며, 비록 5·6품의 염사라도 1년만에 서로 체임하는 기한과 출척·고과하는 법은 도안렴과 동등하게 하되 다시 서로 바꾸어 보내는 것은 상례로 삼지 말도록 하고, 도안렴으로 능히 주군의 방진을 출척치 못하는 자는 사헌부에서 아뢴후 파직하고 통렬히 다스리소서" 하였다.[2]

8월에 여러 도의 도관찰출척사는 모두 대간의 천거로 임용하게 하였다.[3]

註解 5-5-6-

-1) 辛昌卽位之年七月 趙浚言 按廉之職 國初節度使也: 이와 동일한 내용의 기사
가 『고려사』 권77, 백관지 2 外職 按廉使條에도 보이거니와, 사실 안렴사(按
察使)와 節度使는 한 방면(지역)을 專制하고 출척을 행한다는 점에서 유사한
면이 있었다. 그러나 절도사는 잘 알려진 바와 같이 당에서 安史의 난 이후
에 둔 군사적인 외관제로서, 고려에서도 거란과의 전쟁 등으로 군정의 강화
가 필요했던 성종 14년(995)에 12州 州牧制를 12軍 節度使制로 전환시킨데서
비롯하였다.[1] 그후 현종 3년(1012)에 이르러 이 제도는 혁파되거니와, 5도안
찰사제가 개별적인 안찰사의 존재에도 불구하고[5-5-3-1), 434쪽] 제자리를 잡
는 것은 그보다 훨씬 뒤인 예종(1106~1122) 내지 인종대(1123~1146)이며 그 성
격도 군정보다는 民政에 중점을 둔 외관이었다. 그런 점에서 안렴사(안찰사)
의 연혁을 절도사와 곧바로 연결시키는 것은 얼마간의 문제가 있다.[2]

　① 千寬宇,「閑人考-高麗初期 地方統制에 관한 一考察-」『社會科學』2, 1958
　；『近世朝鮮史研究』, 일조각, 1979.
　② 金成俊,「高麗史 選擧 三, 譯註(三)」『大丘史學』19, 1981, 209·210쪽.

-2) (辛昌卽位之年七月趙浚言 按廉之職 國初節度使也) 摠攝軍民 專制方面 守令
奉職 而民安其業 方鎭慴服 而戰守必力事 … 更相迭遣 不爲常例 都按廉不能
黜陟州郡方鎭者 司憲府申聞 罷職痛理: 李成桂派의 실세중 한 사람으로 당시
재상으로서 大司憲(정3품)을 겸하고 있던 趙浚[『고려사』 권118, 열전 趙浚傳]이 지
방 관제에 대한 여러 개혁안을 제시하는[5-4-9-2), 429쪽] 가운데 일부로서 안
렴사(안찰사)에 관한 부분이다. 그 내용인즉 안렴사는 一方의 統察이라고 불
리우듯이 해당 지역의 수령과 方鎭의 장수들이 직무를 잘 수행하는가의 여
부를 감찰, 출척하는 막중한 직위인데도 자기 역할을 제대로 하지 못하고
있음을 지적하고, 그 원인을 品秩이 낮은 데에 기인한다고 진단하고 있다.
실제로 지방관들의 품계를 보면 이곳의 설명처럼 正順大夫(정3품 上)나 奉順
大夫(정3품 下)[『고려사』 권77, 백관지 2 文散階]에 오른 사람들이거나 또는 平壤府
尹(종2품)은 말할 것 없고 3품관 이상자로 임명하게 되어 있는 州牧·都護府使
[『고려사』 권77, 백관지 2 外職 諸牧 및 大都護府條] 등도 모두가 宰樞兩府[5-1-10-3),
386쪽]의 재상(2품 이상)들이거나 奉翊大夫(종2품)[『고려사』 권77, 백관지 2 문산계]에
오른 사람들은 아니라 하더라도 다수가 그같은 고위직 출신의 관원들이었던
데 비해 안렴사의 품계는 고작 5~6품에 지나지 않았던 것이다.
　그러므로 이제부터는 안렴사를 양부의 재상 가운데서도 淸廉·公明하며
위엄과 재간을 갖춘 사람으로 선발하도록 하고 호칭도 都按廉黜陟大使-약
칭은 都按廉使-로 고칠 것을 건의하고 있다. 이후의 기록을 보면 이 명칭
은 都觀察黜陟使-약칭은 觀察使-로 수정되어 사용된 듯싶거니와, 어떻든

이들로 하여금 田野의 개간과 호구의 증가 등 5事를 가지고 고찰하여 수령을 출척토록 하고, 號令의 嚴明과 병졸의 훈련 등 5事로써 순찰하여 방진을 상벌하되, 죄의 정도에 따라 斬하거나 罷職 論罪 또는 論罰하도록 하는 한편으로 3년의 재임 기간에 都按廉使의 견책을 받지 않은 수령에게는 곧바로 京職을 제수하는 포상책도 마련하고 있다.

다음 도안렴사의 선발은 대간의 천거를 받아 依牒署經을[1] 거치면 임지에 보내도록 하고, 5·6품의 안렴사 경우도 1년간의 임기나 출척·고과의 법은 도안렴사와 동등하게 정하도록 하고 있다. 그리고 이들도 자기의 직무를 제대로 수행하지 못할 때는 사헌부에서 아뢰고 파직토록 하는 규정 역시 제정하도록 하고 있다.[2]

① 金龍德,「高麗時代의 署經에 對하여」『李丙燾華甲紀念論叢』, 일조각, 1956. 朴龍雲,「高麗朝의 臺諫制度」『역사학보』52, 1971 ;『高麗時代 臺諫制度 研究』,일지사, 1980.

② 金成俊, 위의 글 210~215쪽.

-3) (昌王卽位年)八月 諸道都觀察黜陟使 皆用臺諫之薦: 앞서 창왕 즉위년(1388) 8월에 이르러 按廉使의 직임이 중대한데 비해 品秩이 낮다 하여 호칭을 都觀察黜陟使로 바꾸고 兩府의 재상으로 임명하게 되었다고 소개한바 있다[『고려사』 권77, 백관지 2 外職 按廉使][5-5-1-1), 430쪽]. 그런데 사실 바로 윗 대목에 의하면 그점을 건의한 것은 趙浚으로서 이 해 7월이었으며, 그때 제시한 명칭은 都按廉黜陟大使였다. 하지만 그 다음 달인 8월에 정작 都觀察黜陟使로 나오는 것으로 미루어 그것이 이처럼 고쳐지면서 확정된 듯하다. 이들의 임명은 역시 윗 대목에서도 언급되었듯이 臺諫의 천거에 의하고 있다.

① 金成俊, 위의 글 215쪽.

5-6. 환시직宦寺職

原文 5-6-1. 凡宦寺之職 毅宗五年以鄭諴權知閣門祗候 御史臺以宦者叅朝官 無古制 爭之

5-6-1. 무릇 환시직은[1] 의종 5년에 정함을 권지각문지후로 삼자 어사대에서 환자宦者로서 조관朝官에 참여함은 고제古制에 없다고 하여 쟁론하였다.[2]

註解 5-6-1-

-1) 凡宦寺之職: 宦寺(환시)는 宦官·宦竪·宦者·內竪·內官·中官·黃門·閣人·閣宦·
火者 등 여러 명칭으로 불린 去勢된 남자로서, 궁중의 3殿, 즉 大殿과 內殿·
太后殿에 부속되어 傳命(명령 전달)과 雜役 등에 종사한 부류를 말한다. 이들
의 존재는 이미 3국시대부터 보이고 고려조에 들어와서도 자기 나름의 일을
담당하고 있음이 확인된다. 그러던 환관들이 국왕과의 특별한 관계 등을 이
용하여 권세를 부리게 되면서 문제가 되는 것은 毅宗朝부터이며, 그후 元나
라와의 특수한 관계에 놓이게 되는 충렬왕조부터 이들이 고위직에까지 진출
하게 됨에 따라 위상과 역할이 한층 커지게 되는 가운데 공민왕 때에 접어
들어 환관의 衙門인 內侍府가 설치되는 단계에 이르게 된다. 이같은 상황을
반영하여 『고려사』권122, 열전에 宦者傳도 立傳되어 있는 것이다.

일반적으로 이야기할 때 환관이 內侍라 불리었다는 것은 잘 알려진 사실
이다. 하지만 고려 때의 경우 內侍는 글자 그대로 국왕을 가까이에서 侍奉하
거나 호종하는 등의 일을 맡은 近侍職으로서 여기에는 귀족의 자제들이 다
수 소속하여 있었다[1-4-4), 31쪽]. 그들은 환관과는 전혀 다른 존재였던 것이
다. 그러므로 고려말기 얼마 동안의 기간을 제외한 시기에는 宦官과 內侍를
엄격히 구분하여 사용해야 하므로 덧붙여 둔다.

① 李愚喆, 「高麗時代의 宦官에 對하여」, 『史學研究』 1, 1958.

② 金成俊, 「高麗史 選擧 三, 譯註(四)」, 『大丘史學』 22, 1983, 235~241쪽.

-2) 毅宗五年 以鄭誠權知閣門祗候 御史臺以宦者忝朝官 無古制 爭之: 정함은 환
관이면서도 의종의 乳媼을 아내로 삼은 것이 인연이 되어 한층 寵幸을 받게
되었다. 그리하여 뒤이어 나오듯이 환관으로서는 한계선으로 되어 있는 南
班 7품을 벗어난 權知閣門祗候를 제수받기에 이르렀다[『고려사』권122, 宦者列
傳 鄭誠傳].

남반은 정7품인 內殿崇班을 최고직으로 하여 이하 정9품인 殿前承旨 등
의 궁중 內僚職을 말하는데,① 殿中의 당직이나 국왕의 호종 및 왕명의 전달
등을 맡은 일련의 직위들로 동반(문반)과 서반(무반)에 대칭되는 반열이라는
뜻에서 남반이라 불렸지만 직능상에 있어서나 신분상으로도 물론 양반에 비
견될 수 있는 위치는 아니었다. 그것은 양반의 收養子 중 良賤이 불분명한
자 및 雜路의 외손 등이 취임하는 仕路였던 것이다.② 그리하여 환관들은 이
들 직위에 한하여 오를 수 있도록 제약을 받았던 것이라 하겠다.

그에 비해 閣門祗候는 조회를 행하여 가는 과정에 필요한 여러 의례를 맡
은 閣門(通禮門)의 정7품직인데, 그 앞의 '權知'는 '임시로 맡았다'는 뜻으로
당해 직위에 정식으로 오르기에 앞서 수여한 직위라는 정도의 의미를 지닌
것이다[『고려사』권76, 백관지 1 통례문]. 그렇기는 하지만 그것은 환관이 오를

수 없는 문반의 朝官이므로 時政의 論執과 더불어 관원의 임명에 있어 적절성 여부를 검토해 동의하는 서명을 하는 권한인 署經權을 가진 御史臺[『고려사』 권76, 백관지 1 사헌부]에서 그에 반대하는 쟁론을 하고 있다.

여기에는 이 사실이 의종 5년의 기사로 나와 있다. 그러나 정함에게 권지각문지후를 제수하고자 하는 국왕에 대하여 서경을 하지 않고 맞선 어사대 臺官과 중서문하성 낭사의 諫官[『고려사』 권76, 백관지 1 門下府]들과의 대결은 이후 수년간 계속되고 있다[『고려사절요』 권11, 의종 11년 11월 및 12년 6월조].③

① 『高麗史』 권76, 百官志 1 掖庭局·朴龍雲, 『高麗史 百官志 譯註』, 신서원, 2009, 460쪽.
② 曺佐鎬, 「麗代 南班考」 『東國史學』 5, 1957.
李丙燾, 「高麗 南班考」 『서울대 논문집』 12, 1966.
③ 朴龍雲, 『高麗時代 臺諫制度 硏究』, 일지사, 1980, 194·185쪽.
金成俊, 위의 글 235~237쪽.

[原文] 5-6-2. 高宗四十五年七月 宦者金仁宣有衛社之功 然其官極于南班七品 金仁俊請除叅職 王亦欲授之 恐後人援以爲例 終不許

5-6-2. 고종 45년 7월에 환자宦者 김인선이 사직을 호위한 공이 있었지만 그 벼슬이 남반 7품으로 제한하도록 되어 있어, 김준이 참직을 제수할 것을 청하고 왕 역시 제수하고자 하였으나 후세 사람이 원용하여 상례로 삼을까 염려해서 끝내는 허용하지 않았다.[1]

註解 5-6-2-

-1) 高宗四十五年七月 宦者金仁宣有衛社之功 然其官極于南班七品 金仁俊請除叅職 王亦欲授之 恐後人援以爲例 終不許: 고종 45년 3월에 최씨무신정권의 제4대 집정인 崔竩가 別將 金仁俊(金俊)과 大司成 柳璥 등에 의해 주살되는 정변이 일어났다. 이로써 최씨정권이 종말을 고하고 형식적이기는 하지만 王政의 복구가 이루어지며, 4월에는 정변의 주역 인물들에게 衛社功臣號가 주어졌다. 이 과정에서 질녀가 김준의 妻였던 환관 金仁宣[『고려사』 권130, 叛逆列傳 金俊傳]도 일정한 공로가 있었던 것 같다. 그러므로 7월에는 김준에 의해 그에게도 叅職(叅上職, 대략 6품 이상)[5-1-3-1), 368쪽]을 제수하자는 요청이 있었고, 국왕도 그에 긍정적이었으나, 다만 환관에게는 바로 위 대목[5-6-1-2), 441쪽]에서 설명했듯이 南班 7품까지에 한해서 허용하도록 하는 규정이 있었던 관계로 그 관례가 무너질까 염려하여 끝내는 주어지지 않았음을 전하고 있다.

① 金成俊,「高麗史 選擧 三, 譯註(四)」『大丘史學』22, 1983, 237~241쪽.

原文 5-6-3. 元宗元年六月下制 宦者閔世冲 自予幼時以至今日 再救朕疾 功不可負 限六品敍用 宦官拜叅始此

5-6-3. 원종 원년 6월에 제制를 내리기를, "환자宦者 민세충은 내가 어렸을 때부터 오늘에 이르기까지 두 번이나 짐의 병을 구하였은즉 공로를 저버릴 수 없으니 6품에 한하여 서용토록 하라" 하였다. 환관이 참직叅職에 임명된 것은 여기에서 비롯하였다.[1]

註解 5-6-3-

-1) 元宗元年六月 下制 宦者閔世冲 自予幼時 以至今日 再救朕疾 功不可負 限六品敍用 宦官拜叅 始此: 동일한 내용이 『고려사절요』권18에도 실려 있거니와, 환관인 민세충은 의술에 뛰어나 원종을 두 번이나 구해주는 공로를 세웠으므로 그가 왕위에 오르자 6품직을 제수하도록 명하고 있다. 이로써 여하한 공로에도 불구하고 환관은 7품직에 한정시켜 叅職을 제수하지 않는다는 원칙[5-6-2-1), 442쪽]이 무너지기 시작했음을 특기한 기사로 이해된다.

① 金成俊,「高麗史 選擧 三, 譯註(四)」『大丘史學』22, 1983, 241쪽.

原文 5-6-4. 恭愍王元年五月 諫(諫)官上疏 閹人授檢校官食祿者大多 請加汰減

5-6-4. 공민왕 원년 5월에 간관이 상소하여, 엄인閹人으로 검교관을 제수받아 녹祿을 먹는 자가 너무 많으므로 도태시켜 감원할 것을 청하였다.[1]

註解 5-6-4-

-1) 恭愍王元年五月 諫(諫)官上疏 閹人授檢校官食祿者大多 請加汰減: 고려 때의 관직은 職事, 즉 일정한 직임이 부여된 實職과 그렇지 않은 散職으로 나뉘어져 있었거니와, 檢校는 그 후자에 속하는 관직의 하나였다. 檢校侍中·檢校將軍 등이 그러한 사례로서, 문반 5품·무반 4품 이상자에게 주어졌는데, 그들은 비록 직사가 없기는 하였지만 勳職의 성격을 가지고 있었을 뿐더러 祿俸과 토지도 지급받고 있었다. 한데 이 검교직이 고려후기에 접어들어 정치적·사회적 혼란과 함께 함부로 마구 수여되어 커다란 문제가 되거니와,① 환관들의 경우가 그런 문제를 야기시킨 대상의 대표적 존재 가운데 하나였다.

참고로 공민왕 5년 이후 얼마 떨어지지 않은 시기에 설치되는 환관의 기구
인 內侍府에 정식으로 설정된 숫자만 하더라도 정2품인 判事에 검교가 3인,
종2품 同判事에 검교 32인, 정3품 知事에 검교 38인, 종3품 僉事에 검교가
28인 등 무려 101인에 이르고 있다『고려사』권76, 백관지 1 內侍府]. 이번의 諫
官들 상소는 그같은 상황을 반영하여 환관으로 검교직을 받아 祿을 받는 숫
자를 줄이도록 건의하고 있는 것이다.②

① 韓㳓劤,「勳官 '檢校'考-그 淵源에서 起論하여 鮮初 整備過程에 미침-」『진
단학보』29·30 합병호, 1966.

金光洙,「高麗時代의 同正職」『역사교육』11·12 합집, 1969.

② 金成俊,「高麗史 選擧 三, 譯註(四)」『大丘史學』22, 1983, 242·243쪽.

原文 5-6-5. 辛禑六年六月 諫官李崇仁言 設官分職 各有攸當 故先王置內侍府
以待中官 是爲令典 不可改也 乞復置此官 將中官之小心謹愼者 隨品轉用 毋與
朝官 不聽

5-6-5. 신우 6년 6월에 간관 이숭인이 말하기를, "관官을 설치하고 직職을
나누어 놓은 것은 각각 해당하는 바가 있기 때문이므로, 선왕께서 내시
부를 설치하고 중관中官으로 대우하여, 이것이 법전法典이 되었은즉 가히
고칠 수 없습니다. 빌건대 다시 이 관사官司를 두어, 장차 중관으로 조심
스럽고 근신한 자를 품계에 따라 전용轉用하고 조관朝官에는 수여하지 마
소서" 하였으나 청납하지 않았다.[1]

註解 5-6-5-

-1) 辛禑六年六月 諫官李崇仁言 設官分職 各有攸當 故先王置內侍府 以待中官
是爲令典 不可改也 乞復置此官 將中官之小心謹愼者 隨品轉用 毋與朝官 不
聽: 간관의 일원인 司議大夫(종3품)로 재직중인 이숭인[『고려사』권115, 열전 李崇
仁傳]이 동료들과 함께 당시의 여러 현안에 대한 상소의 일부이다. 그 하나인
인사에 관한 대목[5-1-11-3), 393쪽]과 다른 하나인 守令의 교체에 관한 대목
[5-4-8-4), 426쪽]은 이미 앞서 살핀바 있거니와, 이곳의 내용은 內侍府를 다시
설치하여 그 나름의 주어진 역할을 맡도록 하자고 건의하고 있는 것이다.
환관의 위상과 역할이 커지면서 그들의 기구인 내시부가 공민왕 5년에서 그
리 떨어지지 않은 시기에 설치되었다 함은 역시 바로 윗 대목에서 소개한
바와 같은데[5-6-4-1), 443쪽], 그것이 이후 언제인지는 잘 알 수 없지만 혁파되

었던 것 같다. 이숭인은 이전의 설치가 나름의 필요성에 따른 것이었고, 그리하여 법으로 제도화되었던 것인만큼 무작정 폐지할 것이 아니라 그 기구를 다시 두고 그곳 소속의 中官들은 자신의 임무에만 충실하도록 하는게 올바른 개선 방안이라고 생각했던 듯하다. 그가 환관들이 朝官으로 진출하는 것을 허락지 말아야 한다고 건의하고 있는 것도 동일한 맥락으로 짐작된다. 하지만 이같은 건의가 그 즉시 聽納되지는 않고 있다.

　① 金成俊,「高麗史 選擧 三, 譯註(四)」『大丘史學』22, 1983, 243~ 245쪽.

原文 5-6-6. 恭讓王元年十二月 臺諫交章 請 依舊制 宦官不許拜六品 在僞朝已拜叅官者 追奪告身 放還田里 趙浚上言 宦者自國初至慶陵朝 不得叅官 近來以宮中傳命之任 得與論道經邦之列 非所以尊朝廷 願遵慶陵之制 不許拜朝官 左司議吳思忠等言 祖宗之制 宦寺無官 文廟之世 宦寺給事不過十數人 亦未嘗食祿 忠烈王朝亦不拜叅官 至于玄陵 使宦寺得與兩府八衛之列 卒致萬生之變 今復立內侍府 階三品 復蹈亡國之轍 願宮中給事者 只給衣食 罷內侍府 判曰 自今不許朝官 毋革內侍府

5-6-6. 공양왕 원년 12월에 대간이 교대로 글을 올려, 옛 제도에 의거해 환관에게 6품의 배수拜授를 허용하지 말 것과 위조(우왕·창왕조)에서 이미 참관을 배수한 자는 소급하여 고신을 빼앗고 전리田里로 내쫓아 돌아가게할 것을 청하였다.[1]

　조준이 상언上言하기를, "환자宦者는 국초부터 경릉(충렬왕)조에 이르기까지 참관을 얻지 못하였는데, 근래에 궁중의 전명傳命(명령을 전달)하는 직임으로써─환관으로써─, 도를 논하고 나라를 경영하는 반열─재상의 반열─에 참여할 수 있게 한 것은 조정을 높이는 바가 아닙니다. 원컨대 경릉 때의 제도를 준수하여 조관朝官에의 배수拜授를 허용치 마소서" 하였다.[2]

　좌사의 오사충 등이 말하기를, "조종祖宗의 제도에 환시宦寺는 관관이 없었고, 문묘文廟(문종) 때에도 환시로 급사給事(심부름)하는 자가 십수인十數人에 지나지 않고 또한 일찍이 녹을 먹는 일이 없었으며, 충렬왕조에도 역시 참관은 배수拜授하지 않았습니다. (한데) 헌릉(공민왕) 때에 이르러서 환시들로 하여금 양부·8위의 반열에 참여할 수 있게 되고, 마침내는 만생의 변까지 일어나게 되었는데, 지금 다시 내시부를 세우고 품계를 3품으로 한 것은 다시 망국의 전철을 밟는 것입니다. 원컨대 궁중의 심부름 하는 자는 다만 의식만 지급하고 내시부는 혁파하소서" 하였다. 판判하여 이르기를, "지금부터 조관朝官은 허용치 않되, 내시부는 혁파하지 말라" 하였다.[3]

註解 5-6-6-

-1) 恭讓王元年十二月 臺諫交章 請 依舊制 宦官不許拜六品 在僞朝 已拜叅官者 追奪告身 放還田里: 대간들이 본래 환관은 朝官[5-6-1-2), 441쪽] 내지 叅官(대략 6품 이상)[5-6-2-1), 444쪽]에 오를 수 없다는 규정을 상기시키면서, 지금부터는 말할 것 없고, 이미 僞朝, 즉 禑王과 昌王 때 임명된 자들도 소급하여 告身 (임명장)을 박탈하도록 주청하고 있다. 우왕과 창왕은 王氏가 아니라 辛旽의 아들과 그 후손이라고 하여 僞朝라 표현한 것이다.

　① 金成俊, 「高麗史 選擧 三, 譯註(四)」 『大丘史學』 22, 1983, 245쪽.

-2) (恭讓王元年十二月) 趙浚上言 宦者自國初至慶陵朝 不得叅官 近來以宮中傳命 之任 得與論道經邦之列 非所以尊朝廷 願遵慶陵之制 不許拜朝官: 李成桂派의 실세중 한 사람으로 이미 재상의 지위에 올라 있던 趙浚[『고려사』 권118, 열전 趙浚傳]이 바로 윗 대목에서 지적한 바와 동일한 맥락에서 환관들에게 朝官을 제수하지 말 것을 건의하고 있다. 다만 그 과정에서 그는 국초부터 慶陵, 즉 충렬왕 때까지는 환관으로 叅官을 拜授한 자가 없는듯 설명하고 있는데 그것은 잘못이다. 이미 원종 원년에 그같은 사례가 있었음이 이곳 선거지에도 드러나 있는 것이다[5-6-3-1), 443쪽]. 아마 그의 설명은 혹 환관으로 叅官에 오른 자가 충렬왕 때까지는 그리 흔하게 있던 사례가 아니라는 정도의 의도이지는 않았는지 모르겠다. 설명 중에 궁중의 傳命을 맡은 자로써 論道 經邦의 班列에 참여하였다는 대목의 전자는 환관의 직무를 말하고 후자는 재상의 역할이었으므로 이는 환관이 재상직에까지 올랐다는 사실을 지적한 것이다.

　① 金成俊, 위의 글 245·246쪽.

-3) (恭讓王元年十二月) 左司議吳思忠等言 祖宗之制 宦寺無官 文廟之世 宦寺給 事 不過十數人 … 願宮中給事者 只給衣食 罷內侍府 判曰 自今不許朝官 毋革 內侍府: 간관의 일원인 左司議大夫(종3품) 吳思忠[『고려사』 권120, 열전 吳思忠傳] 이 윗 대목에서와 마찬가지로 본래 환관은 朝官 내지 叅官에 오를 수 없었고, 그같은 규정이 충렬왕조까지는 잘 지켜져 왔다고 설명하고 있다. 그러던 것이 현릉, 즉 공민왕 때에 이르러 크게 문란해져 宦寺들이 兩府·8衛의 반열에 참여하고 마침내는 최만생의 변란이 야기되기도 했다고 지적하고 있다. 이곳의 宦寺들이 올랐다는 양부·8위의 양부는 이미 여러 차례 언급한바

중서문하성 宰府와 추밀원(밀직사)의 樞府를 말하며[5-1-10-3), 386쪽], 8위는 2軍 6衛를 일컫거니와[『고려사』 권77, 백관지 2 西班 序文], 宦寺들이 이들을 구성하는 宰樞(2품 이상)와 上將軍(上護軍, 정3품)·大將軍(大護軍, 종3품) 등 文·武의 최고위직에까지 올랐다는 지적이며, 그와 같은 정치적 사회적 혼란이 결국은 공민왕 23년에 환관인 최만생 등에게 왕 자신이 시해되는 변란도 일어나게 되는 원인이었다고 말하고 있다. 후자의 설명은 당시의 복잡한 국내정세와 대외관계 등에 대한 고려가 추가되어야 하지만, 어떻든 환관들이 고위직으로 진출한데 따른 폐단은 현실적으로 적지 않았던 것 같고, 그럼에도 지금 內侍府를 다시 세운 것은 亡國의 전철을 밟는 것이라고 극렬하게 비판하고 있는 것이다.

앞 대목[5-6-4-1), 443쪽]에서 공민왕으로부터 그리 떨어지지 않은 시기에 내시부가 설치되었다가, 역시 시기는 분명치 않지만 얼마 뒤에 혁파되었다고 하였다. 그렇기 때문에 우왕 6년에는 李崇仁이 다시 설치할 것을 건의하고 있는 것이다[5-6-5-1), 444쪽]. 하지만 이 건의는 聽納되지 않았는데, 아마 곧이어 復置하는 쪽으로 방침이 바뀌어 그대로 시행이 되었던 모양이다. 그것을 이번에 오사충 등이 극렬하게 비판하면서 재차 혁파를 주장하고 있는 것이다. 그 결과는 보다시피 환관들을 朝官에 임명하는 것은 허용치 않도록 하되, 내시부는 그대로 존치시키도록 조처하고 있다.

① 金成俊, 위의 글 246~248쪽.

5-7. 한직限職

原文 5-7-1. 凡限職 靖宗六年四月判 南班及流外人吏將校等子 不付工匠案者 依父祖有痕咎人例 入仕

5-7-1. 무릇 한직은[1] 정종 6년 4월에 判判하여, 남반 및 유외流外의 인리人吏·장교 등의 자子로써 공장안工匠案에 부적付籍되어 있지 않는 자는 부·조에 혼구(허물)가 있는 사람의 예에 의거하여 입사入仕토록 하였다.[2]

註解 5-7-1-

-1) 凡限職: 限職은 官吏職의 임명·승진에 있어 부류에 따라 일정한 선에서 제한을 가하는 제도를 말한다. 넓게 보면 무반은 최고직이 정3품인 상장군이

어서 그 이상은 진급할 수가 없었으므로 3품이 곧 限品이요 3품직이 한직이었다고 할 수 있으며, 문반의 경우 변방 출신은 臺諫職에 취임하는 것을 제약한다던가 과거 급제자에 한하여 翰林院職에 취임할 수 있도록 한 것 등도 어면 점에서는 일종의 한직제라고 할 수 있다.

그러나 여기에서 말하는 일반적인 한직제는 그같은 상급직에서의 운영상 문제가 아니라 신분에 하자가 있는 부류 또는 사회적으로 천시되는 職役에 종사하거나 예법에 어긋나는 행위를 한 사람과 그 子·孫 등에게 入仕 그 자체나 하급의 직위를 받을 때에도 여러 모로 제한하는 것을 말하는 것이다. 이렇게 제약을 받은 부류를 이곳 선거지 限職條에서 찾아 보면, 南班의 子와 流外 人吏의 子 및 樂工의 子, 雜路人(電吏·杖首·所由·門僕·注膳·幕士·驅史 등)의 자·손과 외손, 大功親·小功親 등 近親을 犯嫁하여 출생한 者, 僧人의 자·손, 工人의 자·손과 외손, 상인의 子, 恣女의 子, 內僚·宦官 등이 들어져 있다.

① 金成俊,「高麗史 選擧 三, 譯註(四)」『大丘史學』22, 1983, 248쪽.
② 洪承基,「高麗時代의 雜類」『歷史學報』57, 1973 ;『고려사회사연구』, 일조각, 2001.
③ 朱雄英,「高麗朝의 限職體系와 社會構造」『國史館論叢』55, 1994.

-2). 靖宗六年四月判 南班及流外人吏·將校等子 不付工匠案者 依父祖有痕咎人例 入仕: 南班의 子와 流外人吏의 子 및 장교의 子로써 工匠案에 付籍이 되어 있지 않으면 父 또는 祖에 허물이 있어 제약을 받는 그 수준에 의거하여 入仕하게 한다는 判文이다. 그러니까 이것은 남반과 유외인리 및 장교의 子라는 신분계층의 입사에 관한 규정인 셈인데, 단 그들이라 하더라도 공장안에 부적되어 있지 않아야 한다는 조건이 붙어 있다. 공장안은 수공업 기술자인 工匠의 파악을 위해 작성된 별도의 호적으로[①] 남반의 자 등으로 여기에 부적이 되면 입사가 금지되었음을 알 수 있는데, 이는 기술 인력의 확보를 위한 조처였을 것으로 짐작된다. 하여튼 남반의 자 등은 이 조건에 맞는 경우 입사를 했겠는데, 그러면서도 그들의 신분계층상 한계에 따라 내용은 잘 알 수가 없지만 그렇지 않은 일반 관원들의 경우 부·조에 허물이 있어 제약을 받는 것과 마찬가지의 범위 내에서 입사토록 하고 있는 것이다.

여기서의 남반은 양반의 收養子 중 良賤이 불분명한 자 및 雜路의 외손 등이 취임하는 仕路(벼슬 길)로서, 殿中의 당직이나 국왕의 扈從 및 왕명의 전달 등을 맡은 일련의 직위를 말하는데, 그들은 남반의 정7품인 內殿崇班을 최고직으로 하여 그 이상의 진출은 할 수 없도록 되어 있었다[5-6-1-2), 441쪽]. 이곳 규정은 그들 子가 入仕하는 경우의 限職에 관한 기사인 것이다.

다음 流外人吏의 人吏는 吏屬層(胥吏層)을 말한다. 한데 이들은 상급의 主事·錄事·別駕·令史·書令史·醫針史·書藝·記事·記官 등의 入仕職과 하급의

注膳·幕士·門僕·電吏·杖首·大丈·所由·驅史·堂引·藥童·丁吏 등 未入仕職으로 구분되어, 이중 후자인 未入仕職은 승진하여 入仕職까지는 진출할 수 있었으나 특별한 공로가 없는한 品官으로 진출할 수 없었던데 비해 전자인 入仕職은 품관과 연결되어 있어서 진출이 가능하도록 되어 있었다. 그리하여 관리들이 처음으로 벼슬길에 들어섬에 있어 입사직으로 나가게 되면 글자 그대로 '入仕'가 되어 '入流'하는 것이며, 그렇게 됨으로써 '流內'에 머물다가 '流品'으로 승진하는 과정을 밟았다. 그에 비해 미입사직으로 나가게 되면 '流外'에 있게 되는 것이며, 이후 입사직으로 승진해 '流內'로 '入仕'할 수는 있지만 '流品'으로는 승진이 불가능한 체계였다고 하겠다.[2] 이 후자의 직위들을 고려에서는 흔히 雜類라 불렀으며 그들이 나아가는 仕路를 雜路라고 하지 않았나 보고 있다. 그렇다면 正路는 입사직의 사로를 말하는게 아닐까 하는 짐작도 할 수 있을 듯하다.[3] 이곳 선거지의 流外人吏는 이같은 의미를 지닌 말로 생각되는데, 그에 비해 혹자는 流品·流內는 정·종9품 안에 드는 것을 뜻하고, 流外는 그 이하 모두를 지칭한다는 견해를 보이고 있으며,[4] 그렇게 되면 이곳 해석도 좀 달라져야 하므로 부기하여 둔다.

다음은 장교에 대해서인데, 일반적으로 그것은 2軍 6衛의 정9품인 校尉로부터 정3품 上將軍까지 등을 일컫는 말이었지마는, 이곳의 장교는 물론 이들을 지칭한 것 같지는 않고, 맨 아래에 品外의 隊正이 더 있기는 하나[『고려사』 권77, 백관지 2 西班] 이 역시 남반이나 流外人吏와 동일 선상에서 비교할 성질의 부류는 아닌 듯하다. 그렇다면 혹 이들은 신분상에 하자가 없지 않아 배속된 듯싶은 看守軍 등의 雜職將校[『고려사』 권83, 병지 3 看守軍] 등을 뜻한게 아닐까 짐작해 볼 수 있을 것 같으나[5] 분명한 내용은 잘 알 수가 없다.

① 洪承基, 「高麗時代의 工匠」 『진단학보』 40, 1975 ; 『고려사회사연구』, 일조각, 2001.
金蘭玉, 「高麗前期 工匠의 身分」 『사학연구』 58·59 합집, 1999 ; 『高麗時代 賤事·賤役良人 研究』, 신서원, 2000.
② 金光洙, 「高麗時代의 胥吏職」 『한국사연구』 4, 1969.
洪承基, 「高麗時代의 雜類」 『歷史學報』 57, 1973 ; 『고려사회사연구』, 일조각, 2001.
③ 洪承基, 위의 논문 ; 저서.
④ 金成俊, 위의 글 248쪽.
⑤ 金成俊, 위의 글 248·249쪽.

原文 5-7-2. 文宗七年十月判 樂工有三四子者 以一子繼業 其餘屬注膳幕士驅史 轉陪戎副尉校尉 限至曜武校尉 十年十二月判 雜路人子孫從父祖曾祖出身仕路

外孫許屬南班 若祖母之父係雜路者 許敍東班 十二年五月式目都監奏 製述業康
師厚十擧不中 例當脫麻 然是堂引上貴曾孫 堂引是驅史之官 伏審戊子年制 電
吏所由注膳幕士驅史門僕子孫登製述明經及雜科 或成軍功者 許升朝行 又丙申
年制 雜路人子孫蒙恩入仕者 合依父祖仕路 今師厚不宜脫麻 從之 是月判 嫁大
功親所産 禁仕路 十六年判 僧人之子仕路禁錮 至孫方許通 二十七年正月有司
奏 按令典 工商家執技事上 專其業 不得入仕與士齒 軍器注簿崔忠幸良醞令同
正梁惲 並工人外孫 別將羅禮隊正禮順 亦皆工人嫡孫 自慕九流 去其所業 已登
朝行 不可復充工匠 乞各限時職不許遷除 制曰 可依辛亥年郎將忠孟限大將軍例
許通任用 中書省駁奏 忠幸等無大功能 掩匿世累 冒入流品 不宜與忠孟邊功例
論 制曰 除淸要理民職外 一如前制

5-7-2. 문종 7년 10월에 판判하여, 악공으로 아들 3·4명이 있는 자는 한
아들로써 업業을 계승하게 하고, 그 나머지는 주선·막사·구사에 소속했
다가 배융부위·교위로 옮겨가게 하되 요무교위에 이르는 것으로 한정토
록 하였다.[1]

   10년 12월에 판하여, 잡로인의 자손은 부·조·증조의 출신出身 사로仕路
(벼슬 길)를 따르게 하고, 외손은 남반에 속하는 것을 허락하는데 만약 조모
祖母의 부父가 잡로에 관계된 자이면 동반에 서용됨을 허락토록 하였다.[2]

   12년 5월에 식목도감이 아뢰기를, "제술업의 강사후는 열 번 응시하여
합격하지 못했으니 예에 따라 탈마脫麻함이 마땅하나 그러나 그는 당인堂
引인 상귀의 증손인데 당인은 구사의 벼슬입니다. 엎드려 살피건대 무자
년의 제制에 전리·소유·주선·막사·구사·문복의 자손으로 제술·명경 및
잡과에 등제登第하거나 혹은 군공을 이룬 자는 조정의 반행班行에 오르는
것을 허락한다 하였고, 또 병신년의 제制에서는 잡로인의 자손으로 은사
恩賜를 입어 입사入仕한 자는 모두 부·조의 사로仕路에 의거토록 한다 하
였으니, 지금 사후의 탈마는 마땅치 않습니다" 하자 그에 좇았다.[3]

   이 달에 판判하여, 대공친과 혼가婚嫁(혼인)해 출생한 바는 사로를 금하
도록 하였다.[4]

   16년에 판判하여, 승려의 아들은 사로를 금고하고, 손자에 이르러 바야

흐로 통通함을 허락토록 하였다.[5]

27년 정월에 유사(맡은 관청)에서 아뢰기를, "영전令典(법전)을 살피건대 공장工匠과 상업을 하는 사람들은 기술을 가지고 임금을 섬겨 그 업業에 전념하고, 입사入仕하여 선비와 더불어 나란히 할 수 없도록 했습니다. (한데) 군기주부인 최충행과 양온령동정인 양운은 모두 공인工人의 외손이며, 별장 나례와 대정 예순도 역시 모두 공인의 적손嫡孫으로서 스스로 9류九流를 흠모하여 그 업業하던 바를 버리고 이미 조정의 반열에 올랐은즉 다시 공장工匠으로 충원할 수는 없다 하더라도 빌건대 각각 현재의 직위로 한정하고 옮겨 제수하는 것을 허락지 마소서" 하였다. 제制하여 이르기를, "가히 신해년에 낭장인 충맹을 대장군에 한정시킨 예에 의거하여 임용을 허통許通토록 하라" 하였다. 중서성에서 논박하여 아뢰기를, "충행 등은 커다란 공능(공로와 능력)도 없이 세계世系의 허물을 가리워 숨기고 억지로 유품流品에 들어왔은즉 충맹의 변공邊功과 같은 사례로 논하는 것은 마땅치 않습니다" 하였다. 제制하여 이르기를, "청요·이민직理民職(수령직)을 제외하고는 먼저의 제制와 같이 하라" 하였다.[6]

註解 5-7-2-

-1) 文宗七年十月判 樂工有三四子者 以一子繼業 其餘屬注膳幕士驅史 轉陪戎副尉校尉 限至曜武校尉: 악공은 전문적인 음악 연주자들을 말한다. 이들은 당시의 음악담당기구인 大樂署[『고려사』권76, 백관지 1 典樂署]와 管絃房(坊)[『고려사』권77, 백관지 2 諸司都監各色]에 소속하여 있으면서[①] 국가의 행사 때 등에 음악을 연주하는 일 등을 맡았는데, 사회적으로는 工匠 등과 같이 賤事者의 취급을 받았다.[②] 그리하여 이들의 아들은 여러 명일 경우 한 사람은 악공의 업을 그대로 잇도록 하고, 나머지 아들들은 주선·막사·구사 등의 雜類職[5-7-1-1), 447쪽]에 종사할 수 있도록 判文을 내리고 있는 것이다. 이들 중 注膳은 尙食局에서 주식의 지휘를 받아 식사 준비를 맡아보는 자리이고, 幕士는 궁중의 잡다한 張設 업무를 수행한 자리로 짐작되며, 구사는 이른바 官給雜類로서 각 관원들에게 배정되어 扈從 등을 담당하는 사람들이었다.[③]

　이렇게 잡류로 진출한 악공 가운데 업무에 뛰어나 공로가 있을 때에는 향리나 耽羅의 왕족·여진의 추장·老兵·工匠 등에게 영예적 칭호로 賜與되던 武散階가 주어지기도 하였다.[④] 하지만 그것은 무산계 29등급 가운데 말단인종9품 下, 29등급인 배융부위와 종9품 上, 28등급 배융교위를 위주로 하여 정6품 상, 14등급인 요무교위[『고려사』 권77, 백관지 2 武散階]까지로 한정시키고 있다.[5]

① 宋芳松,「高麗의 大樂署와 管絃房」『한국학보』 44, 1986 ;『高麗音樂史研究』, 일지사, 1988, 42~49쪽.

김창현,「고려시대 음악기구에 관한 제도사적 연구」『國樂院論文集』 12, 2000.

이범직,「高麗時代 음악기관에 관한 연구」『國樂院論文集』 12, 2000.

② 金蘭玉,「高麗前期 工匠의 身分」『사학연구』 58·59 합집, 1999 ;『高麗時代 賤事·賤役良人 研究』, 신서원, 2000, 149·150쪽.

③ 洪承基,「高麗時代의 雜類」『歷史學報』 57, 1973 ;『고려사회사연구』, 일조각, 2001, 147~150쪽.

④ 旗田巍,「高麗の武散階 - 鄕吏·耽羅の王族·女眞の酋長·老兵·工匠·樂人の位階 -」『朝鮮學報』 21·22 합집, 1961 ;『朝鮮中世社會史の研究』, 法政大學出版局, 1972.

⑤ 金成俊,「高麗史 選擧 三, 譯註(四)」『大丘史學』 22, 1983, 250~253쪽.

-2) (文宗)十年十二月判 雜路人子孫 從父祖曾祖出身仕路 外孫許屬南班 若祖母之 父係雜路者 許敍東班: 잡로인, 즉 雜類의 仕路를 걸은 사람들은 未入仕職에 서 入仕職으로 나아갈 수 있었으나 그 이상의 品官으로는 진출할 수가 없도 록 되어 있었다[5-7-1-2), 448쪽]. 그러므로 잡로인 자손들에게 부·조·증조의 出身仕路를 따르도록 한 것은 이들이 서리직을 세습적으로 이어가는 吏族으 로 고착화되어 갔음을 뜻한다.[1] 그러면서 한편으로 母의 부, 즉 외조가 잡로 인의 경우는 신분계층에서 비롯하는 입사상의 구속을 한 단계 낮추어 남반 [5-7-1-2), 448쪽]에의 귀속을 허락하고 있으며, 다시 조모의 父가 잡로에 관련 된 경우는 한 단계 더 낮추어 동반에 서용되는 것을 허락토록 정하고 있다. 동반에의 서용을 허락했다는 것은 출신 신분으로 인한 구속이 없었음을 말 하는 것이겠다.[2]

① 洪承基, 위의 논문 ; 저서 174~176쪽.

② 金成俊, 위의 글 254·255쪽.

-3) (文宗)十二年五月 式目都監奏 製述業康師厚十擧不中 例當脫麻 … 合依父祖 仕路 今師厚不宜脫麻 從之: 이때에 이르러 중서문하성의 省宰와 중추원(추밀 원)의 樞密들이 중심이 되어[『고려사』 권77, 백관지 2 諸司都監各色 式目都監] 중요 法制·格式의 문제를 관장하던 회의기관인 式目都監[5-1-3-2), 369쪽]이 雜類職 의 하나로 驅史의 일종인 堂引[5-7-1-2), 448쪽 및 위의 1)항]의 후손 康師厚가 恩 例로 脫麻하는 문제에 대해 上奏하고 있다. 恩例 脫麻란 製述業(進士 과정)의 경우 꾸준히 학문을 닦으면서 10회 - 대략 20년간 - 에 걸쳐 응시하였으나

급제하지 못한 사람에게 특별히 은전을 베풀어 일반인들이 입는 麻衣를 벗고 급제한 사람들처럼 벼슬길로 나가도록 하는 제도를 말한다[3-3-1-1)·2), 238쪽]. 그런데 마침 문종 12년에 당인 출신 康上貴의 증손인 師厚가 제술업에 10번째 응시하여 급제하지 못하자 例대로라면 탈마를 시키는게 마땅하나 당인과 같은 잡류 출신에 대한 이전의 制에 비추어 볼 때 그렇게 하는 것은 옳지 않다고 건의하여 탈마를 못하도록 하고 있는 것이다.

이때 식목도감에서 제시한 전거를 보면 첫째로, 戊子年(문종 2년, 1048)의 制에 電史·所由·注膳·幕士·驅史·門僕 등 잡류의 자손은 제술과와 명경과 및 잡과에 登第하거나 軍功을 이룬 경우 조정의 班列에 오를 수 있게 했다는 점을 들고 있다. 잡류의 자손은 과거에 급제하거나 전쟁 등에서 군공을 세우는 경우에 한하여 어엿한 벼슬길을 걸을 수 있었음을 알 수 있다. 그리고 둘째로 든 것은 丙申年(문종 10년, 1056) 制에 잡로인 자손으로 은혜를 입어 入仕한 사람은 부·조의 仕路(벼슬 길)에 의거하도록 했다는 점도 지적하고 있다. 이에 따라 康師厚는 脫麻가 좌절되고 있는 것이다.

동일한 내용을 전하는 『고려사』 권95, 열전 李子淵傳과 『고려사절요』 권5, 문종 12년 5월조에 의하면 그의 아버지 康序(康序應?)도 역시 열 번 응시하여 급제하지 못했으나 탈마 入仕한 것으로 되어 있다. 그때는 상황이 좀 달랐던 모양이다.

한편 이들 기사를 과거의 응시자격과 관련시켜 볼 때, 靖宗 2년(1045) 4월에 樂工·雜類의 자손은 향·부곡인과 더불어 그것에의 응시를 금지하는 규정을 마련하고[2-1-6-2), 43쪽]. 또 문종 2년 10월에도 이들을 잡과에조차 응시할 수 없도록 한 규정[2-1-7-3), 46쪽]과 서로 충돌되고 있기도 하여 주목된다. 강서·강사후 父子는 응시 불허 규정에도 불구하고 이미 20여년 이전부터 가장 중시되던 제술과에 계속하여 응시하여 왔음이 확인되기 때문이다. 따라서 저들 금지 조항이 얼마나 철저하게 준수되었는지 의문이 없지 않은데, 혹 금령을 내려놓고도 실제적으로는 응시를 묵인하여 온 것이 당시의 실정이 아니었을까. 강서·강사후 부자의 恩例 탈마 문제도 이런 상황과 관련이 있는게 아닌지 모르겠다.

① 洪承基, 위의 논문 ; 저서 161쪽.

② 허흥식, 「高麗 科擧의 應試資格」『고려과거제도사연구』, 일조각, 1981, 80·81쪽 ; 『고려의 과거제도』, 일조각, 2005.

③ 金成俊, 「高麗史 選擧 三, 譯註(五)」『大丘史學』 23, 1983, 155·156쪽.

④ 권순형, 「고려시대 혼인규제의 성립과 변천-혼인의 대상을 중심으로-」『백산학보』 50, 1998 ; 『고려의 혼인제와 여성의 삶』, 혜안, 2006.

-4) (文宗十二年五月) 是月判 嫁大功親所產 禁仕路: 고려 때 喪服의 제도는 5服

制라 하여 3년복과 1년을 입는 周年服, 그리고 각각 9개월과 6개월 및 3개월을 입는 大功·小功·緦麻의 다섯으로 구분되어 있었다. 그리하여 친족관계에 있어서의 親疎에 따라 상복을 입는 기간을 달리하도록 되어 있었던 것이다. 이곳의 判文은 근친혼을 금지하려는 방침에 의거해 상복을 9개월 입어야할 정도의 가까운 친족과 혼인하여 낳은 자손은 仕路(벼슬 길)를 금한다는 조항이다. 유사한 금지 조항은 이후에도 더 공표되거니와, 이것은 고려사회에서 근친혼 내지 동성혼이 널리 행해지고 있었음을 말해준다. 널리 알려져 있듯이 고려의 왕실은 극도의 근친혼을 행하였고, 귀족들간에도 비슷한 양상이 팽배해 있는 가운데 유교사상의 확산과 더불어 이를 금지하려는 노력이 이어졌던 것이다.

① 盧明鎬,「高麗의 五服親과 親族關係 法制」『한국사연구』33, 1981, 24~26쪽.
② 崔在錫,「高麗時代의 婚姻制度」『고려대 인문논집』27, 1982, ;『한국가족제도사연구』, 일지사, 1983.
③ 金成俊, 위의 글 256~260쪽.
④ 朴龍雲,「高麗時代의 科擧－製述科의 應試資格」『高麗時代 蔭敍制와 科擧制研究』, 一志社, 1990, 235·236쪽.

-5) (文宗)十六年判 僧人之子仕路禁錮 至孫方許通: 고려는 불교국가라고 해도 좋을만큼 불교가 존숭되고 승려가 대우를 받는 사회였다. 하지만 본질적으로 자손을 둘 수 없는 승려신분으로써 계율을 어기고 子를 둔 경우 벌을 주는 의미에서 그 子의 仕路(벼슬 길)를 금고토록 규정하고 있다. 그러나 손자에 이르러서는 완화하여 허통토록 하고 있지마는, 그같은 규제는 뒤이어 나오듯이 毅宗朝에 좀더 완화하는 조처가 이루어진다.

① 金成俊, 위의 글 156·157쪽.

-6) (文宗)二十七年正月 有司奏 按令典 工商家執技事上 專其業 不得入仕與士齒 … 掩匿世累 冒入流品 不宜與忠孟邊功例論 制曰 除淸要理民職外 一如前制: 法制上 工匠과 상업에 종사하는 사람들의 자손은 이른바 賤事良人으로서 원칙적으로 그 業을 세습적으로 이어갈뿐 入仕하여 士族과 나란히 할 수 없도록 되어 있었다. 다만 국가에 공로를 세우는 등의 특별한 계기가 있으면 벼슬길이 가능하기도 했던 듯싶은데, 그 연유는 잘 알 수 없으나 工人의 외손이면서도 당시에 이미 軍器注簿(정8품)에 올라있던 崔忠幸과 良醞令同正(정8품)에 올라있던 梁惲, 그리고 역시 工人의 嫡孫으로 別將(정7품)에 오른 羅禮와 隊正(品外)인 禮順이 그같은 자기네의 신분계층상 한계를 뛰어넘어 流內·流品[5-7-1-2), 448쪽]에 편입되어 있는 사실이 알려져 有司가 문제 삼고 나선 것이다. 담당 관청은 이 문제의 해결 방안으로 저들이 일단 流內에 들어온 이상 다시 工匠으로 충당시킬 수는 없다 하더라도 현재의 직위를 限職으로

하여 더 승진하는 등의 遷除, 즉 옮겨 제수하는 일이 없도록 하자고 건의하
고 있다.

　이에 대해 국왕은 辛亥年, 즉 문종 25년(1071)에 낭장(정6품)이던 忠孟을 대
장군(종3품)까지로 限職을 정해 승진시키도록한 사례에 따르도록 결정하고
있다. 그에 대한 중서성의 논박에 의하면 충맹은 아마 工人출신이면서도 변
경에서 큰 군공을 세워 그같은 조처가 내려졌던 것 같거니와, 중서성에서는
충행 등의 경우 커다란 공로나 재능이 있는 것도 아니므로 충맹과 동일한
사례로 논하는 것은 옳지 않다고 아뢰고 있으나, 국왕은 여전히 翰林院職이
나 臺諫職 같은 淸要職[5-1-10-3), 386쪽]과 理民職인 수령을 제외하고 나머지
는 이전의 制대로 하라고 지시하고 있다.

　① 洪承基, 「高麗時代의 工匠」 『진단학보』 40, 1975 ; 『고려사회사연구』, 일조각,
　　2001.
　② 金蘭玉, 「高麗前期 工匠의 身分」 『사학연구』 58·59 합집, 1999 ; 『高麗時代
　　賤事·賤役良人 研究』, 신서원, 2000.
　③ 金蘭玉, 「高麗前期 商人의 身分」 『한국중세사연구』 5, 1998 ; 위의 저서.
　④ 金成俊, 위의 글 158·159쪽.

原文 5-7-3. 宣宗二年四月判 同父異母姊妹犯嫁所産 仕路禁錮

5-7-3. 선종 2년 4월에 判判하여, 아버지는 같고 어머니가 다른 자매와
범가犯嫁(금법禁法을 어기고 통혼通婚함)하여 출생한 바는 사로(벼슬 길)를 금고
토록 하였다.[1]

註解 5-7-3-

　-1) 宣宗二年四月判 同父異母姊妹犯嫁所産 仕路禁錮: 극도의 近親婚 사례라고
　　할 異腹男妹간의 혼인을 금지하고자 하는 뜻에서 그 자손은 사로를 금고토
　　록 정하고 있다. 앞서 문종 12년에는 大功親과의 혼인을 금하는 조처가 이
　　미 있었는데[5-7-2-4), 453쪽] 나중에 그보다 더 심한 경우를 염두에 둔 判文이
　　나온 것은 앞뒤가 잘 맞지 않는 이야기이지마는, 아마 그럴만한 특별한 사
　　정이 있었지 않았나 싶다.
　　① 盧明鎬, 「高麗의 五服親과 親族關係 法制」 『한국사연구』 33, 1981, 24～26쪽.
　　② 金成俊, 「高麗史 選擧 三, 譯註(五)」 『大丘史學』 23, 1983, 159·160쪽.

原文 5-7-4. 肅宗元年二月判 嫁小功親所産 依大功親例 禁仕路 七月判 注膳幕

士所由門僕電吏杖首等雜類 雖高祖以上三韓功臣 只許正路 南班限內殿崇班加
轉 六年十月判 嫁大小功親所產並許通

5-7-4. 숙종 원년 2월에 판判하여, 소공친과 혼가(혼인)해 출생한 바는 대
공친의 예에 의거하여 사로(벼슬 길)를 금하도록 하였다.[1]

　7월에 판하여, 주선·막사·소유·문복·전리·장수 등 잡류는 비록 고조
이상이 삼한공신이라도 다만 정로를 허락하고, 남반은 내전승반을 한직
으로 승진해가도록 하였다.[2]

　6년 10월에 판하여, 대·소공친과 혼가(혼인)하여 출생한 바도 모두 (사
로를) 허통토록 하였다.[3]

註解 5-7-4-

-1) 肅宗元年二月判 嫁小功親所產 依大功親例 禁仕路: 문종 12년에 大功親과의
　　혼인을 금하는 조처가 있었는데[5-7-2-4), 453쪽], 이때에 이르러 그 범위를 한
　　층 확대하여 소공친까지로 넓히고 있다.
　　　① 盧明鎬,「高麗의 五服親과 親族關係 法制」『한국사연구』33, 1981, 24～26쪽.
　　　② 金成俊,「高麗史 選擧 三, 譯註(五)」『大丘史學』23, 1983, 160쪽.

-2) (肅宗元年)七月判 注膳幕士所由門僕電吏杖首等雜類 雖高祖以上三韓功臣 只
　　許正路 南班限內殿崇班加轉: 각 관아의 하급 吏屬인 주선·막사·소유 등등
　　잡류는 未入仕職으로서 雜路를 걷도록 되어 있었는데[5-7-1-2), 448쪽], 이들의
　　高祖 이상 先祖에 太祖代의 開國功臣인 三韓功臣이[1] 있을 경우 특혜를 부여
　　하여 상급 吏屬으로서 入仕職인 主事·錄事·書藝 등의 正路를 곧바로 밟을
　　수 있도록 할 것과, 南班으로는 정7품인 內殿崇班(위와 같음)까지 승진할 수
　　있게 정하고 있다.[2]
　　　① 金光洙,「高麗太祖의 三韓功臣」『史學志』7, 1973.
　　　② 金成俊, 위의 글 161～163쪽.

-3) (肅宗)六年十月判 嫁大小功親所產 並許通: 문종 12년(1058)에는 대공친과
　　[5-7-2-4), 453쪽], 그리고 숙종 원년(1096)에는 그 범위를 확대하여 소공친과[위
　　의 1)항] 혼인하여 낳은 자손에게는 사로(벼슬 길)를 금고하여 규제하던 것을
　　이때(1101)에 이르러 얼마 동안이기는 하지만 방향을 바꾸어 許通토록 결정
　　하고 있는데, 그 연유는 잘 알 수가 없다. 바로 다음 대목이 다시 규제하는
　　判文이다.
　　　① 盧明鎬, 앞의 글 24～26쪽.

② 金成俊, 위의 글 163쪽.

原文 5-7-5. 睿宗十一年八月判 大小功親犯嫁者禁錮

5-7-5. 예종 11년 8월에 판判하여, 대·소공친과 금법을 어기고 통혼한(범가犯嫁) 자는 금고토록 하였다.[1]

註解 5-7-5-

-1) 睿宗十一年八月判 大小功親犯嫁者 禁錮: 바로 윗 대목인 숙종 6년(1101)에 풀었던 犯嫁者에 대한 규제를 15년만인 이때에 이르러 예전대로 되돌리는 조처이다. 그 내용은 물론 범가자의 자손에 대한 仕路의 금고일 것이다. 참고로 예종은 국학의 진흥과 더불어 유학의 발전에 많은 관심을 가졌던 군주였다는 점이 이 사실을 이해하는데 도움이 될 것 같다.
  ① 盧明鎬,「高麗의 五服親과 親族關係 法制」『한국사연구』33, 1981, 24~26쪽.
  ② 金成俊,「高麗史 選擧 三, 譯註(五)」『大丘史學』23, 1983, 164쪽.

原文 5-7-6. 仁宗三年正月判 電吏杖首所由門僕注膳幕士驅史大丈等子孫 依軍人子孫許通諸業選路例赴擧 其登製述明經兩大業者限五品 醫卜地理律筭業者限七品 若堅貞節操有名聞者 所業特異者 擢大業甲乙科則許授淸要理民職 丙科同進士則三品職 醫卜地理律筭業則四品職 其非登科入仕者亦限七品 至玄孫許通 十二年十二月判 嫁大小功親所産曾限七品 今後仕路一禁 十八年六月判 工商樂人之子雖有功 只賜物 禁仕路

5-7-6. 인종 3년 정월에 판判하여, 전리·장수·소유·문복·주선·막사·구사·대장 등의 자손은 군인의 자손에게 제업(과거의 여러 업)의 선로(선발하는 길)에 허통許通한 예에 의거해 부거赴擧(과거에 나아감)케 하였다.[1] 그 제술·명경 두 대업大業에 등제登第한 자는 5품으로 한정하고, 의·복·지리·율·산업에 (오른) 자는 7품으로 한정하는데, 만약 절조節操가 견정堅貞(굳고 반듯함)하여 이름이 알려진 자와 업業하는 바가 특이한 자로서 대업의 갑과·을과로 발탁된즉 청요·이민직의 제수를 허락하고, 병과·동진사인즉 3품직, 의·복·지리·율·산업인즉 4품직을 허락하고, 그 등과하여 입사入仕하지 않은 자라도 역시 7품으로 한정하고 현손玄孫에 이르러서 허통토록

하였다.[2]

12년 12월에 판判하여 대·소공친과 혼가(혼인)하여 출생한 바는 일찍이 7품으로 한정하였으나 지금 이후에는 사로(벼슬 길)를 일체 금하도록 하였다.[3]

18년 6월에 판判하여, 공·상·악인의 아들은 비록 공이 있더라도 다만 물품만을 사여하고 사로(벼슬 길)는 금하도록 하였다.[4]

註解 5-7-6-

-1) 仁宗三年正月判 電吏杖首所由門僕注膳幕士驅史大丈等子孫 依軍人子孫許通 諸業選路例 赴擧: 전리·장수·소유·문복·주선·막사·구사·대장 등의 雜類 자손에게는[5-7-1-2), 448쪽] 애초부터 과거에의 응시가 금지된 듯 나오고 있으며, 유사한 규정은 문종 2년조에도 보이고 있다. 그러면서 한편으로 동일한 문종 2년조에는 반대로 응시가 가능했던 듯한 기사가 찾아져, 아마 처음에는 응시를 못하도록 규정을 마련해놓고도 실제로는 묵인해 온게 당시의 실정이지 않았을까 하는 해석을 한바 있거니와[5-7-2-3), 452쪽], 인종 3년에 이르러 그것이 공식적으로 다시 확인되고 있다. 즉, 雜類의 자손들도 軍人의 자손들이 과거에서 중시하여 兩大業으로 불리던 제술과와 명경과를 포함한 잡과 등 諸業[1-3-1), 29쪽 및 2-1-12, 62쪽]에 응시했던 것처럼 이들을 赴擧토록 하고 있는 것이다.

참고로 여기에서 한 가지, 모든 科業에 응시가 가능했던 '군인'이 어떤 부류인가를 잠시 검토해볼 필요가 있다. 이들 군인을 일단 京軍 소속의 일반군인들로 이해를 하되, 그들의 성격에 대해서는 잘 알려져 있듯이 세습적으로 군인직을 이어가는 전문적 군인들이라는 軍班制說과[1] 그들은 군인이면서 동시에 농민이었다는 府兵制說로[2] 나뉘어져 온 데다가 근래에는 경군 가운데 일부는 특수 군인층인 軍班氏族으로 구성되었지만 나머지 많은 부분은 부병제의 원리에 따른 番上農民軍으로 형성되어 있었다는 二元的構成論도[3] 제시되고 있다. 필자는 이중 2원적구성론이 옳은 방향이라는 입장을 밝힌 일이 있지마는, 당해 군인은 농민이 아니라 특수군인층일 것이라는 짐작도 하고 있다.[4] 그렇게 볼 때에 제술과에 대한 응시자격과 함께 당시 잡류의 직위에 관해서도 숙고의 여지가 적지 않음을 알 수 있다.[5]

① 李基白,「高麗 京軍考」『이병도화갑기념논총』, 일조각, 1956 ;『고려병제사연구』, 일조각, 1968.

李基白,「高麗 軍班制 下의 軍人」『고려병제사연구』, 일조각, 1968.

② 姜晉哲, 「高麗初期의 軍人田」 『숙명여대논문집』 3, 1963.

　姜晉哲, 「軍人田」 『고려토지제도사연구』, 고려대출판부, 1980.

③ 張東翼, 「高麗前期의 選軍 – 京軍構成의 이해를 위한 一試論」 『高麗史의 諸問題』, 三英社, 1986.

　鄭景鉉, 「高麗前期 武職體系의 成立」 『한국사론』 19, 1988.

　洪元基, 「高麗 二軍·六衛制의 性格」 『한국사연구』 68, 1990 ; 『고려전기군제사연구』, 혜안, 2001.

④ 朴龍雲, 「高麗時代의 科擧 – 製述科의 應試資格」 『高麗時代 蔭敍制와 科擧制研究』, 一志社, 1990, 239~241쪽.

⑤ 金成俊, 「高麗史 選擧 三, 譯註(五)」 『大丘史學』 23, 1983, 165쪽.

-2) 其登製述明經兩大業者 限五品 醫卜地理律筭業者 限七品 … 其非登科入仕者亦限七品 至玄孫許通: 잡류의 자손으로서 과거에 급제한 경우에 승진할 수 있는 限品을 크게 두 단계로 나누어 규정하고 있다. 그 한 단계는 다른 급제자들과 마찬가지의 통상적인 경우로서 科業에 따라 구분하여 중시되던 제술과와 명경과인 兩大業[1-3-1], 29쪽 및 2-1-12, 62쪽]에 급제하면 5품까지로 한정하고, 잡업(위와 같음)에 급제했으면 7품까지로 한정하도록 하였다.

　　다음은 급제자가 자질과 재능면에서 節操가 굳고 반듯한 것으로 명성이 널리 알려진 자와 業하는 바가 특별히 뛰어난 자의 경우로서 역시 과업에 의하되 양대업은 다시 급제성적[2-2-2-4], 85쪽]에 따라 甲科·乙科는 淸要·理民職까지[5-1-10-3], 386쪽 및 5-7-2-6), 454쪽], 그리고 丙科·同進士는 3품으로 한정하고, 잡업은 4품까지로 한정하며,① 이 경우는 등과자가 아니더라도 7품을 한정으로 등용하고 그들의 玄孫에 이르러서는 許通하도록 한다고 했는데 그 의미는 7품 이상으로도 허통시킨다는 뜻인 듯하다.

　　하지만 한편 보면 규정상은 이와 같았다 하더라도 귀족사회로 알려진 고려에서 여러 여건이나 절차상 과연 잡류의 자손으로서 특히 제술과에 급제한 사람이 얼마나 되었고, 더구나 문벌귀족들이 하나같이 선호하던 청요직 등에 진출할 수 있는 사람이 있었을까에 대해서조차 부정적인 생각이 앞선다.②

① 洪承基, 「高麗時代의 雜類」 『歷史學報』 57, 1973 ; 『고려사회사연구』, 일조각, 2001, 169~173쪽.

② 金成俊, 위의 글 165~169쪽.

-3) (仁宗)十二年十二月判 嫁大小功親所産 曾限七品 今後仕路一禁: 대공친 및 소공친과 혼가(혼인)하여 얻은 자손에게 금했던 仕路(벼슬 길)가 숙종 6년(1101)에 잠시 풀렸지만[5-7-4-3), 456쪽] 예종 11년(1116)에 예전대로 되돌려진 사실은 [5-7-5-1), 457쪽] 앞서 설명한 바와 같다. 그러던 것이 언제인지는 잘 알 수 없으나 이후 그 금법이 다시 완화되었던 모양이다. 인종이 이때(1134년)에 이르러 저들 자손에게 일찍이 7품을 한정으로 하여 사로를 허락했다고 언급하고

있기 때문이다. 그러면서 지금부터는 일체 사로를 금하라고 또다시 명하고
있는 것이다.

① 盧明鎬, 「高麗의 五服親과 親族關係 法制」『한국사연구』33, 1981, 24~26쪽.

② 金成俊, 위의 글 169·170쪽.

-4) (仁宗)十八年六月判 工商樂人之子 雖有功 只賜物 禁仕路: 문종 7년(1053)에는
樂工에게 아들이 여럿일 경우 한 아들은 그 業을 있되, 나머지 아들들은 雜
類로 진출하여 하위 武散階를 받을 수 있도록 하였고[5-7-2-1), 451쪽], 다시 왕
27년(1073)條에는 상인과 함께 工匠의 자손으로 邊功이나 큰 재능이 있는 경
우 流品으로까지 진출할 수 있게 정한 사실[5-7-2-6), 454쪽]이 확인된다. 이를
전후하여 그같은 사례는 얼마간 더 있었던 듯싶거니와, 이때에 이르러 저들
의 공로에 대해서 물품만을 하사하고 사로는 금하도록 조처하고 있다.

原文 5-7-7. 毅宗元年十二月判 大小功親內只禁四寸以上犯嫁 五六寸親黨不曾
禁嫁 緣此多相昏嫁 遂成風俗 未易卒禁 已前犯産人許通仕路 今後一皆禁錮 六
年二月判 京市案付恣女 失行前所産限六品職 失行後所産禁錮 三月判 僧人子
孫限西南班七品

5-7-7. 의종 원년 12월에 판判하여, 대·소공친 내에서 다만 4촌 이상의
범가犯嫁만을 금하고, 5·6촌의 친당親黨은 일찍이 혼인을 금하지 않았으
므로 이로 인해 많이 서로 혼가婚嫁하여 마침내 풍속을 이루어서 갑자기
(창졸간에) 쉽게 금할 수 없으니 이미 전에 범하여 출생한 사람은 사로仕路
를 허통하고, 지금 이후에는 일체 모두 금고토록 하였다.[1]

6년 2월에 판하여, 경시안京市案에 부적된 자녀恣女가 실행失行 전에 출산
한 바는 6품직으로 한정하고, 실행 후에 출산한 바는 금고토록 하였다.[2]

3월에 판하여, 승려의 자손은 서·남반 7품에 한정토록 하였다.[3]

註解 5-7-7-

-1) 毅宗元年十二月判 大小功親內只禁四寸以上犯嫁 五六寸親黨不曾禁嫁 緣此多
相昏嫁 遂成風俗 未易卒禁 已前犯産人許通仕路 今後一皆禁錮: 대공친 및 소
공친과 혼인하여 얻은 자손에게는 仕路를 금하는 등의 제재를 가하였지만
숙종 6년에는 그 규제가 풀렸다가 예종 11년(1116)에 예전대로 되돌려지는
등 변천이 거듭되었다. 그러다가 인종 12년(1134)에 이르러 규제를 다시 확인

하는데, 그러면서 대·소공친과 婚嫁하여 출생한 자손은 일찍이 7품으로 限品했다고 언급하고 있는 것을 보면[5-7-6-3), 459쪽] 그간에도 규제가 완화되고 또 그 규제 자체도 잘 준수되지 않았던 듯하다. 한데 이번 의종 원년(1147)에도 유사한 조처가 반복되고 있다. 즉, 대·소공친 내에서도 4촌 이상, 곧 대공친 관계일 때는 犯嫁를 금하였으나 5·6촌 親黨 사이는 일찍이 婚嫁를 금하지 않아 많은 사람들이 서로 혼인해 풍속을 이룰 정도여서 갑작스럽게 쉬이 바꿀 수 없으므로 이전에 태어난 자손은 仕路를 許通토록 하고, 지금 이후부터 태어난 자손들에 한해 금고하도록 결정하고 있는 것이다. 이렇게 여러 차례 반복해서 근친간의 혼인을 금하는 判文이 나오는 것 자체가 그 禁令이 제대로 지켜지지 않았던 당시의 실정을 반증하거니와, 그만큼 근친혼 풍습이 뿌리 깊었음을 알 수 있을 것 같다.

   ① 盧明鎬,「高麗의 五服親과 親族關係 法制」『한국사연구』 33, 1981, 24~26쪽.

-2) (毅宗)六年二月判 京市案付恣女 失行前所産限六品職 失行後所産禁錮: 工匠案·恣女案처럼 京市案은 開京에 거주하며 상업에 종사하는 인원들에 대한 臺帳으로 짐작되는데, 不貞한 여자들인 恣女들도 여기에 付籍되어 있었던 듯하다. 그리하여 그들이 失行 전에 출생한 바는 6품직으로 한정시키도록 했으나 失行 후에 출생한 바는 금고토록 정하고 있다.

   ① 朴平植,「高麗時期의 開京市廛」『河炫綱定年紀念論叢, 韓國史의 構造와 展開』, 혜안, 2000, 439·440쪽.

   ② 金成俊, 앞의 글 171쪽.

-3) (毅宗六年)三月判 僧人子孫限西·南班七品: 문종 16년에 승려의 자는 仕路를 금고하고 손자에 와서야 許通토록 했던 것을[5-7-2-5), 454쪽], 이때에 이르러 자·손을 구분하지 않고 西班과 南班의 7품까지는 오를 수 있도록 규제를 완화하고 있다.

原文 5-7-8. 高宗四十五年二月 崔竩以家奴李公柱爲郎將 舊制 奴婢雖有大功 賞以錢帛 不授官爵 崔沆秉政 欲收人心 始除其家殿前公柱崔良伯金仁俊爲別將 聶長壽爲校尉 金承俊爲隊正 至是奴等曰 公柱身事三世 年老有功 請加衆職 奴隷拜衆始此

5-7-8. 고종 45년 2월에 최의가 가노家奴인 이공주를 낭장으로 삼았다. 옛 법제에 노비는 비록 큰 공이 있다 하더라도 돈·비단으로 상을 주었을뿐 관작을 제수하지는 않게 되어 있었다. (한데) 최항이 정권을 잡고서는 인심을 얻고자 처음으로 그 家의 전전殿前인 공주와 최양백·김인준을 별

장으로 삼고, 섭장수는 교위로 삼았으며, 김승준은 대정으로 삼았는데, 이때에 이르러 노奴 등이 말하기를, "공주는 그 자신 3세世를 섬겨 나이가 많고 공도 있으니 청컨대 참직을 주십시오" 라고 하였으므로 (이에 낭장을 제수한 것이다.) 노예에게 참직을 제배除拜하는 것은 여기에서 비롯되었다.[1]

註解 5-7-8-

-1) 高宗四十五年二月 崔沆以家奴李公柱爲郞將 舊制 奴婢雖有大功 賞以錢帛 … 年老有功 請加叅職 奴隷拜叅始此: 무신란武臣亂과 그에 따라 성립된 무신 정권기(1170~1270)는 고려의 정치·경제·사회 등 모든 분야가 일대 전환을 겪는 기간이었다. 그 한 부분이 신분제의 동요, 변환으로서 종래의 문신들이 크게 위축되고 무장세력이 득세하는 상황과 더불어 寺婢의 몸에서 태어난 李義旼이 무인집정의 지위에까지 오르고 할머니와 어머니를 官妓로 둔 曺元正이 추밀원부사(정3품)를 지낸 사례에서 보듯이 상급의 지배신분층에 변화가 초래되는 가운데 신분질서의 이완은 불가피 하였다. 이같은 분위기 속에서 신분에 대한 관념상의 변화가 수반된 데다가 경제질서의 문란에 따라 民生이 한층 더 곤궁해지면서 전국 각지에서 농민과 천민의 봉기가 잇달았다.①

이같은 상황의 연장 선상에서 무장인 崔忠獻이 집권한 이후 瑀-沆-竩 4대에 걸치는 崔氏武臣政權이 수립되었다. 이들 최씨 무인집정들은 반대파를 숙청하고 자기네의 정권을 유지하기 위하여 많은 私兵을 양성하였는데, 崔氏家를 충성으로 섬기면서 그들을 지휘하며 군사적·정치적으로 중요한 역할을 한 많은 수는 저들의 家奴였다.② 고종 45년은 최씨정권의 말기에 해당하거니와, 이전에는 노비들이 큰 공로를 세우더라도 돈이나 비단으로 상을 줄뿐 관작을 수여하지는 않았던 것을, 3대 집정이 된 崔沆이 인심을 얻기 위해 자기의 家奴 출신으로 殿前이던 李公柱를 비롯하여 崔良伯·金仁俊에게는 무반의 정7품인 別將, 聶長壽(守)에게는 정9품인 校尉, 金承俊을 隊正(品外)으로 삼고 있다. 그러자 이들 家奴 출신 무인들은 그 한 사람인 이공주의 경우 崔氏家 3대를 섬겨오면서 공로도 많으니 특별히 叅職[5-1-3-1), 368쪽]을 제수하여 줄 것을 요청하였다. 이에 최의는 마침내 그에게 叅上職인 郞將(정6품)을 제수하고 있거니와, 이것이 노예에게 참직을 제수한 처음의 사례라는 설명이 덧붙어 있다.

이곳의 기사 가운데 이공주가 지니고 있었다는 殿前은 掖庭局에 속한 남반의 정9품직인 殿前承旨[『고려사』 권76, 백관지 1 掖庭局]를 말한다. 그는 奴

출신이면서도 主家에 힘입어 이 직위에 진출해 있었던 것 같으며, 그가 이제
는 참직에까지 오르고 있는 것이다. 그와 함께 별장직을 제수받고 있는 김
인준은 뒤에 최씨정권을 무너뜨리고 그 자신 무인집정까지 지내는 金俊이며
[『고려사』 권130, 반역열전 金俊傳], 이번 고종 45년의 이공주에게 별장을 제수한
것이 노예에게 참상직을 준 처음의 사례라고 한 부분은 그에 앞서 최우가
私奴의 子인 安碩貞을 御史中丞(종4품)에 임명한 예[『고려사』 권129, 반역열전 최
충헌 附 怡傳] 등이 찾아져 그 설명이 꼭 맞는 이야기라고 하기는 어려우므로
아울러 함께 부기해 둔다. 요컨대 무신정권기는 위에서 지적했듯이 상·하의
신분질서 모두가 크게 동요하였던 것인데, 이 기사는 그 한 부분에 대한 설
명인 셈이라 하겠다.[③]

① 邊太燮,「萬積亂 發生의 社會的 素地 - 武臣亂 후의 身分構成의 變質을 基盤으
　로 -」『사학연구』 4, 1959 ;『高麗政治制度史硏究』, 일조각, 1971.
② 洪承基,「高麗 崔氏武人政權과 崔氏家의 家奴」『진단학보』 53·54 합병호,
　1982 ;『고려귀족사회와 노비』, 일조각, 1983.
③ 金成俊,「高麗史 選擧 三, 譯註(五)」『大丘史學』 23, 1983, 171~174쪽.

[原文] 5-7-9. 元宗元年四月下旨 散員康俊才 以本系微賤 限在七品 然能通蒙古
語 宜限五品

5-7-9. 원종 원년 4월에 지旨를 내리기를, "산원인 강준재는 본래 가계家
系가 미천하여 7품에 한정하도록 되어 있으나 그러나 몽고어에 능통하니
마땅히 5품으로 한정할 것이다" 하였다.[1]

註解　5-7-9-

-1) 元宗元年四月 下旨 散員康俊才 以本系微賤 限在七品 然能通蒙古語 宜限五
　品: 家系가 微賤하다는 표현만으로 강준재의 신분계층을 명확하게 파악하기
　는 어려우나 7품에 限品토록 하는 수준의 하급 신분층이었던 것은 분명하
　다. 그리하여 그는 당시 무반 정8품인 散員에[『고려사』 권77, 백관지 2 西班] 재
　임하고 있었던 것인데, 그에게는 몽고어에 능통하다는 남다른 장점이 있었
　다. 원종 원년이라면 몽고와의 관계가 매우 긴밀해져가는 시기로서 몽고어
　에 능통한 인물이 절실했던 때이므로 그에게 특별히 5품까지 승진할 수 있
　도록 은택을 베풀고 있는 것이다.
　① 金成俊,「高麗史 選擧 三, 譯註(五)」『大丘史學』 23, 1983, 174·175쪽.

原文 5-7-10. 忠烈王二年閏三月 僉議府上言 近內竪微賤者以隨從之勞 許通仕路 混雜朝班 有乖祖宗之制 請收成命 不允 國制 內僚之職限南班七品 謂之常式七品 如有大功異能 只加賞賜 未有至五六品者 元宗朝始通其路 然拜將軍郎將者不過一二 及忠烈卽位 內人無功者拜豊官高爵 腰輕帶黃 至子孫 許通臺省政曹者甚多 若別將散員不可勝數

5-7-10. 충렬왕 2년 윤3월에 첨의부에서 상언上言하기를, "근래에 내수內竪 미천자微賤者들이 수종隨從한 공로로 사로仕路(벼슬 길)에 허통許通되어 조정의 반열에 섞이게 되었으므로 조종祖宗의 법제에 어긋남이 있으니 청컨대 성명成命을 거두십시오" 하였으나 윤허하지 않았다. 나라의 제도에 내료직은 남반 7품에 한정시키고 그를 가리켜 상식常式 7품이라 불렀으며, 만약에 큰 공로와 특이한 능력이 있다 하더라도 다만 상사賞賜를 가할 뿐이어서 5·6품에 이르는 사람은 없었다. 원종조에 그 길을 터 놓았으나, 그러나 장군·낭장에 임명된 자가 한 둘에 지나지 않았었는데, 충렬왕이 즉위함에 미쳐 내인內人·무공자無功者들이 대관 고작高爵에 올라 허리에는 누런 가죽띠를 띠었고, 자손에 이르러서는 대성臺省·정조政曹에 허통된 자도 심히 많았으며, 별장·산원 같은 것은 이루 다 헤아릴 수가 없었다.[1]

註解 5-7-10-

-1) 忠烈王二年閏三月 僉議府上言 近內竪微賤者 以隨從之勞 許通仕路 混雜朝班 … 至子孫 許通臺省政曹者甚多 若別將散員 不可勝數: 무신정권기에 들어와 신분제가 크게 동요되었다 함은 앞서 설명한 바와 같거니와[5-7-8-1), 462쪽], 그 부분에 대한 이곳의 설명도 좀 잘못되어 있다. 法制를 어기고 微賤者에게 6품 이상의 직위를 제수한 것이 원종조에 접어들어서의 일인듯 기술하고 있으나 실제로는 고종 때부터 그같은 사례가 적지 않게 찾아진다는 점 역시 이미 설명한대로이다.

하여튼 무신정권기에 그처럼 거듭되던 전통적인 신분질서의 동요는 이제 본격적인 몽고간섭기에 접어드는 충렬왕 이후 한층 심화된다. 몽고와 특별한 관계가 맺어진 가운데 고려의 국왕조차 어려움이 많은 상황에서 왕에게 헌신적인 봉사를 한 內僚와 隨從臣 내지 親從行李의 공신, 심지어는 奴 출신들에게 그에 대한 보답으로 높은 직위를 수여하는 일이 많았던 데다가, 앞서도 보았듯이 몽고어에 익숙하거나[5-7-9-1), 463쪽] 몽고에 바치는 매를 관장하던 응방을 통해 크게 입신하기도 하고, 또 몽고에 宦官으로 들어가 신임을 얻은 것을 기화로 고려에 있는 자기의 인척들에게 벼슬을 주도록 하는 등등 여러 경로로 신분적 제약을 받는 부류들의 다수가 고위직에까지 진출하였던 것이다. 그같은 양상이 충렬왕 초기부터 이미 만연되고 있었던듯 중서문하성의 후신으로 국정의 중심기관이던 僉議府에서 왕 2년에 그의 시정을 요구하고 나서기에 이른 것이다. 당시의 상황에 대해 첨의부는 內人·無功者들이 재상과 같은 고관·대작에 오르는가 하면, 자손에 이르러서는 대표적인 淸要職[5-1-10-3), 386쪽]으로 百官의 감찰과 국왕에 대한 諫諍 등을 맡은 御史臺와 중서문하성 郎舍의 臺諫職, 그리고 문·무의 인사담당기구인 政曹(吏部와 兵部)에까지 許通되고 있으며, 무관인 別將(정7품)과 散員(정8품) 같은 것은 이루 다 헤아릴 수 없을 정도였다고 지적하고 있거니와, 그러나 왕은 그 시정책을 윤허하지 않고 있다.

① 洪承基,「元의 干涉期에 있어서의 奴婢出身 인물들의 政治的 進出」『韓國史學』 4, 1983 ;『고려귀족사회와 노비』, 일조각, 1983.
② 朴菖熙,「高麗後期의 身分制 動搖」『國史館論叢』4, 1989.
③ 洪承基,「신분제의 동요」『한국사』20, 국사편찬위원회, 1994 ;『고려사회사 연구』, 일조각, 2001.
④ 金昌賢,「원간섭기 고려의 사회변동 - 신분제 변동을 중심으로 -」『진단학보』 91, 2001.

[原文] 5-7-11. 辛禑五年正月 諫官言 工匠之徒雖或有勞 勿許授職 其已授者追奪職牒

5-7-11. 신우 5년 정월에 간관이 말하기를, "공장의 무리는 비록 혹은 공로가 있더라도 관직을 제수하는 것을 허락하지 말고, 그 이미 받은 자는 직첩을 소급하여 박탈하소서" 하였다.[1]

註解 5-7-11-

-1) 辛禑五年正月 諫官言 工匠之徒雖或有勞 勿許授職 其已授者 追奪職牒: 문종 27년에 工人의 자손으로 仕路에 올라 문제가 된 바 있고[5-7-2-6), 454쪽], 인종 18년에는 工匠의 子가 비록 공로가 있더라도 물품만을 하사하고 사로를 금하도록 하는 判文이 내려졌는데도[5-7-6-4), 460쪽] 제대로 준수되지 않은 것 같

다. 특히 麗末에는 그처럼 工匠으로 授職한 사례가 많았던듯, 다시 간관들이
나서 그것의 금지뿐 아니라 이미 제수받은 것은 追奪하도록 건의하고 있다.
　① 金成俊,「高麗史 選擧 三, 譯註(五)」『大丘史學』23, 1983, 175쪽.

5-8. 음서蔭敍

[原文] 5-8-1. 凡蔭敍 諸以蔭出身者皆限年十八以上

5-8-1. 음서.[1] 여러 음蔭 출신자는 모두 나이 18세 이상에 한정한다.[2]

註解 5-8-1-

-1) 凡蔭敍: 蔭敍는 父·祖의 蔭德에 따라 그 子·孫을 敍用하는 것을 말한다. 이
　　것이 우리가 일반적으로 일컫는 음서인데, 그 기준을 품계에 두어 5품 이상
　　의 고위 관료에 오르면 과거와 같은 시험을 거침이 없이 그 자·손에게 음
　　관·음직의 명분으로 관직을 수여하도록 규정하고 있다. 이처럼 고위 관료를
　　대상으로 한 음서를 일반음서라고 할 것 같으면, 이곳 선거지에 따로 항목
　　을 설정하고 있는 범서조종묘예와 범서공신자손은 글자 그대로 왕실의 후예
　　와 공신의 자손에게 특별히 은택을 베풀어 관작을 부여하는 것으로서 역시
　　음서의 한 부분이라고 할 수 있다.[1]
　　　이와 같이 음서는 일반 음서와 祖宗 苗裔에 대한 음서 및 공신 자손에 대
　　한 음서의 세 종류로 구분되어 있었는데, 위의 설명에서 드러나듯이 전자가
　　일반 관료들을 대상으로 한데 비해 후2자는 왕족과 공신이라는 특수층을 대
　　상으로 하고 있었다는 점에서 차이가 났으며, 또 전자의 경우 혜택이 자·손
　　대에 한정되고 있는데 비해 후2자는 친족의 遠近에 별다른 제약이 없어 遠
　　孫에게까지 미치고 있다는 점에서 차이를 볼 수 있다. 아울러 혜택의 규모
　　도 전자에 비해 후2자에게는 숫자나 범위가 많고 넓게 잡혀져 있으며, 또 전
　　자가 5품 이상관을 대상으로 한데 비해 후2자, 특히 공신의 경우 6품 이하
　　도 가능하도록 하는 등 여러 면에 차이점이 드러나고 있다.
　　　다음 음직이 주어지는 계기를 보면 국왕의 즉위를 비롯하여 王太后·王太
　　子의 책봉과 太廟·王陵에의 祭享 및 旱災나 變亂 등에 이어서 행해지고 있
　　다. 그러므로 한때 음서가 褒賞·特赦와 같은 의미에서 베풀어지는 특혜로만
　　생각되기도 하였다.[2] 그러나 음직이 주어진 구체적인 사례들을 분석한 결과

그같은 때 뿐만 아니라 일상적으로 자주 사여된 사실이 밝혀졌다.[3] 그러므로 음서는 국가의 경사나 비상시에 간헐적으로만 행하여진게 아니라 정기적 내지 恒例的으로 주어지는 제도였다는게 현재의 일반적인 견해이다.[4] 그리하여 지금은 특히 일반 음서에 있어서 전자의 경우를 特賜蔭敍, 후자의 경우를 定規蔭敍라 부르고들 있다.[5] 이곳 선거지의 蔭敍條는 국왕의 즉위 등 대부분이 特賜蔭敍의 경우를 다룬 것이다. 하지만 현재 찾아지는 전체 음서의 사례 170~200여 가운데에서 定規蔭敍의 경우도 상당수에 달하고 있다.[6]

① 金毅圭, 「高麗朝蔭職小考」『柳洪烈華甲紀念論叢』, 서울대출판부, 1971.

② 許興植, 「高麗의 科擧와 門蔭과의 比較」『한국사연구』 27, 1979 ; 『고려과거 제도사연구』, 일조각, 1979.

③ 朴龍雲, 「高麗時代 蔭敍制의 實際와 그 機能(상)(하)」『한국사연구』 36·37, 1982 ; 『고려시대 음서제와 과거제 연구』, 일지사, 1990.

④ 金龍善, 「高麗時代의 蔭敍制度에 대한 再檢討」『진단학보』 53·54 합집, 1982 ; 『高麗蔭敍制度研究』, 일조각, 1991.

⑤ 盧明鎬, 「高麗時의 承蔭血族과 貴族層의 蔭敍機會」『金哲埈華甲紀念 史學論叢』, 지식산업사, 1983.

⑥ 朴龍雲, 위의 논문 ; 저서 19~26쪽.
　金龍善, 위의 저서 255~267쪽.

-2) 諸以蔭出身者 皆限年十八以上: 父·祖 덕택으로 음직을 받은자, 즉 被蔭者는 나이가 18세 이상이 된 사람에 한정한다는 규정이다. 이는 필시 아직 入仕하기에는 적절치 않은 어린 나이에 음직을 받는 인원이 많은 상황을 염두에 두고 그것을 규제할 필요성이 있는 데서 나온 것으로 짐작되는데, 구체적인 사례들을 찾아 보면 실제로도 그러했음이 확인된다. 현재 우리들이 남아있는 자료를 통해 음직을 받을 당시의 연령을 대략적이나마 알 수 있는 인원은 40명 내외로써 최하 5세로부터 최고 33, 4세까지에 걸쳐 있거니와, 그 분포를 보면 10세 이하가 ⅓이 조금 못되고, 11세~17세가 ⅓이 조금 넘으며, 18세 이상도 ⅓이 조금 못되는 숫자이고, 전체 인원의 평균 연령은 15세 내외로 나타나고 있는 것이다. 더구나 음서의 연령은 시기가 내려가면서 점차 더 적어지는 경향을 띠고 있지마는, 18세 從仕法이 法制로서 확인되는 때는 조선초에 이르러서의 일이며, 고려조에서도 말기인 昌王 때에 와서 비로소 이 문제가 논의된 사실이 눈에 띤다[『고려사절요』 권33, 禑王 14년= 昌王 즉위년 8월]. 이런 여러 상황을 참작할 때 被蔭者의 연령을 18세 이상으로 한정한다는 규정도 麗末에야 제정되었을 가능성이 크다고 생각된다. 이것은 결국 고려의 전 시기에 걸쳐 음서에 대한 연령의 제한이 실제적으로는 존재하지 않았음을 뜻한다. 논자 가운데는 음서가 5품 이상 귀족관료의 자손들이 쉽사리 관직에 취임할 수 있도록 한 제도였다는 점에서 뿐 아니라 나아가서는 그것

이 이처럼 어린 나이에 가능했다는 데에 큰 의미를 부여하고 있기도 하다.
① 金毅圭, 위의 논문 103쪽.
② 許興植, 위의 논문 ; 저서 222쪽.
③ 朴龍雲, 위의 논문 ; 저서 43~52쪽.
④ 金龍善, 위의 논문 ; 저서 76~79쪽.

原文 5-8-2. 穆宗卽位敎 文武五品以上子 授蔭職

5-8-2. 목종이 즉위하여 교敎해, 문·무 5품 이상의 자에게 음직을 수여토
록 하였다.[1)]

註解 5-8-2-

-1) 穆宗卽位敎 文武五品以上子 授蔭職: 목종이 즉위한지(997년 10월) 두 달만인
12월에 敎書를 통해 여러 가지 은택을 베푸는 가운데[『고려사절요』 권2, 成宗 16
년 12월조] 하나로 문·무 5품 이상의 子에게 蔭職을 수여토록 하고 있다. 이
것이 구체적으로 음서를 시행한 최초의 기사이거니와, 목종이 즉위하자 곧
바로 이 제도를 만들어 시행했다고 보는 것은 무리이므로 그의 성립은 아무
래도 통치질서가 제자리를 잡아가는 성종조로 이해하는게 옳을 것 같다.[①]
그리고 이것은 목종의 즉위에 즈음하여 은택을 베푸는 것이므로 特賜蔭敍
[5-8-1-1), 466쪽]에 해당하는 것이겠다. 그 범위는 문·무 5품 이상의 子에게 주
도록 정하고 있는데, 이어지는 기사들도 한결같이 5품이 기준이 되고 있다.
일반 관료들의 경우 음서의 혜택은 애초부터 5품 이상에 한정하도록 한 사
실을 거듭 확인할 수 있거니와, 그 5품은 散階로는 大夫階가 된다. 한데 이
大夫階가 충선왕 복위년(1308)에 4품 이상으로 변경이 됨에 따라[『고려사』 권
77, 백관지 2 文散階] 혹 음서의 품계 기준도 4품 이상이 되지 않았을까 하는
의견이 없지 않으나[②] 대체적으로 5품관 이상이었다고 보는게[③] 일반적이다.
① 金毅圭, 「高麗朝蔭職小考」 『柳洪烈華甲紀念論叢』, 서울대출판부, 1971, 102·
103쪽.
朴龍雲, 「高麗時代 蔭敍制의 實際와 그 機能(상)(하)」 『한국사연구』 36·37,
1982 ; 『고려시대 음서제와 과거제 연구』, 일지사, 1990, 3~8쪽.
② 朴龍雲, 「高麗時代의 蔭敍制에 관한 몇가지 問題」 『高麗史의 諸問題』, 삼영
사, 1986 ; 『고려시대 음서제와 과거제 연구』, 일지사, 1990, 119~121쪽.
③ 金龍善, 「高麗時代의 蔭敍制度에 대한 再檢討」 『진단학보』 53·54 합집,
26~28쪽, 1982 ; 『高麗蔭敍制度研究』, 일조각, 1991.

原文 5-8-3. 顯宗五年十二月教 兩班職事五品以上子孫若弟姪 許一人入仕

5-8-3. 현종 5년 12월에 교教하여, 양반의 직사職事 5품 이상 자·손이나 제弟·질姪에게 1인의 입사入仕를 허하도록 하였다.[1]

註解　5-8-3-

-1) 顯宗五年十二月教 兩班職事五品以上子孫若弟姪 許一人入仕: 현종 5년 12월의 음서는 상장군 金訓 등 무신들이 반란을 일으켜 조정이 매우 어려운 처지에 놓인 상황에서 민심수습책으로 赦免과 推恩을 베푸는 가운데 그 일환으로 이루어진 特賜蔭敍의 한 사례이다. 한데 이번에는 職事, 즉 일정한 직임을 가지고 실무를 보는 5품 이상의 문·무 양반을 대상으로 하되, 그 수혜자의 범위를 자·손과 그리고 동생인 제弟 및 형제의 아들인 질姪에게까지 확대하고 있는 사실이 주목된다. 그러면서도 한편으로 1인에 한해서 入仕를 허락한다는 단서가 붙었는데, 이후의 기사들에서도 대체적으로 1인이 따라 다닌다. 그러므로 종래 고려의 음서제는 1명의 托蔭者(官僚)가 1명의 자손에 한해서만 음직을 줄 수 있는 이른바 '1人 1子'의 원칙에 입각하고 있는 제도였다고 이해하여 왔다.[①] 그러나 필자는 이와 좀 달리 한명의 관료가 여러 명의 자·손에게 음직을 부여한 사례를 들면서 일정한 기간을 두고 '1人 多子'가 가능했다는 주장을 폈다. 사료에 나오는 '1인 1자'는 음직을 부여할 계기가 되어 시행하는 당해 시기에 여러 명이 아니라 1인에게만 줄 수 있다는 '1回 1人'의 원칙을 말한 것이지, 그게 托蔭할 수 있는 관료가 전생애를 통해 한번에 국한하여 베풀게한 그런 의미는 아니라고 이해한 것이다.[②] 하지만 이후에도, 예컨대 한 형제가 복수로 음직을 받는 경우도 친족을 달리하여 받을 수 있었을 뿐 아니라 음서의 종류도 다양했으므로 그같은 일은 있을 수 있다고 보아 '1인 1자'의 원칙은 그대로 유효하다고 이해하는 입장도 있다.[③]

　　뒤에 설명하듯이 이번의 음서에는 공신자손에 대한 내용[5-10-1-2), 485쪽]도 내포되어 있다.

① 金毅圭,「高麗朝蔭職小考」『柳洪烈華甲紀念論叢』, 서울대 출판부, 1971.
② 朴龍雲,「高麗時代 蔭敍制의 實際와 그 機能(상)(하)」『한국사연구』 36·37, 1982 ;『고려시대 음서제와 과거제 연구』, 일지사, 1990.
　　朴龍雲,「高麗時代의 蔭敍制에 관한 몇가지 問題」『高麗史의 諸問題』, 삼영사, 1986 ;『고려시대 음서제와 과거제 연구』, 일지사, 1990.
③ 金龍善,「高麗時代의 蔭敍制度에 대한 再檢討」『진단학보』 53·54 합집,

26~28쪽, 1982 ; 『高麗蔭敍制度研究』, 일조각, 1991.

盧明鎬, 「高麗時의 承蔭血族과 貴族層의 蔭敍機會」 『金哲埈華甲紀念 史學論叢』, 지식산업사, 1983.

原文 5-8-4. 肅宗卽位詔 職事四品以上及致仕員 戶爵一子 五年二月詔 兩京文武顯職四品及給舍中丞諸曹郎中致仕見存者 許一子蔭職

5-8-4. 숙종이 즉위하여 조詔를 내려, 직사職事 4품 이상 및 치사致仕한 (관)원의 호戶에 대해 1자에게 작爵을 주도록 하였다.[1]

　5년 2월에 조詔하여, 양경兩京의 문·무 현직顯職 4품 및 급사중·중서사인·중승·제조낭중諸曹郎中으로 치사致仕하고 현존한 자者의 1자에게 음직을 허하도록 하였다.[2]

註解　5-8-4-

　-1) 肅宗卽位詔 職事四品以上及致仕員 戶爵一子: 역시 숙종이 즉위에 즈음하여 特賜蔭敍를 베풀고 있다. 4품 이상의 實職에 재임 중인 職事者와 70세에 다달아 現職에서 물러난 致仕者를 대상으로 하고 있는데, 戶當 1子에게 官職이 아니라 官爵을 수여하여 일상적인 때와는 좀 다른 면을 보이고 있다. 고려 때의 爵位는[①] 정2품 國公과 종2품 郡公, 그리고 정5품의 郡侯·縣侯와 郡伯·縣伯 및 郡子·縣子, 종5품의 郡男·縣男 등으로 구성되어 있었거니와,[②] 그 내용은 분명치 않으나 이들 작위를 수여함으로써 저들에게 그에 따른 특혜를 누리도록 하고 있는 것이라 하겠다.

　　뒤에 설명하듯이 이번의 음서에는 祖宗苗裔[5-9-1-2), 479쪽]와 功臣子孫[5-10-3-1), 487쪽]에 대한 내용도 포함되어 있다.

　　① 『高麗史』 권77, 百官志 2 爵. 이에 대한 해설은 朴龍雲, 『高麗史 百官志 譯註』, 신서원, 2009, 739~742쪽 참조.

　　② 김기덕, 「封爵制의 構成과 運營」 『高麗時代 封爵制 研究』, 청년사, 1988, 112·113쪽.

　-2) (肅宗)五年二月詔 兩京文武顯職四品及給舍中丞諸曹郎中致仕見存者 許一子蔭職: 전달인 1월에 長子를 王太子로 冊封한 데 따른 特賜蔭敍로 생각된다. 그 내용은 兩京, 즉 수도인 開京과 제2 수도와 같은 西京의 문·무 4품 顯職者와 給事中(종4품)·中書舍人(종4품)·御史中丞(종4품)·諸曹(6曹=6部)의 郎中(정5품) 등 조정의 핵심 부서라 할 中書門下省의 郎舍와 御史臺·尙書6部의 중견 간부들로서 퇴임할 나이가 차서(70세에 다달아) 致仕하였으나 아직 생존하고 있는 인

사들의 1子에게 음직을 제수토록 하고 있는 것이다.

뒤에 설명하듯이 이번의 음서에는 祖宗苗裔[5-9-1-4), 479쪽]에 대한 내용도 포함되어 있다.

原文 5-8-5. 睿宗三年二月詔 兩京文武班五品以上 各許一子蔭官 無直子者許收養子及孫

5-8-5. 예종 3년 2월에 조詔하여, 양경의 문·무반 5품 이상에게 각기 1자의 음관을 허하고, 직자가 없는 사람은 수양자 및 손에게 허하도록 하였다.[1]

註解 5-8-5-

-1) 睿宗三年二月詔 兩京文武班五品以上 各許一子蔭官 無直子者許收養子及孫: 전달인 1월에 母后인 柳氏를 王太后로 책봉한 데 따른 特賜蔭敍이다. 그리하여 兩京, 즉 수도인 開京과 제2 수도와 같은 西京의 문·무반 5품 이상에게 각각 1子씩 음관을 주도록 하고 있는 것이다. 한데 直子가 없는 경우 收養子 및 손에게 주도록 하고 있거니와, 이처럼 음서의 수혜 대상에 수양자가 포함된 점과, 또 음서의 혜택이 가능한한 돌아가도록 조처를 취하고 있다는 점 등을 주목할 필요가 있을 것 같다.

뒤에 설명하듯이 이번의 음서에는 祖宗苗裔[5-9-2-1), 479쪽]와 功臣子孫 [5-10-4-1), 488쪽]에 대한 내용도 포함되어 있다.

原文 5-8-6. 仁宗五年二月判 收養同宗支子許承蔭 收養遺棄小兒良賤難辨者 東西南班並限五品 十二年六月判 致仕見任宰臣 直子軍器注簿同正 收養子及內外孫甥姪良醞令同正 前代宰臣 直子良醞令同正 內外孫令史同正 樞密院 直子良醞令同正 收養子及內外孫甥姪良醞丞同正 左右僕射六尙書以下文武正三品 直子良醞令同正 收養子及內外孫甥姪主事同正 從三品 直子良醞令同正 收養子及內外孫甥姪令史同正 正從四品 直子良醞丞同正 正從五品 直子主事同正 十三年閏二月判 前代宰臣直子良醞丞同正 內孫令史(中?)同正 外孫史同正

5-8-6. 인종 5년 2월에 판判하여, 수양收養한 동종同宗의 지자支子에게도 음직의 승계를 허하고, 유기遺棄된 소아를 수양收養하였는데 양천良賤을 판별하기 어려운 자는 동·서·남반 모두 5품에 한정하도록 하였다.[1]

12년 6월에 판判하여, 치사致仕 및 현임見任 재신의 직자直子는 군기주부동정, 수양자 및 내·외손, 생甥·질姪은 양온령동정으로, 전대前代 재신의 직자는 양온령동정, 내·외손은 영사동정으로, 추밀원의 직자는 양온령동정, 수양자 및 내·외손, 생·질은 양온승동정으로, 좌우복야와 6상서 이하 문·무 정3품의 직자는 양온령동정, 수양자 및 내·외손, 생·질은 주사동정으로, 종3품의 직자는 양온령동정, 수양자 및 내·외손, 생·질은 영사동정으로, 정·종4품의 직자는 양온승동정으로, 정·종5품의 직자는 주사동정으로 하였다.[2]

13년 윤2월에 판하여, 전대前代 재신의 직자는 양온승동정, 내손은 영사동정, 외손은 사동정으로 하였다.[3]

註解 5-8-6-

-1) 仁宗五年二月判 收養同宗支子許承蔭 收養遺棄小兒良賤難辨者 東西南班並限五品: 이곳 선거지 蔭敍條의 모든 기사들은 詔書나 敎書를 통해 음직을 수여하는 구체적인 特賜蔭敍의 사례들인데 비해 인종 5년 기사는 그와 달리 음서제 운영상의 원칙 가운데 한 부분을 判文으로 규정하고 있는 것으로써, 보다시피 그 내용은 다음의 두 가지이다.

하나는 同宗의 支子를 거두어 길러 아들로 한 경우 음직의 승계를 허락한다. 다른 하나는 버려진 소아를 거두어 길러 아들로 삼았는데 그가 良人인지 천인인지를 판별하기 어려운 경우 음직의 승계는 허락하되 동반·서반·남반의 5품까지로 한정한다는 것이다.

-2)·3) (仁宗)十二年六月判 致仕見任宰臣 直子軍器注簿同正 收養子及內外孫甥姪良醞令同正 前代宰臣 直子良醞令同正 內外孫令史同正 樞密院 直子良醞令同正 收養子及內外孫甥姪良醞丞同正 左右僕射六尙書以下文武正三品 直子良醞令同正 收養子及內外孫甥姪主事同正 從三品 直子良醞令同正 收養子及內外孫甥姪令史同正 正從四品 直子良醞丞同正 正從五品 直子主事同正 十三年閏二月判 前代宰臣直子良醞丞同正 內孫令史(中?)同正 外孫史同正: 이곳 인종 12년과 13년의 判文 역시 음서제 운영상의 法制들을 判文으로 규제하고 있는 것이다. 그 전반에 관한 규정은 보다시피 12년의 判文이고, 13년의 判文은 12년의 규정중 前代 재신에 대한 판문을 일부 수정하고 있는 것인데, 그들 내용을 보기쉽게 도표로 작성하면 다음과 같다.

인종 12년 6월判 初蔭職(괄호는 왕 13년 윤2월 判)

	직자直子		수양자收養子	
	관직	품계	관직	품계
치사致仕 및 현임의 재신	군기주부동정	정8품	양온령동정	정8품
전대前代의 재신	양온령동정	정8품		
	(양온승동정)	(정9품)		
추밀원	양온령동정	정8품	양온승동정	정9품
좌우복야 6상서 이하 문무 정3품	양온령동정	정8품	주사동정主事同正	이속
종3품	양온령동정	정8품	영사동정令史同正	이속
정·종4품	양온승동정	정9품		
정·종5품	주사동정主事同正	이속		

	내·외손		생·질	
	관직	품계	관직	품계
치사 및 현임의 재신	양온령동정	정8품	양온령동정	정8품
전대前代의 재신	영사동정(내손)	이속		
	(사史동정)(외손)	(이속)		
추밀원	양온승동정	정9품	양온승동정	정9품
좌우복야 6상서 이하 문무 정3품	주사동정	이속	주사동정	이속
종3품	영사동정	이속	영사동정	이속
정·종4품				
정·종5품				

　　여기에서 우리는 몇가지 사항을 확인하게 된다. 첫째로, 初蔭職은 실무와 관계가 없는 散職인 同正職이 주어지고 있다는 것이다. 동정직은 관직과 거기에 취임할 수 있는 인원이 일정하게 정해져 있는 데 따른 한계를 극복하고 보다 많은 사람을 官職世界에 수용할 필요성에서 문반 6품, 무반 5품 이하에 해당하는 관직에 설정한 직위들로,[①] 음직으로는 주로 이들이 사여되었던 것이다.

　　둘째로, 음직으로 주어지는 이들 동정직은 크게 品官同正과 吏屬의 同正으로 나뉘어지는데, 관료가 역임한 관직의 고하에 따라 그 안에도 다시 차등이 두어지고 있다. 즉, 관직의 고하는 致仕 및 現任의 재신과 前代의 재신, 그리고 추밀원의 樞密, 좌우복야·6상서 이하 문·무 정3품, 종3품, 정·종4품, 정·종5품의 7단계로 구분하고, 그에 따라 직위도 品官同正은 軍器注簿(정8품)를 상위로 하여 良醞令(정8품)·良醞丞(정9품)의 순으로, 吏屬의 동정직은 主事·令史·史의 차례대로 등급이 매겨져 각각 初蔭職으로 기능하였던 것이다.

셋째로, 被蔭者의 친족내 위치에 따라서도 음직에 차등이 나타나고 있다. 보다시피 直子에 비하여 收養子 이하 內·外孫, 甥·姪은 각기 한 등급 떨어진 음직을 받고 있는 것이다. 앞에서 음직의 수혜자로 直子·收養子·孫·弟·姪이 언급된 바 있는데 그 손에는 內孫뿐 아니라 外孫이 포함되며, 또 자매의 아들인 甥과, 그리고 이 자리에는 보이지 않지만 구체적인 사례에는 女婿도 찾아져 그 범위는 상당히 넓었음을 알 수 있다.

다음으로 역시 이 자리에는 나타나 있지 않지만 구체적인 사례를 검토하노라면 초음직으로 실무의 吏屬職이 이용되는 경우가 많고, 또 수시로 발생하는 정직 소관 이외의 사무를 처리하기 위하여 品官과 吏屬 사이에 개재하는 하나의 직제로 설치되었던 權務職과[2] 그리고 品官實職을 제수받는 예도 꽤 여럿 눈에 띤다. 물론 권무직과 품관실직을 받는 경우는 특혜를 입은 사례로 생각되지마는, 그러나 고려후기에 들어가서는 오히려 그것이 초음직의 중심이 된다는 사실을 감안하여 주목할 필요가 있다.[3]

① 金光洙, 「高麗時代의 同正職」『역사교육』 11·12 합집, 1969.
② 金光洙, 「高麗時代의 權務職」『한국사연구』 30, 1980.
　崔貞煥, 「權務官祿을 통해 본 高麗時代의 權務職」『국사관논총』 26, 1991 ; 『고려정치제도와 녹봉제 연구』, 신서원, 2002.
　李鎭漢, 「高麗前期 權務職의 地位와 祿俸」『민족문화연구』 20, 1997 ; 고려시대 官職과 祿俸의 관계 연구』, 일지사, 1999.
③ 金毅圭, 「高麗朝蔭職小考」『柳洪烈華甲紀念論叢』, 서울대출판부, 1971, 114~125쪽.
　朴龍雲, 「高麗時代 蔭敍制의 實際와 그 機能(상)(하)」『한국사연구』 36·37, 1982 ; 『고려시대 음서제와 과거제 연구』, 일지사, 1990, 53~68쪽.
　金龍善, 「蔭敍制度의 運營」『高麗蔭敍制度研究』, 일조각, 1991, 52~76쪽.

原文 5-8-7. 高宗四十年六月詔 宰樞及文武三品致仕見存者各許一子蔭官 無直子許姪甥女婿收養子內外孫一名承蔭 先代宰樞內外無名之孫一名許初職 文武四品給舍中丞諸曹郎中中郎將以上各許一子蔭職

5-8-7. 고종 40년 6월에 조詔하여, 재추 및 문무 3품으로 치사致仕하고 현존한 자는 각각 1자子에게 음관을 허하고, 직자가 없는 사람은 질姪·생甥·여서·수양자·내외손에서 1명이 승음承蔭하도록 허할 것이며, 선대先代 재추의 내외 무명無名의 손孫 1명에게는 초직初職을 허하고, 문무 4품·급사중·중서사인·중승·제조諸曹의 낭중·중랑장 이상은 각각 1자에게 음직

을 허하도록 하였다.[1)]

註解 5-8-7-

-1) 高宗四十年六月詔 宰樞及文武三品致仕見存者 各許一子蔭官 … 文武四品給
舍中丞諸曹郞中中郞將以上 各許一子蔭職: 고종이 즉위 40년에 즈음하여 특
히 武人執政인 崔沆에게 封侯 立府토록 하고 음서도 베풀고 있는 것이다[『고
려사절요』 권17, 고종 40년 6월]. 그리하여 재추 및 문·무 3품으로 致仕[5-8-4-1),
470쪽]하고 현존하는 사람들의 1子에게 음관을 주도록 하는데, 直子가 없는
경우 姪·甥·女婿·收養子·內·外孫이 음직을 승계토록 하고, 문·무 4품관, 그
중 특히 給事中(종4품)·中書舍人(종4품)·御史中丞(종4품)과 諸曹(6曹=6部)의 郞中
(정5품)[5-8-4-2), 470쪽] 및 무관인 中郞將(정5품) 이상관도 1子에게 음직을 허하
도록 조처하고 있다. 단, 初職을 허여한 先代 재추의 내외 無名의 孫이라고
한 그 '無名의 孫'이 어떤 내용을 말하는 것인지 그 뜻은 분명하게 알 수가
없다.
　　뒤에 설명하듯이 이번의 음서에는 祖宗苗裔[5-9-5-1), 481쪽]와 功臣子孫
[5-10-8-1), 490쪽]에 대한 내용도 포함되어 있다.

[原文] 5-8-8. 忠烈王八年五月 文武致顯三品以上許蔭一子 無子者甥姪婿若過房
付籍者許一名初職 先代宰臣密直內外孫無名者亦戶許一名初職 文武職事四品
中事典書侍丞諸曹正郞以上 勿論解官試攝許蔭一子 外敍員用前所任朝官 降等
許蔭

5-8-8. 충렬왕 8년 5월에, 문·무의 치사致仕·현직顯職 3품 이상은 1자에게
음직을 허하고, 아들이 없는 자는 생甥·질姪·서婿나 호적에 올라 있는 동
종양자同宗養子 중 1명에게 초직을 허하며, 선대의 재신·밀직 내외손 중
무명자無名者에게도 역시 호戶당 1명에게 초직을 허하고, 문무 직사 4품
과 중사中事·전서典書·시승侍丞·제조정랑諸曹正郞 이상은 해관解官 또는 시
직·섭직을 막론하고 1자에게 음직을 허하며, 외방外方에 서용된 관원은
전에 맡았던바 조관朝官에 의거, 강등하여 음직을 허하도록 하였다.[1)]

註解 5-8-8-

-1) 忠烈王八年五月 文武致顯三品以上 許蔭一子 無子者甥姪婿若過房付籍者 許

一名初職 … 外敍員 用前所任朝官 降等許蔭: 旱災에 따라 恩賜를 베풀면서[『고려사』권29, 충렬왕 8년 5월·『고려사절요』권20, 충렬왕 8년 5월] 광범하게 음직도 사여하고 있다. 그 내용은 바로 윗 항목인 고종 40년 6월조와 유사하거니와, 致仕나 顯職을 가리지 않고 문·무 3품 이상관에게 1子의 음직을 허하고, 아들이 없는 경우는 甥·姪·婿 및 同宗의 양자 중 1명이 초직을 받도록 하며, 職事가 있는 문·무 4품관과 특히 中事(종4품)·典書(정3품)·侍丞(寺丞? 정5품 또는 종5품) 및 諸曹(6曹)의 正郎(정5품) 이상은 喪을 당하여 일시 현직에서 물러나 있는 解官과 試職 또는 攝職者를[①] 막론하고 1子에게 음직을 허하고, 지방관으로 서용되어 있는 관원도 그전의 朝官 재직시 품계에서 일정하게 강등한 직위에 따라 역시 음직을 주도록 조처하고 있는 것이다. 그러나 여기서도 戶당 1명에게 초직을 許與한 재신·밀직(재추)의 내·외손 중 無名者라고한 그 '無名者'의 실체는 여전히 잘 알 수가 없다.

뒤에 설명하듯이 이번의 음서에는 祖宗苗裔[5-9-6-1), 482쪽]와 功臣子孫 [5-10-9-1), 491쪽]에 대한 내용도 포함되어 있다.

① 朴龍雲,「高麗時代의 官職－試·攝·借·權職에 대한 검토」,『진단학보』79, 1995 ;『高麗時代 官階·官職 研究』, 고려대출판부, 1997.

原文 5-8-9. 忠宣王卽位敎曰 宰樞及文武三品以上致仕見存者各許一子蔭官 無子則甥姪女婿內外孫及收養子許一名初職 先代宰樞內外孫無名者許文武初職四品及給舍中丞諸曹郎中中郞將解官者勿論試攝各授一子蔭官 凡實行後爲外官者亦降等許蔭 忠宣王復位敎曰 宰臣直子許一名初授七品 顯官致仕三品各許一子職事 無子者甥姪女婿一名許蒙 文武四五品顯官解官各許一子蔭職

5-8-9. 충선왕이 즉위하여 교敎해 이르기를, "재추 및 문·무 3품 이상으로 치사하고 현존한 사람은 각각 1자에게 음관을 허하고, 아들이 없은즉 생·질·여서·내·외손 및 수양자 중 1명에게 초직을 허하며, 선대의 재추 내·외손 중 무명자無名者에게도 문·무 초직을 허하고, 4품과 급사중·중서사인·어사중승·제조諸曹의 낭중·중랑장으로 해관解官된 자는 물론이고 시직·섭직자에게도 각각 1자에게 음관을 제수할 것이며, 실행實行 뒤에 외관이 된 자는 역시 강등하여 음직을 허하라" 하였다.[1]

충선왕이 복위하여 교敎해 이르기를, "재신의 직자는 1명에게 7품의 초수初授를 허하고, 현관顯官과 치사致仕 3품은 각각 1자에게 직사職事를

허할 것이며, 아들이 없는 자는 생·질·여서 1명에게 몽은蒙恩을 허하고,
문·무 4·5품의 현관顯官과 해관解官도 각각 1자에게 음직을 허하도록 하
라" 하였다.[2]

註解 5-8-9-

-1) 忠宣王卽位教曰 宰樞及文武三品以上致仕見存者 各許一子蔭官 無子則甥姪女
婿內外孫及收養子 許一名初職 先代宰樞內外孫無名者 許文武初職 四品及給
舍中丞諸曹郎中郎將解官者勿論試攝 各授一子蔭官 凡實行後爲外官者 亦降
等許蔭: 충렬왕 24년에 父王을 밀어내고 왕위에 오른 충선왕이 그에 즈음하
여 음서를 베풀고 있는 기사인데, 그 내용은 바로 윗 항목인 충렬왕 8년 때
의 것과 매우 유사하다. 즉, 宰樞와 문·무 3품 이상으로 致仕하고 현존한 사
람은 각각 1子에게 음관을 주는데, 아들이 없는 경우는 甥·姪·女婿·內·外
孫·收養子 중 1명에게 초음직을 허하며, 4품과 給事中(종4품)·中書舍人(종4
품)·御史中丞(종4품)·諸曹(6曹)의 郎中(정5품)·中郎將(정5품)은 喪으로 인해 일시
현직에서 물러나 있는 解官者나 試職 및 攝職者를 가릴 것 없이 모두 1子에
게 음관을 제수하고, 實行 후에 외관이 된 자의 경우도 강등하여 음직을 허
하도록 하고 있는 것이다. 그러나 여기서도 문·무 초직을 허하도록 한 先代
의 재추 내외손 중 無名者라고한 그 '無名者'의 실체와 實行 뒤에 외관이 된
자라고한 경우의 그 '實行뒤'란 어떤 상황을 말하는 것인지 이 부분은 역시
잘 알 수가 없다.

　　뒤에 설명하듯이 이번의 음서에는 祖宗苗裔[5-9-7-1), 484쪽]와 功臣子孫[5-10-
10-1), 493쪽]에 대한 내용도 포함되어 있다.

-2) 忠宣王復位教曰 宰臣直子許一名初授七品 顯官致仕三品各許一子職事 無子者
甥姪女婿一名許蒙 文武四五品顯官解官各許一子蔭職: 충렬왕 34년에 충선왕
이 복위하면서 그에 즈음해 음서를 베풀고 있는 기사인데, 宰臣의 直子 1명
에게 7품을 初蔭職으로 제수하고, 顯官과 致仕한 3품관에게도 각각 1子에게
실무직인 職事를 허락할 것과, 아들이 없는 사람에게는 甥·姪·女婿에게 혜
택이 돌아가게 하고, 문·무관 4·5품의 顯官·解官에게도 각각 1子에게 음직
을 주도록 하고 있다. 한데 이번 조처에서는 다른 때와 달리 재신의 直子에
게는 동정직이 아니라 실직 7품을 제수하도록 하고, 3품관에게도 일정한 직
임이 있는 職事를 음직으로 주도록 하고 있어 주목된다.

　　뒤에 설명하듯이 이번의 음서에는 祖宗苗裔[5-9-7-2), 484쪽]와 功臣子孫
[5-10- 10-2), 499쪽]에 대한 내용도 포함되어 있다.

5-9. 조종묘예 음서祖宗苗裔蔭敍

原文 5-9-1. 凡敍祖宗苗裔 肅宗卽位詔 太祖苗裔在軍籍者免 無職者許入仕 三年十月 賜祖宗苗裔無職者爵一級 五年二月詔 太祖內玄孫之孫 外玄孫之子 及太祖同胞昆弟玄孫之子及外玄孫 後代正統君王玄孫之子及外玄孫 各戶爵一人

5-9-1. 무릇 조종의 묘예에 대한 음서.[1] 숙종이 즉위하여 조詔를 내려, 태조의 묘예로 군적에 있는 자는 면제해 주고, 무직자는 입사를 허하게 하였다.[2]

3년 10월에 조종의 묘예로서 무직자에게는 작爵 1급씩을 사賜하였다.[3]

5년 2월에 조詔하여, 태조 내현손의 손, 외현손의 자 및 태조의 동포同胞 형제의 현손의 자 및 외현손, 후대 정통군주 현손의 자와 외현손은 각각 호마다 1인에게 작을 주도록 하였다.[4]

註解 5-9-1-

-1) 凡敍祖宗苗裔: 祖宗苗裔에 대한 蔭敍는 처음으로 나라를 연 太祖를 비롯하여 - 祖 - 惠宗·定宗 등 역대 국왕 - 宗 - 들의 苗裔, 즉 후손들에게 軍籍에서 면제시켜 주거나 無官·無職者의 경우 入仕 또는 爵을 주는 등의 恩賜를 베푸는 것을 일컫는다. 다시 말해 王孫들에게 그 신분에 따라 官·爵을 수여하는 등의 특전을 주는 것인데, 이미 지적했듯이[5-8-1-1), 466쪽] 그것은 '內玄孫의 孫'의 예처럼 親族의 遠近에 별다른 제약이 없었다는 특징을 가지고 있었다. 아울러 고려사회의 특성을 반영하여 外孫도 내손과 거의 동등한 대우를 받았으며, 심지어는 '挾7女'의 경우와 같이 女에서 女로 7대까지 이어진 후손에게도 혜택이 돌아갈 수 있었다. 이런 점 때문에 조종의 묘예라 했지만 그 묘예에는 내손뿐 아니라 왕실과 혼인을 한 귀족가문들의 외손도 다수 포함된다는 사실 역시 염두에 둘 필요가 있다. 고려시대에는 「宗親은 不任以事」 하는게 원칙이었으므로[『고려사』 권77, 백관지 2 宗室諸君] 이들이 實職에 취임하는 경우는 물론 親盡이 된 이후의 일이었을 것이다.

① 朴龍雲, 「高麗時代 蔭敍制의 實際와 그 機能(상)(하)」『한국사연구』 36·37, 1982 ;『고려시대 음서제와 과거제 연구』, 일지사, 1990, 9쪽.

② 崔在錫, 「高麗朝의 相續制와 親族組織」『동방학지』 31, 1982, 9~20쪽 ;『한국가족제도사연구』, 일지사, 1983.

③ 盧明鎬,「高麗時의 承蔭血族과 貴族層의 蔭敍機會」『金哲埈華甲紀念 史學論叢』,지식산업사, 1983, 258~263쪽.

-2) 肅宗卽位詔 太祖苗裔在軍籍者免 無職者許入仕: 비상수단을 통하여 왕위에 오른 숙종은 그에 즈음하여 4품 이상의 일반 관료[5-8-4-1], 470쪽]와 공신 자손[5-10-3-1], 487쪽] 뿐 아니라 祖宗의 苗裔 등 각 방면에 걸쳐 은택을 내리고 있다[『고려사절요』 권6, 숙종 즉위년 11월]. 그중 후자의 경우 특히 태조의 묘예로서 軍籍에 올라 일반 軍役을 지고 있는 자에게는 그것을 면제시켜주고 無職者는 入仕토록 조처하고 있는 것이다.

-3) (肅宗)三年十月 賜祖宗苗裔無職者 爵一級: 국왕이 백관을 거느리고 친히 太廟에 祫祭를 드린후 광범하게 은택을 베푸는 가운데[『고려사』 권11, 숙종 3년 10월·『고려사절요』 권6, 숙종 3년 10월] 祖宗의 苗裔로서 無職인 사람에게는 爵 1급씩을 사여하고 있다. 당해 爵位에 대해서는 5-8-4-1), 470쪽 참조.

-4) (肅宗)五年二月詔 太祖內玄孫之孫 外玄孫之子 及太祖同胞昆弟玄孫之子 及外玄孫 後代正統君王玄孫之子 及外玄孫 各戶爵一人: 왕 5년 1월에 長子를 왕태자로 책봉한 후 관료들에게 特賜蔭敍를 베푼 사실은 이미 앞서 소개한 바와 같다[5-8-4-2], 470쪽]. 이곳의 기사는 그때 왕족들에게도 광범하게 내려진 은택의 내용을 전하는 것으로, 특히 태조의 內玄孫의 孫과 외현손의 子 및 태조 형제·자매의 현손의 자와 외현손, 그리고 후대 正統君主의 현손의 자와 외현손에게 각각 戶당 1인씩 爵을 주도록 하고 있다. 여기에서 우리는 위의 1)항에서 지적했듯이 외손도 1대씩의 차이를 두고는 있지만 내손과 거의 동등한 대우를 받고, 또 혜택이 먼 후손에까지 미치고 있음을 거듭 확인할 수 있다. 이때 주어진 爵에 대해서는 역시 5-8-4-1), 470쪽 참조.

原文 5-9-2. 睿宗三年二月詔 太祖內玄孫之孫外玄孫之子 許初入仕一人 屬南班者改屬東班 四月詔 大廟十陵諸孫無官者 許初職

5-9-2. 예종 3년 2월에 조詔하여, 태조 내현손의 손과 외현손의 자子에게 1인의 초입사를 허하고, 남반에 속한 자는 동반 소속으로 고치게 하였다.[1]

4월에 조詔하여, 태묘와 10릉의 여러 손孫 가운데 무관자無官者에게 초직을 허하도록 하였다.[2]

註解 5-9-2-

-1) 睿宗三年二月詔 太祖內玄孫之孫 外玄孫之子 許初入仕一人 屬南班者改屬東班: 왕 3년 1월에 母后인 柳氏를 왕태후로 책봉하는 경사를 맞아 다음 달에

개경과 서경의 문·무반 5품 이상자에게 음서를 베품과[5-8-5-1), 471쪽] 동시에
공신 자손[5-10-4-1), 488쪽] 및 祖宗 苗裔에게 특전을 주고 있는데, 이곳 기사
는 그 후자로 태조 內玄孫의 손과 외현손의 子에게 1인씩의 初入仕를 허하
고, 南班에 속한 자는 동반으로 고쳐 속하도록 조처하고 있다.

-2) (睿宗三年)四月詔 大廟十陵諸孫無官者 許初職: 이 달에 친히 태조를 비롯한
역대 왕들의 神主를 모신 太廟에 禘祭를 올리고 은택을 베푸는 가운데[『고려
사』권12, 세가 예종 3년 4월·『고려사절요』권7, 예종 3년 4월] 공신의 자손[5-10-4-2),
488쪽]과 함께 태조와 10명 국왕의[①] 자손들로 無官인 사람들에게도 初職을
주도록 조처하고 있는 기사이다.

　　① 『고려사』권76, 백관지 1 태묘서 및 제릉서. 이들에 대해서는 朴龍雲, 『高麗
　　　　史 百官志 譯註』, 신서원, 2009, 355~361쪽 참조.

[原文] 5-9-3. 毅宗十六年 太祖之裔未得祿仕者 令有司選補 二十一年九月詔 太
祖苗裔許初職 二十三年四月詔 太祖內外苗裔敍用

5-9-3. 의종 16년에 태조의 후예로서 녹사祿仕를 얻지 못한 자는 유사로
하여금 선보選補케 하였다.[1]

　　21년 9월에 조詔하여, 태조의 묘예에게 초직을 허하도록 하였다.[2]

　　23년 4월에 조詔하여, 태조 내외의 묘예를 서용토록 하였다.[3]

註解 5-9-3-

-1) 毅宗十六年 太祖之裔未得祿仕者 令有司選補: 왕 16년 4월에 旱災가 심하자
求言 詔書를 내린데 이어서 5월에는 다방면에 걸쳐 推恩하는 가운데[『고려사
절요』권11, 의종 16년·『고려사』권18, 세가 의종 16년] 태조의 후예들에게도 특전을
베풀고 있다. 그 내용은 祿仕, 즉 祿俸을 받을 수 있는 벼슬에 아직 오르지
못한 사람을 선발하여 그 직위에 보임한다는 것인데, 녹봉은 적어도 權務職
[5-8-6-2)·3), 472쪽]·品官職에 올라야 받게 되므로[①] 그같은 조처는 승진에 있어
커다란 특혜에 해당하는 것이다;

　　① 李鎭漢, 「고려시대 初仕外官職의 運營과 祿俸」『韓國史學報』2, 1997 ;『고려
　　　　전기 官職과 祿俸의 관계 연구』, 일지사, 1999, 70~84쪽.

-2) (毅宗)二十一年九月詔 太祖苗裔許初職: 南京에 행차하였다가 개경으로 돌아
와 중외에 推恩하는 가운데[『고려사절요』권11, 의종 21년 9월·『고려사』권18, 세가
의종 21년 9월] 공신의 후손과[5-10-6-1), 489쪽] 함께 태조의 苗裔에게 초직을 주
도록 조처하고 있다.

-3) (毅宗)二十三年四月詔 太祖內外苗裔敍用: 왕 23년 3월에 西京으로 행차했다
가 4월에 개경으로 돌아와 은택을 베푸는 가운데[『고려사』 권19, 세가 의종 23
년·『고려사절요』 권11, 의종 23년] 이번에도 공신의 후손과[5-10-6-2], 489쪽] 함께
태조의 內·外苗裔들을 서용토록 조처하고 있다.

原文 5-9-4. 神宗卽位詔 太祖苗裔·太祖同產兄弟·正統君王子孫 並許入仕

5-9-4. 신종이 즉위하여 조詔를 내려, 태조의 묘예와 태조 동산同產 형제·
정통 군주의 자손에게 아울러 입사入仕를 허하게 하였다.[1]

註解 5-9-4-

-1) 神宗卽位詔 太祖苗裔·太祖同產兄弟·正統君王子孫 並許入仕: 최씨무신정권
을 수립하게 되는 崔忠獻이 권력을 잡으면서 왕위에 오르게된 신종이 어수
선한 분위기 가운데 각 방면에 걸쳐 推恩하는 詔書를 발표하였다[『고려사』 권
21, 세가 신종 즉위년 11월·『고려사절요』 권13, 신종 즉위년 11월]. 그 일부가 이곳 선
거지에는 공신자손 음서[5-10-7-1], 489쪽]와 祖宗苗裔 蔭敍條에 실린 것인데,
후자는 보다시피 태조의 묘예와 그의 同產 형제 및 정통 군주의 자손에게
入仕를 허락하는 것이었다.

原文 5-9-5. 高宗四十年六月詔 太祖苗裔挾十一女 一戶一名許初入仕 已爲員者
政抄別錄敍用 充軍者許免

5-9-5. 고종 40년 6월에 조詔하여, 태조의 묘예는 협11녀挾十一女까지 1호
당 1명씩의 초입사初入仕를 허하고, 이미 관원이 된 자는 정안政案의 초록
抄錄에 따로 기록하여 서용토록 하며, 군에 충당된 자는 면함을 허하도록
하였다.[1]

註解 5-9-5-

-1) 高宗四十年六月詔 太祖苗裔挾十一女 一戶一名許初入仕 已爲員者政抄別錄敍
用 充軍者許免: 고종이 즉위 40년에 즈음하여 특히 武人執政인 崔沆에게 封
侯 立府토록 하고 일반 음서와[5-8-7-1], 475쪽] 더불어 공신자손 음서[5-10-8-1],
490쪽] 및 祖宗苗裔 음서를 함께 베풀었다[『고려사절요』 권17, 고종 40년 6월]. 이
곳 기사는 그 가운데 후자로서, 태조의 묘예들 중 女에서 女로 11대까지 이

어진 후손들도 1戶당 1명씩 初入仕를 허하도록 하고, 이미 관원이 된 사람
은 일종의 인사기록문서인 政案에다가 따로 뽑아 기록하여 敍用하는 특전을
베풀며, 軍役을 지고 있는 사람은 그것을 면제해 주도록 조처하고 있다.

① 崔在錫, 「高麗朝의 相續制와 親族組織」『동방학지』 31, 1982, 9~20쪽 ; 『한
국가족제도사연구』, 일지사, 1983.

② 盧明鎬, 「高麗時의 承蔭血族과 貴族層의 蔭敍機會」『金哲埈華甲紀念 史學論
叢』, 지식산업사, 1983, 258~263쪽.

原文 5-9-6. 忠烈王八年五月敎 聖祖苗裔雖挾二十女 一戶例許一名入仕 已爲員
者政抄別錄 若在南班改東班 勿差國仙 在軍行者除軍籍 聖祖親兄弟之孫一戶例
許一名入仕

5-9-6. 충렬왕 8년 5월에 敎하여, 성조聖祖의 묘예는 비록 협20녀挾二十女
라 하더라도 1호당 예例대로 1명의 입사를 허하고, 이미 관원이 된 자는
정안政案의 초록抄錄에 따로 기록하며, 만약 남반에 있으면 동반으로 고쳐
주고, 국선國仙에는 차출하지 말며, 군대의 항오行伍에 있는 자는 군적軍籍
에서 제외시켜 주고, 성조 친형제의 손孫은 1호당 예대로 1명의 입사를
허하도록 하였다.[1]

註解 5-9-6-

-1) 忠烈王八年五月敎 聖祖苗裔雖挾二十女 一戶例許一名入仕 已爲員者政抄別錄
若在南班改東班 勿差國仙 在軍行者除軍籍 聖祖親兄弟之孫 一戶例許一名入
仕: 旱災에 따라 恩賜를 베풀면서[『고려사』 권29, 충렬왕 8년 5월·『고려사절요』 권
20, 충렬왕 8년 5월] 5품 이상 관료의 자손들에게[5-8-8-1), 475쪽] 뿐만 아니라 공
신 자손[5-10-9-1), 491쪽] 및 祖宗의 苗裔 등에게 광범하게 음서를 베풀고 있
다. 이곳 기사는 그중 후자에 관한 것인데, 우선 聖祖, 즉 태조의 묘예는 비
록 挾20女(女에서 女로 20代)의 경우라 하더라도 1戶당 1명씩의 入仕를 허락하
도록 한 사실이 주목된다. 바로 윗 항목인 고종 40년에는 협11녀의 경우가
들어겼는데[5-9-5-1), 481쪽] 다시 협20년의 사례가 云謂된 것으로 미루어 볼
때 내손은 말할 것 없고 외손에 있어서도 왕족에 대한 음서의 경우 친족상
의 遠近 문제는 일반적인 생각을 훨씬 뛰어넘는 것이었다는 점에서인데, 그
에 따른 1호당 1명의 입사가 관례에 의한 것이라는 부분 또한 눈길을 끄는
대목이다. 이어지는 특전으로, 이미 관원이 된 자는 인사기록문서인 政案에

다가 따로 뽑아 기록하여 敍用할 것과 남반에 속한 사람을 동반으로 고쳐줄
것, 國仙으로의 차출 금지, 軍役을 지고 있는 자에 대한 면역 등이 베풀어지
고 있거니와, 이들은 이전 또는 이후의 내용들과도 대략 겹치는 것들이어서
祖宗苗裔蔭敍의 성격을 이해하는데 많은 도움을 받을 수 있을 것 같다. 이
항목에는 끝으로 성조 친형제의 孫에게 1호당 예대로 1명의 입사를 허락하
도록 하는 내용이 덧붙어 있다.

① 崔在錫, 「高麗朝의 相續制와 親族組織」『동방학지』31, 1982, 9~20쪽 ; 한국
  가족제도사연구」, 일지사, 1983.
② 盧明鎬, 「高麗時의 承蔭血族과 貴族層의 蔭敍機會」『金哲埈華甲紀念 史學論
  叢』, 지식산업사, 1983, 258~263쪽.

原文 5-9-7. 忠宣王卽位敎曰 太祖苗裔無名者 例以一戶一名許初入仕 太祖同胎
兄弟 賞延于世 內外五世玄孫之曾孫 各許一戶一名初入仕 正統君王內外孫 亦
如之 忠宣王復位敎曰 祖王苗裔無名者 雖挾二十二女 例以一戶一名許初職 已
入仕者別錄敍用 屬南班者改東班 勿差國仙 亦免充軍 祖王親兄弟內玄孫之玄孫
之孫 外玄孫之玄孫之子 及歷代先王內玄孫之玄孫之子 外玄孫之玄孫 例以一戶
一名許初職

5-9-7. 충선왕이 즉위하여 교敎해 이르기를, "태조의 묘예로서 무명자無名
者는 예例대로 1호에 1명의 초입사初入仕를 허하고, 태조의 동태同胎 형제
에게는 상이 대대로 미치게 하여 내·외 5세 현손의 증손은 각각 1호에
1명의 초입사를 허하며, 정통군주의 내외손도 역시 이와 같게 하라" 하
였다.[1]

충선왕이 복위하여 교敎해 이르기를, "조왕祖王의 묘예로서 무명자無名
者는 비록 협22녀挾二十二女라 하더라도 예例대로 1호당 1명에게 초직을
허하고, 이미 입사入仕한 자는 별록別錄 서용하며, 남반에 속한 자는 동반
으로 고쳐주고, 국선國仙에는 차출하지 말며, 또한 군軍에의 충당을 면제
하여 주라. (그리고) 조왕祖王 친형제 내현손의 현손의 손孫과 외현손의 현
손의 자子 및 역대 선왕先王 내현손의 현손의 자子와 외현손의 현손도 예
例대로 1호에 1명씩 초직을 허하도록 하라" 하였다.[2]

註解 5-9-7-

-1) 忠宣王卽位敎曰 太祖苗裔無名者 例以一戶一名許初入仕 太祖同胎兄弟 賞延
于世 內外五世玄孫之曾孫 各許一戶一名初入仕 正統君王內外孫 亦如之: 충렬
왕 24년에 父王을 밀어내고 왕위에 오른 충선왕이 그에 즈음하여 일반 음서
[5-8-9-1], 477쪽] 뿐 아니라 공신 자손[5-10-10-1], 493쪽]과 祖宗 苗裔에게도 광범
하게 음서를 베풀고 있다. 이곳의 기사는 그 가운데 후자로서, 그것은 숙종
즉위년과 5년[5-9-1-2)·4), 479쪽] 및 神宗 즉위년[5-9-4-1), 481쪽]의 詔書와 유사
한 내용들로 되어 있다.

-2) 忠宣王復位敎曰 祖王苗裔無名者 雖挾二十二女 例以一戶一名許初職 已入仕
者別錄敍用 屬南班者改東班 勿差國仙 亦免充軍 祖王親兄弟內玄孫之玄孫之
孫 外玄孫之玄孫之子 及歷代先王內玄孫之玄孫之子 外玄孫之玄孫 例以一戶
一名許初職: 충렬왕 34년에 충선왕이 복위하면서 그에 즈음해 일반 음서
[5-8-9-2], 477쪽] 및 공신자손 음서[5-10-10-2], 499쪽]와 함께 祖宗苗裔에 대한 음
서도 광범하게 베풀고 있는데, 그 내용은 역시 충렬왕 8년의 것[5-9-6-1], 482
쪽]과 매우 유사하게 되어 있다.

原文 5-9-8. 忠肅王十二年敎 祖王苗裔雖挾三女 許初入仕 屬南班者改屬東班
勿差國仙 仍免軍役

5-9-8. 충숙왕 12년에 교敎하여, 조왕祖王의 묘예로서 비록 협3녀挾三女라
하더라도 초입사初入仕를 허하고, 남반에 속한 자는 동반으로 고쳐 속하
게 하며, 국선國仙에는 차출하지 말고, 인하여 군역도 면제하게 하였다.[1]

註解 5-9-8-

-1) 忠肅王十二年敎 祖王苗裔雖挾三女 許初入仕 屬南班者改屬東班 勿差國仙 仍
免軍役: 충숙왕이 즉위 12년에 이르러 비로소 그간의 시련을 극복하고 새로
운 국정 운영을 도모하면서 10월에 長文의 宥敎를 내리는[『고려사』 권35, 세가
충숙왕 12년 10월·『고려사절요』 권24, 충숙왕 12년 10월] 가운데 戰功이 있는 자손의
敍用[5-10-11-1), 500쪽]과 함께 祖宗 苗裔들에게도 은택을 내리고 있는데, 그
내용은 위에서 살핀 충렬왕 8년[5-9-6-1), 482쪽] 및 충선왕 복위년[5-9-7-2), 484
쪽] 敎書와 大同小異하다.

5-10. 공신자손 음서功臣子孫蔭敍

原文 5-10-1. 凡敍功臣子孫 顯宗五年十二月 錄太祖功臣子孫無官者

5-10-1. 무릇 공신의 자손에 대한 음서.[1] 현종 5년 12월에 태조 공신의 자손중 무관자無官者를 녹용錄用하였다.[2]

註解 5-10-1-

-1) 凡敍功臣子孫: 이미 설명한 대로[5-8-1-1), 466쪽] 공신자손 음서는 국가에 공로가 있는 臣僚의 자손들에게 음서의 혜택을 주는 제도를 말한다. 여기에서 중핵적인 위치에 있는 것은 태조의 후삼국 통일을 도와 공로를 세운 三韓功臣으로 달리 '開國功臣' 또는 '太祖功臣' 등으로 표기되기도 한 사람들이었다. 기록에 三韓壁上功臣이라는 칭호도 나오는데 이는 물론 삼한공신의 한 부류이며, 또 三韓後功臣은 삼한공신에 비견될 정도로 큰 공훈을 세운 후대의 신료들에게 내린 명칭이었다.[1] 다음으로 많이 논의되는 配享功臣은 어떤 특정한 사건을 계기로 공신이 된 것은 아니지만 군왕의 廟庭에 배향될 수 있을 만큼 당대에 가장 뛰어난 공로를 세운 대신들에게 사여된 공신호이며, 戰歿功臣은 글자 그대로 전쟁에서 목숨을 바친 이들을 일컫는 것이다. 이밖에 '收復京城功臣'처럼 하나의 사건을 통해 각종 명칭의 공신이 되는 경우도 많았으며, 아울러 공신호가 내려지지는 않았더라도 사절로 갔다가 목숨을 잃는 등 나라를 위해 순국한 여러 사람들에게도 공신에 준하여 음서의 혜택이 내려졌다.

　　이같은 공신자손 음서는 첫째로, 일반 음서의 경우보다 공신 1인에 대하여 혜택을 받는 자손의 숫자가 많다는 특징을 보이고 있다. 둘째로, 被蔭者가 祖宗苗裔 蔭敍에서와 마찬가지로 친족의 遠近에 별다른 제약을 받고 있지 않다. 外高祖父蔭과 같은 것이 그 한 사례이다. 셋째로, 일반 음서에서와는 달리 6품 이하의 하급관료에게도 해당시키고 있다는 사실 등이 나타나고 있다.[2]

　　① 金光洙,「高麗太祖의 三韓功臣」『사학지』 7, 1973.
　　② 朴龍雲,「高麗時代 蔭敍制의 實際와 그 機能(상)(하)」『한국사연구』 36·37, 1982 ;『고려시대 음서제와 과거제 연구』, 일지사, 1990, 10~16쪽.

-2) 顯宗五年十二月 錄太祖功臣子孫無官者: 현종 5년 12월의 음서는 상장군 金訓 등 무신들이 반란을 일으켜 조정이 매우 어려운 처지에 놓인 상황에서 민심수습책으로 이루어진 것이었다. 그리하여 일반 음서[5-8-3-1), 469쪽]와 함

께 공신 자손에게도 은택이 베풀어진 것인데, 그 내용은 태조 공신의 자손
으로 관직이 없는 사람들을 錄用하는 것이었다. 한데 태조의 공신은 그가 즉
위한 원년 8월의 기사에 의하면, 1등공신은 洪儒·裵玄慶·申崇謙·卜智謙 등
4인이고, 2등공신은 堅權·能寔 등 7인이며, 3등공신은 2,000여 명이었다고
전하고 있다[『고려사』 권1, 세가]. 그뒤 문종 8년 12월의 기사에는 3등공신이
3,200명으로 나오고 있지마는[『고려사』 권7, 세가], 현종조라면 태조 이후 왕권
의 확립과정에서 많은 공신들이 도태되는 파란을 거쳐 다시 안정을 찾은 시
기라는 점과 더불어 혜택이 3등공신 모두에게까지 돌아가기는 어려웠을 것
이므로, 이번에 녹용을 받은 숫자는 아마 1등·2등 공신의 자손을 중심으로
하여 얼마의 선발된 인원에 한정되지 않았을까 짐작된다.

① 金光洙, 「高麗太祖의 三韓功臣」 『사학지』 7, 1973.

原文 5-10-2. 文宗六年十月制 裵玄慶等六功臣 佐我太祖 肇開大業 功德勒于鍾
鼎 其後嗣至于曾玄男女僧尼無官者 授初職 有官者增級 三十七年閏六月判 三
韓功臣承蔭者 其功臣職牒雖或遺失 的是功臣子孫 許初入仕

5-10-2. 문종 6년 10월에 제制하여, 배현경 등 6공신은 우리 태조를 도와
처음으로 대업을 열어 공덕이 종정(종과 솥)에 새겨져 있다. 그 후사로 증
손·현손에 이르기까지의 남녀 승니僧尼로서 무관자無官者는 초직을 제수
하고 유관자有官者는 관급官級을 더하게 하였다.[1]

37년 윤6월에 판判하여, 삼한공신의 승음자承蔭者는 그 공신직첩을 비
록 혹시 유실했더라도 분명히 공신의 자손이면 초입사初入仕를 허하도록
하였다.[2]

註解 5-10-2-

-1) 文宗六年十月制 裵玄慶等六功臣 佐我太祖 肇開大業 功德勒于鍾鼎 其後嗣至
于曾玄男女僧尼無官者 授初職 有官者增級: 이때에 王姪인 璫 등을 册封하고
차제에 개국공신인 배현경 등 6공신의 자손에게 은택을 베풀고 있다[『고려사
절요』 권4, 문종 6년 10월]. 이곳의 6공신은 앞서 든 바 개국 1등공신인 배현경
과 洪儒·申崇謙·卜智謙에다가 역시 개국공신이면서 태조의 廟庭에 配享된
庾黔弼과 崔凝을 일컬은 것으로 생각된다. 이들의 현손에 이르기까지의 자
손은 남·여나 승·여승을 막론하고 無官者에게는 초직을 주고, 有官者에게는
官級을 올려주도록 조처하고 있는 것이다.

-2) (文宗)三十七年閏六月判 三韓功臣承蔭者 其功臣職牒雖或遺失 的是功臣子孫 許初入仕: 공신에게는 그것을 입증하는 직첩, 곧 錄券이 주어졌고, 그것을 근거로 承蔭 등이 이루어졌던 것 같다. 한데 삼한공신[5-10-1-1), 485쪽]의 경우는 그 직첩을 혹 잃어버렸더라도 공신의 자손임이 분명하면 初入仕를 허락하도록 하는 특별 조처를 해주고 있다.

① 朴龍雲, 「高麗時代 蔭敍制의 實際와 그 機能(상)(하)」 『한국사연구』 36·37, 1982 ; 『고려시대 음서제와 과거제 연구』, 일지사, 1990, 13·14쪽.

原文 5-10-3. 肅宗卽位詔 太祖代及三韓功臣內外孫無職者 戶許一人入仕 顯廟 功臣河拱辰·將軍宋國華 及庚戌年如契丹見留使副 許其子孫一人入仕

5-10-3. 숙종이 즉위하여 조詔해, 태조대 및 삼한공신의 내외손으로 무직 자는 호戶당 1인씩 입사入仕를 허하고, 현묘顯廟의 공신 하공진과 장군 송국화 및 경술년에 거란에 갔다가 억류된 사·부사도 그 자손 1인의 입사를 허하도록 하였다.[1]

註解 5-10-3-

-1) 肅宗卽位詔 太祖代及三韓功臣內外孫無職者 戶許一人入仕 顯廟功臣河拱辰·將軍宋國華 及庚戌年如契丹見留使副 許其子孫一人入仕: 비상 수단을 통하여 왕위에 오른 숙종은 그에 즈음하여 4품 이상의 일반 관료[5-8-4-1), 470쪽]와 祖宗苗裔[5-9-1-2), 479쪽] 뿐 아니라 공신의 자손 등 각 방면에 걸쳐 은택을 내리고 있다[『고려사절요』 권6, 숙종 즉위년 11월·『고려사』 권11, 세가 숙종 즉위년 11월]. 그중 후자의 경우는 보다시피 태조대의 삼한공신[5-10-1-1), 485쪽] 內·外孫으로 無職인 사람에게 戶당 1인씩의 入仕를 허하는 것을 비롯하여, 거란군의 침입으로 개경이 함락된 상황에서 적진으로 들어가 저들을 물러가게 하고 끝내는 순절한 河拱辰[『고려사절요』 권3, 현종 2년 12월]과 신상은 잘 알려져 있지 않으나 역시 순국한듯한 宋國華, 그리고 庚戌年, 즉 현종 원년에 거란으로 사절로 갔다가 돌아오지 못한 使·副使의 자손에 대해서도 혜택을 주고 있다. 후자에 해당하는 사람으로는 陳頔·尹餘·金延保·王佐暹·白日昇·李禮鈞·王同穎[『고려사절요』 권3, 현종 원년 8, 9, 10월·同 5년 6월] 등이 찾아지는데, 그 가운데서도 왕좌섬에게 각별한 은택이 베풀어지고 있는 것을 보면[『고려사절요』 권3, 현종 11년 2월] 저들중 그와 또 다른 1명이 그에 해당했던 것 같다.

原文 5-10-4. 睿宗三年二月詔 祖代六功臣三韓前後功臣代代配享功臣西京興化

龜宣慈州仇比江潘嶺等固守員將子孫 各許初入仕一人 四月詔 配享功臣內外孫
無官者 許初職 六年 爵太祖功臣子孫

5-10-4. 예종 3년 2월에 조詔하여, 조대祖代의 6공신, 삼한전前후後공신, 대
대代代의 배향공신, 서경·홍화·귀주·선주·자주·구비강·반령을 고수한 관
원·장수의 자손에게 각각 1인씩 초입사初入仕를 허하도록 하였다.[1]

4월에 조詔하여, 배향공신의 내·외손으로 무관자無官者에게는 초직을
허하게 하였다.[2]

6년에 태조 공신의 자손에게 작爵을 주었다.[3]

註解 5-10-4-

-1) 睿宗三年二月詔 祖代六功臣·三韓前後功臣·代代配享功臣, 西京·興化·龜·宣·
慈州·仇比江·潘嶺等固守員將子孫 各許初入仕一人: 왕 3년 1월에 母后인 柳
氏를 왕태후로 책봉하는 경사를 맞아 다음 달에 일반 음서[5-8-5-1), 471쪽]와
祖宗苗裔 음서[5-9-2-1), 479쪽]를 베품과 동시에 공신자손에게도 동일한 은택
을 내리고 있는 것이다. 그리하여 태조대의 6공신[5-10-2-1), 486쪽], 三韓前·後
功臣 및 역대의 配享功臣[5-10-1-1), 485쪽]과 더불어 서경·홍화진 등에서 거란
군과 싸워 공로를 세운 관원·장수의 자손들에게 초입사를 허락하고 있는 것
이다. 위의 서경·홍화진·귀주·선주·자주·구비강·반령은 현종 원년 이후 거
란과의 제2차·제3차전이 전개되었던 지역들이다.

-2) (睿宗三年)四月詔 配享功臣內外孫無官者 許初職: 이 달에 친히 태조를 비롯
한 역대 왕들의 神主를 모신 太廟에 祫祭를 올리고 은택을 베푸는 가운데[『고
려사』권12, 세가 예종 3년 4월·『고려사절요』권7, 예종 3년 4월] 太祖·10陵의 여러 孫
[5-9-2-2), 480쪽]과 함께 배향공신의 내·외손으로 無官者에게 初職을 허락하는
조처를 취하고 있는 것이다.

-3) (睿宗)六年 爵太祖功臣子孫: 왕 6년 1월에 赦免·恩賜를 베풀면서[『고려사』권
13, 세가·『고려사절요』권7] 太祖功臣의 자손에게 爵을 내리고 있다. 고려 때의
爵位에 대해서는 5-8-4-1), 470쪽 참조.

原文 5-10-5. 仁宗八年十二月判 功臣子孫付簿點職

5-10-5. 인종 8년 12월에 판判하여, 공신의 자손을 명부에 올려 직職에 넣

도록 하였다.[1)]

-1) 仁宗八年十二月判 功臣子孫付簿點職: 공신 자손의 파악에 불분명하거나 추
   가할 사항이 있었던 듯, 새로이 명부에 올려 일정한 직위에 넣도록 하는 判
   文을 내리고 있는 것으로 생각된다.

原文 5-10-6. 毅宗二十一年九月 歷代功臣之後 皆許初職 二十三年四月 三韓壁
上功臣子孫許初職

5-10-6. 의종 21년 9월, 역대 공신의 후손에게 모두 초직을 허하도록 하
였다.[1)]
   23년 4월, 삼한벽상공신의 자손에게 초직을 허하였다.[2)]

註解 5-10-6-
-1) 毅宗二十一年九月 歷代功臣之後 皆許初職: 南京에 행차하였다가 개경으로
   돌아와 중외에 推恩하는 가운데[『고려사절요』 권11, 의종 21년 9월·『고려사』 권18,
   세가 의종 21년 9월] 祖宗 苗裔[5-9-3-2), 480쪽]와 함께 역대 공신의 후손에게도
   初職을 허하도록 조처하고 있다.
-2) (毅宗)二十三年四月 三韓壁上功臣子孫許初職: 왕 23년 3월에 西京으로 행차
   했다가 4월에 개경으로 돌아와 은택을 베푸는 가운데[『고려사』 권19, 세가 의종
   23년·『고려사절요』 권11, 의종 23년] 이번에도 祖宗 苗裔[5-9-3-3), 481쪽]와 함께 삼
   한벽상공신[5-10-1-1), 485쪽]의 자손에게 초직을 허락하고 있다.

原文 5-10-7. 神宗卽位詔曰 祖代六功臣三韓功臣子孫 並許入仕

5-10-7. 신종이 즉위하여 조詔해 말하기를, "조대祖代 6공신과 삼한공신의
자손에게 다같이 입사를 허하라" 하였다.[1)]

註解 5-10-7-
-1) 神宗卽位詔曰 祖代六功臣·三韓功臣子孫 並許入仕: 최씨무신정권을 수립하
   게되는 崔忠獻이 권력을 잡으면서 왕위에 오르게 된 신종이 어수선한 분위

기 가운데 각 방면에 걸쳐 推恩하는 詔書를 발표하였다『고려사』권21, 세가 신
종 즉위년 11월·『고려사절요』권13, 신종 즉위년 11월]. 그 일부가 이곳 선거지에는
祖宗苗裔 蔭敍條[5-9-4-1], 481쪽]와 공신자손 음서조에 실린 것인데, 후자는 보
다시피 태조 6공신[5-10-2-1], 486쪽]과 삼한공신[5-10-1-1], 485쪽]의 자손에게 入
仕를 허하는 것이었다.

原文 5-10-8. 高宗四十年六月詔 祖代六功臣三韓功臣內玄孫之玄孫之孫 外玄孫
之玄孫之子挾七女未蒙 戶一名許初入仕 三韓後壁上功臣內玄孫之玄孫之玄孫
之子 外玄孫之玄孫之玄孫挾六女未蒙 戶一名許初入仕 代代配享功臣內玄孫之
玄孫 外玄孫之曾孫挾五女未蒙 戶一名初入仕

5-10-8. 고종 40년 6월에 조詔하여, 조대祖代 6공신과 삼한공신은 내현손
의 현손의 손과 외현손의 현손의 자 - 협7녀挾七女의 경우까지 - 로 몽은蒙
恩하지 못한 호戶에게 1명의 초입사初入仕를 허하고, 삼한벽상공신도 내현
손의 현손의 현손의 자와 외현손의 현손의 현손 - 협6녀의 경우까지 - 으
로 몽은하지 못한 호에게 1명의 초입사를 허하며, 대대代代의 배향공신
역시 내현손의 현손과 외현손의 증손 - 협5녀의 경우까지 - 으로 몽은하
지 못한 호에게 1명을 초입사시키게 하였다.[1]

註解 5-10-8-

-1) 高宗四十年六月詔 祖代六功臣·三韓功臣內玄孫之玄孫之孫 外玄孫之玄孫之子
挾七女未蒙 戶一名許初入仕 三韓後壁上功臣內玄孫之玄孫之玄孫之子 外玄孫
之玄孫之玄孫挾六女未蒙 戶一名許初入仕 代代配享功臣內玄孫之玄孫 外玄孫
之曾孫挾五女未蒙 戶一名初入仕: 고종이 즉위 40년에 즈음하여 특히 무인집
정인 崔沆에게 封侯 立府토록 하고 일반 음서[5-8-7-1], 475쪽]와 더불어 祖宗
苗裔 蔭敍[5-9-5-1], 481쪽] 및 공신자손 음서를 함께 베풀었다『고려사절요』권17,
고종 40년 6월]. 이곳 기사는 그 가운데 후자로서 공신을 (1) 태조대 6공신
[5-10-2-1], 486쪽]과 삼한공신[5-10-1-1], 485쪽], (2) 三韓後壁上功臣[5-10-1-1], 485
쪽], (3) 代代의 배향공신[5-10-1-1], 485쪽] 등 세 부류로 나누어 각기 그 자손으
로써 은택을 입지 못한 戶의 1호당 1명씩 初入仕를 허하도록 조처하고 있는
것이다. 그 내용은 (2)에게 가장 후하고 (1)이 그 다음이며, (3)이 그 다음으
로서 약간씩 차이를 두고 있고, 또 외손의 경우 내손보다 약간의 차이를 두

고 있음도 보인다. 이곳의 挾7女·挾6女·挾5女는 女에서 女로 7代 또는 6대·
5대로 이어진 후손들도 각각의 경우에 포함시킨다는 뜻이다.

① 崔在錫, 「高麗朝의 相續制와 親族組織」『동방학지』 31, 1982, 9~20쪽 ; 『한
국가족제도사연구』, 일지사, 1983.

原文 5-10-9. 忠烈王八年五月 聖祖代六功臣三韓壁上功臣歷代壁上功臣配享功
臣戰沒功臣亦許其孫 戶各一名入仕

5-10-9. 충렬왕 8년 5월에 성조대聖祖代 6공신과 삼한벽상공신, 역대의 벽
상공신과 배향공신·전몰공신 역시 그 손손孫에게 호戶당 1명씩의 입사를
허하였다.[1]

註解 5-10-9-

-1) 忠烈王八年五月 聖祖代六功臣·三韓壁上功臣, 歷代壁上功臣·配享功臣·戰沒
功臣 亦許其孫 戶各一名入仕: 旱災에 따라 恩賜를 베풀면서[『고려사』 권29, 세가
충렬왕 8년 5월·『고려사절요』 권20, 충렬왕 8년 5월] 5품 이상 관료의 자손[5-8-8-1),
475쪽]과 祖宗苗裔[5-9-6-1), 482쪽] 뿐만 아니라 공신 자손에게도 광범하게 음
서를 베풀고 있다. 이곳 기사는 그중 후자에 관한 것인데, 그 내용은 太祖代
6공신[5-10-2-1), 486쪽]과 삼한벽상공신[5-10-1-1), 485쪽] 및 歷代의 벽상공신·배
향공신·戰歿功臣[5-10-1-1), 485쪽]의 후손에게 1戶당 1명씩의 入仕를 허하는
것이었다.

原文 5-10-10. 忠宣王卽位敎曰 祖代功臣之內外五世玄孫之子 代代配享功臣內
外五世玄孫之曾孫 太祖代衛社戰亡金樂金哲申崇謙 及能使丹兵還退徐熙河拱
辰盧戩楊規等內外孫與玄孫中一名許初入仕 顯宗南幸時有功者及始終隨從功臣
與西京興化龜宣慈州仇比江盤嶺成功戰亡者 交戰將校典軍人等內外孫與玄孫中
一名 例許初職 甲申丁亥年東蕃元帥尹瓘吳延寵 爲國亡身庾益懷節寵方崔甫 及
出衆成功對戰亡身兩班軍人 及行諜未還記事儒一內外玄孫中 例許一名初職 乙
卯年西事成功及戰亡兩班員將 庚戌年昌化軍衛社景純李雄等內外孫中 一名許
初職 平章事崔思專(全?)於先代救難 使王孫縣遠 其內外玄孫錄用 丙申年衛社吳
卓尹先甫麟寵珍李作李儒 始終衛社亡身金縝辛忠內外孫與玄孫 許初職 壬寅年
衛社亡身平章事韓安仁郎中李中若內外孫與玄孫 賞職 侍郎庾應圭告奏北朝 七
日不食 專對有功 又當闕內救火時 能奉遷景靈殿五室神御 郎中黃文裳於乙卯年

西事爲宣諭使亡身 郎中崔均於甲午年爲宣諭使亡身 內外孫一名 許初職 是年權
有之郊 先入賊軍沒陣而亡別將崔淑散員守磯白仁壽裴龍甫校尉趙叔甫錢義忠
辛卯年龜州宣諭使朴文成金仲溫金慶孫 癸巳年南路捉賊李子晟 宣諭使鄭義朴
錄全 甲午年西京兵馬使閔曦 丁酉年南路逆賊處置使金慶孫 皆於內外孫中許初
職錄用 凡功臣子孫以賤技落在工商匠樂者 推明許通 屬南班者改東班 忠宣王復
位敎曰 祖王代六功臣壁上功臣 顯王南幸時侍奉功臣等內外玄孫之玄孫 歷代配
享功臣內外玄孫之曾孫 例以戶一名許初職 祖王代衛社功臣金樂金哲申崇謙 及
成王代功臣徐熙 顯王代功臣河拱辰盧戩楊規等內外玄孫之玄孫 例以一戶一名
許初職 仁王代功臣崔思全奮策救難 其功重大 其內外玄孫之孫別錄敍用 父王代
己巳年及四年隨從臣僚 功勞旣着(著?) 宜加錄用 延及子孫

5-10-10. 충선왕이 즉위하여 교敎해 이르기를, "(1) 조대祖代 공신의 내외
5세현손의 자와, 대대의 배향공신 내외 5세현손의 증손, 태조대에 사직
을 호위하다 전망戰亡한 김락·김철·신숭겸 및 능히 거란병을 환퇴還退케
한 서희·하공진·노전·양규 등의 내외손과 현손 가운데 1명의 초입사를
허하라. (2) 현종이 남행南幸할 때의 유공자 및 처음부터 끝까지 수행한
공신과, 서경·홍화·귀주·선주·자주·구비강·반령에서 공을 이루고 전망戰
亡한 자와 교전한 장교, 군인을 주관한 사람 등의 내외손과 현손 가운데
1명을 예例대로 초직을 허하라. (3) 갑신·정해년의 동번東蕃원수 윤관과
오연총, 나라를 위하여 몸을 바친 유익·회절·총방·최보 및 출중하여 공
을 이루며 대전하다 몸을 바친 양반과 군인, 그리고 첩자로 갔다가 돌아
오지 못한 기사記事 유일의 내외현손 가운데 예例대로 1명에게 초직을 허
하라. (4) 을묘년의 서사西事에 공을 이룬 자 및 전망戰亡한 양반·관원·장
수와, 경술년에 창화군에서 사직을 호위한 경순·이응 등의 내외손 가운
데 1명에게 초직을 허하라. (5) 평장사 최사전은 선대先代에 난을 구救하
여 왕손王孫이 오래도록 이어나가게 하였은즉 그 내외현손을 녹용錄用토
록 하고, 병신년에 사직을 호위한 오탁·윤선·보린·총진·이작·이유와 처
음부터 끝까지 사직을 호위하다 몸을 바친 김진·신충의 내외손과 현손
에게 초직을 허하라. (6) 임인년에 사직을 호위하다 몸을 바친 평장사 한

안인과 낭중 이중약의 내외손과 현손에게 관직으로 상을 주고, (7) 시랑 유응규는 북조北朝에 고주사告奏使로 가서 7일 동안 먹지 아니하고 전대專 對하여 공이 있고, 또 궁궐내의 화재시에 능히 경령전 5실의 신어神御를 받들어 옮겼으며, 낭중 최균은 갑오년에 선유사가 되어 몸을 바쳤으니 내외손 1명에게 초직을 허하라. (8) 이 해 권유의 교郊에서 먼저 적군에게 들어갔다가 진陣이 함몰되어 전사한 별장 최숙, 산원 수기·백인수·배용보, 교위 조숙보·전의충과, 신묘년의 귀주선유사 박문성·김중온·김경손, 계사년의 남로착적 이자성과 선유사 정의·박녹전, 갑오년의 서경병마사 민희, 정유년의 남로역적처치사 김경손에게는 모두 내외손 가운데 초직을 허하여 녹용하라. (9) 무릇 공신의 자손으로 천기賤技로써 공工·상商·장匠·악樂에 떨어져 있는 자는 추명推明하여 허통許通토록 하고, 남반에 속한 자는 동반으로 고치라" 하였다.[1]

충선왕이 복위하여 교敎해 이르기를, "(1) 조왕대祖王代의 6공신과 벽상공신, 현왕 남행南幸 때의 시봉侍奉 공신 등은 내외 현손의 현손에게, 역대 배향공신은 내외 현손의 증손에게 예例대로 호戶당 1명씩 초직을 허하라. (2) 조왕대祖王代의 위사 공신인 김락·김철·신숭겸 및 성왕대成王代의 공신 서희, 현왕대의 공신 하공진·노전·양규 등은 내외 현손의 현손에게 예대로 1호당 1명씩 초직을 허하라. (3) 인왕대의 공신 최사전은 계책을 떨쳐 난을 구救했으니 그 공로가 중대하다. 그 내외 현손의 손孫을 별도로 기록하여 서용하라. (4) 부왕대父王代인 기사년 및 4년에 수종隨從한 신료들은 공로가 이미 드러났으니 마땅히 녹용錄用하고 연이어 자손에게까지 미치게 하라" 하였다.[2]

註解 5-10-10-

-1) 忠宣王卽位敎曰 (1)祖代功臣之內外五世玄孫之子 代代配享功臣內外五世玄孫之曾孫 太祖代衛社戰亡金樂·金哲·申崇謙 及能使丹兵還退徐熙·河拱辰·盧戩·楊規等內外孫與玄孫中 一名許初入仕 (2)顯宗南幸時有功者 及始終隨從功臣 與西京·興化·龜·宣·慈州·仇比江·盤嶺成功戰亡者 交戰將校·典軍人等內外孫與玄孫中一名 例許初職 (3)甲申·丁亥年東蕃元帥尹瓘·吳延寵 爲國亡身庚益·懷

節·寵方·崔甫 及出衆成功對戰亡身兩班·軍人 及行諜未還記事儒一 內外玄孫中 例許一名初職 (4)乙卯年西事成功及戰亡兩班·員將 庚戌年昌化軍衛社景純·李雄等內外孫中 一名許初職 (5)平章事崔思專(全?) 於先代救難 使王孫縣遠 其內外玄孫錄用 丙申年衛社吳卓·尹先·甫麟·寵珍·李作·李儒 始終衛社亡身金績·辛忠 內外孫與玄孫 許初職 (6)壬寅年衛社亡身平章事韓安仁 郞中李中若 內外孫與玄孫 賞職 (7)侍郞庾應圭告奏北朝 七日不食 專對有功 又當闕內救火時 能奉遷景靈殿五室神御 郞中黃文裳於乙卯年西事 爲宣諭使亡身 郞中崔均 於甲午年爲宣諭使亡身 內外孫一名 許初職 (8)是年權有之郊 先入賊軍沒陣而亡 別將崔淑 散員守磯·白仁壽·裴龍甫 校尉趙叔甫·錢義忠 辛卯年龜州宣諭使朴文成·金仲溫·金慶孫 癸巳年南路捉賊李子晟 宣諭使鄭義·朴錄全 甲午年西京兵馬使閔曦 丁酉年南路逆賊處置使金慶孫 皆於內外孫中許初職錄用 (9)凡功臣子孫 以賤技落在工商匠樂者 推明許通 屬南班者改東班: 충렬왕 24년에 父王을 밀어내고 왕위에 오른 충선왕이 그에 즈음하여 일반 음서[5-8-9-1), 477쪽] 뿐 아니라 祖宗苗裔[5-9-7-1), 484쪽]와 공신자손에게 광범하게 음서를 베풀고 있다. 이곳의 기사는 그 가운데 후자로서, 태조로부터 자신의 先代 얼마 전까지에 이르는 공신들을 차례차례로 일일이 지적하면서 포상할 것을 명하고 있다. 그 내용을 크게 9가지로 구분하고 있으므로 이미 번역에서 그 각각에 번호를 붙여 두었지마는, 이 자리에서도 그에 따라 순서대로 살펴보도록 하겠다.

(1) 이미 몇 차례 포상해 온 太祖功臣(5-10-1-1), 485쪽·5-10-2-1), 486쪽·5-10-3-1), 487쪽·5-10-4-1), 488쪽·5-10-7-1), 489쪽·5-10-8-1), 490쪽·5-10-9-1), 491쪽 등)과 代代 배향공신(5-10-4-1)·2), 488쪽·5-10-8-1), 490쪽·5-10-9-1), 491쪽 등)의 자손들에게 이번에도 음서를 베풀면서, 특히 신라를 구하기 위해 출전했던 태조가 公山桐藪의 전투에서 오히려 甄萱의 군사에게 밀려 위기에 처했을 때 그를 구하고 전사한 申崇謙·金樂 두 장수[『고려사』 권1, 세가 태조 10년 9월·『고려사절요』 권1, 태조 10년 9월·『고려사』 권92, 열전 洪儒 附 申崇謙傳] 및 金樂의 동생으로 一利川 전투에도 참가한바 있는 金鐵(哲)[『고려사』 권2, 세가 태조 19년 秋9月], 그리고 成宗 12년에 中軍使로 출전하여 거란 침입군을 談判을 통해 물러가게한 徐熙[『고려사』 권96, 열전 徐熙傳·『고려사절요』 권2, 성종 12년 윤10월]와 현종 원년에 재차 침입하여 개경까지 함락시켰던 거란군을 되돌아가게 하고 끝내 殉節한 河拱辰[5-10-3-1), 487쪽] 및 이번 전쟁에 行營都統判官으로 출전했다가 변을 당한 盧戩[『고려사절요』 권3, 현종 원년 11월·『고려사』 권94, 열전 楊規傳]과 수차에 걸쳐 혁혁한 공을 세우고 전사한 楊規[『고려사』 권94, 열전 楊規傳·『고려사』 권4, 세가 현종 2년 춘정월] 등의 후손들에게 각기 1명씩의 初入仕를 허하도록 조처하고 있다.

(2) 현종 원년의 거란군 침입으로 수도 개경이 함락되는 국난에 처하여 왕은 羅州로 피신하지마는, 이때 從臣들마져 뿔뿔이 흩어지는 등 어려움이 극심해지는 가운데서도 끝까지 국왕의 곁을 떠나지 않고 고난을 같이한 隨從功臣과 유공자, 그리고 당시의 西京·興化鎭·龜州·宣州·慈州·仇比江·盤嶺의 각 전투에서[5-10-4-1), 488쪽] 공을 이룬 장교·군인들의 후손에게 例에 따라 1명씩 初職을 주도록 하고 있다.

(3) 점차 세력을 키운 여진족이 우리의 千里長城 부근에까지 미쳐오게 된 것이 숙종 9년(1104) 甲申年으로서 고려로서는 그것을 도저히 좌시할 수 없었다. 그리하여 이 해 2월에 林幹을 출정시켰으나 대패하고 돌아와 다시 3월에 尹瓘[『고려사』 권96, 열전 尹瓘傳]을 東北面行營兵馬都統으로 삼아 대전케 하였으나 작은 성과에도 불구하고 그 역시 패배하였다[『고려사절요』 권7·『고려사』 권12]. 적은 騎兵인데 비해 아군은 주로 步兵인게 하나의 큰 원인이었다. 이에 神騎軍·神步軍·降魔軍을 주로하는 別武班이라는 특별부대가 새로 조직되는 것이다(12월).①

　　윤관을 元帥, 吳延寵[『고려사』 권96, 열전 吳延寵傳]을 副元帥로 삼아 반격전을 펴는 것이 바로 예종 2년(1107) 丁亥年이었다. 그리하여 이번에는 큰 성과를 거두어 동북면 지역의 여진족, 즉 東蕃을 내쫓고 그곳에 9성을 쌓았다 함은 잘 알려져 있는 이야기이다.② 하지만 그간에 우리의 희생도 없지 않아 유익·회절·총방·최보·유일을 비롯하여 많은 양반과 군인들이 몸을 바쳤는데, 이들의 후손에게 例대로 1명씩 初職을 허하고 있는 것이다. 이 자리에 들어져 있는 유익·회절 등 5명은 그 이름이 전하고 있음에도 불구하고 구체적인 행적은 더 이상 찾아지지 않는다.

(4) 乙卯年의 西事란 인종 13년(1135), 즉 을묘년에 妙淸 등이 西京遷都運動을 전개하다가 실패로 돌아가자 일으킨 반란을 말한다. 그 반란은 金富軾을 중심으로 하는 개경세력에 의하여 이듬해에 진압되지마는,③ 그에 공로를 세운 유공자 및 戰亡한 양반과 관원·장수 등의 자손들에게 初職을 주어 포상하고 있는 것이다. 하지만 庚戌年은 이보다 앞선 인종 8년(1130)인데, 이때 어떤 사건이 있었고, 거기에서 사직을 호위했다는 景純·李雄 등의 행적도 더 이상 찾아지지 않아 그 전후의 사실을 잘 알 수가 없다.

(5) 崔思全(專?)은 인종 4년 당시 內醫로 있던중 이른바 李資謙의 난이 발생하여④ 그가 왕위까지 넘보는 상황에서, 이자겸의 黨與로 반란을 주도했던 拓俊京과의 사이에 개입하여 그를 설득해 오히려 척준경으로 하여금 이자겸을 잡아 귀양가게 함으로써 반란을 진압하는데 결정적인 역할을 하였다[『고려사』 권98, 열전 崔思全傳]. 그 공로로 그는 병부상서(정3품) 등을 거쳐 平章事(정2품)에까지 올랐거니와, 이때에 이르러 후손을 역시 錄用

토록 조처하고 있는 것이다.

그에 이어지는 기사도 인종 4년(1126), 즉 丙午年에 발생한 이자겸의 난에 관련된 것이다. 그럼에도 丙申年이라 쓴 것은 아마 어떤 착오에서 비롯하는 것 같다. 그것은 어떻든 이 자리에 열거된 安甫鱗(麟)은 왕 측근의 內侍錄事로서 이자겸 일파의 제거 계획을 주도한 한 사람이고, 吳卓은 상장군으로서 그 거사를 직접 담당한 한 사람이다. 그러나 이들은 오히려 이자겸·척준경 세력에 밀려 국왕편에 섰던 前禁衛別將 李作·郎將 李儒·大將軍 尹先·郎將 丁寵珍 등과 함께 모두 죽음을 당하였다[『고려사절요』 권9, 인종 4년 춘2월]. 그리고 성격이 강직하여 이자겸·척준경과 사이가 나빴던 知樞密院事(종2품) 金縝은 스스로 목숨을 끊었고[『고려사』 권98, 열전 金縝傳·『고려사절요』 권9, 인종 4년 춘2월], 辛忠 역시 그와 비슷한 입장에 있던 인물이었을 것 같으나 더 자세한 내용은 전하지 않는다. 그렇지만 이들은 모두 賊臣에 대항하여 사직을 호위하려한 공로를 인정받아 자손이 初職을 허락받고 있다.

(6) 예종 후년의 정계는 李資謙을 중심으로 하는 외척 및 문벌귀족과, 대체적으로 과거를 거쳐 진출한 신진관료들로 유교적인 문물제도의 정비 등 일련의 개혁정책을 통하여 위치를 확고히 하면서 국왕의 측근세력을 형성한 韓安仁 중심의 정치세력이 상호 균형을 이루면서 왕권도 안정을 유지하고 있었다. 그러다가 예종 17년(1122), 즉 壬寅年 4월에 왕이 세상을 떠나자 두 세력 사이의 대립이 한층 첨예화하지마는, 마침내 이자겸이 자기 집에서 성장한 14세의 어린 외손자인 인종을 즉위시키는데 성공하면서 권력을 장악하였다. 그리고는 바로 그해 12월에 문하시랑평장사(정2품)인 한안인 등이 예종의 동생인 帶方公 俌를 받들고 不軌를 꾀했다 하여 반대파 50여명을 살해 또는 유배하는 것이다[『고려사』 권97, 열전 韓安仁傳·『고려사절요』 권8, 인종 즉위년 4월 및 12월]. 이때 한안인은 말할 것 없고 낭중(정5품)의 직위에 있던 그의 사위 李中若도 함께 유배되었다가 죽음을 맞거니와, 이들의 후손에게 관직으로 상을 주는 조처를 하고 있다.⑤

(7) 무신들이 정변을 일으켜(1170년) 정권을 장악한후 국왕인 毅宗을 폐하고 그의 동생 明宗을 옹립하였다. 이 사실을 事大의 관계에 있는 金나라에 알려야 했는데, 告奏使로서 그 책임을 맡은 사람이 당시 공부낭중이었던 庾應圭로서, 고려에서의 정변에 의혹을 품은 금나라가 왕위 교체를 승인하려 하지 않자 그는 7일 동안이나 단식을 하며 투쟁하여 마침내 임무를 성공적으로 끝내고 귀국하였다[『고려사』 권99, 열전 庾應圭傳·『고려사절요』 권11, 명종 즉위년 동10월·같은 책 권12, 명종 5년 9월]. 그 공로로 그는 군기감으로 승진하고 뒤에는 공부시랑(정4품)까지 역임하거니와, 그간 궁궐에

불이 났을 때 먼저 국왕의 神御를 모신 景靈殿으로 들어가[6] 5室의 祖眞
을 받들어 옮기기도 하였다.

　다음 黃文裳은 위의 (4)항에서 소개한바 인종 13년(1135) 乙卯年에 妙
淸 등이 서경에서 반란을 일으켰을 때 內侍로서 宣諭使의 임무를 띠고
파견되었다가 반란군의 손에 죽음을 당하였다[『고려사절요』권10, 인종 13년
춘정월·2월조]. 그리고 崔均 역시 명종 4년(1174) 甲午年에 西京留守 趙位寵
이 반기를 들고 일어났을 때[7] 저들을 선유하기 위해 諸城을 돌던중 被執
되어 죽음을 당하였다[『고려사』권99, 열전 崔均傳.『고려사절요』권12, 명종 4년
동10월]. 그러므로 이들 각각의 후손 1명씩에게 初職을 허하는 은택을 내
리고 있는 것이다.

(8) 명종 4년(1174) 甲午年에 趙位寵이 擧兵하였을 때 그들 군사가 수도 개경
으로 압박하여 와서 서쪽 權有路에 屯을 치자 무신정권의 실력자였던
李義方이 노하여 西京人인 尙書 尹仁美 등을 죽이고는 먼저 崔淑 등 數
十騎를 보내 적진으로 돌격해 들어가 여러 명을 살해케 하였다고 보인다
[『고려사절요』권12, 명종 4년 동10월]. 당시 최숙의 직위가 別將(정7품)이었던
것으로 짐작되는데, 그때 散員(정8품)인 守磯·白仁壽·裴龍甫와 校尉(정9품)
인 趙叔甫·錢義忠도 돌격대에 참가했던 것 같다. 이들에 관한 기사는 이
곳 선거지 이외의 기록에서는 찾아지지 않으며, 또『절요』에서도 戰勝한
사실만을 적고 있으나 실은 당시에 陣이 함몰되는 바람에 이들은 모두
전사하였다고 생각된다.

　辛卯年은 고종 18년(1231)으로 몽고의 제1차 침입이 있었던 해이다. 그
리하여 몽고병들이 龜州로 대거 밀려와 갖은 방법을 다하여 공격하게 되
는데, 병마사였던 朴犀의 지휘하에 朔州分道將軍이던 金仲溫과 靜州分道
將軍이던 金慶孫 등이 합세하여 끝까지 잘 막아내 빛나는 공적을 세우게
된다[『고려사절요』권16, 고종 18년 9월·『고려사』권103, 열전 朴犀傳·同 金慶孫傳].
직접 전투한 기록은 보이지 않으나 朴文成 역시 그에 참여했던 듯, 그는
고종 21년에 右散騎常侍(정3품), 23년에 知門下省事(종2품)를 제수받고 있
다[『고려사』권23, 세가 고종 21년 춘정월·23년 12월].

　몽고의 제1차 침입이 있은 이듬해인 고종 19년(1232) 6·7월에 고려 조
정은 강화도로 遷都하였다. 이러한 외침과 천도에 따른 어수선한 분위기
속에서 얼마동안 좀 잠잠해지는 듯싶었던 民亂이 다시 일어났다. 그 하
나가 이전에도 소요가 잦았던 東京(경주)의 民人들이 왕 20년, 癸巳年에
다시 일어난 것인데, 이번에도 민란 진압에 경험이 많은 상장군 李子晟
을 보내 해결하고 있다[『고려사절요』권16, 고종 20년 5월·6월·『고려사』권103,
열전 李子晟傳].[8]

　　한데 그에 곧이어 西京에서는 그곳 사람 畢賢甫가 宣諭使로 간 대장군
鄭義(殺)와 朴祿(祿)全을 살해하고 반란을 일으키는 사건이 일어났다[『고려
사』권23, 세가 고종 20년 5월·『고려사절요』권16, 고종 20년 6월]. 당시 北界에는
몽고의 침입시에 降附하여 역적질을 자행하던 洪福源이 서경을 본거지
로 하여 세력을 펴고 있었는데, 필현보가 그에 붙어 몽고에 叛附한 것이
었다. 이에 고려에서는 당시의 武人執政이던 崔瑀가 家兵 3,000명을 내
어 북계병마사 閔曦와 함께 치도록 하여 필현보를 사로잡아 처단하고 홍
복원을 몽고로 내쫓았다[『고려사』권23, 세가 고종 20년 12월·『고려사절요』권16,
고종 20년 12월]. 이곳 선거지에는 민희의 이같은 활동을 甲午年, 즉 고종
21년으로 기록하고 있는데 이는 고종 20년, 癸巳年의 잘못인 듯하다.

　　다음 丁酉年(1237), 즉 고종 24년의 南路逆賊處置使 金慶孫의 기사는
바로 위에서 朴犀와 함께 龜州에 들어온 몽고군을 물리쳐 혁혁한 공훈을
세우는 그 장본인에 관한 것으로, 이때 전라도의 原栗·潭陽에서 백제의
부흥을 표방하고 民亂을 일으킨 李延年의 무리를 진압한[『고려사』권24, 세
가 春·『고려사절요』권16, 春·『고려사』권103, 열전 金慶孫傳] 사실을 두고 한 기
록이다.[9] 요컨대 이상에서 간략하게 소개했듯, 사직을 위해 목숨을 바쳤
거나 공로를 세운 인물의 후손들에게 역시 初職을 주어 敍用하도록 하는
은택을 내리고 있는 것이라 하겠다.

(9) 끝으로 공신의 자손으로써 당시 사회적으로 천시하던 수공업(工)과 그 기
　　술자(匠)·商業·樂律에 종사하는 사람들을 찾아내서 관리로 진출토록 하고,
　　남반에 속한 자는 동반으로 고쳐주는 등의 혜택도 베풀도록 하고 있다.

① 李基白,「高麗 別武班考」『金載元回甲紀念論叢』, 을유문화사, 1969.

② 金九鎭,「公嶮鎭과 先春嶺碑」『백산학보』21, 1976.

③ 金南奎,「高麗 仁宗代의 西京遷都運動과 西京叛亂에 대한 一考察」『慶大史論』
　　창간호, 1985.

④ 金潤坤,「李資謙의 勢力基盤에 對하여」『대구사학』10, 1976 ;『한국 중세의
　　역사상』, 영남대출판부, 2001.

⑤ 盧明鎬,「李資謙일파와 韓安仁일파의 族黨勢力 - 高麗中期 親屬들의 政治勢力
　　化 樣態 -」『한국사론』17, 1987.
　　金秉仁,「韓安仁勢力과 李資謙勢力의 政治的 對立」『高麗 睿宗代 政治勢力
　　研究』, 경인문화사, 2003.

⑥ 김철웅,「고려 경령전의 설치와 운영」『정신문화연구』32-1, 2009.

⑦ 邊太燮,「武臣政權期의 反武臣亂의 性格 - 金甫當의 난과 趙位寵의 난을 중심
　　으로 -」『한국사연구』19, 1978.

⑧ 尹龍爀,「高麗 對蒙抗爭期의 民亂에 대하여」『史叢』30, 1986 ;『고려대몽항
　　쟁사연구』, 일지사, 1991, 374·375쪽.

⑨ 尹龍爀, 위의 글 ; 저서 376~380쪽.

-2) 忠宣王復位教曰 (1)祖王代六功臣·壁上功臣 顯王南幸時侍奉功臣等 內外玄孫
之玄孫 歷代配享功臣 內外玄孫之曾孫 例以戶一名 許初職 (2)祖王代衛社功臣
金樂·金哲·申崇謙 及成王代功臣徐熙 顯王代功臣河拱辰·盧戩·楊規等 內外玄
孫之玄孫 例以一戶一名 許初職 (3)仁王代功臣崔思全 奮策救難 其功重大 其
內外玄孫之孫 別錄敍用 (4)父王代己巳年及四年隨從臣僚 功勞旣着(著?) 宜加
錄用 延及子孫: 충렬왕 34년에 충선왕이 복위하면서 그에 즈음해 일반 음서
[5-8-9-2), 477쪽]와 함께 공신자손에 대한 음서도 광범하게 베풀고 있다. 이곳
의 기사는 그 가운데 후자로서, 태조로부터 자신의 父王인 충렬왕대까지의
중요 공신들을 포상하여 그 자손들에게 初職을 주거나 錄用토록 조처하고
있는 것이다. 그 내용은 크게 4가지로 분류하고 있으므로 위의 번역에서도
그에 따랐는데, 순서대로 소개하면 다음과 같다.

(1) 太祖代의 6공신·벽상공신과 현종의 南幸時 侍奉功臣 및 역대 배향공신
에 대한 포상으로, 바로 윗 항목 (1)·(2)의 사안을 반복하여 혜택을 주는
내용으로 되어 있다.

(2) 태조대의 金樂·金哲(鐵)·申崇謙과 성종조의 徐熙 및 현종대의 河拱辰·盧
戩·楊規에 대한 포상으로, 역시 위의 충선왕 24년 교서 (1)항목에 들어
진 인물들의 후손에게 반복하여 혜택을 주는 내용이다.

(3) 인종대의 공신 崔思全에 대한 포상으로, 역시 위의 충선왕 24년 교서 (5)
항목에 나오는 내용 일부의 반복이다.

(4) 이곳의 父王代 己巳年 기사는, 원종 10년(1269) 己巳年에, 얼마뒤 즉위하
는 충렬왕이 세자로서 몽고에 入朝한 사실과 관련된 내용인 것 같다. 이
때 叅政(종2품)인 蔡楨과 승선(정3품) 林惟幹, 대장군(종3품) 鄭子璵, 낭장(정6
품) 印公秀, 內官郞將 金子貞, 牽龍行首 羅裕, 書狀官·學諭 金應文 등이
從行하는데[『고려사』권26, 세가 원종 10년 하4월·『고려사절요』권18, 원종 10년 하
4월], 이렇게 세자가 몽고에 들어간 사이 국내에서 권력을 잡고 있던 林
衍이 왕을 폐하고 그 동생을 옹립하는 사태가 발생하였다. 귀국하던 도
중에 이 소식을 접한 세자가 되돌아가 몽고의 힘을 빌려서 임연을 압박
해 원종이 다시 왕위를 회복하는 일이 있었지마는, 그간에 隨從한 臣僚
들의 공로가 컸을 것이므로 이번 기사는 그들에 대한 포상으로 생각된
다. 이때 임연의 아들인 임유간은 물론 제외되었을 것이다.

다음 충렬왕 4년의 隨從한 공신들이란 이 해 하4월에 왕 및 공주와
세자가 入元할 때 從行한 元傅·李汾禧·朴恒·宋玢·康允紹 등으로[『고려사』
권28, 세가 충렬왕 4년 하4월·『고려사절요』권20, 충렬왕 4년 하4월] 판단된다. 당
시에는 위에서도 언급한바 역적 洪福源의 아들인 洪茶丘가 몇몇 측근들

과 함께 여러 모로 본국인 고려를 謀害하던 때로서, 우여곡절 끝에 入元한 충렬왕은 그에 따른 문제를 해결하려고 부심하였다. 여기에는 자연히 從臣들의 노력도 한 몫을 했을 것이므로 이때에 이르러 그들의 후손에게도 은택을 베풀고 있는 것이라 하겠다.

原文 5-10-11. 忠肅王十二年教 歷代功臣蔭職 並依舊制 其甲戌年以來有戰功人及戰亡人子孫 各加敍用

5-10-11. 충숙왕 12년에 教하여, 역대 공신에 대한 음서는 모두 구제舊制에 의하도록 하고, 그 갑술년 이래로 전공이 있는 사람 및 전망戰亡한 사람의 자손들을 각각 서용토록 하였다.[1]

註解 5-10-11-

-1) 忠肅王十二年教 歷代功臣蔭職 並依舊制 其甲戌年以來有戰功人及戰亡人子孫 各加敍用: 충숙왕이 즉위 12년에 이르러 비로소 그간의 시련을 극복하고 새로운 국정 운영을 도모하면서 10월에 長文의 宥敎를 내리는[『고려사』 권35, 세가 충숙왕 12년 10월·『고려사절요』 권24, 충숙왕 12년 10월] 가운데 祖宗苗裔[5-9-8-1), 484쪽]와 함께 공신 자손들에게도 음서의 혜택을 내리고 있다. 그 하나는 역대의 공신 자손들에게 옛 제도에 따라 蔭職을 주라는 것이고, 다른 하나는 甲戌年 이래의 戰功者와 戰亡人 자손들을 敍用하라는 것인데, 후자의 경우 갑술년이 언제의 갑술년을 일컫는 것일까는 작은 문제꺼리이다. 그렇지만 충숙왕 12년(1235, 을축년)으로부터 가장 가까운 갑술년은 충렬왕 즉위년(1274)이고 그 다음은 고종 원년(1214)인데, 아마 이 기사에서 말하는 甲戌年은 후자이지 않을까 생각된다. 충렬왕 즉위년 이후에도 제2차의 일본원정 등이 있긴 했으나 그 이외에 이렇다할 커다란 전쟁이 없었음을 감안하고, 또 이번이 전공자와 전망인에 대한 대규모의 포상임을 염두에 둘 때 아무래도 오랜 동안에 걸친 몽고와의 전쟁에서 발생한 戰功·犧牲을 빼놓을 수 없었을 것이라 짐작되기 때문이다.

原文 5-10-12. 恭愍王五年六月教 太祖以來歷代功臣 錄其子孫 優加獎用 十二年五月教 陣亡軍吏子孫 屢命擢用 有司視爲文具 予甚痛焉 各具姓名以聞 二十年三月教 兵興以來戰亡將士 官其子孫

5-10-12. 공민왕 5년 6월에 교敎하여, 태조 이래의 역대 공신은 그 자손을 녹錄하여 후하게 포장·등용토록 하였다.[1]

12년 5월에 교敎하기를, 진망陣亡한 군리軍吏의 자손을 여러 번 탁용擢用하라고 명하였으나 유사有司(담당 관청)가 문구文具로만 보니 내가 심히 통탄스럽게 생각한다 하고는 각각 성명을 갖추어 보고하게 하였다.[2]

20년 3월에 교敎하여, 병흥兵興 이래로 전망戰亡한 장사將士들은 그 자손을 버슬시키도록 하였다.[3]

註解 5-10-12-

-1) 恭愍王五年六月敎 太祖以來歷代功臣 錄其子孫 優加奬用: 공민왕 5년은 元明交替期에 처하여 反元改革政治를 본격적으로 단행하기 시작하는 해이다. 그 일환으로 우선 5월에 元勢力을 등에 업고 전횡하여 오던 奇轍 등 親元派를 제거하고[『고려사』 권39, 세가.『고려사절요』 권26] 다음달에 敎書를 발표하면서 역대의 공신 자손들을 錄用하도록 조처하고 있는 것이다.

-2) (恭愍王)十二年五月敎 陣亡軍吏子孫 屢命擢用 有司視爲文具 予甚痛焉 各具姓名以聞: 紅巾賊이 공민왕 8년에 이어서 10년 10월에는 10여만의 무리가 침입하여 11월 하순에 수도인 개경이 함락되기에 이르렀다. 이에 왕은 福州(安東)로 피신하거니와, 해를 넘긴 왕 11년 정월에 安祐·崔瑩·李成桂 등이 지휘하는 20만병이 개경을 포위하였다가 곧 되찾았고 홍건적은 압록강을 건너 도망하였다. 그후 왕은 12년에야 수도로 되돌아오게 되지마는, 도중에 개경 근처의 興王寺를 時御宮으로 삼았다가 원나라 세력과 연결된 金鏞 등의 이른바 홍왕사 변으로 한 차례 더 위험한 고비를 넘겼다. 이후 안정을 되찾은 공민왕은 윤3월에 興王討賊功臣·扶侍避難功臣·建議集兵定難功臣·辛丑扈從功臣·僉兵輔佐功臣·收復京城功臣 등등 대대적인 공신 책봉을 하였다[『고려사』 권40, 세가 공민왕 12년 윤3월.『고려사절요』 권27, 공민왕 12년 윤3월]. 이곳 선거지의 敎令은 이들 책봉에서 소외된 陣亡한 軍·吏에 대한 포상을 위한 것으로 생각된다. 더구나 이들 하급층에 대한 포상의 지시는 이전에도 여러 차례 있었으나 有司가 제대로 시행하지 않았음을 지적하며 그들 자손의 擢用을 거듭 강조하고 있다.

-3) (恭愍王)二十年三月敎 兵興以來戰亡將士 官其子孫: 이곳의 「兵興 以來」는 왕 3년 원나라에 2,000명의 助征軍을 파견한 사실도 있긴 하지만 그보다는 왕 8년에 이은 10년의 홍건적 침입으로 개경이 함락된 상황에서 전국적으로 병력을 동원한(위의 2)항) 것을 뜻하는게 아닐까 싶다. 그후에도 공민왕대는 왜

구 등 대내외적으로 전란이 심했던 시기이니만큼 그에 희생된 將士의 자손들에게 거듭 포상을 명하고 있는 것이라 하겠다.

原文 5-10-13. 辛禑元年二月敎 兵興以來戰沒軍士 令都評議司 追錄子孫

5-10-13. 신우 원년 2월에 교敎하여, 병흥兵興 이래로 전몰한 군사는 도평의사로 하여금 자손을 추록追錄토록 하였다.[1]

註解 5-10-13-
 -1) 辛禑元年二月敎 兵興以來戰沒軍士 令都評議司 追錄子孫: 5-10-12-3), 501쪽 참조.

5-11. 봉증제封贈制

原文 5-11-1. 凡封贈之制 成宗七年十月敎 文武常叅官以上父母妻 封爵

5-11-1. 무릇 봉증의 제도는[1] 성종 7년 10월에 교敎하여, 문·무 상참관 이상의 부·모·처에게 봉작토록 하였다.[2]

註解 5-11-1-
 -1) 凡封贈之制: 封贈制는 새로운 국왕의 즉위를 비롯하여 王太后의 책봉 등 국가의 경사나 또는 어려운 상황에 처했을 때 등등의 시기에 공신과 일정한 직위에 오른 臣僚를 대상으로 하여 본인 및 그들 父·母·妻에게 관직이나 爵位·外命婦 등을 封贈하는 제도를 말한다. 그러니까 그 계기면에서 보면 봉증은 바로 앞 대목에서 다룬 蔭敍와 거의 같았다고 할 수 있다. 그렇기 때문에 이곳 선거지에서는 그 내용에 따라 어떤 것은 일반 음서, 또 성격이 좀 다른 것은 祖宗苗裔蔭敍·功臣子孫蔭敍, 그리고 封贈之制條에다가 각기 분류하여 실어 놓았지만 국가의 경사 등을 맞아 공신·관료들에게 은택을 베푼다는 취지는 동일하였고, 그러므로 사실 이들은 대부분이 같은 날, 같은 敎書에서 공표된 사안들인 것이다.
  이와 같이 음서제와 봉증제는 설정한 취지가 유사하였고 대상도 동일하였는데, 그러면서도 그에 따라 혜택을 받는 사람이 전자는 대상자의 자손이었던데 비해 후자는 본인 또는 그의 부·모·처였다는데 기본적인 차이가 있었다. 이런 관계로 전자는 주로 아직 성인이 되지 않은 어린 나이에 관직을 수여하여 벼슬 길을 열어주되 初職에 해당하는 하위직들을, 그나마 職事가 없는 同正職들이 주로 주어졌으나, 후자는 이미 상당한 직위에 올라 있거나 또는 그들 부·모·처에 대한 수여이므로 대체적으로 고위직과 작위 및 외명부직 등이 수여되었다. 이때 관직의 경우 물론 그 전체가 대상이긴 하였으나 명예직이나 겸직으로 주어지던 三師(太師·太傅·太保, 정1품)와 三公(太尉·司徒·司空, 정1품), 東宮官(종1품의 太師·太傅·太保, 종2품의 少師·少傅·少保, 정3품 詹事 등), 中書令(종1품)과 尙書令(종1품) 및 실권이 크지 않은 左·右僕射(정2품) 등의 비중이 컸다는 연구가 있거니와,[1] 한편으로 고려 때의 爵位로는 國公(정2품), 郡公(종2품), 君侯·縣侯·郡伯·縣伯·郡子·縣子(정5품), 郡男·縣男(종5품)[5-8-4-1), 470쪽] 등이 있었고, 外命婦로는 公主(정1품)·大長公主(종1품)·國大夫人(정3품)·郡大夫人(정4품)·郡君(정4품)·縣君(정6품) 등이 있었으므로[『고려사』권77, 백관지 2 內職] 이들이 사여되었겠다.

封贈의 封은 생존자에 대한 封授를 의미하며, 贈은 死沒한 인원에 대한 追贈을 뜻한다. 따라서 공신과 신료가 그 자신 또는 父가 생존하고 있을 때에는 관직 및 작위를 封授하였겠고, 이미 死沒한 때라면 追贈받았을 것이며, 母·妻 역시 생존하고 있는 경우는 外命婦職을 봉수하였을 것이고, 사몰한 이후라면 그것을 추증받았을 것이다.

이곳 선거지에는 특별한 시기를 맞아 전반적으로 봉증한 사실만이 기록되고 구체적인 개인 사례는 싣지 않고 있으나 다른 사료를 통해 그같은 많은 실례에 접할 수 있다.[2] 한편 선거지에는 왕족들에 대한 봉증 사실도 따로 싣지 않고 있으나 이들에게는 특별한 절차에 의해 이루어지고 있었던 때문에 그리 된 듯하다.

① 박종기, 「高麗時代 追贈制度」 『한국학논총』 31, 2009.

② 박종기, 위의 논문.

-2) 成宗七年十月敎 文武常叅官以上父母妻 封爵: 이때 成宗이 송나라 황제로부터 추가적인 책봉을 받는 경사를 맞아 推恩하는[『고려사』권3, 세가·『고려사절요』권2] 일환으로 문·무 常叅官 이상의 父·母·妻를 封爵하는 교서를 내리고 있는 것이다. 常叅은 叅上 가운데에서[5-1-3-1), 368쪽] 日常의 朝會에 참여하는 관원들로 논자에 따라 5품관 이상으로 보기도 했으나 지금은 6품관 이상으로 이해하는 사람들이 많은데[5-4-2-1), 417쪽], 그들 모·처에게는 外命婦[위의 1)항]가 주어졌겠으나 父의 경우 '封爵'을 작위를 준 것만으로 해석해야할지 또는 官爵 즉 관직과 작위를 함께 사여한 것으로 보아야할지 그점은 단정하

여 말하기가 좀 어렵다. 이하에서도 봉작이라 자주 표기되고 있는데 父에 대한 경우는 역시 마찬가지이다.

原文 5-11-2. 穆宗卽位敎 常叅官以上及職事七品以上父母妻 各加官封 二年十月 鎬京文武三品以上妻 寡居守節者 封爵

5-11-2. 목종이 즉위해 교敎하여, 상참관 이상 및 직사 7품 이상의 부·모·처에게 각각 관직과 봉작을 더하게 하였다.[1]

2년 10월에 호경의 문·무 3품 이상의 처로서 과부로 있으면서 수절한 자를 봉작하였다.[2]

註解 5-11-2-

-1) 穆宗卽位敎 常叅官以上及職事七品以上父母妻 各加官封: 목종이 즉위한지(997년 10월) 두 달만인 12월에 교서를 통해 음서[5-8-2-1), 468쪽]를 비롯하여 여러 가지 은택을 베푸는 가운데[『고려사절요』권2, 성종 16년 12월] 상참관[5-11-1-1), 502쪽] 이상으로부터 7품 이상의 부·모·처에게 관직과 봉작을 더하도록 조처하고 있다. 여기서도 父에게는 관직과 작위가, 그리고 모·처에게는 外命婦職[5-11-1-1), 502쪽]이 주어졌을 것이다.

-2) (穆宗)二年十月 鎬京文武三品以上妻 寡居守節者 封爵: 목종이 즉위후 開京 못지 않게 중시하던 鎬京, 즉 西京에 행차하여 齋祭를 올리고 여러 가지 恩賜를 베푸는 가운데[『고려사절요』권2, 목종 2년 10월], 3품 이상의 처로써 寡居하면서도 守節하고 있는 사람에게 봉작하여 外命婦職[5-11-1-1), 502쪽]을 내리고 있는 것이다.

原文 5-11-3. 顯宗五年十二月敎 歷代功臣封贈官爵

5-11-3. 현종 5년 12월에 교敎하여, 역대 공신에게 관작을 봉증하였다.[1]

註解 5-11-3-

-1) 顯宗五年十二月敎 歷代功臣封贈官爵: 현종 5년 12월 당시는 상장군 金訓 등 무신들이 반란을 일으켜 조정이 매우 어려운 처지에 놓여 있었다. 이같은 상황에서 민심수습책으로 일반 음서[5-8-3-1), 469쪽]와 공신자손음서[5-10-1-2), 485쪽] 등 여러 가지 은택이 베풀어지고 있는데, 역대 공신에게는 그에 더하

여 그들 자신에게도 생존자와 死沒한 사람 각자에게 관직과 작위를 封授·追贈하고 있는 것이다.

原文 5-11-4. 德宗即位判 中郞將准諸曹員外郞 別將准七品 父母封爵

5-11-4. 덕종이 즉위해 판判하여, 중랑장은 제조諸曹의 원외랑에 준하고, 별장은 7품에 준하여 부·모에게 봉작하게 하였다.[1]

註解 5-11-4-

-1) 德宗即位判 中郞將准諸曹員外郞 別將准七品 父母封爵: 덕종이 즉위에 즈음하여 문·무관의 부·모에게 封爵(관직·爵位·外命婦)토록 하고 있는데, 무반의 정5품인 중랑장은 문반의 정6품인 諸曹의 원외랑에 준하도록 하여 무반이 문반보다 낮은 대우를 받게 하고 있으나, 정7품인 별장은 동일한 7품에 준하도록 하고 있다. 상위직에서는 고려전기의 전반적인 추세처럼 문·무반 사이에 차별대우를 하였음이[1] 여기에도 나타나 있다 하겠다.
   ① 邊太燮, 「高麗朝의 文班과 武班」『사학연구』 11, 1961 ;『고려정치제도사연구』, 일조각, 1971.

原文 5-11-5. 肅宗即位詔 散官四品職事常參以上 爵其父母妻 散官五品職事七品以上 爵其父母 五年二月 四品以上 封父母爵

5-11-5. 숙종이 즉위해 조詔하여, 산관 4품과 직사 상참 이상은 그 부·모·처를 봉작하고, 산관 5품과 직사 7품 이상은 그 부·모를 봉작하게 하였다.[1]
   5년 2월에 4품 이상은 부·모를 봉작하게 하였다.[2]

註解 5-11-5-

-1) 肅宗即位詔 散官四品·職事常參以上 爵其父母妻 散官五品·職事七品以上 爵其父母: 비상 수단을 통하여 왕위에 오른 숙종은 그에 즈음하여 일반 음서[5-8-4-1), 470쪽]·功臣子孫蔭敍[5-10-3-1), 487쪽] 등을 베푸는 가운데[『고려사절요』 권6, 숙종 즉위년 11월.『고려사』 권11, 세가 숙종 즉위년 11월] 산관과 직사관의 부·모·처에게도 관작을 내리는 은택을 베풀고 있다. 다만 산관 4품과 직사관

상참 이상에게는 부·모·처를 봉작하도록 한데 비해 산관 5품과 직사관 7품
이상에게는 부·모만을 봉작토록 하여 약간의 차별을 두고 있거니와, 이곳의
산관은 散階만을 지닌 階官을 말하며, 직사관은 실무를 보는 현직 관원을 뜻
한다. 상참에 대해서는 앞서 5-11-1-2), 503쪽에서 설명한 바와 같다.

   ① 朴龍雲,「高麗時代의 文散階」『진단학보』 52, 1981 ;『高麗時代 官階·官職 研
     究』, 고려대출판부, 1997.

 -2) (肅宗)五年二月 四品以上: 封父母爵: 왕 5년 1월에 長子를 왕태자로 책봉한
   후 일반 관료[5-8-4-2), 470쪽]와 祖宗苗裔[5-9-1-4), 479쪽]에게 음서를 내림과 동
   시에 4품 이상 臣僚의 부·모를 봉작하는 은택도 베풀고 있는 것이다.

原文 5-11-6. 睿宗三年二月 兩京文武兩班各以官品高低 許加父母妻封爵 四月
配享功臣 各加追封

5-11-6. 예종 3년 2월에 양경兩京의 문·무 양반에게 각각 관품의 높고 낮
음에 따라 부·모·처에게 봉작을 가加함을 허하였다.[1]
   4월에 배향공신에게 각각 추봉追封을 가加하였다.[2]

   註解 5-11-6-

 -1) 睿宗三年二月 兩京文武兩班 各以官品高低 許加父母妻封爵: 왕 3년 1월에 母
   后인 柳氏를 왕태후로 책봉하는 경사를 맞아 다음 달에 일반 음서[5-8-5-1), 471
   쪽]와 祖宗苗裔蔭敍[5-9-2-1), 479쪽] 및 공신자손음서[5-10-4-1), 488쪽]를 베품과
   동시에 兩京, 즉 開京과 西京의 문·무 양반에게 또한 관품의 高低에 따라 그
   들 부·모·처를 封爵하도록 허락하고 있다.

 -2) (睿宗三年)四月 配享功臣各加追封: 이 달에 친히 태조를 비롯한 역대 왕들의
   神主를 모신 太廟에 禘祭를 올리고 은택을 베풀면서[『고려사』 권12, 세가 예종
   3년 4월·『고려사절요』 권7, 예종 3년 4월] 태조·10陵의 여러 孫[5-9-2-2), 480쪽]과 배
   향공신의 후손들에게 初職을 줌과[5-10-4-2), 488쪽] 동시에 특히 후자의 본인
   들에게도 각각 관작의 追封을 加하고 있는 것이다.

原文 5-11-7. 毅宗三年正月判 三子赴戰有功者父母 依三子登科例 封贈賜米

5-11-7. 의종 3년 정월에 판判하여, 세 아들이 전쟁에 나가 공로가 있는
부모에게는 세 아들이 등과登科한 예에 의하여 봉증封贈하고 사미賜米하도

록 하였다.[1]

　　　註解　5-11-7-

　-1) 毅宗三年正月判 三子赴戰有功者父母 依三子登科例 封贈賜米: 세 아들이 전
　　　쟁에 나가 공로가 있는 부모에게는 세 아들이 과거에 급제한 예에 따라서
　　　封贈하고 賜米하도록 했다는 것인데, 봉증은 관작을 그리 했다는 뜻인 듯싶
　　　거니와, 미(쌀)의 賜與는 매년 어머니에게 30石씩 주도록 되어 있었다[3-2-7-2),
　　　230쪽].

　原文 5-11-8. 高宗四十年六月詔 代代功臣各加封爵 文武職事常叅散官四品以上
父母妻封爵 職事七品散官五品員父母封爵

5-11-8. 고종 40년 6월에 조詔하여, 대대의 공신에게 각각 봉작을 가하고,
문·무 직사 상참과 산관 4품 이상은 부·모·처를 봉작하며, 직사 7품과
산관 5품원五品員은 부·모를 봉작하게 하였다.[1]

　　　註解　5-11-8-

　-1) 高宗四十年六月詔 代代功臣各加封爵 文武職事常叅·散官四品以上父母妻封爵
　　　職事七品·散官五品員父母封爵: 고종이 즉위 40년에 즈음하여 특히 武人執政
　　　인 崔沆에게 封侯·立府토록 하고 일반 음서[5-8-7-1), 475쪽]와 祖宗苗裔蔭敍
　　　[5-9-5-1), 481쪽] 및 공신자손음서[5-10-8-1), 490쪽]를 함께 베풀면서[『고려사절요』
　　　권17, 고종 40년 6월] 또한 代代의 공신 자신에게 관작을 封授 追贈할 것과 신
　　　료의 부·모·처에게 봉작토록 하고 있는데, 이중 후자는 숙종 즉위년 詔書
　　　[5-11-5-1), 505쪽]와 내용이 동일하다.

　原文 5-11-9. 忠宣王卽位敎 太祖代衛社功臣及却退丹兵人等 加封爵號 內外文
武職事常叅以上散官四品以上父母妻封爵 三品以上員 除父母之封 以祖曾祖請
封爵者 亦許之

5-11-9. 충선왕이 즉위해 교敎하여, 태조대太祖代의 위사衛社 공신 및 거란
병을 퇴각시킨 사람 등에게는 작호爵號를 가봉加封하고, 내·외의 문·무 직
사 상참 이상과 산관 4품 이상은 부·모·처를 봉작하되, 3품 이상 관원으

로 부·모의 봉작을 제외하고 조·증조의 봉작을 청하는 자는 역시 허락하
도록 하였다.[1]

註解 5-11-9-

-1) 忠宣王卽位敎 太祖代衛社功臣及却退丹兵人等 加封爵號 內外文武職事常叅以
上·散官四品以上父母妻封爵 三品以上員 除父母之封 以祖曾祖請封爵者 亦許
之: 충렬왕 24년에 父王을 밀어내고 왕위에 오른 충선왕이 그에 즈음하여
일반 음서[5-8-9-1], 477쪽]와 祖宗苗裔蔭敍[5-9-7-1], 484쪽] 및 공신자손음서[5-10-10-1],
493쪽]를 베풂과 동시에 저들 대상자 본인과 그 부·모·처에게도 封授·追贈을
加하고 있는 기사이다. 그 내용의 하나는 太祖代의 衛社功臣과 거란병을 퇴
각시킨 사람들에게 추가로 爵號를 내리도록 한 것인데, 그 위사공신은 金
樂·金哲·申崇謙을 말하며, 거란병을 물러가게 한 사람은 徐熙·河拱辰·盧戩·
楊規 등을 일컫는다(5-10-10-1)-[1), 493쪽]. 다음 다른 하나는 내·외의 문·무관
으로 職事 상참 이상과 散官[5-11-5-1), 505쪽] 4품 이상은 부·모·처를 봉작하
되, 부·모 대신에 조·증조의 追封을 원하면 그 역시 허락해 준다는 항목으
로 되어 있다.

原文 5-11-10. 恭愍王十一年十月 金續命上言 今針線娘子 內僚之女 亦有封翁
主宅主者 僭擬踰分 殊失尊卑之體 除不得已宗室勳舊外 勿許封爵 已封者請奪
之 十二年十一月敎 擊走紅賊三等功臣 並父母妻超三等封爵 二十年三月戰亡將
士 悉加追贈

5-11-10. 공민왕 11년 10월에 김속명이 상언上言하기를, "지금 바느질하
는 낭자와 내료內僚의 여자도 역시 옹주·택주로 봉한 자가 있어 참람됨
이 분수를 넘어서 존비尊卑의 체통을 상실함이 심합니다. 부득이한 종실
宗室·훈구勳舊를 제외하고는 봉작을 허하지 마시고, 이미 봉한 자는 청컨
대 거두소서" 하였다.[1]

12년 11월에 교敎하여, 홍건적을 격주擊走시킨 3등공신과, 아울러 부·
모·처에게 3등을 뛰어넘어 봉작하게 하였다.[2]

20년 3월에, 전망戰亡한 장사將士에게 모두 추증追贈을 가하였다.[3]

註解 5-11-10-

-1) 恭愍王十一年十月 金續命上言 今針線娘子 內僚之女 亦有封翁主宅主者 僭擬踰分 殊失尊卑之體 除不得已宗室勳舊外 勿許封爵 已封者請奪之: 공민왕이 재위 11년 10월에 災異가 빈발하자 求言을 요청하였고, 그에 따라 당시 時政의 論執과 풍속의 矯正 등을 맡은 監察司(御史臺)의 大夫(정3품)였던 김속명이 여러 현안들에 대해 논난하는 가운데[『고려사절요』 권27·『고려사』 권101, 열전 金續命傳] 궁중에서 바느질하는 娘子나 內僚의 일을 맡은 여자에게 翁主·宅主를 봉해주는 문제에 대하여 논하고 있다. 원래 옹주는『고려사』 권77, 백관지 2 內職條에「충혜왕 이후에 後宮의 女職에 높고 낮은 등차가 없어 私婢나 官妓도 역시 翁主·宅主에 봉하여졌다」고 한데서 짐작되듯이 신분이 그리 좋지 않아 말석에 위치하는 후궁의 칭호였다. 賤系 출신으로 충혜왕의 제4비가 된 銀川翁主가 그 한 예가 되겠다. 이같은 현상은 禑王代에 들어와 한층 심해지거니와, 더구나 그 칭호가 남용되면서 일반 신료의 부인들에게도 수여되어 제도가 더욱 복잡해지게 되는데,[1] 공민왕대부터도 벌써 그 정도가 심했던 모양이다.

옹주와 함께 논의된 宅主는 주로 일반 신료의 부인에게 하나의 특전으로 제수되던 것이었다. 武人執政이던 崔忠獻의 부인에게 綏成宅主와 靜和宅主가 주어진게 그 사례이거니와[『고려사』 권129, 반역열전 崔忠獻傳], 이런 예는 그 이후에도 적지 않게 찾아진다. 한데 이 택주가 后妃에게도 사용되고 있다. 이 경우의 택주는 宮人系列로서 옹주와 마찬가지로 신분이 그리 좋지 않은 후궁에게 주어졌던 것 같다.[2] 그 역시 뒤에 남용되면서 문제가 되었던 듯, 김속명이 그것의 폐단에 대해 논급하고 있는 것이다.

그리하여 그는 옹주·택주 제도의 혼란이 결국 신분질서의 문란과 尊卑의 체통을 상실시켰다면서 부득이하여 宗室과 勳舊의 여성들에게 제수한 이외에는 일체 그것을 봉작하지 말 것과, 이미 봉한 것은 追奪할 것을 아울러 건의하고 있다.

　① 李貞蘭,「高麗 后妃의 呼稱에 관한 考察」『典農史論』 2, 1996, 191·192쪽.
　② 李貞蘭, 위의 논문 165·166쪽.

-2) (恭愍王)十二年十一月教 擊走紅賊三等功臣 並父母妻超三等封爵: 왕 8년에 이어서 10년에 홍건적 10여 만의 무리가 침입하여 11월 하순에 개경이 점령되면서 왕은 福州(안동)로 피신하였다. 그후 왕 11년 정월에야 개경을 되찾고 12년에 되돌아오게 되지마는, 안정을 찾은 이 해 윤3월에 이르러 홍건적의 난리와 관련된 각종 공신들을 대대적으로 책봉하였다[5-10-12-2), 501쪽]. 그런 가운데서도 3등공신에 대한 처우가 미흡했다고 생각한 듯, 그들과 함께 그들 부·모·처에게 3등을 뛰어넘는 봉작을 가하고 있다.

-3) (恭愍王)二十年三月 戰亡將士 悉加追贈: 공민왕대에는 대내외적으로 전쟁이 많았던 시기이니만큼 그들 싸움에서 戰亡한 將士들 모두에게 관작의 追贈을 가하고 있는 것이라 하겠다.

<原文> 5-11-11. 辛禑五年正月 門下郎舍言 僧人封君及依例外 翁主宅主封爵 並皆除之 九年二月左司議權近言 女封宅主 僧封諸君 及府外封君 皆繫官爵輕賤 並許禁斷

5-11-11. 신우 5년 정월에 문하(부)의 낭사에서 말하기를, "승인僧人을 봉군封君한 것 및 예例에 의한 것 이외에 옹주·택주로 봉작한 것은 아울러 모두 제거하소서" 하였다.[1]

9년 2월에 좌사의 권근이 말하기를, "여자를 택주로 봉한 것과 중을 제군諸君에 봉한 것 및 부府 외에 봉군한 것은 모두 관작을 가볍고 천하게 여기는 것과 연계되어 있은즉 모두 금단禁斷하도록 허락하소서" 하였다.[2]

註解 5-11-11-
-1) 辛禑五年正月 門下郎舍言 僧人封君及依例外 翁主宅主封爵 並皆除之: 諫諍과 封駁 등을 맡은 門下府의 郎舍[『고려사』 권76, 백관지 1 門下府]에서, 정당하게 중으로서 封君을 받은 것과 전례에 비추어 합당하게 옹주·택주를 받은 것을 제외한 나머지 경우 그것에 봉작된 사람들의 爵號를 모두 거두어들이도록 건의하고 있다. 앞서 공민왕 때에 벌써 부당하게 옹주·택주에 봉하지 말 것과 이미 봉한 것은 追奪하라는 건의가 있었다고 하였거니와[5-11-10-1), 509쪽], 그같은 주장이 거듭되고 있는 것이라 하겠다.
-2) (禑王)九年二月 左司議權近言 女封宅主 僧封諸君 及府外封君 皆繫官爵輕賤 並許禁斷: 문하부 낭사[위의 1)항]의 좌사의대부(종3품)로 있는 권근이 역시 封君·封爵制의 문란상에 대하여 시정을 건의하고 있다. 즉, 여자를 택주로 봉하는 것과 중을 諸君에 봉하는 것 및 府 이외에 봉군하는 것은 모두가 관작을 가볍고 천하게 만드는 일이므로 금단하도록 촉구하고 있는 것이다. 아마 위의 세가지 사항은 모두가 부당하게 봉군·봉작을 남용하는데 따른 지적으로 짐작되거니와, 앞서 5-11-10-1), 509쪽에서 소개한바 私婢나 官妓를 옹주·택주로 봉했다는 때가 바로 이 시기 전후하여서의 일로, 우왕대가 그 혼란의 정점에 있었다. 설명 가운데의 府는 妃主府나 王子府 등을 지칭하는게

아닐까 짐작되는데, 그러나 물론 확인은 잘 되지 않는다.

① 李貞蘭, 「高麗 后妃의 呼稱에 관한 考察」『典農史論』2, 1996, 190~192쪽.
② 『고려사』 권77, 백관지 2 內職·朴龍雲, 『高麗史 百官志 譯註』, 신서원, 2009, 474·475쪽.

原文 5-11-12. 恭讓王元年十二月 諫官請罷無功封君者 二年正月 憲司請勿許封爵婦人僧徒 從之 十二月趙浚上言 非有功不侯 我朝之法 金富軾削除僭亂 平定西都 封樂浪侯 金方慶伐叛耽羅 問罪東倭 封上洛公 自今宰相非安社定遠功臣 毋得封君 三年八月憲司上言 聖人制禮 嚴嫡庶之分 嫡子然後得承襲父爵 支子不與焉 若宗子無子而亡 則衆子之次者乃得襲爵 本朝王子之後 不論嫡庶 不辨親踈 一皆封爵 實非古制 且所謂承襲者 父沒然後繼其位也 今父在而其子不論多少 皆得封君 不惟嫡庶無等 有乖於禮 亦難以有限爵祿 封無窮之子孫也 請令有司 考覈宗籍 凡爲先王親子之後 正派嫡長及殿下之伯叔親弟及親衆子 乃許封君 其封君之後 許令長子襲爵 其族屬疏遠而已封君者 悉收告身 其中擇有才幹者 於文武隨才任用 以遵先王之制 以別宗族之親 不報 都評議使司上言 自古天子之配爲后 諸侯之配爲妃 天子之女謂之公主 諸侯之女謂之翁主 上下之禮 不可紊亂 所以定名分而別尊卑也 我國家近代以來 紀綱陵夷 不循禮制 后妃翁主宅主之稱 或出時君之所欲 或因權勢之私情 皆失其義 至於臣僚妻室之封 祖宗之贈 皆無定制 願自今 定以王之正配稱妃 册授金印 世子正配稱嬪 册授銀印 衆王子正配稱翁主 王女稱宮主 並下批銀印 王之有服同姓姊妹姪女及同姓諸君正妻稱翁主 文武一品正妻封小國夫人 二品正妻封大郡夫人 三品正妻封中郡夫人 母並大夫人 四品正妻封郡君 母郡大君 五六品正妻封縣君 母縣大君 三子登科之母無職人妻 特封縣君 歲賜如舊 有職人妻加二等 凡婦人湏自室女爲人正妻者得封 父無官嫡母無子而次妻之子有官者 許封嫡母 其次妻雖不得因夫受封 所生之子有官者 當從母以子貴之例 受封縣君 已上命婦夫亡改嫁者追奪封爵 三十歲前守寡至六十不失節者 勿論存沒 旌門復戶 士大夫追贈祖考 二品以上贈三代 父准子職 祖曾祖遞降 妣並同 三品贈二代 四品至六品贈考妣 並吏曹受判給牒 從之

5-11-12. 공양왕 원년 12월에 간관이, 공로없이 봉군된 자들을 파罷할 것을 청하였다.[1]

2년 정월에 헌사에서 부인婦人과 승도에게 봉작하지 말 것을 청하니 좇았다.[2]

12월에 조준이 상언上言하기를, "공로가 있지 아니하면 후侯에 봉하지 않는 것이 우리 조종의 법입니다. 김부식은 참란僭亂을 제거하고 서도西都를 평정하여 낙랑후에 봉해졌고, 김방경은 탐라의 반란을 정벌하고 동쪽 왜倭를 문죄問罪하여 상락공에 봉해졌습니다. 지금부터는 재상으로서 사직을 평안하게 하거나 먼 곳(변방)을 평정한 공신이 아니면 봉군될 수 없게 하소서" 하였다.[3]

3년 8월에 헌사에서 상언上言하기를, "성인이 예를 제정하여 적서嫡庶의 구분을 엄격히 함에 적자이어야 아버지의 작爵을 계승할 수 있고 지자支子는 참여할 수 없었으며, 만약 종자宗子가 아들이 없이 죽으면 중자衆子의 다음되는 자가 이에 작爵을 이어받을 수 있었습니다. 본조本朝에서는 왕자王子의 후손이면 적서를 논하지 아니하고 친소親疎도 분변分辨하지 않은채 일체 모두를 봉작하니 실로 고제古制가 아닙니다. 또 이른바 승습承襲이란 아버지가 죽은 후에 그 작위를 계승하는 것인데, 지금은 아버지가 생존해 있는 데도 그 아들의 다소를 논하지 아니하고 모두 봉군하게 되니, 다만 적서의 차등이 없을뿐 아니라 예에 어그러짐이 있고, 또한 한정이 있는 작록爵祿을 가지고 무궁無窮한 자손을 봉하기는 어려운 것인즉, 청컨대 유사(맡은 관청)로 하여금 종적宗籍을 고핵케하여 선왕先王 친자親子의 후손으로 정파正派의 적장嫡長 및 전하의 백숙伯叔 친제親弟 및 친중자親衆子는 이에 봉군을 허하시고, 그 봉군된 사람의 후사에게는 장자로 하여금 작위의 승습을 허할 것이며, 그 족속族屬이 소원疎遠한데도 이미 봉군된 자는 모두 고신告身을 거두시고, 그중 재간이 있는 자는 가려서 문·무관에다 재능에 따라 임용하여 선왕의 제도를 준수하고 종족宗族의 친親함을 구별하소서" 하였으나 대답이 없었다.[4]

도평의사사가 상언上言하기를, "(1) 옛적부터 천자의 배필은 후后가 되고, 제후의 배필은 비妃가되며, 천자의 딸은 공주라 이르고, 제후의 딸은 옹주라 하여 상하의 예를 문란하게 할 수 없도록 하였으니, 명분을 정하고 존비尊卑를 구별하기 위함이었습니다. 우리 국가는 근대 이래로 기강이 해이해져서 예제禮制를 따르지 않아, 후비·옹주·택주의 칭호가 혹은 그때 임금의 하고자하는 바에서 나오고 혹은 권세있는 자의 사정私情에 인因하기도 하여 모두 그 의의意義를 상실하였으며, 신료의 처실妻室에 대한 봉작과 조종祖宗의 증직贈職에 이르기까지 모두 정제定制가 없습니다. 원컨대 지금부터는 정하여 왕의 정식 배필은 비妃라 칭하고 책봉하여 금인金印을 주고, 세자의 정식 배필은 빈이라 칭하고 책봉하여 은인銀印을 주며, 여러 왕자의 정식 배필은 옹주, 왕녀王女는 궁주宮主라 칭하고 모두 비목批目과 은인을 내리고, 왕이 복服이 있는 동성同姓의 자매·질녀 및 동성同姓의 제군諸君 정처正妻는 옹주라 칭하며, 문·무 1품의 정처正妻는 소국부인을 봉하고, 2품의 정처는 대군부인을 봉하며, 3품의 정처는 중군부인을 봉하고, 어머니는 모두 대부인으로 하며, 4품의 정처는 군군을 봉하고 어머니는 군대군으로 하며, 5·6품의 정처는 현군을 봉하고 어머니는 현대군으로 할 것입니다.

(2) 세 아들을 등과登科시킨 어머니로 직직職이 없는 사람의 처는 특별히 현군을 봉하고 해마다 사여賜輿하는 것은 이전과 같이 하고, 직직職이 있는 사람의 처는 2등을 가加할 것입니다.

(3) 무릇 부인婦人은 반드시 실녀室女로부터 남의 정처正妻가 된 자라야 봉함을 받을 수 있습니다. 부父가 벼슬이 없고 적모嫡母는 아들이 없는데 차처次妻의 아들이 벼슬이 있는 자는 적모嫡母에게 봉함을 허하고, 그 차처는 비록 남편(부夫)으로 인해 봉함을 받을 수는 없으나 낳은 아들이 벼슬이 있는 자는 마땅히 어머니가 아들로써 귀하게 되는 예例를 좇아서 현군에 봉함을 받을 것입니다.

(4) 이상의 명부命婦는 부夫가 사망하고 나서 개가改嫁한 자는 봉작을 추탈追奪하고, 30세 전의 과부로 수절守節하여 60세에 이르기까지 절개를 잃지 않은 자는 생존·사몰死沒을 논하지 말고 정문旌門·복호復戶(면세免稅)해 줄 것입니다.

(5) 사대부는 조고祖考만 추증하고, 2품 이상은 3대를 추증하되 부父는

자子의 직職에 준하며, 조·증조는 점차 낮추고, 비妣는 모두 (조·증조와) 같
이하며, 3품은 2대를 추증하고, 4품에서 6품까지는 고考·비妣를 추증하는
데, 모두 이조에서 판判을 받아 첩牒을 지급받게 하소서" 하니 좇았다.[5]

註解 5-11-12-

-1) 恭讓王元年十二月 諫官請罷無功封君者: 공양왕 원년(1389) 12월은 李成桂一
派가 易姓革命을 진행시키면서 자기네의 뜻대로 昌王을 좇아내고 공양왕을
세운(11월) 다음 달이다. 이렇게 새 왕이 즉위하자 곧바로 門下府 郞舍
[5-11-11-1), 510쪽]의 諫官들이 공로가 없는데도 封君된 자들의 罷君을 요청하
고 나선 것인데, 이는 물론 문란해진 봉군제의 질서를 바로잡자는 뜻에서이
겠지만 일면 권세를 쥐고 있는 구세력을 물리치려는 의도도 내포된 건의이
지 않았을까 짐작된다.

-2) (恭讓王)二年正月 憲司請勿許封爵婦人·僧徒 從之: 時政의 論執과 풍속의 矯
正 등을 맡은 憲司(司憲府·御史臺)에서[5-11-10-1), 509쪽] 婦人과 僧徒에게 封爵하
지 말 것을 청하자 받아들였다는 것인데, 그 건의는 역시 문란해진 봉작제
를 바로잡자는 차원에서 있었던 것 같다.

-3) (恭讓王二年)十二月 趙浚上言 非有功不侯 我朝之法 金富軾削除僭亂 平定西
都 封樂浪侯 金方慶伐叛耽羅 問罪東倭 封上洛公 自今宰相非安社定遠功臣 毋
得封君: 당시의 실세 중 한 사람으로 門下贊成事(정2품)의 지위에 있던 趙浚[『고
려사』 권118, 열전 趙浚傳]이 封君에 대해 上言하고 있다. 그는 이전에 李資謙의
전횡을 제거하고 西京에서 일어난 妙淸의 난을 진압한 金富軾을 樂浪侯로
봉하고, 탐라의 삼별초 항거를 정벌하고 일본 원정에 참여했던 金方慶을 上
洛公으로 봉한 것을 사례로 들면서, 현재의 재상 가운데서도 社稷을 평안하
게 하거나 변방에서 일어난 전란을 평정하는 등의 커다란 공로를 세운 인물
이 아니면 봉군될 수 없도록 하자고 건의하고 있는 것이다.

-4) (恭讓王)三年八月 憲司上言 聖人制禮 嚴嫡庶之分 嫡子然後得承襲父爵 支子
不與焉 若宗子無子而亡 則衆子之次者乃得襲爵 本朝王子之後 不論嫡庶 不辨
親疎 一皆封爵 實非古制 且所謂承襲者 父沒然後繼其位也 今父在而其子不論
多少 皆得封君 不惟嫡庶無等 有乖於禮 亦難以有限爵祿 封無窮之子孫也 請令
有司 考覈宗籍 凡爲先王親子之後 正派嫡長及殿下之伯叔親弟及親衆子 乃許
封君 其封君之後 許令長子襲爵 其族屬疎遠而已封君者 悉收告身 其中擇有才
幹者 於文武隨才任用 以遵先王之制 以別宗族之親 不報: 역시 憲司[위의 2)항]
에서 宗室의 봉작과 그 작위의 承襲에 대하여 上言하고 있는데, 당시 제도의
실상을 알 수 있어서 주목된다. 즉, 고려 때는 왕실의 후손이면 嫡庶나 親疎

를 구분하지 않고 모두를 봉작하였으며, 또 승습에 있어서도 父가 사망한
뒤가 아니라 생존해 있을 때에 모든 아들에게 封君한다는 것이다. 이는 禮制
에 어긋날 뿐 아니라 有限한 爵祿을 가지고 무궁한 자손을 모두 봉할 수는
없는 것이므로 宗籍을 조사하여 일정한 범위까지만 봉군하고 승습도 후사
가운데 장자로 하여금 잇게 할 것이며, 또 族屬이 疎遠해졌는데도 이미 봉군
된 자는 모두 告身을 거두도록 건의하고 있거니와, 이는 허락을 얻지 못하고
있다.

-5) (恭讓王三年八月) 都評議使司上言 (1) 自古 天子之配爲后 諸侯之配爲妃 天子
之女謂之公主 諸侯之女謂之翁主 上下之禮 不可紊亂 所以定名分而別尊卑也
我國家近代以來 紀綱陵夷 不循禮制 后妃翁主宅主之稱 或出時君之所欲 或因
權勢之私情 皆失其義 至於臣僚妻室之封 祖宗之贈 皆無定制 願自今 定以王之
正配稱妃 冊授金印 世子正配稱嬪 冊授銀印 衆王子正配稱翁主 王女稱宮主 並
下批銀印 王之有服同姓姊妹·姪女 及同姓諸君正妻稱翁主 文武一品正妻封小
國夫人 二品正妻封大郡夫人 三品正妻封中郡夫人 母並大夫人 四品正妻封郡
君 母郡大君 五六品正妻封縣君 母縣大君 (2) 三子登科之母 無職人妻 特封縣
君 歲賜如舊 有職人妻加二等 (3) 凡婦人須自室女爲人正妻者得封 父無官 嫡
母無子 而次妻之子有官者 許封嫡母 其次妻雖不得因夫受封 所生之子有官者
當從母以子貴之例 受封縣君 (4) 已上命婦夫亡改嫁者 追奪封爵 三十歲前守寡
至六十歲不失節者 勿論存沒 旌門復戶 (5) 士大夫追贈祖考 二品以上贈三代
父准子職 祖曾祖遞降 妣並同 三品贈二代 四品至六品贈考妣 並吏曹受判給牒
從之: 僉議·密直(전기의 宰臣·樞密)을 중심으로 하는 合坐機構로 국정 전반을
총괄했던 都評議使司(전기의 都兵馬使)[『고려사』 권77, 백관지 2 諸司都監各色 都評議使
司]에서 內·外命婦와 관련된 몇가지 사안에 대해 上言하고 있다. 그 내용은
크게 보아 다섯 부분으로서, 이미 번역 과정에서 분류해 놓은데 따라 순서
대로 살펴보기로 하겠는데, 맨 끝 부분에 왕이 이들 건의에 대해 모두 聽從
하였다고 전하고 있다. 하지만 고려는 그 이듬해에 終焉을 告하므로 저들 내
용은 일정한 한계를 지닌 것들이라는 점을 미리 염두에 둘 필요가 있겠다.

  (1) 당시 기강이 문란해져서 禮制를 따르지 않아 內命婦와 外命婦의 제도
    가 모두 혼란스럽게 되었음을 지적하고 다음과 같이 건의하고 있다.
    □內命婦
      왕의 정식 배필 ····························· 妃·金印
      세자의 정식 배필 ························· 嬪·銀印
      여러 왕자의 정식 배필 ················ 翁主－批目·銀印
      王女 ··· 宮主－批目·銀印
      왕이 服이 있는 同姓의 姊妹·姪女 및 同姓 諸君의 正妻 ··· 翁主

□外命婦

문·무 1품의 正妻	小國夫人
문·무 2품의 정처	大郡夫人
문·무 3품의 정처	中郡夫人
세 경우 모두 母는	大夫人
문·무 4품의 정처	郡君
母는	郡大君
문·무 5·6품의 정처	縣君
母는	縣大君

(2) 3子 登科의 母

無職人의 처	縣君. 해마다 米 30석
有職人의 처	加 2等

(3) 무릇 婦人은 반드시 室女로서 남의 正妻가 된 사람만이 封함을 받을 수 있다.
父가 벼슬이 없고 嫡母는 아들이 없으나, 次妻의 아들이 벼슬이 있는 경우 嫡母에게 封함을 허락한다.

生母	縣君

(4) 이상의 命婦는 夫가 사망하고 나서 改嫁한 경우 봉작을 追奪한다.
30세 전의 과부로 守節하여 60세에 이르기까지 절개를 잃지 않은 사람은 旌門·復戶한다.

(5)

士大夫	祖考 追贈
2품 이상	3대 추증

父는 子의 職에 준하고, 조·증조는 점차 낮춘다.
妣는 조·증조의 경우와 같이한다.

3품	2대 추증
4~6품	考·妣 추증

5-12. 첨설직添設職

原文 5-12-1. 添設職 恭愍王三年六月六部判書摠郎除政曹外 皆倍數添設 各司三四品亦皆添設 又於四十二都府每領 添設中郎將郎將各二人 別將散員各三人 以授之 謂之賞軍政 添設之職始此 十二年閏三月 除臺諫(諫)吏兵部外 增置東班三品以下六品以上 西班五品以下職額 二十年十二月 命左承宣金興慶曰 今兵革未偃 錢財罄渴 有軍功者無以賞之 設添文官三品武官五品以下官 以賞軍功

5-12-1. 첨설직은 공민왕 3년 6월에, 6부의 판서·총랑은 정조政曹를 제외하고 모두 수를 배로 늘려 첨설하고, 각 사司의 3·4품 역시 모두 첨설하였으며, 또 42도부都府는 매 영領마다 중랑장·낭장은 각각 2인씩, 별장·산원은 각각 3인씩 첨설하여 제수하니 일컬어 상군정賞軍政이라 하였다. 첨설직은 여기에서 비롯하였다.[1]

12년 윤3월에 대·간과 이·병부를 제외하고 동반의 3품 이하 6품 이상과 서반 5품 이하의 직職 액수를 늘려 설치하였다.[2]

20년 12월에 좌승선 김흥경에게 명하여 이르기를, "지금 전쟁은 그치지 않고 있는데 전재錢財는 다떨어져 군공軍功이 있는 자에게 상을 줄 수 없으니 문관 3품, 무관 5품 이하의 관官을 첨설하여 군공을 상주도록 하라" 하였다.[3]

註解 5-12-1-

-1) 添設職 恭愍王三年六月 六部判書·摠郎除政曹外 皆倍數添設 各司三四品亦皆添設 又於四十二都府每領 添設中郎將·郎將各二人 別將·散員各三人 以授之 謂之賞軍政 添設之職始此: 공민왕의 즉위를 전후한 시기는 줄곧 국내외적으로 多事多難한 기간이었다. 그에 따른 잦은 분쟁에서 많은 軍功者가 나오게 되었는데, 국가의 재정은 여의치 않아 왕 3년(1354)에는 마침내 散職의 일종인 첨설직을 설치하여[①] 관직으로 상을 주게 되었다. 그렇기 때문에 그 人事의 명칭도 賞軍政이라 일컬었던 것이다.

이 첨설직이 설치되는 관서는 尙書6部 가운데에서 인사를 담당하여 淸要職으로 알려진[②] 政曹, 즉 吏部(吏曹)와 兵部(兵曹)의 判書(정3품)·摠郎(정4품)을 제외한 나머지 4부의 그에 해당하는 관원과 또 각 司의 3·4품 역시 마찬가

지였다. 이들이 문반직인데 비해 무반직은 견해차가 좀 있긴 하지만 42都府
로도 불린 京軍 6衛 42領의③ 매 領마다 중랑장(정5품)·낭장(정6품)은 각 2인
씩, 그리고 별장(정7품)·산원(정8품)은 각 3인씩 첨설하였다. 이들 첨설직의 수
여 대상자는 주로 士人과 향리층이었지마는,④ 그 이외에 工商·賤隷나 농민
들도 섞여 있었다는 점에서 이 제도는 고려 말기의 신분제 동요와 관련이
깊기도 하였다.

① 朴龍雲, 「高麗時代의 文散階」『진단학보』 52, 1981 ;『高麗時代 官階·官職 硏
究』, 고려대출판부, 1997.

② 朴龍雲, 「고려시대의 淸要職에 대한 고찰」『高麗時代 官階·官職 硏究』, 고려
대출판부, 1997.

③『고려사』 권77, 백관지 2 諸司都監各色 三軍都摠制府·朴龍雲,『高麗史 百官志
譯註』, 신서원, 2009, 512쪽.

④ 鄭杜熙, 「高麗末期의 添設職」『진단학보』 44, 1978.
정두희, 「高麗末 新興武人勢力의 成長과 添設職의 設置」『이재룡환력기념 한
국사학논총』, 한울, 1990.

-2) (恭愍王)十二年閏三月 除臺諫(諫)吏兵部外 增置東班三品以下六品以上 西班五
品以下職額: 왕 12년 윤3월에 국왕에 대한 諫諍과 封駁 등을 맡은 門下府 郎
舍의 諫官[5-11-11-1), 510쪽]과 時政의 論執 및 풍속의 교정 등을 맡은 司憲府(御
史臺)의 臺官[5-11-12-2), 514쪽], 즉 臺諫과 인사담당기구인 吏部·兵部[위의 1]항목)
의 직위를 제외한 동반(문반)의 3품 이하~6품 이상직, 그리고 서반(무반)의 5품
이하직 정원을 늘려 설치했다는 기사이다. 대간과 이·병부직은 淸要職으로 알
려진 중요 직위였으므로 이들만은 添設職을 두지 않았던 듯싶거니와, 여타 직
위의 대폭적인 增置는 홍건적의 난리를 거친후 이때에 대대적으로 공신을 책
봉한 사실[5-10-12-2), 501쪽 및 5-11-10-2), 509쪽]과 관련이 있었던 것 같다.

-3) (恭愍王)二十年十二月 命左承宣金興慶曰 今兵革未偃 錢財罄渴 有軍功者無以
賞之 設添文官三品武官五品以下官 以賞軍功: 계속되는 전란과 더불어 軍功
者가 다수 나옴에 따라 그들을 관직으로 상주기 위해 문관 3품 이하직과 무
관 5품 이하직을 더 첨설하고 있다.

原文 5-12-2. 辛禑二年正月 以添設職賞軍士 自奉翊通憲至七八品無筭 時人有
車載斗量之譏 四年八月 憲司上言 添設官職 只爲賞軍功也 無功閑居者 亦或夤
緣冒得 使名器至賤 自今除從軍立功外 勿授添職 五年正月諫官上言 設官分職
自有定制 今兩府之額多至六十 密直以下封君及通憲以上添設甚衆 請皆罷之 正
順以下添設官 勿許帶館職 且本國出謝格例 滿百日則不出 添設雖非實職 年久
者亦出 實非古制 況因年久 姓名相似者 間或用謀冒出 請丁巳年以前添設大小

職 毋得出謝 九年二月左司議權近言 比來四方兵興 國用虛耗 其有戰勝之功者
錢財不足 而難以盡賞 官職有限而難以盡授 故先王權設添職 而有定數 以賞其
功 非有軍功者不敢虛授 今添設大繁 至無其數 功否混淆 僥倖日開 至於工商賤
隷皆得冒授 官爵之賤 至如泥沙 我國家所賴 以賞有功 縻人心者 只有官爵 而官
爵不重 人皆輕之 則後雖有功 何以賞之 且彼戰攻之士 豈望添設輕賤之職 以赴
難測危亡之地乎 願自今 賞功添設之職 一遵先王定數 除赴戰有功外 勿許除授

5-12-2. 신우 2년 정월에 첨설직으로써 군사軍士에게 상을 주는데, 봉익·
통헌으로부터 7·8품에 이르기까지 이루 다 헤아릴 수가 없으므로 당시
인들의 거(차)재두량(車에 싣고 말로 될 정도로 많음)이라는 비방이 있었다.[1]

4년 8월에 헌사에서 상언上言하기를, "첨설 관직은 군공을 상주기 위함
인데, 공도 없이 한가롭게 있던 자가 역시 혹 인연하여 억지로 얻어 명
기名器로 하여금 지극히 천하게 하니 지금부터는 종군하여 공을 세운 자
를 제외하고는 첨(설)직을 제수하지 마소서" 하였다.[2]

5년 정월에 간관이 상언上言하기를, "관직을 나누고 설치하는 데는 본
래 정해진 제도가 있는데, 지금 양부의 인원이 많아져서 60에 이르고,
밀직 이하의 봉군封君 및 통헌 이상에 첨설이 심히 많으니 청컨대 모두
파하소서. 또 본국의 출사出謝하는 격례(법례法例)는 100일이 차면 출사하
지 못하는 것인데, 첨설(직)은 비록 실직實職이 아니기는 하나 햇수가 오
래된 자가 역시 출사하니 실로 고제古制가 아닌데다가, 하물며 햇수가 오
래됨으로 인하여 성명이 서로 닮은 자가 간혹 꾀를 내어 억지로 출사하
니 청컨대 정사년丁巳年 이전에 첨설한 대소의 직은 출사하지 못하게 하
소서" 하였다.[3]

9년 2월에 좌사의 권근이 말하기를, "근래에 사방에서 병란이 일어나
국용이 줄어들어 비어서 전승戰勝한 공로가 있는 자라도 전재錢財가 부족
해 모두에게 상주기가 어렵고, 관직은 한정이 있어 모두에게 제수하기가
어려우므로, 때문에 선왕께서 임시로 첨(설)직을 설치하였으나 정해진 수
효가 있어서 공로에 대해서는 상으로 주었으나 군공이 있는 자가 아니면
감히 헛되게 제수하지 않았습니다. (한데) 지금은 첨설이 크게 번잡해져

그 수를 헤아릴 수 없게 되기에 이르러 공이 있는 자와 없는 자가 뒤섞이고, 요행이 날로 열려서 공상工商·천예賤隷가 모두 얻어 억지로 제수받으니 관작의 천함이 진흙·모래와 같이 되기에 이르렀습니다. 우리 국가가 믿는 바는 공 있는 사람에게 상을 주어 인심을 거두는 것으로써 (그렇게 하는 데는) 다만 관작이 있을 뿐인데, 관작이 소중하지 않아 사람들이 모두 가볍게 여기면 뒤에 비록 공이 있더라도 무엇으로 상주겠습니까. 또 저들 싸우고 공격하는 군사가 어찌 첨설한바 가볍고 천한 관직을 바라고 어렵고 위태한 땅으로 나가겠습니까. 원컨대 지금부터 공을 상주기 위한 첨설직은 한결같이 선왕의 정한 수를 준수하여 전쟁에 나가 공이 있는 사람을 제외하고는 제수를 허하지 마소서" 하였다.[4]

註解 5-12-2-

-1) 辛禑二年正月 以添設職賞軍士 自奉翊通憲至七八品無筭 時人有車載斗量之譏: 봉익대부와 통헌대부는 종2품 文散階로서[『고려사』권 77, 백관지 2 문산계] 재상급에 해당한다. 이러한 고위직으로부터 7·8품까지에 걸쳐 첨설직이 마구 설치되어 그 수를 이루 다 헤아릴 수 없을 정도로 많아져서 당시 사람들이 차에 싣고 말(斗)로 되야할 지경이라고 비방했다는 기사이다.

-2) (禑王)四年八月 憲司上言 添設官職 只爲賞軍功也 無功閑居者 亦或夤緣冒得 使名器至賤 自今除從軍立功外 勿授添職: 時政의 論執과 풍속의 교정 등을 맡은 憲司(司憲府)에서[5-11-10-1), 509쪽] 첨설직제의 운영이 문란해져 軍功이 없는 자들도 권력자와 연결되어 부정하게 받고 있음을 지적하고, 지금부터는 원래의 취지대로 從軍하여 공을 세운 사람을 제외하고는 제수하지 말 것을 건의하고 있다.

-3) (禑王)五年正月 諫官上言 設官分職 自有定制 今兩府之額 多至六十 … 實非古制 況因年久 姓名相似者 間或用謀冒出 請丁巳年以前添設大小職 毋得出謝: 간쟁과 봉박 등을 맡은 門下府 郎舍의 간관들이 封贈制[5-11-11-1), 510쪽]와 함께 첨설직에 대해서도 두 가지 문제를 지적, 시정을 건의하고 있다. 그 하나는 원래 兩府의 인원은 宰府의 宰臣 5職 8員과 樞府의 樞密 7職 9員으로 합계 17명이던 것이① 麗末에 늘어나서 이미 60명에 이르고 있는 상황에서, 그 같은 고위직에 해당하는 密直(종2품) 이하의 封君者 및 通憲大夫(종2품)[위의 1)항] 이상에 첨설된 자의 숫자가 심히 많으므로 후자는 모두 혁파하자는 것이다. 그리고 다른 하나는 벼슬 길에 오른 인사가 職事를 받아 謝禮하고 부임하

기까지의 기간이 法例上 100일로 되어 있어서 그 기간이 지나면 出謝하지
못하는 것인데, 첨설직도 비록 實職은 아니지만 이 규정을 지켜야 함에도 그
것을 어기고 행수가 오래된 자가 출사하는가 하면, 그것을 기화로 성명이
서로 닮은 자가 대신 출사하기도 하니 丁巳年(우왕 3년)을 경계로 하여 그 이
전에 첨설직을 받은 자는 출사하지 못하게 할 것을 촉구하고 있다.

 ①『고려사』 권76, 백관지 1 序文·朴龍雲,『高麗史 百官志 譯註』, 신서원, 2009,
   56·57·60쪽.

 -4) (禑王)九年二月 左司議權近言 比來四方兵興 國用虛耗 其有戰勝之功者 錢財
   不足 而難以盡賞 官職有限而難以盡授 故先王權設添職 … 願自今 賞功添設之
   職 一遵先王定數 除赴戰有功外 勿許除授: 문하부 낭사[위의 3)항]의 좌사의대
   부(종3품)로 있는 권근이 문란한 封君·封爵制의 시정[5-11-11-2), 510쪽]과 함께
   첨설직제의 유사한 상황에 대해서도 논급하고 있다. 그 내용인즉 첨설직은
   본래 일정하게 정해진 수효가 있어서 그 한도 내에서 軍功이 있는 자에게
   제수되었는데, 지금은 그 수가 헤아릴 수 없이 많아지면서 공로 없는 자가
   받기도 하고 또 신분적으로 문제가 있는 工商·賤隸가 받기도 하여 官爵을
   그다지 소중하게 여기지 않게 되기에 이르렀다고 말하고 있다. 따라서 이같
   은 상황이 계속되면 관작을 가지고 將士를 독려할 수도 없게 되어 결국은
   국가 또한 위태롭게 될 것인즉 첨설직은 이전대로 정해진 숫자 만큼만 설치
   하고 군공이 있는 사람에 한하여 제수할 것을 건의하고 있는 것이다.

[原文] 5-12-3. 恭讓王元年十二月 諫官上疏 請罷僞朝添設職 汰恭愍王丙申癸卯
二年添設之職 命汰丙申年添設 二年正月 憲司請收僞朝添設職牒 不聽 是月 王
謂鄭道傳曰 罷僞朝添設職 其術何如 對曰 古之用人之法有四 曰文學 曰武科
曰吏科 曰門蔭 以此四科擧之 當則用之 否則舍之 其誰有怨 又問 秩高者處之
何如 對曰 昔趙宋時 爲散官 設大丹館福源宮 或授提調 或授提擧 今亦效此 別
置宮城宿衛府 而位密直奉翊者爲提調宮城宿衛事 三四品提擧宮城宿衛事 然則
政得其宜 體統嚴矣 又問 居外者處之何如 對曰 居京城者處之如此 則在外者爭
來赴衛王室矣 然後以秩高下 或爲提調 或爲提擧 從之

5-12-3. 공양왕 원년 12월에 간관이 상소하여 위조僞朝의 첨설직을 혁파
할 것과 공민왕의 병신년·계묘년 두 해의 첨설직을 도태시킬 것을 청하
니 명하여 병신년의 첨설(직)을 도태케 하였다.[1]
  2년 정월에 헌사가 위조僞朝에서 첨설한 직첩을 회수할 것을 청하였으

나 들어주지 않았다.[2)]

이 달에 왕이 정도전에게 말하기를, "위조僞朝의 첨설직을 혁파하는데 그 방법을 어찌할 것인가" 하니, 대답하여 말하기를, "옛적에 사람을 쓰는 법에는 네 가지가 있었으니 문학·무과·이과吏科·문음입니다. 이 네 과科로써 등용에 합당하면 쓰고 합당하지 않으면 버리니 그 누가 원망이 있겠습니까" 하였다. 또 묻기를, "품질品秩이 높은 자는 어찌 처우할 것인가" 하니, 대답하여 말하기를, "옛적에 조씨의 송나라 때에 산관을 위하여 대단관大丹館과 복원궁을 설치하고는 혹 제조를 제수하기도 하고 혹 제거를 제수하기도 하였으니 지금 역시 이를 본받아 궁성숙위부를 따로 두고 지위가 밀직·봉익에 있는 자는 제조궁성숙위사를 삼고, 3·4품은 제거궁성숙위사를 삼는다면 정사政事는 그 마땅함을 얻고, 체통은 엄해질 것입니다" 하였다. 또 묻기를, "지방에 거居하는 자들을 어찌 처우할 것인가" 하니, 대답하여 말하기를, "경성에 거하는 자들을 이와 같이 처우하면 지방에 있는 자들은 다투어 와서 왕실을 호위할 것입니다. 그런 후에 품질의 고하로써 혹 제조를 삼고 혹 제거로 삼으소서" 하니 좇았다.[3)]

註解 5-12-3-

-1) 恭讓王元年十二月 諫官上疏 請罷僞朝添設職 汰恭愍王丙申癸卯二年添設之職 命汰丙申年添設: 李成桂一派는 禑王을 放逐하고 이어서 昌王도 王氏가 아니라 하여 물러나게 하고 자기네 뜻대로 공양왕을 옹립함으로써 권력다툼에서 승리가 굳어지자 문하부 낭사의 諫官[5-11-11-1), 510쪽]을 앞세워 僞朝, 즉 우왕·창왕 때의 첨설직은 아예 혁파하고, 공민왕의 병신년(5년)과 계묘년(12년)의 첨설직은 도태시킬 것을 건의하고 있다. 이들 王代에 첨설직이 과다하게 설정되어[5-12-1-2)·3), 518쪽] 문제가 된 것은[5-12-2-1)~4), 520·521쪽] 위에서 보아온 바와 같거니와, 그럼에도 일시의 전반적인 혁파·도태는 어려운 상황이었던 듯 이번에는 공민왕 5년의 것만을 도태시키는데 그치고 있다.

-2) (恭讓王)二年正月 憲司請收僞朝添設職牒 不聽: 위의 건의가 있은 다음 달에 이번에는 헌사[5-11-10-1), 509쪽]가 나서 僞朝(禑王·昌王朝)에 제수한 첨설직의 職牒을 회수하라고 거듭 촉구하고 있으나 역시 허락은 받지 못하고 있다.

-3) (恭讓王二年正月) 是月 王謂鄭道傳曰 罷僞朝添設職 其術何如 對曰 古之用人 之法有四 曰文學 曰武科 曰吏科 曰門蔭 … 又問 居外者處之何如 對曰 居京

城者處之如此 則在外者爭來赴衛王室矣 然後以秩高下 或爲提調 或爲提擧 從
之: 거듭되는 臺諫의 요청[위의 1)·2)항]에도 불구하고 聽從하지 않았던 왕은
마침내 굽혀서 정도전과 협의하여 宋나라의 예를 따라 첨설직은 혁파하는
대신 宮城宿衛府를 설치하고 저들을 그의 提調와 提擧로 삼는 형식을 취하
도록 조처하고 있다.

5-13. 역관제役官制

原文 5-13-1. 役官之制 未知始於何代 樞密院堂後官門下錄事權務八(入?)祿以上
人 費白銀六七十斤得拜叅職 謂之役官 後因穀貴 無一人請補 勒令衣冠子弟爲
之 或辭職 或逃避 高宗四十三年乃以五軍三官七品爲首者 受大倉粟供辦

5-13-1. 역관役官의 제도는 어느 왕대王代에 시작되었는지 알 수가 없다.[1]
추밀원 당후관·문하녹사와 권무관으로 녹관祿官에 들어간 이상자로 인원
당 백은 60·70근을 내면 참직叅職에 임명될 수 있었는데, 이를 역관이라
하였다. 뒤에 곡식이 귀해졌기 때문에 한 명도 보임받기를 청하는 사람
이 없자 억지로 의관자제衣冠子弟로 하여금 이를 삼으니 혹은 사직하고
혹은 도피하였으므로 고종 43년에는 이에 5군軍 3관官의 7품 중 우두머
리가 되는 자로써 대창의 조(속粟)를 받아 충당토록 하였다.[2]

註解 5-13-1-
 -1) 役官之制 未知始於何代: 役官制가 언제 생겨났느냐 하는 것은 잘 알 수 없다
   는 것인데, 실제로도 그러하지만 대략적인 시기만은 짐작이 가능하다. 役官
   이라는 칭호가 처음으로 史書에 보이는 것은 이곳 선거지의 고종 43년(1256)
   조에서 이거니와, 이 사실을 전하는『고려사절요』권17, 고종 43년 秋7月條
   에 의하면 역관제를 연상케하는 현상이「先是」라 하여 그 이전부터 있어 왔
   다고 전하는 것이다. 그러므로 이「先是」를 언제부터로 잡느냐가 문제인데,
   뒤이어 설명하듯이 역관의 중심을 이루는 中樞院(樞密院) 堂後官(정7품)과 中書
   門下省 門下錄事(종7품)·中書注書(종7품)의 특별한 위치가 언급된 것은 역시
   이곳 선거지 3의 銓注 選法條 신종 3년(1200) 2월조에, 이들은 다른 관직과는
   달리 周年(만1년)을 재임하면 叅職을 제수받는 직위라는 설명이다[5-1-3-1), 368

쪽]. 이들은 고려의 최고 기구인 중서문하성과 추밀원의 사무 책임자라는 요
직으로서 그같은 특별 배려를 받았던 듯싶지마는, 다른 한편으로 직무 수행
면에 있어서도 남다른 특성을 부과받고 있었다. 이점은 신종 원년(1198) 12월
의 기사로,

> 起居舍人 張允文이 동료들에게 말하기를, "문하녹사와 당후관이 날마다 사사
> 로이 마련하여 直宿하는 郞舍와 承宣에게 대접하는데 다투어 풍성하고 사치스
> 럽게 하려고 남에게 빌리기도 하고는, 叅官을 제수받아 外職에 보임됨에 미쳐
> 서 백성에게 거두어 빚을 갚으면서 조금도 부끄럽게 여기지 않는다. … 만약 직
> 숙자에게 대접하는 것을 없애고, 단지 연등과 팔관의 연회에만 제공한다면 막
> 대한 비용이 많이 줄어들 것이니 그러한 뒤에야 관리의 淸節을 독려할 수 있을
> 것이다" 云云[『고려사절요』 권14]

하여 문하녹사와 당후관은 팔관회 같은 국가의 공적 행사 때 드는 연회의
비용을 사사로이 제공해야 하고 또 직숙(宿直)하는 낭사의 간관과 승선방의
승선들에게도 일상적으로 대접하는 비용 역시 개인적으로 마련해야 했던 것
이다. 이 기사에서 역관이라는 표현은 찾아지지 않지만 그같은 개인적인 부
담을 담당하는게 곧 役官이었고, 그렇기 때문에 그러한 호칭도 붙었다고 생
각되는만큼 그 유래는 일단 神宗朝까지로 거슬러올라갈 수 있을 듯싶거니
와, 유사한 내용의 자료가 역시 神宗~高宗年間에서 여럿 더 보이고 있다.
    문하녹사·중서주서와 당후관은 고려전기부터 설치된 직관이다[『고려사』 권
76, 백관지 1 門下府 錄事·注書 및 密直司]. 한데 그들은 요직이면서 또 1년만 재임
하면 叅職으로 승진할 수 있는 직위였으므로 모두가 바라는 자리였고, 그와
관련하여 일단 그 직위에 취임하면 어느 정도의 사적인 부담도 감수하지 않
으면 안되지 않았을까 짐작된다. 그러던 것이 무신정권기에 접어들어 정치
기강의 문란과 더불어 부담이 무거워지고, 또 여타의 직위에서 참직으로 승
진하는데 많은 자금을 내게 되면서 役官이라는 호칭도 붙게 되지 않았나 싶
은 것이다. 이런 점에서 역관제는 무신정권이 성립된 이후 꽤 시일이 경과
한 明宗 말년이나 神宗年間에 생겨나지 않았을까 잠정적으로 추정하여 둔
다. 역관이라는 칭호가 史書에 다시 보이는 것은 역시 이곳 선거지 役官之制
條의 공양왕 2년 6월 기사에서이다.
    ① 김난옥, 「고려시대 役官制의 운영과 성격」『한국사연구』 152, 2011.
-2) 樞密院堂後官·門下錄事·權務八(入?)祿以上人 費白銀六七十斤 得拜叅職 謂之
    役官 後因穀貴 無一人請補 勒令衣冠子弟爲之 或辭職 或逃避 高宗四十三年乃
    以五軍三官七品爲首者 受大倉粟供辦: 이곳 기사는 두 가지 내용이다. 그 하

나는 추밀원 당후관과 문하녹사 및 권무관 가운데 이미 祿官이 된 이상의
사람으로 1인당 白銀 60·70근을 내면 參職을 제수받을 수 있었는데 이들을
役官이라 했다는 것과, 다른 하나는 곡식이 귀해져서 白銀 60·70근을 내고
보임받고자 하는 사람이 한 명도 없게 되자 억지로 衣冠子弟를 그에 임명하
려 하였고 그러자 혹 사직하거나 혹 도피하였으므로 고종 43년에 이르러 5
軍 3官의 7품 중 으뜸의 위치에 있는 사람으로 삼되 그 비용을 大倉의 조(粟)
로 대주도록 했다는 설명이다.

　여기에서 우선 문제가 되는 것이 첫 번째의 백은 60·70근을 내고 참직을
제수받아 역관이라 불린 사람들이 당후관·문하녹사에도 해당하느냐 아니면
權務 入祿 이상자에게만 해당하느냐 하는 것인데, 필자로서는 후자로 생각
된다. 위의 1)항에서 인용한 신종 원년의 기사에 문하녹사와 당후관이 연등
회와 팔관회의 연회에 드는 비용과 숙직하는 간관과 승선의 대접에 드는 비
용을 사사로이 대야만 했던게 역관과 직결되는 것이었고, 그리하여 이들은
1년을 재임하면 참직으로 승진할 수 있도록 되어 있었다. 이처럼 문하녹사와
당후관은 이미 役官으로서 얼마 뒤에는 참직으로 승진하도록 마련되어 있었
는데,[①] 또 다시 백은 60·70근이라는 많은 양을 내고 참직을 얻어 역관이 된
다는 것은 그럴 필요가 없고 이치상으로도 맞지 않는 것이다. 첫 번째 부분의
한 문장은 「樞密院堂後官·門下錄事 謂之役官」과 같이 보는게 옳을 것 같다.

　문하녹사와 당후관의 이같은 처지는, 「(權㫜은) 세상 밖(불교)에 대해 생각을
가지고 있었으나 아버지가 여러 모로 힘써 (관직에) 남아서 집안을 일으키는
책임을 맡도록 하고자 하여 甲寅年(고종 41)에 문하녹사를 구해오니 公은 부
득이 부임하였다. 그전에 이 관직은 衣冠 중에서 재산이 많은 사람의 아들과
사위가 맡도록 하였으니, 대개 경비가 번거롭고 무거웠으나 犀秩로 超拜되
었기」[『고려묘지명집성』 427쪽, 權㫜墓誌銘] 때문이라 하였고, 또 「옛 제도에 팔관
회에서 풍악을 열람하는 날에는 堂後와 門下 2인이 성대하게 연회를 설하였
다」[『고려사』 권130, 반역열전 金俊]고한 데서도 짐작해 볼 수 있다. 아울러 이곳
선거지 役官之制條에는 공양왕 2년 6월의 都堂 啓에, 「門下錄事·注書·三司
都事·密直堂後·內院(闓?)令과 丞, 膳官令과 丞은 모두 私財로써 官費를 대서
이름하여 役官이라 합니다」라고 한 구절을 통해 거듭 확인할 수 있다.

　이같은 사실들을 참작컨대 백은 60·70근을 내고 참직을 제수받아 역관이
라 불린 부류는 權務 入祿(八祿은 入祿의 오류로 생각됨) 이상자[5-8-6-2)·3), 472쪽
및 5-9-3-1), 480쪽]로 한정하는게 여전히 옳을 것 같다. 한데 몽고와 오랜 전쟁
을 치르고 난 끝자락인 고종 43년에 임박해서는 식량조차 마련하기 어려운
상황이어서 백은 60·70근을 내고 참직에 오르고자 하는 희망자가 한 명도
없게 되었고, 이에 조정은 衣冠子弟들로 억지로 그 자리를 채우려 하자 혹

사직하기도 하고 혹 도피하기도 하는 사태가 연출되었으며, 이같은 상황에 즈음하여 마침내는 실체가 분명치는 않으나 문·무관을 지칭한 것으로 짐작되는 「5軍 3官」의 7품관 중 으뜸의 위치에 있는 사람들에게 국가의 기구인 大倉②에서 穀粟을 주어 비용을 충당토록 조처하고 있다. 우리들은 여기에서도 백은 60·70근을 내고 참직에 오르도록 하고자한 사람들이 '衣冠' 또는 '5군 3관의 7품관'으로 표현된 것을 볼 때 거기에 문하녹사나 당후관이 포함되지 않았다는 판단이 가능하며, 또 관직에 임명하는 대가로 국가에서 거두는 자금을 국가 기구가 대주었다는 점이 언뜻 모순되기는 하나 이는 실제로 그같은 수수가 있었다는게 아니라 하나의 형식, 절차를 거쳤다는 뜻인 듯하다.

요컨대 역관은 재임시에 官費에 해당하는 일부분까지도 私費를 가지고 부담해야 했던 문하녹사·중서주서·당후관 등과 權務 入祿 이상자나 일정한 직위－대략 7품 이하관－에 오른 衣冠子弟들로 백은 60·70근을 내고 참직에 오른 관원을 지칭하는 용어였다고 생각된다. 그러나 특히 후자의 경우 몽고와의 전쟁을 거치는 전후로 해서 제도의 시행이 제대로 이루어지지 못했음도 확인된다.

① 李鎭漢, 「高麗時代 祭上·祭外職의 區分과 祿俸」『한국사연구』99·100, 1997 ; 『고려전기 官職과 祿俸의 관계 연구』, 일지사, 1999. 152·153쪽.

② 『고려사』권76, 백관지 1 大倉署·朴龍雲, 『高麗史 百官志 譯註』, 신서원, 2009, 418쪽.

原文 5-13-2. 忠宣王三年三月教曰 役官姑停點望 令倉庫供其費

5-13-2. 충선왕 3년 3월에 교教하여 이르기를, "역관의 점망點望을 임시로 정지시키고, 창고에서 그 비용을 내도록 하라" 하였다.[1]

註解 5-13-2-

-1) 忠宣王三年三月教曰 役官姑停點望 令倉庫供其費: 역관들에 대한 인사를 위해 首望·次望·末望 등을 기록한 望記를 올려 국왕의 최종적인 결정을 의미하는 落點의 절차를[5-1-2-1], 364쪽] 일시 정지시켰다는 것은 역관의 선발을 잠시 동안 폐지했음을 뜻한다. 그에 따라 당해 역관들이 담당했던 비용이 [5-13-1-1)·2), 523~526쪽] 그만큼 줄어들게 마련이었고, 그 부족해진 부분의 비용을 국가기관인 倉·庫①로 하여금 공급해주도록 조처하고 있는 기사로 판단된다.

① 『고려사』권76, 백관지 1 豐儲倉·朴龍雲, 『高麗史 百官志 譯註』, 신서원, 2009, 421쪽.

原文 5-13-3. 恭愍王元年正月 典理司上役官之制 王親選下判

5-13-3. 공민왕 원년 정월에 전리사에서 역관의 제도를 올려, 왕이 친히
선발해 관判을 내리게 하였다.[1]

　註解　5-13-3-

　-1) 恭愍王元年正月 典理司上役官之制 王親選下判: 공민왕 원년(1352)에 이르러
　　　인사 담당 관서인 典理司(전기의 吏部)에서 역관을 다시 뽑도록 건의하자, 왕
　　　이 친히 선발하고는 判을 내리고 있다. 충선왕 3년(1311)에 정지시켰던 역관
　　　제[5-13-2-1], 526쪽]의 부활이라 하겠는데, 判은 批에 상대되는 말로 7품 이하
　　　관(叅外官)을 임명하는 왕의 결정·명령을 뜻하는 용어이다.
　　　① 李鎭漢,「高麗時代 叅上·叅外職의 區分과 祿俸」『한국사연구』99·100, 1997 ;
　　　　『고려전기 官職과 祿俸의 관계 연구』, 일지사, 1999, 128쪽.
　　　② 吳英善,「高麗時期의 告身과 官吏任用體系」『韓國古代中世古文書研究(下)』,
　　　　서울대출판부, 2000, 66·67쪽.

原文 5-13-4. 恭讓王二年六月 都堂啓 門下錄事注書三司都事密直堂後內院(園?)
令丞膳官令丞 皆用私財 以供官費 名爲役官 有違設官之意 請自今 其宣飯紙扎
(札?) 皆令官給 從之

5-13-4. 공양왕 2년 6월에 도당에서 계啓하여, "문하녹사와 주서, 삼사도
사, 밀직당후, 내원령·승, 선관령·승은 모두 사재私財를 써 관비官費를 대
면서 이름하여 역관役官이라 하나 관직을 설치한 뜻에 어긋남이 있으니,
청컨대 지금부터는 그 선반宣飯과 지찰紙札은 모두 관官에서 지급토록 하
소서" 하니 좇았다.[1]

　註解　5-13-4-

　-1) 恭讓王二年六月 都堂啓 門下錄事·注書·三司都事·密直堂後·內院(園?)令丞·膳
　　　官令丞 皆用私財 以供官費 名爲役官 有違設官之意 請自今 其宣飯紙扎(札?)
　　　皆令官給 從之: 도당(都評議使司)(『고려사』 권77, 백관지 2 諸司都監各邑 도평의사사)에
　　　서 啓하여, 역관들이 官費에 해당하는 비용을 私財를 들여 충당하는 것은 官
　　　制를 설치한 근본 취지에 어긋나니 이제부터 관청에서 관원들에게 제공하는
　　　식사나 종이·서찰 등 공적인 업무에 따르는 비용은 官給할 것을 청하여 윤

허를 받고 있다. 한데 여기서는 일반적으로 알려진 문하녹사·중서주서·당후관[5-13-1-1), 523쪽] 이외에 中外 錢穀의 출납을 회계하는 업무를 맡은 三司의 사무 책임자인 三司都事(정7품)[『고려사』 권76, 백관지 1 三司]와 園苑의 업무를 관장하는 內園署(選擧志의 內院은 內園의 잘못인 듯함)의 令(종7품)과 丞(종8품)[『고려사』 권76, 백관지 1 內園署], 그리고 祀宴의 饌膳을 관장하는 膳官署의 令(종7품)과 丞(종8품)[『고려사』 권76, 백관지 1 膳官署] 등을 포함시키고 있는데, 고려 후·말기로 가면서 역관의 범위가 확대된 모양이다.

5-14. 육작제鬻爵制

原文 5-14-1. 鬻爵之制 忠烈王元年 以國用不足 令人納銀拜官 以所納多少爲差 三年二月令無功及不次而求官者 科等納銀授職

5-14-1. 육작제.[1] 충렬왕 원년에 국용國用이 부족하므로 사람들에게 은을 바치도록 하고 관직에 임명하였는데, 납입하는 바의 다소에 따라 차등이 있었다.[2]

3년 2월에 공로가 없고 또 차서次序도 지킴이 없이 관官을 구하는 사람들로 하여금 품등品等에 따라 은을 납입하면 관직을 주었다.[3]

註解 5-14-1-

-1) 鬻爵之制: 국가에서 공식적으로 錢穀을 받고 官爵을 파는 제도라는 뜻인데, 동일한 내용을 전하는 『고려사』 권80, 食貨志 3 賑恤條에는 「納粟補官之制」라는 제목을 붙여놓고 있다.

-2) 忠烈王元年 以國用不足 令人納銀拜官 以所納多少爲差: 충렬왕 원년(1275)이라면 몽고와의 오랜 전쟁에다가 日本遠征까지 겹쳐 국가의 재정이 극도로 궁핍해진 때였다. 이에 대한 타개책의 하나로 銀을 받고 官爵을 팔면서 바치는 은의 다소에 따라 관직에 차등을 두어 除拜하였다고 전하고 있다. 이에 대해서는 『고려사절요』 권19, 충렬왕 원년 12월조에도, 「都兵馬使가 國用이 부족하므로 사람들에게 銀을 납입하면 官에의 임명을 허락토록 하였다」고 하여 그것은 12월의 일로, 도병마사(『고려사』 권77, 백관지 2 諸司都監各邑 都評議使司)가 중심이 되어 처음으로 시행했음을 알 수 있다.

하지만 여기에는 시행의 내용이 보이지 않는데, 이점은 바로 위의 1)항목
에서 소개한 食貨志 賑恤 納粟補官之制條에 자세하다. 즉,

충렬왕 원년 12월에 都兵馬使가 國用이 부족하므로 사람들로 하여금 銀을 납
입 토록 하고 官에 임명하였는데, 白身으로 初仕를 바라는 자는 白銀 3근, 初仕
를 거치지 않고 權務를 바라는 자는 5근이며, 초사를 거친 자는 2근, 권무·9품으
로 8품을 바라는 자는 3근, 8품으로 7품을 바라는 자는 2근, 7품으로 叅職을 바
라는 자는 6 근이다. (또) 軍人으로 隊正을 바라는 자와 隊正으로 校尉를 바라는
자는 3근, 校尉로 散員을 바라는 자는 4근, 산원으로 別將을 바라는 자는 2근, 별
장으로 郎將을 바라는 자는 4근으로 하였다.

고 규정하고 있다. 白身, 즉 벼슬이 없는 양인이 銀만 납부하면 벼슬 길에
나갈 수 있었을 뿐더러 승진도 하여 참직(6품 이상)으로까지 진출할 수 있었
으며, 武人 역시 일반 군인으로부터 隊正(품외)·校尉(정9품)를 거쳐 郎將(정6품)
까지 진급할 수 있었음을 알 수 있다. 이처럼 일반 양민들도 이제 경제력만
있으면 합법적으로 兩班으로의 상승이 가능했던 것이며 그로써 전통적인 신
분질서와 官制의 문란이 심해졌으리라는 것은 더 말할 나위가 없었겠다.

① 朴龍雲,「身分制의 동요」『高麗時代史(下)』 일지사, 1987, 586·587쪽.
② 洪承基,「신분제의 동요」『한국사』20, 국사편찬위원회, 1994, 11~16쪽.

-3) (忠烈王)三年二月 令無功及不次而求官者 科等納銀授職: 이때에 이르러 공로
가 없고 또 次序를 지킴이 없이 뛰어넘는 관직을 구하는 사람들에게 品等에
따라 銀을 납입하면 관직을 제수토록 했다는 것인데, 이 역시 『고려사절요』
권19, 당해 年月條와 위의 1)항에 소개한 食貨志 賑恤 納粟補官之制條에 좀
더 자세한 내용이 실려 있다. 즉, 이들에 의하면 이번 조처도 都兵馬使[위의
2)항]의 건의로서, 鬻爵은 비록 令典에 의한 것은 아니지만 국고가 텅비어서
비용을 마련할 수 없으므로 그처럼 조처하고, 그것에 의해 들어오는 銀을
國贐都監에 납입토록 한 뒤에 관직을 제수하도록 하자는 것이었다. 國贐은
고려에서 元나라 조정에 들어갈 때 가지고 가던 선물을 뜻하거니와,① 鬻爵
에 따른 銀을 그 담당 기구인 국신도감에 납입토록 한 것을 보면 이번의 조
처는 당해 비용을 마련할 필요성에서 였던 듯하다.

①『고려사』권76, 백관지 1 繕工寺·朴龍雲,『高麗史 百官志 譯註』, 신서원, 2009,
321쪽.

原文 5-14-2. 忠穆王四年 征東省都事岳友上書 請行入粟補官之法 白身入從九
品者輸米五石 每級遞加五石 有前職者米十石陞一等

5-14-2. 충목왕 4년에 정동성도사 악우가 글을 올려 입속보관법入粟補官法
을 시행할 것을 청하였는데, 백신白身으로 종9품에 들어가고자 하는 자는
미(쌀) 5석을 바치게 하고, 매 급級마다 순차로 5석씩을 부가하며, 전직前
職이 있는 자는 미 10석에 1등을 올리도록 하였다.[1)]

註解 5-14-2-

-1) 忠穆王四年 征東省都事岳友上書 請行入粟補官之法 白身入從九品者輸米五石
每級遞加五石 有前職者米十石陞一等: 충목왕 4년에 이르러 고려에 설치한
元의 기구인 征東行省의 都事(종7품)로 있던[①] 岳友가 穀粟을 납입하면 관직
에 보임해주자는 入粟補官法을 건의하는 기사이다. 이것은 위에서 언급한
鬻爵制나 納粟補官制와 내용을 같이하는 것으로, 그는 白身, 즉 벼슬이 없는
양민의 경우 米(쌀) 5석을 바치면 종9품을 주고, 거기에서 한 급을 올릴 때마
다 5석씩을 부가하며, 前職이 있는 사람은 1등급을 올리는데 미 10석을 내
게 하자고 말하고 있다.

　이와 유사한 간략한 기사가 『고려사절요』권25, 충목왕 4년 2월조에도 실
려 있거니와, 역시 보다 자세한 내용은 앞서 5-14-1-2), 528쪽에서 소개한
食貨志 3, 賑恤 納粟補官之制條에서 찾을 수 있다. 즉,

　　충목왕 4년 2월에 征東省都事 岳友와 章從事·前貟外郞인 石抹完澤·奉議 등이
왕에게 글을 올려 말하기를, "그윽히 생각건대 백성들이 굶주려 餓死하는 것은
대개 흉년이 들기 때문인데, 지금 고려의 西海·楊廣·在城 등 세 곳은 지난해부터
한발과 수해·霜災로 百物이 말라 죽었으며 인민들도 죽은 자가 심히 많으니 진
실로 슬픈 일입니다. 本國(고려)에도 이미 選法이 있어 장차 元朝의 入粟補官하는
예에 준하여 飢民(굶주린 백성)을 賑恤하심은 聖朝의 恤民하는 뜻에 어긋남이 없는
듯 합니다. 그 補官은 輸米하는(쌀을 바치는) 자가 白身으로서 종9품에 들어가고자
하면 米 5석, 정9품은 10석, 종8품은 15석, 정8품은 20석, 종7품은 25석, 정7품
은 30석으로 하여 그칠 것이며, 혹 前職이 있는 사람이 미 10석을 바치는 자는
1등을 올리되, 4품 내지 3품 이상은 이 예에 구애받지 말 것입니다"

라고 보이는 것이다. 여기에서 우리는 이번의 入粟補官(納粟補官)의 건의가 흉
년으로 인해 굶주리는 백성들을 진휼하는 재원을 마련하기 위한 것이었음을
아울러 이해할 수 있다.

① 高柄翊,「麗代 征東行省의 硏究(上)(下)」『역사학보』14·19, 1961·1962 ;『東
亞交涉史의 硏究』, 서울대출판부, 1970.
張東翼,「前期征東行省 置廢에 대한 檢討」『대구사학』32, 1987 ;『고려후기

외교사 연구』, 일조각, 1994.

原文 5-14-3. 辛禑二年 令西北鄙納粟補官 以充軍需

5-14-3. 신우 2년에 서북 변방에서 납속 보관納粟補官토록 하여 군수軍需에
충당케 하였다.[1]

註解 5-14-3-

-1) 辛禑二年 令西北鄙納粟補官 以充軍需: 「(禑王二年十二月) 令納粟補官 以充
西北面軍食」이라 하여 『고려사절요』 권30에도 거의 같은 기사가 전한다. 그
러나 좀더 자세한 내용은 여전히 5-14-1-2), 528쪽에서 소개한 『고려사』 식
화지 3, 賑恤 納粟補官之制條에 실려 있는데, 다음과 같다.

辛禑 2년 12월에 서북 변방에서 納粟 補官토록 하여 軍食에 충당케 하였다.
白身으로부터 伍尉(校尉, 정9품)에 보임받고자 하는 자는 米(쌀) 10석과 豆(콩) 5석
을 내게 하고, 檢校(校尉의 잘못인 듯함)로부터 8품에 보임받고자 하는 자는 미 10석
과 두 15석을 내게 하며, 8품으로부터 7품에 보임받고자 하는 자는 미·두 각 15
석, 7품으로부터 6품을 보임받고자 하는 자는 미·두 각 20석씩을 내도록 하였다.

서북면 변방지대이니 만큼 그곳의 부족한 군량을 보충하기 위해 미·두를
받고 9품으로부터 6품에 이르는 武臣職에 보임해주고 있다. 그 설명 가운데
의 檢校는 校尉의 잘못으로 생각되는데, 그래야만 白身에서 伍尉(校尉라고도
함. 정9품)로, 다시 校尉(伍尉)에서 8품으로, 또 8품에서 7품으로, 7품에서 6품
으로라는 형식과 맞게도 된다.

5-15. 성중관 선보법成衆官選補法

原文 5-15-1. 成衆官選補之法 曰內侍院 曰茶房 曰司楯 曰司衣 曰司彝 其始置
歲月不可考 明宗十六年 重房武臣請兼屬內侍茶房 則其選猶爲榮矣

5-15-1. 성중관 선보법(성중관을 선발·보임補任하는 법). 내시원·다방·사순·사
의·사이를 일컫는데, 그 처음 설치한 시기는 상고할 수 없다.[1] 명종 16

년에 중방의 무신들이 내시·다방에 겸하여 소속시켜 줄 것(겸속兼屬)을 청하였으니, 그 선발을 영예롭게 여겼기 때문이었다.[2]

註解 5-15-1-

-1) 成衆官選補之法 曰內侍院 曰茶房 曰司楯 曰司衣 曰司彝 其始置歲月不可考:
고려전기 때부터 국왕에 대한 侍奉과 扈從 등을 맡은 近侍職이 설치되어 각종 업무를 담당하고 있었다. 구체적으로 內侍와 茶房이 그들로서 이들은 일괄하여 成衆官이라고도 불렸던 것 같은데, 內侍院(처음에는 內侍省)은 다시 말할 필요도 없이 내시의 기구였고, 다방은 기구 겸 직위의 호칭이기도 했던 듯하다.

　이들 직명과 함께 기구의 명칭이 이미 문종조에는 史書에서 찾아지고 있다. 그렇다고 할 때에 여타의 사례에 비추어 이때는 그것이 하나의 제도로 갖추어져 있었다고 볼 수 있는 가능성은 많으며, 처음의 설치 시기는 역시 성종조로 추정하여도 큰 무리가 없을 것 같다. 그리하여 이들은 일찍부터 국왕 가까이에서 시봉하여 온 것으로 생각되는데, 업무의 성격상 그것을 담당한 것은 문반 출신들이었다. 그 가운데 특히 내시는 좌·우번으로 구성되어 거기에는 豪勢家의 자제 또는 儒士들이 다수 포함되어 있었다고 했는가 하면 공로와 재능을 살펴 선발하였다고 보인다. 실제로 그들 중에서는 과거 급제자도 여럿이 찾아지거니와, 요컨대 이들은 대체적으로 가문이 좋고 능력도 갖춘 문반 출신들로 국왕 측근에서 일을 보는 명칭 그대로 內侍였던 것이다.

　문종조에는 내시의 숫자가 20여명으로 나타나 있다. 그러나 의종 6년 7월에는 일시에 내시 14인과 다방 5인을 축출하였다고 한 것을 보면 이후 그 수가 크게 늘어났다고 짐작되거니와, 당시에는 실제로 50명을 상회하였음이 확인되고 있다.

　이같은 제도가 몽고와의 관계가 긴밀해지는 충렬왕 이후 저들의 관제가 영향을 미치면서 고려의 그것에 많은 변천이 초래되었다. 元나라에는 황제의 숙위와 近侍의 직임을 맡은 愛馬의 제도가 있었거니와, 여기에 언급된 사순·사의·사이 등도 그 일부였다. 이제 저들 제도가 고려에 도입되었고, 그렇게 됨에 따라 성격이 유사한 成衆官과 愛馬가 합쳐져 成衆愛馬가 생겨나게 된 것이다. 그리하여 『고려사』 권73의 選擧志 첫머리가 시작되는 序文에 「成衆愛馬之選補」가 관인 등용의 한 중요 항목으로 언급되어 있지마는 [1-4), 32쪽], 이곳의 「成衆官選補之法」條에 나오는 成衆阿幕은 成衆愛馬와 동일한 용어이다. 그러니까 내용으로 보아 이곳 「成衆官選補之法」의 成衆官

도 成衆愛馬 내지 成衆阿幕과 같은 용법으로 쓴 것이라 할 수 있다.

여기에는 이들 제도가 언제부터 시작되었는지 잘 알 수 없다고 설명하고 있다. 사실이 그러하기 때문인데, 그러나 현재 우리들이 대할 수 있는 자료나 상황으로 미루어 成衆官의 출발은 고려 초기인 成宗朝(982~997)頃으로 짐작되며, 원나라의 愛馬와 결합된 成衆愛馬는 忠烈王(1275~1308) 내지는 忠宣王(1309~1313) 때 쯤으로 추정하여 보는 것은 가능하다.

① 金昌洙,「成衆愛馬考－麗末鮮初 身分階層의 一斷面－」『동국사학』9·10 합집, 1966.

② 金昌洙,「麗代 內侍의 身分」『동국사학』11, 1969.

③ 韓永愚,「朝鮮初期의 上級胥吏 '成衆官'－成衆官의 錄事로의 一元化過程－」『東亞文化』10, 1971.

④ 周藤吉之,「高麗初期의 內侍·茶房と明宗朝以後의 武臣政權との關係－宋の內侍·茶房との關連において－」『東方學』55, 1977 ;『高麗朝官僚制の硏究』, 法政大學出版局, 1980.

⑤ 金載名,「高麗時代의 內侍－그 別稱과 構成을 중심으로」『역사교육』81, 2002.

⑥ 김보광,「高麗前期 內侍의 構成과 役割」『한국사학보』13, 2002.

⑦ 矢木毅,「高麗時代の內侍と內僚」『朝鮮學報』184, 2002 ;『高麗官僚制度硏究』, 京都大學學術出版會, 2008.

-2) 明宗十六年 重房武臣請兼屬內侍茶房 則其選猶爲榮矣: 쿠데타에 성공한 무신들은 양반제도를 그대로 둔 채 자신들이 문반직을 겸임하는 정책을 썼다. 그리하여 저들은 문반의 京職뿐 아니라 文武交差制를 만들어 본래 文班仕路였던 外職으로까지 진출하지마는,① 이때에 이르러서 近侍職인 내시·다방도 맡게 되었음을② 전하는 기사이다. 그것은 2군 6위의 최고위급인 상장군(정3품)과 대장군(종3품)의 협의체였다가 무신정권의 성립과 더불어 권력의 중심기관이 된 重房[5-1-2-3), 366쪽]의③ 건의에 의한 것으로서, 이 소식을 함께 전하는『고려사절요』권13, 명종 16년 冬10月條에 의하면 그에 따라 장군(정4품)인 車若松 등 43인이 內侍院 및 다방에 兼屬하게 되었다 하며, 무관들이 이처럼 내시·다방까지 맡게 된 것은 이때로부터 시작되었다는 설명을 덧붙여 놓고 있다. 이로써 미루어 보건대 무신정권기에 들어서서는 내시·다방의 숫자가 대폭적으로 늘어났으리라는 짐작도 간다.

① 邊太燮,「高麗朝의 文班과 武班」『사학연구』11, 1961 ;『고려정치제도사연구』, 일조각, 1971.

② 周藤吉之, 위의 논문 ; 저서.

③『고려사』권77, 백관지 2 西班 序文·朴龍雲,『高麗史 百官志 譯註』, 신서원, 2009, 637·638쪽.

金庠基,「高麗 武人政治 機構考」『東方文化交流史論攷』, 을유문화사, 1948.

原文 5-15-2. 恭讓王二年十月 吏曹啓 內侍茶房出入禁闥 其任匪輕 以無定額 規避軍役者 爭相充補 纔及數月 便歸鄕里 不供徭役 動至數百 乞擇儀狀端正者 百人充之 分左右番 番各五十人 從之 三年四月吏曹又啓曰 內侍茶房司楯司衣 司彝等成衆阿幕 備宿衛近侍之任 不可不擇 其始設也 必考其世籍才藝容貌 乃 許入屬 近來謀避軍役 爭相投屬 容有世籍不現 形狀不完 才藝不通者 亦或混雜 及其仕滿 不論賢否 但以都目而授職 故拜朝官者或不稱職 除守令者亦或病民 非細故也 其入屬者 不可不愼簡焉 願自今 本曹必考戶籍及初入仕朝謝 觀其容 貌 仍試其藝 其於書筭射御中通一藝者 許令入屬 雖舊屬者 亦皆考覈 且內侍茶 房其數已定 司楯司衣司彝則尙無定額 入屬之徒無有紀極 請刪定員數 司楯四番 各五十人 司衣四番各四十人 司彝四番各三十人 從之

5-15-2. 공양왕 2년 10월에 이조에서 계啓하기를, "내시·다방은 궁중안을 드나들므로 그 직임이 가볍지 않은데, 정해진 액수가 없어서 군역을 피하고자 하는 자들이 서로 다투며 보임받았다가는 겨우 수개월에 미쳐서 문득 향리로 돌아가서 요역을 담당하지 않음이 웬만하면 수백에 이릅니다. 빌건대 태도와 용모가 단정한 사람 백명을 택하여 충당하시고 좌·우 번으로 나누어서 번番마다 각각 50인으로 하소서" 하니 좋았다.[1]

　　3년 4월에 이조에서 또 계啓하여 말하기를, "내시·다방·사순·사의·사 이 등 성중아막은 숙위와 근시의 직임에 대비하는 것이므로 가려뽑지 않을 수 없습니다. 그 처음 설치할 때는 반드시 그 세적世籍과 재예(재주)·용모를 살펴서 이에 들어와 속함(입속入屬)을 허락했사온데, 근래에는 군역 피하기를 꾀하여 서로 다투어 투속投屬하여 혹 세적이 분명치 않거나 형상形狀이 완전치 못하고 재예가 통하지 않는 자들도 용납하여 역시 혹 뒤 섞여 있으며, 그 재임한 기간이 참에 미쳐서는 그 어질거나 그렇지 못함을 논하지 아니하고 다만 도목都目으로써 직위를 제수하므로 조관朝官에 임명된 자가 혹 직임을 제대로 해내지 못하고 수령을 제수받은 자도 역시 혹 백성을 병들게 하고 있어 작은 일이 아닌즉 그 입속入屬하는 자들을 신중하게 가려뽑지 않을 수 없습니다. 바라옵건대 지금부터는 본조本曹가 반드시 호적 및 처음 입사入仕 때의 조사朝謝를 살펴서 그 용모를 보

고, 인하여 그 재주를 시험하여 그 서書·산算·사射·어御 가운데 하나의 재
주에 통하는 자를 입속入屬토록 허락하며, 비록 예전에 입속한 자라도 역
시 모두 고핵해야 할 것입니다. 또 내시·다방은 그 수가 이미 정해져 있
으나 사순·사의·사이인즉은 아직 정해진 액수가 없어 입속한 무리들이
끝이 없으니 청컨대 정원수를 깎아서 사순 4번은 각각 50인씩, 사의 4번
은 각각 40인씩, 사이 4번은 각각 30인씩으로 하소서" 하니 좇았다.[2]

註解 5-15-2-

-1) 恭讓王二年十月 吏曹啓 內侍茶房出入禁闥 其任匪輕 以無定額 規避軍役者
爭相充補 … 充之 分左右番 番各五十人 從之: 위에서 내시·다방의 숫자가
문종조에는 20명으로 드러나 있지만 毅宗朝에는 벌써 50여 명으로 늘어나
고[5-15-1-1), 532쪽], 다시 무신정권기에 들어서서는 무인들까지 兼屬하게 되면
서 대폭적으로 증가하였음을 알 수 있었다[5-15-1-2), 533쪽]. 이후로부터 몽고
간섭기를 거치는 동안 관제가 크게 문란해진 사실은 잘 알려져 있거니와,
내시·다방의 제도도 예외가 아니었던 모양이다. 그리하여 고려가 終焉을 고
하기 몇 년 전인 공양왕 2년까지만 하여도 아직 저들의 정원이 정해져 있지
않아 군역을 피하고자 하는 무리들이 다투어 入屬하였다가는 의무 기간조차
채우지 않고 겨우 수개월만에 향리로 돌아가 요역도 지지않는 자가 수백에
이르는 정도였다고 언급하고 있다. 이에 인사담당 기구인 吏曹(전기의 이부)에
서 이전처럼 용모와 태도가 단정한 사람으로 100명만을 선발하여 좌·우번
에 각각 50명씩 소속시킬 것을 아뢰어 윤허를 받고 있다.

-2) (恭讓王)三年四月 吏曹又啓曰 內侍茶房司楯司衣司彛等成衆阿幕 備宿衛近侍
之任 不可不擇 其始設也 必考其世籍才藝容貌 乃許入屬 … 司衣四番各四十人
司彛四番各三十人 從之: 왕 2년 10월[위의 1)항]에 이어서 7개월만에 다시 吏
曹에서 啓를 올려 이번에는 내시·다방을 비롯한 사순·사의·사이 등 成衆阿
幕(成衆愛馬)의 선발과 人事 및 정원에 대하여 건의하고 있다. 즉, 이들은 국왕
에 대한 숙위와 近侍의 직임을 맡는 중요직이므로 世籍(世系와 호적)과 용모·
才藝 등을 살펴서 선발하여 왔었는데, 근래에는 군역을 피하고자 꾀하는 자
들이 다투어 投屬하는 바람에 혹 세적이 불분명하고 용모도 좋지 않으며 재
예 또한 없는 자들이 뒤섞여 있다. 그러함에도 불구하고 재임기간이 차기만
하면 어질거나 그렇지 않음을 논하지 않고 인사를 위한 都目政(都目政
事)[5-1-4-1), 370쪽 및 5-1-12-1), 394쪽]에 해당자들의 목록인 都目(都目狀)을 올려①
관직을 제수받게 하고 있다는 것이다. 이같은 成衆愛馬들에 대한 관직의 濫

授에 관해서는 이보다 몇 달 전인 왕 2년 12월에 都評議使司에서도 비판하고 있지마는[5-1-13-1], 398쪽], 그 결과 朝官을 제수받은 자가 제대로 직무를 수행해내지 못하는가 하면 지방의 수령에 임명된 자들은 백성들을 병들게 하고 있다고 말하고 있다. 그러므로 이제부터 성중애마의 선발에 있어서는 吏曹로 하여금 호적과 용모를 철저히 살피고 재예도 6藝중의 書(글쓰기)·算(계산)·射(활쏘기)·御(어거하기) 가운데 1藝에 통하는 자를 뽑아 入屬시키도록 하고, 이미 입속한 자들 또한 모두 考覈하자고 언급하고 있다.

그리고 정원의 경우 내시·다방은 이미 정해졌으나[위의 1)항] 사순·사의·司彝는 그렇지 않아서 入屬하는 무리가 한정없이 많으니 그 숫자를 대폭 줄일 것도 청하고 있다. 그리하여 사순 4번은 각각 50인씩으로 하여 200인, 사의 4번은 각각 40인씩으로 도합 160인, 사이 4번은 각각 30인씩으로 도합 120인으로 할 것을 건의하여 아울러 윤허를 받고 있다.

① 朴龍雲,「高麗時代 官員의 陞黜과 考課」『역사학보』145, 1995 ;『高麗時代 官階·官職 硏究』, 고려대출판부, 1997.

5-16. 사심관事審官

原文 5-16-1. 事審官 太祖十八年 新羅王金傅來降 除新羅國爲慶州 使傅爲本州事審 知副戶長以下官職等事 於是 諸功臣亦效之 各爲其本州事審 事審官始此

5-16-1. 사심관. 태조 18년에 신라왕 김부가 항복해오자 신라국을 없애고 경주로 삼고는 부傅를 본주本州의 사심으로 삼아 부호장 이하의 관직 등에 대한 일을 맡도록 하였다. 이에 여러 공신들도 역시 그것을 본받도록 하여 각각 그 본주의 사심을 삼으니, 사심관은 여기에서 비롯하였다.[1]

註解 5-16-1-

-1) 事審官 太祖十八年 新羅王金傅來降 除新羅國爲慶州 使傅爲本州事審 知副戶長以下官職等事 於是 諸功臣亦效之 各爲其本州事審 事審官始此: 사심관제도의 처음 설치와 그들의 역할 등에 대한 설명이다. 태조 18년(935)은 신라의 마지막 왕인 敬順王 金傅가 고려에 항복해 온 해로서 이 사실을 좀더 자세하게 전하는『고려사절요』권1, 태조 18년 12월조에 의하면, 이 해에 그가 降附해오자 功臣號와 함께 上柱國·樂浪王으로 책봉하고 政丞을 삼아 지위가

태자의 위에 있게하는 융숭한 대우를 하고 있다. 그러면서 신라국을 없애고
종래의 王京을 경주라 하고 김부에게 이 지역을 食邑으로 사여함과 동시에
그곳의 사심을 삼아 부호장 이하의 관직 등에 관한 일을 맡도록 하고 있는
것이다. 부호장은 戶長의 다음 자리에 위치하는 직위로 당시에는 아직 鄕吏
職制가 마련되기 이전이므로 이것은 후대와 비교할 때 부호장급 이하에 해
당하는 인원들, 이때의 호칭으로 말하면 豪族들을 뜻하며, 사심으로 하여금
이들에 대한 통제·관리를 맡게 했다는 의미로 해석된다. 널리 알려져 있듯
이 고려초기는 각 지방의 호족세력이 매우 컸던 반면에 국왕과 중앙의 권력
은 그만큼 한계가 있어 호족연합적 정권이라고 불리울 정도의 상황이었거니
와, 이러한 사세를 감안하여 태조는 前王으로써 경주지역에 대해 거의 절대
적인 권위를 지녔을 김부를 사심으로 삼아 그곳의 토호세력을 관리·통제토
록 함으로써 그를 통해 간접적으로 자기의 지배력을 강화하려 했던 듯 싶으
며, 김부 역시 그같은 업무를 담당하여 大臣이요 공신으로서 자신의 위치를
인정받음과 동시에 자기와 연고권이 깊은 이 지역에 대해 상당한 영향력을
가질 수 있게 되기를 기대했던 것 같다. 사심제도의 처음 설치는 아마 이런
여건과 필요 속에서 이루어지지 않았을까 짐작되는 것이다.

　이렇게 사심제도가 일단 성립되자 다른 여러 공신들도 이를 본받게 되었
다. 그리하여 각각 자기의 출신지역인 本州, 즉 本貫地의 사심이 되었던 것
이다. 이때 여러 공신들이 김부의 예를 '본받았다'고 한 표현으로 미루어 이
들에 대한 사심의 임명은 국가의 강제가 아니라 스스로 자진해서 맡았다는
느낌을 받는다. 사심제에 대해서는 국왕과 함께 공신들도 호의를 가지고 있
었던 듯하다. 어떻든 外官制가 제대로 마련되어 있지 못했던 고려초기에 있
어서 사심제도는 지방에 대한 중앙의 통제에 기여하는 바가 있었고 아울러
중앙의 공신들 역시 자기 출신지에 대하여 영향력을 크게 강화하였겠는데,
사심들에게 부호장 이하의 관직 등에 관한 일만을 맡게 하고 호장과의 직접
적인 연결을 제외시킨 것은 후자의 경우를 미리 염두에 두고 일종의 견제책
을 일찍부터 마련한게 아닌가 짐작된다.

① 旗田巍, 「高麗の事審官」『朝鮮中世社會史の硏究』, 法政大學出版局, 1972.
② 李純根, 「高麗時代 事審官의 機能과 性格」『高麗史의 諸問題』, 삼영사, 1986.
③ 朴恩卿, 「高麗時代 事審官의 性格」『仁荷史學』3, 1995 ;『高麗時代 鄕村社會
　　硏究』, 일조각, 1996.
④ 洪承基, 「高麗前期의 事審과 鄕吏」『역사학보』166, 2000 ;『高麗政治史硏究』,
　　일조각, 2001.

原文 5-16-2. 成宗十五年定 凡事審官五百丁以上州四員 三百丁以上州三員 以

下州二貝

5-16-2. 성종 15년에 무릇 사심관을 500정 이상의 주는 4원員, 300정 이상의 주는 3원, 이하의 주는 2원으로 정하였다.[1]

註解 5-16-2-

-1) 成宗十五年定 凡事審官五百丁以上州四貝 三百丁以上州三貝 以下州二貝: 성종 2년에 들어와 12州에 州牧을 둔 것을 시발로 하여 지방의 행정조직이 점차 마련되어 오다가 14년(995)에는 대폭적인 확대·개편이 이루어지거니와,[1] 이번의 사심관 정원 제정도 그의 연장선상에서 이해할 수 있다. 그런데 한편으로 그 내용을 보면 아무리 작은 州·縣이라도 그 수를 2명을 두도록 하고 있다는 사실이 주목된다. 이것은 아무래도 복수로 두어 한명의 임명으로 인한 권력의 집중을 막으려는 정책으로 짐작된다. 아울러 처음에는 '事審'으로 표기했던 명칭이 이번에는 '事審官'으로 되어 '官'자가 첨가되어 있는 것 역시 당초의 호족적인 것에서 관료적인 것으로의 전환과 관련이 있는 듯싶거니와, 계속적인 外官制의 확대·개편에 따라서 사심관의 위상·성격도 점차적으로 변화·변질되어 간 것 같다.[2]

여기에서 州의 大小를 가늠하는 기준으로 쓴 丁은 사람을 일컫는 人丁의 의미와 함께 토지의 넓이를 나타내는 田丁의 의미도 지닌다. 그중 이곳의 丁은 인원수를 나타내는 의미로 쓴 듯싶기는 하나, 田丁으로 해석해도 뜻은 통하므로 단정하기는 어렵다. 아울러 지방행정 단위의 하나인 州 역시 이곳의 경우 州·郡·縣을 포괄하는 개념으로 쓴 것이다.

① 尹京鎭, 「高麗 成宗 14년의 郡縣制 改編에 대한 연구」『韓國文化』27, 2001.
② 5-16-1-1)의 旗田巍, 李純根, 朴恩卿, 洪承基 논문.

原文 5-16-3. 顯宗初年判 父及親兄弟爲戶長者 勿差事審官 十年判 凡差事審官 從其人百姓擧望 其擧望雖小 如朝廷顯達 累代門閥者並奏差 曾坐諂(詔)曲奸邪之罪者 勿差

5-16-3. 현종 초년에 판判하여, 아버지 및 친형제가 호장으로 있는 자는 사심관으로 차견差遣하지 못하도록 하였다.[1]

10년에 판判하여, 사심관의 차견差遣은 기인其人과 백성百姓의 거망擧望에 따르도록 하되, 그 거망이 비록 적더라도 조정의 현달자나 누대의 문

벌과 같은 사람은 아울러 아뢰고 차견할 것이나, 일찍이 첨곡(아첨·왜곡)
과 간사의 죄에 걸린 자는 차견하지 말도록 하였다.[2]

註解 5-16-3-

-1) 顯宗初年判 父及親兄弟爲戶長者 勿差事審官: 戶長과 父子나 친형제 관계에
있는 사람은 사심관이 될 수 없다는 判文이다. 양자 사이의 혈연관계를 단절
시켜 사심관의 영향력이 지나치게 커지는 것을 막는 한편 향리에 대한 통제
의 실효를 거두려는 왕조의 배려로 생각된다.

-2) (顯宗)十年判 凡差事審官 從其人百姓擧望 其擧望雖小 如朝廷顯達 累代門閥
者並奏差 曾坐諂(諂)曲奸邪之罪者 勿差: 사심관의 차견을 당해 지역의 其人
과 百姓의 擧望에 따르도록 한다는 判文이다. 여기에서 거망을 맡도록 위임
된 기인은 다음의 편목인 5-17의 첫머리에 나오듯이 향리의 자제로서 개경
에 質子로 올라가 있으면서 자기 本鄕의 일에 대한 顧問을 담당했던 인물이
며, 百姓은 일반 양민이 아니라 각 촌락의 村政을 맡고 있던 村長·村正-『고
려도경』의 民長-으로 추정되는 사람들이다.[1] 종래 사심관은 향리(호족)들에
대한 통제·관리를 주임무로 하여 설치되어 왔지만 이제부터는 그들도 향
리와 그에 준하는 지방세력자들에 의해서도 영향을 받는 상황이 된 것이다.
사심관의 처음 설치 때부터 호장은 그의 영향권에서 제외시켰고[5-16-1-1), 536
쪽], 이어서 저들 숫자를 복수로 임명하거나[5-16-2-1), 538쪽] 호장과의 혈연관
계 단절[위의 1)항] 등으로 지나친 세력의 집중을 제약하여 왔거니와, 현종 10
년에 이르러서는 사심관의 선정 자체에 지방세력의 영향이 미치도록 정하고
있는 것이다.

그러면서도 단서는 붙여 놓았다. 비록 기인·백성의 거망이 적더라도 조정
에서의 顯達者나 여러 代에 걸친 문벌가의 인원은 그대로 아뢰고 차견할 수
있도록 하고 있는 것이다. 물론 아첨·歪曲을 일삼거나 간사죄를 지은 경우
는 제외시키도록 하였다.

어떻든 현종 10년에 들어와 이처럼 사심관의 차견을 기인·백성의 거망에
좇도록 한 결정은 그의 위상·성격에 커다란 변동이 있지 않았나 하는 생각
을 갖게 한다. 특히 그것이 4都護(府使)·8牧(使)·56知州郡事·28鎭將·20縣令이
제정됨으로써 고려의 지방 관제가 일단락되는 현종 9년(1018)의[2] 다음 해에
있었던 조처라는 점에서 더욱 그러하다. 이제 미흡한대로나마 지방 관제가
일단 정비됨에 따라 중앙정부의 지방에 대한 지배력이 크게 강화되면서 향
리의 통제·관리를 비롯한 정치적 행정적 관계의 업무는 주로 外官에 의해
수행되었고 그에 반비례해서 이 방면에 대해 종래 사심관들이 맡아온 역할

은 크게 낮아지게 마련이었으며 대신에 수취 등 사회경제적 측면에 기울이
게 되는 것 같다.③ 이점에 관해서는 뒤에 이 제도가 폐지되는 과정에 구체
적인 내용이 나오므로 거기에서 다시 살펴보도록 하겠다.

① 李佑成,「麗代 百姓考-高麗時代 村落構造의 一斷面-」『역사학보』14, 1961 ;
  『한국중세사회연구』, 일조각, 1991.

② 李基白,「高麗 地方制度의 整備와 州縣軍의 成立」『趙明基華甲紀念 佛敎史學
  論叢』, 1965 ;『高麗兵制史硏究』, 일조각, 1968.
  邊太燮,「高麗前期의 外官制-地方機構의 行政體系-」『한국사연구』2, 1968 ;
  『고려정치제도사연구』, 일조각, 1971.

③ 李純根, 앞의 논문.
  洪承基,「高麗後期 事審官制度의 運用과 鄕吏의 中央進出」『東亞硏究』 17,
  1789 ;『高麗政治史硏究』, 일조각, 2001.

[原文] 5-16-4. 文宗十一年判 事審官歸鄕作弊者 按廉使監倉使推送京師科罪 仍
令事審主掌使啓達遞差

5-16-4. 문종 11년에 판判하여, 사심관으로 향리에 돌아가 폐해를 끼치는
자는 안렴사와 감창사가 경사京師로 올려보내 과죄科罪하고, 인하여 사심
주장사로 하여금 아뢰고 교체해 보내도록 하였다.[1]

註解 5-16-4-

-1) 文宗十一年判 事審官歸鄕作弊者 按廉使·監倉使推送京師科罪 仍令事審主掌
使啓達遞差: 문종조를 전후하여 사심관들이 鄕里로 내려가 폐단을 일으키는
일이 많아졌던 것 같다. 이에 지방의 감찰을 위해 파견되던 按廉使와 監倉使
로 하여금 그들의 비위도 조사하여 수도로 올려보내 죄를 받도록 하고, 그
들 후임은 事審主掌使가 품달하여 교체·파견토록 조처하고 있는 것이다. 사
심주장사는 아마 사심관의 選任 등을 관장하는 직위였던 듯하다.①

  다음 감찰관의 일원이던 안렴사는 훨씬 후대에 가서 쓰이기 시작하는 5道
의 장관 명칭이다. 그러므로 이곳의 안렴사는 그의 이전 호칭인 按察使의 잘
못인 듯한데, 그나마 남방의 5도 안찰사제가 성립하는 것은 예종조로 알려
져 있는 만큼 이곳 선거지의 안찰사는 道의 장관으로서가 아니라 그에 앞서
지방의 안찰을 위해 수시로 파견되던 시기의 按察使로 이해하는게 옳을 것
같다.② 그가 사심관에 대한 감찰 업무도 아울러 맡았던 듯 짐작되는 것이다.
그리고 다른 하나인 감창사는 북방의 兩界, 즉 西北面과 東北面의 分道에 파

견되어 주로 倉廩의 감독을 담당하는 관원이었거니와,③ 그는 역시 북방 지
역의 사심관에 대한 감찰도 맡았던 듯하다.

① 旗田巍, 앞의 논문 ; 저서 126쪽.
② 『고려사』권77, 백관지 2 外職 按廉使·朴龍雲, 『고려사 백관지 역주』, 신서원,
   2009, 672~678쪽.
   邊太燮, 「高麗按察使考」『역사학보』40, 1968 ; 『고려정치제도사연구』, 일조
   각, 1971.
③ 『고려사』권77, 백관지 2 外職 監倉使·朴龍雲, 『고려사 백관지 역주』, 신서원,
   2009, 680·681쪽.
   金南奎, 「高麗 兩界의 監倉使에 對하여」『史叢』17·18 합집, 1973 ; 『高麗兩
   界地方史硏究』, 새문社, 1989.

原文 5-16-5. 仁宗二年判 鄕吏子孫雖免鄕 其親黨猶爲鄕役者 勿差事審官 十二
年判 宰樞內外鄕妻鄕祖曾祖妻鄕等五鄕內三鄕兼差 上將軍以下三品以上內外
鄕祖曾祖妻鄕等四鄕內二鄕兼差 四品以下叅上以上內外鄕祖妻鄕等三鄕內一鄕
差 叅外員內外鄕內一鄕差 各以文武平均交差

5-16-5. 인종 2년에 판判하여, 향리의 자손으로 비록 향역鄕役을 면했더라
도 그의 친당親黨이 아직 향역을 하고 있는 자는 사심관으로 차견差遺하
지 말도록 하였다.[1]

12년에 판判하여, 재추의 내·외향, 처향, 조·증조처향 등 5향 내에서 3
향에 겸하여 차견差遺하고, 상장군 이하 3품 이상은 내·외향, 조·증조처
향 등 4향 내에서 2향에 겸하여 차견하며, 4품 이하 참상 이상은 내·외
향, 조처향 등 3향 내에서 1향에 차견하고, 참외원은 내·외향 내에서 1
향에 차견하되, 각각 문·무로써 평균되게 교대·차견토록 하였다.[2]

註解 5-16-5-

-1) 仁宗二年判 鄕吏子孫雖免鄕 其親黨猶爲鄕役者 勿差事審官: 앞서 현종 初年
   에는 호장과 父子나 친형제 관계에 있을 때 사심관이 될 수 없도록 하는 判
   文이 나온바 있지마는[5-16-3-1), 539쪽], 이때에 이르러서 비록 향리의 자·손으
   로 이미 향역을 면했더라도 그의 親黨이 향역을 지고 있는 경우까지 사심관
   이 될 수 없게 규정하고 있다. 향리 자·손뿐 아니라 이들 보다 더 넓은 범위
   를 지칭한 것으로 짐작되는 그의 親黨이 향역을 지고 있을 때는 사심관과

연결을 가지지 못하게 함으로써 그의 입지를 좀더 좁히려고 한 조처로 생각된다.

-2) (仁宗)十二年判 宰樞內外鄕妻鄕祖曾祖妻鄕等五鄕內三鄕兼差 上將軍以下三品以上內外鄕祖曾祖妻鄕等四鄕內二鄕兼差 四品以下叅上以上內外鄕祖妻鄕等三鄕內一鄕差 叅外員內外鄕內一鄕差 各以文武平均交差: 사심관을 맡게될 직위를 宰臣·樞密(종2품 이상)과 上將軍(정3품) 이하 3품(종3품) 이상 및 4품 이하 叅上(대략 6품) 이상과 叅外員(대략 7품 이하)의 넷으로 나누고, 任地를 內鄕(친가 本貫地)·外鄕(처가 본관지)·妻鄕·祖妻(祖母)鄕·曾祖妻(曾祖母)鄕으로 구분하여 1인당 1~3鄕에 差遣토록 정하고 있는데, 이를 알기 쉽게 표로 그리면 다음과 같다.

지위 \ 향	내향 內鄕	외향 外鄕	처향 妻鄕	조처향 祖妻鄕	증조처향 曾祖妻鄕	
재추	○	○	○	○	○	5향내鄕內 3향 겸차兼差
상장군 이하 3품 이상	○	○	×	○	○	4향내 2향 겸차
4품 이하 참상 이상	○	○	×	○	×	3향내 1향 차差
참 외 원	○	○	×	×	×	2향내 1향 차

　여기에서 우리는 직위의 高下에 따라 2품 이상관인 재추가 5향중 3향, 이하 차례로 내려가 3품관이 4향중 2향에 兼하여 差遣되고, 4품 이하 6품 이상관이 3향중 1향, 7품 이하관이 2향중 역시 1향에 차견되었음을 알 수 있다. 애초에 자신의 본관지에 한하였던 것에 비하면 크게 확대된 것인데, 이는 한편으로 보면 사심관이 영향력을 미칠 수 있는 지역이 대폭적으로 넓혀졌다고 할 수 있겠으나, 다른 한편으로 보면 사심관과 당해 지역 사이의 긴밀성이 그만큼 이완될 수 있는 여지도 없지 않았을 것 같다. 그리고 애초에는 공신들만이 그에 임하였으나 이제는 모든 관료가 그 직위에 임명되고 있다는 사실도 주목할만하다. 이같은 변화·변질은 아마 중앙의 관료체제와 함께 지방의 郡縣制가 정비되는 것과 관련이 깊으리라 짐작된다. 아울러 고려의 사회적 특성을 반영하여 처가와 외가 지역이 중시되고 있다는 점도 잘 보여주고 있으며, 또 문·무관이 한쪽으로 치우침 없이 균등하게 차견되도록 하고 있는 규정도 무신정권 이후 변화된 양자의 관계를 나타내고 있어서 여러 모로 눈길을 끄는 대목이다.

① 旗田巍, 앞의 논문 ; 저서 126~128쪽.
② 李純根, 앞의 논문 219쪽.
③ 洪承基, 앞의 2000 논문 ; 저서 123쪽.

原文 5-16-6. 忠烈王九年 權罷諸州事審官

5-16-6. 충렬왕 9년에 여러 주州의 사심관을 임시로 혁파하였다.[1)]

註解 5-16-6-

-1) 忠烈王九年 權罷諸州事審官:『고려사』 권29, 세가 충렬왕 9년 夏4月條에는
「辛亥에 州·府·郡·縣의 사심관을 權罷하였다」고 기록하고 있거니와, 이렇게
왕 9년(1283)에 이르러 사심관을 '임시로' 혁파하였다는 표현은 이어지는 기
사에 보이듯이 혹 그것이 철저하게 이루어지지 못한 상황을 염두에 두고 한
말이 아닐까 싶다.

原文 5-16-7. 忠肅王五年四月 罷州郡事審官 民甚悅之 然未幾權豪復自爲之 害
甚於前 五月下敎曰 事審官之設 本爲宗主人民 甄別流品 均平賦役 表正風俗
今則不然 廣占公田 多匿民戶 若小有差役 例收祿轉 則吏之上京者 敢於私門
決杖徵銅 還取祿轉 擅作威福 有害於鄕 無補於國 已盡革罷 其所匿田戶 推刷
復舊

5-16-7. 충숙왕 5년 4월에 주·군의 사심관을 혁파하니 백성들은 심히 기
뻐하였으나 얼마 되지 않아 권호權豪들이 다시 스스로 (사심관이) 되면서
해가 전보다 심하였다.[1)] 5월에 교敎를 내려 이르기를, "사심관을 설치한
것은 본래 인민의 종주宗主가 되고, 유품流品을 견별甄別하며, 부역을 균평
均平히 하고, 풍속을 바로잡으려는 것인데, 지금인즉은 그렇지 않아 공전
公田을 광점廣占하고, 민호民戶를 많이 숨기고는, 만약 조금이라도 역役에
징발함이 있던가 예例에 따라 녹전祿轉을 거두면 이吏로써 상경上京한 사
람을 감히 사문私門에서 장형杖刑을 가하고 동銅을 징수하며 녹전을 되돌
려받는 (등) 위복威福을 멋대로 함으로 향리에 해가 있을뿐 나라에는 보탬
이 되는게 없다. 이미 모두 혁파하였으니 그 숨긴바 전·호田戶를 추쇄推刷

하여 복구하라" 하였다.[2]

註解 5-16-7-

-1) 忠肅王五年四月 罷州郡事審官 民甚悅之 然未幾權豪復自爲之 害甚於前: 충렬
왕 9년(1283)에 임시로 혁파했던 사심관을[5-16-6-1), 543쪽] 35년이 경과한 충
숙왕 5년(1318) 4月에 이르러 마침내 정식으로 혁파했다는 기사이다. 이에 백
성들은 크게 기뻐하였으나 얼마 되지 않아 權豪들이 다시 스스로 사심관이
됨으로써 그 해독이 전보다 심했다는 것을 보면 그의 폐지에 권호들이 크게
반발하여 자신들이 스스로 사심관이 될 정도였으며, 그들이 이로써 얻는 이
득은 큰 반면에 백성들에게는 해독이 많았던 것 같다. 다음 달에 왕이 내린
敎書에서 그 제도는 「향리에는 유해하고 나라에는 보탬이 되는게 없다」고
한 것에서도 그점은 잘 드러나 있다.

-2) (忠肅王五年)五月 下敎曰 事審官之設 本爲宗主人民 甄別流品 均平賦役 表正
風俗 今則不然 廣占公田 … 擅作威福 有害於鄕 無補於國 已盡革罷 其所匿田
戶 推刷復舊: 위에서 보았듯이 4月에 공식적으로 사심관제를 혁파했음에도
불구하고 權豪들이 그에 반발해 스스로 사심관이 되어 여전히 作弊가 심하
자 다음 달에 敎書를 내려 그 제도는 이미 혁파된 것임을 상기시키면서 저
들이 점유했던 公田과 숨겨놓은 民戶를 推刷하여 복구시키도록 조처하고 있
다.『고려사』 권54, 五行志 2, 金 忠肅王 5년 5月「丙戌에 왕이 명하여 事審
貼을 거두어 소각하였다」고 하여 그때에 저들에게 내렸던 사심관 職貼을 거
두어 불살라버린 것을 보면 이 제도의 폐지에 대한 왕의 의지가 매우 확고
했음을 알 수 있다. 이로써 사심관제도는 아주 혁파되고 마는 것이다.

한데 이에 즈음하여 내린 교서에서, 「사심관을 설치한 것은 본래 人民의
宗主가 되고, 流品을 甄別하며, 賦役을 均平히 하고, 풍속을 바로잡으려 한
것」이라고 한 내용 또한 눈여겨 볼 필요가 있다. 여기에서 인민의 종주가 된
다는 것은 民人의 가장 윗 어른으로서 지배하는 것을 말하고, 유품의 견별은
流內의 品官에 들어갈 수 있는[5-7-1-2), 448쪽] 신분·家系인가를 엄격하게 구
분하는 것을 말한다. 그리고 부역의 균평은 稅役을 공평하게 하는 것이고,
풍속의 表正은 글자 그대로 풍속을 바로잡는 일을 말한다. 보다시피 이것들
은 주로 社會經濟와 관련된 사항으로서, 그러므로 사심관들이 이러한 영향
력을 이용하여 불법을 저지른 일도 公田을 廣占하거나 民戶를 숨기는 것으
로 나타나 있다. 이것은 앞에서 지적했듯이 사심관의 처음 설치가 호족(향리)
의 통제·관리에 주안점이 두어졌다는[5-16-1-1), 536쪽] 사실에 비추어 볼 때
크게 달라진 변화·변질로서, 그 또한 成宗~顯宗代 이후의 지방 관제 정비와

表裏關係에 있다 함도 언급해둔 바와[5-16-2-1), 538쪽 및 5-16-3-2), 539쪽] 같다.
　사심관들의 이와 같은 변화·변질된 역할에도 불구하고 고려 후·말기의 사회
적 경제적 혼란과 더불어 이들 역시 불법·비리를 자행하는 일이 많아지면서
마침내 혁파를 당하게 된다. 그와 더불어 한편으로 보면 이제는 사심관의 도움
없이도 지방의 통제가 가능하게 되었다는 여건의 반영이기도 할 것 같다.

①　旗田巍, 앞의 논문 ; 저서 112~118쪽.
②　李純根, 앞의 논문 197·198쪽.
③　洪承基, 앞의 2000 논문 ; 저서 117쪽.

原文 5-16-8. 恭愍王十八年 辛旽欲自爲五道都事審官 令三司上書 請復事審官
王曰 我皇考値旱災 焚香告天 罷此官 天乃雨 寡人可忘先王之意乎 焚其書

5-16-8. 공민왕 18년에 신돈이 스스로 5도의 도사심관이 되고자하여 삼
사로 하여금 글을 올려 사심관의 복구를 청하게 하였다. 왕이 말하기를,
"나의 황고皇考께서 한재를 만나 분향하며 하늘에 고하고 이 관官을 혁파
하니 하늘이 이에 비를 내렸는데, 과인이 선왕의 뜻을 잊을 수 있겠는
가" 하고 그 글을 불태웠다.[1]

註解 5-16-8-

-1) 恭愍王十八年 辛旽欲自爲五道都事審官 令三司上書 請復事審官 王曰 我皇考
値旱災 焚香告天 罷此官 天乃雨 寡人可忘先王之意乎 焚其書: 공민왕 18년에
왕의 위임을 받아 정권을 관장했던 辛旽이 스스로 5道의 都事審官이 되고자
하여 사심관제를 복구시키고자 시도하다가 무산된 사실을 전하는 기사이다.
충숙왕 5년의 혁파 당시에 旱災가 심했던 모양인데, 이에 왕이 백성들의 뜻
을 받들어 하늘에 고하고 사심관을 혁파하자 하늘이 응답하여 비를 내린 사
실을 상기시키면서, 내가 어찌 그와 같은 先王의 뜻을 잊을 수 있겠느냐고
하면서 복구를 청한 글을 불태워버리고 있는 것이다.

5-17. 기인其人

原文 5-17-1. 其人 國初選鄕吏子弟 爲質於京 且備顧問其鄕之事 謂之其人

5-17-1. 국초에 향리의 자제를 뽑아 경성에 인질로 삼고 또한 출신 향리의 일에 대하여 고문에 대비케 하였는데 이를 기인이라 일컬었다.[1]

註解 5-17-1-

-1) 其人 國初選鄕吏子弟 爲質於京 且備顧問其鄕之事 謂之其人: 其人은 이곳의 설명대로 국가권력의 말단을 담당하고 있는 지방의 향리들에 대한 견제책의 하나로 그들 子弟를 수도로 뽑아올려서 인질로 삼는 한편 자기 출신지의 일에 대해서는 顧問의 역할을 맡도록 한 사람들을 말한다. 이 제도가 選擧志에는 보다시피 '國初'라 하여 태조 때부터 존재했음을 시사하고 있는데, 이는 실제로도 확인된다. 한데 이 기인제의 시원에 대해서는 『삼국유사』권2, 文虎王法敏條에 실려있는 車得公과 安吉의 이야기에 근거하여 삼국시대로 보는 견해와[1] 그보다는 고려 태조 때의 投降·服屬者에 대한 포섭 조처에서 연유되어 이후 향리로 轉化된 이들을 견제하기 위해 上京·立役케 한 데서 찾는 게 한층 합리적이라는 의견으로[2] 엇갈려 있거니와, 어떻든 고려조에 들어와서 초기부터 이미 존재하여 왔음은 분명하다 하겠다.

다들 아는 대로 고려초기는 豪族聯合的 政權이라고 일컬어질 정도로 지방 호족(향리)들의 세력이 매우 큰 시기였다. 그같은 상황을 염두에 둘 때 이곳 선거지의 설명처럼 중앙의 필요에 따라 일방적으로 기인을 選上시킬 수 있었을까는 의문의 여지가 있다. 아마 기인제가 실시된 처음 얼마 동안은 왕권과 호족 쌍방간의 호혜적인 바탕 위에서 운용되었으리라 짐작되는 것이다.[3] 그러다가 지방 관제가 정비되어 중앙행정력이 지방으로 확대되면서 향리(호족)의 자제는 기인으로서 인질의 성격을 띠고 수도에 올라와 머물지 않으면 안되게 변모된 것 같다.

① 李光麟, 「其人制度의 變遷에 對하여」, 『學林』3, 1954.
　　金成俊, 「其人의 性格에 대한 考察(上)」, 『역사학보』10, 1958 ; 『한국중세정치법제사연구』, 일조각, 1985.
② 韓㳓劤, 「古代國家 成長過程에 있어서의 對服屬民施策－其人制起源說에 對한 檢討에 붙여서－(上)(下)」, 『역사학보』12·13, 1960 ; 『其人制研究』, 일지사, 1992.
③ 河炫綱, 「高麗王朝의 成立과 豪族聯合政權」, 『한국사』4, 국사편찬위원회, 1977, 46·47쪽.

原文 5-17-2. 文宗三十一年判 凡其人 千丁以上州則足丁 年四十以下三十以上者許選上 以下州則半足丁勿論 兵倉正以下副兵倉正以上 富强正直者選上 其足丁限十五年 半丁限十年 立役 半丁至七年 足丁至十年 許同正職 役滿加職

5-17-2. 문종 31년에 판判하여, 무릇 기인은 1,000정 이상의 주州인즉 족정은 나이 40 이하 30 이상 자者로 선상選上함은 허락하고, 이하의 주州인즉 반정·족정을 논할 것 없이 병·창정 이하 부병·창정 이상에서 부강하고 정직한 자를 선상토록 하였다. 그 족정은 15년을 한정으로 하고 반정은 10년을 한정으로 입역立役하며, 반정이 7년에 이르고 족정이 10년에 이르면 동정직을 허락하고, 역역役이 차면 직職을 더하도록 하였다.[1]

註解 5-17-2-

-1). 文宗三十一年判 凡其人 ㉮ 千丁以上州則足丁 年四十以下三十以上者 許選上 以下州則半·足丁勿論 兵·倉正以下副兵·倉正以上 富强正直者選上 ㉯ 其足丁 限十五年 半丁限十年 立役 ㉰ 半丁至七年 足丁至十年 許同正職 役滿加職: 고려의 官制는 중앙과 지방을 막론하고 成宗朝에 정비되기 시작하여 顯宗을 거쳐 文宗朝에 이르러 일단의 완성을 이루게 된다. 鄕吏職制도 예외가 아니어서 다음 편목인 5-18. 鄕職條에 소개되어 있듯이 성종 2년(983)에 州·府·郡·縣의 吏職이 改定된데 이어서 현종 9년(1018)에는 1,000丁 이상 州에 戶長 8인, 副戶長 4인, 兵正·倉正 각 2인 등과 같이 州郡의 丁의 多少에 따라 각 향리직의 정원수가 제정되며, 다시 문종 5년(1053)에는 ⑨諸壇史로부터 ⑧兵史·倉史, ⑦州·府·郡·縣史, ⑥副兵正·副倉正, ⑤副戶正, ④戶正, ③兵正·倉正, ②副戶長, ①戶長에 이르는 향리직의 9단계 승진 규정도 마련된다. 이같은 일련의 과정을 거쳐 왕 31년(1077)에 其人의 選上 規準이 제정되고 있는 것이다.

이 조목은 필자가 임의로 나누어 놓았듯이 ㉮ 其人의 選上, ㉯ 其人의 立役 年限, ㉰ 其人役에 대한 보상 등 세 부분으로 구성되어 있는데, 특히 ㉮ 항이 난해하여 내용의 이해뿐 아니라 해석 자체에도 어려움이 많아 논자간에 견해 또한 분분하다. 여기에서 문제의 핵심이 되는 것은 역시 丁이다. 앞서 고려 때의 정은 人丁과 田丁의 두 가지 의미를 아울러 가진다고 소개하였거니와[5-16-2-1), 538쪽], 그것에다 足丁·半丁 문제가 첨가되면서 양상이 좀더 복잡해져 가는 가운데 이들은 일정 면적 내지는 일 구획의 토지를 의미했다는 쪽으로[1] 의견이 좁혀져가는 것 같다. 그리하여 麗末의 한 기록처럼 1족정이 17結이고[『고려사』 권81, 兵志 1 兵制 五軍 공민왕 5년 6월] 따라서 반정은 그 절반 정도의 토지 면적을 뜻했다는 견해와[2] 함께 그렇게 일정한 면적을 뜻한 것은 아니라는 의견도[3] 제시되었다. 그렇지만 견해가 그렇게 단순하지만은 않아서 여전히 족정·반정은 본래 연령에 따라 구분된 인정을 뜻했으나 동시에 그들이 받는 토지 면적도 나타내는 말이었다는 주장이 나오고,④ 또 인정의 수에 의한 足丁戶·半丁戶가 기본되는 뜻이었으나 그와 더불어 이들 家戶가 받는 토지 면적도 의미했다는 견해⑤ 비롯하여 근래에는 인정과 토지 내지는 田制와 役制가 결합된 것으로 파악하는 의견도⑥ 나와 있는 실정이다. 필자로서는 이들 여러 연구를 참조하되, 이곳 선거지의 기사는 후자 쪽에 좀더 무게를 두고 해석하는게 옳으리라는 생각을 하고 있다.

이같은 입장에서 ㉮항을 살피기로 하겠는데, 우선 그것의 문장 구조가 1,000정 이상의 州와 그 이하, 즉 1,000정 이하의 州 둘로 나누어 대략 서로 대칭시켜 가며 기술하는 형태를 취하고 있다는 점에 유의할 필요가 있을 것 같다. 그리하여 처음부터 「1,000丁 이상의 州인즉 足丁은」에 대해 「(1,000丁) 이하의 州인즉 半丁·足丁을 논할 것 없이」로 되어 있는데, 그 다음이 以下 州의 경우 「兵·倉正 이하 副兵·倉正 이상」이라는 대상이 기술되고 있는데 비해 以上 州에는 그 부분이 없어 먼저 의문을 가지게 된다. 거기에다가 其人制의 설치가 향리들에 대한 견제를 주목적으로 하는 것인데 兵正·倉正의 상급자로 마땅히 대상이 되어야할 향리중 가장 윗 자리인 戶長과 그 다음의 副戶長이 전혀 언급되고 있지 않아 의문은 더욱 커진다. 이런 상황을 감안하여 좀 무모하다싶은 추측이지만 「1,000丁 이상의 州인즉 足丁은」 다음에 혹 戶長·副戶長이 생략 또는 누락이 있었던게 아닐까 짐작해 본다. 호장·부호장은 당연히 포함되어야할 주된 견제의 대상인 데다가 그곳이 가장 큰 지역인 1,000丁 이상의 州였던 만큼 그러했을 가능성이 많다고 생각한 것이다. 그런 한편 다음에 기술된 「年四十以下 三十以上者」가 호장·부호장에 대한 설명인지, 아니면 그들 子弟로 기인이 될 사람의 연령을 설명한 것인지는 잘 판단하기가 어렵다. 이상의 추측까지를 곁들여서 ㉮항을 이해하기 쉽게 풀이하면 다음과 같이 되겠다. 즉, '1,000丁 이상의 큰 州에서는 足丁戶 가운데 戶長·副戶長 직위에 있는 사람의 子弟로써 나이가 40세 이하로부터 30세 이상의 者를 其人으로 選上함을 허락하고', 또는 '1,000丁 이상의 큰 州에서는 足丁戶 가운데 戶長·副戶長의 직위에 있는 40세 이하 30세 이상 者의 子弟를 其人으로 選上함을 허락하도록' 한다는 이야기이겠다. 다음 以下 州의 경우도 마찬가지로 '그 以下(1,000丁 미만)의 州인즉 半丁戶·足丁戶를 논할 것 없이 戶長·副戶長을 포함해 그 범위를 훨씬 넓혀 兵正·倉正·戶正·副戶正·副兵正·副倉正의 직위에 있는 사람들의 子弟들로 富强·正直한 者를 其人으로 選上케 한다'로 이해된다. 현종 9년에 제정된 주·부·군·현의 향리 정원을 보면 1,000정 이상의 경우 호장·부호장이 각각 8명과 4명인데 대하여 그 이하의 주·군·현에 해당하는 500정 이상의 경우 그들이 각각 7명과 2명이고,

300정 이상의 경우는 5명과 2명, 그리고 가장 적은 100정 이하의 경우도 4
명과 1명으로 되어 있는데[5-18-4, 555쪽] 이들 지역에서 병정·창정 이하의 자
제들만이 기인으로 선상되고 호장·부호장의 자제들은 거기에서 완전히 제외
되어 있었다고 생각하기는 어렵기 때문이다.

　기인의 選上 規準에 대한 해석의 문제는 이 정도에서 접기로 하고, 족정
출신은 경제적으로 뿐 아니라 여러 측면에서 그만큼 우월한 지위에 있었을
것이므로 立役 年限도 상대적인 약자인 반정 출신이 10년인데 비해 족정 출
신은 5년이 더 많은 15년으로 정하고 있다. 그에 따라 반정 출신에게는 입
역한지 7년에 이르면 同正職을 허락한데 비해 족정 출신은 그 기간을 10년
으로 정하고 있으며, 立役이 만료가 되면 두 경우 모두에게 직위를 올려주도
록 하고 있다. 동정직은 문·무 하위직의 本職 뒤에다가 '同正'을 덧붙여 제
수하던 것으로 職事가 없는 虛職의 하나였는데, 그러나 관직으로 나가는 과
정에서 초직의 의미를 지니고 있었다.[7]

① 旗田巍, 「高麗時代における土地の嫡長子相續と奴婢の子女均分相續」 『東洋文化』
　　22, 1957 ; 『朝鮮中世社會史の研究』, 法政大學出版局, 1972.
② 李佑成, 「閑人·白丁의 新解釋」 『역사학보』 19, 1962 ; 『한국중세사회연구』,
　　일조각, 1991.
　　金容燮, 「高麗時期의 量田制」 『동방학지』 16, 1975 ; 『한국중세농업사연구』,
　　지식산업사, 2000.
③ 武田幸男, 「高麗田丁의 再檢討」 『朝鮮史研究會論文集』 8, 1971.
④ 韓㳓劤, 「麗代 '足丁'考」 『역사학보』 10, 1958 ; 『其人制研究』, 일지사, 1992.
　　韓㳓劤, 「麗初의 其人選上規制」 『역사학보』 14, 1961 ; 위의 저서.
⑤ 深谷敏鐵, 「高麗足丁·半丁考」 『朝鮮學報』 15, 1960.
　　姜晉哲, 「高麗初期의 軍人田」 『숙명여대논문집』 3, 1963.
⑥ 安秉佑, 「高麗前期 地方官衙 공해전의 설치와 운영」 『李載龒還曆紀念 韓國史
　　學論叢』, 한울, 1990.
　　金琪燮, 「高麗의 田丁制에 관한 연구사 검토」 『한국중세사연구』 3, 1963.
⑦ 金光洙, 「高麗時代의 同正職」 『역사교육』 11·12 합집, 1969.

原文 5-17-3. 高宗四十年六月詔 其人加村分職

5-17-3. 고종 40년 6월에 조詔하여, 기인에게 향촌의 분직分職을 더해주도
록 하였다.[1]

註解 5-17-3-

-1) 高宗四十年六月詔 其人加村分職: 고종 40년은 몽고와 오랜 동안에 걸친 전쟁의 말기로서 나라의 중외가 모두 큰 시련을 겪고 있을 때였다. 이런 상황에다가 其人의 위상 마져 크게 하락하여 많은 어려움을 당하고 있기도 하였는데, 이번의 조처는 그같은 기인들에게 조금이나마 도움을 주자는 의미에서 「村落의 分職을 加해준 것」 같다. 하지만 이곳의 「村分職」이 '村의 分職'인지 또는 '村의 나뉘어져 있는 어떤 職位'였는지 그의 실체는 잘 알 수가 없다.

原文 5-17-4. 忠肅王五年教 其人役使 甚於奴隷 不堪其苦 逋亡相繼 所隷之司 計日徵直 州郡不勝其弊 多至流亡 以事審官及除役所蔭戶代之 全亡州郡 其除之 除役所 卽宮司及所屬民戶不供賦役者

5-17-4. 충숙왕 5년에 교教하기를, 기인의 역사役使가 노예보다 심하므로 그 고통을 견디지 못해 서로 이어서 도망하자 예속된 바의 관사官司에서는 일수日數를 계산하여 값을 징수하니 주·군이 그 폐해를 이기지 못하여 많이들 유망流亡하기에 이르렀다. 사심관 및 제역소除役所의 음호蔭戶로써 대신케 하고, 전부 도망한 주·군은 제외시키라고 하였다. 제역소란 궁사宮司 및 소속한 민호民戶가 부역을 내지 않는 곳이다.[1]

註解 5-17-4-

-1) 忠肅王五年教 其人役使 甚於奴隷 不堪其苦 逋亡相繼 所隷之司 計日徵直 州郡不勝其弊 多至流亡 以事審官及除役所蔭戶代之 全亡州郡 其除之 除役所 卽宮司及所屬民戶 不供賦役者: 고려의 下代로 가면서 其人의 위상이 더욱 떨어져 고종 43년 2월에는 이들이 閑地를 경작토록 명령을 받고 있는 사례가 보이며[『고려사』 권79, 食貨志 2 農桑], 또 충선왕 원년 3월에는 宮室의 修營과 관부의 사령역을 맡아 보았다는 기사[『고려사』 권83, 兵志 3 工役軍] 등도 찾아진다. 그후 좀 과장되기는 했어도 이곳의 설명처럼 기인의 役使가 노예보다 심했다고 할 정도에 이르렀음을 알 수 있다. 그러니 기인들이 도망을 하게되고, 그러자 이들이 속해 있던 官司에서는 日數까지 따져 값을 징수했으므로 주·군이 그 폐해를 이기지 못해 流亡하는 사태가 속출하였다. 조정에서는 기인들이 담당하는 役使를 사심관들이 숨기고 있는 民戶나 宮司와 함께 어떤 사유로 인해 부역을 면제받고 있는 除役所의 蔭戶들로 대신케 함으로써 해결

하려 하고 있다. 그러나 바로 이 해에 사심관제가 폐지되고 있는 데다가 [5-16-7-1)·2), 544쪽] 궁사 소속의 음호들을 그처럼 동원할 수 있었을까에 의문 도 없지 않아 실효성을 거두기에는 어려움이 따랐을 것 같다.

5-18. 향직鄕職

原文 5-18-1. 鄕職 一品曰三重大匡重大匡 二品曰大匡正匡 三品曰大丞佐丞 四 品曰大相元甫 五品曰正甫 六品曰元尹佐尹 七品曰正朝正位 八品曰甫尹 九品 曰軍尹中尹

5-18-1. 향직. 1품은 삼중대광·중대광이라 하고, 2품은 대광·정광이라고 하며, 3품은 대승·좌승이라 하고, 4품은 대상·원보라 하며, 5품은 정보 라 하고, 6품은 원윤·좌윤이라고 하며, 7품은 정조·정위라 하고, 8품은 보윤이라고 하며, 9품은 군윤·중윤이라고 하였다.[1]

註解 5-18-1-

-1) 鄕職 一品曰三重大匡重大匡 二品曰大匡正匡 三品曰大丞佐丞 四品曰大相元 甫 五品曰正甫 六品曰元尹佐尹 七品曰正朝正位 八品曰甫尹 九品曰軍尹中尹: 여기에는 삼중대광 이하 중윤에 이르는 9품계 16등급이 鄕職이라는 호칭으 로 소개되어 있지만 그것은 성종 14년(995) 이후의 일이고 그전에는 官階로 써 존재하였다. 官階란 관인들의 지위와 신분을 나타내는 公的 질서체계를 말하지마는, 그렇기 때문에 이들에 관한 초기의 설명도『고려사』권77, 백관 지 2 文散階條에 나온다. 즉, 고려에서는 國初에 부분적으로 大宰相·重副 등 泰封의 제도를 채택했으나 주로 蘇判·波珍粲·韓粲 등의 신라 位階를 쓰다가 얼마후에 大匡·正匡·大丞·大相의 칭호를 사용하였다고 전하고 있는 것이다.
그리하여 실례를 보더라도 신라의 위계가 여럿 찾아지는데 그 기간이 그 렇게 오래지는 않은 것 같고, 대신에 官階가 벌써 태조 원년부터 수여한 사 례가 나타나고 이후 자주 눈에 띄고 있다. 사실 大匡이니 元尹 또는 大相·軍 尹·中尹 등은 이미 弓裔 때의 官號로 사용되었음이 확인된다(『삼국사기』권50, 열전 10 弓裔 및 권40, 志 9 職官 下). 그같은 관계 때문인 듯, 궁예의 정권을 인수 한 고려 태조는 새로이 개국한 후 얼마 뒤부터 그것들을 이끌어다가 신라식 위계제에 이어서 고려 나름의 官階로 기능하게 했던 듯싶은 것이다.

하지만 위에 소개한 9품계 16등급의 고려초기 官階가 처음부터 모두 갖추어지지는 않았던 것 같다. 그리하여 논자들은 그들 제도의 정비를 태조가 후삼국을 통일하는 왕 19년(936) 또는 그보다 조금 늦은 왕 23년(940)으로 보고 있다.[①] 이후 그것은 중앙의 관인은 말할 것 없고 歸附하여 오는 지방의 豪族이나 于山國·탐라의 왕족·여진의 추장 등에게 수여함으로써 고려왕조를 중심으로 하는 질서세계를 세우는 데 있어서 뿐 아니라 광종 11년에 있은 百官의 公服 제정과 경종 원년의 田柴科에서 元尹(곧 紫衫層)이 하나의 기준이 되고 있다는 사실에서 알 수 있듯이 官階는 서열체계로서의 제기능을 다하였다.[②]

이와 같은 國初의 官階는 성종 14년에 중국식 문산계가 유일의 공적 질서체계로 자리를 잡음으로써[③] 생명을 잃게 된다. 이후 그것은 변질되어 鄕職化하는 것이다.[④] 그러니까 성종 14년 이후 대광·정광 등의 향직은 외형에 있어서는 이전의 官階와 동일하지만 그 성격·기능은 전혀 달랐다는 이해이다.

종래 향직은 향리의 職 또는 階로 보려는 경향이 많았다. 실제로 그것은 이전에 그러했듯 성종 14년 이후에도 향리들에게 수여되는 경우가 적지않게 찾아지기 때문이다. 그리하여 근래까지도 향직은 여전히 「鄕階의 의미를 갖는 것」으로, 「이것은 지방 位階制로서의 성격이 짙다」는 견해가 표명되고 있다. 「이른바 향직체계는 문산계에 대응하기는 하지만 그것이 中國官階와 高麗官階의 대항에서 대치되는 방식으로의 변동이 아니라, 고려 중앙정부 자체 내에서의 어떠한 요인으로 말미암아 중앙의 위계로서 중국의 문산계 체제를 도입하고 기존의 위계제를 지방화해 버리는 그러한 과정에서」 생겨나게 된 것이라 이해되고 있기도 하다.[⑤]

그런데 한편으로 향직을 받는 계층을 보면 향리(長吏)뿐 아니라 無官의 노인과 武散階[『고려사』권77, 백관지 2 무산계]를 가진자·군인·양반·서리·여진의 추장 등에 걸치고 있다. 그리하여 논자는, 그것은 이들에게 준 爵과 같은 의미를 지닌 조직이었다고 말하고 있다. 이처럼 향직은 대체적으로 관인과 구별되는 특정 부류에게 수여한 영예적 칭호였다는 것이다. 이러한 조직·서열체계를 향직이라고 이름한 그때의 '鄕'은 '京'에 대칭되는 '鄕'이 아니라 '唐樂'에 대한 '鄕樂'의 예 등에서 보듯이 '唐'에 대비되는 '鄕'으로서, 그것은 國風 내지는 고려풍을 의미하는 뜻이었다고 한다. 향직은 관인을 상대로 한 중국식 문산계와는 계통을 달리하는 고려적 질서체계로서 고려 고유의 영역은 말할 것 없고 그 밖의 사회까지도 포괄하는 조직의 기능을 했다는 것이다. 현재 향직에 대한 이해는 이같은 실정이므로 이 문제는 앞으로 좀더 깊이 천착되어져야 하리라 생각된다.

향직의 소지자에게는 토지가 賜給되었다. 그러나 이러한 田柴의 사급이 여진의 추장과 같은 외국인에게까지 베풀어졌을까는 의문시되는 점이 많다.
　　향직은 충렬왕 24년(1298)을 마지막으로 하여 그 이후에는 보이지 않는다.
아마 이 시기를 전후하여 점차 소멸되어 간 것 같다. 향직은 11세기부터 13
세기까지 대략 300년 동안 존속했던 조직·체계였던 것이다.

① 武田幸男,「高麗初期の官階 − 高麗王朝確立過程の一考察」『朝鮮學報』41, 1966.
　　金甲童,「高麗初期 官階의 成立과 그 意義」『역사학보』117, 1988 ;『羅末麗
　　初의 豪族과 社會變動研究』, 고려대 민족문화연구소, 1990.
② 武田幸男, 위의 논문.
③ 朴龍雲,「高麗時代의 文散階」『진단학보』52, 1981 ;『高麗時代 官階·官職 研
　　究』, 고려대출판부, 1997.
④ 武田幸男,「高麗時代の鄕職」『東洋學報』47-2, 1964.
⑤ 李純根,「高麗初 鄕吏制의 成立과 實施」『金哲埈華甲紀念 史學論叢』, 지식산
　　업사, 1983, 223쪽.
⑥ 武田幸男, 위의 논문 12~15쪽 및 26~30쪽.
⑦ 이상의 내용은 朴龍雲,「高麗時代의 官職과 官階」『한국사』13, 국사편찬위원
　　회, 1993 ;『高麗時代 官階·官職 研究』, 고려대출판부, 1997에 이미 소개한바
　　있다.

原文 5-18-2. 成宗二年 改州府郡縣吏職 以兵部爲司兵 倉部爲司倉 堂大等爲戶
長 大等爲副戶長 郎中爲戶正 貝外郎爲副戶正 執事爲史 兵部卿爲兵正 筵上爲
副兵正 維乃爲兵史 倉部卿爲倉正

5-18-2. 성종 2년에 주·부·군·현의 이직吏職을 고쳤다. 병부를 사병司兵으
로, 창부를 사창司倉으로 하고, 당대등은 호장으로, 대등은 부호장으로,
낭중은 호정으로, 원외랑은 부호정으로, 집사는 사史로, 병부경은 병정으
로, 연상은 부병정으로, 유내는 병사兵史로, 창부경은 창정으로 삼았다.[1]

註解 5-18-2-

-1 成宗二年 改州府郡縣吏職 以兵部爲司兵 倉部爲司倉 堂大等爲戶長 大等爲副
戶長 郎中爲戶正 貝外郎爲副戶正 執事爲史 兵部卿爲兵正 筵上爲副兵正 維乃
爲兵史 倉部卿爲倉正: 신라말 고려초의 지방세력가인 豪族들의 조직과 호칭
이 성종 2년(983)에 이르러 비로소 鄕吏職制로 고쳐진 사실을 전하는 기사
이다. 이제 그것을 정리하여 도표로 작성하면 다음과 같다.①

```
                              낭중 ── 원외랑 ── 집사
                             (호정)    (부호정)    (사)
당대등 ── 대등 ┬ 병부 ── 병부경 ── 연상 ── 유내
(호장)   (부호장) │ (사병)   (병정)    (부병정)   (병사)
              └ 창부 ── 창부경
                (사창)    (창정)
```

　여기에서 우리는 두 가지 점을 확인할 수 있다. 그 하나는, 성종 2년 이전까지 호족들은 신라의 上大等을 연상시키는 堂大等을 최고로 하여 중앙 정부와 동일한 명칭을 가진 兵部와 倉部 등 중요한 관부를 두고 있었다는 사실이다. 이것은 그들이 자신의 지역 내에서는 정치적·군사적 및 경제적으로 상당히 독립적 지위를 누리고 있었음을 말해주는 것이다. 물론 생각해 보면 그같은 조직이 모든 호족들에게 공통적으로 구비되어 있었을 것 같지는 않다. 이들도 세력의 크기에 따라 대호족과 중·소호족으로 구분이 가능했던 만큼 그로 인한 차이를 상정할 수 있고, 또 지역에 따라서도 일률적이지는 않았으리라 생각되기 때문이다.[②]

　그러나 어떻든 그와 같은 조직과 위상을 누렸던 지방 호족들은 이제 일부 지역이나마 지방관이 파견되기도 하는 성종 2년을 기점으로 조직의 개편과 아울러 戶長·副戶長과 戶正·副戶正 또는 兵正·倉正 등의 향리직제에 편입되면서 국가의 통제하에 놓이게 되었음을 보여준다는 점에서 또다른 의미를 지닌다. 물론 이번에 개정된 향리직제 역시도 國初 이래의 在地官班과 관련이 깊다고 짐작되는 만큼 그 전신은 일찍부터 존재했던 것 같다. 실제로 광종조에는 이미 호장 등의 사례가 기록에 보이는 것이다.[③] 아마 지역에 따라서 성종 2년 이전부터 향리직이 쓰이기 시작했던 듯싶으며,[④] 따라서 이 해의 직제는 그것이 공식화하는 의미를 지니는 것으로 생각된다.

　이후 향리직제는 점차 확대 정비가 이루어진다. 그에 따라 향리들은 국가의 지배체제 내에서 중류층으로 자리를 잡아 가지마는, 그러나 이들은 신분적으로 초기의 호족들과 연결되어 있었고,[⑤] 科擧 등을 통해 중앙의 양반·귀족으로 상승하는 길을 공적으로 보장받고 있었다[2-1-7-1), 45쪽]. 그런데다가 업무도 지방행정의 말단을 맡아 일반 백성들과 직접 접촉하는 위치에 있었기 때문에 그 역할은 매우 큰 것이었으며, 더욱이 고려 때에는 지방관이 파견되지 않는 屬郡·屬縣과 部曲 등이 많아 그곳에서는 향리의 수장인 호장이 사실상 수령과 같은 일을 담당하고도 있었다. 이들의 권한과 지위는 여전히 크고 높은 편이었으며, 그런 때문인 듯 조선조에서와는 달리 이들에게 鄕役에 대한 대가로 外役田이 지급되고 있었다.[⑥] 이같은 향리들에 대한 견제를

위해 중앙정부가 事審官制[5-16-1-1), 536쪽]와 其人制[5-17-1-1), 546쪽] 등을 설치하고 있었다 함은 앞서 설명한 바와 같다.

① 李基白, 「新羅私兵考」 『歷史學報』 9, 1957 ; 『新羅政治社會史研究』, 일조각, 1974, 266쪽.

　　河炫綱, 「高麗初期의 地方統治」 『高麗 地方制度의 研究』, 한국연구원, 1977, 12~15쪽.

② 金光洙, 「羅末麗初의 豪族과 官班」 『한국사연구』 23, 1979, 123~127쪽.

　　蔡尙植, 「淨土寺址 法鏡大師碑 陰記의 分析 - 高麗初 地方社會와 禪門의 構造와 관련하여 - 」 『한국사연구』 36, 1982, 55~57쪽.

③ 李純根, 「高麗初 鄕吏制의 成立과 實施」 『金哲埈華甲紀念 史學論叢』, 지식산업사, 1983.

④ 李純根, 위의 논문.

　　金甲童, 「고려시대의 戶長」 『한국사학보』 5, 1998.

　　尹京鎭, 「高麗前期 鄕吏制의 구조와 戶長의 직제」 『한국문화』 20, 1998.

　　강은경, 「高麗 戶長制의 成立과 戶長層의 形成」 『韓國史의 構造와 展開』, 혜안, 2000 ; 『高麗時代 戶長層 研究』, 혜안, 2002.

⑤ 朴敬子, 「高麗 鄕吏制度의 成立」 『역사학보』 63, 1974.

　　羅恪淳, 「高麗 鄕吏의 身分的 特性과 그 變化」 『사학연구』 45, 1992.

⑥ 金鍾國, 「高麗時代の鄕吏について」 『朝鮮學報』 25, 1962.

　　姜晉哲, 「鄕吏田」 『고려토지제도사연구』, 고려대출판부, 1980.

原文 5-18-3. 穆宗元年三月判 諸州縣戶長 年滿七十 屬安逸

5-18-3. 목종 원년 3월에 판判하여, 여러 주·현의 호장으로 나이가 70에 차면 안일安逸에 속하게 하였다.[1)]

註解 5-18-3-

-1) 穆宗元年三月判 諸州縣戶長 年滿七十 屬安逸: 중앙의 고위 관료들이 나이 70세가 차는 해에 致仕라 하여 定年 퇴임하였듯이 호장도 동일한 적용을 받도록 정하고 있는데 그것을 安逸이라 했음을 알 수 있다. 같은 해, 같은 달에 군현의 安逸戶長에게 職田의 절반을 사여토록 하고 있는 것은[『고려사』 권78, 食貨志 1 田制 田柴科 목종 원년 3월] 그에 이은 조처로 생각된다.

原文 5-18-4. 顯宗九年定 凡州府郡縣 千丁以上 戶長八人 副戶長四人 兵正副兵正各二人 倉正副倉正各二人 史二十人 兵倉史各十人 公須食祿史各六人 客

舍藥店司獄史各四人 五百丁以上 戶長七人 副戶長二人 兵正副兵正倉正副倉正
各二人 史十四人 兵倉史各八人 公湏食祿史各四人 客倉(舍?)藥店司獄史各二人
三百丁以上 戶長五人 副戶長兵倉正副兵倉正各二人 史十人 兵倉史各六人 公
湏食祿史各四人 客舍藥店司獄史各二人 百丁以下 戶長四人 副戶長兵倉正副兵
倉正各一人 史六人 兵倉史各四人 公湏食祿史各三人 客舍藥店史各一人 東西
諸防禦使鎭將縣令官 千丁以上 戶長六人 副戶長兵倉正副兵倉正各二人 史十人
兵倉史各六人 公湏史各四人 客舍藥店司獄史各二人 百丁以上 戶長四人 副戶
長以下並同千丁以上州縣 百丁以下 戶長二人 副戶長兵倉正副兵倉正各一人 史
六人 兵倉史各四人 公湏客舍藥店司獄史各二人 是年判 諸道外官戶長擧望時
考其差year久近 壇典行公year數 具錄申省 方許給貼 十三年四月 崔士威奏 鄕吏稱
號混雜 自今諸州府郡縣吏仍稱戶長 鄕部曲津驛吏只稱長 從之 十六年二月判
諸州縣吏長 病滿百日 依京官例 罷職收田

5-18-4. 현종 9년에 정하였는데, 무릇 주·부·군·현으로 1,000정 이상은
호장이 8인, 부호장은 4인, 병정·부병정이 각각 2인, 창정·부창정도 각
각 2인, 사 20인, 병사·창사가 각각 10인, 공수사·식록사는 각각 6인, 객
사사·약점사·사옥사가 각각 4인씩이고, 500정 이상은 호장이 7인, 부호
장은 2인, 병정·부병정·창정·부창정도 각각 2인, 사 14인, 병사·창사가
각각 8인, 공수사·식록사는 각각 4인, 객창(사?)사·약점사·사옥사가 각각
2인씩이었다. 300정 이상은 호장이 5인, 부호장과 병정·창정·부병정·부
창정은 각각 2인, 사 10인, 병사·창사가 각각 6인, 공수사·식록사는 각각
4인, 객사사·약점사·사옥사가 각각 2인씩이고, 100정 이하는 호장이 4
인, 부호장과 병정·창정·부병정·부창정은 각각 1인, 사 6인, 병사·창사
가 각각 4인, 공수사·식록사는 각각 3인, 객사사·약점사가 각각 1인씩이
었다. 동서의 제(여러)방어사·진장·현령관으로, 1,000정 이상은 호장이 6
인, 부호장과 병정·창정·부병정·부창정은 각각 2인, 사 10인, 병사·창사
가 각각 6인, 공수사는 각? 4인, 객사사·약점사·사옥사가 각각 2인씩이
고, 100정 이상은 호장이 4인이고, 부호장 이하는 모두 1,000정 이상의
주·현과 동일했으며, 100정 이하는 호장이 2인, 부호장과 병정·창정·부
병정·부창정은 각각 1인, 사 6인, 병사·창사가 각각 4인, 공수사·객사

사·약점사·사옥사는 각각 2인씩이었다.[1]

이 해에 판判하여, 여러 도道의 외관으로 호장을 거망擧望할 때는 그 차임差任한 햇수(차년差年)의 구근久近과 단전壇典 행공行公한 연수年數를 상고詳考해 갖추어 기록하여 성省에 보고하면 바야흐로 급첩給貼함을 허락토록 하였다.[2]

13년 4월에 최사위가 아뢰기를, "향리의 칭호가 혼잡하오니, 지금부터는 여러 주·부·군·현의 이吏는 그대로 호장이라 칭하고, 향·부곡·진·역의 이吏는 다만 장長이라 칭하게 하소서" 하니 좇았다.[3]

16년 2월에 판判하여, 여러 주·현의 장리長吏가 병들어 100일이 차면 경관京官의 예에 의하여 직을 파하고 전田을 회수하도록 하였다.[4]

註解 5-18-4-

-1) 顯宗九年定 凡州府郡縣 千丁以上 戶長八人 副戶長四人 兵正副兵正各二人 倉正副倉正各二人 史二十人 兵倉史各十人 公須食祿史各六人 客舍藥店司獄史各四人 五百丁以上 戶長七人 副戶長二人 兵正副兵正倉正副倉正各二人 史十四人 兵倉史各八人 公須食祿史各四人 客倉(舍?)藥店司獄史各二人 三百丁以上 戶長五人 副戶長兵倉正副兵倉正各二人 史十人 兵倉史各六人 公須食祿史各四人 客舍藥店司獄史各二人 百丁以下 戶長四人 副戶長兵倉正副兵倉正各一人 史六人 兵倉史各四人 公須食祿史各三人 客舍藥店史各一人 東西諸防禦使鎭將縣令官 千丁以上 戶長六人 副戶長兵倉正副兵倉正各二人 史十人 兵倉史各六人 公須史各四人 客舍藥店司獄史各二人 百丁以上 戶長四人 副戶長以下並同千丁以上州縣 百丁以下 戶長二人 副戶長兵倉正副兵倉正各一人 史六人 兵倉史各四人 公須客舍藥店司獄史各二人: 현종 9년(1018)은 성종 2년 이후 점차 정비되어 가던 지방 관제가 4都護(府使)·8牧(使)·56知州郡事·28鎭將·20縣令이 제정됨으로써 일단락되는 해이다[5-16-3-2], 539쪽]. 이에 보조를 맞추어 향리의 정원도 정하고 있거니와, 우선 지역을 南方의 주·부·군·현과 北方 兩界의 東西諸防禦使·鎭將·縣令官 주재지로 나누고, 다시 그곳 丁의 다과에 따라 전자는 1,000정 이상·500정 이상·300정 이상·100정 이하로, 후자도 1,000정 이상·100정 이상·100정 이하로 구분하여 각급 향리의 숫자를 조절하고 있는 것이다. 여기서의 丁은 앞서 소개했듯이 人丁 또는 田丁, 그리고 그 둘의 결합[5-17-2-1], 547쪽] 등 어느 해석을 따르더라도 별다른 문제는 되지 않을 듯하다. 그러면 이제 그 내용을 알기쉽게 도표로 그리도록

하겠는데, 다만 기사 가운데 전체 구성으로 보아 주·부·군·현의 100정 이하
경우 司獄史가 누락된게 분명한 듯하며, 또 東西諸防禦使·鎭將·縣令官에서
도 1,000정 이상의 경우 食祿史가, 그리고 100정 이하의 경우 역시 食祿史
가 누락된게 거의 확실하므로 그 부분까지 보충하여 나타내면 다음과 같다.

주현 직호	주·부·군·현				동서제방어사·진장·현령관		
	천정 이상	오백정 이상	삼백정 이상	백정 이하	천정 이상	백정 이상	백정 이하
호장戶長	8	7	5	4	6	4	2
부호장副戶長	4	2	2	1	2	2	1
병정兵正	2	2	2	1	2	2	1
부병정副兵正	2	2	2	1	2	2	1
창정倉正	2	2	2	1	2	2	1
부창정副倉正	2	2	2	1	2	2	1
사史	20	14	10	6	10	10	6
병사兵史	10	8	6	4	6	6	4
창사倉史	10	8	6	4	6	6	4
공수사公須史	6	4	4	3	4	4	2
식록사食祿史	6	4	4	3	(4)	(4)	0(2)
객사사客舍史	4	2	2	1	2	2	1
약점사藥店史	4	2	2	1	2	2	1
사옥사司獄史	4	2	2	0(1)	2	2	2
계	84	61	51	31(32)	52	50	29(31)

1,000정 이상의 큰 군현은 84인이나 되는데 비해 100정 이하의 작은 군
현은 31(32)인 정도로 구성하고 있는데, 이는 제도의 정비와 함께 과다해진
저들의 정원수를 정리하여 통제하려는 뜻이 깃든 조처였던 것 같다. 이와
동시에 지방관이 수행해야할 중요 임무로 吏職에 대한 감찰 조목이 설정되
는 것[5-4-3-1), 418쪽] 또한 동일한 맥락으로 생각된다.
 ① 千寬宇,「閑人考－高麗初期 地方統制에 관한 一考察－」,『社會科學』 2, 1958 ;
  『近世朝鮮史硏究』, 일조각, 1979, 32쪽.
-2) (顯宗九年) 是年判 諸道外官戶長擧望時 考其差年久近 壇典行公年數 具錄申
  省 方許給貼: 위에서 소개한바 향리의 정원수 제정과 지방관의 吏職에 대한
  감찰 조목 설정과 함께 현종 9년에는 그들에게 호장을 직접 擧望토록 하고

도 있다. 그때는 1년 단위로 근무의 기간을 계산하는 差年法에 따라 그것의
오래됨과 가까움, 그 동안에 공무를 맡아 행한 年數 등을① 갖추어 기록하여
尙書省에 보고하게 되어 있었으며② 그리하여 허락을 얻어 職貼을 지급하도
록 정하고 있는 것이다. 이 역시 지방세력에 대한 통제책의 일환으로, 그로
써 호장을 비롯한 향리들이 외관의 행정을 보좌하는 체제로 거의 편입되어
갔다고 생각된다.

① 朴龍雲,「高麗時代 官員의 陞黜과 考課」『역사학보』145, 1995 ;『高麗時代
官階·官職 硏究』, 고려대출판부, 1997, 123·124쪽.

② 朴龍雲,「高麗時代의 尙書都省에 대한 檢討」『국사관논총』61, 1995 ;『高麗
時代 尙書省 硏究』, 경인문화사, 2000, 45쪽.

-3) (顯宗)十三年四月 崔士威奏 鄕吏稱號混雜 自今諸州府郡縣吏仍稱戶長 鄕部曲
津驛吏只稱長 從之: 최사위는 당시 수상인 門下侍中(종1품)·判尙書吏部事로
있으면서[『고려사』권94, 열전 崔士威傳] 일반 군현과 차별적 위치에 있는 鄕·部
曲·津·驛의 吏들에 대해서는 호칭상에도 차별을 두어야 한다고 하여 전자의
吏는 戶長, 후자의 吏는 다만 長이라고 부를 것을 건의하여 聽從을 받고 있다.

① 武田幸男,「朝鮮の律令制」『岩波講座 世界歷史』6, 1971.

② 金龍德,「部曲의 規模 및 部曲人의 身分에 대하여(上)」『역사학보』88, 1980.

③ 朴宗基,「高麗 部曲制의 構成과 性格－收取體系의 運營을 中心으로－」『韓國
史論』10, 1984 ;『高麗時代 部曲制 硏究』, 서울대출판부, 1990.

④ 金蘭玉,「高麗時代 驛人의 社會身分에 관한 硏究」『한국학보』70, 1993 ;『高
麗時代 賤事·賤役良人 硏究』, 신서원, 2000.

⑤ 具山祐,「高麗前期 鄕村社會의 身分·階層的 構成」『국사관논총』59, 1994 ;『高
麗前期 鄕村支配體制硏究』, 혜안, 2003.

⑥ 홍승기,「신분제도」『한국사』15, 국사편찬위원회, 1995 ;『고려사회사연구』,
일조각, 2001.

⑦ 蔡雄錫,「高麗前期 지방사회의 지배구조와 본관제의 실시」『高麗社會의 國家
와 地方社會』, 서울대출판부, 2000.

-4) (顯宗)十六年二月判 諸州縣長吏病滿百日 依京官例 罷職收田: 중앙의 관료들
이 나이 70세가 차는 해에 致仕라 하여 현직에서 물러났듯이 지방의 호장들
도 安逸戶長이 되어 현직을 그만두게 되어 있었거니와[5-18-3-1), 555쪽], 재임
시에 병이 났을 경우에도 100일이 차도록 치유가 되지 않으면 京官들에게
그러했듯 지방의 長吏(鄕吏)들 또한 職을 파하고 職田을 회수하도록 규정하고
있다.

原文 5-18-5. 文宗五年十月判 諸州縣吏 初職後(諸?)壇史 二轉兵倉史 三轉州府
郡縣史 四轉副兵倉正 五轉副戶正 六轉戶正 七轉兵倉正 八轉副戶長 九轉戶長

其公須食祿正准戶正 副正准副兵倉正 客舍藥店司獄正准副戶正 副正准州府郡
縣史 以家風不及戶正副兵倉正者差之 若累世有家風子息 初授兵倉史 其次初授
後(諸)壇史 十六年三月判 各州縣鄉吏爲僧者 直子禁副戶長戶長職 孫以下許通
二十三年三月判 別將則副戶長以上 校尉則兵倉正戶正食祿正 隊正則副兵倉正
副戶正諸壇正 並弓科試選兼差

5-18-5. 문종 5년 10월에 판판(判)하여, 초직은 후(제)단사로 하고, 두 번 옮겨
가면 병사·창사로 하고, 세 번 옮겨가면 주·부·군·현사, 네 번 옮겨가면
부병정·부창정, 다섯 번 옮겨가면 부호정, 여섯 번 옮겨가면 호정, 일곱
번 옮겨가면 병정·창정, 여덟번 옮겨가면 부호장, 아홉 번 옮겨가면 호
장으로 하였다. 그 공수정·식록정은 호정에 준하고, 부(공수)정·부(식록)정
은 부병정·부창정에 준하며, 객사정·약점정·사옥정은 부호정에 준하고,
부(객사)정·부(약점)정·부(사옥)정은 주·부·군·현사에 준하도록 하되, 가풍家
風이 호정과 부병정·부창정에 미치지 못하는 자로써 가려뽑을 것이며,
만약 누세累世에 걸쳐 가풍이 있는 집 자식子息은 병사·창사를 초수初授하
고, 그 다음은 후(제)단사를 초수初授토록 하였다.[1]

16년 3월에 판판(判)하여, 각 주·현의 향리로 중이 된 자의 직자直子는 부
호장·호장직을 금하고 손자 이하부터 허통許通하게 하였다.[2]

23년 3월에 판판(判)하여, 별장인즉 부호장 이상으로 하고, 교위인즉 병
정·창정·호정·식록정으로 하며, 대정인즉 부병정·부창정·부호정·제
단정으로 하되 모두 궁과(활쏘기 과목)로 시험·선발하여 겸해 맡아보도
록 하였다.[3]

註解 5-18-5-

-1) 文宗五年十月判 諸州縣史 初職後(諸?)壇史 二轉兵倉史 三轉州府郡縣史 四轉
副兵倉正 五轉戶正 六轉戶正 七轉兵倉正 八轉副戶長 九轉戶長 其公須食祿
正准戶正 副正准副兵倉正 客舍藥店司獄正准副戶正 副正准州府郡縣史 以家
風不及戶正副兵倉正者差之 若累世有家風子息 初授兵倉史 其次初授後(諸?)壇
史: 향리직의 초직인 後壇史(諸壇史)로부터① 최고직인 호장까지 9단계 승진
규정을 제정하고 있는데, 병정·창정과 호정 계열을 중심으로 하고 있음이

주목된다. 이들이 향리직체계의 주류였던 듯싶거니와, 업무상으로는 호장·
부호장 휘하의 邑司에서 호정 계열은 업무를 총괄하고, 병정 계열은 징병을
비롯한 군사관계, 창정 계열은 조세와 창고 업무 등을 관장한 것으로 생각
된다. 그리고 나머지 향리들은 이들의 위상과 비교하여 공수정·식록정은 호
정에 준하고, 副正은 부병·창정에 준하게 한 데 비해 객사정·약점정·사옥정
은 전자보다 한단계 아래인 부호정에 준하고, 역시 한단계 아래인 副正은
주·부·군·현사에 준하도록 하여 두 부류로 구분하고 있거니와, 업무는 공수
정·식록정 계열의 경우 재정 관계의 일을 보았을 듯싶고, 객사정 계열은 명
칭 그대로 客舍와 관계된 일, 약점정 계열은 의약, 사옥정 계열은 형옥 관계
의 일을 담당했으리라 짐작된다. 이제 이들 향리직체계를 보기쉽게 표로 그
리면 다음과 같다.

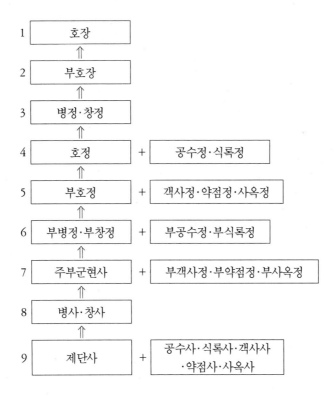

그런데 이처럼 兵正·倉正·戶正 계열과 公須正·食祿正·客舍正·藥店正·司
獄正 계열 사이에 위상과 업무면에서 차이가 나타나고 있지마는, 한층 큰 차

등은 후자들의 경우 家格 또는 집안의 명망 등을 지칭한 듯한 '家風'이 戶正·副兵正·副會正에 미치지 못하는 자들로 가려뽑게 되어 있었다는 사실이다. 初授職이 맨 말단인 後壇史(諸壇史)－公須史·食祿史·客舍史·藥店史·司獄史－였다는 설명 역시 이들에 해당하는 것으로 짐작되거니와, 그리하여 이들은 주로 그 계열을 밟아 승진도 하였던 것 같다. 이에 비해 兵正·會正·戶正 계열은 이른바 累世에 걸쳐 '家風'이 있는 집 子息들의 진출로로써 初授職도 한단계 위인 兵史·會史에서 시작하여 나중에는 戶長·副戶長 層을 이루지 않았나 생각된다.[2] 향리들도 이렇게 '家風'에 의해 크게 두 부류로 나뉘고, 다시 그 안에도 차등이 있었다는 사실은 여러 모로 주목할만하다.

① 千寬宇, 「閑人考－高麗初期 地方統制에 관한 一考察－」『社會科學』2, 1958 ; 『近世朝鮮史研究』, 일조각, 1979, 33·34쪽.

② 강은경, 「高麗 戶長制의 成立과 戶長層의 形成」『韓國史의 構造와 展開』, 혜안, 2000 ; 『高麗時代 戶長層 研究』, 혜안, 2002, 80~82쪽.

羅恪淳, 「高麗 鄕吏의 身分的 特性과 그 變化」『사학연구』45, 1992.

-2) (文宗)十六年三月判 各州縣鄕吏爲僧者 直子禁副戶長戶長職 孫以下許通: 향리로 중이 된 자의 直子는 부호장·호장으로의 진출을 금하고, 손자대에 이르러서야 허통한다는 判文이다. 향리가 鄕役을 지지 않고 승려로 되는데 대한 견제 겸 승려와 호장층과의 밀착관계도 염두에 둔 조처로 짐작된다.

-3) (文宗)二十三年三月判 別將則副戶長以上 校尉則兵倉正戶正食祿正 隊正則副兵倉正副戶正諸壇正 並弓科試選兼差: 지방의 州縣軍 가운데 노동부대인 一品軍의 장교들을 향리들의 직급에 따라 함께 맡아보도록 한 判文이다. 이와 거의 같은 내용이 『고려사』 권81, 兵志 1 兵制 五軍에 역시 문종 23년 3월의 판문으로 실려 있는데, 여기에는 校尉를 맡은 향리중에 公須正이 추가되어 있다. 隊正을 맡아보았다는 諸壇正은 客舍正·藥店正·司獄正·副公須正·副食祿正·副客舍正·副藥店正·副司獄正을 뜻한 것으로 이해된다. 이 기사의 끝부분도 선거지는 「並弓科試選兼差」라한 데 비해 이곳에는 「試選弓科而差充」이라고 하여 좀더 조리에 맞게 설명되어 있다.

① 李基白, 「高麗 州縣軍考」『歷史學報』29, 1965 ; 『高麗兵制史研究』, 일조각, 1968.

原文 5-18-6. 忠宣王四年 禁鄕吏之子冒受伍尉

5-18-6. 충선왕 4년에 향리의 아들로 오위伍尉를 모수冒受함을 금하였다.[1]

註解 5-18-6-

-1) 忠宣王四年 禁鄕吏之子冒受伍尉: 伍尉는 곧 校尉로써 이 역시 州縣軍 가운데 一品軍의 그것으로 생각되는데, 문종 23년 判文에는 공식적으로 그 직위를 향리의 兵正·倉正·戶正·食祿正이 담당하도록 정하고 있다[5-18-5-3), 562쪽]. 그럼에도 이번의 禁令이 나온 것은 後代로 가면서 관제가 문란해 짐에 따라 伍尉職도 戶長·副戶長 다음의 높은 직급인 兵正·倉正 등이 아니라 향리의 '아들'들이 그것도 '冒受(억지로 받음)'하는게 문제가 되어 내려지게 된 것 같다.

原文 5-18-7. 忠肅王十二年敎 本國鄕吏 非由科擧 不得免役從仕 近者逋亡附勢 濫受京職 又令子弟不告所在官司 投勢免役 內多濫職 外損戶口 今後外吏及其 子弟 毌得擅離本役 其受京職者 限七品罷職從鄕

5-18-7. 충숙왕 12년에 敎敎하기를, 본국의 향리는 과거를 거치지 않으면 役役을 면하고 벼슬에 나갈 수 없는데, 근자에 도망하여 권세에 붙어 함부로 경직京職을 받고, 또 자제들로 하여금 소재한 관사官司에 고하지 아니하고 권세가에 투탁해 역을 면하므로 안으로는 분수에 넘치는 벼슬이 많고 밖으로는 호구를 손모損耗케하고 있다. 지금 이후로 외리外吏 및 그 자제는 멋대로 본역本役을 떠나지 못하게 하고, 그 경직京職을 받은 자는 7품을 한정으로 하여 관직을 파하고 향리로 돌아가게 하라고 하였다.[1]

註解 5-18-7-

-1) 忠肅王十二年敎 本國鄕吏 非由科擧 不得免役從仕 … 其受京職者 限七品 罷職從鄕: 향리들에게는 원래부터 과거 등을 통해 양반·귀족으로 신분을 상승시킬 수 있는 길이 열려 있었다. 한데 이를 통한 향리들의 신분이동이 무신집권기 이후 점차 확대되면서 국가로서는 鄕役 부담자가 줄어들어 문제가 될 형편에 이르렀다. 이들에게 세 아들이 있을 경우 한 사람만이 從仕할 수 있도록 한 것에서[『고려사』 권106, 열전 嚴守安傳] 그같은 상황을 엿볼 수 있다.

그렇지만 더 큰 문제는 이러한 합법적인 방법이 아니라 여러 가지 불법적인 수단을 동원하여 향역을 피하는 자들이 대폭적으로 늘어나고 있다는 점이었다. 이곳의 교서에서도 그 부분을 지적하면서 비록 이미 京職을 지니고 있는 경우라도 7품을 한정으로 하여 罷職하고 본향으로 돌려보내는 강경책을 쓰도록 하고 있지만, 말단이긴 해도 외관인 監務의 증치와 몽고와의 오랜 전쟁, 농장의 발달 등을 거치면서 향리의 양극화 현상과 더불어 위상이 크게 하락된 이들의 이탈은 시간이 갈수록 심화되었다.

① 李成茂,「朝鮮初期의 鄕吏」『한국사연구』5, 1970.

② 羅恪淳,「향리 및 양반·귀족의 신분동요」『한국사』20, 국사편찬위원회, 1994.

原文 5-18-8. 恭愍王十二年五月敎 比年外吏規免本役 多以雜科出身 以致鄕邑彫廢 自今只許赴正科 毋令與於諸業

5-18-8. 공민왕 12년 5월에 교敎하여, 근년에 외리外吏들이 본역本役을 면하고자 꾀하여 많이들 잡과로써 출신出身함으로 향읍이 조폐彫弊해지고 있다. 지금부터는 다만 정과正科에 응시하는 것만 허락하고 제업諸業에는 참여하지 못한다 하였다.[1]

註解 5-18-8-

-1) 恭愍王十二年五月敎 比年外吏規免本役 多以雜科出身 以致鄕邑彫廢 自今只許赴正科 毋令與於諸業: 본래 향리들의 과거 응시에는 兩大業인 製述科와 明經科, 그리고 明書業·地理業·醫業·律業 등의 雜科를 막론하고 제약이 없었다. 그러나 향리(외리)들이 많이들 비교적 수월한 잡과에 급제하여 향역에서 벗어나게 되자 공민왕 12년에 이르러서는 그 役 담당자의 확보를 위해 궁여책으로 敎書를 내려 이들의 잡과(제업) 참여를 막고 正科인 제술업·명경업에만 응시할 수 있도록 조처하고 있다.

原文 5-18-9. 辛禑九年二月 左司議權近等言 國之安危 係乎州郡盛衰 比年以來 外方州縣吏輩 規免本役 稱爲明書業地理業醫律業 皆無實才 出身免役 故鄕吏日減 難支公務 至於守令無所役使 諸業出身者 退坐其鄕 恣行所欲 守令莫之誰何 是以州縣僅存之吏 皆生覬覦之心 臣等切恐州縣因此益衰 乞東堂雜業監試明經 一皆罷之 禑令 東堂雜業監試明經 依舊施行 鄕吏則三丁一子許赴試

5-18-9. 신우 9년 2월에 좌사의 권근 등이 말하기를, "국가의 안위는 주·군의 성쇠에 달려 있는데 근년 이래로 외방 주·현의 이속吏屬 무리들이 본역本役을 면하고자 꾀하여 명서업·지리업·의업·율업을 한다고 칭하나

모두가 실제로는 재주도 없이 출신出身하여 역을 면하고 있으므로 향리가 날로 줄어들어 공무를 지탱하기가 어렵고 수령들이 역사役使시킬 바가 없기에 이르렀으며, (또) 제업諸業 출신자들이 그 향리로 물러가 앉아서 하고자하는 바를 멋대로 행하여도 수령들이 어떻게 하지 못합니다. 이러므로 주·현에 약간 남아있는 이吏들도 모두 분에 넘치는 마음을 가지게 되오니 신 등은 그윽히 주·현이 이로 인하여 더욱 쇠해질까 두렵습니다. 빌건대 동당의 잡업과 감시의 명경을 일체 모두 파하소서" 하였다. 우가 동당의 잡업과 감시의 명경을 구제舊制에 의하여 시행토록 하되, 향리인즉 3정丁중에 1자子만 시험에 나갈 것을 허락하게 하였다.[1]

註解 5-18-9-

-1) 辛禑九年二月 左司議權近等言 國之安危 係乎州郡盛衰 比年以來 … 乞東堂雜業監試明經 一皆罷之 禑令 東堂雜業監試明經 依舊施行 鄕吏則三丁一子許赴試: 우왕 9년 당시 諫官의 일원인 左司議大夫(종3품)로 재임하고 있는 權近 등이 역시 향리의 자제들이 과거의 잡과에 급제하여 향역을 지지 않게 됨으로써 그 업무를 담당할 인원이 크게 줄어 지방의 공무가 제대로 집행되지 못할 뿐더러 향리에 내려온 그들이 멋대로 행동하여도 수령이 어쩌지 못하는 상황이어서 그로 인해 주·현이 더욱 피폐해지고 있음을 지적하고 있다. 그러므로 東堂의 雜業과 監試의 明經까지[1] 모두 파할 것을 청하고 있거니와, 잡과에는 이미 공민왕 12년에 향리의 응시를 금한바 있음에도[5-18-8-1], 564쪽] 이후 제대로 시행되지 못했던 모양이다. 이같은 재차의 건의에 대해 우왕은 科擧는 舊制에 따라 그대로 시행하되, 다만 향리는 3丁중 1子에게만 응시를 허하도록 하는 이전의 방침만을[5-18-7-1), 563쪽] 확인하고 있다.

① 朴龍雲,「高麗時代 科擧의 考試와 體系에 대한 檢討」『한국사연구』61·62, 1988;『高麗時代 蔭敍制와 科擧制 硏究』, 일지사, 1990, 164·165쪽.

原文 5-18-10. 恭讓王元年十二月趙浚上言 比年以來 紀綱陵夷 爲鄕吏者 或稱軍功 冒受官職 或憑雜科 謀避本役 或托權勢 濫升官秩者不可勝紀 州縣一空 八道凋弊 願自今 雖三丁一子 三四代免鄕而無的實文契者 軍功免鄕而無特立奇功受功牌者 雜科非成均典校典法典醫出身者 自添設奉翊眞差三品以下 勒令從本 以實州郡 今後鄕吏不許明經雜科出身免役 以爲恒式

5-18-10. 공양왕 원년 12월에 조준이 상언上言하기를, "근년 이래로 기강이 무너져서 향리된 자들이 혹 군공軍功을 칭하여 관직을 모수冒受하고, 혹 잡과를 빙자하여 본역本役을 피하고자 꾀하며, 혹 권세가에 의탁하여 함부로 관질官秩을 올린 자가 이루 다 기록할 수 없을 정도입니다. (이에) 주·현이 모두 텅 비고 8도가 조폐凋弊하여 졌으니 원컨대 지금부터는 3정丁중 1자子로 3·4대에 걸쳐 향역을 면했더라도 확실한 문계文契가 없는 자와, 군공으로 향역을 면했더라도 특별히 기공奇功을 세워 공패功牌를 받은 것이 없는 자 및 잡과도 성균·전교·전법·전의 출신이 아닌 자와 첨설의 봉익으로부터 진차眞差 3품 이하는 강제로 본역에 따르도록 하여 주·군을 실實하게 하고, 금후로는 향리에게 명경과와 잡과 출신이라 하여 면역해 주던 것을 허락지 않도록 하여 그를 항식으로 삼으소서" 하였다.[1]

註解 5-18-10-

-1) 恭讓王元年十二月趙浚上言 比年以來 紀綱陵夷 爲鄕吏者 或稱軍功 冒受官職 或憑雜科 謀避本役 … 勒令從本 以實州郡 今後鄕吏不許明經雜科出身免役 以爲恒式: 당시의 실세 중 한 사람으로 門下評理(종2품)·判尙書寺事의 지위에 있던 趙浚[『고려사』 권118, 열전 趙浚傳]이 향리의 鄕役 이탈을 막는 보다 강력한 대책을 건의하고 있다. 그것은 종래 합법적으로 되어 있던 것까지도 한층 제약을 강화하는 것으로, 3丁중 1子로써 이미 3·4대에 걸쳐 향역을 면제받았더라도 확실한 文契를 가진 자로 한정하고, 또 군공의 경우 특별한 공로를 세워 功牌를 받은 자와 잡과라도 成均館·典校寺·典法司·典醫寺 등의 중요 기구 출신자, 添設職者는 文散階 종2품인 奉翊大夫[『고려사』 권77, 백관지 2 文散階]로부터 試職이나 攝職이 아니라 正職으로 3품 이상을 받은(眞差) 자[1] 등으로 제한하고 그렇지 않은 사람은 本役을 지게 하자는 것이었다. 그리고 향리들은 비록 명경과와 잡과에 급제했더라도 아예 役을 면제시키지 않는 것을 일정한 법(恒式)으로 삼을 것도 제안하고 있다.

① 朴龍雲, 「고려시대의 官職－試·攝·借·權職에 대한 檢討」 『진단학보』 79, 1995 ; 『高麗時代 官階·官職 硏究』, 고려대출판부, 1997.

찾아보기

저자 소개

평북 선천군에서 출생
서울대학교 사범대학, 고려대학교 대학원 석사·박사 과정을 마치고
　동 대학원에서 문학박사학위 취득
성신여자대학교 조교수를 거쳐
고려대학교 문과대학 한국사학과 교수로 정년 퇴임.
현재 고려대학교 명예교수
著述:『高麗時代 臺諫制度 研究』,『高麗時代史』上·下,『高麗時代 蔭敍制와 科擧制 研究』,
　『고려시대 開京 연구』,『高麗時代 官階·官職 研究』,『高麗時代史研究의 成果와 課
　題』,『고려시대 中書門下省宰臣 연구』,『高麗時代 尙書省 研究』,『高麗時代 中樞院
　研究』,『高麗社會의 여러 歷史像』,『高麗社會와 門閥貴族家門』,『고려의 고구려
　계승에 대한 종합적 검토』,『수정·증보판 고려시대사』,『고려사 백관지 역주』,
　『고려시기 역사의 몇 가지 문제』,『『고려사』여복지 역주』등

『高麗史』選擧志 譯註

초판 1쇄 발행　2012년 4월 20일
초판 2쇄 발행　2013년 7월 10일
저　자　박용운
펴낸이　한정희
펴낸곳　경인문화사
주　소　서울 마포구 마포동 324-3
전　화　02-718-4831~2
팩　스　02-703-9711
등　록　1973년 11월 8일 제10-18호
홈페이지 http://kyungin.mkstudy.com
이메일　kyunginp@chol.com

정　가　43,000원
ISBN　978-89-499-0849-6　93910

* 파본 및 훼손된 책은 교환해 드립니다.
* 저자와의 협의에 의하여 인지는 생략합니다.